汉学大系丛书

朱存明·主编

民俗之雅

汉画像中的民俗研究

朱存明　等著

生活·讀書·新知　三联书店

图书在版编目（CIP）数据

民俗之雅：汉画像中的民俗研究 / 朱存明等著. ——
北京：生活·读书·新知三联书店，2019.1
（汉学大系）
ISBN 978-7-108-06264-2

Ⅰ . ①民… Ⅱ . ①朱… Ⅲ . ①画像石－研究－中国－
汉代②风俗习惯史－研究－中国－汉代 Ⅳ .
①K879.424②K892

中国版本图书馆CIP数据核字(2018)第070820号

责任编辑　成　华
封面设计　米　兰
责任印制　黄雪明
出版发行　生活·讀書·新知 三联书店
　　　　　（北京市东城区美术馆东街22号）
邮　　编　100010
印　　刷　常熟高专印刷有限公司
排　　版　南京前锦排版服务有限公司
版　　次　2019年1月第1版
　　　　　2019年1月第1次印刷
开　　本　720毫米×965毫米　1/16　印张　36.5
字　　数　522千字
定　　价　98.00元

《汉学大系》总序

　　世界总是在不断地变化。历史上,有些文明消失了,有些文明则不断壮大,逐步形成了现代世界的格局。进入 21 世纪,世界格局面临新的调整,美国人塞缪尔·亨廷顿的《文明的冲突与世界秩序的重建》认为,不同文明的冲突将导致未来社会的对抗。这个观点值得警惕,也值得研究。做好中国自己的事,勇敢面对挑战是我们面临的任务。

　　中国文明发展了几千年,历史上曾经有过自己的辉煌,但是清朝后期,由于没有科学民主的现代理念,曾经落后挨打,令多少志士仁人痛心疾首。新中国成立后,经过一个甲子年的现代发展,中国又迎来了一个快速崛起的历史新时期。

　　中国文化现代性的发展,一方面要学习国外的先进经验,促进科学技术的发展与社会的进步;另一方面要不断回溯历史,在历史的记忆中寻求民族之根。当今世界的寻根与怀旧实际上都有现实的基础,它是民族凝聚力的根源。在回溯历史的新的阐释中,一个新的历史轴心期即将来临。

　　编纂《汉学大系》丛书就是为了探求中华文化的历史起源、学术源流、基因谱系、思维模式、道德价值等,为实现中华文化的历史复兴奠定基础。

　　"汉学",是一个历史的概念,因时间与空间的不同而发生变化。究其变化之因,皆因对"汉"字的理解与运用不同所致。"汉"字既可指汉代,也可指汉族,还可以作为中华民族的代称。"汉文化"可以指两汉文化,也可以代指中国传统文化。所以"汉学"一词在不同的语境中有不同的内涵,可以指两汉的学术文化，可以指清代的汉学流派，也可以指中国及海外关于中国文化的研究。具体来看，汉学研究范围以经学为中心，而衍及小学、音韵、史学、天算、水地、典章制度、金石、校勘、辑佚等，引证取材多集于两汉。"汉学"一词在南宋就已出现，专指两汉时期的学术思想。清朝汉学有复兴之势，江藩著《汉学师承记》，自居为汉学宗传。汉学又称"朴学"，意为朴质之学。"朴学"重考据，推崇汉儒朴实学风，反对宋儒空谈义理。现代"汉学"或称作"中国学"，自20世纪80年代以来，或称"海外汉学"，是国外的学者对有关中国方方面面进行研究的一门学科。

梁启超在《清代学术概论》中提出清代汉学的复兴是对当时理学思潮的反动，其学术动力就是来源于复汉学之古；钱穆在《清儒学案》中认为，汉学的兴起是继承与发展传统的结果；侯外庐在《中国思想通史》等著作中认为，清代汉学思想的发展动力是"早期启蒙思想"。

在国外，相关的研究称为Sinology（汉学），有的称为Chinese Studies（中国学）。Sinology或Chinese Studies是国外研究中国的学术总称，它们具有跨学科、跨文化的特征，反映着世界范围内的学术变化及学术发展趋势。

在西方，主要是欧洲，严格意义上的汉学研究已经有400多年的历史。这一学科的形成，表明了中国文化所具有的世界历史性意义。从汉学发展的历史和研究成果看，其研究对象不仅仅是中国汉民族的历史和文化，它实际上是研究包括中国少数民族历史和文化的整个中国的学问。由于汉民族是中华民族的主体，而且汉学最初发轫于汉语文领域，因而学术界一直将汉学的名称沿用下来。汉学只是一个命名方式，丝毫没有轻视中国其他民族的含义。经过几百年的发展，西方汉学已经形成三大地域，就是美国汉学、欧洲汉学和东亚汉学。

21世纪以来，随着全球一体化的进程，国内外汉学的研究，又形成了一个热潮。在新的历史条件下，中国学术界也需要发出自己的呼声。海外汉学与中国本土学术只有进行跨文化对话，才能洞悉中国文化的深层奥秘；中国学人向世界敞开自己，才能进一步激活古老的传统和思想的底蕴。

因此，汉学是继承先秦诸子文化在汉代统一性国家建立基础上形成的中华民族的学术。"汉学"的研究中心是以中华民族统一性的价值观为主体，以汉语言为基础，以汉字为符号载体的文化共同体。汉文化是融合了不同民族、不同区域文化而形成的一个文化统一体。从人类文明发展史来看，这个文化与基督教文化、佛教文化、伊斯兰教文化有着不同的发展模式与价值体系。"汉学"作为中国传统学术流派的称谓，常常与"国学""经学"相混，也有人赋予"汉学"以新内涵，将国内的中国学研究也称为"汉学"，这可以称为"新汉学"。汉民族是历史上多民族长期交流融合的结果，历史上形成的汉语、汉字及独特的汉文化对中国文明以至世界文明都产生了巨大影响。汉学就是对建立在汉语、汉字、汉文化基础之上的中华民族的学术传统的学理性探讨。

　　中华文化在历史上就对世界产生过影响，中外文化交流一直是世界历史的一部分，16世纪以来，中华文化进一步引起了西方的注意，西方汉学研究也随之兴起。西方人的汉学研究是基于他们的文化立场，研究虽然取得了一些成果，但是也有一些误读。目前，时代赋予了我们新的历史使命，本课题就是基于目前中国的现实需要对"汉学"学术内涵进行的基础研究。

　　由于历史原因，一段时间内汉学研究在国外得到发展，国内研究反而滞后，国内外有些研究机构因此把汉学仅仅看成外国人对中国的研究，这无疑缩小了汉学的视域。西方有些国家从自身战略利益出发，正在通过各种渠道争夺中国的学术资源。今天我们有责任对民族文化进行深入系统的研究，为中华民族的现代复兴打下深刻的话语基础。文化是一个民族生存的基础，保护民族文化基因就是我们面临的一个重要的历史任务。

　　《汉学大系》丛书的编纂意在促进汉学的历史回归，它既是对汉学内涵的理论建构，也是对汉文化研究成果的学术汇编；既是对"国学"基因谱系的深度描述与重新阐释，也是对国外汉学研究历史的重新定位，更是在新的历史形势下对中国传统文化价值进行的一次新发掘。

　　目前中国的发展到了一个历史的转折点。过去我们大量翻译了西方的学术著作，促进了中国对国外的了解，也给新中国的建设奠定了基础；但是，长期以来，我们对传统文化否定破坏的多，肯定继承的少，中国传统学术在西学的影响下逐渐式微。现在中国面临一个新的发展机遇,就像西方的文艺复兴时代回归古希腊罗马文明一样,中国新的历史复兴将在恢复传统文化的基础上,指向科学民主繁荣昌盛的未来。

《汉学大系》丛书是关于汉文化学术成果的集约创新,既是对"汉学"内容的研究,又是对"汉学"内容的确定;既有深入的学术探讨,又有普泛性的知识体系;既有现代性的学科划分与学术视野,又有现代性的学术理念与学术规范。《汉学大系》旨在恢复汉代经学的原典传统,对经典进行现代性的阐释,从经学原著中深入挖掘对现代社会普遍有效的思想资源;明确中国汉学的智慧传统,为中国文化的复兴寻找历史的深度;以汉代汉学为正统,以清代朴学与海外汉学为两翼,深入探讨汉文化之源。

丛书将对汉学的内涵进行发掘、整理、探讨。将汉学历史的考据与研究同步进行;经典阐释与主题研究并重;历史的考据与新出土的文物相互发明;古典文献与出土简牍对应解读。以汉代的现实生活与原典为基础,兼及汉代以后的发展,参以海外汉学的不同阐释,通过比较来探讨汉学的真正内涵,寻求中华文化的话语模式,进而形成自己的话语权。同时,发掘中国的智慧,促进新观念的变革,促进社会进步,最终实现大同世界的美梦。

朱存明

2014 年 7 月 8 日

目录

汉画像以图像的形式，形象生动准确地记录了汉代的民俗，为我们从一个形象直观的角度了解汉代民俗提供了不同于文字记载的资料。在中国古老的传说中就有夏"铸鼎象物"的审美观。《易》曰："河出图，洛出书，圣人则之。"可见"图"和"书"在古代是并重的，而且由来久远。可惜后来随着文字符号成为主要的信息传播工具，图谱日亡而书独存。汉代图像的出土，为我们从一个新的视角研究古代民俗文化提供了新的研究对象。汉代许多独特的民俗，以其百科全书式的图像形式表现在汉画像中。

一、汉画像与民俗研究

汉画像包括汉画像石、砖、壁画、帛画等图像资料。对汉画像的著录始于宋代。民国以前，汉画像主要在金石学中得到研究。19世纪中叶以来，汉画像逐渐得到考古学界和美术史界的重视。中华人民共和国成立前，鲁迅曾广为搜集汉画拓片，容庚1936年出版有《汉武梁祠画像录》。新中国的汉画研究也形成了高潮，中国汉画学会已开十五届年会，取得了不少研究成果，如信立祥的《汉代画像石综合研究》、顾森的《中国汉画图典》、李凇的《论汉代艺术中的西王母图像》、张道一的《汉画故事》等著作数十种。国外学者也对汉画像进行了许多研究。在日本，就出版有 10 余种汉画像研究的著作。如林巳奈夫的《汉代的鬼神世界》（1974）、曾布川宽的《昆仑山与升仙图》（1979）、佐原康夫的《汉代祠堂画像考》（1991）等。中国学者巫鸿 1989 年在美国用英文发表了《武梁祠研究——中国古代的画像艺术的思想性》，在美国引起对汉画像艺术的兴趣。

汉画像的研究有金石学的、美术学的、考古学的、艺术学的，这几方面的研究已经取得一定的成绩，但是，汉画像中所反映的汉代民俗文化研究还未受到应有的重视。虽然汉画像的研究总是与汉代的民俗有一定的关联，但是我们的研究还未有十分自觉的研究意识。我们应该着重对汉画像与汉代的民俗进行研究，通过研究汉画像中的图像、符号与汉代民俗之间的关系，进而探讨中国传统民俗文化的表征功能和意义世界。我们认为，作为刻画在祠堂、坟墓、石棺、石阙或帛上的图像，汉画像反映了汉代的民俗生活，系统地表现了汉代人对宇宙、时空、生死、人鬼、仙妖等的民俗观念和信仰。

在汉代的民俗信仰中，对天地的信仰是一个重要的方面。因为人总是生存于天地之间。在汉代，特别重视人在宇宙中的地位，天人关系一直是学术探讨的对象与政治信念的支撑。民俗中充满宇宙的象征主义信仰。

给宇宙一个固定的模式，并按这一模式的演变来生存，是整个人类文化的表现。中国古代文化表现为一种宇宙象征性的，就是一个必然的选择。在理解宇宙象征主义的时候，米尔恰·伊利亚德（Mircea Eliade）的理论给我以极大的启示。他认为民俗宗教的象征，是一种宇宙的象征论。列维-斯特劳斯和道格拉斯认为，古代人生活在一个活的宇宙中，人是活的宇宙的一部分，人与宇宙是一体的，不是分裂的、分化的和异化的，世界的结构就是一个巨大的象征体，是有生命的、有神性的存在物。作为表现死亡的艺术，画像石、画像砖则是那个时代人宇宙观的表现，不仅地上的祠堂画像是宇宙观的形象体现，地下的墓穴也是宇宙的象征的表现。天文图、祥瑞图、升仙图，无不是在一个宇宙象征的模式中加以图式化的。

文化象征来源于极古老的文化传统，远古的巫术、神话、仪式、宗教、民俗、信仰，往往是文化象征的源头。中国文化的一个很大的特点就在它的象征性，了解中国文化首先就是要从人类大量的历史材料中去梳理出一条象征符号的线索，从知识考古学方面来确定其象征内涵。费迪南德·莱森（Ferdinand Lessing）曾说：中国人的象征语言，以一种语言的第二种形式，贯穿于中国人的信息交流之中；由于它是第二层的交流，所以它比一般语言有更深入的效果，表达意义的细微差别以及隐含的东西更加丰富。[1]

在中国文化中，天地不仅是天文学研究的主要对象，也是古代哲学、美学探讨的主要课题，许多思想家、文学家都经常要谈天说地。如屈原的《天问》等。[2] 这种对宇宙的追问，实际是对人自身的追问，不了解中国人的宇宙观，就不能了解中国文化的本质。李约瑟说："对于中国人来说，天文学曾经是一门很重要的科学，因为它是从敬天的'宗教'中自然产生的，是从那种把宇宙看作是一个统一体，甚至是一个'伦理上的统一体'的观点产生的……这是从最早的时期开始就已贯穿在中国历史中的一条连续的线索。"[3] 中国古代天文与人文总是相联系的，探讨天的问题，目的落在人事上。列维-布留尔就把《史记·天官书》的记载，看成是一种"原始思维"的表现。[4] 奥地利人纳特根据古代中国人把天文学家（占星家）"放在部长和国务卿一级的职位上"，而把中国人看作可怕的野蛮人。[5] 他根本不知道中国古代的农业文明与天文历法之间有多么重要的关系。现在的情况则有了很大的变化，法国的中国宗教史家施舟人（K·M·Schipper，1934—　）认为，西方的控制论和宇宙论都与中国

[1]　[美] W·爱伯哈德著，陈建宪译，《中国文化象征词典》，长沙：湖南文艺出版社1990年版，第3页。

[2]　荀卿的《天论》，淮南子的《天文训》，司马迁的《史记·天官书》，董仲舒的《天人之策》，王充的《谈天》《说日》，柳宗元的《天说》《天对》。

[3]　[英] 李约瑟，《中国科学技术史》（第四卷），北京：科学出版社1975年版，第1、2页。

[4]　[法] 列维-布留尔著，丁由译，《原始思维》，北京：商务印书馆1985年版，第498页（作者后记）。

[5]　[英] 李约瑟，《中国科学技术史》（第四卷），北京：科学出版社1975年版，第2页。

思想有着至关重要的关系。如荣格的宇宙论，就通过威尔海姆（Richard Wilhelm）翻译的道家书籍与中国哲学有着直接的关联。[1] 他研究《老子中经》认为，中国人的"宇宙观建立在人类自身的基础之上，通过想象人体内存在一个内宇宙，并以此观察天地境界的对象"。他设想，通过一些图片可以了解宇宙的景象，并提出"汉墓中出土的神明图，都可与《老子中经》进行比较的研究"。[2] 汉画像中的天文图像，不是科学天文学的对象，而是民俗信仰中的有灵性的天，北斗帝星、嫦娥奔月、牛郎织女、金乌玉兔、风伯雨师、日月合璧等天文图像，就是这种民俗信仰的产物。

二、天的神圣性

天空给人们的印象是一个中部隆起，四周下垂的半球形，这就是天穹。太阳、月亮以及所有的行星，似乎都是在天穹上运行的。半球形的天穹的最高点，就是天顶。无论观测者处在何地，任何一个观测者都好像处在半球形天穹的球心，又是圆而平的地面的中心，天顶始终位于他的头顶上。这就是天和地给予人的直觉印象。南北朝的鲜卑族歌手斛律金所歌唱的"天似穹庐，笼盖四野"所描述的就是这样的印象。

在中国古代民俗中，天地的形态往往被概括为"天圆地方"。表现在符号和图像上，便往往用圆和方作为宇宙模式的象征。汉代典型的墓穴往往做成上圆下方的形状，复杂一些的大型墓室的主室往往造成拱形的穹隆顶，便是"天圆地方"宇宙论的象征表现。[3]

天文考古学已经证明，墓穴再现"天圆地方"的宇宙模式，可以追溯

---

[1] 参阅［瑞］荣格著，杨儒宾译，《东洋冥想的心理学——从易经到禅》，北京：社会科学文献出版社 2000 年版。

[2] ［法］施舟人，《中国文化基因库》，北京：北京大学出版社 2002 年版，第 109 页。

[3] 朱存明，《汉代墓室画像的象征主义研究》，《民族艺术》，2003 年第 1 期；《汉代祠堂画像的象征主义研究》，《民族艺术》，2003 年第 2 期；《汉代棺椁画像的象征模式》，《民族艺术》，2003 年第 4 期；《四川石棺画像的象征模式》，《民族艺术》，2004 年第 4 期。

到遥远的古代。1987 年 6 月在河南省濮阳市的西水坡发现了 45 号墓，墓作盖天图式，墓主骨架两侧发现用蚌壳精心摆塑的龙虎图案，在脚部发现两根人的肋骨。经研究"这种奇特的墓穴形制，正是古老的盖天宇宙学说的完整体现"[1]。苍龙、白虎象征天象，同时龙虎又有沟通天地的功能，墓象征人死后升天的原始信仰，其年代大约在公元前 4400 年左右。[2] 另外，安徽含山凌家滩出土公元前 3000 年新石器时代的洛书玉版也是天圆地方的象征。[3] 太湖流域发现的良渚文化中的大量的玉琮，作外方内圆，被看作一种宇宙的象征，是沟通天地的一种礼器。1978 年在湖北省随县擂鼓墩发现了公元前 5 世纪的曾侯乙墓，出土的器物中有一漆箱星象图，被看作古人宇宙观的形象表现。[4] 战国末期和两汉时代，在宇宙论和天地观方面，曾展开过热烈的讨论。周髀学派以后被称作"盖天学派"。盖天说是最古老的一种宇宙学说。《周髀算经》记载周公和商高的对话，商高提到"方属地，圆属天，天圆地方"[5]。关于"天圆"的看法，根源于人对天穹的直观感受，对这种感受的表达只能通过比喻或象征。所以有人用蛋壳、覆碗或用盖笠、车盖来加以比喻。关于"地方"的理解存在很大分歧。有人把地方看成地是方形的，并用棋局、像切的豆腐块那样来形容大地。《大戴礼记·曾子天圆》记载单居离问曾参："天是圆的，地是方的，真有这回事吗？"曾参说："如果天是圆的地是方的，那么，圆的天就掩盖不了地的四角了。"曾子又说："我曾听孔老夫子说过，'天道是圆的，地道是方的'。""天圆地方"这里转化为一种人文意义的象征表现。[6]

---

[1] 冯时，《中国天文考古学》，北京：社会科学文献出版社 2001 年版，第 289 页。

[2] [法]列维-布留尔著，丁由译，《原始思维》，北京：商务印书馆 1985 年版，第 71 页。

[3] 安徽省文物考古研究所，《安徽含山凌家滩新石器时代墓地发掘简报》，《文物》，1989 年第 4 期。

[4] 谭维四，《乐宫之王——曾侯乙墓考古大发现》，杭州：浙江文艺出版社 2002 年版，第 105 页。

[5] 《吕氏春秋·有始》对盖天说有简要描述："极星与天俱游，而天枢不移。冬至日行远道，周行四极，命曰玄明。夏至日行近道，乃参于上。当枢之下无昼夜。白民之南，建木之下，日中无影，呼而无响，盖天地之中也。"公元 265 年左右，虞耸在《穹天论》中说："天形穹隆如鸡子，幕其际，周接四海之表，浮于元气之上。譬如覆奁以抑水，而不没者，气充其中故也。日绕辰极，没西而还东，不出入地中。天之有极，犹盖之有斗也。"

[6] 祖冲之的儿子祖暅在《天文录》中说："盖天之说有三体，一云天如车盖，游乎八极之中；一云天形如笠，中央高而四边下；一云天如欹车盖，南高北下。"

中国早期天文观，带有强烈的政治色彩，当天盖与地舆分离后，天地之间的联系则靠巫觋样的人物来完成。在《国语·楚语下》和《山海经》等古籍中，记载有群巫通天的事。人死后的世界，是人生前宇宙的模拟，人的灵魂借灵物而升天，生前人靠通天权的独享而获得政治地位，死后也要居住在宇宙的中央。

上古时代的天有两重意义，一是指有人格的上帝，一是指与地相对的天空。那时的人认为天是有意志的，人的行为应该向天学习，出于"敬顺昊天""法天则地"的观念，中国自商周以来即有"制器尚象"的传统。所谓"制器尚象"，就是依照天地的形象来制造各种器具或建筑物，体现了一种宇宙象征主义的文化观念。如古代礼制中的"明堂"，即是宇宙象征型的。[1] 明堂是"享上帝，礼鬼神，顺四时，行月令，祀先王，祭五帝"[2] 的神圣空间，它的形状是"上圆下方"的，它是仿照宇宙的样子设计的，是那种神圣空间的典型代表。

我们对汉代墓室的形制进行研究就会发现，汉代的那些因夯筑而得以残留的封冢遗址以及更晚的穹隆顶墓室的结构都是天圆地方观念的直观反映。汉墓室及其画像则是汉代人生死观和宇宙观的体现。汉画像石是一种因循性和传承性非常强的艺术，尽管其题材内容在种类和数量上始终不断增加，但从其本质意义和其所表现的宇宙范围来看，可以说从始至终绝少变化。这是因为，汉画像石并不是一种自由创造的艺术，它是严格按照当时民俗信仰中宇宙观念刻在石结构墓室、石棺、祠堂和墓阙上的。

---

[1] 汉代李尤《明堂铭》云："布政之室，上圆下方。体则天地，在国正阳。窗达四设，流水洋洋。顺节行化，各居其房。春恤幼孤，夏进贤良。秋厉武人，冬谨关梁。"《大戴礼记》："明堂者，古有之也。凡九室，一室而有四户八牖，三十六户，七十二牖。以茅盖屋，上圆下方。明堂者，所以明诸侯尊卑。外水曰辟雍。"《淮南子·主术训》："明堂之制，有盖而无四方；风雨不能袭，寒暑不能伤；迁延而入之，养民以公。"

[2] 〔唐〕欧阳询，《艺文类聚》卷三八，上海：上海古籍出版社 2007 年版，第 688 页。

汉代人不仅重视天的形态，而且重视天地的生成。天地的生成是人的经验之外的事，人无法观察到天地的生成过程，因此天地生成只能是理性思辨和天才想象的结果。汉代人宇宙生成论是一种气论的哲学。

汉代人认为宇宙的生成是元气运行的结果，人的生命也是元气的结果。古人认为气是生命之源。《管子·枢言》："有气则生，无气则死，生者以其气。""原始反终，故知死生之说，精气为物，游魂为变，是故知鬼神之情状。"[1]《庄子·知北游》提出"通天下一气"的命题，"生也死之徒，死也生之始，孰知其纪？人之生，气之聚也，聚则为生，散则为死"。

在这种宇宙生成论学说的影响下，汉画像中常有"云气画"的图像和符号，其象征阴阳二气或弥漫于宇宙之间的真气。《汉书·郊祀志》："文成言：'上即欲与神通，宫室被服非象神，神物不至。'乃作画云气车。"我们在山东嘉祥武氏祠前石室顶前坡东、西段画像中可以看到这种云气图。这里的天界神人，都笼罩在云气之间。云气的象征意义是明显的。汉代人认为，气为天地万物的本原，有"元气"才有万物。人的生命来自于元气，人死了就没气了。人的精神和人的灵魂，都是气的表现形式。王充《论衡·论死》曰："人未生在元气之中，既死复归元气。元气荒忽，人气在其中。"武氏祠前石室顶前坡东、西段画像中的这种云气图是汉代这种天地观的符号象征表现。

河南永城西汉梁王陵也发现了"云气画"。柿园汉墓的棺床室四壁及顶用泥涂平，在主室西三分之一部分顶部及南、西壁上绘有面积 30 平方米的彩色壁画，在壁画的四周边框及龙虎图像的周围绘有大量的云气纹缭绕的装饰图案，被确定为《汉书》记载的"云气画"。[2] 这种云气的画像，

---

[1] 《管子·内业》云："凡物之精，化则为生。下生五谷，上为列星；流于天地之间，谓之鬼神；藏于胸中，谓之圣人，是故此气。"
[2] 河南省商丘文物管理委员会，《芒砀山西汉梁王墓地》，北京：文物出版社 2001 年版，第 356 页。

在陕北榆林、绥德、神木大保当的画像中也常见。[1] 其画像围绕墓门展开，门上有日月星辰、神灵仙界，左右门柱上有奇禽异兽、仙草树木，往往有云气画缭绕其间，贯通天地。

气又可以分为阴阳二气，《老子》曰"万物负阴而抱阳，冲气以为和"。汉代的董仲舒将阴阳学说纳入自己的思想体系，建立了一套阴阳哲学。汉画像受到这种阴阳观的影响，往往用一些图像加以象征性的表现，如用伏羲女娲交尾图像象征阴阳。

四、神圣的死亡

扬雄在《法言》中说："有生者必有死，有始者必有终，自然之道也。"人是有反思能力的，死在人的思考中占有极大的位置。人虽然不知道自己什么时间会死，人却能确信自己会死。别人的死是可见的事件，它只确定了人自己也会死的认识。但人又有生的本能来排斥死亡。[2] 于是人类形成了种种丧葬的习俗、灵魂的信仰、祖先的崇拜、永生的追求。在民族的信仰中死亡已经转化为一种文化。

根据"两元对立"的观点，人们相信死后也有一个世界，生界和死界才构成一个完整的宇宙。《列子·天瑞篇》说："死之与生，一往一反。故死于是者，安知不生于彼？"但死后的世界只能是一个幻境，是人的生存的现实世界的一个摹本。中国人更注重人在宇宙中的地位，在营造的一个个小宇宙的模式中生存。人们相信自己营造了宇宙的图式，就掌握了无定数的命运。

人喜生而厌死，但是死亡仍然要来临。为了摆脱死亡的恐惧，人幻想出一种不死的信仰，这就是升仙。在汉代画像中，有相当一部分是关于神

---

[1] 见中国画像石全集编辑委员会编，《中国画像石全集》第5卷"陕西、山西汉画像石"，图57-67等，济南：山东美术出版社2000年版。

[2] [美]诺尔曼·布朗，《生与死的对抗》，贵阳：贵州人民出版社1994年版，第8页。

仙和升仙的图画。这种图画存在于墓室画像、祠堂画像与椁棺的画像中。

汉代人把宇宙看成天圆地方的，墓室图像都模仿这一图式；又根据宇宙生存论的"元气"说，往往在图像中刻画"云气画"。但人们对宇宙的认识和生成的认识，都不是人认识世界的目的。宇宙只有成为人类生存的环境，并根据天地的自然之道而为人所利用时，宇宙论才对人生有意义。升仙图就要放在这个宇宙论的图式中，才能显示其巨大的价值。中国古代没有创造出一个一神教的唯一的上帝，而是在个体生命的基础上创造了神仙的信仰和传说。在两汉的信仰中，神仙的信仰是极盛的，追求羽化成仙不仅是封建帝王、豪门贵族追求的目标，而且也成了平民百姓的理想愿望。

中国古代关于成仙的神话传说，有着宇宙论的根源。宇宙的图式有二维的和三维的，二维平面的图式便是太极、两仪、四象、八卦。三维的图式，便是有上下四方，垂直的宇宙表现为天、地、人。按照中国古代气论的哲学，天、地、人都是由气化生的，人的生命也是气化的结果。"有气则生，无气则死"[1]，"人之生，气之聚也，聚则为生，散则为死"[2]。这种气，在中国古代称为"精"或"魂"，或称为"精神"和"灵魂"。按照中国古代宇宙生成论，天是清气上升的结果，地是浊气凝聚的结果。因此，人的精气在人死了以后便可以分化，融入宇宙之气中。汉代人特别相信鬼神，认为人死后灵魂仍然存在，人的灵魂属于天，形骸属于地。《淮南子·精神训》曰："圣人法天顺情，不拘于俗，不诱于人。以天为父，以地为母；阴阳为纲，四时为纪；天静以清，地定以宁，万物失之者死，法之者生。"《淮南子》认为神仙家是顺应宇宙本体进行的修炼。天地是从混沌的虚无中产生的，人也是由阴阳二气所产生的，所以人要法天顺情，清净自守，炼气养神，才能长生。

按照汉代人的天地观，天上是诸神的世界。我们在司马迁的《天官

---

[1] 《管子·枢言》。
[2] 《庄子·知北游》。

书》中看到对这个世界的描绘，那里简直就像地上的一个国家。[1] 司马迁说："文史星历，近乎卜祝之间。"《天官书》所描绘的天不是自然的天，而是占星术中的天。天庭是人类社会的表现。

汉代的人相信，人死了以后可以升入天上的仙界。葛洪说："按《仙经》云，上士举形升虚，谓之'天仙'。中士游于名山，谓之'地仙'。下士先死后蜕，谓之'尸解仙'。"据此，升仙的路又是不同的。汉画像中多描写天庭的形象。例如山东嘉祥武氏祠堂的几幅天庭的画像、河南洛阳的汉代卜千秋壁画墓的天象图、四川出土的石棺顶盖上的龙虎衔璧与牛郎织女天象图等。天界往往有主宰生死的大神西王母和东王公，羽化成仙是汉代人的真诚信仰。这是因为在人的眼中，只有鸟儿才能在天空自由地飞翔，人要飞升，当然要生出羽毛。这是天仙。还有的图像，描绘的是昆仑山的仙界内容，东王公和西王母及其随行，端坐在昆仑悬圃之上。[2] 这里是天帝所居，仙人群集的昆仑之丘和增城的情况，有"饮之不死"的丹水，"登之乃灵"的悬圃，有"众帝所从上下"的建木，还有"不死树"等。

按汉代人的生死观，人死后形体要归为幽都、地府。我们在《楚辞·招魂》中看到描述的幽都。那里有"土伯九约""叄目虎首"等妖怪。王逸注："幽都，地下后土所治也，地下幽冥，故称幽都。"地府就是黄泉之国，是死者的世界。在汉代的墓中，发现一些陶瓶和铅券上有一些朱书

---

[1] 《天官书》索隐云，"天文有五官。官者，星官也。星座有尊卑，若人之官曹列位。"正义引张衡云："文曜丽乎天，其动者有七，日月五星是也。日者，阳精之宗；月者，阴精之宗；五星，五行之精。众星列布，体生于地，精成于天，列居错峙，各有所属，在野象物，在朝象官，在人象事。其以神著有五列焉，是有三十五名：一居中央，谓之北斗；四布于方各七，为二十八舍；日月运行，历示吉凶也。"《史记》卷二十七，中华书局 2000 年版，第 1115 页。

[2] 《淮南子·墜形训》记载有关于昆仑山完整的仙话二则："禹乃以息土填洪水以为名山。掘昆仑虚以下地。中有增城九重，其高万一千里百一十四步二尺六寸。上有木禾，其修五寻。珠树、玉树、璇树、不死树在其西，沙棠、琅玕在其东，绛树在其南，碧树、瑶树在其北。旁有四百四十门，门间四里，里间九纯，纯丈五尺。旁有九井玉横，维其西北之隅。北门开以内不周之风。倾宫、旋室、悬圃、凉风、樊桐，在昆仑闾阖之中，是其疏圃。疏圃之池，浸之黄水，黄水三周复其原，是谓丹水，饮之不死。"其二："昆仑之丘，或上倍之，是谓凉风之山，登之而不死；或上倍之，是谓悬圃，登之乃灵，能使风雨；或上倍之，乃维上天，登之乃神，是谓太帝之居。扶木在阳州，日之所曊。建木在都广，众帝所自上下，日中无景，呼而无响，盖天地之中也。"

和墨书的镇墓文，从中可以看到汉代人关于幽都、地府的观念。

汉人认为不仅有阴间和阳间，而且阴间也有它的最高主宰。镇墓文中常提到"生人属西长安，死人属东太山"。《搜神记》曰："胡母班死，往见泰山府君。"在汉代泰山是幽都。从墓葬制度考察，地下的幽都对人来讲是阴森、可怕、黑暗的，上天是光明的，因此汉人对死后世界的描绘是幻想一条升仙的路。

考察汉代墓室、祠堂和椁棺画像所表现的汉代民俗，我们可以描绘出一条升仙的路。人死后归土，在那儿肉体融入大地，但灵魂则是存在的。如果采用玉衣殓尸等方法，可以保持尸身的不腐，为灵魂找到寓所。人的灵魂乘车马出行，沿甬道进入地上的祠堂接受后人的祭祀，在祭祀以后踏上一条升仙的路。升仙的工具很多，代表性的有龙、凤、龙车、鹿车、羊车等。在天上有天门，天门往往用"双阙"表现，天门前有守门的天神接应。天上有主宰生死的大神西王母和东王公。那里有奇禽异兽，有操不死药的羽人、玉兔、蟾蜍，有三青鸟和九尾狐等。那里还有装满粮食的"太仓"，有摇钱树、不死药等。这些仙界的圣物不过是人的食、色、福、禄、寿等欲望的符号表达，借升仙的信仰而象征性地传达出来。

从汉画像的图像志考察，升仙有三种样式：一是升天式，西王母是天界的主宰，她戴胜端坐在龙虎座上。二是登仙式，西王母及其随行安坐在昆仑悬圃之上。三是羽化成仙式，人不再经历死亡与入土，而是白日飞升。《抱朴子》说：仙有三等，上等肉身飞升，称"天仙"；中等长生不死，优游于名山海岛，称"地仙"；下等肉身不得不死，死后身心蜕化，永生于天上、仙山或"地下主"，称"尸解"。[1]

汉画像中的民俗信仰，在现代仍然有其现实意义。对人来讲，人活着是所有问题的出发点，生命总表现为宇宙中的生命，具体说人是生存在天地之间。因此，对天地的认识就是人类一个永恒的话题。人的生存受制于自然：昼夜的转换、四季的交替对人类来讲都是至关重要的；日月星辰

---

[1] 〔晋〕葛洪撰，张松辉译注，《抱朴子》，北京：中华书局 2011 年版，第 59 页。

的移动、风雨雷电的变化，与人的生命息息相关。汉代人认识到了天的这种奉养属性，所以把天的地位放得很高。天的奉养属性在于它的四序分明，生养万物，给人带来惠利，这样才能对人构成生活的价值。人仰观象于天，俯观法于地，靠自己的能力创造了一个象征符号的世界。在创造符号的过程中，再现宇宙的形态是一个最根本的认识冲动与审美冲动。汉代人认为天不是一个纯自然性的天，天文和人文又是相对应的，天还有道德的属性。古人观察到自然的和谐有序，认为人的礼仪也应与天的秩序异质同构。

天人同构就产生美。[1] 宇宙是自然的，对宇宙的言说则是人文的。存在只能通过人来表现它自身。当人们把宇宙与天地当作"大道"来看待时，人对天地的看法就具有了审美的属性。

（作者 朱存明）

---

[1] 《乐记》说："天尊地卑，君臣定矣；卑高已陈，贵贱位矣；动静有常，大小殊矣。方以类聚，物以群分，则性命不同矣。在天成象，在地成形。如此，则礼者天地之别也。地气上升，天气下降。阴阳相摩，天地相荡。鼓之以雷霆，奋之以风雨，动之以四时，暖之以日月，而百化兴焉。如此，则乐者，天地之和也。"

第一章

汉画像神树形象研究

神树崇拜是一个世界性的文化现象，古今中外各个民族都有关于神树的记载，汉民族在绵延几千年的历史文化进程中同样衍生出了神树崇拜的习俗，不论是土地祭祀中的社树，还是三星堆高大的青铜神树，以及《山海经》中记载的神木扶桑、若木、建木，都是神树崇拜的表现。汉画像中有大量树木刻画，其中尤以神树扶桑和松柏生命树为常见。这些树木刻画虽然不排除有些已经带有生存意义之外的意味，但是笔者认为：大量树木尤其是"异于群类者"的桑树、松柏生命树意象的反复出现，应该是神树崇拜信仰在汉代的集中表现。人的生命和存在所依靠的东西，对于人来说，就是神。树木强大的生命力和生殖力在汉代人看来就是永恒生命的象征，就是他们生命和存在所依靠的东西。依靠这些简单的符号刻画，死后的世界对于汉代人来说总算少了些莫测的恐怖，多了份再生的希望。

这种执着的对于永恒生命的追求的观念并不是凭空产生的，它有着深厚的民俗传统文化底蕴作支撑。其中，以儒道两家为代表的民俗生命价值观对汉代神树崇拜文化产生了巨大的影响。

本章分析了汉代祠堂、棺椁墓室画像中的树木形象，旨在探析汉代人的思维模式和时代信仰，挖掘民俗传统生命观对汉代神树崇拜的影响，展示神树崇拜现象中蕴含的生存美学底蕴，了解汉民族追求永恒生命的生生不息的生命意识。

一、汉画像神树形象及中国古代的神树崇拜

汉画像中的树木形象不少，我们不否认有些树木刻画在长期的历史演变中已经具有了某些非生存意义之外的意味，即一定程度上的生活气息，但是我们也要看到，汉文化继承了富于浓郁神巫色彩的楚文化，信鬼好祠、重神厚巫的楚文化对汉文化不能不产生影响。况且这些树木图像又是刻画在"神鬼之地"的墓地、祠堂、棺椁，刻画位置的特殊性也影响了其本身意义的丰富性。从远古先民对树木的纯自然拜祭到后期树木崇拜的世俗化倾向，人类对树木的认识走过了一条漫长的道路。我们从汉画像中的树木刻画入手，试图揭开那遥远年代的神秘信仰。

（一）汉画表现的神树

有关汉代社会的图像资料，最丰富的莫过于出土的汉代画像石、画像砖了，这些画像题材已经成为研究汉代社会生产、生活情况的重要资料。在出土的汉画题材中，除了神话故事、人物传说之外，还有大量的树木图像的存在，这些树木图像有的与鸟搭配，有的与房屋搭配，有的矗立在祠堂和阙旁，有的在棺椁墓室里，还有的干脆单独存在。这些树木图像一方面丰富了汉画像的图像表现，另一方面通过这种视觉的冲击，让我们了解了那个时代的神秘信仰。"布克哈特认为，只有通过视觉作品，某个时代的隐秘的信仰和观念才能传诸后人，而这种传递方式是最可靠的，因为它是无意而为的。"[1]

我们所能见的对汉画像中树木图像的研究比较深入并有成果的是蒋英炬和信立祥两位学者。蒋英炬在《汉代画像"楼阁拜谒图"中的大树方位与诸图像意义》一文中，明确指出这种楼阁旁的大树是桂树，"'楼阁拜谒

---

[1]　孟建、[德]Stefan Friedrich 主编，《图像时代》，上海：复旦大学出版社 2005 年版，第 164 页。

图'中楼阁东边的那棵大树，依据邢君文章的考证推断，与和林格尔壁画墓中有'立官桂树'榜题的大树及树下张弓射鸟之人的图像属于同一格套和模式。又立官与桂（谐贵）树连言，'立官桂树'所含的加官进爵、成就富贵的寓意，与射雀（爵）射猴（侯）完全相通。由此，楼阁东边的那棵大树（虽无题榜），也可推断为桂树"[1]。信立祥在《汉代画像石综合研究》中则专门讨论了祠堂画像中"楼阁拜谒图"旁边的大树形象，他说："祠堂后壁'楼阁拜谒图'中的树木就是普通的树，树木所在之处是祠主在世子女可以自由活动的地方。笔者认为，图中所表现的场景就是墓地，树木和楼阁双阙一样，都不过是墓地的象征物。"[2]"楼阁双阙旁的树木是墓地中种植的'灵木'，树下停放的车和马是祠主往来地下墓室和祠堂之间的交通工具，树木旁的射猎者是为墓祭准备牺牲的祠主子孙。"[3]

靳之林在《生命之树与中国民间民俗艺术》一书中认为汉画像中的树木刻画都是扶桑树及其变形，它们的作用都是通天通阳通神，"汉画像石、画像砖中把扶桑树、生命树与射阳的箭头形象统一起来，成为一个概括性的符号，顶上一个太阳圆形、同心圆形、柿蒂纹或太阳鸟，都是生命之树的通天符号和射阳射日的符号的合一，这是常见的"[4]。

汉画像中的神树形象众多，几乎每一个地方都有神树形象的刻画，这表明了神树崇拜信仰的普遍性，神树的种类也因时代和地域的不同而有所区别，下面我们讨论两种最常见的神树以说明汉代普遍流行的神树信仰。

1. 神树扶桑

在说明这种神树刻画之前我们有必要先讨论一下扶桑神树出现的场

---

[1] 蒋英炬，《汉代画像"楼阁拜谒图"中的大树方位与诸图像意义》，载《艺术史研究》（第6辑），广州：中山大学出版社2004年版，第155页。
[2] 信立祥，《汉代画像石综合研究》，北京：文物出版社2008年版，第98页。
[3] 同上，第102页。
[4] 靳之林，《生命之树与中国民间民俗艺术》，桂林：广西师范大学出版社2002年版，第219—220页。

合——祠堂。根据"古不墓祭"的传统，先秦时期没有在墓地举行祭祖活动的习俗，《周易·系辞传下》："古之葬者，厚衣之以薪，藏之于中野，不封不树。"[1]人们祭祀祖先的活动都是在城邑中的宗庙里进行，宗庙不仅仅是祭祀祖先的地方，同时还是举行政治活动的场所。政治活动经常举行，为了仪式的方便，宗庙都是建设在城邑之中的。所谓"左宗右社"，指的就是这种都城之中的宗庙和社稷坛。到了汉代，"古不墓祭"的传统被统治阶级打破，"陵旁立庙"的制度正式确立起来，统治阶级陵寝制度的变化对社会各个阶层不可能不产生影响，人们也开始在墓地营造祭祀祖先的建筑，这种建筑的功能跟宗庙的功能是一致的，可以这样说，它们就是墓地上的宗庙，只是宗庙的称呼为统治者所专属，这种普通人墓地上的"宗庙"只能称为"祠堂"。"先王之制，自天子至于官师皆有庙……（秦）尊君卑臣，于是天子之外，无敢营宗庙者，汉室公卿贵人多建祠堂于墓所。"[2]这就告诉我们，从西汉开始，墓地祠堂就是专门用来祭祀祖先的，祠堂后壁的"楼阁拜谒图""纯粹是表现孝子贤孙在墓地祠堂祭祀祖先的墓祭图"[3]，而这种双层楼阁必然是祭祀性的祠堂建筑。

我们来看祠堂画像"楼阁拜谒图"中的大树形象。从外形上来看，这些大树在构图和刻画方面有许多相似甚至相同的地方：首先，这些大树的树干粗壮并且弯曲（图 1-1 至图 1-5），好像刻画者故意凸显树木的强壮和生命力的旺盛；其次，在主干上方伸出两个次主干，或交叉或分权，以它们为起始点又分别生出许多小枝权，枝权上树叶密布。这些树叶个个自然舒展亭亭挺立，看起来饱满茂盛，枝枝叶叶相覆盖，使整个树冠形成圆形或弧形；再次，在树木顶上多多少少都有鸟儿在飞，树下面有车、马伫立旁边，且树木旁多有张弓搭箭的射者。

---

[1] 周振甫，《周易译注》，北京：中华书局 1991 年版，第 258 页。

[2] 司马光，《文潞公家庙碑》，载吕祖谦《宋文鉴》（卷七十六），见《四库全书》集部总集类二（第一三五〇册），台北：台湾商务印书馆 1983—1986 年版，第 786 页。

[3] 信立祥，《汉代画像石综合研究》，北京：文物出版社 2008 年版，第 101 页。

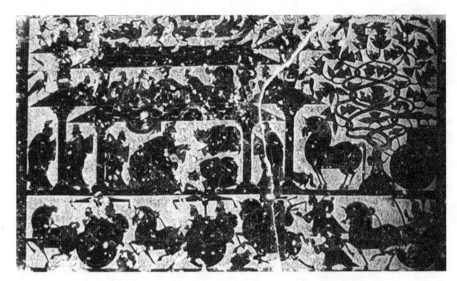

图 1-1　山东嘉祥宋山 1 号小祠堂后壁画像

图 1-2　山东嘉祥宋山 2 号小祠堂后壁画像

图 1-3　山东嘉祥宋山 4 号小祠堂后壁画像

图 1-4　山东嘉祥武氏祠前石室后壁小龛画像

　　　　　　　　　　　　　　　民俗之雅

图 1-5　山东嘉祥武氏祠左石室后壁小龛画像

　　蒋英炬先生曾经撰文指出楼阁旁边的大树为桂树，然而蒋先生由和林格尔墓室壁画"立官桂树图"推测"楼阁拜谒图"中的树木刻画皆为桂树，显然值得商榷。从图 1-6 和图 1-1 至图 1-5 的比较中我们可以看出，和林格尔墓室壁画"立官桂树图"与"楼阁拜谒图"中的大树形象，在形式和寓意上都有较大的差异。仔细观察图 1-1 到图 1-5，我们可以看出，这种树木刻画在整体表现上没有什么区别，在树干、树枝、树叶、配置物等方面表现出很强的一致性，我们把这种一致性看作创作上的规律性。这说明祠堂树木刻画已经具有一种模式化倾向。模式化的形成不是一时之力，它在很大程度上说明这种艺术形式已经发展到一定的阶段，这种模式必然有着确定的渊源，有一个由幼稚到成熟的过程。上述画像中的大树形象有没有造型上的渊源呢？

　　1965 年在四川成都出土了一个战国时期的"嵌错赏功宴乐铜壶"（见图 1-7），在壶的颈部有一组图案：一群女性游戏（或劳作）于两棵大树之间，这两株大树树干弯曲粗壮，整个树身微微向右前方倾斜，在主干的上方伸出两个次主干，与树身结合在一起呈"丫"状，次主干上又生出许

图1-6　内蒙古和林格尔墓室壁画

多小枝，枝上树叶密密麻麻，树叶大而挺立，树冠上方略呈圆弧形。无独有偶，在故宫博物院有另一个战国青铜壶，在壶的颈部同样刻画有大树形象（见图1-8），树的主干更加粗壮，主干上方两个次主干分立在两边，次主干围成弧形并接近圆的形状，树叶同样肥大。还有山西襄汾县出土的战国青铜壶，在其颈部同样有与上述两壶类似的树形纹样，树干的粗壮比起上述两件青铜器更是有过之而无不及，次主干和树叶的刻画则与上述器物相类似。反观"楼阁拜谒图"中的大树形象，它的主干更加粗大，稳稳地托住球形树身，有较强的稳重感，次主干交错纵横，支撑着球形树冠，构成圆润夸张的视觉效果，枝叶更加肥大，规律排列的心形树叶使画面更饱满，显示了精巧的构思。通过细节上的对比可以看出，两种图像在艺术表现上有直接的联系，它们有着相似的风格样式和艺术倾向。

据此，李立先生明确指出："战国青铜壶纹饰大树形象与汉画像'楼

图 1-7　四川成都百花潭出土嵌错赏功宴乐铜壶颈部图像（局部）

图 1-8　故宫博物院藏"宴乐铜壶"局部（出土地不详）

阁拜谒图'大树形象在艺术造型与艺术刻画上所存在的联系，应该是一种较为一致的艺术表现形式和艺术审美追求的体现。"[1] 从战国青铜壶大树形象的构图上我们可以认定，这是一幅"春日采桑图"。这种采桑图过去有学者进行过研究，画像仿佛再现了《诗经·豳风·七月》中所描绘的场景，"春日载阳，有鸣仓庚。女执懿筐，遵彼微行，爰求柔桑"[2]。再看"楼阁拜谒图"中的大树形象，树身粗壮，树叶肥厚，尽显桑树的苍翠古拙，次主干交叉纵横，易于人们攀登上去采摘树叶。二者体现出同样的构图特

---

[1]　李立，《汉画像"楼阁拜谒图"大树艺术组合构图意义再探》，载《汉画研究：中国汉画学会第十届年会论文集》，武汉：湖北人民出版社 2006 年版，第 289 页。

[2]　周振甫，《诗经译注》，北京：中华书局 2002 年版，第 214 页。

点，并同样是将现实生活中的桑树形象艺术化，由此，我们可以得出如下认识："楼阁拜谒图"中的大树形象继承了战国青铜壶上桑树形象的模式，并在简单模式的基础上表现出成熟的特征。它们都是从现实生活出发，在现实采桑活动的基础上进行了艺术的变形、夸张，并最终形成模式化的艺术倾向。所以，"楼阁拜谒图"中的大树形象无疑是桑树。

实际上，桑树形象并不仅仅局限于"楼阁拜谒图"，在汉画像中还有多处表现了桑树形象。

图1-9是山东嘉祥宋山出土祠堂侧壁画像，在画像的下部正中位置有一株大树，大树根部粗壮，树干弯曲呈"S"形，树干上方分出两根次主干，这两根次主干在分叉处交互缠绕，长满肥厚树叶的圆形树冠上面停留着数只小鸟，还有几只鸟正朝大树飞来。在树木的下方还停放着一马一车，马静静地立在树下，似乎在等待主人的归来。这种图像可以说是"楼阁拜谒图"的简约形式，到了后期，画面又增加了射鸟者和猴子等形象。

图1-10是山东微山县两城镇出土的画像石，画面下层中部是一株硕大的树木，主干粗壮弯曲，主干顶部两条次主干向两边分开，次主干上方的树枝以次主干为依托向上发展，树枝交互缠绕在一起构成球形树冠，几只小鸟正向大树飞来。树下数人，有静坐者，有骑马者，还有手持弓箭仰射者。图1-11、图1-12都是类似或者变形的桑树刻画。

在历史的发展中，桑树因其特殊的重要性，一直以来在人们的生活中受到重视和尊敬，"桑，众木之本"。桑树不仅能为人们的日常生活提供必要的物质资料，在很多神话传说里，桑树还具有使人脱胎换骨的神奇功效，《海内十洲记》："扶桑在碧海之中，地方万里。上有太帝宫，太真东王父所治处。地多林木，叶皆如桑……树两两同根偶生，更相依倚，是以名为扶桑仙人。食其椹而一体皆作金光色，飞翔空玄。其树虽大，其叶椹故如中夏之桑也。"[1] 桑树还是生命之树，关键时刻能够延长甚至挽救人的性命，《甄异传》有这样一个传说，"沛国张伯远，年十岁时病亡，见

---

[1]　郭璞注，《山海经》，北京：京华出版社2000年版，第107页。

图1-9　山东嘉祥宋山祠堂东壁画像

图1-10　山东微山县两城镇出土

图1-11　山东微山县两城镇出土

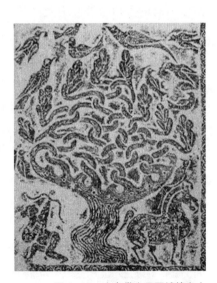

图1-12　山东微山县两城镇出土

太山下有十余小儿共推一大车。车高数丈，伯远亦推之。时天风暴起扬尘，伯远续桑枝而住，闻呼声便归，遂苏，后发中皆有沙尘。后年大至泰山，识桑如死时所见"[1]。泰山是人死后灵魂的归属地，张伯远死后魂魄到了泰山，后来因为被桑枝挂到而停止了前进，从而使他的生命得以延长。桑树在古代也是有名的社树，"汤乃以身祷于桑林……以身为牺牲，用祈福于上帝。民乃甚说，雨乃大至"[2]。这是古人以桑为社的明证。"燕之有祖，当齐之社稷，宋之有桑林，楚之有云梦也，此男女之所属而观也。"[3]齐之社稷与宋之桑林并称，这也告诉我们，"林与社同，所以桑林即桑社了"[4]。"武王胜殷，立成汤之后于宋，以奉桑林。"[5]这再一次向我们证明了桑树在历史上曾经充当过的重要作用。汉画像中的桑树又是怎样的一种树呢？

在上文中我们探讨过，墓地和祠堂是用于祭祀祖先的，汉画像中的桑树形象反复出现在祭祖要地——祠堂之中，那么这棵大树所包含的意义也必然要与祭祖的主题相关，任何祭祀不外乎两个主要目的：祈福和消灾。在升仙思想的影响下，汉代人祈福时最大的愿望莫过于宗族子孙繁荣旺盛及自己获得永恒的生命。我们从图 1-1 至图 1-5 中能发现一个共同的特点：所有的大树与楼阁中受拜祭者都是相对的，蒋英炬在《汉代画像"楼阁拜谒图"中的大树方位与诸图像意义》一文中根据这种相对应的关系，结合祠堂大门的开口方向，得出了大树始终位于楼阁东边的事实。他的推断是正确的，在阴阳五行思想看来，"木在东方。东方者，阴阳气始动，万物始生"[6]，东方也是神木扶桑的生长地和太阳升起的地方，"汤谷上有扶桑，十日所浴，在黑齿北"[7]。有太阳的地方就意味着生命，太阳的东升

---

[1] 李立，《文化整合与先秦自然神话演变》，昆明：云南人民出版社 2002 年版，第 139 页。

[2] 吕不韦，《吕氏春秋·顺民》，上海：上海古籍出版社 1996 年版，第 134—135 页。

[3] 吴毓江，《墨子校注》（上册），北京：中华书局 2006 年版，第 332 页。

[4] 闻一多，《神话与诗》，上海：上海人民出版社 2006 年版，第 89 页。

[5] 吕不韦，《吕氏春秋·慎大》，上海：上海古籍出版社 1996 年版，第 237 页。

[6] 班固，《白虎通》（卷一），北京：中华书局 1985 年版，第 82 页。

[7] 郭郛，《山海经注证》，北京：中国社会科学出版社 2004 年版，第 653 页。

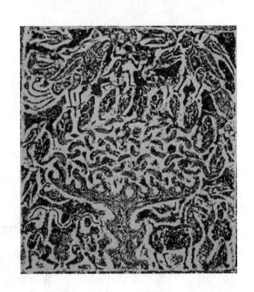

图 1-13　山东微山两城镇出土祠堂画像石

西落永恒轮回极具象征意义，桑树生长在东方，将其视为永恒生命力量的象征，有着神话和阴阳五行上的依据。关于树木的位置，我们在出土的其他类似"楼阁拜谒图"中大树刻画的画像石中同样能够找到相关的依据。图 1-13 是山东微山两城镇出土祠堂画像石，画面中央树木的造型与"楼阁拜谒图"的刻画手法相似，在画面的右下角是一人牵一马，左下角有两人张弓搭箭似乎要向树上射什么东西。再看树上，群鸟飞舞，树中间站立一个有翼仙人，仙人两侧还有两个人首鸟身的巨鸟。最重要的是这块画像石的左侧是两只手举着太阳的日神羲和，羲和是东方之神，根据图像配置规律，我们知道这块石头是处于祠堂的东壁上的，那么这棵大树无疑也是神木扶桑。

　　在我国传统文化中，桑树也一直具有生命旺盛和宗族稳固的意义。我国采桑业起源较早，采桑时节，桑林既是进行社祭的圣地，又是男女求偶的场所，"燕之有祖，当齐之社稷、宋之有桑林、楚之有云梦也。此男女之所属而观也"[1]。《诗经·鄘风·桑中》："爰采唐矣，沬之乡矣。云谁之

---

[1]　吴毓江，《墨子校注》（上册），北京：中华书局 2006 年版，第 332 页。

思？美孟姜矣。期我乎桑中，要我乎上宫，送我乎淇之上矣。"[1]青年男女在桑林之社自由交往、自愿交合，"于是时也，奔者不禁"。这种"奔者不禁"并不是反映当时人们的道德败坏，恰恰是人们借助桑林之社桑叶累累、桑葚串串的象征义，以求得人丁兴旺、子嗣众多的结果。至于"伊尹生于空桑"的传说，同样是以桑为母、桑林具有生命旺盛意义的反映。

桑树的象征意义在《诗经》中还有体现，其主题依然是生命和宗族的生生不息。《诗经·曹风·鸤鸠》："鸤鸠在桑，其子七兮……鸤鸠在桑，其子在梅。……鸤鸠在桑，其子在棘……鸤鸠在桑，其子在榛……"[2]有学者认为："'鸤鸠在桑，其子七兮'，是说鸤鸠之子的'众多'；而'鸤鸠在桑'其子'在梅''在棘''在榛'，则是说鸤鸠之子的'有序'。前者象征'君子'的'人丁兴旺'，后者则象征'君子'的'治家有礼'。而所有这些，都在一个'桑'字的身上。因此，'桑'的象征意义便具有了'生命'和'血缘'这样两重内涵：'桑'是生命的象征，是生命根源的象征。从这样的角度看，诗中的'桑'又具有了'宗'的象征意义。'鸤鸠在桑'必然带来生命的兴旺，必然带来宗盛而族茂的结果。"[3]

2. 松柏生命树

汉画像中的神树刻画不仅仅表现在祠堂画像中，也绝不仅仅局限在扶桑神树上，另一种树木刻画出现的普遍性和广泛性同样值得我们重视。

图 1-14 为河南郑州出土的汉代画像砖，画面中间为一株高大的树木，树木主轴比较纤细，枝干多为弧线纹，脉络清晰流畅，树冠为锥形或菱形，树木下面为一坛形高台，上面刻画有"米"形纹饰，在树木的两边有两个阙形建筑，在高大树木的映衬之下，原本应该很高大的阙显得十分矮小。相似的情景在另一块画像砖上也有明显体现（图 1-15）。这类高大的

---

[1]　周振甫，《诗经译注》，北京：中华书局 2002 年版，第 68 页。

[2]　同上，第 208—209 页。

[3]　李立，《神话视域下的文学解读》，北京：中国社会科学出版社 2008 年版，第 316—317 页。

图 1-14　郑州出土汉画像砖　　　　　　　　图 1-15　郑州出土汉代画像砖

树木让我们想起了传说中高几千丈的通天神树，类似的神树在中国古代的寓言故事中也有记载，《庄子·人间世》："匠石之齐，至于曲辕，见栎社树；其大，蔽数千牛，絜之百围；其高，临山十仞，而后有枝；其可为舟者，旁十数。观者如市。匠伯不顾，遂行不辍。"[1]

　　另一类树木刻画栽植于类似土台的物体上，但土台不是很明显。树干笔直向上，树冠呈锥形或者心形，主轴与枝干区分不是很清晰，树枝的纹路也无从得知。树左右有瑞兽分布，或朱雀，或白虎，或青龙，也有龙虎与长青树的组合图像（图 1-16、1-17、1-18）。青龙、白虎、朱雀、玄武在古代是方位神，分别代表东西南北四个方位，它们是二十八星宿的化身。随着阴阳五行学说的流行，四大神兽被赋予了更高的神性，它们逐渐成为镇妖辟邪的四大灵兽。这类树木刻画与瑞兽配置在一起，其通神的意义是显而易见的。

　　还有一种分布在阙两旁的树木（图 1-19），这一类树木与上述几种在

[1]　杨柳桥，《庄子译诂》，上海：上海古籍出版社 1991 年版，第 84—85 页。

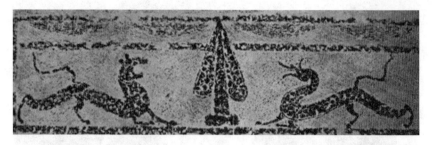

图 1-16　河南嵩山出土汉阙画像

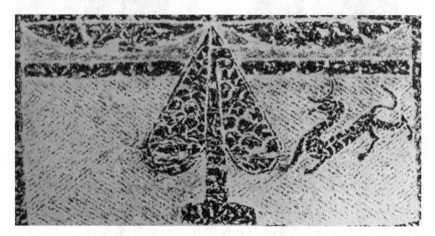

图 1-17　河南嵩山出土汉阙画像

图 1-18　山东诸城大徐洞出土

　　　　　　　　　　　　　　　　民俗之雅

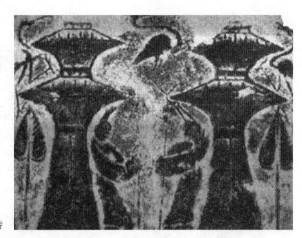

图 1-19　郑州出土汉画像砖

外观上已无大的区别，也是呈对称分布的。所不同的是，与这类树木同时出现在画面上的还有一对阙形建筑，阙中部一般都有两个持物门人，似在把守阙门，也有无人把守的阙，应该是这种有人把守阙的简化形式。阙上方有仙鹤或凤鸟站立。这种有阙出现的画像石题材在整个画像石中所占比例比较大，应该是一种重要的题材。阙在秦汉之前就已经存在了，最初是立在宫殿、陵墓前面的高台，这是用来象征地位尊卑的。"据统计，我国现存汉代石阙共二十八处……在这二十八处石阙中，除了河南登封的太室阙、少室阙、启母阙即著名的嵩山三阙为神庙前的庙阙外，其余的二十五处石阙均为设在坟墓之前的墓阙。"[1] 过去的研究者认为汉画像中的阙也是用来表明死者的地位的，但是随着出土的汉画像石越来越多，人们心中的疑问也越来越大。直到 1988 年，四川出土了带有"天门"题榜的双阙，人们心中的疑问才得到解决。原来画中的阙形建筑与人间的阙含义并不相同，不是死者地位的象征，而是墓主人去往天国的通道。阙是天国的象征，那阙旁的树自然也不会是普通的树木，应该是象征天国的神树。

　　除了上述几类树木图像，一些散见于碑阙、石椁上的树木刻画更是

---

[1]　信立祥，《汉代画像石综合研究》，北京：文物出版社 2000 年版，第 294 页。

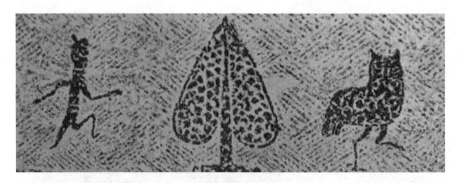

图 1-20　河南嵩山出土汉阙画像

图 1-21　河南郑州出土汉阙画像

多不胜数。嵩山脚下的太室阙汉代神树刻画（图 1-20），中间竖立一锥形
神树，右边有一只猫头鹰，古名鸱鸮或鸮，左边一人，抬脚伸手作抓捕
状。此图名为"扑鸮图"，含义丰富。鸮在古代被认为是外形丑陋、声音
凄厉的不祥之鸟，它们都在夜间活动，而在古人看来，黑夜往往是与死亡
联系在一起的，如"墓葬的墓，从土莫声，莫字就是暮字，表示日没于草
中……"[1] 太阳落在草丛中表示黑夜的来临，人死墓葬，也就是从此将永
陷黑暗之中。此图既为"扑鸮图"，意即赶走死神，驱开黑暗，借助神树
生命树的神力，以达永生之境。

---

[1]　刘敦愿，《美术考古与古代文明》，北京：人民美术出版社 2007 年版，第 111 页。

郑州出土的另一块汉代空心画像砖（图 1-21），画面的中心，西王母端坐在高高的昆仑山上，在她面前是杵臼捣药的玉兔，在她的脚下趴着一只九尾狐，画面的左半边还有凤鸟、三足乌等仙界祥瑞。值得注意的是，在画面的外侧矗立着一株锥形树木，在西汉晚期到东汉中期的那场轰轰烈烈的造仙运动中，西王母已经完成了从早期的恶煞凶神到仙界最高神的蜕变，西王母所在的昆仑山早已经成为仙界的代名词。仙界的动物是仙禽神兽，仙界的花草是奇花异草，那么仙界的树木就绝不可能是凡间的普通树木，它是寄托汉代人美好愿望的神树生命树。

此外，我们在江苏徐州、河南夏邑等地出土的石椁中还见到了一些神树生命树的刻画，如图 1-22、1-23，这些图像刻画最明显的特点是锥形神树树顶有鸟伫立，或树旁有鸟翱翔。关于这种神树与鸟的组合图像，我们有必要详细探讨。树与鸟的组合在汉画像中已经形成一种固定的模式，如图 1-22、1-23、1-24。在世界各民族的象征意识中，鸟被普遍地视为灵魂的象征，因为它代表了一种死后飞升的力量。"埃及墓葬画中（新王国时期），一种叫埃及身魂的鸟盘旋于木乃伊之上，象征神与法老的神圣的力量。其后，它转而象征死者的灵魂，并被认同为希腊人所谓的心灵。"[1] 汉斯·比德曼在提及鸟的象征性时说："这些凭翅膀与苍穹融为一体的动物比喻人希望摆脱地球重力之束缚，像天使一样奔向更高境界……脱离肉体的灵魂常被描绘成一只鸟。"[2] 朱存明教授在考察汉画像的象征性时也提出了类似的观点："在沛县栖山 1 号墓石椁画像的足部挡板、东西侧壁板内壁画像，河南夏邑吴庄 2 号石椁足部挡板上，还看到两棵树，上有三只鸟在飞翔，其左右两边的鸟向中间飞，中间的鸟则向上飞，其飞升的意象是极明显的。"[3] 鸟类会飞，把鸟当作天地之间的中介来沟通天地，这是再正常不过的思维了。在作为宇宙模式象征的神树顶端，伫立着的依然是鸟。

[1] 朱存明，《汉画像的象征世界》，北京：人民文学出版社 2005 年版，第 175 页。
[2] ［德］汉斯·比德曼著，刘玉红等译，《世界文化象征词典》，桂林：漓江出版社 2000 年版，第 240 页。
[3] 朱存明，《汉画像的象征世界》，北京：人民文学出版社 2005 年版，第 176 页。

图1-22　徐州沛县栖山一号墓中椁足部挡板

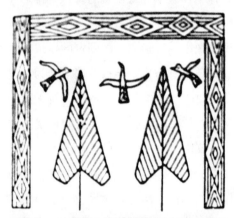

图1-23　河南夏邑吴庄2号椁足部挡板
　　　　画像摹本

图1-24　山东滕州岗头镇三山村出土

　　　　　　　　　　　　　　　　　　　　　民俗之雅

如果把这些树木刻画与现实中的树形相比照，我们发现，这些被刻画在砖石上的树木图像不论大小，都是笔直的，其树干与树枝的区分非常明显，并且所有的树枝都向上发展，树木的整体呈一种锥形状态，尖顶向上。这与汉画像中另外一些树木的刻画有明显区别，如果与现实生活中的树木形象进行外形上的比较，我们最先想到的就是松柏之类的树木。松柏是一种长青植物，无论何时都是郁郁葱葱、长年不凋零的。孔子曰："岁寒，然后知松柏之后凋也。"[1] 在中国的传统文化中，松柏也具有超越死亡的意义，人们在祭祀天地的地方也通常种植松柏，《论语·八佾》有这样的叙述："哀公问社于宰我，宰我对曰：'夏后氏以松，殷人以柏，周人以栗。'"[2] 松柏树最经常出现的场合就是墓地或祠堂周围。《古诗十九首》就有"青青陵上柏，磊磊涧中石"[3] 的描述，东汉古诗《驱车上东门》中也有类似描述："驱车上东门，遥望郭北墓。白杨何萧萧，松柏夹广路。下有陈死人，杳杳即长暮。"[4]《列士传》曰："延陵季子，解宝剑带徐君墓柏树。"在汉画像中我们同样能够见到在墓地周围广种松柏的刻画。

图 1-25 是山东微山沟南村出土的石椁墓画像石。这是一幅墓地送葬图，中间长方形大坑为刚刚挖好的墓穴，后面有三个山形坟堆，在坟堆后面隐隐约约露出几株高大的树木。从外形上看，这几棵树也是松柏之类的长青树木，这些树木与山形坟堆在一起，看起来蓊蓊郁郁，让我们想起张衡《冢赋》里的描述，"高冈冠其南，平原承其北，列石限其坛，罗竹藩其域。系以修隧，洽以沟渎。曲折相连，迤靡相属。乃树灵木，灵木戎戎"[5]。这里的"乃树灵木，灵木戎戎"实际上是说明了墓地里的树是一种神树，祖先的灵魂寄居在这种树身上，就获得了非同寻常的生命力。

汉斯·比德曼认为："在现代，这种树（指松柏，笔者注）总是和死亡及埋葬有关。不过许多暗示说明甚至在希腊文明之前，柏树就已经成为

---

[1] 刘宝楠，《论语正义》（下册），北京：中华书局 1982 年版，第 357 页。
[2] 刘宝楠，《论语正义》（上册），北京：中华书局 1982 年版，第 118—119 页。
[3] 余冠英译注，《汉魏六朝诗选》，北京：人民文学出版社 1997 年版，第 55 页。
[4] 同上，第 66 页。
[5] 费振刚、胡双宝、宗明华辑校，《全汉赋》，北京：北京大学出版社 1993 年版，第 470 页。

图 1-25　山东微山沟南村出土

一种宗教象征，随后又成为冥府仪式的一部分，所以人们在墓旁种植柏树。柏树也出现在对天堂的描绘中，它被栽在基督徒墓畔或刻在精美石棺上，以代表对永生的渴望。"[1]

　　汉画像中之所以存在这么多神树松柏的刻画，与汉代人认为松柏能驱鬼辟邪的观念有关。《搜神记》曰："秦穆公时，陈仓人掘地得物，若羊非羊，若猪非猪，牵以献穆公。道逢二童子，童子曰：'此名为媪，常在地食死人脑，若欲杀之，以柏插其首。'"[2] 可见，众多的松柏刻画出现在汉代的墓地及祠堂画像，无非是希望借助松柏辟邪、通神的象征功能实现自己在人间无法实现的愿望。

（二）中国古代的神树崇拜

　　可以想象，在人类的童年期，大自然中的一切对原始先民来说都带有一种无法理解的神秘色彩，他们赤手空拳地在大自然里生活着，四面被山岳森林、毒虫巨兽所包围。对变化多端的自然现象的无知，是原始人制造神灵的重要认识论的根源之一。而最初级的宗教是对灵气精灵的信仰，诸

[1]　[德]汉斯·比德曼著，刘玉红等译，《世界文化象征词典》，桂林：漓江出版社 2000 年版，240 页。
[2]　郭璞注，《山海经》，北京：京华出版社 2000 年版，第 239 页。

如动物有灵、植物有灵等等。人们对变化莫测的自然现象，仅能以对自身的理解为依据，把日常生活经验和梦境结合起来，通过幻想把一切自然力人格化。于是，万物有灵观念就在人的自身体验和意识中产生了。既然一切自然力都有灵，而且其力量大于人，人们便希望用祭祀等巫术手段来讨好神灵，以便博得自然界的同情和赏赐，这就产生了对大自然的崇拜。

在人类的早期阶段，人类栖息在大自然的怀抱之中，他们的生存和生活离不开茂密森林的庇护。恩格斯说："这是人类的童年，人还住在自己最初居住的地方，即住在热带的或亚热带的森林中。他们至少是部分地住在树上，只有这样才可以说明，为什么他们在大猛兽中间还能生存。他们以果实、坚果、根茎作为食物。"[1] 森林对先民们的生活是如此重要，他们内心充满对森林及其中的树木的敬畏和感恩。先民们以他们最初幼稚朦胧的意识感觉到的森林是这样的：高大的树木参天耸立，时而松涛阵阵时而寂寂无声，秋冬时节落叶萧萧，一派肃杀景象，春夏时节蓊蓊郁郁鸟儿啁啾，充满了生机。大自然以它的四季变幻使人们感到是如此神秘，因此他们相信树木是有生命的。对树木的敬畏之情在长期的生活积累中逐渐形成，树崇拜的意念也逐渐支配了人们的头脑，因此对树木加以崇拜也就在情理之中了。与此同时，树木作为土地中生长出来的最为高大的东西，它的生命随着四季的更替周而复始，这一切使人们想到：它的身上必然是有神灵附着神灵主宰的，这是人类思维的正常逻辑。

弗雷泽博士的《金枝》中收录了很多关于神树崇拜的故事。"瑞典古老的宗教首府鸟普萨拉有一座神圣树林，那里的每一株树都被看作神灵。异教的斯拉夫人崇奉树神或树林之神，立陶宛人直到 14 世纪末才皈依基督教，在那以前崇奉树神是很突出的。他们有人尊崇特异的橡树和其他浓荫覆被的老树，向它们祈求神谕。还有人在自己村庄或房舍前后保留着神树丛，哪怕是折断一根树枝也看作是罪孽。他们认为如果有人在这神树上砍了一根树枝，就将或猝然死去或一手一足变成残废。"[2]

---

[1] 《马克思恩格斯选集》（第 4 卷），北京：人民出版社 1972 年版，第 17—18 页。

[2] ［英］詹·乔·弗雷泽著，徐育新等译，《金枝》（上册），北京：商务印书馆 2012 年版，第 187 页。

在中国的古籍和古代神话中，关于神树的记载也是比比皆是。最常见的就是我们在上一节中提到的桑树、松树、柏树等。先秦两汉时期，人们普遍认为桑木是神木，《说文解字》木部"榑"字条："榑桑，神木，日初出也。"[1]《礼记·月令》："桑，众木之本。"[2]西汉《典术》载："桑木者箕星之精神，木虫食叶为文章，人食之老翁为小童。"[3]如果说人们把桑树作为所有树木中最根本、最实用的一种树是因为桑树的实用性，那么吃了桑叶可以使人从老翁变为儿童则足以说明人们认为桑树身上具有某种神性或神力。《易经·否》荀注："桑者，上元下黄，以象乾坤也。"[4]班固《白虎通》认为桑木使天地"相逢接之"[5]。在这里，桑树作为天地的象征，是天与地的中介物。《神异经》："东方有桑树焉，高八十丈，敷张自辅。其叶长一丈，广六七尺……有椹焉，长三尺五寸，围如长。"[6]佚书《玄中记》云："蓬莱之东，岱岳之间，有扶桑之树，树高万丈。"[7]"天下之高者，有扶桑无枝木焉。上至于天，盘蜿而下屈，通三泉。"[8]扶桑树高达万丈且上达天庭下至三泉，这树木不就是神树吗？实际上，从描述中我们还可以看出，它不仅仅是神树，还是承天接地的"宇宙树"。世界各民族中都有关于宇宙树的神话传说。这宇宙树无非就是一株参天大树，分为上中下三层，树根下部为蛇，中层则为食草类，顶端为鸟，这被视为巫师登天阶梯的延伸。"宇宙树首先是'垂直向'宇宙模式的中枢，实质上同将宇宙之分为天、地（'中土'）和地下三界相关联……这种三分制体制是上与下双重对立的结果，继而分别将下界描述为死者和冥世魔怪麇集之所，并将上界描述为神祇的居所，后又描述为'特选'子民亡后所赴之域。"[9]确如

[1] 许慎，《说文解字》，天津：天津市古籍书店1991年版，第117页。
[2] 〔东汉〕郑玄注，〔唐〕孔颖达正义，《礼记正义》，上海：上海古籍出版社2008年版，第1158页。
[3] 〔唐〕欧阳询，《艺文类聚》（卷八八），上海：上海古籍出版社1982年版，第1520页。
[4] 〔清〕朱骏声，《说文通训定声》壮部第十八，北京：中华书局1984年版，第904页。
[5] 班固，《白虎通》（卷三）下，北京：中华书局1985年版，第225页。
[6] 上海古籍出版社编，《汉魏六朝笔记小说大观·神异经》，上海：上海古籍出版社1999年版，第49页。
[7] 鲁迅校录，《古小说钩沉·玄中记》，济南：齐鲁书社1997年版，第236页。
[8] 同上，第235页。
[9] 〔俄〕叶·莫·梅列金斯基著，魏庆征译，《神话的诗学》，北京：商务印书馆2009年版，第231页。

钟敬文先生所指出的那样，"所谓扶桑，或作扶木或榑桑，大概是原始人类心目中的一种神树，也就是神话学上所谓的'世界树'"[1]。桑树被人们当作神树加以崇拜，还因为桑树在古代神话传说中被描绘为母亲树、生命树。《山海经》中有"帝女之桑"的神话，"女桑"正是"帝女之桑"的省略语。古人把桑树称为"女桑"，认为它是女人的化身，其背后的思想动机，是认为桑树所具有的强盛的生命力与女人所具有的繁育后代的生殖力是一致的，并希望通过二者之间的模拟关系，将前者的生命力和生殖力移植到后者身上。传说中商部落的祖先少昊氏即出生于桑林之中，"少昊以金德王。母曰皇娥，处璇宫而夜织，或乘桴木而昼游，经历穷桑沧茫之浦……穷桑者，西海之滨，有孤桑之树，直上千寻，叶红椹紫，万岁一实，食之后天而老。……及皇娥生少昊，号曰穷桑氏，亦曰桑丘氏"[2]。少昊的继承者颛顼也生于桑，"帝颛顼生自若水，实处空桑"[3]。商部落的大臣伊尹仍然生于桑，"有侁氏女子采桑，得婴儿于空桑之中，献之其君。其君令烰人养之，察其所以然。曰：'其母居伊水之上，孕，梦有神告之曰："臼出水而东走，毋顾！"明日，视臼出水，告其邻，东走十里，而顾，其邑尽为水，身因化为空桑'"[4]。"伊尹生于空桑"的神话正是桑树生命力与生殖力的表现，它是生活于某一特殊地域的古代先民对"桑树-母亲"崇拜的反映，其背后的神话观念是，桑树作为大母神——母亲神形象，它孕育了大地上的一切生物。这样的神性不能不被人们所尊敬和崇拜。值得注意的是，后世有孔子生于空桑的传说，这虽然是后人的编造臆想，但它却能说明，对"桑树-母亲"的崇拜的原始宗教信仰，已经在很大程度上被更多的人所接受。人们对桑树的崇拜，实际是对桑树生命力与生殖力的崇拜。

除了桑树，松树、柏树因其本身的苍翠古奇、冬夏长青的性质，自古

---

[1] 钟敬文，《民间文学论集》（上集），上海：上海文艺出版社 1982 年版，第 130 页。
[2] 上海古籍出版社编，《汉魏六朝笔记小说大观·拾遗记卷一》，上海：上海古籍出版社 1999 年版，第 495—496 页。
[3] 张双棣等，《吕氏春秋译注》，北京：北京大学出版社 2000 年版，第 135 页。
[4] 同上，第 378—379 页。

以来就深受人们的喜爱和尊崇。子曰："岁寒，然后知松柏之后凋也"，[1] 就是对松柏的赞美之辞。刘向《列仙传》："好食松实，能飞行，速如走马。以松子遗尧，尧不能服。松者，横也，时受服者，皆至三百岁。"[2] 食松子可活三百岁，足见松树的神奇力量。松树的神性还不止于此，"又《玉策记》曰：'千年松树，四边披起，上杪不长。望而视之，有如偃盖。其中有物，或如青牛，或如青犬，或如人，皆寿万岁。'"[3] 松柏还是祖灵的象征，《东观汉记》载："李恂遭父母丧，六年恭自负土树柏，常住冢下。"[4] 表面上看，墓地植松柏是为了抒寄孝情、寄托哀思，实际上，在古人的观念里，先人的魂魄就寄存在这松柏之中。《三辅旧事》说："汉诸陵皆属太常，不属郡县，有人盗柏者弃市。"[5] 这么严厉的处罚，是因为陵柏是祖先灵魂的居所，偷伐陵柏就等于是挖了人家的祖坟。

树崇拜与土地崇拜结合在一起，就形成了中国古代的社祭祀。自三代以来，松柏树就作为社树一直受到人们的顶礼膜拜。《白虎通·社稷》引《尚书》曰："大社惟松，东社惟柏，南社惟梓，西社惟栗，北社惟槐。"[6]《论语·八佾》："哀公问社于宰我，宰我对曰：'夏后氏以松，殷人以柏，周人以栗，曰，使民战栗。'"[7] 社最初是祭祀土地神的，到了后来有了人格祖先神的意味，人们把树作为社的标志加以膜拜，实际上是承认树的神性代表了土地的神性，这树自然不是普通的树。松柏还有镇邪避恶的功效。《周礼》载，"方相氏驱罔象，罔象好食亡者肝，而畏虎与柏。墓上树柏，路口致石虎，为此也"[8]。《风俗通》中也有墓上种植松柏以避魍魉的记载。古人认为松柏可以避邪，这无疑也是树崇拜的结果。

除了"异于群类者也"的桑树、松柏树，人们对于其他树种的崇拜在古籍文献中也多有述录。在中国古代存在着较为普遍的柳（或杨，古代杨

---

[1] 刘宝楠，《论语正义》（下册），北京：中华书局1982年版，第357页。
[2] 〔唐〕徐坚，《初学记·木部·松第十三（叙事）》，北京：京华出版社2000年版，第482页。
[3] 同上。
[4] 班固，《东观汉记》（卷十九），北京：中华书局1985年版，第179页。
[5] 转引自朱存明，《汉画像的象征世界》，北京：人民文学出版社2005年版，第178页。
[6] 程树德，《论语集释》，上海：上海书店出版社1996年版，第1256页。
[7] 刘宝楠，《论语正义》（上册），北京：中华书局1982年版，第118—119页。
[8] 〔唐〕段成式，《酉阳杂俎》（卷十三），济南：齐鲁书社2007年版，第84页。

柳并称，《说文解字·木部》："柳，小杨也。"[1] 树崇拜现象，具体表现为古人认为柳树能占卜吉凶、感应人事。《汉书·眭弘传》载："上林苑中大柳树断枯卧地，亦自立生，有虫食树叶成文字，曰'公孙病已立'。"当时，眭弘认为"僵柳复起，非人力所为，此当有从匹夫为天子者"。不出所料，几年之后，"孝宣帝兴于民间，即位"[2]。后来的《晋书》《隋书》都有类似柳树感应人事的记载。杨柳树也曾被普遍地用于祭祀之中。众所周知，祭祀是人类早期自然崇拜的产物，祭物的选择有明显的神秘性，这些被赋予神性的祭物往往是灵物崇拜的表现，有的祭物本身就是崇拜的对象。在中国古代的祭祀活动中，杨柳作为灵物曾被加以运用。《荆楚岁时记》云："正月十五日，作豆糜，加油膏其上，以祠门户。先以杨枝插门，随杨枝所指，仍以酒脯饮食及豆粥插箸而祭之。"[3] 以杨柳为灵物用于祭祀的现象并不仅限于汉族，在北方少数民族中，用杨、柳、松、柏作为祭祀灵物的现象也比较普遍，《后汉书·东夷传》："诸国邑……建大木，以县铃鼓，事鬼神。"[4]《魏书·高车传》："至来岁秋，马肥，复相率候于震所，埋殺羊，燃火，拔刀，女筮祝说，似中国被除……人持一束柳椋，回竖之，以乳酪灌焉。"[5] 古代以桃树作为神木加以崇拜的情况也早已为人们所熟悉，先秦文献《左传》有"桃弧棘矢，以除其灾"[6] 的记载；西汉无名氏著《典术》曰："桃乃西方之木，又木之精，仙木也，味辛，气恶，故能压伐邪气，制百鬼。"[7]《淮南子·诠言训》载："羿死于桃棓。"[8] 后羿死后被人们尊为"宗布神"，"宗布神"是统领天下鬼魂的，连后羿这样的鬼王都能被桃木棒打死，其他的小鬼就更不用说了，于是桃木成为镇鬼驱邪的象征物。从这样的记载中，我们看到的还是古人对树木的崇拜，

[1] 许慎，《说文解字》，天津：天津古籍出版社 1991 年版，第 117 页。
[2] 班固，《汉书·眭弘传》，北京：中华书局 2000 年版，第 2359 页。
[3] 上海古籍出版社编，《汉魏六朝笔记小说大观·荆楚岁时记》，上海：上海古籍出版社 1999 年版，第 1053 页。
[4]〔南朝·宋〕范晔，《后汉书·东夷传》，北京：中华书局 2000 年版，第 1905 页。
[5]〔北齐〕魏收，《魏书·高车》，北京：中华书局 1997 年版，第 2308 页。
[6] 杨伯峻，《春秋左传注》，北京：中华书局 1990 年版，第 1249 页。
[7]〔唐〕徐坚，《初学记·木部·桃第三（叙事）》，北京：京华出版社 2000 年版，第 459 页。
[8] 刘康德，《淮南子直解》，上海：复旦大学出版社 2001 年版，第 735 页。

另外，还有一些不知名的神树崇拜现象在文献中也有记载，这是神树崇拜普遍化的表现。《搜神记》卷十八载："庐江龙舒县陆亭流水边，有一大树，高数十丈，常有黄鸟数千枚巢其上。时久旱，长老共相谓曰：'彼树常有黄气，或有神灵，可以祈雨。'因以酒脯往亭中。有寡妇李宪者，夜起，室中忽见一妇人，着绣衣，自称曰：'我，树神黄祖也，能兴云雨。以汝性洁，佐汝为生。朝来父老皆欲祈雨，吾已求之于帝，明日日中大雨。'至期，果雨，遂立为祠。宪曰：'诸卿在此，吾居近水，当致少鲤鱼。'言讫，有鲤鱼数十头飞集堂下。坐者莫不惊悚。如此岁余，神曰：'将有大兵，今辞汝去。'留一玉环，曰：'持此可以避难。'后刘表、袁术相攻，龙舒之民皆徙去，唯宪里不被兵。"[1] 神树不仅可以祈雨、避难，给人带来福音，如果违背神树的旨意，擅自砍伐神树，触怒神灵，还会带来杀身之祸。《搜神记》卷六载："魏武在洛阳起建始殿，伐濯龙树而血出。又掘徙梨，根伤而血出。魏武恶之，遂寝疾，是月崩。"[2] 而更早的《风俗通义·怪神》篇也有"世间多有伐木血出以为怪者"的记录。

　　上述记载充分说明，在中国古代，确实普遍存在着神树崇拜信仰，神树崇拜是人类进入到农业生活阶段萌发的对大自然的敬仰，这从一定程度上反映了人类社会的进步，"事实上，从动物装饰到植物装饰的过渡，是文化史上最大的进步——从狩猎生活到农耕生活的过渡——的象征"[3]。我们认为，神树崇拜作为初期植物图腾的一种，反映了在生产力极端低下的情况下人们对大自然的屈服和盲目崇拜。随着生产力的发展，人类认识自然、征服自然的力量越来越强大，神树崇拜作为一种纯自然神灵的拜祭，其意义已经渐渐消退，但是作为一种具有神异作用的意象，神树的内涵及其具体形态上的变体已经随着时间的流逝而渐渐积淀于后世各个时期的社会意识和社会生活中，并随着人们观念的进步而悄悄发生了一些不为我们

---

[1]　上海古籍出版社编，《汉魏六朝笔记小说大观·搜神记卷十八》，上海：上海古籍出版社 1999 年版，第 415 页。

[2]　上海古籍出版社编，《汉魏六朝笔记小说大观·搜神记卷六》，上海：上海古籍出版社 1999 年版，第 332 页。

[3]　[法] 格罗塞著，蔡慕晖译，《艺术的起源》，北京：商务印书馆 1984 年版，第 116 页。

轻易察觉的改变。比如人们对三星堆文化中青铜神树的拜祭，就已经与早期先民们对纯粹自然神的拜祭大大不同，它既是宇宙树、生命树的表现，又融入了人们追求生命、升仙等世俗的愿望。再比如汉代画像石中出现的众多树木刻画，它们也早就没有了单纯崇拜树神的意思，人们在祠堂和墓室画像中刻画树木形象，寄托的是他们内心的美好理想。

二、神树形象的象征意义

汉代人花费了如此巨大的人力、物力、财力在棺椁墓室、地面祠堂中刻画了数目众多的树木图像，绝不仅仅出于美化的目的。汉民族是一个具有象征传统的民族，这一象征传统根源于汉民族在历史发展中所形成的一种特殊的文化结构，在漫长的历史进程中，人类一直在探索自身与宇宙的关系，当人类的思维进化到一定的程度，外在的大千世界与人的精神、人的思维相互交织、相互作用，一个具有象征意义的符号世界就出现了。符号的世界是源于生活的，但它更主要的是为了表现人的潜在的欲望，使人被压抑的部分得到释放。汉代画像中的神树图像有着丰富的图像样式，与它相属连的配置物也有着深刻的内涵，但无论如何搭配，其符号性的隐喻象征意义是始终不变的。

（一）符号性的隐喻象征

人类总是善于用各种符号来表达内心的感受和经验，文化的产生也离不开人类的符号活动。在卡西尔看来，人与动物相区别的标志就是人能够创造符号而动物不具备这个能力，人的社会性的实践活动都包含着一定的符号特征。人类生活在一个庞大的体系中，这个体系是一个综合的世界，既有政治的斗争，也有宗教的迷狂，更少不了精神世界的永恒追求。"他（人类）创造出言语符号、宗教符号、神话的和艺术的形象；而他只有借助这些符号和形象的整体及体系，他才可能维系其社会生活——即他才可能与其他人类存在产生交往并使自己被他们理解。"[1] 人生活在这样的符号世界中，没有符号，人类就无法从现实的世界进入到理想的精神世界，人类就只能像动物一样无法超越现实的生活界限。然而这样的一个符号世界与现实世界又是有着很大的不同的，与现实的世界相比，符号的世界似乎更容易变得模糊不清和不可理解。比如，在现实的世界中，一位精通医术的医生发现人体的各种器官总是处在它们应该出现的位置并且有条不紊地工作着；一位经验丰富的地质学家总是能在相似的地质环境中发现他希望发现的矿产资源。但是在符号的世界中，我们却很难发现这种持续的稳定性。在当时那个时代人们表现情感和思想的那些符号，随着岁月的流逝，不久就变得模糊和不可理喻了。黑格尔曾经就符号的性质做过分类，他把符号分为"单纯性符号"和"象征性符号"两大类，他说："象征虽然不像单纯的符号那样不能恰当地表达出意义，但是既然是象征，它也就不能完全和意义相吻合。因为从一方面看，内容意义和表示它们的形象在某一点上固然协调；而从另一方面看，象征之形象却还有完全与所象征的普遍意义毫不相干的一些其他性质……"[2] 历史的工作，就是要让这些符号恢复它们本来的面目，让它们回到当下的时代中去，使它们重新被理解被注释，这样，人类的精神文明成果才能永续流传。可以这样说，人类精神文明的成果无一不是符号性活动的产物，通过这个符号性的象征世界，人类的知识才能得以代代积累，人类的思想才能得以广泛传播。

汉民族是一个充满着想象力和创造力的民族，中国文化历来也不缺少符号象征传统，不论是最早的远古岩画、象形文字，还是后来的周易八卦以及青铜器的"铸鼎象物"，都显示了华夏文明象征性的特点。汉画像秉承中华象征文化的传统，给我们营造了一个充满神秘色彩的巫术世界。巫术中的符号象征往往是通过作为符号的数字、色彩、图像、意向或意向的组合来含蓄地表达或寄托某种情感的，我们称之为隐喻象征。在具体的巫

---

[1] ［德］恩斯特·卡西尔著，李小兵译，《符号·神话·文化》，北京：东方出版社 1988 年版，第 83 页。
[2] ［德］黑格尔著，朱光潜译，《美学》（第 2 卷），北京：商务印书馆 1979 年版，第 11 页。

术活动中，巫师往往通过作为象征符号的某种物体来达到惩戒他人的目的。弗雷泽博士的《金枝》里有一些这样的记载："我们还听说过北美印第安人也有一种类似的做法：他们把某个人的像画在沙子上、灰烬上、泥土上，或任何其他被认为可以代替其真身的东西上，然后用尖棍刺它或给予其他形式的损伤。他们相信，这样一来，画像所代表的那个人就会受到相应的伤害。例如，当一位奥吉布威印第安人企图加害于某人时，他就按照那仇人的模样制作一个小木偶，然后将一根针刺入其头部或心部，或把箭头射进去。他相信就在他刺入或射穿偶像的同时，仇人身体上相应部位也立即感到剧痛……"[1]这种"顺势"或"模拟"的巫术，使得画像或者木偶与真实的敌人之间产生了隐喻象征关系，通过这种隐喻象征而达到杀死或伤害敌人的目的。

　　展现在我们面前的汉代画像仿佛一幅历史的画卷，尽管它的有些素材来源于当时的社会现实，但我们决不能仅仅满足于从现实中寻找与之对应的关系，因为那些怪异的符咒、抽象的描绘实在不是"一一对应"能够解决得了的。即使是那些惟妙惟肖、与现实世界中的模仿物一致的图案画像，在汉画像的世界中也多有其符号象征的意义，因为，"汉画像创造的是一个符号象征的世界"[2]。这个象征世界的产生离不开汉民族深厚的文化积淀，更离不开大汉王朝所属的时代精神信仰。汉画像是一种丧葬艺术，它表现了汉代人对死后世界的看法。汉代去古不远，保留了大量上古巫风觋俗。而道教的盛行使长生不老、羽化升仙的观念被大肆宣扬。出于对现世的留恋和对死亡的恐惧，追求长生、追求升仙成为汉代人最强烈的愿望之一。怎么样才能进入仙界呢？最初，人们试图通过服用某种药物或仙丹来达到长生不老或飞升的目的，"上士举形升虚，谓之天仙；中士游于名山，谓之地仙；下士先死后蜕，谓之尸解仙"[3]。可以看出，即使是服丹药致死，仍被认为是成为了仙人的一种，这样不仅不能从别人死亡的事件中

---

[1]　[英]詹·乔·弗雷泽著，徐育新等译，《金枝》（上册），北京：商务印书馆2012年版，第28页。

[2]　朱存明，《汉画像的象征世界》，北京：人民文学出版社2005年版，第23页。

[3]　〔晋〕葛洪，《抱朴子》，北京：中华书局2011年版，第59页。

吸取教训，反而更坚定了服药升仙的心理，可见当时社会风气中对升仙的追求是多么强烈，这种追求对后人的影响又是多么长远。除了服丹药，还有一种方法可以使现世的人们"实现"飞升的愿望，就是到名山大川修身养性或者到海外仙境寻神拜仙。秦汉两朝的皇帝都有人干过这种荒唐事，可是死亡还是不可避免地来临。面对死亡的恐惧，汉代人并没有单纯地选择放弃，对于生命的留恋使他们开始了新一轮的对永恒生命的执着探索。

在汉画像这样一个独特的象征世界中，大多数图像都显示了它们内在的象征意义，那么频繁出现的神树符号又包含了哪些不同寻常的象征意义呢？一幅图像或肖像频繁地出现在相关的题材中，就必定有它自己特殊的含义。"这种含义是通过弄清那些能够反映一个民族、一个时期、一个阶级、一种宗教或哲学信仰之基本态度的根本原则而领悟的。这些原则……被浓缩在一部作品中。"[1] 心理学的知识告诉我们，具有象征意义的图像表达的其实是人内心被压抑的部分，是人的潜在的欲望，这种欲望反映了那个时代的原则、诉求以及人们内在的精神信仰，要弄清这些原则和信仰，我们就必须从源头上去追溯那个充满着神秘感的年代。

我们远古的祖先在进化中经历了与各种复杂的自然环境不断斗争并从中获得生活经验与生存技能的过程，《韩非子·五蠹》："上古之世，人民少而禽兽众，人民不胜禽兽虫蛇。有圣人作，构木为巢以避群害，而民说之，使王天下，号之曰有巢氏。民食果蓏蚌蛤，腥臊恶臭而伤害腹胃，民多疾病。有圣人作，钻燧取火以化腥臊，而民说之，使王天下，号之曰燧人氏。"[2] 短短几句话把人类早期艰难进化的过程形象地呈现在我们面前。

在长期的斗争中，除了体力上的进化之外，人类的思维能力也开始由低级到高级、由简单到复杂一步步发展了起来，他们对自然界中的一切开始有了自己的认识和思考。但是这种认识和思考还是一种朦胧的、物我不分的原初状态的意识。"原始人在理解他本身和围绕着他的自然界时

---

[1] ［美］E·潘诺夫斯基著，傅志强译，《视觉艺术的含义》，沈阳：辽宁人民出版社 1987 年版，第36 页。
[2] 陈奇猷，《韩非子新校注》（下册），上海：上海古籍出版社 2000 年版，第 1085 页。

所陷入的主要错误和失误是，他没有把自己和自然界分开，而把他自己与自然的现象和力量合为一体。因此，当看到一些现象的时候，他误认为自己也有唤起和创造这些现象的可能；另一方面，他又把仅为人所具有的能力与可能广泛地归属于自然力以及我们称之为无生气的自然界的物体。这就是说，他把他本身具有的生命力加到了自然身上。"[1] 由此可见，万物有灵、物我不分的观念是人类童年时代最基本的思维特征。在那个遥远的年代，由于生产力的极端低下，人类面对强大的自然界，屈服是他们唯一的选择。

随着思维的发展和成熟，灵魂观念产生了。在原始人幼稚的思维中，他们认为自然界同人类一样都是有灵魂的。原始人面对自然界的种种神秘现象，他们以为是某种超自然的力量在控制着这一切，出于生存的考虑，便产生了利用这种外在力量的念头，这种外在的力量以及它们的承载物也就成为人们崇拜的对象。从一般的意义上来说，人们最早崇拜的东西往往是与自己生活和生命息息相关的事物或对象，早期人类所面对的无非就是日月星辰、风雨雷电等赤裸的自然，但人们最关注的依然是关于基本生活资料的生产。从早期的茹毛饮血，到后来的采摘收集，直至最后的耕种稼穑，人类经过几十万年甚至上百万年的进化发展，终于开始了向农耕社会的过渡，这是人类发展史上具有划时代意义的大事。在过渡的过程中，植物特别是树木在人们的生产生活中发挥了非常重要的作用。人们依靠树木的果实生存，树木极强的生命力和强盛的生殖力都让人们羡慕不已，人们渴望获得更多的果实以便更好地生活，人们也希望获得树木那样强盛的生命力和生殖力，以便维持种族的繁衍。这种对树木的生命力、生殖力的崇拜在世界范围内比比皆是。"盖拉族人成双成对地手持木杖、夹着青绿的玉蜀黍或青草，围绕神树跳舞，祈求丰收。瑞典农民在小麦地里的每条犁沟中都插一根带绿叶的树枝，认为这样可以确保丰产；德国和法国农民五月收获节的习俗也反映了与此相同的思想。"[2] 人们不仅有着对树木在收获

---

[1] [苏] 柯斯文著，张锡彤译，《原始文化史纲》，北京：人民出版社1955年版，第170页。

[2] [英] 詹·乔·弗雷泽著，徐育新等译，《金枝》（上册），北京：商务印书馆2012年版，第199页。

植物果实方面所体现的生命力的崇拜，还有对树木在保佑妇人多子方面所体现的生殖力的崇拜。"在老卡拉巴附近一个名叫魁的小镇上，很久以来有一棵棕榈树，凡不生育的妇女，吃了树上结的果，就能够受孕。在欧洲，五朔树或五朔节花柱显然都被认为同样能使妇女和牲畜生育繁殖。"[1]

在汉画像的世界里，通过神树符号的象征内涵，汉代人同样隐喻地表达了自己内心的渴求，神树符号就是他们实现愿望的手段。不论是神树扶桑，还是松柏生命树，都是汉代人内心世界的真实照映。他们希望这种祠堂或墓地中的神树符号能够发挥神奇的作用，保佑他们达成心愿。

马林诺夫斯基告诉我们，"人与死在面对面的时候，永远有复杂的二重心理，有希望与恐惧交互错综着。一面固然有希望在安慰我们，有强烈的欲求在要求长生，而且轮到自己又绝不肯相信一了百了；然而同时在另一方面又有强有力的极端相反的可怖畏的征兆"[2]。我们同样可以想象，在"事死如生"的汉代社会，人们为了求得内心的安宁和平静，为了在未知的世界里继续享受在世时的一切，为了消除内心对死亡的恐惧，用神树作为一种象征符号曲折隐晦地表达他们最后的愿望，这也是符合那个时代的信仰的。这种符号表现在祠堂和棺椁墓室中，确实是寄托了汉代人美好的宗教理想。

（二）死亡与再生的信仰

"在汉代，生命的价值是从两个方面来诠释。道家理解为长生不老和升仙，是自身的永恒。儒家从孝的角度出发，理解为传宗接代，是血脉的长流不息。道、儒两家的认识，构成了汉代的生命价值观。对生命的渴望，也就集中体现在这两个方面。"[3]古代中国很早就流传着长生不死的传

[1] ［英］詹·乔·弗雷泽著，徐育新等译，《金枝》（上册），北京：商务印书馆 2012 年版，第 200 页。
[2] ［英］马林诺夫斯基著，李安宅译，《巫术·科学·宗教与神话》，北京：中国民间文艺出版社 1986 年版，第 33 页。
[3] 郑先兴主编，《中国汉画学会第十届年会论文集》，武汉：湖北人民出版社 2006 年版，第 3 页。

说。从远古到先秦，人们一直渴求长生不死。为达到这个目的，人们一直在探索各种不死的方法。秦汉之际，社会战乱不断，社会经济文化遭到巨大的破坏，人民生活朝不保夕，对于安定永生的仙界生活尤其向往。这一时期的神仙长生传说特别盛行，而这一时期荆楚大地和巴蜀文化中的巫鬼信仰也一直绵延不绝，这些都为一种新的宗教形式的形成奠定了基础。两汉时期，神仙方术、谶纬思想充斥着社会的各个阶层、各个方面，再加上统治者的大力倡导，特别是汉武帝对升天成仙的追求到了如痴如醉的地步，上行下效，长生不老、羽化成仙也就成为那个时代人们的普遍追求。在复杂的时代背景和巫风觋俗的长期影响下，道教的产生也就在情理之中了。道教虽然是在东汉时期形成的有组织的宗教形式，但是它长生不老、羽化成仙思想的形成则是早在此之前的事情了。思想一旦形成，人们就会把它转化为一种行动去付诸实践。

人对自身生命的困惑迫使人不断地思考生命本身，这是神仙信仰产生的基本条件之一。生命从何而来，又将归向何处？对生命的深层次追寻，使人们不得不转而思考如何逃脱生死以实现生命的不朽。中国的知识分子在实现生命的不朽方面就找到了一条理想之路，这就是所谓的立德、立功、立言，此之谓三不朽原则。"这古老的三不朽论，两千五百年来曾使许多的中国学者感到满足。它已经取代了人类死后不朽的观念，它赋予了中国士大夫以一种安全感，纵然死了，但是他个人的德能、功业、思想和语言却在他死后将永垂不朽。"[1] 然而我们不得不面对这样一个事实，中国知识分子的立德、立功、立言的"三不朽"学说只是解决了很少一部分人对生死无常生命短暂的焦虑问题，这部分人只占中国人口的很小的一部分，况且这很小的一部分人中，也只是极少数文化精英实现了"三不朽"。剩下的大部分人怎么办？他们既无修为立德，也无本领立功，更没文化立言，如何实现不朽的梦想？面对继续生存还是即将毁灭的问题，人们毫不犹豫地选择了"生存"，这就是所谓羽化升仙、长生不老。在修心修身、

---

[1]　姜义华主编，《胡适学术文集》（上册），北京：中华书局 1991 年版，第 545—546 页。

炼丹吃药都行不通的情况下，人们把目光更多地投向了坟墓和祠堂，这里是人们在世间最后的归宿，是生与死的交汇点。至此，在生命终结的地方，人们通过作为象征符号的神树，开始了延长自我生命的再生信仰。

在前面我们已经介绍过，在自然界普遍存在的树木早已经被神化、宗教化，人们对树木的情感已经不是单纯的人对自然物的情感，而是寄托着一定的宗教感情了。这种宗教感情在祠堂与墓地中表现出来的作为象征符号的神树身上再次得到了升华。那么，汉画像中的神树形象有哪些象征意义呢？

首先，这是一种生命永恒轮回的象征。在前面我们说过，树木由于它自身的作用，成了原始先民生活中不可缺少的东西。树木旺盛持久的生命力和强大反复的生殖力都让原始先民们羡慕不已。在原始先民的心目中，大自然中的一切都是有灵魂的，树木也不例外。在他们看来，树木之所以有这么强大的功能，都是寄居在树身上的神灵的作用，因此便产生了对树木生命力和生殖力的崇拜。对树木的崇拜观念在古代各个时期各个民族中都曾普遍存在过，围绕着树木进行的种种民俗活动在世界各地也都广泛分布着。

欧洲雅利安人对树木有着独特的宗教感情，他们把树木特别是橡树与宇宙中的最高神联系在一起，高大的橡树被认为是神的住所。日耳曼人对毁坏树木者有着严酷的刑罚惩罚，如果有谁剥掉了树皮，这个人的肚脐就会被挖出来钉在树上，然后有人抽打他，迫使他绕着树木转圈，直到肠子完全缠绕在树上。在巴尔干半岛，樵夫在砍树前必须带一只活鸡去祭树，他会把鸡头砍下，然后再用同一把斧头去砍树。现代西方的圣诞树一直被看作是生命的象征，是纪念耶稣的生命树。在中国，自古以来就流传着生命之树扶桑、建木、若木的种种记载和传说。《山海经·海外东经》说："下有汤谷，汤谷上有扶桑，十日所浴，在黑齿北，居水中，有大木，九日居下枝，一日居上枝。"[1] "有木青叶紫茎，玄华黄实，名曰建木。"[2] "南

---

[1]　郭郭，《山海经注证》，北京：中国社会科学出版社 2004 年版，第 653 页。
[2]　同上，第 72 页。

海之外，黑水之间，有木名曰若木，若水出焉。"[1] 扶桑树怎么会被看作生命之树呢？因为它是太阳每日升起和落下的地方。太阳每天从东方升起，给予人间光和热，它的出现让大地上的一切都有了生机，万物生长都离不开太阳，太阳本身就是生命力的表现；每天傍晚，随着太阳的渐渐西沉，大地上的一切都被黑暗和恐惧所笼罩，整个世界沉浸在寂静之中，死亡随时都可能降临到头上。太阳具备的这种"生生不息、死而复生"的能力让先民们敬畏，继而产生崇拜。待到扶桑的概念出现以后，太阳具有的生命永恒的观念自然会转移到它的栖身处扶桑的身上，所以扶桑被认为是生命之树也就是很自然的事情了。

　　无论是长青树还是汉画像中的桑树神树，都象征了古人对持久生命的追求。当汉代人喟叹生命短暂易逝的时候，神树生命树的出现无疑让他们对生命的永恒轮回充满了期待。

　　其次，汉画像中的神树还是一种天梯的象征。汉代人孜孜不倦地追求长生不老、羽化升仙，可是升入仙界是那么地困难，活着的时候办不到，死后同样不会很容易地实现升天的梦想。那么，一种升天工具的出现就显得很有必要了。张光直曾经把通天的主要工具分为三种，神山、高大的树木以及几种动物，《淮南子·墬形训》也有记载，"建木在都广，众帝所自上下"。这建木一直以来都是天神往来于天上和人间的工具，神话传说中凡人通过高大的神树往返天地间的记载就更多了。满族神话中就有过这样的传说：原来天地间有过一座可以通到天上世界的桥，地上的人们都通过此桥往天上爬，后来地下的魔鬼们知道了这座桥，也纷纷通过这座桥爬到天上，天神大怒，使用法术摧毁了这座桥。为了让已经到了天上的人们能够返回地上，天神选了一棵最为高大的树木，让天上的人们通过这棵树重新回到地上。到了后来，人们有需要天神帮忙的问题，都会通过这棵树向天神禀明。这棵树也就成为了满族神话传说中的天柱，对高大的树木的祭祀也就是对天及天神的祭祀。鄂温克族的神话传说中也有树形天柱的

---

[1]　郭郛，《山海经注证》，北京：中国社会科学出版社 2004 年版，第 72 页。

记载，这棵巨大的神树生长在大地的中心，枝梢直插苍天，祖先的神灵就寄居在上面。前面介绍过的四川广汉三星堆出土的那棵巨大的青铜树，树体完整高度超过四米，由底座、树干和树枝组成，底座上绘着云气纹，树身上盘踞着神龙，树枝上立着若干只鸟。对这棵青铜树的作用历来是众说纷纭。有人说这是神木扶桑，上面立着的小鸟是太阳神鸟，证据是《山海经·海外东经》中有着这样的记载："在黑齿北。居水中，有大木，九日居下枝，一日居上枝。"青铜树上的物象正好与传说相印证。也有人说这是摇钱树，因为跟这棵青铜树一起出土的还有很多贝壳，这些贝壳在当时的古蜀国可能是钱币。然而从宗教人类学的角度考虑，我们认为这是巫觋沟通天地时所用的扶桑神树，上面的鸟是用来沟通天地的精灵。在古蜀国人朴素的意识中，他们认为在他们生活的这块世俗沃土之外还存在着一个神奇的天上世界，那里的仙人们过着一种不为人知的快乐生活。于是，富有想象力的古蜀国人便制造出了一棵可以上达天庭的通天神树，用来沟通人间的世界和天上的世界。可以这么说，三星堆青铜神树是古蜀人神奇想象力与太阳崇拜思想结合的产物，它显示了古蜀人的精神追求。

联想到汉画像中的神树刻画，我们可以肯定地说，它们决不是普通的树木，而是具有天梯性质的神木。它们是汉代人死后灵魂升天的通道，汉代人希望通过它们到达理想中的仙人世界。在那里，他们依然可以过着和生前一样的生活，并且获得了永生的资格。

再次，汉画像中的神树形象还是子孙繁盛、血脉不息的象征。在前面我们说过，从儒家的角度出发，汉代人的生命观体现为血脉的长流不息，血脉不息的唯一方法就是繁衍后代。人在尘世中的生命总是有限的，终有一天要离这个世界而去。即使到了天上的仙界，那也只是实现了自身的永恒，只有血脉传承了下去，才是实现了生命的延伸及种的延续。

树木历来都是以它们极强的繁殖力与生命力被人们赋予了很多美好的品性。原始的"互渗律"思维让先民们相信，只要把树木极强的生殖力借用到自己身上，他们肯定也会具有极强的生殖力，他们的子孙后代也会很多很多，这就是"相似的东西产生相似的东西"的原则，这样的例子不胜枚举。在苏门答腊群岛，如果有妇女快要生孩子了，家人就会制作一个绒布或木偶娃娃，让妇女抱着，假装在给孩子喂奶，旁边的人就会问她："孩子出生了吗？"妇女回答："他已经降临到世上了。"问答完毕，人们就会举行一个仪式进行祭祀或祷告，仪式结束了就会有人到处传言，说孩子已经生出来了，亲朋好友回来对她进行恭喜，好像孩子真的已经生出来了一样。还有一些少数民族地区的居民，为了获得他所希望得到的一些品质，他常常会吃一些与该品质有关的东西，比如士兵出征之前都会吃一些公牛肉，他们希望获得公牛一样勇猛的战斗力；猎人出去打猎时，他们的妻子在家里绝不会使用剪刀之类尖锐的东西，免得她们的丈夫在外面打猎时会被动物尖锐的爪子伤着。这种模拟巫术之间产生的交感作用，直到现在依然存在，比如当我们听说某个人贫血时，我们总会告诉他多吃点红枣。其实红枣补血的作用微乎其微，只不过红枣外表红红的样子与血液的颜色很相似，我们才会觉得它具有补血作用。这都是我们在日常生活中不自觉地应用模拟巫术的结果。

在汉代人的墓葬中，树木之所以会被作为子孙繁盛的象征刻画在墙壁上，起到的还是模拟巫术的作用。借用树木繁盛的生殖力，他们希望子子孙孙无穷匮，永远地繁衍下去，这后世的子孙都是他们的血脉，这样，他们的生命就等于是永远地传递了下去。借用这样的方法，汉代人实现了自己心目中的另一种意义上的永恒轮回。

三、汉代神树崇拜的文化解读和审美阐释

中国文化中关于人的生命与存在的阐述实在是不少，生命关怀之强烈是任何一种别的文化难以企及的，这是中国文化的本质意蕴之所在。像西方一样，中国文化也注重对世界、对宇宙的探索，但是这种探索在古人那里都是与生命、生存联系在一起的，如对生命的意义、生命的永恒以及超越生死等问题的关注。这种文化从本质上说是融自然、宇宙、人生于一体

的生命文化，其基本精神体现为一种穿越时空的生命精神。中国文化中生命精神的源头向上可以追溯到远古的生殖崇拜，从那时起，人类就开始了对生命存在的探索。到了《周易》时代，关于生命精神的探索形成了理论化的叙述，然而这种探索因为缺乏对悠远文化的宏观把握和体系化的理论积淀，不免流于表层化。到了春秋时期，以儒道两家为代表，最系统、最集中地阐释中国传统生命精神的时期到来了。汉代神树崇拜从表层意义来看还停留在祭祀树神的目的上，这是由文化的巨大惯性所致，其深层次含义早已转变到由神树的象征意义引起的对永恒生命的追求上了。这期间，以儒道两家为代表的民俗生命价值观对汉代神树崇拜文化产生了巨大的影响。

（一）神树崇拜与民俗传统生命观

春秋战国时期是中国文化大繁荣、大发展的重要阶段，在这一时期，"庶人不议"的观念被打破，各个学派及其代表人物都从自己的立场出发，各抒己见，形成了中国文化史上大繁荣的局面。百家里面，以儒道两家的影响最大，他们对生命精神的弘扬对后来的各个时代都产生了深远的影响。道家对生命问题的关注是从老子开始的。老子是道家的创始人，他上承远古生殖崇拜，批判地继承古代文化典籍中关乎生命精神的部分，创立伊始就开始了对生存意义、生命关怀的探索。在后来的发展过程中，道家始终把关注生命问题放在核心位置，其美学思想的最高境界"道"就是一个关于宇宙之本、生命永恒的概念。崇"道"的思想是道家生命价值观的基础，那什么是"道"呢？它对汉代的神树崇拜习俗产生了哪些影响？

作为道家美学思想的最根本的理论范式，在老子看来，"道"是天地万物生成的最根本的泉源，"道生一，一生二，二生三，三生万物"[1]，天地万物都由"道"发展变化而来。作为万物之一种，人类社会当然也不例外，可见这"道"是包含天道和人道的。人生在世，一方面在生命的意义方面

---

[1] 刘康德，《老子直解》，上海：复旦大学出版社 1997 年版，第 149 页。

进行了不尽的追求，另一方面又要时刻面临来自死亡的挑战，这两方面的矛盾时刻督促着人们去思考关于"生"与"死"的问题。最早的时候，人们由草木的萌发意识到人的生命的生长和繁育，随着认识的深入，人们关注的焦点从生命的生长转移到了生命的价值。当认识到人的生命终究会消失，人会死的时候，对生命价值的追问开始了。也就是从这时候起，祈求长生不死、追求生命的永恒轮回就成了人类有过的最美好的愿望之一。在老子看来，人的生命总有终结的一天，"天地尚不能久，而况于人乎"[1]？但是有一种东西能超然于生死之外，它可以绵延万世永不枯竭，这就是"道"。"有物混成，先天地生。"[2] 正因为有了"道"，天地万物才得以生成，"道"对于天地万物具有本源性的意义，并且这种根源性永远不会消失，之所以不会消失，因为"道"处在周而复始的永恒运动之中，"寂兮寥兮，独立而不改，周行而不殆，可以为天地母。吾不知其名，强字之曰'道'，强为之名曰'大'"[3]。这种永恒运动的"道"，表面上看来是渐行渐远，殊不知它是在做圆周运动（周行），并且运动不止（不殆），终点即是起点，新的起点也是原来的终点。

　　"道"的这种亘古不灭、永恒轮回的特性对现实生活的影响是通过汉画像中神树形象的大量出现来实现的。"道"因其周而复始的运动而具有了永恒的特性，在现实生活中，与"道"的这种特性相对应者，最直观的唯有草木的萌发。树木秋冬凋零，来年春天又萌发了勃勃生机，年复一年，始终保持着旺盛的生命力。树木的这种永恒轮回的生命力让人们羡慕不已，在一种追求长生不老、生命永续的社会潮流驱动下的人们，为达到轮回的目的，自然而然地将目光投向了代表永恒生命力的扶桑、松柏等长青神树。他们在墓室、祠堂、棺椁等地装饰这种带有神树形象的图案，希望自己能够获得神树一样永恒的生命，在彼岸世界享受无尽的美好生活，让生命进入一种绝对自由的境界。"美学在其本源处，同人的生命处境与

---

[1]　刘康德，《老子直解》，上海：复旦大学出版社1997年版，第79页。
[2]　同上，第86页。
[3]　同上，第86页。

灵魂归宿息息相关，它是展现了人的对于人生意义、价值的寻求的特殊方式，它努力使人从存在意义的晦暗不明之中，从存在的被遮蔽状态之中敞亮出来的本源之思、诗性之思，并在思的途中，感悟人生生命的意蕴所在，唤醒自己与他人，寻求一种生命的超越……"[1] 绝对自由的生命境界作为中国美学的最高审美追求，通过老子的"道"融入汉代人生活的方方面面。在汉代人营造的死后世界中，这种永恒生命的自由境界更是表现得淋漓尽致，西王母、东王公、九尾狐、四灵、神木扶桑、松柏生命树、云气纹、奔马飞龙、麒麟巨凤，所有的意象都指向了一个目标——绝对自由，生命永恒。道家美学无法超越生死，但汉代人在道家文化的熏染、道家美学思想的指引之下，通过扶桑、松柏生命树这一永恒生命的意向，确实走上了一条超越生死以达永恒之路。

前面说过，扶桑、松柏神树形象除了象征着生命的永恒轮回，其枝繁叶茂的外在形象在汉代人看来，还是子孙繁盛、血脉不息的象征。我们知道，儒道两家的生命价值观是不同的，道家希望通过长生的方式实现不朽，而在儒家看来，人的生命终究会结束，世界上不存在长生不老的人，但子孙后代的繁衍是无限的，通过血脉的传承，人同样可以实现生命的不朽。儒家的这种生命观是依托传统的宗法制度建立起来的独特生命意识，它是由父系氏族社会的宗法制演变而来的，它通过血缘关系将人们团结成一个整体，又按照血缘关系的远近亲疏确定所获政治经济权力的大小。个体只是宗法大家族的一分子，个体的生命由父母直接给予，与此同时，个体生命又是祖先生命的间接延续，个体是家族生命链条上的一个环节，虽然个体会消亡，但家族的血脉却会生生不息。这种思想的结果便是国人特有的传宗接代的意识，所以儒家生命观对神树崇拜的影响是通过它的宗族思想及"仁孝"观念实现的。汉初统治者通过黄老道家的"无为而治"使汉朝初步恢复了元气，道家思想因此影响了汉朝六十年。汉武帝即位后，这位雄才大略的皇帝对黄老之术没有什么兴趣，反而对历来未曾受重视的儒家

[1] 刘方，《中国美学的基本精神及其现代意义》，成都：巴蜀书社 2003 年版，第 26 页。

学说大加发挥。他先是起用了以董仲舒为首的一大批儒家学派人物在朝廷上担任重要官职，随后又设置了五经博士，明确规定只有官方认可的儒家五经大师才能担任此职。这就把儒家学派从后台推上了前台，儒家思想第一次上升为官方统治思想。"仁孝"是儒家思想的核心，儒家地位的上升使得"仁孝"观念在全社会泛滥开来。在儒家看来，人从出生起就负有一种使命，这个使命就是践行"仁道"的原则，这是人存在的意义。如果说天道的自强不息是仁道的终极追求，那么人间的家国之爱、子孙的繁衍不息则是仁道的现实基础，孔子说："孝弟也者，其为仁之本与。"[1] 这个基础是从"孝道"开始的。儒家"孝道"的核心便是子孙后代的繁衍，"不孝有三无后为大"，因为繁衍后代不仅使自身的生命得以另一种形式继续，更重要的是祖先的生命也得到了延续。既然血脉的传承能够带来另一种意义上的永恒，那么通过神木扶桑、松柏生命树形象表达汉代人希望子孙后代像树木一样枝繁叶茂也就在情理之中了。可以说，这些繁茂的树木形象是为死去的人装饰的，然而我们绝不能说它们与活着的人没有关系，在其现实性上，它们更像是为活人而设。死人身上寄托了太多生者的理想和愿望。

（二）神树崇拜文化中的生存美学思想

神树崇拜在我国有着悠久的历史，远古先民从万物有灵的观念出发，对大自然中的一切都存有盲目崇拜的心理。从狩猎向农耕时代的过渡，人们对树木的依赖更加强烈。作为土地上生长的最为高大的东西，树木极强的繁殖能力和强大的生命生存能力让人们惊奇不已。加之其与人们的生活息息相关，在"模拟巫术"思想的影响下，对树木的崇拜也就难免了。当厚葬之风蔓延到汉代人的思想观念之中，长久以来积淀的树木所具有的神奇作用，比如强大繁殖力和四季长青、生命永恒轮回的象征意义被汉代人继承并加以放大，对树的狂热崇拜再次泛滥。这种对生命意义的探索和对

---

[1] 刘宝楠，《论语正义》（上册），北京：中华书局 1982 年版，第 7 页。

永恒生存的执着追求是中国传统美学的意蕴所在。

生存美学的核心是关怀自身，关怀自身首先就要关怀自身的生命与生存，这包括对生存方式和生命延续的不懈追求。对扶桑、松柏长青树等神树的崇拜，是一种宗教式的迷狂，这种迷狂夹杂着一种绝对化的功利目的，即求生存。宗教归根到底是功利的，如果不是要生存，人们是不会耗费如此多的人力物力和精神力量的。然而正是这种带有显著生存目的性和功利性的活动才激发出了最初的审美情绪和审美感受。"从历史上说，以有意识的功利观点来看待事物，往往先于以审美的观点来看待事物"[1]。事物的功利价值先于审美价值，只有实现了一定的功利目的，才能使主体激发出超越功利目的的愉悦感和满足感，这是审美感受的萌芽。在汉代和汉代以前的先民们的意识中，神树生命树是饱含生命内涵和生命意味的，松柏的四季长青、扶桑神树的枝繁叶茂都是出于生存繁衍目的的考虑，从这个意义来说，审美客体（神树）本身就具有审美意味。

神树崇拜在时间观上也同样具有美的内涵，这具体表现在神树本身具有的周行不殆的生命运动上。在长期的社会实践中，人们亲眼看到树木四季长青，它们周而复始、循环往复的生命力引发了人类对永生的渴望，这种最直观的感受使人们自然而然地把自己与树木作比较。既然树木可以循环往复获得生命的长久不衰，那么通过某种仪式或手段，人类也同样可以做到。在考古学的研究里曾经有过这样的发现：在原始人的墓葬里，死者周围被撒上红色的赭石粉，这种现象出现在几十万年前的北京"山顶洞人"的墓穴里，也出现在一些国外的原始人的墓葬里。"红色，在原始人看来大概就是人的生命现象的一种抽象概括。把红色的赭石粉撒在死者身上和周围，仿佛是给予死者以生命——血、温暖、活力。"[2]血、温暖和活力确实都是生命的象征，这些都是企图通过仪式获得死而复生能力的表现。神树生命树同样是汉代人企图通过这样一种仪式获得生命力的表现，

---

[1] ［俄］普列汉诺夫著，曹葆华译，《普列汉诺夫美学论文集》，北京：人民出版社 1983 年版，第 108 页。

[2] 周国兴，《人怎样认识自己的起源》（上册），北京：中国青年出版社 1977 年版，第 9—10 页。

这种仪式是通过祠堂和墓室画像的方式来实现的。

生存美学的本质是追求自由，而自由的最高境界莫过于生命的自由。我们从汉画像的图像刻画中看到的是汉代人对死亡的拒绝，如西王母、九尾狐、开明兽、四灵、不死树等，这些祥瑞的集中出现组成了一个渴望生命自由的理想王国，永恒的生命成为至高、至美的价值。由天上仙人世界到人间现实世界，由人间现实世界到地下理想王国，一个以"生"为核心的"永生之美"，成为汉画世界中重要的审美范畴。这样的审美范畴是一种生存哲学。在汉代人质朴的信仰中，人并不是自己生命的主宰者，主宰者是"天"，是自然。所谓"人法地，地法天，天法道，道法自然"[1]，天是生命的主宰，"天地之大德曰生"[2]，是天给予万事万物以生命。正是对"生"的渴望，汉代人把生命信仰寄托在了"天命"和"仙界"之上，他们相信能够通过扶桑神树、松柏生命树上达天界，获得不朽的生命，这种生生不息的生命快意，正是神树信仰中体现的永生之美。

雅斯贝尔斯告诉我们："生命就像在非常严肃的场合的一场游戏。在所有生命都必将终结的阴影下，它顽强地生长，渴望着超越。"[3] 汉代人的神树信仰是一种宗教式的超越，这种超越源于生命短暂的痛苦和对个体终将死亡的悲叹，看那高大挺拔、枝繁叶茂的树木，看那翱翔于自由天空的飞鸟，它们显现出来的生命自由的精神，犹如黑暗中的灯塔，照亮了已逝之人和现实中人的心扉，带给他们希望。

四、结语

以神木扶桑和松柏生命神树为象征符号的树神崇拜习俗是中国传统文化体系中一个十分重要的部分，它本身也是由多种因素构成的系统，这个系统在长期的历史发展过程中形成了丰富的内涵，表现出宗教性、世俗性

---

[1]　刘康德，《老子直解》，上海：复旦大学出版社 1997 年版，第 256 页。
[2]　周振甫，《周易译注》，北京：中华书局 1991 年版，第 86 页。
[3]　[德] 雅斯贝尔斯，《存在与超越》，上海：上海三联书店 1998 年版，第 44 页。

等复杂的特点。随着时代的进步，神树崇拜由最初的对纯粹自然神的崇拜慢慢发展到具有丰富的世俗意义和象征意义，这一发展过程经历了漫长年代的积淀，特别是进入汉代以来，随着升仙思想的泛滥和经济的进一步发展，树木身上寄托了越来越多的功利目的，而汉画像以它丰富的图像向我们展示了那个时代的信仰。

汉代之前，我们对汉民族神树崇拜的习俗更多地停留在文献记载和道听途说上，到了汉代，大量汉画像的出土为我们具体研究、分析神树崇拜习俗提供了丰富的图像资料。"图像比起文字来更接近人类审美的本源。人类视觉的造型，往往是审美的。"[1] 神树形象在汉代人的世界里具有了更加丰富的意义，汉代人在神树身上寄托了他们长生升仙、生命永恒、子嗣众多、宗族繁盛等众多的象征意义，这众多的象征意义通过神木扶桑、松柏生命树这一符号表现了出来，反映了两汉文化的丰富性和世俗性。汉代是一个"视死如生"的朝代，神树以它丰富的内涵，让人们对它寄予厚望，它既是生命永恒轮回的不死树，又是借以升仙的天梯，它还具有"宗"的作用，巩固家族，联系子孙。

艺术总是源于生活又高于生活的，汉画像神树形象及其丰富意义的产生离不开当时的社会环境和文化背景，中国文化中关于生命和生存关怀的叙述是别的文化难以超越的，这种关怀融自然、宇宙、社会、人生于一体，具有超越时空、穿越时代的特性。从人类诞生起，我们的祖先就开始了对于生命及生存的关注，经过长久的积淀，最终形成了以儒道两家为代表的民俗生命观，这种生命观深深植根于每一个朝代人们的心底，并通过不同的形式执着地表现出来，汉画像中神树形象的刻画就是汉民族生命观的集中反映。

神树崇拜在现代社会已渐行渐远，然而奇诡、雄浑、浪漫、壮丽的大汉王朝却永远留在了我们心底。

（作者 刘宇）

[1] 朱存明，《汉画像的象征世界》，北京：人民文学出版社 2005 年版，第 9 页。

第二章
汉画像人物服饰的审美研究

汉服博大兼容，充分展现了中华民族大气磅礴的精神风貌；汉画像包罗万象，用图像记录了当时的历史，是汉文化的重要遗存，更是难得的艺术品。汉画像人物服饰作为两种艺术的结合，不仅具有重要的历史文化价值，更具有极高的审美价值。但迄今为止，研究汉画像的专家学者不少，但研究汉画像人物服饰的却不多。

我们将在中国服饰史、中国服饰美学研究成果的基础上，以汉画像为切入点，对汉代服饰进行美学和文化意义上的进一步深入研究，从而解决过去研究所忽略的一些问题。

一、汉画像人物服饰概论

汉画像是我国重要的文化遗产，它用图像的形式反映了汉代社会生活的方方面面，不仅具有十分重要的历史价值、民俗文化价值，更是难得的艺术品，体现了中国人创造美与欣赏美的能力。服饰，是从古到今不可忽视的话题，它随着人们的存在逐渐发展成熟，各种各样的服饰为我们展示了每个时期的服饰所具有的不同特征，体现着一个时代多姿多彩的生活方式和态度，表现了人们对美的追求，也反映了一个时期的经济文化、社会风貌，是一个民族精神文化的象征。服饰也成为后人研究当时文化、审美等各方面特征的重要资料之一。汉画像中的人物服饰是反映汉代现实生活的一面镜子，它不仅受到传统文化以及画匠们对服饰还原程度的影响，更与当时的社会生活有着密不可分的关系。所以说研究汉画像，是了解汉代社会生活的一个很好的途径。而研究汉画像中的人物服饰又能帮助人们更深入地了解汉代社会生活民俗、艺术、审美等各方面的真实面貌。

（一）汉画像人物服饰与汉代市井生活

汉代文化博大精深，是几千年中华文明的根源之一。汉代服饰体现了当时社会生活、文化、审美等各方面的精神风貌，是中华民族的瑰宝。但由于时隔久远，流传下来为今天所能见的服饰并不多。这使现代人通过汉服去研究汉代文化具有一定的困难，更不要说是系统、深入的研究了。汉代流传下来众多保存非常好的汉画像，给我们提供了研究汉文化的重要依据。汉画像包罗万象，人物形形色色，场面各有不同，人物服饰也丰富多彩。因此，可以说汉画像是研究汉代社会生活、汉代文化的重要途径。而汉画像中的人物服饰因为是与当时的时代气息紧密联系的艺术品，更能很好地反映当时的社会。

汉画像是指汉代留存下的绘画或者说是雕刻画，包括壁画、帛画、画像石、画像砖、工艺装饰画等。汉画像是汉代最重要的艺术品，不仅体现在它对社会历史、民俗的真实记载，还在于它独特的艺术魅力。汉画像是汉代生活最直接的反映，也是最完整的反映，当时的汉画像就像是今天人们的照片、日记，或者说比这些更为重要。当时，人们作画，一是为了纪念，二是为了拥有，对于普通人来说，生活才是生命中最重要的部分。他们纪念的和想拥有的都来源于生活。因此，墓葬中的画像作为人存在的最后证据，它的存在反映了整个社会生活。常任侠在《东方艺术丛谈》一书中说："汉画可以说是汉代社会的一面镜子，它所表现的事物，包括着统治与被统治、剥削与被剥削、劳动与不劳动、主与奴的两个阶级，生动地画出了当时社会的诸形态……"[1] 其实，汉画就是民间的艺术，它反映了民间社会生活的方方面面。由于汉画反映了民间生活的方方面面，所以它对于服饰的还原应该还是较为具体的。皇室贵人、贩夫走卒各类人的服饰在汉画像中都会有所展示，如宫廷艺人的服饰或飘逸或庄重，武士军官的服饰或简洁或利落，等等。而服饰又是生活最重要的组成部分之一，表现了当时社会的文化，以及人们对于美的要求。衣食住行，衣为首，人的生活时时刻刻与服饰联系在一起，我们研究汉画像人物服饰，从这方面来看研究的就是整个汉代社会生活。

汉画像石可以说是汉画像的重要组成部分。由于它的材料特殊性，大多数汉画像石都保存得比较完整，今天研究汉画像的大部分资料就是来自画像石与画像砖。在这些画像石中有许多反映汉初"休养生息"和"文景之治"的，汉代逐渐繁荣起来之后人们过着富裕悠闲的生活。《汉书·食货志》记载："京师之钱，累百巨万，贯朽而不可校；太仓之粟，陈陈相因，充溢露积于外，腐败不可食。"[2] 经济上的富裕必然催生了思想上的安逸和享乐。普通人的生活就是柴米油盐，如果没有读书做官治天下的愿望，那么作为普通人来说，他们的追求就会表现在家庭生活的其乐融融与个人生活的喝酒玩乐。比如江苏邳州陆井乡庞口村汉墓出土的"悠闲生活图"（图 2-1），就是表现愉快热闹的生活的代表。画面的中心部分是一间屋子，屋子中有四个人，其中两个应该是男女主人。男主人在与客人博弈，女主人在闲聊。图中还有庖厨的场面，并有侍者在捧送食物。另外还有杂技演出活动。最下面是一列车马正在出行。这幅作品整体感觉结构比较严谨、交待比较清楚。讲的大概是客人来访，招待客人的场面，主人应该非常喜悦。从图中人物服饰可以大致看出，屋中人穿着袖子宽大的直裾长袍。

江苏徐州贾汪区青山泉汉墓出土的"温馨家庭图"（图 2-2）描绘的是一个温馨的家庭，图中一家三口其乐融融，妻子正将孩子送给丈夫，孩

[1] 常任侠，《东方艺术丛谈》，上海：新文艺出版社 1956 年版，第 190 页。
[2] 〔汉〕班固撰，〔唐〕颜师古注，《汉书》，北京：中华书局 2000 年版，第 956 页。

子和父亲都张着双手。屋外停着马车，似乎是作为一家之主的丈夫刚从外面回来。图中洋溢着一份浓厚的专属于家的温情。画像的上部分还画有瑞兽，似乎是衬托画面表达的喜悦之情。这是汉画中比较少的表现家庭的画面，十分珍贵。画中男女的穿着也都是当时汉服的普遍样式，宽袍大袖，服饰线条鲜明，流淌出优雅端庄的气质。汉画像中除了表现生活之趣的，还有表现温馨亲情的。

父母对孩子的爱是世上最珍贵的礼物，孩子骤然夭折，对父母的打击是非常大的。河南南阳市东郊李相公庄出土了一幅画着儿童玩耍和歌舞庆赏场面的画像石，并伴有墓志。从中可以得知这块画像石是父母为了悼念五岁时夭折的许阿瞿而制作的。

河南南阳东关李相公庄汉墓出土的许阿瞿画像（图 2-3），画面最上方的左面坐着长襦总角的许阿瞿，在他的身后，有一个穿着长衣的人，坐着给他扇凉，这个人可能是他的母亲。前面还画有三个儿童，他们可能是阿瞿玩伴。这些孩子都梳着双髻，穿着肚兜、裤衩之类的衣服。三个孩子一人在玩小鸟，一个拉着木制的玩具车，最后面一个拿着一个木鸠车。阿瞿似乎也想玩，一条腿已经站了起来。画面充满童趣。画上还有歌舞杂技的场面。可以清晰地看到乐伎者的穿着，跳盘舞的女伎头梳双髻，长袖飘飘，穿着有裆的长裤，长袍至膝。这些应该都是阿瞿平时最爱的东西，他的父母希望这些可以继续伴着他，即使在今天的人们看来这份亘古不变拳拳的爱子之情，也会为之感动。著名史学家翦伯赞对汉画像石极其重视，他指出"在中国历史上，也再没有一个时代比汉代更好在石板上刻出当时现实生活的形式和流行的故事来"。又说"这些石刻画像，假如把它们有系统地搜辑起来，几乎可以成为一部绣像汉代史"[1]。汉画像真实地反映了当时的社会生活，不管是走亲访友、祭祀祭拜、吃喝玩乐。因为汉画像承载着人们对生活对人的寄予，而人总离不开生活。所以大多数汉画像人物的地服饰是对当时社会生活的真实写照，他们的服饰也大多直接来源于汉代人的现实生活。

---

[1]　翦伯赞，《秦汉史·序》，北京：北京大学出版社 1983 年版，第 5 页。

图2-1 悠闲生活图 江苏邳州陆井乡庞口村汉墓出土

图2-2 温馨家庭图 江苏徐州贾汪区青山泉汉墓出土

图2-3 许阿瞿画像 河南南阳东关李相公庄汉墓出土

（二）汉画像人物服饰与汉服的关系

　　各时代的人们会通过各种不同的实物载体和艺术表现手法来表现服饰。类型不同的考古资料，会从不同侧重点去反映当时的服饰。俑用的是三维立体的服饰表现，可以从服饰的前后左右各个角度都可以看出服饰的具体形式。但由于俑一般都是用模具制造的，所以在表现上缺乏个性，制造出的东西往往千篇一律。壁画和帛画注意到服饰个性差异的重要性，在绘制的过程中也较好地突出了这一点，并且绘画的形式能够出色地表现出服饰的色彩、纹饰等细节部分的情况。但它们不容易保存下来，现在发现的可供审美研究的数量比较少。而画像石却不同，不仅数量较多，内容也非常丰富，而且在艺术上表现简练，线条化和轮廓化情况较多，是研究汉代服饰很好的历史遗存。汉画像是研究汉代生活的重要材料，但汉画像人物服饰与汉代现实人物服饰究竟是否可以画等号？我们都知道这中间还是有微妙的差别的。艺术在任何时候都不能直接等同于生活，它总是会在不同程度、不同方面对生活进行再加工，除非是完全写实的艺术。所以汉画像人物服饰与汉代现实人物服饰之间有什么样的关系呢？

1. 汉服是汉画像人物服饰的参考来源

　　汉画像内容丰富，涉及面极广。有描绘历史人物的，有表现喜庆吉利的故事的，有表述鬼神信仰的，有描绘自然风景的，有关于祭祀礼仪的，还有关于装饰图案的，等等。但总的来说，汉画像的基本内容概括起来只有两类：一是来自生活，二是来自想象，而想象归根结底也来自于现实。如汉画像石当中的伏羲与女娲以及祥瑞之类的神兽等图像，都能找到现实人物的影子。

　　汉画是研究汉代民间社会生活重要的实物遗存，汉代民间生活在汉画像中被很好地保留了下来。汉代的艺术创作比如说绘画一般都是以写实为

图 2-4　侍女图　河南南阳汉墓出土

主，某些与神话、鬼怪等超现实主义题材密切相关的作品有浪漫主义的精神，但人物服饰也源于现实。所以，在以写实为主的艺术创作下，反映汉代现实生活题材的汉画像能很好地反映汉代人的真实的生活场景，画像中的服饰，也都能较好地反映汉代当时的服饰风貌。河南南阳汉墓出土侍女图（图 2-4）展示的人物服饰，体现出了人物的优雅和服装的美。

　　另外，从一些诗词歌赋中，也可以捕捉到描绘汉代服饰的零星信息。汉代傅毅《舞赋》中有写道："罗衣从风，长袖交横……体如游龙，袖如素霓。"[1]这些描述虽然带有某些抒情成分，但依旧能够抓住最主要的东西，就是轻飘飘的罗衣、长长的袖子、比较宽大的裙子，以及展现出的飘逸灵动的风度。这在汉画像中是经常可以看到的，如河南南阳卧龙区麒麟岗出土的踏鼓舞（图 2-5）。图中女子长袖曳地，微微前倾，身姿异常曼妙。

　　汉代时，女子偏爱露髻式发型，一般都在头上梳着高高的发髻。大抵是因为高髻可以使人的身材显得修长而有风韵，符合汉时天人合一的审美

---

[1]　〔汉〕傅毅，《舞赋》，费振刚、胡双宝、宗明华辑校《全汉赋》，北京：北京大学出版社 1993 年版，第 281 页。

图2-5 踏鼓舞 河南南阳卧龙区麒麟岗汉墓出土

图2-6 侍女图 河南南阳汉墓出土

图2-7 耕牛图 陕西绥德墓门左立柱局部

图2-8 观戏图(局部) 山东曲阜市韩家铺村汉墓出土

民俗之雅

标准，故在当时很受欢迎。有童谣曰："城中好高髻，四方高一尺。"说明女子的这种发式在当时的流行盛况。河南南阳汉墓出土两名头梳高髻的侍女（图2-6）在很多其他的汉画中我们也能看到梳着高髻的女子。

汉画像来源于现实生活，是人们对现实世界的一种表现形式，如陕西绥德墓门左立柱局部耕牛图（图2-7）、山东曲阜韩家铺村汉墓出土的观戏图（图2-8）等。在当时写实主义绘画方法的创造下，能够最真实地还原现实生活。它的服饰刻画，很大程度上还原了当时现实生活中人物的服饰，对我们研究当时的服饰、社会文化都有积极的作用。

2. 汉画像人物服饰是汉代现实人物服饰的艺术加工

艺术总是对事物的再次加工，在加工的过程中会受到来自各方面的影响。所以，虽然汉画像人物服饰来源于现实生活，但并不代表汉画像服饰与现实生活中的服饰一模一样。汉画是一种自由的艺术，有写实的功能也有想象的空间。作品的最后形成有着一定的变数。

现在发现的比较多的汉画像都是刻画在能够经久不腐的石、砖上，这些画在创作时，一般是由工匠刻在上面的，当时的工匠在一定程度上还充当了画家的功能，又叫"画匠"。但这些工匠和画家却是不一样的。他们一般先拜师学艺，基本功练好之后，师傅会再教他们一些"程式"的东西。让他们掌握一些物体的普遍画法。这样的话，工作时就可以省掉很多时间和力气，非常方便。对于以雕刻为生的工匠，这种便捷的方法无疑很受欢迎。据说当时他们还发明了"粉本"，就是按照图样的线条用针刺在一种皮革之类的薄片材料上，形成密密麻麻的针孔。要画的时候，只要用黑灰敷在对象物体上擦拭，上面就会形成轮廓。这在当时应该是一种普遍现象。虽说汉画像一定程度上记录刻画了当时的社会生活，是对汉代社会的直观反映，但汉画像绝对不是一成不变的反映。所以我们今天见到的汉画像中的人物服饰有些显然只是遵照程式的基本画法，宽袍大袖，虽可以看出大概，但细节性不强。

图 2-9　作揖图　河南洛阳汉墓出土　　　　图 2-10　射鹿人　河南洛阳汉墓出土

汉代，画家们作画一般采用的还是"平面画法"，就好像汉服也是平面剪裁一样，立体的思想在当时还未流行开来。所谓"平面画法"就是在画画时只表现你看到的这个面，像人的影子就是平面的。但虽然只画平面，画家们却能很好地抓住物体的特征，让人能一眼辨识出来。平面画法选取特定的角度，用线条将所看到的物体的轮廓描绘出来，并在轮廓里面尽量勾画出一些细节，使之丰满。河南洛阳汉墓出土的画像砖上这个拱手揖拜的"作揖图"（图 2-9），画面上的人只是勾画出了线条，但看的人可以很清楚地知道他在做什么，虽然只有线条，但整体感觉栩栩如生。

这种画法在中国古代流行了很长一段时间。后来，立体画法开始出现，但平面画法依然存在并与之并行发展。作为平面艺术，汉画像已经做得很不错，在人物造型、多角度组合、构图以及若干细节的处理方面，都已处理得很完美，但有一个最大的弱点就是不能全面地反映事物的原来面貌。因为点与面、一面与全面差得不止一步。

汉画像的描绘虽然展示的是现实生活的情景，来源于现实生活，但并不是复制现实生活画面。拿画像石举例，画像石一般是墓葬艺术品，都

　　　　　　　　　　　　　　　　　　　　　　　民俗之雅

是人们对一些生活片段的记录和向往，当时的情景可能是画匠听完口述之后创造的。他们偏向的只可能是对事件的某些程度的还原，至于服饰的还原，应该不太精确。或者它们就只是画匠根据汉代一般人的穿着画出来的，不具有太多的历史性的参考价值，再加上艺术创作者临时的发挥，最后人物的服饰还有可能只是件艺术品，是现实生活中没有见到过的。比如这个河南洛阳出土的"射鹿人"（图2-10）。他上身穿着袖子只到手肘的紧身短衣，下身穿着裤腿只到膝盖的紧身短裤，短衣的襟口和短裤的裤腿部位均有刺绣。这种服饰在汉画像中十分少见，与所了解的汉代的着衣风格也不太相符，不知道是不是在画匠的后续加工下形成的。

所以，可以说是在历史的和人文的因素下，汉画像中的服饰与汉代现实生活中人们所穿的服饰并不等同。汉画像中的服饰远远没有他们现实生活中的服饰那么丰富，汉画像中所表现的服饰应该是一种具有规范性和普遍性的服饰，而不是一个个历史的个案。

二、汉画像中主要人物的服饰特征

中国古代封建社会，对于衣着的颜色、款式都有着严格的规定。所以，当看到古代流传下来的一些文物图像时，通常会以衣着判定这个物品的确切年代。同时，利用手中的文物，推断出那个年代政治、经济、文化、市民生活等各方面的材料，可以更加了解那时的生产、生活、审美情况。汉代留下的很多文献资料、图画、塑像等，都对当时的衣着服饰有相关描述，对我们研究有极大的帮助作用。尤其是汉画像这样直观性的历史材料，直接将历史情景呈现在我们面前，是研究汉代服饰最珍贵的材料。流传下来的汉画像的题材、内容极其丰富，几乎涉及当时社会生活的各个领域。这些形形色色的场面中，有朴实的农民、英勇的武士、能歌善舞的伎乐者、尊贵精致的贵族妇女等。

其实人物服饰虽然由于社会分工、人物地位有所不同，但总还是有一些相同的东西，如果想完全地将他们分类研究，还是有一定的困难。如服饰分类中的贵族服饰，贵族怎么去和平民分开，主要在于服饰的花纹、佩戴的服饰等。但贵族也不可能时刻都盛装打扮，他们平时的常服在样式、质量上面应该与非贵族并无太大差别。在这些人中，有四类人的服饰比较整体、鲜明，可以基本上代表那个时代各个阶层的审美文化特征。下面对它们进行分类研究，以便于更好地了解服饰背后折射出来的审美文化。

（一）伎乐者服饰特征

"伎"，许慎的《说文解字》[1] 解释为"妇人"的意思，后来用来表示女子靠歌舞来立身。伎乐是一种重要的音乐文化现象，很早就渗透到了社会的各个阶层和领域。"伎乐者"是指靠歌舞来立身的一群人，不单只代表女性，他们是一种特殊的阶层，相当于现在的艺人，不过地位要比现在的艺人低得多。他们是依附于皇室、贵族，专门为皇室、贵族服务的。由于伎乐者的责任是给观赏者带去美的享受，因此他们的服饰一般都比较讲究，像现在的艺人一样，引领时代风尚。这样也可以说在一定程度上他们的服饰代表了汉代较高的审美眼光。

有关伎乐者的服饰，汉画像中展现给我们的只是其中的一部分，我们可以结合汉代留下的史料典籍，以及一些艺术品，譬如陶俑中得出的一些基本的规律性的东西。关于汉代伎乐者服饰的记载有不少，如《后汉书·舆服志》记录了"雅舞"伎者的衣冠及其颜色，"爵弁，一名冕……《云翘舞》乐人服之……方山冠，似进贤，以五采縠为之。祠宗庙，大予、八佾、四时、五行乐人服之，冠衣各如其行方之色而舞焉"[2]。介绍了伎者的衣冠颜色，以及在什么场合服用，对了解伎乐者的服饰有一定的作用。再如傅毅《舞赋》记载："于是郑女出进，二八徐侍。姣服极丽，姁媮致态。貌嫽妙以妖蛊兮，红颜晔其扬华。眉连娟以增绕兮，目流睇而横波。

[1] 许慎，《说文解字》，北京：中华书局 2004 年版，第 785 页。
[2] 〔南朝·宋〕范晔撰，〔唐〕李贤注，《后汉书》，北京：中华书局 2000 年版，第 2504—2507 页。

图 2-11　舞乐百戏　河南南阳汉墓出土

珠翠的砾而照耀兮，华袿飞髾而杂纤罗。"[1] 描绘了一名舞伎的服装、姿态以及服饰的材料，具有很高的史料价值。伎乐者一般来说衣着雅致讲究，不同伎乐者根据不同场合以及不同的演出情况会选择不同的着装。

1. 器乐演奏者服饰

乐器表演者在伎乐者中属于衣着不太讲究的一群人，他们表演通常不需要在衣服方面作过多的修饰，只需要整齐划一就好。人们更多地关注他们在音乐方面的修养。而且对于乐器表演者的服饰过于突出也会抢了表演者的风头，不利于节目的和谐。因此，乐器表演者的服饰通常与人们日常服饰差不多。在汉代，乐器表演者，除了击鼓者之外，他们一般着深色衣服的形象出现，颜色也多为深色系。深衣在春秋战国时就已出现，深衣因在腰间将上衣和下裳缝合，可以将身体深深隐藏而得名，以交领右衽、隐扣系带的款式为主，式样大体分为曲裾、直裾两种，是当时最受欢迎的衣服款式，在河南南阳汉墓出土画像石中可以看到穿着这种深衣奏乐的表演者的气定神闲，与端庄肃穆的深衣十分匹配（图 2-11）。

<hr />

[1] 〔汉〕傅毅，《舞赋》，费振刚、胡双宝、宗明华辑校《全汉赋》，北京：北京大学出版社 1993 年版，第 280 页。

图 2-12　鼓乐图　河南南阳汉墓出土

图 2-13　七盘舞图　河南郑州汉墓出土

　　乐器演奏者虽然一般较为沉静，但击鼓者与奏乐者不同，他们一般长襦及膝，下着长裤，交领右衽，穿着更利于激情洋溢的击鼓表演。例如河南南阳汉墓出土舞乐百戏建鼓舞中的击鼓者（图 2-12），穿着交领的衣服，外衣及膝，下面是一条长裤，正在击鼓。

2. 舞蹈表演者服饰

　　据掌握的汉画像资料来看，汉代的舞蹈表演者，大多数是这样一种形象：头发高高梳起，穿着紧身的长袖衫，膝盖长度的裙子或裤子，突出了舞蹈演员的身体之美，以表达温和或强烈的感情；或是长长的深衣，腰部束起，长袖善舞，委婉优雅，婀娜多姿。河南郑州汉墓出土长袖舞（图 2-13）便是其中的一例。

　　舞蹈表演者服饰的种类很多，一场舞蹈，如果服饰不美，那将会失色不少。舞伎服饰从大的方面来说分为两类，一类是上衣下裳，一类是深衣。上衣又称为襦。汉代时，女伎穿的襦有着和一般女性不一样的规格，襦分两种长度，一种只到腰部，另一种是长襦，垂到膝盖。汉代"裤"字写作"袴"，《说文解字》解释道："袴，胫衣也。"[1] 女伎所穿的裤子也有两种款式：一种是不合裆的，还有一种是合裆的。不合裆的裤子是指两裤管不缝合的，穿着时多与长襦在一起穿，但这种裤子容易将里面的衣服露出，不甚雅观。女伎在表演大幅度的舞蹈动作时，如果穿着短襦，那就必须要穿合裆的裤子，否则将不利于表演时动作的完成。河南南阳宛城区七孔桥汉墓出土的顶碗托壶图中，表演长袖舞的女伎就身着短襦长裤，翩翩起舞。舞者腰细如柳，体态轻盈，长裤的下部是一个很为夸张的喇叭形状，合裆的结构看得很清楚（图2-14）。

　　汉代伎乐者在歌舞表演时穿得比较多的还是深衣。女伎所穿深衣一般是曲裾交掩式的。这种交掩式的深衣出现的原因是，汉代女性的长衣如果不开衩口，那么女伎在表演时将会非常受束缚。但如果开了衩口，那内穿的不合裆的裤将会遮不住身体。如果换成合裆的裤又会影响舞者的身姿，显不出舞蹈的柔美婉约。所以，女伎所穿深衣都会斜裁出长长的曲裾掩于身后，层层交叠。还有一种舞蹈时经常穿的深衣，叫袿衣，这是一种更为华丽的深衣，这种衣服上广下狭，下饰有形若刀圭状的燕尾或长飘带，舞

---

[1]　许慎，《说文解字》，北京：中华书局2004年版，第803页。

图 2-15　乐舞百戏图　河南南阳汉墓出土

图 2-16　舞乐图　河南南阳东关汉墓出土

伎跳舞时配合着舞动的长袖，非常华贵美丽。还有一种长袖束腰的舞衣，腰间用柳叶等形状装饰，舞动起来时长袖飞舞，身姿曼妙，极尽舞蹈之柔美。这种服饰可能是受民间流传的仙女、玉女形象的影响。

还有一种舞蹈表演者是俳优艺人，他们几乎都身材不高、腹部凸出，赤裸着上身，长裤缀于胯间。我们可以从河南南阳出土的汉墓画像乐舞百戏中看到这种俳优的形象（图 2-15）。上刻有三个舞女，最左面的舞女侧身举着手臂，双膝微弯，正在表演舞蹈。旁边一个舞女单手倒立在樽上，画面正中有一个高髻细腰的舞女，挥着长长的水袖应节奏而舞，身姿曼妙、动感强烈。她们的对面有一个戴着面具的俳优，他身形粗壮，手中举着旗子。俳优的粗壮呆板，与舞女的灵活纤巧形成对比，使画面具有强烈的冲击力。河南南阳汉墓出土的乐舞图（图 2-16）中画的应该是名为盘鼓舞的一种舞蹈。地上放着几个盘子，旁边一个红衣舞女似乎正在用迅疾的舞步踏歌而来，她双臂高扬，长长的袖子甩在身后，翻卷出别样的韵味。在她的身后，一个赤裸着上身、穿着红色裤子的侏儒正伸臂向前追逐。一

图 2-17　舞乐百戏图（局部）

高一矮，一美一丑，更显出俳优艺人的滑稽可笑。

3. 伎乐者头饰

伎人的发饰各有不同，大致有露髻和戴冠两种。女伎多为露髻式，不戴冠。当时有童谣："城中好高髻，四方高一尺。"描述了汉代时，当地高髻流行的情景。高髻可以显出女子的纤细之美，在当时很受欢迎。在汉画像中看到很多女伎都头梳着高髻翩翩起舞。此外，在百戏表演中，可以看到很多女伎梳着三角髻。伎人由于职业的关系，经常处于运动之中，因此很少在头上戴饰物。只有极少数的伎人在表演比较柔美的舞蹈时，会在头上插上步摇。

汉代男伎发饰一般也分露髻式和戴冠式。百戏表演中多为露髻式，乐舞中多为戴冠式。《后汉书·舆服志》提到："建华冠，以铁为柱卷，贯大铜珠九枚，制似缕鹿……天地、五郊、明堂，育命舞乐人服之。"[1] 所以，男伎多戴建华冠。

---

[1]　〔南朝·宋〕范晔撰，〔唐〕李贤注，《后汉书》，北京：中华书局 2000 年版，第 2507 页。

另外，在汉代舞乐百戏中，还经常可见一种螺纹旋转而上的尖顶冠，这种冠多为滑稽艺人佩戴。如《舞乐百戏图》中有一个赤裸上身，扭腰摆臀的俳优头戴尖顶冠，十分滑稽（图2-17）。

（二）武士服饰特征

汉画像中的武士包括传统文化中有勇力之士，像射日的后羿、斩蛇的高祖，为了知己慷慨赴死的荆轲、专诸、豫让、聂政、高渐离、要离这样的义薄云天的刺客，也包括汉代的武官、卫兵、士卒等尚武之人。这些人在汉画像中都有记载。虽然面貌不同，穿戴各异，但总体上来说，他们的服饰从一定程度上反映了当时武士的装束，或者说反映了那个时代的人们对于武士服饰一些普遍的看法。

1. 汉画中武士的首服特征

"首"即"头"，在古代认为头是人的根本，所以又称"头"为"元"。首服也叫头衣，或者元服，是指人们头上服饰的意思。首服，是古代衣冠服制中比较重要的东西。因为人们普遍认为头是一个人最重要的部位，而且人们在互相交往的过程中，首先注意到的就是头，所以首服就成为了人们身份尊卑，社会地位高低的区别标志。汉代的首服大致包括冠、巾、帽三类，三者虽同属于首服，但用途却是不一样的。"冠"主要用于装饰，"巾"主要用于束发，而"帽"则主要用于御寒。

冠，就是加在头上的发罩。原来是指鸟兽的冠角，古人从那里受了启发，开始戴冠。所以冠的形成开始就表示它主要用于装饰。冠从商周时期发展而来，到了汉朝已经逐渐成熟，冠的名目繁多。汉文帝时，先后废除了一些不太实用的冠服，如巧士冠、却敌冠、委貌冠、长冠、樊哈冠等，规范了汉朝冠服制度，现在在汉画像中可以看到各种各样不同的服饰。冕冠、爵弁、长冠、进贤冠、武冠等。这些冠中武士常戴之冠为"武冠"。

图 2-18　二桃杀三士　河南南阳西汉空心砖墓壁画

"武冠"，其实严格意义上来说并不是冠，它是弁和平上帻组合而成的。但在流行的过程中被加以了冠的称呼。"武冠"又叫"繁冠"，因为样子高大如弁，因此又叫"武弁""大冠"。

古时，有"士冠，庶人巾"的说法，因此，庶人是不可戴"冠"，只可用"巾"的。百姓通常把巾覆在发髻之上，再用东西绑住。巾，在我国有深厚的历史文化。春秋战国时期，士兵长戴青色巾帕，因为他们出身贫困，所以百姓又被称为"苍头"。秦朝时，百姓经常用黑色的巾裹头发，所以百姓又被称为"黔首"。人们经常说"黎民百姓"，"黎民"这个词就是从"巾"上发展而来的。后来，在附庸风雅的王宫贵臣的引导下，巾成了贵贱通服的首服，不过这差不多已经是东汉末期了。在汉代，"巾"还是没有地位的人常用的首服。汉代，武士大多地位不高，尤其是民间传说中的义士，虽有高尚之人格，但地位卑贱，因此大多数以巾束发。如洛阳西汉空心砖墓壁画"二桃杀三士"（图2-18）中三个争吃桃子的武士就是用小巾子绾住头发的。

"帻"也是"巾"的一种，常常戴在冠下，或单独戴，起初和巾一样，只用作包头发，后来渐渐演变成帽子的样子，经常为武士所戴。组成"武

图 2-19　赤帻武士图　河北都望壁画　　　图 2-20　鹖冠武士　河南洛阳汉墓出土

冠"的"平上帻"是一种上面较平的帽子。称"平帻"。《后汉书·舆服志》记载："帻者，赜也，头首严赜也。至孝文乃高颜题，续之为耳，崇其巾为屋，合后施收，上下群臣贵贱皆服之。文者长耳，武者短耳，称其冠也。"[1] 可见，文官和武官戴的"帻"是有一定区别的，文官服一般是长耳的介帻配上进贤冠，武官则是短耳的平上帻配上武弁大冠。"帻"巾也用颜色区分等级，武者赤色、奴役绿色。《后汉书·舆服志》中有记载："古者有冠无帻，其戴也，加首有颊……汉兴，续其颜……名之曰帻……武吏常赤帻，成其威也。"[2]（图 2-19）

汉代的武冠还有一种叫做"鹖冠"（图 2-20）。《后汉书·舆服志》记载道："环缨无蕤，以青系为绲，加双鹖尾，竖左右。"[3] "鹖"是一种小型猛禽，特别勇猛，鹖鸟若相斗，只有一只死了，决斗才能终止。曹操《鹖鸡赋·序》道："鹖鸡猛气，其斗终无负，期于必死。今人以鹖为冠，像此也。"[4] 在汉代画像上见到的"鹖冠"，大多数是在武冠两旁插上鹖尾的。也有不用鹖尾而用雉尾的，因为雉鸟也是善斗之鸟，而且雉鸟的尾毛颜色鲜艳，比黑色的鹖尾美观得多。

---

[1]　〔南朝·宋〕范晔撰，〔唐〕李贤注，《后汉书》，北京：中华书局 2000 年版，第 2509 页。
[2]　同上。
[3]　同上，第 2508 页。
[4]　孙机，《汉代物质文化资料图说》，上海：上海古籍出版社 2011 年版，第 271 页。

2. 汉画中武士的穿着特征

武士是和文人相对的概念，汉画中有关武士服饰的图像并不太多，而且对于武士服饰，并不好给出一个明确的界定。文人一般服饰就是宽袍大袖，极具风雅的儒士服装。这种服装一般比较烦琐，袖子宽大，系带较长。而武士服装，在没有考察前，大多数人的感觉就是方便活动，简洁大方。中国的武士有其文人化的一面，对于汉代武士穿着的描写，史料、典籍中也有一些记载。"蒙鹖苏，绔白虎，被斑文，跨野马，陵三峻之危，下碛历之坻，径峻赴险，越壑厉水。"这是汉代的司马相如在他的代表作《上林赋》中对于武士形象的描写。"蒙鹖苏""被斑文"，武士们带着鹖鸟的羽毛，披着动物的皮毛，做英勇的行为。[1] 张衡的《东京赋》也描写了帝王在郊外祭祀时，武士们在仪仗队中的装束。"髶髦被绣，虎夫戴鹖，驸承华之蒲梢，飞流苏之骚杀。总轻武于后陈，奏严鼓之嘈杂。戎士介而扬挥，戴金钲而建黄钺。"[2] 这里面提到了武士们戴着鹖冠，衣服上有花纹。有的武士还穿着铠甲徽章在肩上闪耀，有人拿着金钲，有人举着斧钺。场面宏大威武。从这两段史料中对武士的描写，可以看出武士在文学中的形象也许并不是当时社会生活中实际的状况。尤其是抒情类的《上林赋》，它描述的武士更像是自己想象出来的大多数中国人心目中武士应该有的样子。提起武士，人们首先会想到三国中的张翼德。这位猛士的形象已经成为中国武士的代表深入人心。大多数人都觉得武士就应该眼若铜铃、声如洪钟、勇猛威武、豪气干云。武士的穿着也应该随意洒脱，不受束缚。《庄子》中曾记载："剑士皆蓬头突鬓垂冠，曼胡之缨，短后之衣，瞋目而语难。"意思是说剑士一般都是蓬头突鬓，用小巾子包着头发，再

---

[1] 〔汉〕司马相如，《上林赋》，费振刚、胡双宝、宗明华辑校《全汉赋》，北京：北京大学出版社 1993 年版，第 65 页。

[2] 〔汉〕张衡，《东京赋》，费振刚、胡双宝、宗明华辑校《全汉赋》，北京：北京大学出版社 1993 年版，第 442 页。

图 2-21　守城侍卫　河南洛
阳汉墓出土

图 2-22　荆轲刺秦王　河南
南阳唐河县针织厂出土

用粗带子随便一系，穿着短一点的衣服。这种对传说中剑士形象的描述很
显然影响了后来很长一段时间内人们对武士形象的刻画。

南阳西汉空心砖墓壁画"二桃杀三士"（图 2-18）表现的是一个二桃
杀三士的故事。关于这个故事在《晏子春秋》中有记载，讲述的是两只桃
子，杀死了三个勇士的故事。因为是论功行赏，但三个人只赏了两个桃
子，结果拿不到桃子的勇士因为不平而自杀，拿到桃子的则因愧疚而自
杀，故事充满戏剧性。从这幅画看来，人物穿着和精神面貌画得都还算
清楚。

河南洛阳汉墓出土守城侍卫图（图 2-21），画面中三个勇士都穿着到
膝盖的短衣，大口裤，腰间佩有长剑。衣服虽然也是大袖，但还算轻便。
三人均执戟并佩着长剑。他们穿着宽大的曲裾袍。最左边的武士，可以看
出穿着大口有裆的裤子，鞋头后勾。从图中看，我们可以得出他们的时代
是汉代前期。这种衣服按道理说是不适合武士穿着的。

　　　　　　　　　　　　　　　　　　　　　　民俗之雅

图 2-23　武士石刻画像
山东沂南汉墓出土

　　河南南阳唐河县针织厂出土的"荆轲刺秦王"（图 2-22）是南阳汉画中荆轲刺秦王的故事。图中荆轲拿剑直击秦王头部，秦王用力躲闪，旁边还画有一个慌忙奔跑的侍从。侍从动作夸张，双手高举，双脚飞驰，惟妙惟肖地表现出了他内心的慌乱。荆轲、秦王都是交领右衽，略显宽大的袖子也反映了汉朝袖子长而宽的特点。作为武士的荆轲穿着长及脚部的袍子，但袍子是开衩的，大抵是为了方便行动。我们可以明显地看出裤子已经是有裆了。

　　这是山东沂南汉墓出土的两位武士石刻画像（图 2-23）。他们佩着长剑，戴漆纱冠，穿大袖的衣服，大口裤。佩绣有虎头的锦囊，系着绶带。这说明他们虽然是武士，但身份要比普通武士高，应该是武官。武官的服饰较长，说明他们已经偏离了"士"，而更倾向于"官"。这说明汉代武官服饰与普通士兵还是有很大区别的，这也是等级在服装上体现的一种形式。

　　虽然河南南阳汉墓出土的武士画像（图 2-24）稍显模糊，但不难看出，图中的武士基本上都穿着非常轻便的服饰，没有宽大的袍子、大大的裤子，衣物简单，便于活动。这种形象才是比较符合大众心理的武士形

图 2-24　武士画像　河南南阳汉墓出土

象。左边的执钺武士下面的服装应该是一条长及膝盖的短裤，这在汉代其他的画像中见到的不多。

从上面的汉画像中我们可以看出，虽然如今流传下来的汉代武士图像中，有穿着长袍大褂的武士，但其实武士的总体打扮还是以服装轻便、利于活动为主。虽然汉画像中有一部分是汉代画家想象中的，根据前人的文章、典籍杜撰而成的典型的武士形象。但尽管如此，它依然体现着当时的文化审美，何况还有一部分是汉代时卫兵、武士的普遍装扮，具有极高的历史价值。

（三）贵族服饰特征

汉画像中的贵族的画像流传下来的并不是很多。大抵因为在汉代时，石刻在民间比较流行，因为耗费相对来说比较低。而布帛则是贵族们的专享。布帛成本较高，但成像效果好，颜色鲜艳，在当时应该很受贵族们的欢迎。可是即便贵族们喜爱用布帛记录自己的生活，但布帛高昂的成本也限制了帛画的数量。时过境迁，千年之后，当时作为贵族艺术的布帛画已经大多不复存在，我们看到最多的却是作为民间艺术的画像石。所以，对贵族服饰的考察存在着一定的难度。

贵族指的是诸王、二千石以上的大臣及其夫人。汉画是反映汉代贵族服饰较为直接的手段，但由于数量极少，只能作为大致参考，想要更具体地了解当时贵族们的服饰，必须借助于其他的历史资料。在相互的印证中才能作一个相对来说较为准确的还原。众所周知，汉代服饰制度森严，每个等级有每个等级的穿衣标准，贵族们参加重要活动更是有详尽的穿衣准则，不得出丝毫差错。对于汉代贵族来说，服装分为正式服装和非正式服装，正式服装是指参加正式场合，如祭祀、朝拜、社交等场合的着装；非正式场合就是指日常生活中的随意穿着。无论是什么样的着装，贵族与平民之间，甚至贵族与贵族之间都有着很大的差异，主要集中体现在首服的佩戴、服饰的用色等等方面。《后汉书·舆服志》中关于着装有一段记载：

> 太皇太后、皇太后入庙服，绀上皂下，蚕，青上缥下，皆深衣制，隐领袖缘以绦。翦牦蔮，簪珥。珥，耳珰垂珠也。簪以玳瑁为擿，长一尺，端为华胜，上为凤皇爵，以翡翠为毛羽，下有白珠，垂黄金镊。左右一横簪之，以安蔮结。诸簪珥皆同制，其擿有等级焉。

> 皇后谒庙服，绀上皂下，蚕，青上缥下，皆深衣制，隐领袖缘以绦。假结。步摇，簪珥。步摇以黄金为山题，贯白珠为桂枝相缪，一爵九华，熊、虎、赤罴、天鹿、辟邪、南山丰大特六兽，《诗》所谓"副笄六珈"者。诸爵兽皆以翡翠为毛羽。金题，白珠珰绕，以翡翠为华云。

> 贵人助蚕服，纯缥上下，深衣制。大手结，墨玳瑁，又加簪珥。长公主见会衣服，加步摇，公主大手结，皆有簪珥，衣服同制。自公主封君以上皆带绶，以采组为绳带，各如其绶色。黄金辟邪，首为带镊，饰以白珠。

> 公、卿、列侯、中二千石、二千石夫人，绀缯蔮，黄金龙首衔白珠，鱼须擿，长一尺，为簪珥，入庙佐祭者皂绢上下，助蚕者缥绢上

下，皆深衣制，缘。自二千石夫人以上至皇后，皆以蚕衣为朝服。

公主、贵人、妃以上，嫁娶得服锦绮罗縠缯，采十二色，重缘袍。特进、列侯以上锦缯，采十二色。六百石以上重练，采九色，禁丹紫绀。三百石以上五色采，青绛黄红绿。二百石以上四采，青黄红绿。贾人，缃缥而已。[1]

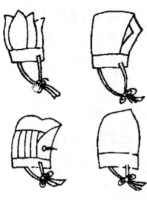

图 2-25　委貌冠　三礼图

贵族首服是贵族区别于其他人的重要标志之一。西汉时，贵族男子首服主要是冠；女子则体现为形形色色的头部配饰。

汉代诸王一般佩戴冕冠、远游冠、委貌冠、素冠。冕冠，形制似于天子冠，"三公诸侯七旒，青玉为珠"，"诸侯以采丝"，"诸侯王、公、列侯以白玉"[2]。冕冠是一种礼冠，用于祭祀等重大活动时。远游冠："远游冠，制如通天，有展筒横之于前，无山述，诸王所服也。"[3] 委貌冠（图 2-25），又称"玄冠"，是公卿、诸侯、大夫等贵臣的礼冠，其形与皮弁相似，高七寸、广四寸，上小下大如覆杯状，以黑丝帛覆裱。据《仪礼·士冠礼》："主人玄冠，朝服，细带，素韠，即位于门东，西面。"《后汉书·舆服志下》载："行大射礼于辟雍，公卿诸侯大夫行礼者，冠委貌，衣玄端素裳。"[4] 素冠，诸侯素冠素缨。

汉代贵族女子的头饰常见有笄簪、钗、华胜、步摇等。簪，汉代时，头发都是绾成髻的，绾髻之后要用簪将其固定，所以，簪在当时几乎是所有人都需要的头饰。《后汉书·舆服志下》载：太皇太后，皇太后的簪"以玳瑁为擿，长一尺"。擿（即簪股）的材料有严格的等级差别，所谓

[1]　〔南朝·宋〕范晔撰，〔唐〕李贤注，《后汉书》，北京：中华书局 2000 年版，第 2514—2515 页。
[2]　同上，第 2503 页。
[3]　同上，第 2505 页。
[4]　同上，第 2504 页。

图 2-26　西王母戴胜画像　山东沂南
汉墓出土

"其擿有等级焉"，公、卿、列侯、中二千石、二千石夫人为"鱼须擿"。[1]
马王堆汉墓出土的轪侯利苍夫人的发髻上就插有三枝梳形簪，分别为玳瑁
簪，角簪和有朱绘花的竹笄。周锡保认为这就是所谓的擿。[2] 钗，用于固
定头发，形状为两股，钗就形成于两汉时期。钗的材质各种各样，贵族妇
女一般使用金银钗，并在钗的头部做成花朵或者动物的形状用来装饰。华
胜，《释名·释首饰》："华胜，华象草木华也，胜言人形容正等一，人著
之则胜也，蔽发前为饰也。"[3] 胜是汉代贵妇的主要发饰，马王堆夫人前额
及两鬓有涂成红色或红底黑色、镶着金或侧面贴金叶的木花饰品，这些木
花饰品分呈花瓣形、三叉形、截锥形、半弧形及梯形，就是当时用金属丝
编联起来作额前装饰的华胜（图 2-26）。

步摇，《释名》云：上有垂珠，步则摇也。假发是贵族女子中常见的
饰品，古代以长发为美，《东观汉记》："明帝马皇后美发，为四起大髻，
但以发成，尚有余，绕髻三匝。"假发在汉代贵族妇女中被广泛使用。

汉代贵族女子的服装款式，以深衣为主。西汉一般是比较修身的曲裾
深衣，东汉时则是较为宽敞的长袍。这与当时的社会风气也是符合的。

---

[1]　〔南朝·宋〕范晔撰，〔唐〕李贤注，《后汉书》，北京：中华书局 2000 年版，第 2514 页。
[2]　周锡保，《中国古代服饰史》，北京：中国戏剧出版社 1984 年版，第 104 页。
[3]　〔汉〕刘熙，《释名》，上海：上海古籍出版社 1987 年版，第 40 页。

图 2-27　墓主图　湖南省长沙市马王堆一
号墓出土

　　湖南省长沙市马王堆一号汉墓出土的"墓主图"（图 2-27），图中贵
族妇人戴着贵重的钗与步摇。着装和我们所掌握的文献中关于西汉服饰的
大致样子差不多，服装上有精致的绣纹。曲裾深衣领口高耸，似乎不止一
重。深衣长度及地，看起来华贵大方、端庄优雅。

　　汉画像上精美的绣纹是贵族们区别于他人最大的不同。精美的绣纹是
权力和威严的象征。它们不仅具有审美上的功能还有内涵上的良好寓意。
汉代服饰的图案纹样追求人与自然的和谐统一，将自然界的景物与人类美
好的意愿相结合。"用丰富的想象和美好的寓意将人们喜闻乐见的吉祥物、
吉祥图案贯穿于服饰设计中来满足人们追求富贵、权力、美好希望，或创
造团圆、喜庆、崇高的艺术境界，以符合华夏民族提倡谦和、好礼、廉
正、端庄的行为准则。"[1] 汉代绣纹精美花样繁多，龙纹、花纹、云朵纹、
几何纹等等，属于贵族的有龙纹、凤纹，以及上古就留下的十二章纹路大
多数的纹。"在封建社会，'龙'是作为皇帝的象征，它有着不可侵犯，凌
驾于百姓之上，操纵着世间一切的权威。'凤'被古人称之为神鸟之王，
姿态清高、雍容华贵。同样，在汉代，'凤'是皇后的象征，它有着与众

---

[1]　蔡子鄂，《中国服饰美学史》，石家庄：河北美术出版社 2001 年版，第 247 页。

不同、典雅高贵的气质，预示着世间一切美好的事物。因此，'龙凤'纹样多装饰于宫廷及贵族的服饰上。"[1]

从汉画像的贵族服饰中，可以看出当时纺织工艺的最高程度和当时作画的最高水准。从穿着时严格的规范，可以想象到当时服饰制度的严格，也可以看出封建制度下等级性的严酷。这些琳琅满目的饰品和服饰上精美的绣纹是后人研究汉代手工艺技术发展和社会生活的重要材料。

（四）劳动者服饰特征

汉画像被称为汉代生活的"百科全书"，是因为它从多个角度反映了汉代生活。在这部"百科全书"中可以看到的除了贵族、武士等等，刻画得最全面最多的是普通的劳动人民。劳动人民指的是靠劳动为立身之本的普通劳动者，是一个社会的最主要组成部分。他们需要为少数统治阶级服务，受统治阶级的限制。

汉代，百姓不得穿带颜色的服装，只能穿没有颜色的麻布。直到西汉末年才允许平民穿青绿色的衣服。然而在服装的样式上，似乎没有严格的限制。所以他们的服饰尽管最简单、最粗糙，却代表着汉服最原始的面貌。从这些劳动人民的服饰中，能更直接地了解汉服，了解当时的社会。流传下来的汉画像中，刻画劳动人民的画像砖、画像石也占总数的绝大部分。从汉画像中可以看到很多对劳动人民的刻画，如耕种图、酿酒图、冶铁图、庖厨图中劳动人民的服饰。劳动人民服饰最突出的特点便是简单化。

1. 汉代劳动者的着装

劳动人民处于社会的底层，他们以劳动所得为生活来源。他们的着装与他们的社会分工紧密相关。在物质资源不丰富的汉代，除非是家境比较

---

[1]　田自秉、吴淑生、田青，《中国纹样史》，北京：高等教育出版社 2003 年版，第 145 页。

殷实，以及需要穿庄重一点的场合，像祭祀、结婚、拜访等，否则劳动者一般很少去穿长衣。因为在劳动者看来，长衣浪费布料，而且在劳动时穿着并不方便。所以，我们了解的汉代劳动者一般都穿着轻便的短打。短打又叫短褐，一般是干重活的人穿的。短打的袖子也多是大袖，整体上来看上衣比较短。在留下的汉画像中，经常可以看到身着这些短衣的劳动者。如山东嘉祥县刘村洪福院出土的"造车与酿酒图"中，正在酿酒的农民就穿着短衣和短裤，我们可以较为清楚地看出这种短衣和短裤的大致样子（图2-28）。

中国文化自古男主外、女主内，男子承担起养家的重大职责。男子和女子承担的社会角色不同，所以他们在服饰上自然也有所不同。即使是同为同性劳动者，所穿服饰也有所不同。如河南南阳邢营出土的画像《田间小景》中，正在锄地的农夫就穿着长襦裤，上面隐约是一件没有袖子的短上衣。送饭的妻子则身着直裾长袍（图2-29）。袍在先秦时指的是内衣，东汉时以之为外衣。《释名·释衣服》："袍，丈夫着，下至跗者也。袍，苞也；苞，内衣也。妇人以绛作衣裳，上下连，四起施缘，亦曰袍，义亦然也。"[1] 再如山东嘉祥县洪山村出土的"造车与酿酒图"中，叉开双腿的酿酒者，站在缸前，似乎在品尝新酒的味道。他一身短衣、短裤。而另一侧的造车图中，背着婴儿，给丈夫递零件的妇女，可以明显看出她穿着长袖直裾的袍（图2-30）。还有一种叫"犊鼻裈"的服装，在汉代服饰中最为简单实用。关于"犊鼻裈"，历来研究很多。关于它的样式，大部分人认为是没有裤腿的短裤，类似于今天三角短裤。所以说，汉代劳动者的服饰总是力求最简化，他们穿着服饰不是为了美，而是为了实用。

2. 劳动者服饰的特点

前面提到，汉画像只能从某一方面反映当时人们的穿着，并非很准确

---

[1] 〔清〕王先谦，《释名疏证补》，上海：上海古籍出版社1984年版，第285页。

图 2-28　造车与酿酒　山东嘉祥县刘村出土

图 2-29　田间小景　河南南阳邢营出土

图 2-30　造车与酿酒　山东嘉祥县洪山村出土

图 2-31　双牛耕田　陕西靖边寨山村出土

图 2-32　盐场采盐图　四川邛崃县花牌坊出土

的现实生活中的服饰。因为这是对现实服饰的再次创作，是艺术对生活的体现。汉画像中劳动者的服饰有两个特点：一是类型化，二是概括化。

人们经常在画像中看见穿着短衣、短裤的劳动者，有时甚至会认为劳动者只穿这种服饰。但明显是不可能的。也有部分没有作此打扮，穿着长衫、长裤的。如陕西靖边寨山村汉墓出土的双牛耕田图中，看到的这个正在耕田的劳动者，穿着长衫、长裤（图 2-31）。这可能与季节也有一定的关系，春天是耕田的季节，温度较低，身着短衣不太合适。衣着与季节一定相关，但为什么看到的汉画像中的劳动者总是一身短衣？大致因为短衣、短裤是劳动者常见的比较有特点的服饰，为了方便劳动，形成了这种特有的着装。画家作画时，因为并不是针对某个特定的人，只是利用人形成某个劳动场景，自然会选取最有代表性的劳动者服饰进行创作，因此，形成了劳动者在人们心中典型的穿着特点。

有时，为了体现某个特定的劳动场景，呈现场面的壮观，劳动者甚至被简化成一个个模糊影像，看到的服饰也都基本上是由一个模子刻出来的（图 2-32）。众所周知，汉画像石、画像砖属于墓葬艺术，普通的平民百姓很少有人有能力为自己的墓室创作如此众多的画像。因此，在汉画像中劳动人民只是作品的配角，他们的服饰并不是刻画的重点，只能说是具有一定的代表性和概括性。

三、汉画像人物服饰的审美特点

汉画像人物服饰具有汉服的一些概括性的元素，它的审美特点在一定程度上也就是汉服的审美特征。汉代服饰比较突出地体现了中国的传统文化精神，汉画像中的人物服饰不仅具有遮身蔽体的实用功能，同时也具备了审美特征。此外，汉画像人物服饰是"艺术中的艺术"。汉服本身就是艺术品，汉画像用画的方式将它呈现，使得汉画像中的人物服饰又带有了当时绘画、雕刻中的一些审美特征。这些都使得汉画像人物服饰的审美变得丰富复杂，但正是这种复杂丰富的美才更具有不朽的魅力。

（一）实用性和艺术性的统一

《中国服饰艺术论》中说道："对服饰来说，超脱与虚幻都是违背实用的本意的，只有在真、善、美三方面都有具体的落实，才可能成为被称作'服饰艺术'的东西。首先，服饰必须是可触、可感、可视、可用的经过改造的物质实在，这就是'合于体'；其次，它必须是与人们追求漂亮、美观、荣耀的本意相切合的，这就是'顺于心'；第三，它必须是被外在的社会规范、社会习俗所认同和接受的，这就是'容于外'。[1] 在众多的汉画像中，人们可以看到汉代服装就是这种合体、顺心、实用性和艺术性相统一的服饰。

1. 汉画像人物服饰的实用美与艺术美

任何事物在刚出现时，总是以实用为前提的，人们发明农具是为了更好地生产劳动，解决温饱问题。衣服也是如此，在它出现之初，人们并没有将它和审美更多地联系起来。仓廪足然后知荣辱，美的追求总是在实用之后。汉服的实用美具有诸方面的内容，主要体现在它的作用、款型、用料等等方面，它能适合人对穿衣的需要，帮助人们遮风挡雨、保暖纳凉，使人在与自然、社会的相处中，身体上达到最佳状态。

"交领右衽"是中国古代大众服饰一个显著的特点，也是汉代大众服饰最为显著的特点。汉代衣领大体上来说有直领、方领、交领三种。直领又叫对襟式，这种样式经常出现在妇女所穿的常服之中。方领一般来说学者比较常用，《后汉书·马援列传》中有记载："勃衣方领，能矩步。"[2] 交领就是最普遍的大众服式。据说"交领右衽"是随着农业的发展而形成的，产生于人们改造自然的劳动中。当时，人们在衣服里存放劳动时所需的小工具，为了方便右手拿出，故采用右衽的服饰制造款式，后来也就顺其自然地流传了下来。

汉代时，服装的发展已经有了很长一段历史，也有了相应的服饰制度。各种各样的服饰令人眼花缭乱，服饰应该不仅仅注重实用，人们更看重的是它审美方面的功用。服饰的装饰作用、服饰背后的含义一定程度上

---

[1] 徐清泉，《中国服饰艺术论》，太原：山西教育出版社 2001 年版，第 253 页。
[2] 〔南朝·宋〕范晔撰，〔唐〕李贤注，《后汉书》，北京：中华书局 2000 年版，第 568 页。

凌驾于它的实用性之上。但是，实用性无论在什么时候都是服装最为根本的目的。服饰实用性的发展与审美追求并行不悖。

随着生产力的发展，汉代的纺织技术有了大幅度的提高，单是平纹素织物就有纱、缎、缣、绡、绢、纨、缟、缦等多种品种。各地都可以因地制宜，找到最适合本地人穿着的衣料，做出有地方特色的衣服。由于南北地域差异，两地环境、气候有所不同，当时汉服的款型、用料有了鲜明的差别，产生了"一刚一柔"的鲜明差别。北方气候干燥，少雨多风，气温普遍较低，生存环境恶劣，人们经常将动物皮毛、呢料、锦、缎等厚重和保暖的面料作为服饰制作的首选，而很少采用比较柔美、轻薄的棉、麻等。所以北方的衣物一般来说比较厚重宽大，比较能展现北方人豪迈的阳刚之美。而南方气候温和，温暖潮湿，人们不需要过多的考虑到衣服的保暖作用，所以服装大多轻柔飘逸，展现出南方人柔美的气质。

汉服的艺术美主要是从人们对服饰的审美角度出发的，包括外在的美即造型、花纹，不仅起到修饰作用，更有内在的文化底蕴。

汉服的造型美就是汉服的式样，给人最直接的感知就是穿在人的身上好看不好看。外在造型要美，那么它就必然不能忽视衣服与人体的协调性。如果衣服再美，但衣服不协调那也是枉然。在汉画像中可以看到那些翩翩起舞的舞女一般都穿着紧束腰肢的深衣，展现女性的曲线美。深衣作为当时最受女性欢迎的衣服样式有这样的特点，整体紧窄，修饰出整体曲线，腰部以下层层叠绕，形成一个喇叭形，更衬托出腰部的纤细，袖口、衣领用花纹修饰，强调美感。深衣的这种造型很好地修饰了女人的曲线，突显出整体的温和柔美，是汉服造型美的集中体现。

据相关记载，早在舜禹时期，就有人穿着带有纹饰的衣服参加祭祀活动了。在夏商时期，最早的花纹织衣。《管子·轻重甲》中记载道："昔者桀之时，女乐三万人，端噪晨乐，闻于三衢，是无不服文绣衣裳者。"[1] 在汉时，达官贵人一般都穿着颜色鲜艳、纹饰繁多的锦衣绣袍。西汉史游在

---

[1] 马非百，《管子轻重篇新诠》，北京：中华书局1979年版，第389页。

图 2-33　韩仁绣文衣右子孙无极图　新疆楼兰汉墓出土

《急就篇》中提了20多种色彩名。东汉许慎在《说文解字》中写道，东汉时期丝织品的色彩名达30多种，分为红色调、绿色调、黑灰色、黄色调、褐色调、紫色调、青蓝色调、浅白色。汉服的纹饰在社会强烈的需求下越来越丰富，图案上讲究大气、简练、多变等等。汉代人改变了商周以对称为中心的图案构成方法，人们发挥想象力，不拘一格地进行发散式创作，强调视觉的动感，增强图案的表现力。他们将各种自然界的具体的图案用于服饰纹样设计中，如鸟纹、龙纹等动物纹、器物纹、文字纹、云纹、花纹等等。

新疆楼兰汉墓出土的韩仁绣文衣右子孙无极图（图 2-33），这幅图上既有文字，又有动物，还有一些来自自然界的纹路。但显然这些纹样都是经过艺术加工后的作品，看着赏心悦目。为了使这些纹路更美丽，在技法上人们也采用不同的方式，织造、绘画、彩绘、印花、刺绣、镶嵌等等，马王堆一号汉墓出土的印花敷彩纱（图 2-34）是目前见到的最早的印花、敷彩相结合的丝织物，它是汉代贵族妇女穿的一种华丽时装。直裾，交领，右衽。印花敷彩纱袍面，素纱里，丝绵絮。面料采用多色印绘的工艺，色彩有朱红、粉白、墨黑、银灰、冷灰和暖灰等，花纹印制得线条流畅、层次分明、技艺绝佳，显示出当时纺织术方面高超的技艺，也展现了

图 2-34　印花敷彩纱　马王堆一号汉墓出土　　图 2-35　素纱禅衣　马王堆一号汉墓出土

汉服的精美绝伦。因此，当时的汉服有的可以说完全是一件工艺品，它凝结着人们对美的最直接的感知，展现着人们的生活态度。

　　当时服饰对艺术美的追求到了现在都望尘莫及的地步，马王堆一号汉墓还出土了一件直裾素纱禅衣（图 2-35）。衣服交领、右衽、直裾，和当时流行的深衣款式类似，袖口较宽，除衣领和袖口边缘用织锦作装饰外，整件衣服以素纱为面料，没有衬里，没有颜色，所以被称为素纱禅衣。这件禅衣长 128 厘米，通袖长 195 厘米，袖口宽 29 厘米，腰宽 48 厘米，下摆宽 49 厘米，由精缫的蚕丝织造，单经单纬丝交织的方孔平纹制作而成，丝缕极细，轻盈精湛，孔眼均匀清晰。衣服仅重 49 克，轻若烟雾，薄如蝉翼。当时的女子可能将这种禅衣禅在锦袍外面用来增加服装的层次感，衬托出锦衣的华美与尊贵。这件禅衣的出现在国内外引起了轰动。这件素纱禅衣被收藏后，文物部门曾委托南京云锦研究所复制。历经 13 年的苦心研究，专家们才制成重 49.5 克的仿素纱禅衣一件。可见当时纺织技术的高超，同时也表现出人们对服饰艺术美的强烈追求。

2. 实用美与艺术美的和谐统一

　　实用美与艺术美不可分割，它们和谐统一地存在于服饰发展的进程中。汉服将两者完美地结合到了一起。从汉画上来看，农民一般上衣下裳，下面的衣服较短方便行动。武职官员的短款、束袖、下裤，显出干练、英武的风度，顾及到了他们的身份任务，呈现的是一种简洁、明快的实用之美。贵族宽衣大袖，雍容华贵。汉服准确地拿捏了实用美与艺术美的界限，使两者之间和谐统一。

比如汉服中的宽袍大袖。汉服的衣袖有窄袖也有大袖，也称小袖和宽袖。小袖服装一般在日常生活中穿，礼服大多是大袖。"大袖"是汉代服装袖制的代表，也同样是汉服的魅力所在。古时有"联袂成荫"这个词语，形象地描述了大袖连起时的宏大场面，虽然有些许夸张，但汉服夸大的袖子的确在世界服装史上是少见的。这种宽大衣袖具有遮阳、透气、散热等等优点。另外，从审美上来看，它可以显示出潇洒灵动、大气华贵的翩翩风度。

汉服的隐扣与细带也能很好地显示出实用美与艺术美的和谐统一，在汉服表面，基本上是找不到扣子的，因为汉服总是将扣子做得很隐蔽，以达到美观的效果。这样看到的汉服才会那么大气华美。扣子隐藏起来，肯定不利于衣服的固定，那么怎么样让服装更好地固定起来，适合人们穿着？就用系带代替了扣子，起到了固定服饰的功能。这样一来，长长的系带不但使服装得到固定，还能充当饰物修饰服装，兼顾了汉服的实用性与艺术美。

再如汉代伎乐者在歌舞表演时穿得比较多的还是深衣。女伎所穿深衣一般是曲裾交掩式的。这种交掩式的深衣出现的原因是，汉代女性的长衣如果不开衩口，那么女伎在表演时就会非常受束缚。但如果开了衩口，那内穿的不合裆的裤将会遮不住身体。如果换成合裆的裤又会影响舞者的身姿，显不出舞蹈的柔美婉约。所以，女伎所穿深衣都会斜裁出长长的曲裾掩于身后，层层交叠。这也是实用美和艺术美在着装时的完美体现。

再来看这副长沙马王堆一号汉墓出土的手套（图 2-36），手套长 26.5 厘米，上口宽 8 厘米，下口宽 8.8 厘米，直筒露指，是汉代贵妇人用的手套。手套的掌面是朱红色菱纹罗，正裁，缝在拇指上下。指部和腕部均为斜裁，是用宽四分之一幅的素绢，按螺旋方式缝合成筒状，再折为两层，

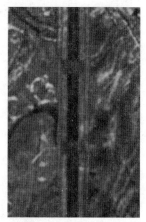

图 2-36　手套及手套局部　湖南长沙马王堆一号汉墓出土

所以手套的上下两口都没有缝。拇指部分是另加的，口和上侧有缝。掌部上下两侧各饰"千金绦"一周。千金绦中间为篆书白文"千金"字样及明暗波折纹，"千金"指其值抵千金，十分昂贵。绦俗称绦子，是用两股丝线，相互编织成各种图案和文字的花纹而成，常用作装饰的丝带。既有保暖作用，又有堪称艺术品的精美，达到了实用美与艺术美的完美统一。

（二）等级性与多样性的统一

在服饰统一之前，它还只是遮风保暖的必需品，没有什么特别的文化意义。当人们认识到服饰不但可以保暖，还可以体现出美和身份时，服饰就走进了制度化的阶级时代。汉朝国力强盛，生产力迅速发展，随着丝绸之路的开通，服饰制造进入了琳琅满目的阶段，体现在丝绸品色、纺织图案、颜色染料等各方面。同时，由于文化制度的影响，服饰依然是社会区分身份的标志，有着森严的等级性。等级性与多样性的统一事实上也是变化与统一的形式美法则在汉服上的应用。变化和统一本就相依相存，这种美学体验符合大多数人对美的向往和追求，它可以说是构成汉代服饰形式美诸多法则中最基本，也是最重要的一条。

1. 文化制度下的等级性

《易传·系辞》说:"黄帝、尧、舜垂衣裳而天下治,盖取诸乾坤。"[1] 为什么说上衣与下裳取诸乾坤呢? 后人解释道:"衣取象乾,居上覆物;裳取象坤,在下含物。"那么,上衣下裳又为什么要取象于乾坤,有什么意义?《礼记·乐记》记载道:"天尊地卑,君臣定矣。卑高已陈,贵贱位矣。"[2] 天在头上,需以仰视,地在脚下,可以践踏。这种以天为尊地为卑的观念,影响到君臣之间君尊臣卑的等级关系,进而发展出森严的社会等级制度。这也说明服饰很早就是社会等级制度的标志。儒家也认为,只要衣冠服饰有各自的等级,那么尊卑贵贱自然有明显的区别。这样,帝王无须多加管制,社会便会井然有序。服饰的等级性制度在这些观念中渐渐形成。

先秦时期,由于大一统国家的形成和印染技术的发展,服色渐渐成了区分人们尊卑贵贱的标准。得益于秦代对国家的统一,汉代时,国家在政治、经济、文化等方面都有极大的发展,服饰制作水平也进一步提高,服饰制度发生了极大的改变。

汉朝初期,由于国家尚处于新建阶段,对于服饰制度并没有给予很大关注。因此,当时的规定并不严格。刘邦依秦朝惯例,穿黑衣大冠作为祭服。当时,社会上还比较流行戴刘邦当亭长时戴过的刘氏冠,直到刘邦下令不许平民配戴。汉武帝时,"改正朔,易服色,以顺天命而已",强调君权神授,受命于天改革服饰。服饰制度开始严格起来,汉服有了相对规范的形式和鲜明的阶级性,除了靠材料的粗细、章纹数量来区别等级高低,还靠衣裳、冠冕的形制、颜色,佩饰的多少、颜色、形制等来加以规定。

在汉代的服饰制度中,最能体现阶级性的是冠帽、佩绶、纹饰制度。冠帽是人的首服,首服是人与人交往时最能注意到的东西,是人的身份的主要象征。佩绶是一种形象化的象征,是最能体现身份区别的标志。它们

---

[1] 〔清〕阮元校刻,《十三经注疏》,北京:中华书局,1980年据世界书局缩印本影印,第87页。
[2] 同上,第1531页。

图 2-37　执笏图　河南唐河汉墓出土

被赋予了别样的意义，体现着汉朝服饰制度的森严等级。

（1）冠帽制度

汉代的首服大致包括冠、巾、帽三类，三者虽同属于首服，但用途却是不一样的。"冠"主要用于装饰，"巾"主要用于束发，而"帽"则主要用于御寒。一般说贵族戴冠、冕、弁，庶民百姓则戴巾、帻。冕冠，是帝王、公侯、卿大夫用于重大祭祀活动的礼冠，垂系珠玉，华贵非凡，有着严格的等级制度。法冠，又叫獬豸冠，可辨忠奸，期望法官公正严明。武冠，又叫鹖冠，取鹖鸟刚烈勇猛、至死方休之意，期望武将英勇善战，保家卫国。按照身份地位严格佩戴冠帽，决不允许僭越。

进贤冠，在一定程度上能更好地体现冠帽的等级制度，进贤冠文吏、儒士所用之冠，因为这些人经常向朝廷推荐人才，所以得名。冠前高后低，以铁丝为骨架，外裱细纱。进贤冠又称"梁冠"，因为它以冠上梁数区别身份等级。有一梁、二梁、三梁的分别，又以三梁最为尊贵。《后汉书·舆服志》载："进贤冠，古缁布冠也，文儒者之服也。……公侯三梁，中二千石以下至博士两梁，自博士以下至小史私学弟子，皆一梁。宗室刘氏亦两梁冠，示加服也。"[1] 以河南唐河汉墓出土执笏图（图 2-37），这幅

---

[1] 〔南朝·宋〕范晔撰，〔唐〕李贤注，《后汉书》，北京：中华书局 2000 年版，第 2505 页。

图能够很好地从配戴之冠上体现出等级制度。图中最左边两人都戴着进贤冠，身穿长衣，他们俩应该是这八人中身份较高的两位。在他们身后右边还有六个人，其中三个人都戴着冠，也穿着长衣，执笏跪着，另外还有三个人没有戴冠，低头叩首，应该是地位最低的人。

（2）佩绶制度

佩绶制度，是汉代服饰的一大特点，佩挂组绶是汉代的礼俗，"组"是官印上的绦带，组绶作为权力的象征，只能由朝廷统一发放。"绶"是一种彩色丝织一蹴而成，长条形带子，用来系官印。官印主要是以质地区别等级的，级差在汉代时只有三等。西汉时分为金印、银印和铜印。诸侯王、太傅、太尉、列侯等佩金印，御史大夫、二千石以上官员佩银印，二百石以上官员佩铜印。东汉分为白玉印、黑犀角印、象牙印。白玉印由皇帝、诸侯王、公、列侯佩带，黑犀角印则为二千石以下至四百石官员佩带，二百石以下至私学弟子只能佩象牙印。

按印分等级虽然可以显示尊卑，但是官员平时都将官印放在腰侧的鞶囊中，并不那么容易区分出官职大小。那么露在外面的绶带的长度、颜色就成了区分他们等级的显著标志。相传王莽被杀后，杀他的人并未先割去他的头，而是将他的绶解下，后来到的人才"砍莽头""分莽身"。这充分说明了"绶"在当时有极高的地位。绶带的颜色成了区别身份、地位最鲜明的标志，不同阶层的绶在绶穗数量、长度、颜色上都不同，绶穗越多，绶带越长，则地位越尊贵。《后汉书·舆服志》对此进行了十分详细的记载：

> 乘舆黄赤绶，四采，黄赤绀缥，淳黄圭，长二丈九尺九寸，五百首。诸侯王赤绶，四采，赤黄缥绀，淳赤圭，长二丈一尺，三百首。太皇太后、皇太后，其绶皆与乘舆同，皇后亦如之。长公主、天子贵人与诸侯王同绶者，加特也。诸国贵人、相国皆绿绶，三采，绿紫绀，淳绿圭，长二丈一尺，二百四十首。公、侯、将军紫绶，二

图 2-38　荆轲刺秦王　山东嘉祥武氏祠堂汉墓出土

采，紫白，淳紫圭，长丈七尺，百八十首。公主封君服紫绶。九卿、中二千石、二千石青绶……千石、六百石黑绶，三采，青赤绀，淳青圭，长丈六尺，八十首。四百石、三百石长同。四百石、三百石、二百石黄绶，（一采），淳黄圭，长丈五尺，六十首。……百石青绀纶（绶），一采，宛转缪织（圭），长丈二尺。[1]

我们可以看出绶的佩戴非常严格，从颜色和长度上都进行了详细的规定，区分了绶的等级。汉画像石刻中，山东嘉祥武氏祠堂汉墓出土荆轲刺秦王（图 2-38）这幅图中可以看到秦始皇的佩绶。当然，秦始皇不是汉朝人，他的佩绶不能代表汉朝时的佩绶制度。但这幅画是汉朝时留下的，作画者一般会根据当时的社会特征去描述秦始皇当时的样子。所以说虽然绶带不尽准确，但也可以看出宽大较长的特点。

（3）服饰的颜色、花纹

服饰上的花纹可以用来增加美感，还可以用来区分等级。服饰图案在我国传统礼制下最早运用于十二章服。对十二章服的记载是在《尚书·益稷》篇中："予欲观古人之象……日月星辰……以五采彰施于五色，作服，

---

[1] 〔南朝·宋〕范晔撰，〔唐〕李贤注，《后汉书》，北京：中华书局 2000 年版，第 2511—2513 页。

汝明。"[1] 十二章服依次是日、月、星辰、山、龙、华虫、宗彝、藻、火、粉米、黼、黻。统治阶级据此划分阶级。天子的服装，十二章全可以用，诸侯就只能用龙以下的八种，卿可以用藻以下的六种，大夫可以用藻、火、粉米、黼四种图案，士就只能用藻、火两种图案。那么平民基本上是布衣，没有图案。再如《后汉书·舆服志》记载："公主、贵人、妃以上，嫁娶得服锦绮罗縠缯，采十二色，重缘袍。特进、列侯以上锦缯，采十二色。六百石以上重练，采九色，禁丹紫绀，三百石以上五色采，青绛黄红绿。二百石以上四采，青黄红绿。贾人，缃缥而已。"[2] 再如汉代重农抑商，商人女儿出嫁，只能穿着浅黄、浅青两种颜色。

2. 不可忽视的多样性

虽然由于历史、社会原因，汉代服装有着鲜明的等级性，但生产力的发展、民族文化的交流等都为汉代服饰的向前发展注入了新的活力，使之呈现出丰富多样的特点。其主要原因有二：

（1）审美追求

爱美之心，人皆有之，服饰自古以来除了实用性及一些附加的作用外，最主要的功能就是美的展现。汉朝时期，随着生产力的发展，丝绸生产的技术水平有所提高，人们努力寻找新的面料、织法等，以增添服饰之多样。丝织品质量的提高、样式的增多，为汉代时期丰富多样、工艺精湛的服饰打下了坚实的物质基础。当时汉代丝帛种类有绢、绮、绣、锦、缣、练、素、罗、纨等多种种类，还发明了印花和彩绘相结合的加工方法，刺绣采用细致而烦琐的绣针法，这些都使得汉服更加多样化。

虽然在形式上，汉代服饰只有两种类型：一为上衣下裳制，一为衣

---

[1] 李民、王健译注，《尚书》，上海：上海古籍出版社2012年版，第33页。

[2] 〔南朝·宋〕范晔撰，〔唐〕李贤注，《后汉书》，北京：中华书局2000年版，第2514—2515页。

图 2-39　女佣　江苏徐州汉墓出土　　　　图 2-40　借贷　河南新野樊集汉墓出土

裳连体，但由于纺织技术的进步，人们对美的追求，以及文化交流的发展，汉朝时的服饰已经体现出了审美追求下的多姿多彩。以深衣为例，深衣分为直裾深衣和曲裾深衣。曲裾深衣又分为半臂曲裾深衣、长袖单层曲裾深衣、长袖多层绕襟深衣。半臂曲裾深衣比较紧窄，曳地而行，下摆一般呈喇叭状，行不露足，领口很低的交领，里面露出多层内衣，衣袖有宽窄两式，袖口一般镶边。长袖单层曲裾深衣我们在很多资料图中都可以发现，这种深衣和半臂曲裾深衣一样，也是通身紧窄，长可曳地，下摆呈喇叭状，衣袖有宽窄两式，袖口大多镶边，但是腰部系着带子，突显出女子美好的曲线，前部略短，可以露出漂亮的鞋头，衣领部分用交领，领口低，露出里衣；如穿几件衣服每层必露于外，最多的达三层以上，称"三重衣"。长袖多层绕襟深衣的衣襟特别长，可以在下身上绕几周，起到遮蔽的作用，穿着时，用绸带系在腰间束住，衣襟边缘处有装饰，装饰与领口、袖口的花边相搭配。直裾深衣，后来也叫作袍（图 2-39）。直裾深衣最初的时候是一种只能内穿的有絮棉的内衣，外面罩上其他衣服。后来裤子做了改进，外面就不需要罩上其他衣服了，所以可以穿在外面。人们就在它的领、袖、襟、裾等部位绣上花边，施以重彩。后来，直裾深衣又变成了礼服。

（2）民族交融

汉代时，汉族与少数民族已经有了比较多的往来。比如河南新野出土的这块画像砖"借贷"（图 2-40）中，画着一个拿着钱袋的人，这个人高鼻深目，戴着瓜皮小帽，有典型的胡人特征。这个拿着钱袋的胡人说明我们在当时已经与它们有贸易往来了。而且往来的地域已经深入到了河南一带。

汉族的服装在与少数民族的交往中也有了更多的改变。汉代服饰艺术传承了几千年中国民族文化，体现了汉文化的博大精深。同时，它广泛吸收周边少数民族的服饰艺术精华，充实自身，进而影响着周边少数民族及其他地区。"在相互交流过程中，多种形式的文化风俗也随之涌入汉朝，为汉文化增添了风采，也为发展汉王朝的服饰艺术凿通了不竭之源。"[1] 这时期最为明显的就是"左衽"现象。在汉画像中虽然汉服大多数还是右衽，但"左衽"现象在汉代已经明显增多。关于汉服为什么会形成"左衽"现象，有各种各样的解释。最常见的说法是由于游牧民族长期骑马射箭的马背生活而导致的。因为骑马时，一般用左手牵住缰绳，右手拿武器。那么左手便可以短时间地放开，左衽的话就比较方便从左怀中取放物品。所以，左衽是游牧民族比较多见的穿衣方法。随着民族之间的互相交流，左衽也成了汉服的重要衣着式样。

高度发展的经济和文化的开放性形成了汉服多种多样的款式，在人们审美之心的推动下，形成了大汉蔚为大观的服饰风格。

（三）写形性与写意性的统一

意境是由美的创造者与接受者共同完成的。人们在欣赏艺术作品时常常有意或无意地将自己对作品的感觉加入其中，我们欣赏一件艺术品，有

---

[1] 周汛、高春明，《中国古代服饰大观》，重庆：重庆出版社 1994 年版，第 56 页。

图 2-41 演武画像 安徽宿县（今宿州市）褚兰镇汉墓出土

的时候会觉得和现实生活中很相像，但又多了一种说不清、道不明的美感。将自己对作品的感觉加入其中，创造出符合自己审美标准的东西，使艺术在完成时具有和原来的物品不一样的韵味，这就是意境的最初创造。意境的创造一般是通过写意的手法来完成的，透过汉画像人物的服饰，可以发现汉代服饰本身就是形与意的完美统一。

安徽宿县（今宿州市）褚兰镇汉墓出土的"演武画像"（图 2-41），图中人物服饰飘逸大袖，腰部的变化呈现出运动状态，摆脱了写实描绘的客观物像的束缚，以完美的形象表现了汉人的精神与思想，从而达到写形与写意的统一。

1. 汉画像人物服饰的写形性

写形，就是根据原有的样子最大限度地还原所要表达或创造的东西。邵大箴（《"形"与"神"的辩证统一》）说过：

> 绘画中的形，来源于客观物（人）像的形，但又不是真实生活中形的复制或翻版，而带有艺术家的主观创造性。这种主观创造性表现在两方面，其一是艺术家寻找和发掘客观形中的特点，也就是最适合绘画表现的那些因素，使客观物象展现出它的生动之处；其二，艺术家在表现客观物（人）像时，必然有自己的主观感受，这种感受往往因人而异，各不相同，而在作品中也一定有自然的流露，更不用说自

图 2-42　持盾门吏　山东苍山画像
石（左图）

图 2-43　执笏门吏　河南南阳方城
汉墓出土（右图）

觉地强调绘画的语言手段了。上述这两种情况，是相互联系而不是彼
此割裂的。因此我们看到，绘画中的所谓形是一种艺术创造，其客观
物（人）像本身的特点表现得越鲜明，艺术家的感受越强烈，形所承
载的内容就更丰富。[1]

　　所以说写形本身就和写意有密切的联系。写形是绘画中最主要的手
法。绘画产生的作用与服饰一样，首先是记录，其次才是审美。因此，写
实性是汉画像创作的主要方法。画一个东西首先要像，在汉画中可以看到
很多庖厨、娱乐、宴饮、下棋等等场面，都是对当时实际情形的还原和再
创造。从画像石中也可以看到很多对服饰部分细节的真实的刻画。

　　左边一幅是山东苍山出土的画像石持盾门吏（图 2-42），这个人手中
拿着盾，五官的处理很粗糙，但作画者想表现的可能是他们形体上的动
作，而不是面部。右边一幅执笏门吏是方城汉墓出土图（图 2-43），这是

[1]　邵大箴，《"形"与"神"的辩证统一》，《中国书画》，2012 年第 11 期。

图 2-44　武士画像　山东临沂金雀山汉墓帛画

个门吏，却头戴着鹖冠，两边鹖的羽毛清晰可见，可见应该是一个武职。两人穿着汉代典型的长袍，宽大的袖子，交领右衽，袖口和领口都有颜色不一样的镶边，在腰间还可以看到系袍子的长带。这其中对细部的刻画，是写实的手法画出的服饰。

2. 汉画像人物服饰的写意性

看汉画像中人物的服饰，有时你会觉得这件衣服根本就没画完全，如山东临沂金雀山汉墓帛画武士画像（图 2-44），最右面的那个武士的服装就像是现在看到的简笔画，草草几笔，但立显神韵，腰部微微弯曲的线条显示出了身体的曲线。虽然并不考虑服饰细节部分的刻画，却更注重整体表达出来的感觉，这件服装整体流露出一种意在画外的感觉。汉画像服饰的这种注重"神似"的手法就是我们所说的写意。

写意，是绘画中与写形相对的一种创作方法，"意"指的是一种可以意会不可言传的意境，也就是常说的"神"。"写意"是中国艺术的灵魂，也是审美时考虑的最重要的东西。中国的书法、美术、戏剧、舞蹈等艺术形式通通都有写意这种创作手法的加入。孙怡村曾说："'写意性'是汉画像石艺术创作的精神主宰，更是中国传统绘画最显著的美学特征。因此，在欣赏汉画像石艺术时可以感觉到，汉代艺术家们试图从精神和感觉的角度，通过对物象局部细节的夸张变形、省略象征，从而把物象抽象变形成

图 2-45　侍女图　河南新野汉墓出土

图 2-46　平索戏车图　河南新野樊集出土

某种粗轮廓的概括性的形体，最终创造出了许多介乎于似与不似之间的写意。"[1] 那么写意是否就等于忘形，这显然也不成立。写意是用精神意念去完成艺术创作，它需要有写实的基础，而不是随意的。写意手法的源头就是汉画像艺术，这可能当初画的人也没有想到。汉代的绘画还是以平面造型为主，用线勾勒出大概的样子，不能很好地画出人物的立体的五官。但正因为这样，五官的弱化使得形体的张力更加明显，反倒成就了汉画像的最独特的美。

　　汉画像的创造者们为了追求动作上的相似，充分发挥想象力，运用一切手段抓住对象的特点去概括，甚至不惜用夸张变形的手法抓住他认为能很好反映作品的一个点极力放大，表达他们想要的感觉，例如为了显示女子体态的优美，他们将女人的腰极度收窄。如河南新野汉墓出土的侍女图（图2-45），细细的腰和宽大的衣袖形成鲜明对比，显得她们姿态万千，有

[1]　孙怡村，《从汉画像石艺术看中国传统绘画民族性特征的渊源》，载《中国汉画学会第九届年会论文集》，北京：中国社会出版社 2004 年版，第 501 页。

一种弱柳扶风般的美感。

画家吴冠中对汉画像的评价很高，他曾说："其艺术的气概与魅力，已够惊心动魄了。那粗犷的手法，准确扼要的表现，把繁杂的生活场景与现实形态概括、升华成艺术形象，精微的细节被统一在大胆的几何形与强烈的节奏感中。其中许多关键的、基本的艺术法则与规律，正是西方后期印象派开始探求的瑰宝。"[1] 在河南新野樊集出土的平索戏车图（图 2-46），汉画像抽象写意的手法得到了充分展现。画像中凌空跃起的平索艺人的身体上根本就没有穿衣服的痕迹，只是寥寥几笔勾勒出了作为人的特征。因为没有衣服的束缚，这些人的身体显得非常轻巧、灵敏，画面充满了活泼的动感。

3. 写意与写形统一于变化万千的线条中

汉画像中的人物服饰充分表现了写意与写实的结合，所以欣赏的时候我们会觉得很美，这也正是汉服的迷人之处。那行云流水的姿态，华贵大气的风度都给人一种灵动的美的享受。欣赏汉画像的人物服饰，会觉得外在的形式已经不再很重要，服装所有的细节，所有的韵味都被一条条有生命的线在控制。"传统人物画强调以形写神的造型观，而直接作用于造型的主要手段便是中国画特有的线条，可以说人物画是以线造型而达传神之目的。"[2] 线是画的灵魂。

老子曾说过"道生一，一生二，二生三，三生万物"的经典理论，几乎所有复杂的东西都是由简单而来，事物越是简单，表现力则越丰富。画中的线条就是这万物中的"一"。所以说画像中人物的服饰一般都是非常简单的，但又是非常具有概括力的。汉画像中的人物服饰因为线而变得生动、有韵味。汉画像中的线条仿佛有了生命力在飞舞，它们或粗或细，或直或弯，或急或缓，千变万化而层次鲜明，集中表现了人物服饰写形与写

[1] 吴冠中，《南阳石头记》，选自《光明日报》，1997 年 12 月 6 日第 4 版。

[2] 吴学峰，《以线造型 以形写神》，《美术大观》，2005 年第 6 期。

图 2-47　孟贲画像　山东沂南汉墓出土

意的统一。如山东沂南汉墓画像中的孟贲所穿的服饰（图 2-47）。

　　画像中，孟贲身材高大魁梧，身体战斗前的准备状，服装是汉代常见的长袍广袖，具有汉服最基本的特征，服装的样式、细节部分的处理都很具体，这是写形的部分。画面中错综复杂的飞舞的线条使得服饰更显飘逸，虽然图片是静止的，但每条线的走向却并不一致，飞舞的线条透露出力量的信息，似乎能感受到孟贲这个人物内心的汹涌气势。

（四）传统文化对审美的导向

　　人的审美不仅受当时社会环境、心理状态的影响，而且与传统文化潜移默化的影响也是息息相关的。一种东西，只有具有了深厚的文化内涵，才能具有恒久的欣赏价值，才能带给观赏者长时间的审美感受。从另一方面来说，一个人也须具备多方面的素质，这样，在欣赏具有历史底蕴的汉服时，才能体会出它包含的博大宽容之美。汉代服饰之美不仅表现在外在的款式、色彩、纹饰上，而且体现在它深厚的历史底蕴中包含的中国传统文化内涵。汉服因这种文化内涵的支撑，更显得光彩夺目。

1. 汉服的文化底蕴

中国是当之无愧的文明古国，有着悠久的历史文化传统，这种传统文化根深蒂固于中国历朝历代人的心中，潜移默化地影响着中国人的思维方式、审美标准。这些反映在服饰上，就体现为它们对服饰的要求。因此，服饰无论在款型、色彩、纹样、装饰等各个方面都也自然而然地体现着中国的一些传统文化，清晰地反映着这些文化如何一步步地去影响它们，使服饰成了现代人了解当时的窗口。服饰作为一种物质文化形态，从服饰的一朝一代的演变中，我们可以清晰地看出中国文化审美的变化。从商周的"庄重威严"到战国的"清新隽永"，从汉朝的"端庄大气"到六朝的"飘逸流丽"，从唐代的"富丽华美"到宋朝的"朴素节制"，从元代的"大气爽朗"到明清的"繁丽秾艳"。服饰发展的历史就是中华民族文化发展的历史，体现了当时的人文环境和审美内涵。[1] 因此汉代人对服饰的审美不仅与当时的社会环境、意识形态有关，更受到了中国传统文化多方面的影响。

（1）礼教制度

在中国，"礼"是中国传统文化的根本，是华夏精神文化的重要体现。荀子曰："礼有三本：天地者，生之本也；先祖者，类之本也；君师者，治之本也。无天地，恶生？无先祖，恶出？无君师，恶治？三者偏亡，焉无安人。故礼，上事天，下事地，尊先祖而隆君师。是礼之三本也。"[2] 可见"礼"在中国文化中的重要性。"礼"作为一种规范不但从思想上影响着中国人，还与封建制度结合在一起，形成了制约规范中国文化几千年的礼教制度，渗透到人们生活的方方面面，约束着人们的思想，影响着人们的观念。"礼"之所以受到君主的欢迎，是因为它本身是一种可以定尊卑、明教化的传统，有利于国家的安定有序的发展。"礼"对汉服的影响主要

---

[1] 王仲殊，《汉代考古学概说》，北京：中华书局 1997 年版，第 131 页。

[2] 章诗同，《荀子简注》，上海：上海人民出版社 1974 年版，第 205 页。

表现在由它带来的森严的等级制度，以及内在的丰富意蕴。

（2）天人合一思想

"天人合一"指的是一种人与自然、人与社会和谐统一的状态。"天人合一"的哲学思想是中国古代文化之精髓，是汉服最重要的服饰审美基础。"天人合一"的观念体现了服饰与自然、人文、社会的和谐统一，它对服饰的影响主要表现在人们对于服装式样的尊崇，对于服装色彩的敬畏上。这种对色彩的敬畏源于古老的阴阳五行说。战国末期，齐国邹衍提出了"五德终始""天道循环"的理论。将朝代的更替与五行相克的道理联系到一起，他用阴阳五行的循环变化推断国家的兴衰、更替。将国家对应为木运、金运、火运、水运、土运，相应的对应为木德、金德、火德、水德、土德。木德对应青色，金德对应白色，火德对应赤色，水德对应黑色，土德对应黄色。这种朴素的天道思想得到了很多人的认同，历代皇帝对服装颜色十分重视。如：秦朝水德，尚黑；西汉土德，服色尚黄；东汉火德，服色尚赤；魏晋、宋齐、梁、陈，服色都尚黄……这种对服饰颜色的尊重在祭祀时表现得比较明显，因为祭祀正是人们与天最为接近的时候。如《春秋繁露·求雨》中记载道：

> 春旱求雨……服苍衣……小童八人……服青衣而舞之；田啬夫……服青衣而立之。夏求雨……服赤衣……壮者七人……服赤衣而舞之；司空啬……服赤衣而立之。季夏祷山陵以助之……衣黄衣……丈夫五人……服黄衣而舞之；老者五人……衣黄衣而立之。秋暴巫尪至九日……衣白衣……鳏者九人……服白衣而舞之；司马亦……衣白衣而立之。冬舞龙六日……衣黑衣……老者六人……衣黑衣而舞之；尉……服黑衣而立之。[1]

再如《后汉书·祭祀志》记载：

---

[1] 张世亮、锺肇鹏、周桂钿译注，《春秋繁露》，北京：中华书局 2012 年版，第 583—519 页。

立春之日，迎春于东郊……车旗服饰皆青。……立夏之日，迎夏于南郊……车旗服饰皆赤。……先立秋十八日，迎黄灵于中兆……车旗服饰皆黄……立秋之日，迎秋于西郊……车旗服饰皆白。……立冬之日，迎冬于北郊……车旗服饰皆黑。[1]

这是皇帝依照季节变化祭祀的场景。在这场仪式中，随着时令的改变，人们所穿的衣服服色也跟着改变，服饰与自然在祭祀仪式中被和谐地统一在一起。天人合一对汉服的影响非常之大，表现在各个方面。

（3）中和之气理念

中国人自古讲究中庸之道，中和之气是中国人身上普遍具有的一种气质。"中和"，既"中"且"和"。在《说文解字》解字中的解释是"内也，从口，上下通也"[2]，和的解释是"相应也"。"中""和'二字首次结合是在《礼记·中庸》[3]里。"喜怒哀乐之未发，谓之中；发而皆中节，谓之和。中也者，天下之大本也；和也者，天下之达道也。致中和，天地位焉，万物育焉。"朱熹注云："喜怒哀乐，情也。其未发，则性也。无所偏倚，故谓之中。发皆中节，情之正也。无所乖戾，故谓之和。"[4]"中和之美"贯穿了整个中国人的理想追求，是中国传统文化精神的重要体现，也是中国人民普遍的审美风尚。在服饰制度中"中和"表现为和谐不张扬。

2.传统文化对汉服的影响

汉服等级森严，穿着讲究大气华美、含蓄飘逸，它不仅美在形式，更

---

[1]〔南朝·宋〕范晔撰，〔唐〕李贤注，《后汉书》，北京：中华书局 2000 年版，第 2161 页。

[2]〔汉〕许慎撰，李伯钦译，《说文解字》，北京：九州出版社 2012 年版，第 38 页。

[3]〔汉〕戴圣，《礼记》，北京：首都师范大学出版社 2012 年版，第 187 页。

[4]〔清〕阮元校刻，《经籍籑诂》，北京：中华书局 1984 年版，第 5 页。

美在内涵。汉服与礼制结合在一起，久而久之，影响到了人们的伦理道德观念，是中华民族传统美德形成的基础。天人合一的哲学思想还体现在服饰审美上，以宽大、飘逸、含蓄为美。汉代服饰一直以宽袍大袖为尚，把自然的人体隐藏于宽大的袍袖之中，给人以神秘、内敛之美，力求与"天"合而为一的神韵。以汉服中的深衣为例，看看中国传统文化对汉服的影响。深衣袖口宽大，象征天道圆融；领口直角相交，象征地道方正；背后一条直缝贯通上下，象征人道正直；腰系大带，象征权衡；分上衣、下裳两部分，象征两仪；上衣用布四幅，象征一年四季；下裳共用六幅，每幅又一分为二，象征一年十二个月份。人身穿深衣，自然能体现天道之圆融，怀抱地道之方正，身合人间之正道，行动进退合权衡规矩，生活起居顺应四时之序。

（1）"天人合一"孕大气飘逸

"天"给人一种神圣、伟大、无边无际的感觉，中国由来以"天"为尊，向天寻求庇佑，祈求福泽。天在中国人的心中是不可亵渎的，也是努力想去靠拢的。孔子曰："大哉！尧之为君也，巍巍乎！唯天之大，唯尧则之。荡荡乎！""天人合一"的思想，在汉代服饰上表现得尤为明显。汉服产生之初，便以取法天地万物来创造服饰形制，形成了汉代独特的服饰美学体系。此外，崇天、崇大的思想根深蒂固于汉人的脑海。"大"成了服饰的追求，帝王头上的冠冕、妇女头上的假发，都是在这种思想影响下产生的结果。"冕旒可增大面部的面积，衣袖裙裳也要宽大，一举手，手就变成一个巨大的面，如果双手舞动，则为两个大面的叠加，形成厚巨的气势。一行走，上体之袖、下体之裳飘动伸展开来，同样显为宽大的气象。"[1] 中国古代礼制中汉代尤其崇尚以大为美，他们的袖子之大之长，在世界服饰史上也是难得一见的。这种大的目的就是使人在视觉上面积增大，高度增加，形成一种气势。服饰给人带来的庄严华贵、气势非凡之

---

[1] 张法，《中国美学史》，上海：上海人民出版社 2000 年版，第 18、19 页。

感，绝对和衣服的大有着极大的关系。

中国人自古感性偏重于理性，这点可以从中国上下几千年璀璨的诗歌文化中得到证明。中国是诗歌的国度，感性思维总是大于理性思维，对美的追求体现在对感觉的追求，中国古代尤其如此。在多种文化的作用下，古代社会可以说是一个"泛艺术的社会"，所以才会将衣服做得如此宽大飘逸，以便于在生活中随时翩翩起舞。"在中国古代，进退揖让的手势、步形和体态都有烦琐的特别规定，无论是拜还是揖，无论是缓步还是急趋，各种佩饰随着有节奏的步履和动作响成一种悦耳动听的特殊的音乐，而宽袍大袖随着人体动作显示出线条流转的节奏、韵律之美，使各种礼仪动作成为一种优雅大方的特殊的舞蹈。"[1] 这种生活中的艺术，对美的无时无刻不在的追求形成了汉服的飘逸之美。

汉服的大气还体现在它对于服饰质量的要求上，汉代服饰追求华贵精致，当时服饰的质量、形制、色彩等都有了很大程度上的提高。精致代表着一种生活态度，一种泱泱大国的气度，能给人带来潇洒、富贵、自信等审美感受。

（2）礼教制度育端庄含蓄

中国以"礼"为文化之根本，几乎所有的文化形态都与"礼"密切相关。"夫礼服之兴也，所以报功章德，尊仁尚贤。故礼尊尊贵贵，不得相逾，所以为礼也。非其人不得服其服，所以顺礼也。顺则上下有序，德薄者退，德盛者缛。故圣人处乎天子之位，服玉藻邃延。"[2] "礼"的存在可以使人各在其位，发挥好个人的社会作用。孔子也曾说："夫礼者，所以章疑别微，以为民坊者也，故贵贱有等，衣服有别，朝廷有位，则民有所让。"[3] 在"礼"的作用下，服饰应该有区别，这样才能树立起朝廷的威严，才能使人们之间和谐相处。汉服因为"礼"的关系有了阶级色彩，如此一

---

[1] 李梅，《"身份化"、"艺术化"与"象法天地"》，《文哲史》，2009 年第 2 期。

[2] 〔南朝·宋〕范晔撰，〔唐〕李贤注，《后汉书》，北京：中华书局 2000 年版，第 2486 页。

[3] 〔清〕朱彬撰，饶钦农校，《礼记训纂》，北京：中华书局 1996 年版，第 759 页。

来，人们在审美上自然也就比较含蓄、不太敢有所突破，形成了中国人含蓄自然的审美取向。

在我国，"礼"制得以实现的外在表现就是服饰，用服饰来正礼制是中国传统文化中常见的做法。在我国，婚嫁、祭祀、丧葬、宴飨等各种民俗典礼都有对服饰的严格规定。拿祭祀来说，祭祀是一种敬天地、祖先，事鬼神的"吉礼"。因此，祭祀时所穿的服饰集中代表了中国的服饰礼制。在这些祭祀的礼服中，又以皇帝的礼服最为讲究。周代时，君王的祭服种类就已经十分丰富，有大裘、鷩冕、毳冕、玄冕等，冕的结构、佩绶的挂法、图案的形式排列随着祭祀的场合不同而各不相同。服饰制度在中国有着特殊的意义。

汉代服饰的审美在"礼"的作用下显出了一种含蓄端庄的美。汉代服饰男子多宽大飘逸，女子飘逸柔美，但都不会将肌肤显露在外。服饰所追求不但是人物身体的美，更是一种由内而外的气。端庄在西汉变现得尤为明显，那时女子基本着曲裾深衣，服饰较修身，行不露足，配以宽大的袖子，端庄中显出灵巧，含蓄中带着温柔。汉服某种程度上与日本的"和服"给人的感觉有点类似。"柔美安静"是大多数汉代女性身上的普遍标签，同时也是汉代女性服饰的审美所向，是当时着力追求的一种艺术风格。以汉代"深衣"为例，一般肩部剪裁较窄，腰部突出曲线，强调女性的曲线美。深衣层层围绕，裙长及地，下摆堆叠，下部的宽大衬托出上部的娇小，走起路来，行不露足，衣摆翩翩，表现出女性身材的曼妙多姿和文弱、羞涩、含蓄的风格，温文尔雅，端庄含蓄，美不胜收。

（3）中和之气生和谐之韵

"中和之美"在汉服集中体现在要求汉服构成的各部分和谐统一，也就是形式与内容的统一。形式主要表现为汉服的式样、色彩等外在单一的东西，而内容则表现为服饰外在的东西流露出的内在的感觉。汉服的服饰结构比较独特，它是以线为体现方式的。汉服流畅的剪裁，宽大的袖子表现出一种中国古人特有的儒雅之风。行动处，平面的服装展现出变幻多端的衣褶，冠帽上的带子随脚步起落而变，端庄灵动，呈现出多线条美感。所以说，中国古代服装是一种线的艺术。"在举手投足、进退周旋之间，宽大下垂的衣服形成的流畅的衣纹线条，产生虚与实、明与暗的节奏感，营造出浑然一体的多维空间造型，展现出变化多端又和谐统一的流线美。"[1] 人们在穿着汉服时，服装随着人体的动作呈现出各种各样的姿态，极富韵味，仿若行云流水，潇洒至极。另外，汉服的中和之美还体现在反对服饰过于华丽，要求达到朴素文雅之美方面。朴素文雅又叫"古拙"，是一种返璞归真的美感。汉代艺术的"古拙"风貌，却更突出地呈现出中华本土的音调传统，随汉文化而来的天真狂放的浪漫主义，表现出一种纯新的审美思想。汉代时期的浪漫主义是继先秦理性精神之后，并与先秦理性精神相辅相成的又一美学思想。[2] 汉服一般采用平面剪裁，袖子长度远远超过手臂。《礼记》中记载："短毋见肤，长毋被土；续衽钩边，要缝半下；袼之高下，可以运肘；袂之长短，反诎之及肘。"[3] 汉服的袖宽要求在服装与身体之间留有一定空隙，但又不能太过宽大，游离于身体之外。汉代女子的服装除了在腰部突出曲线强调女性柔弱的美之外，身体各个部分的衣服都很宽松，主要就是为了在有所强调的基础上再有所减弱，保持服饰的度。人们可以从大量的汉画像中看出汉代女子领口总是有多重内衣，将整个身体牢牢包起来，尽量减少肌肤的裸露。这种中和的度，让身着汉服的人会觉得自然舒适，也会让欣赏者觉得含蓄端庄。

汉服的中和之美还体现在服饰颜色的选择上。汉服的颜色一般比较明快醒目，强调大自然缤纷斑斓的绚丽色彩，但绝对不失端庄。汉服色彩以对比色运用较为多见，对比中不失协调，明艳中透出文雅。这种中和之度使汉服整体流露出大气华美、飘逸洒脱的风韵，这也是汉服与中华文化独特魅力之所在。

---

[1] 李梅，《"身份化"、"艺术化"与"象法天地"》，《文哲史》，2009 年第 2 期。

[2] 李泽厚，《美的历程》，天津：天津社会科学院出版社 2009 年版，第 87 页。

[3] 〔清〕朱彬撰，饶钦农校，《礼记训纂》，北京：中华书局 1996 年版，第 846 页。

四、结语

汉代服饰是最能代表我国悠久的文化历史的服饰，它以大气自然的审美情趣、含蓄委婉的精神特质、朴素平易的天然风韵展示了汉文化的独特魅力。没有一种服装能如此具体、完美地展现出中华民族古老神秘的魅力，展现出专属于中国人的深沉隽永、拙朴典雅、潇洒灵动的气质。只有汉服！随着时代的发展，中国人进入了快节奏的生活，追求服装的简单化，西方的时装成了时代的宠儿。然而汉服美则美矣，但太过烦琐，很多人已经不太认同。常听闻，我泱泱大国没有国服，可见汉服在现代中国人，尤其是年轻人的心中没有得到应有的重视。提起韩国，人们知道韩服；提到日本，人们知道和服；这两个国家都曾学习过中国灿烂的文化，他们的国服也与我国的汉服有些类似。那为什么汉服没有提高到国服这种高度？有人说是因为中国文化底蕴太过深厚，服装艺术璀璨无比，汉服、唐装、旗袍等都影响深远，实在难以取舍；还有人说中国泱泱大国，无须用这种手段宣传自己。这固然是原因，但最重要的还是国人重视不够，忽视了它们深层的文化蕴藉。究其根本原因是对凝聚着千年文化艺术魅力的汉服了解不够。

怎么样让现代人了解古老的汉服，进而去热爱它。这需要政府的支持，更需要千千万万的汉文化追随者用自己的努力，让更多人了解汉服的文化底蕴、审美价值等。对于汉服，留下的历史材料很少，出土文物大多保存得也不够完好，后人虽可以从古书记载中窥见一斑，但文字毕竟没有图像那么直观。只有汉画像最大程度地保存记录了当时汉服的面貌，因此，本文利用可以找到的汉画像材料对汉画像中的汉服进行了梳理、分析，以求让更多的人了解汉服不一样的面貌。虽然汉画像中的汉服未必就是汉服原本的样子，但基本形式、文化价值不会相差太大。而且，由于汉画像本身就是一种艺术形式，它反而能更加清晰明了地展现汉服的艺术美。

（作者 单锴）

第三章
汉画像酒文化研究

汉画像是汉代艺术的典型代表，它形象、全面、深刻地反映了汉代生活的方方面面。由于汉代酒风极盛，所以全国各地有很多关于这一题材的汉画。考古报告显示，在全国各地出土的汉画像中都可以看到"宴飨图"（含拜谒宴饮图、饮食起居图、庖厨图、乐舞百戏图），其数量略少于"车骑出行图"。本章即对汉画像中所表现的汉代酒文化进行较为系统、深入的探讨。

酒是人类较早发明的一种饮品，饮酒在文化中逐渐由世俗的领域向神圣的领域过渡。汉代由于社会生活的繁荣，酒的酿造与饮用都十分盛行。本文从汉画像的图像资料出发，结合相关文献资料，运用图文互释的研究方法，探讨汉代酒文化的产生、发展及区域特征。研究汉代的酒礼与酒德问题，进而从饮酒形成的酒神精神分析其审美内涵。

一、汉画像酒文化的渊源、器具及特征

汉画像艺术中，有关酒的文化遗存是其中的重要内容。中国画像石全集编辑委员会主编的《中国画像石全集》（8卷）全书共收录1918幅图，其中"宴飨图"共计69幅；南阳汉代画像石编辑委员会主编的《南阳汉代画像石》一书共收录南阳汉画543幅，其中"宴飨图"共计27幅。本

节从相关图像资料出发，结合汉代有关饮酒的文献资料，运用图文互释的研究方法，探讨汉代酒文化的产生发展及区域特征。

（一）汉代酒文化的来源

汉代酿酒是对先秦酿酒技术的继承与发展。据考证，商代酿酒业已经成为重要的手工业部门，不仅有专门的酿酒作坊和工匠，酿酒技术也进入曲蘖酿酒的理性化阶段。[1] 曲蘖是一种原始的酒曲，《尚书·说命》曾记载："若作酒醴，尔惟曲蘖。"[2] 曲蘖酿酒技术在商周时期获得了长足的发展，《礼记·月令》中记载了古人的六条酿酒经验：仲冬冬月"乃命大酋，秫稻必齐，曲蘖必时，湛炽必洁，水泉必香，陶器必良，火齐必得。兼用六物，大酋监之，毋有差贷"[3]。这说明周人在酿酒的实践过程中已经总结出了较为完整的曲蘖酿酒经验，对后世的酿酒技术产生了积极的影响。另外，《礼记·月令》记载："天子乃荐鞠衣于先帝。"[4] 古时"鞠"字通"曲"的异体字"麴"，"鞠"就是指曲。由此可以推断，当时人们已经可以制造含有大量黄曲霉菌的散曲。

从人工曲蘖发展到散曲制作的技术关键，就是古代劳动人民在生产实践中发现麦粒被粉碎后会失去发芽能力并产生霉变，这就是产生曲的原因。曲比曲蘖糖化发酵强。从人工曲蘖到散曲的产生，这是酒曲技术发展史上的第一次飞跃。

到了汉代，人们已经掌握了饼曲的制作方法。这种以饼曲酿酒的方法也被称作"复式发酵法"。从散曲发展到饼曲，这一发展并不是简单的曲形态上的变化。饼曲含有大量酵母菌和霉菌，其糖化力和发酵力比散曲更强，并具有糖化和酒化两种作用，可使酿化和发酵这两个主要过程在同一

---

[1] 张德水，《殷商酒文化初论》，《中原文物》，1994 年第 3 期。
[2] 〔清〕阮元校刻，《十三经注疏》，北京：中华书局 1979 年版，第 175 页。
[3] 同上，第 1383 页。
[4] 同上，第 1363 页。

图 3-1　酿酒、纺织图　四川成都曾家包汉墓出土

图 3-2　酿酒图　四川成都新都出土

时间进行。这是酒曲技术发展史上的第二次飞跃。

近代出土的大量汉画像，有不少是反映汉代酿酒活动的。如成都曾家包汉墓出土画像石（图 3-1）生动地刻画了豪强地主田庄内的酿酒情景，画面下方正中有五口排列整齐的大陶缸，中间一口缸前站立一人，此人左手握有一搅拌用的短棒，右手握有一圆形器皿，正弯身向缸内下曲。右边一人赶着牛车前来送粮食，以备酿酒之用。[1] 此外，在社会中低层则存在很多酿酒小作坊，这类小作坊一般自酿自卖，其生产规模虽小，但数量颇

---

[1]　龚廷万、龚玉、戴嘉陵，《巴蜀汉代画像集》，北京：文物出版社 1998 年版，图 18。

多，分布也广，遍布城乡的各个角落。如四川成都新都出土的"酿酒"画像砖（图 3-2），图的左上方一人推一独轮车，车上有一方形器具，可能是往外送酒。左端下方一人担一双酒瓮，瓮口有套绳，似为沽酒者。其右有灶一座，座上有釜。上边一人左手靠在釜边，右手在釜内操作，好像在和曲。灶前有酒炉一座，炉内有瓮，瓮有螺旋圆圈，连一直管通至炉上的圆圈，这可能是曲子发酵，淀粉融化后输入瓮内的冷管。炉侧一人（似女子）作观状。[1] 除四川外，这类表现酿酒的画像在徐州铜山利国汉墓、长沙马王堆汉墓、山东济南洛庄汉墓、内蒙古和林格尔汉墓和陕西绥德辛店汉墓等处也多有出土。

汉代的酒多为谷物酒。谷物的主要成分是淀粉，酿酒时必须先经过能产生淀粉酶的酒曲的糖化作用，使淀粉分解为糖以后，再经过酵母的发酵，糖便转化为酒精，并产生适量的醛和酯，使酒带有香味。由于汉代已开始使用饼曲，所以可以将上述两个过程同时交替进行，但以谷物做原料，酿制过程中会产生大量酒糟和泛滓，必须加以过滤，才能饮用。《楚辞·招魂》："挫糟冻饮。"挫糟即抓除其糟，方法较为原始。《齐民要术·造神曲并酒篇》中则提到用毛袋滤酒。同书《养羊篇》中又说羚羊"毛堪酒袋"。洪山沥酒图中（图 3-3），一赤裸上身的男子双手持一方袋，口咬着方袋的一角，似对着小缸挤压。则汉代已知用此法。汉代还有一种更为先进的沥酒工具——糟床。河南密县打虎亭汉墓一号墓东耳室南壁中的一幅酿酒图（图 3-4），生动地再现了汉人利用糟床榨酒的情形。画像中有一长方形的木案，上面并列放置着六个小口、长颈、深腹圆鼓的带盖平底陶瓮，瓮内可能装有煮熟的谷物和酒曲，通过发酵即可酿造出酒。在木案下，又并列放置着四个敞口大盆、一个陶壶及陶尊，其用途可能是承接瓮内淋出的酒。木案右边立有一人，似在观察陶瓮内的酒米发酵过程。右下方有一榨酒的糟床，糟床下置有一壶，用以承接漉下之酒。[2]《周

[1] 高文，《四川汉代画像砖》，上海：上海人民美术出版社 1987 年版，图 15。
[2] 夏亨廉、林正同，《汉代农业画像砖石》，北京：中国农业出版社 1996 年版，第 131 页。

图 3-3　洪山沥酒图　嘉祥县洪山汉墓出土　　　　图 3-4　酿酒图　河南密县打虎厅
　　　　　　　　　　　　　　　　　　　　　　　　　　　　　　　　　汉墓出土

礼·天官·酒正》郑注："缇者，成而红赤，如今下酒矣。"贾疏："下酒
谓曹（糟）床下酒。"孙诒让正义："下酒，盖糟床漉下之酒。"[1] 在汉代，
这大概是最进步的沥酒方法了。

　　根据上述汉画像中的"酿酒图"与史料记载，可知我国汉代的酿酒
流程如下：先将谷物煮熟，待冷却后再和上酒曲，密封、恒温贮藏于陶瓮
内，以发酵酿酒。当谷物、酒曲发酵好之后，再进行过滤，以去除酒糟和
泛滓，即所谓沥酒。经过以上程序就可获得诱人的美酒了。

（二）汉画像酒文化的器具

　　古人历来讲求"美食美器"，酒器不但具有实用功能，也代表着主人
的身份与等级。"古者污尊抔饮，盖无爵觞樽俎，及其后，庶人器用即竹
柳陶匏而已……今富者银口黄耳、金罍玉钟。中者野王纻器，金错蜀杯。
夫一文杯得铜杯十，贾贱而用不殊。"[2] 富人用金、银、玉等质地考究、做

[1]　转引自孙机，《汉代物质资料图说》，上海：上海古籍出版社 2011 年版，第 394 页。
[2]　〔汉〕桓宽撰，王利器校注，《盐铁论·散不足》，天津：天津古籍出版社 1983 年版，第 352—
　　　353 页。

工精美之酒器，而普通百姓只能使用陶匏酒器。例如在贵州清镇十五号汉墓出土了一个漆耳杯，上面刻有铭文为"元始三年，广汉郡工官造舆髹羽画木黄耳棓（杯）。容一升十六籥。素工昌、休工立、上工阶、铜耳黄涂工常、画工方、羽工平、清工匡、造工忠造。护工卒史恽、守长音、丞冯、橡林、守令史谭主"[1]。制作一只耳杯，就要经过造型、打磨、上漆、铜饰、绘画等八道工序，并由不同的工匠分工合作。汉时酒具的讲究，由此可见一斑。

汉代手工业生产技术先进，制作的酒器种类丰富多样。仅《盐铁论》中所列饮酒器具就多达十几种，不但品种齐全，而且华贵精美。囿于汉画古拙浑朴的雕刻技法，故一些酒器在汉画中很难刻绘。从各地汉画看，汉画中酒器按其用途可以划分为饮酒器、盛酒器、挹酒器三类。

1.饮酒器

（1）耳杯

耳杯是战国时期兴起的一种饮酒器，以漆耳杯最为流行，也有铜耳杯，但很少。[2] 杯字又作盃、梧、棓。此字来源于手掬之抔。《礼记·礼运》曾载"污尊而抔饮"，郑注："抔饮，手掬之也。"后来抔为杯所取代，所以耳杯的平面近似双手合掬所形成的椭圆形，左右拇指则相当于杯耳。耳杯又名羽觞。《楚辞·招魂》："瑶浆蜜勺，实羽觞些。"张衡的《西京赋》："促中堂之狭坐，羽觞行而无箅。"[3] 均应指耳杯而言。因饮时双手执耳，故俗称耳杯。

到了秦汉时期，耳杯依然是最主要和最普遍的饮酒器。在考古发现中，以漆耳杯、铜耳杯和陶耳杯最为大量。[4] 长沙汤家岭西汉张端君墓所

[1] 《贵州清镇平坝汉墓发掘报告》，《考古学报》，1959 年第 2 期。
[2] 杜金鹏、焦天龙，《中国古代酒具》，上海：上海文化出版社 1998 年版，第 157 页。
[3] 〔汉〕张衡，《西京赋》，费振刚、胡双宝、宗明华辑校《全汉赋》，北京：北京大学出版社 1993 年版，第 420 页。
[4] 杜金鹏、焦天龙，《中国古代酒具》，上海：上海文化出版社 1998 年版，第 158 页。

出铜耳杯，上有刻铭"张端君酒杯"[1]。浙江宁波西南郊西汉墓所出漆耳杯，内书"宜酒"[2]。耳杯作为饮酒器，一般置于栿案之上，这在汉画像中可以得到印证。如出土于江苏睢宁墓山汉画像石二号墓的"宴客图"[3]（图3-5）。房内两人席地对饮，一人手持便面；案上有两个耳杯及一盘一豆，右边是一个肩挑酒尊的侍者，好像正从厨房取酒回来。另外，在出土于四川成都市的"六博图"和"宴饮图"中也可看到耳杯。地处偏远的四川也普遍使用耳杯作为饮酒器，由此可见耳杯在汉代的普及程度。

（2）卮

卮是汉代常见的饮酒器。追寻卮的源头，大概可上溯到周代的"杯圈"。《礼记·玉藻》载"母没而杯圈不能饮焉"，郑玄注语曰"圈，屈木所为，谓卮、匜之属"[4]。过去常把出土文物中的卮误称为奁或杯。1964年著名考古学家王振铎先生结合文献记载与出土实物为其定名为卮。[5]1964年在满城一号墓中出土的圆筒形铜灯上发现了题铭"卮锭"二字，1977年在阜阳西汉汝阴侯墓中出土的圆筒形漆器上又发现了题铭"卮"字，从而最终证明王振铎的考证正确。

汉代普遍认为卮是小型饮器，如《史记·高祖本纪》集解引应劭说，以为卮是"受四升"之器。《论衡·自纪篇》说"斧钺裁箸，盆盎酌卮，大小失宜"。出土之卮，口径多在10厘米左右，容量与应劭之说大致相近。四川成都附近出土的"宴乐"画像砖上有持卮者（图3-6），从比例上看，卮的体积也不大。汉代文献中常提到卮，《史记·项羽本纪》载，秦末，刘邦率领张良、樊哙等赴项羽鸿门宴，项庄舞剑，意在沛公，哙带剑拥盾闯宴，怒视项王，"头发上指，目眦尽裂"。项王说："壮士，赐之卮酒。"侍者"与斗卮酒"，哙立而饮之。斗卮，大号酒卮，可容一斗。长沙

---

[1]　湖南省博物馆，《长沙汤家岭西汉墓清理报告》，《考古》，1966年第4期。

[2]　赵人俊，《宁波地区发掘的古墓葬和古文化遗址》，《文物参考资料》，1956年第4期。

[3]　黄展岳，《汉代人的饮食生活》，《农业考古》，1982年第1期。

[4]　〔清〕阮元校刻，《十三经注疏》，北京：中华书局1979年版，第1484页。

[5]　王振铎，《论汉代饮食器中的卮和魁》，《文物》，1964年第2期。

图 3-5　宴客图　江苏睢宁墓山汉画像石二号墓出土

图 3-6　宴乐图　四川成都市郊出土

　　　　　　　　　　　　　　　　　　　　　民俗之雅

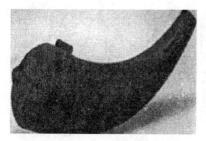

图 3-7　角形器　安阳西北冈侯家庄
1022 号墓出土

图 3-8　龙纹觥　山西石楼桃花庄出土

马王堆一号墓出土的卮，据遣策及器底铭记，有斗卮、七升卮、二升卮、小卮四种。斗卮应是当时最大的卮，容量约为 2000 毫升，再加大就不易举持了。

（3）觥

觥在古代文献中常被称为兕觥。如《诗经·豳风·七月》曰："朋酒斯飨，曰杀羔羊，跻彼公堂，称彼兕觥，万寿无疆！"[1]《诗经·小雅·桑扈》又曰："兕觥其觩，旨酒思柔。"[2] "觩"为弯曲的意思，类角形。安阳西北冈侯家庄 1022 号墓出土的一件角形器（图 3-7），还有 1959 年山西石楼桃花庄出土的一件角形龙纹觥（图 3-8），与文献中这种角形觥的描写很相近。类似形状的角形器在著录类文献中也有记录。《西清续鉴甲编》卷十二中著录了角形器物周兕觥（图 3-9），也可以明显看出其角状形态。

觥最初多为兽角所制，后亦多用青铜、玉、木、陶制作，容量可达七升。觥又称觵，《说文解字》云："觵，兕牛角可以饮者也。从角，黄声。"[3] 因其盛酒较多，常被用来作为罚酒的酒器。《周礼·春官·小胥》云："小胥掌学士之征令而比之，觵其不敬者。"郑玄注曰："觵，罚爵也。"[4] 广东广州象岗出土一件西汉时期的玉觥（图 3-10），另外汉画像中

---

[1]〔清〕阮元校刻，《十三经注疏》，北京：中华书局 1979 年版，第 392 页。

[2] 同上，第 480 页。

[3]〔汉〕许慎撰，〔宋〕徐铉校定，《说文解字》，上海：上海教育出版社 2003 年版，第 186 页。

[4]〔清〕阮元校刻，《十三经注疏》，北京：中华书局 1979 年版，第 795 页。

图 3-9　周兕觥　《西清续
　　　　　鉴甲编·卷十二》

图 3-10　玉觥　广
东广州象岗出土

图 3-11　持角者　河南洛阳
出土

也有持觥饮酒的图像（图 3-11），但此器在汉代不多见。[1]

2. 盛酒器

（1）尊

尊，古时还写作樽，是一种在商代和西周盛行的青铜酒器。尊的字义
包含有尊重、尊贵之意，以尊盛酒是身份的象征。所以，在商代只有君王
和少数达官贵人才可使用。虽然后世没有这样严格的礼制规范，但尊依然
是一种比较奢侈的盛酒器。

尊是汉代主要的盛酒器之一。古代注重礼仪，常以美酒招待宾客。汉
人喜欢饮酒，所以两汉时期尤其注重酒器的制作，制作精良的尊在当时是
一种很贵重的酒器。从出土文物可以看出，两汉的铜尊造型主要是盆形、
筒形。筒形尊不但出土数量明显多于盆形尊，而且装饰也更为考究。

盆形尊曾被学者称为洗或鉴，学界说法不一。直至 1962 年，山西右
玉出土了一件此种器形的青铜器（图 3-12），在口沿上有铭文："勮阳阴
城胡傅铜酒樽，重百廿斤，河平三年造。"证明器名为尊。筒形尊在 19 世
纪 50 年代曾被称为奁或斛。俞伟超首先指出此器应为饮食器[2]，王振铎

---

[1]　孙机，《汉代物质资料图说》，上海：上海古籍出版社 2011 年版，第 361 页。
[2]　俞伟超，《西安白鹿原墓葬发掘报告》，《考古学报》，1956 年第 3 期。

图 3-12 胡傅盆形尊 1962 年
山西右玉窖藏出土

图 3-13 胡傅筒形尊 1962 年山西右玉窖藏出土

则将此器定名为尊[1]。1962 年，与上述铜盆形尊同出于山西右玉的筒形尊
（图 3-13）上有铭文："中陵胡傅铜温酒樽，重廿四斤，河平三年造。"证
明器名也应以尊为准。同时也知盆形尊和筒形尊的区别在于，前者是酒
尊，而后者是温酒尊。温酒尊并非温酒器，而只是一种盛酒器[2]。在汉代，
"温"可作为"醖"的借字，醖酒是古代一种"反复重酿多次的酒"[3]，酒
色清醇。这种酒又名酎酒。《礼记·月令》郑注："酎之言醇也，谓重酿之
酒也。"此酒度数较高。古代品酒以清为尚，醖酒应属当时品质上佳的酒，
所以专门盛放醖酒的尊也一定制作精良。

[1] 王振铎，《张衡候风地动仪的复原研究》，《文物》，1963 年第 2、4、5 期。

[2] 孙机，《释"清白各异樽"》，《文物天地》，1987 年第 2 期。

[3] 唐兰，《长沙马王堆汉軑侯妻辛追墓出土随葬遣策考释》，《文史》，1980 年第 10 辑。

图 3-14　山东沂南汉墓中室南壁横额西段画像　山东沂南汉墓出土

图 3-15　宴集图　四川彭州市出土

　　汉画像可以真实地反映尊的使用情形。在汉画像上，盆形尊未发现有附承旋者，而筒形尊却往往置于承旋之上。盆形尊放于地上，而筒形尊多置于承旋上。如山东沂南汉墓中室南壁横额西段画像（图 3-14），图中左边的乐队席边就有一个三足筒形尊，其置于三足圆形承旋上，尊内还放有一勺。可见筒形尊在汉代更受重视。此外，四川彭州出土的"宴集"画像砖（图 3-15）、甘肃嘉峪关汉画像砖墓中的"宴饮图"[1]、江苏徐州汉画像石 [2] 等均有表现酒尊使用情况的画面。

　　实物出土时的状态亦可以从一方面反映铜尊的使用情形。例如广西合浦母猪岭出土的两件铜尊，出土时均放置在青铜三足承旋上，这是尊和承

[1]　嘉峪关市文物清理小组，《嘉峪关汉画像砖墓》，《文物》，1972 年第 12 期。

[2]　徐州市博物馆，《论徐州汉画像石》，《文物》，1980 年第 2 期。

图 3-16　建武廿一年鎏金筒形尊　北京故宫博物院藏

旋配套使用的一个证明。此外，故宫博物院所藏鎏金筒形尊（图 3-16）也有配套使用的承旋。不过，说筒形尊附承旋，也不是绝对的，如上述山西右玉出土的胡傅筒形尊就没有承旋。

综上所述，盆形尊常置于席或案上，筒形尊常常附有承旋，并常与斗配套使用，有的还配有耳杯，它们是达官贵人筵席间的高档酒具，配备十分考究。

（2）肖形尊

肖形尊是指模仿动物形状制成的酒器，此类器形在商代铜器中颇为常见，如牛尊、羊尊、象尊、豕尊等均有实物留存于世。在儒家经典中，牺尊和象尊最受推崇。《礼记·明堂位》"尊用牺、象、山罍"，孔疏引王注《礼器》云："为牺牛及象之形，凿其背，以为尊，故谓之牺尊。"[1]《左传·定公十年》："牺、象不出门，"杜注："牺、象，酒器，牺尊、象尊也。"[2]

不过肖形尊至汉代已不太流行，出土实物数量也比商周时期要少，如宁夏固原出土的兽尊（图 3-17）、云南昭通出土的鸡尊（图 3-18）、河南陕县（今三门峡市）刘家渠 8 号汉墓出土的伏鹿陶尊和绿釉伏羊陶尊

---

[1]　〔清〕阮元校刻，《十三经注疏》，北京：中华书局 1979 年版，第 1489 页。
[2]　同上，第 2148 页。

图 3-17　兽尊　宁夏固原出土

图 3-18　鸡尊　云南昭通出土

图 3-19　羊尊　河南三门峡市刘家
　　　　　渠 8 号汉墓出土

图 3-20　鹿尊　河南三门峡市刘
　　　　　家渠 8 号汉墓出土

等（图 3-20），总件数不多。过去对肖形尊是否为实用之器难以做出判断，近年在四川彭州出土的"羊尊酒肆"画像砖（图 3-21）解答了这一疑惑。此画像砖上刻印有酒肆的场景，"其上有一大案，案上置两件伏羊尊和一方筥，另有一人推鹿车离去，车上亦载有一伏羊尊，似乎其中盛的是酒"[1]。《梁书·刘杳传》云："古者樽彝，皆刻木为鸟兽，凿顶及背，以出内酒。"[2]他所述情况与汉代的肖形尊颇近似。因此可以推测肖形尊应为盛酒器，与壶、钟等器物的用途相同。

[1]　孙机，《汉代物质资料图说》，上海：上海古籍出版社 2011 年版，第 375 页。
[2]　〔唐〕姚思廉，《梁书》，北京：中华书局 1999 年版，第 496 页。

民俗之雅

图 3-21　羊尊酒肆图　四川彭州出土

（3）壶

壶起源于西周时期的宗周地区，随着周文化的传播而传至各地。秦汉时期的壶依然继承战国的形制，并逐渐被赋予新的时代风格。

两汉时期，壶多用以盛酒、水，是重要的饮食器。《周礼·掌客》郑注："壶，酒器也。"马王堆一号墓的遣策中也说："漆画壶二，皆有盖，盛米酒。"如出土于徐州铜山的"庖厨图"（图 3-22），此图上格场景为肉食加工，下面一格的场景是炊火汲水。上部摆放整齐的两行酒器中，有两个结构相似的酒壶，都是两头小，中间大。但是两者大小不同，左边的略微大些。此外，同样出土于徐州铜山的"建鼓、庖厨图"的局部（图 3-23）及山东沂南汉墓出土的"庖厨图"（图 3-24），图中的厨房内也放有酒壶。可见，壶在汉代应是颇为常见的盛酒器。

（4）扁壶

扁壶又称钾、椑、榼。据中国历史博物馆文物专家孙机先生研究，"汉代将蒜头壶、茧形壶、横筒形壶、扁壶等盛酒之器统称为榼"。从出土实物上的铭文看，自称榼者以扁壶居多，如西安北郊刘北村西汉墓[1]出土

---

[1]　王长启，《西安北郊发现汉代墓葬》，《考古与文物》，1987 年第 4 期。

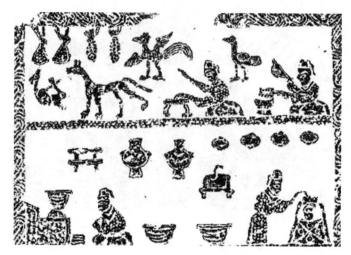

图 3-22　庖厨图　徐州铜山汉王乡东沿村出土

图 3-23　建鼓、庖厨图局部　徐州铜山汉王乡东沿村出土

图 3-24　庖厨图　山东沂南汉墓出土

图 3-25　宴饮图　江苏徐州贾汪区白集汉墓出土

图 3-26　提椑捧奁奴婢图　河南南阳七里园出土

的铜扁壶自名为"河间食官椑"。椑则为扁壶的专名。《广雅·释器》曰："扁榼谓之椑。"并且椑字本就含有椭圆形之意。《考工记·卢人》郑注："椑，隋（椭）圜也。"可见把扁壶命名为椑是非常贴切的。但在很多出土的扁壶上又见到榔字，如江陵凤凰山 167 号汉墓出土的漆扁壶，在遣策中称其为"大榔一枚"。榔字亦作钾。如江西九江征集的汉代"于兰家"铜扁壶所刻铭文中就有钾字。在汉代榔应为椑之通假字。因为卑字可读作甲声。《说文·十部》云卑"从十，甲声"。

　　扁壶是盛酒之器。河北平山战国中山墓中出土的铜扁壶中的液体经化验确证是酒。江陵凤凰山 10 号西汉墓所出的 6 号木牍上刻有"酒椑二斗一"。徐州市贾汪区白集汉墓出土汉画像中的"宴饮图"（图 3-25）中，宾主两人在对饮，一名仆人则手提一椑侍立在一旁。望都 2 号东汉墓出土的骑马石人像，亦手提椑、鱼，生动地表现了沽酒买鱼归来之状。[1] 河南南阳七里园亦有"提椑捧奁奴婢图"（图 3-26）的出土。上述皆可证明扁壶之用途。

3. 挹酒器

斗为挹酒器。《诗经·小雅·大东》："维北有斗，不可以挹酒浆。"喻称和斗相似的星座。斗又可称为勺，如湖南长沙马王堆一号汉墓所出者，长柄，似应名斗。《史记·张仪列传》"乃令工人作为金斗，长其尾"者即指此类器具。但该墓所出土的遣策中称此器为"漆画勺"。安徽阜阳汝阴侯汉墓和陕西咸阳茂陵一号陪葬坑中出土的铜勺都自名为斗。[2] 可见当时斗、勺二名可互训。

根据出土文物可知，斗一般呈圆形或椭圆形，腹较深，有短柄（图 3-27）和长柄（图 3-28）两种类型。在各地汉画像上，常见到酒尊和斗配套使用的场景，如徐州市睢宁县郭山征集的"龙凤、建筑、人物图"（图 3-29），图中两人正在对饮，中间的酒尊内放有可以舀酒的斗。除了江苏徐州出土的汉画像，四川、山东、河南等地的汉画像中也常可见到此类情形。由此可见，斗在汉代是常用的挹酒器。

综上所述，多彩的酒器刻绘构成了汉画像酒文化的一个侧面，是汉画像酒文化的重要组成部分。饮食器具造型以功能为基础，由功能决定形式，生活需求决定功能和种类。通过酒器可以看出汉朝饮食的礼仪性、等级性、社会性、伦理性和审美性。对于以上汉画像中的饮食器具种类的探讨和分析，我们了解到近 2000 年前汉人的饮食生活。更重要的是，通过整理和分析，这有利于我们对汉代酒文化内涵进行深入的探索和挖掘，使得汉画像酒文化能以更丰满的面貌展示在人们面前。

---

[1] 孙机，《汉代物质资料图说》，上海：上海古籍出版社 2011 年版，第 372 页。
[2] 汝阴侯墓出土者见《阜阳双谷堆西汉汝阴侯墓发掘简报》附表 2，《文物》，1978 年第 8 期；茂陵一号冢 1 号陪葬坑出土者见《陕西茂陵一号无名冢一号从葬坑的发掘》图 17、18、20，《文物》，1982 年第 9 期。

图 3-27　陶勺　河北定州北庄出土　　图 3-28　漆勺　湖南长沙马王堆 1 号汉墓出土

图 3-29　龙凤、建筑、人物画像局部　睢宁县郭山征集

（三）汉画像酒文化的地方性特征

我国区域辽阔、民族众多，经济类型非常复杂。因此"除了民族文化大传统之外，各个地方依照自己特殊的生存环境形成了服务地方的文化小传统。"[1] 酒文化的形成、发展、演变是在一定的地域空间下进行的。在地理环境、经济环境与历史传统的影响和制约下，酒文化呈现出鲜明的地方特色。

酒文化的地方性有两种表现：第一种是在地区独特的自然、人文环

[1]　李亦园，《人类的视野》，上海：上海文艺出版社 1996 年版，第 143 页。

境中直接生发出来的地方酒文化。这常见于文化的萌生期，由于环境的隔离，族群之间的交流很少，人们都固守着世袭的生活方式。如《礼记·王制》曰："广谷大川异制，民生其间者异俗。""中国戎夷，五方之民，皆有性也，不可推移。"[1] 周和秦虽然实现了政治上的统一并制订了完整的礼法，但地方的文化特征仍很鲜明。第二种就是一些与地方经济生活、社会生活息息相关的酒文化。它鲜明地体现着酒文化的地方性特色。下面将结合汉画像，从以上两点分析山东与四川酒文化的地方性特征。

山东地处黄、淮河下游，河道纵横，土地肥沃。盐业、铁业、酿酒业都非常发达，是两汉时期经济、文化极为繁荣的区域。由于山东地理环境优越，经济发达，所以最高统治者非常重视此地。刘邦在获得天下后，就把皇长子分封到山东。吕后执掌大权时，其族人也多分封于山东。东汉的刘秀也把自己钟爱的皇子分封到山东。由于山东多封王，所以山东汉画像中的内容多是表现中上阶层的酒文化。如山东诸城前凉台汉墓出土的"庖厨图"[2]，就生动地刻画了官僚地主庄园内的酿酒情形。作为儒家诞生地的古代齐鲁地区的酒文化有着浓郁的地方特色，山东多封王只是此地画像注重表现中上阶层酒文化的一个表层原因，儒家礼学思想的影响才是其深层原因。孔子曰："非礼勿视，非礼勿听，非礼勿言，非礼勿动。"这种礼学思想渗透到人们的日常生活之中，指导着人们的言行，成为中国封建社会伦理道德的规范。这些准则和规范不仅仅停留在抽象的教条上，而且还通过一系列的礼仪的具体做法指导人们的实际行动。"礼不下庶人"这一礼学思想，将以充饥为主要目的的普通百姓的饮食，排除在礼制管辖的范围之外。

山东地区还盛行在祠堂中祭祀祖先，酒是祭祀活动中必不可少的祭品。山东沂南汉画像石墓中的三幅"祭祀图"[3]，为我们形象地展示了该地

[1] 〔清〕阮元校刻，《十三经注疏》，北京：中华书局1979年版，第1338页。
[2] 中国画像石全集编辑委员会编，《中国画像石全集》第1卷，济南：山东美术出版社2000年版，第90页。
[3] 曾昭燏、蒋宝庚、黎忠义，《沂南古画像石墓发掘报告》，北京：文化部文物管理局1956年版，第13—14页。

图 3-30　沽酒图　四川成都新都出土

区祠堂祭祀的具体情况。祠堂中刻有大量以历史故事为题材的画像，从上古传说中的伏羲、女娲到孝子丁兰供木人，其内容多是宣扬古代帝王圣贤和儒家伦理道德。所以说，祠堂是家族进行伦理道德教育的重要场所，而其中的画像则起到教化后代子孙的作用。以武梁祠为例，祠内刻有几十幅历史故事图。西壁第二层刻有伏羲、女娲、祝融、神农、黄帝、颛顼、帝喾、尧、舜、禹、桀等传说和古代帝王画像。其他的还有闵子骞御车失棰、老莱子娱亲、丁兰供木人等孝子故事及曹子劫桓、专诸刺王僚、荆轲刺秦王等历史故事。

　　四川及重庆古称巴蜀，自然条件得天独厚，是汉代重要的经济文化区之一。蜀守李冰兴修水利，"百姓飨其利。至于所过，往往引其水益用溉田畴之渠，以万亿计"[1]。汉代蜀地发达的农业生产，使其成为全国重要的产粮区，为酿酒业提供了充足的原料和物质保证。四川的汉画像上多出现酿酒的内容，亦是对成都地区粮食富足景况的反映。从四川出土的多幅"酿酒图"中我们可以发现，四川汉画像除了表现豪强地主田庄内的酿酒活动之外，还形象地刻画了社会中低层存在的酿酒小作坊。如四川彭州出土的"沽酒图"[2]（图 3-30），图的左上方有一头梳椎髻、身着短裤者，肩

[1]　司马迁，《史记·河渠书》，北京：中华书局 2000 年版，第 1196 页。
[2]　高文，《四川汉代画像砖》，上海：上海人民美术出版社 1987 年版，图 16。

图 3-31　泸州 9 号汉棺巫术祈祷图　泸州市新区麻柳湾基建工地汉代崖墓出土

荷酒壶前来打酒，其前有一奔跑逗乐的顽童。画面雕刻得非常细腻生动，反映了汉代四川民间的一种轻松富足的生活情趣，生活气息十分浓郁。这些汉画像表明，在四川地区，不仅达官贵人、文人墨客要饮酒，一般百姓甚至奴仆也普遍饮酒。

　　四川农业发达且地处偏远，受社会动荡和汉代政治的影响较小，所以四川酿酒汉画呈现出一种安居乐业的世外桃源风貌。巴蜀这一方沃野厚土不但滋养了成都人不知愁苦、悠然自得的性格，也滋生了享乐奢靡的社会风气。这种社会风俗承袭至今，构成了后世蜀人的文化心理和地域性格的历史渊源。

　　楚地巫风盛行。周代的任何民族及部落均有巫，而楚人尚巫之风更盛，但诸夏皆"事鬼敬神而远之"，唯有楚人是事鬼敬神而近之。随着楚地的扩展，巴蜀地区不可避免地受到了楚风的影响。[1] 出土于泸州市新区麻柳湾基建工地汉代崖墓内的泸州 9 号汉画像石棺，其左侧就刻有一幅"巫术祈祷图"（图 3-31）。画面共分三组。第二组画面中有两人，左边长裙曳地的应为女性，右边袍裳见腿的应为男性。女人左手持一平底、圆口、有把的器具，应为耳杯。男人右手所举三足、椭圆形口，口上有一小柱的应是斝，二人所持皆是酒器，正在进行某种神秘的祝祷形式。[2]

[1]　龚廷万、龚玉、戴嘉陵，《巴蜀汉代画像集》，北京：文物出版社 1998 年版，第 8 页。
[2]　徐利红，《从"巫术祈祷图"看泸州汉代酒文化》，《四川文物》，1993 年第 1 期。

在当时尚属蛮荒之地的巴蜀，人们的思想较少受到礼制的束缚。这些与酒文化有关的汉画像，表现了巴蜀人民对生活的热爱与追求，对生命的仰慕和珍视，对生命力的崇尚与自信。

二、汉画像中的"酒礼"

从现有的史料和出土的汉代画像中我们可以看出汉代饮酒之风极盛。浓郁的酒文化是汉文化中不可或缺的一部分，而与酒相关的饮酒礼俗则是酒文化的重要组成部分。著名历史学家翦伯赞先生说："我以为除了古人的遗物外，再没有一种史料比绘画雕刻更能反映历史上的社会之具体的形象。"汉画像中的"宴飨图"从视觉上比较真实地展现了当时的酒席与饮酒礼俗，为读者描绘了一幅幅生动的酒场礼俗画。

（一）阁中履满人盈坐——酒席

酒在中国人的生活中占有相当重要的地位，而饮酒的场合——酒席，就如一面镜子，从中折射出生活的许多景象。汉代饮酒之风盛行以至于"享祀祈福，扶衰养疾。百礼之会，非酒不行"[1]。毫无疑问，若想较为全面地展现中国人的生活，最便捷的途径莫过于对酒席中各种风俗人情进行描绘。汉画像中刻画了如此多的酒席场景，自然也涉及一系列酒席中的礼俗。汉画像中所刻画的酒席，都是以筵席制的形式进行的。因此，本节论述的酒席中的礼俗，以筵席制中的礼俗为主。

1. 筵席制的由来及发展
（1）筵席制的由来

先秦的宴饮活动一般是在室内铺筵加席进行，"筵"和"席"都属坐

---

[1] 班固，《汉书·食货志》，北京，中华书局 2000 年版，第 988 页。

具。筵是直接铺在地上的，粗糙宽大；席则和现在的坐垫相仿，短小精致。商周的筵席制度是很严格的，在举行宴会时，先在地上铺筵，再按主客的身份和地位加席。《礼记·礼器》曰："天子之席五重，诸侯之席三重，大夫再重。"对于普通百姓来说，在参加酒宴时能在筵上加一席已是非常体面了。总而言之，"筵席"最初只是坐具的一种称呼。在《诗经》中，筵席开始具有了酒馔的含义，《诗经·大雅·行苇》曰："肆筵设席，授几有缉御。"[1] 这句话描写的是酒宴开始之前，座次的安排和酒菜的准备。《礼记·乐记》又曰："铺筵席，陈尊俎，列笾豆，以升降为礼者，礼之末节也，故有司掌之。"由此可见，"筵席"又含进行庄严隆重的酒宴的意思。"筵席"一词被沿用至今，"筵席"在广义上成了各类酒宴的代称。随着时代的发展，"筵"逐渐被淘汰出局，"席"也由坐具演变成了卧具，"筵席"一词实际上早已名不副实了，但"筵席"在狭义上仍然专指筵席制下的酒席，本文即取此义。

（2）筵席制的发展

随着社会的发展，筵席制也在不断变化着。最初，酒和菜肴都直接摆放在席上，既不美观又不卫生。后来人们开始在宴会中使用案几，将酒食放置在案几上。这种宴饮方式比先前在筵席上饮酒要整洁卫生，但是只有具有较高身份的人才能在席边置案，如天子、百官和长者等，地位低的人和青年人是没资格使用案几的。

从汉画像中可以看到汉代基本上还沿袭着席地而坐、席地而食的习惯，只是汉代的酒宴中案几的使用已很普遍，不像先秦那样对使用者的身份有严格的限制。如四川彭州出土的一方"宴集"画像砖，上刻四人坐于一席宴饮，面前各置一案，案前有尊和勺等酒具。[2] 除了独坐席、合席之外，汉代甚至出现了合坐多达五人以上的长连席（图3-32），[3] 由此可见，

---

[1] 〔清〕阮元校刻，《十三经注疏》，北京：中华书局1979年版，第534页。
[2] 龚廷万、龚玉、戴嘉陵，《巴蜀汉代画像集》，北京：文物出版社1998年版，图68。
[3] 中国画像石全集编辑委员会编，《中国画像石全集》第1卷，济南：山东美术出版社2000年版，第154页。

图 3-32　沂南汉墓中室南壁横额西段画像

图 3-33　人物拜见图
徐州睢宁张圩征集

图 3-34　汉代陶俑合坐榻　河南灵宝
张湾汉墓出土

　　汉代的编织技术、筵席设计能力、宴饮规模都较先秦时期有了很大的进步，也无形中暗示了当时人们讲究热闹和排场的心态。

　　筵席制在上层社会中有了新变化，王公贵族、富贵人家除了席外，还使用了一种新型的坐具——榻，开始流行坐榻而食。江苏省徐州市睢宁县张圩征集一方"人物拜见"画像石（图3-33），上刻一人物坐于榻上，身后有一盾牌，榻前一人站立，一人揖手拜见。另刻一人执笏坐

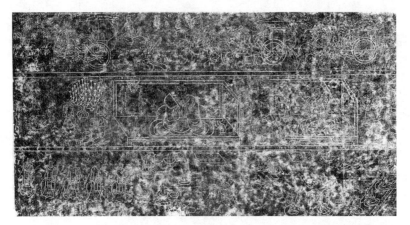

图 3-35　安丘县王封画像石　山东安丘汉墓出土

立。[1]《释床帐》曰"长狭而卑曰榻，言其榻然近地也"，榻和席一样以独坐为尊。[2] 也有供两人合坐的榻，称合榻。河南灵宝张湾汉墓出土的汉画像上有六博陶俑连坐合榻（图 3-34）。[3] 又如山东安丘汉墓画像石（图3-35），男主人端坐在竖有屏风的榻上聚精会神地观看乐舞表演，榻前放有案几和酒杯等饮食器具。汉代人坐席和榻的姿势称为跪坐。所谓跪坐就是把膝盖弯曲并抵在席上，臀部贴在脚后跟上。今天垂脚而坐的方式，汉时已经出现，但被视为不敬。汉代贾谊《新书》，专有一篇《容经》，把"坐容"分为"经坐、共坐、肃坐、卑坐"[4]。对汉代坐姿介绍得十分详细。

　　值得注意的是，在桌椅等家具普遍使用后，筵席制宴饮方式就正式退出了历史舞台，但这种宴饮方式却以另外两种方式延续了下来。一种是郊外饮酒，人们直接坐在地上，或者坐在席子上。还有一种是在床上设案饮酒，现在的北方人就喜欢坐在炕席上，围着矮脚案几饮酒。

[1]　田忠恩、陈剑彤、武利华、仝泽荣，《睢宁汉画像石》，济南：山东美术出版社 1998 年版，第80 页。

[2]　转引自孙机，《汉代物质资料图说》，上海：上海古籍出版社 2011 年版，第 251 页。

[3]　河南省博物馆，《灵宝张湾汉墓》，《文物》，1975 年第 11 期。

[4]　〔汉〕贾谊撰，阎振益、钟夏校注，《新书校注》，北京：中华书局 2000 年版，第 227—228 页。

2. 筵席制宴饮的座次安排

学者凌廷堪通过对大量古代典籍的分析研究，在其著作《礼经释例》中提出了"室中以东向为尊，堂上以南向为尊"的说法。筵席制宴饮的座次安排一般是以东向为尊，也有以南向为尊的，这种情况较为少见。在酒宴中，一般根据古代建筑的堂室结构来决定以东向为尊还是以南向为尊。

古代的王公贵族、富商大贾一般都是在堂室结构的建筑内举行各项活动，此类建筑坐北朝南，前堂后室。室通常是东西长而南北窄的长方形建筑，坐西向东的位置可以提供最宽敞的空间，所以在室内宴饮，以东向为尊。因为经济及技术条件的限制，一开始的建筑都是有室无堂的结构，即使后来有了堂室结构的建筑，很多日常活动也选择在室内进行；处于生活底层的普通百姓的日常活动更是都在室内进行，因此这种室内的"东向为尊"的习俗被广泛应用于酒宴中。

两汉时期的座次安排一般都是以东向为尊座，北向为卑座；堂上或单列的位置是上座，堂下的位置是下座。[1]《史记》中有很多内容反映了汉代以东向为尊的习俗，如《史记·项羽本纪》中鸿门宴的座次就是按照东向为尊安排的，"项王即日因留沛公与饮。项王、项伯东向坐，亚父南向坐。沛公北向坐，张良西向侍"[2]。《汉书·田蚡传》记载汉武帝时丞相田蚡"召客饮，坐其兄盖侯北向，自坐东向，以为汉相尊，不可以兄故私桡"[3]。田蚡为了显示自己的尊贵地位，越过兄长东向而坐，这种行为违背了长幼尊卑之序。可见，看似简单的座次安排却反映了地位尊卑、人际关系、时势变化等诸多内容。一般来说，在有室无堂的建筑内举行活动，大都以东向为尊。我国出土的大量汉画像对酒宴中的这种座次安排施墨颇多，在成都羊子山出土的一方画像砖中（图3-36），主人端坐在室内，坐西向东，正在接受来客的拜访。

[1] 彭卫、杨振红，《中国风俗通史·秦汉卷》，上海：上海文艺出版社 2002 年版，第 94 页。

[2] 〔汉〕司马迁，《史记·项羽本纪》，北京：中华书局 2000 年版，第 221 页。

[3] 班固，《汉书·窦田灌韩传第二十二》，北京：中华书局 2000 年版，第 1818 页。

图 3-36　谒见图　成都市郊出土

图 3-37　讲学图　成都东乡出土

　　地位尊贵的人坐在上位，其余的人按照地位尊卑分左右两列就坐。右侧的位置尊于左侧，这是因为古人尚右，以右为尊。如《史记·廉颇蔺相如列传》所载："以相如功大，拜为上卿，位在廉颇之右。"通常情况下，主人坐在宴席的上方，宾客坐在宴席的左方和右方，中间留出一片空地以方便侍者进献酒食和进行各种娱乐活动。在比较特殊的情况下，下方的位置也会坐人，坐在这个地方的人相对来说身份最低微（图 3-37）。一

般来说，如果来客不多，只有一位或三五位，主人可与客人正对而坐，亦可斜向而坐；如果来客和主人有同等的社会地位，尊卑相当，还可与主人同席并排而坐。汉画像对这些情况都有所反映。如江苏铜山县洪楼汉墓出土的一块汉画像上，刻有主客相对而坐的画面[1]。在四川成都出土的一方"宴饮"画像砖中（图 3-38），刻有两人同坐一席，对面又有两人同坐一席，另外还有两人斜坐一席。[2] 如果来客比较多，身份较高者或年长者可同主人居中并坐一席，其余客人则分左右两列入坐。如河南密县打虎亭二号墓的壁画中，主人端坐于饰有帷幔的榻上，帷幔之外，客人分为两列就坐。[3]

汉代在举行酒宴时，不仅座次的安排很有讲究，对酒食的摆放也有明确的要求。《礼记·曲礼上》载："凡进食之礼，左殽右胾，食居人之左，羹居人之右，脍炙处外，醯酱处内，葱渫处末，酒浆处右。以脯脩置者，左朐右末。"从各地出土的汉画像来看，基本上也是这样摆放的。这样摆放酒食是为了拿取方便，如郑玄注云："皆便食也。"

---

[1]　徐毅英主编，《徐州汉画像石》，南京：江苏美术出版社 1985 年版，图 89。
[2]　龚廷万、龚玉、戴嘉陵，《巴蜀汉代画像集》，北京：文物出版社 1998 年版，图 65。
[3]　安金槐、王与刚，《密县打虎亭汉代画像石墓和壁画墓》，《文物》，1972 年第 10 期。

（二）灯前酬酢君有礼——宴宾之礼

我国是礼仪之邦。早在夏、商、周三代，先人们就对"礼"颇为重视。《礼记·曲礼上》云："道德仁义，非礼不成。教训正俗，非礼不备。分争辩讼，非礼不决。"[1] 孟德斯鸠也曾说过："中国人的生活完全以礼为指南。"[2] 在很多和礼节有关的场合中，酒是必不可缺的物品，正如古人所言——"百礼之会，非酒不行"。酒礼承载着相当深刻的意义，《礼记·乡饮酒义》曰："民知尊长养老，而后乃能入孝弟。民入孝弟，出尊长养老而后成教，成教而后国可安也。"

夏、商、周三代的礼仪和风俗是我国传统文化的起源，在周代的时候已形成一定的体系，真可谓集前古之大成，开后世之先河。周代的礼仪经过秦制的改动，到了汉代又重新调整完善，有了新的发展。西汉初年，为了确立君臣之间的等级性，显示皇权的神圣不可侵犯，在汉儒叔孙通的主持下，朝廷很快建立了一整套礼仪制度，其中包括朝廷宴饮礼仪："至礼毕，尽伏，置法酒。诸侍坐殿上皆伏抑首，以尊卑次起上寿。觞九行，谒者言'罢酒'。御史执法举不如仪者辄引去。竟朝置酒，无敢喧哗失礼者。"[3] 后来，朝廷宴饮大致就按这种礼仪规范来举行。

在两汉的民间宴饮活动中，酒礼较为简单明了，不像朝廷宴饮那样等级森严、礼仪烦琐，但即使再简化，民间的酒礼也有其固定的程式。这一方面可以满足区分尊卑长幼的需要，一方面也与我国讲究礼让的传统美德有关。本节主要介绍汉画像所反映的迎宾之礼和敬酒之礼。

1. 迎宾之礼

汉代在继承和发扬儒家传统的基础上，建立了等级分明的礼制。礼仪

---

[1] 〔清〕阮元校刻，《十三经注疏》，北京：中华书局 1979 年版，第 1241—1242 页。

[2] [法] 孟德斯鸠著，张雁深译，《论法的精神》上册，上海：商务印书馆 1963 年版，第 361 页。

[3] 班固，《汉书·郦陆朱刘叔孙传第十三》，北京：中华书局 2000 年版，第 1640 页。

图 3-40　迎宾宴饮图　徐州铜山洪楼出土

图 3-39　王德元墓门左立柱画像　陕西绥德出土

强化了封建专制统治秩序，巩固了皇权，成为汉代统治阶级维护其统治权的无形基石。拜谒礼仪是我国古代人际交往中相当重要的一项礼仪，它主要分为拜礼和揖礼两部分。拜礼比揖礼更为正规和隆重，因为揖礼是站着施行的，而拜礼是跪坐在地上，俯身把双手布于席上行礼。迎宾礼属拜谒礼仪的一种，汉画像所表现的迎宾礼主要包括拥彗迎宾和揖礼迎宾。

　　汉画像中的"拥彗图"和"迎宾宴饮图"均是对汉代宴饮迎宾之礼的反映。汉画像中表现"拥彗迎宾"的图像较多，如图 3-39 所示，多为一个仆人双手持帚立于门前，躬身施礼迎接宾客。拥彗迎宾源于古时的宾礼，为古时迎宾礼仪之一。如《周礼·春官·大宗伯》所言"以宾礼亲邦国"[1]，当时的宾礼主要用于天子与诸侯国或诸侯国与诸侯国之间的交际往来，后来则慢慢延及至一般的宾客接待。拥彗是为了表达主人对客人的尊敬和欢迎之情。如《史记·孟子荀卿列传》记载：战国时阴阳家邹衍到燕国时，"昭王拥彗先驱"，以此表达对邹衍的敬意　汉代民间在举行宴饮之前，主人通常要把住所清扫一番，酒宴所需的各种器具也要清洗干净，然后再行拥彗迎宾之礼，以示在客人来到之前已把室内室外清扫整洁以恭候莅临。《盐铁论·崇礼》曰："饰几杖，修樽俎，为宾，非为主也。"[2]《汉书·田蚡传》又曰：魏其侯窦婴在宴请丞相田蚡之前，与夫人"夜酒扫张具至旦"[3]。从汉画中的众多"拥彗图"看，拥彗迎宾是汉代极为盛行的一种迎宾礼仪。

揖礼迎宾也是汉画像中较常见到的礼仪。在宴饮开始前，主人立于门前揖手行礼（图 3-40），欢迎宾客的到来。《礼记·乡饮酒义》中规定："主人拜迎宾于庠门之外，入，三揖而后至阶，三让而后升，所以致尊让也。"[4]山东嘉祥武氏祠出土的一幅"宴饮图"[5]集迎宾、宴饮、乐舞为一体，中间五人席地而坐正在饮酒，案几上摆满酒杯、食物，左边四人两两互拜，右边正在进行精彩的乐舞表演以助兴。以飨宴欢迎四方来宾，在《周礼·春官·大宗伯》中有记载："以飨燕之礼，亲四方之宾客。"两汉时，民间形成了浓厚的宴饮迎宾之风。《汉书·西域传》记载，武帝时"设酒池肉林以飨四夷之客，作巴俞都卢、海中砀极、漫衍鱼龙、角抵之戏，以观视之。"上有好者，下必甚焉，民间宴饮之风更盛。各级官员、富商豪绅常大肆设宴招待四方宾朋，借此炫耀财富。汉画像中的迎宾、宴饮场景不仅如实反映了汉代民间的现实生活，也体现出了汉人希望死者在阴间能得以延续生前豪华生活的"事死如事生"的思想。

[1]〔清〕阮元校刻，《十三经注疏》，北京：中华书局 1979 年版，第 759 页。
[2]〔汉〕桓宽撰，王利器校注，《盐铁论·散不足》，天津：天津古籍出版社 1983 年版，第 445 页。
[3] 班固，《汉书·窦田灌韩传第二十二》，北京：中华书局 2000 年版，第 1821 页。
[4]〔清〕阮元校刻，《十三经注疏》，北京：中华书局 1979 年版，第 1682 页。
[5] 朱锡禄，《山东武氏祠画像石》，济南：山东美术出版社 1993 年版，第 26 页。

2. 敬酒之礼

　　我国古代饮酒很重礼节。在酒宴中，主人要向客人敬酒，谓之"酬"，客人需回敬主人，谓之"酢"，客人之间也可互相敬酒，称作"旅酬"。有时还需要依次向人敬酒，谓之"行酒"，遍饮一轮则谓之"一行"。《后汉书·方术列传》记载："（杨）由尝从人饮，敕御者曰：'酒若三行，便宜严驾'。"[1] 汉代酒的度数很低，所以时人饮酒喜欢一饮而尽。在他人敬酒的情况下，不让倒满酒或不一饮而尽，通常视为对敬酒人不尊重。[2]

　　汉代在饮酒过程中规定，如果主人或者尊者离席敬酒，那么被敬酒者要行"膝席""避席""避席伏"之礼，以表达对敬酒者的尊重。饮酒时，汉人一般是席地而坐。如果向人致敬，则跪在席上，挺直身子，叫作"膝席"。这一敬酒方式在汉画中有所表现，如成都附近出土的一方"宴饮"画像砖（图3-41），画面右侧有一圆案，上置七盘，案旁两人正举杯敬酒，左侧之人拱手相让，其后一人手捧托盘躬身陪侍。左端刻绘舞乐百戏。画面烘托出一种彬然有礼的宴饮氛围。再如南阳市七一乡沙岗店出土的一块"百戏、宴饮、车骑出行图"（图3-42），一座房屋之内，三人宴饮：左边一人头上梳圆髻，手执耳杯，向主人敬酒状；右边一人，亦是头上梳圆

[1]　〔南朝·宋〕范晔，《后汉书·方术列传》，北京：中华书局1999年版，第1834页。

[2]　钟敬文，《中国民俗史》（汉魏卷），北京：人民出版社2008年版，第137页。

图 3-42　百戏、宴饮、车骑出行图局部　南阳市七一乡沙岗店出土

髻，手执一物向主人敬献；中间似为主人，满面笑容，面前一案，上有耳杯等。[1] "避席"则是离席起立，以示谦让和敬意。"避席伏"比前两个更正规和隆重，不仅要离席，还要伏在地上。在宴饮时，晚辈或地位较低者对长者或地位尊贵者要行"避席伏"或"避席"之礼。在酒宴中，如果使用了不合适的礼节，往往会引发矛盾。如《史记·魏其武安侯传》记载："饮酒酣，武安起为寿，坐皆避席伏。已，魏其侯为寿，独故人避席耳，余半膝席。灌夫不悦。起行酒，至武安，武安膝席曰：'不能满觞。'夫怒。"[2] 魏其侯和武安侯地位相当，所以两人敬酒时，被敬酒者的回礼也应当一样。只是世态炎凉，当时的魏其侯已经失势，所以只有故友还行"避席"之礼，其他宾客则只行"半膝席"之礼。但武安侯当时正权倾朝野，众宾客为了巴结这位炙手可热的人物，纷纷回以最隆重的"避席伏"之礼。由于看不惯众人这种阿谀奉承的行为，再加上自己向武安侯敬酒时，

---

[1]　高文，《四川汉代画像砖》，上海：上海人民美术出版社 1987 年版，第 66 页。

[2]　〔汉〕司马迁，《史记》，北京：中华书局 2000 年版，第 2186 页。

图 3-43 徐州汉画像石祭祀案 （作者摄于徐州汉画像石艺术馆）

图 3-44 墓祀图 河南南阳英庄出土

武安侯的态度非常骄横，所以灌夫才当众骂座。

（三）恨无樽酒吊门庭——祭祀之礼

汉画像石中与祭祀有关的图像很多，有的刻画在墓室中，有的刻画在祠堂中，有的刻画在棺椁外面的图像中。特别是刻在祠堂中的比较多，因为祠堂本来就是祭祀祖先的场所，在已经发现的祠堂中，往往有刻有祭案的画像石，祭案上刻有上供的食物与酒等。如山东嘉祥武梁祠就有祭案，徐州汉画像石艺术馆中也陈列刻有鱼、耳杯图案的祭案（如图3-43）。

在南阳市英庄汉画像石墓中出土的一方画像石，其上也刻有"墓祀图"[1]（图3-44）。画像内容分四层排列，顶部为一祠堂，中立一柱，下施柱础，上施一斗两升斗拱，大庑顶。堂内放祭品，左置五盘，右置六耳

---

[1] 王建中、闪修山，《南阳两汉画像石》，北京：文物出版社1990年版，图1。

杯；其下置奠酒，中间一酒尊，两侧各一提梁壶；再下面放着馔，左置一叠案，中置二圆盒，右置三碗；最下刻一犬似正看护祭品。这幅画像石非常直观地向我们展现了汉代祭祀时所用的酒具，以及酒具摆放的位置。这种风俗，我们可以追溯到先秦。

在先秦时期，祭祀被视为一件非常重要的事情，一系列具有中国特色的祭祀文化因此而产生。《左传》曰："国之大事，在祀与戎。"[1] 其意是说，国家大事不外乎祭祀与战事。古代统治者认为，拥有祭祀特权与强大的军事实力才能使国家立于不败之地。《礼记·郊特牲》曰："万物本乎天，人本乎祖。"祭祀主要是为拜祭神灵和祖先而举行的重大仪式。《周礼·春官·大宗伯》中记录了古人祭祀鬼神的繁复仪式：

> 大宗伯之职，掌建邦之天神、人鬼、地示之礼，以佐王建保邦国。以吉礼事邦国之鬼、神、示；以禋祀祀昊天上帝，以实柴祀日、月、星、辰；以槱燎祀司中、司命、风师、雨师；以血祭祭社稷、五祀、五岳；以狸沈祭山林、川泽；以疈辜祭四方百物；以肆献祼享先王，以馈食享先王，以祠春享先王，以禴夏享先王，以尝秋享先王，以烝冬享先王。[2]

这种繁复祭祀活动的源头要追溯到原始先民的恐惧祈福的心理。著名文化人类学家马林诺夫斯基从功能主义的观点论述了"原始人的饮食这件事充满了礼节"的文化观念。他指出：人从食物上能"感觉到命运与天意的力量"，"食物对于野蛮人是上天给他的一种恩惠，是最基本的天意的表现"。[3] 因此，人们通过献祭的途径与神祇分享食物。这正与《礼记》记录的中国古代"礼始诸饮食"的观念相照应。当然，这里所指的送礼不单

---

[1] 王守谦、金秀珍、王凤春译注，《左传全译》，贵阳：贵州人民出版社 1990 年版，第 673 页。

[2] 〔清〕阮元校刻，《十三经注疏》，北京：中华书局 1979 年版，第 757—758 页。

[3] ［英〕马林诺夫斯基著，李安宅译，《巫术宗教科学与神话》，北京：中国民间文艺出版社 1986 年版，第 25—26 页。

纯只是分享，而是如《诗经·大雅·旱麓》所言"以享以祀，以介景福"，更多的乃是向神灵祈求庇佑。

在祭祀活动中，酒是必备之物。《尚书·酒诰》曰："越庶国，饮惟祀，德将无醉。"规定不得"群饮""崇饮"，只有祭祀时方可饮酒。酒之所以成为祭祀中的必备之物，原因主要有两点。第一，先秦时期，生产力低下，谷物匮乏，酒在当时被视为非常珍贵的饮品，在祭祀中人们用它来表达对神灵和祖先的敬意。第二，古人认为酒有灵性，能够实现人世与神灵的沟通。酒是一种麻醉剂，当人饮酒到了一定的程度，精神便会陷入迷幻的状态，神情恍惚，容易产生幻觉，易于见到"神灵"和去世的祖先。因此，巫觋在醉酒后的迷幻状态中才能实现与神灵的沟通，获得启示。考古学家张光直先生也认为"或许酒精或其他药料能使人昏迷，巫师便可在迷幻之中作想象的飞升"？[1]

祭祀用酒，由来已久。最初，人们用水来祭祀神灵和祖先，谓之玄酒。如《礼记·郊特牲》所言："酒醴之美，玄酒、明水之尚，贵五味之本也。"[2] 秬鬯酒用黑黍加香草酿制而成，它是最早被用于祭祀的一种高级酒。《礼记·表记》曰："天子亲耕，粢盛秬鬯以事上帝。"[3] 由此可见，秬鬯酒专门在祭祀中使用。随着酿酒技术的不断提高，祭祀用酒种类越来越丰富。《周礼》规定，在祭祀活动中，必须使用"五齐"和"三酒"。"五齐"即泛齐、醴齐、盎齐、醍齐、沈齐，没有进行过滤，故汁滓混杂，酒味淡薄；"三酒"指事酒、昔酒、清酒，经过滤后去除渣滓，酒味较为醇厚。周代祭祀礼节繁缛，规格严谨。《周礼·天官·酒正》曰："凡祭祀，以法共五齐三酒，以实八尊。大祭三贰，中祭再贰，小祭壹贰，皆有酌数。唯齐酒不贰，皆有器量。"后来，祭祀礼节逐渐趋于简化，祭祀活动中的用酒分类也不再如此烦琐，但是无论繁简，祭祀过程中均离不开酒。

《汉书·食货志》曰："酒者，天之美禄。"汉代酒风炽盛，以至于

---

[1]　[美]张光直著，郭净译，《美术、神话与祭祀》，沈阳：辽宁教育出版社2002年版，第42页。
[2]　〔清〕阮元校刻，《十三经注疏》，北京：中华书局1979年版，第1455页。
[3]　同上，第1640页。

"享祀祈福，扶衰养疾，百礼之会，非酒不行"。由于受当时"事死如事生"厚葬观念的影响，人们希望世间所享受的荣华富贵能够延伸到来世，大约从西汉中期开始，日常起居必需品堆满墓葬。[1] 被誉为"天之美禄"的酒是当时陪葬的必需品之一。1968年，在河北满城西汉中山靖王刘胜夫妇墓中发现了33个大陶酒缸，缸内还有酒蒸发后留下的痕迹，缸上的文字称其中贮酒"十五石""十一石"或"十石"。根据计算，这些酒缸大概可容纳5000多公斤酒。西安枣园出土的一件大型凤纽鎏金铜钟，由于器盖密封，其中尚贮有汉酒26公斤。长沙马王堆汉墓一号和三号墓中出土了大批酒器，一号墓出土了两件漆钟、四件漆钫。从汉墓出土的大量陪葬酒器可见，汉人对酒有着深深的迷恋，正是出于这种对酒难以割舍的情愫，汉人在乞求祖先和神灵赐福庇护的祭祀典礼上，自然要把受万众喜爱的美酒恭恭敬敬地献上。

两汉时，民间家庭在十月就开始准备"酿冬酒。必躬亲洁敬，以供冬至、腊，正"[2]。在正旦日要举行隆重的祭祖仪式，《四民月令》中记载："正月之旦，是谓'正日'，躬率妻孥，絜祀祖祢。前期三日，家长及执事，皆致齐焉。及祀日，进酒降神。"正旦日，宗族族长要带领家族成员祭拜祖先，在祭拜仪式举行的三天前，就要开始准备沐浴斋戒，待万事齐备，方可祭祀。至祭祀之日，敬献上食物和美酒把祖先的灵魂请出来。祭祀之后举行家宴，全家老少按照尊卑、长幼的次序坐好，晚辈要依次向家长敬上椒酒，祝其长寿。寓意祖先虽然已经去世，但灵魂依然存在，在特定的日子把祖先的灵魂从另一个世界请回，在接受祭拜飨食的同时也将赐福子孙。

祭祀用酒非常讲究，不同的祭祀对象，所用酒的种类有所不同。祭祀对象的年代愈久远，祭祀中所用的酒味就愈淡薄。《史记·礼书》曰："大飨上玄尊，俎上腥鱼，先大羹，贵食饮之本也。"其意是说，在举行祭祀祖先的盛大活动时，酒樽里要盛满清水，以清水代酒是为了表达珍惜祖先

---

[1] ［美］余英时著，侯旭东译，《东汉生死观》，上海：上海古籍出版社2005年版，第93页。

[2] 缪启愉，《四民月令辑释》，北京：中国农业出版社1981年版，第1页。

民俗之雅

图 3-45　祭祀图　山东沂南汉墓出土

原始饮食之意。"大飨上玄尊而用薄酒，食先黍稷而饭稻粱，祭哜先大羹而饱庶羞，贵本而亲用也。贵本之谓文，亲用之谓理。两者合而成文，以归太一，是谓太隆。"[1] 敬献过清水后，再献上淡酒，这既珍惜饮食的本源又讲求实用。珍惜本源要建立在合乎礼仪的基础之上，而讲求实用要建立在合乎情理的基础之上，两者合一而形成的礼仪制度，才能归于天地的本源，达到礼的最高境界。

汉画像石中有很多是和祭祖有关的，如山东沂南汉墓前室南壁的"祭祀图"[2]（图 3-45），画面中部有一座庑殿顶重檐祠庙，其前两侧有子母双阙，祠阙间一人执彗侧立，祠阙两旁的大道或庙场上放置两几，八个亲朋执笏，或跪拜，或躬揖，正在进行祭祀。另一侍者躬立侍候，一侍者牵祭羊，地上放置篚、盒、壶、袋等装祭品的用具。一案上放置两兔做牺牲，另有大树数株，树干上系着二祭羊。"羊是祭祀中最常使用的牺牲。早在新石器时代就有杀殉牛羊祭祀的遗存。"[3] 在殷商时期，羊是祭祀中的主要牺牲。汉代依然延续这一习俗。《史记·封禅书》曰："祭日以牛，祭月以羊彘特。"[4] 羊作为祭祀中的主要牺牲，与其神性有关。《考工记》曰"羊，善也"；许慎《说文》亦曰"羊，祥也"，羊被古人视为吉祥、善良、美好的象征。汉代画像石刻中就将羊称为"福德羊"，与神物麒麟归为一类。以羊做牺牲，反映了古人追求安然转生的观念。以兔做牺牲，亦与其神性

[1]　〔汉〕司马迁，《史记》，北京：中华书局 2000 年版，第 1031 页。
[2]　中国画像石编辑委员会编，《中国画像石全集》第 1 卷，济南：山东美术出版社 2000 年版，第 138 页。
[3]　李国华，《浅析汉画像石关于祭祀仪礼中的供奉牺牲》，《中原文物》，1994 年第 4 期。
[4]　〔汉〕司马迁，《史记》，北京：中华书局 2000 年版，第 1188 页。

有关。兔，又名"月精"，与月亮的联系颇为密切。张衡《灵宪》曰："月者，阴精之宗，积而成兽，象兔蛤。"在中国古代神话传说中，玉兔替西王母制造并守护"不死之药"。各种文献典籍对此都有论及，汉画像亦有表现。如在徐州等地出土的有关西王母的画像上，百神之母西王母身边，常有玉兔在一旁捣药。《抱朴子》亦曰："兔寿千岁，满五百岁则色白。"所以，兔也是祥瑞与长寿的象征。以兔作牺牲，反映了古人对永生的深切渴求。

根据祭祀地点的不同，李如森把汉代的祭祀分为墓所设祠堂祭祀、墓前露祭和墓内设奠三类。[1] 山东沂南汉墓和南阳英庄汉墓的祭祀图，表现的均为汉代祠堂祭祀的情形。汉画像中的"祭祀图"不仅形象地反映了汉代的鬼神观念，更寄托了汉代人们对祖先的崇敬之情和希冀祖先庇佑的心愿。

除了一定的法律制度和道德规范外，群体更需要有精神和思想上的统一。而祖先崇拜则拥有强大的凝聚力来维护其统一，通过"群体性的祭祀活动，使人们产生共同的心理体验和情感，并升华为共同的信仰和意识，从而把一个个分散的个体黏合为一个整体"[2]。可见，在社会的发展过程中，祖先崇拜起到了组织社会成员、调适个人心理、整合社会秩序的重要作用。[3]

除了以酒祭祀祖先外，汉代还有以酒祭祀神灵的习俗。《汉书·五行志》曰："哀帝建平四年正月……其夏，京师郡国民聚会里巷阡陌，设祭，张博具，歌舞，祠西王母。"董仲舒《春秋繁露·求雨》亦曰："其神玄冥，祭之以黑狗子六，玄酒，具清酒、膊脯。祝斋三日，衣黑衣，祝礼如春。"[4] 不仅文献中记载了汉代以酒祭神的情况，在汉画中亦发现了一些表现汉代以酒祭神习俗的图像，如出土于泸州市新区麻柳湾基建工地汉代崖

[1] 李如森，《汉代丧葬礼俗》，沈阳：沈阳出版社 2003 年版，第 64 页。
[2] 贾艳红，《论汉代的祖先崇拜》，《山东师范大学学报》，2011 年第 4 期。
[3] 同上。
[4] 〔清〕苏舆，《春秋繁露义证》，北京：中华书局 1992 年版，第 435 页。

墓内的泸州9号汉画像石棺，其左侧就刻有一幅"巫术祈祷图"，共分三组画面。从左到右，第一组画面为两人，左边的人手举一蛇，应是巴巫，右边的人手拿铃铎，应是巴觋，正在跳神作法。第二组画面亦是两人，左边长裙曳地的应为女性，右边袍裳见腿的应为男性。女人左手持一平底，圆口，有把的器具，应为耳杯。男人右手所举三足，椭圆形口，口上有一小柱的应是斝，二人所持皆是酒器，正在进行某种神秘的祝神形式。第三组画面为一鱼一雀，为汉时传说中的吉祥神物，反映了汉代人追求长生的观念。汉代巫术盛行，男的称作觋，女的称作巫，他们专门替人祈祷神灵，以符咒求取神灵庇佑。从整幅图可以看出，画面中间的男女主人公正是借助酒来表现其虔诚地向神灵祷告、祈求平安的心情。[1]

总之，汉画像石这种艺术形式，由于其物质材料的关系，保持了两千年前后中国古代的民风民俗，形象、具体、真实地记录了汉代民俗生活的方方面面，在一定意义上反映了当时民间所流行的观念和思想。汉画像中有关祭祀礼俗的资料，再现了汉代人们的精神生活，使我们进一步体悟到汉代人们的精神信仰。

（四）汉代酒禁与酒礼的关系

西汉初，由于多年战乱，社会经济凋敝，粮食匮乏，为了稳定社会秩序，西汉统治者实行严格的禁酒政策，限制酒类的生产与消费。汉初期实行清静无为的"黄老之治"，经过将近70年的休养生息，经济发展恢复了活力，农业生产也取得了很大的发展。《汉书·食货志》载："京师之钱累百巨万，贯朽而不可校。太仓之粟陈陈相因，充溢露积于外，腐败不可食。"经济的飞速发展，使人们的生活水平普遍提高，人们开始追求享乐，饮酒之风逐渐蔓延全国，与汉初迥然而异。汉画像中的一部分图像从侧面反映了汉代的禁酒政策，本节结合汉画像和文献资料详细介绍汉代的禁酒政策及其施行的原因，并深入分析禁酒政策与礼俗之间的特殊关系。

---

[1]　徐利红，《从"巫术祈祷图"看泸州汉代酒文化》，《四川文物》，1993年第1期。

1. 汉代的禁酒政策

（1）禁群饮

根据史料记载，大禹是我国历史上最早提出酒禁的人。《战国策·魏策二》记载："昔者帝女令仪狄作酒而美，进之禹，禹饮而甘之，遂疏仪狄，绝旨酒。曰：'后世必有以酒亡其国者。'"[1] 酒的味道甘美芳香，对人具有极强的诱惑力，易使人沉湎于此而导致祸事，统治者便令百姓节制饮酒。《尚书·酒诰》是我国最早的禁酒令，它起到了节约粮食和禁民滥饮的作用。在农业生产技术不发达、粮食匮乏的时代里，厉行酒禁政策不失为统治者的明智之选。

因反秦起义和楚汉战争多年的战乱，人口消减严重，土地大片荒芜，农业的恢复发展成为当时最为紧迫的任务。酿酒会耗费大量的谷物，所以政府对酿酒和饮酒的控制相当严格。西汉初期，丞相萧何颁发律令：三人以上无故群饮酒，罚金四两。[2] 西汉初期，百废待兴，统治基础还不稳固，社会上也存在各种不稳定的因素。而"三人以上"群饮，在酒精的催化作用下，很易使人寻衅滋事，扰乱社会正常秩序。为了防患于未然，统治者制定了"禁群饮"这一律令。东汉有"酒党"的罪名，《后汉书·桓荣丁鸿列传》载：东汉灵帝时，"时中常侍曹节女婿冯方亦为郎，彬（桓荣曾孙）厉志操，与左丞刘歆、右丞杜希同好交善，未尝与方共酒食之会，方深怨之，遂章言彬等为酒党"[3]。由此可见，"禁群饮"这一律令在汉代一直延续着，并且很严格，所以桓彬虽位居高位依然被"罢官禁锢"。

（2）禁酤

汉代的禁酒政策并不止"禁群饮"一项，同样"禁酤"也是一项十分

---

[1] 〔汉〕刘向编，《战国策·魏策二》卷二十三，济南：齐鲁书社 2005 年版，第 266 页。
[2] 〔汉〕司马迁，《史记·孝文帝本纪·集解》，北京：中华书局 2000 年版，第 294 页。
[3] 〔南朝·宋〕范晔，《后汉书》，北京：中华书局 2000 年版，第 847 页。

严厉的禁酒政策。"禁酤"指禁止在社会上销售酒，所以说它比"禁群饮"更为严厉，在一定程度上杜绝了饮酒行为。

一旦遇到灾荒之年，朝廷就会下达"禁酤"令，如景帝中元三年，诏曰："夏旱，禁酤酒。"直至后元元年，景帝才下诏："大酺五日，民得酤酒。"这种荒年禁酒的措施，东汉时也多有采用。和帝永元十六年，诏曰："兖、豫、徐、冀四州比年雨多伤稼，禁沽酒。"桓帝永兴二年，"蝗虫孳蔓""饥馑荐臻"，帝下诏"禁郡国不得卖酒，祠祀裁足"。这也是为了节约粮食，度过灾荒。

从上述可见，朝廷一般都是在旱涝之年"禁酤"，这是因为秦汉时期的酒多为谷物酒，所以酿酒必然会耗费大量的粮食。由于技术所限，当时的酿酒成本非常高，"一酿用粗米两斛，曲一斛，得成酒六斛六斗"。酒并非满足人类生存的必需品，消耗大量谷物以满足人们饮酒的欲望，是对粮食资源的极大浪费。《汉书·文帝纪》记载："间者数年比不登，又有水旱疾疫之灾，朕甚忧之。……无乃百姓之从事于末以害农者蕃，为酒醪以靡谷者多，六畜之食焉者众与？"[1] 在灾荒之年，粮食歉收，人们的温饱问题都很难解决，大量酿酒势必会威胁到普通百姓的生存，所以官方下令"禁酤"也是在情理之中的。

（3）榷酒

公元前 140 年，雄才大略的汉武帝刘彻即位。他在位达 54 年之久，在他执政的前 40 多年的时间里，汉政府的酒政没有发生变化，继续沿用禁止"群饮"的律令。但是，随着汉武帝不断地出兵反击匈奴，汉政府的财政收入渐渐不堪其重。汉武帝为了扩大财政收入，加强中央政府的财权，实行了一系列经济改革，其酒类政策也随之发生了重大变化。天汉三年（前 98 年）二月，在著名理财家桑弘羊建议下，汉王朝"初榷酒酤"[2]，

---

[1] 班固，《汉书·文帝纪第四》，北京：中华书局 2000 年版，第 393 页。
[2] 班固，《汉书·武帝纪第六》，北京：中华书局 2000 年版，第 145 页。

实行酒类专卖政策。榷酒政策，为汉代首创，是中国古代历史上酒类专卖制度之始。它施行的时间虽然不长，但巨额的酒类专卖收入，为扭转西汉中期的财政危机起到了巨大的作用，并对后世的酒业政策产生了深远的影响。唐、宋、元三代都大规模地推行过榷酒政策。

关于汉代榷酒的具体实施情况，胡寄窗先生认为，"大致是由官府垄断其生产，而销售仍由私人办理"[1]。为了便于管理，各地均设有"榷酤官"，严格控制酒类的生产和销售。各地都有许多官办的酿酒作坊。如汉长安城遗址中出土的"槐里市久""咸阳亭久"陶瓮残片，可能就是官府酿酒作坊使用的器具。[2] 汉政府虽然把酒的销售权交了私人，但这些商人必须向政府缴纳重税。各地所获酒利均上缴中央，成为汉政府一项重要的财政收入。

汉武帝首创的榷酒政策一共实施了 18 年，其间一直遭到反对派的强烈反对。昭帝于始元六年废除榷酒政策。它实行的时间虽然不长，但却是汉政府财政收入的重要来源之一，与盐铁官营并称为"三业"。这三业的实行，加强了中央集权制度，扭转了西汉中期的财政危机。对此，司马迁说"民不益赋，而天下用饶"，充分肯定了推行三业所取得的成就。

2. 汉代酒禁与弛酒现象并存的原因

汉代的三种禁酒政策，施行的原因各不相同。"禁群饮"是出于防止聚众闹事，维持社会秩序的目的；"禁酤"的目的是在灾荒之年节约粮食，维持百姓的日常生活；"酒榷"则是为了取得经济利益，扩大政府的财政收入。汉代屡次施行禁酒政策，但是在施行禁酒政策的同时也出现了弛酒的现象。

笔者认为形成这种现象的原因是多方面的，首先，"禁群饮"这一律

---

[1] 胡寄窗，《中国经济思想史》中册，上海：上海人民出版社 1963 年版，第 98 页。
[2] 俞伟超，《汉代的"亭""市"陶文》，《文物》，1963 年第 2 期。

令本身就存在着漏洞，如"无故饮酒"并没有明确的界定，而且通过罚金的形式来禁酒，也缺乏约束力。其次，除了"禁群饮"之外，其他的禁酒政策经常处于变动之中。如景帝在中元三年因为大旱而禁酤，到了后元元年又下诏："大酺五日，民得酤酒。"在封建社会，统治者的话就是法律，他们是最高立法者。《汉书·张汤传》记载：张汤任廷尉时，一切都依据"上意"，而不依常法。此外，古代的法律是以维护不平等的社会关系为目的的，是为统治阶层服务的特权法。如《史记·高祖本纪》记载，刘邦回到家乡沛县，"置酒，自击筑为歌，使沛子弟佐酒"。西汉后期，官场纵酒之风呈愈演愈烈之势，出现不少豪饮之士。《汉书·陈遵传》记载："遵嗜酒，每大饮，宾客满堂，辄关门，取客车辖投井中，虽有急，终不得去。"[1] 当时的陈遵身居高位，却仍纵酒无度。笔者认为，法律自身的不完善和统治阶层的特权虽然造成了弛酒现象的产生，但这两点并非主要原因。酒和礼俗之间的特殊关系才是造成弛酒现象的主要原因。

我国自古就是一个礼仪之邦，汉代在继承和发扬儒家传统的基础上，建立了等级分明的礼制。酒和礼之间有着极为密切的联系，"百礼之会，非酒不行"，日常宴饮、祭祀等活动都离不开酒。汉代法律又是禁酒的，所以法和礼之间必然存在着矛盾。但是法和礼都是以更好地维护统治者的封建秩序为目的的。如《后汉书·郭陈列传》曰："礼之所去，刑之所取，失礼则入刑，相为表里者也。"[2] 由此可见，礼和法是互为表里的关系。礼和法在治国上有以下两点区别，礼教倾向于教化，其目的是为了构建秩序，主要通过道德感化影响人们的行为；而法则是为了维持秩序，倾向于使用刑罚来遏制人们的不良行为。可见，法要让步于礼。"礼乐不兴，则刑罚不中"，所以为了维持良好的统治秩序，禁酒法屈服于酒礼是非常必要的。酒礼看似和禁酒法相矛盾，但在实质上却都是为了维护统治者的封建秩序。马小红指出，礼的实施主要依靠"人们自幼所受的教育、社会

---

[1]　班固，《汉书·游侠传第六十二》，北京：中华书局 2000 年版，第 2746 页。
[2]　〔南朝·宋〕范晔，《后汉书》，北京：中华书局 2000 年版，第 1048 页。

舆论的制约、社会环境的熏陶、统治者的诱导、人们的自律"[1]，法律的施行则主要依靠政府部门的监督、惩罚和处理。所以在维持统治秩序的过程中，礼更适用且易于为人们所接受。酒礼也比禁酒法更有魅力，更易于被统治者和普通民众所接受。

礼和俗之间的关系密不可分。俗是礼之源，礼是俗之纲；俗是礼之表，礼是俗之质。因此礼的魅力在日常生活中就转化为了俗的力量，而俗的力量则是很难克服的。汉代民间宴饮已经形成了风气和习惯，婚丧嫁娶迎往送来无不用酒，或"宾昏酒食，接连成因"，或"因人之丧，以求酒肉"，或"舍中有客，提壶行酤"。汉代造型艺术为我们提供了更具体的资料，全国各地出土的汉画像中都可以看到关于饮酒享乐内容的画像。这些刻绘生动的"乐舞图""庖厨图"和"宴饮图"形象地展现了汉代民间宴饮的情景。如河南密县打虎亭一号汉墓出土的汉画像就生动地描绘了大庄园主宴饮的场面。从图上可以看出，宴飨被安排在楼阁厅堂里进行，富丽堂皇的大厅内帷幔高长，主人坐在方形大帐中，其前摆有一个长方形大案，案上放圆盘、耳杯等。与主人相对，即左侧一身穿长袍者为宾客。其余四名侍者正在紧张地忙碌着。左下方两人也应为宾客，其中一人左手执桃形物，右手后摆，似向身后之人索取什么。其右一侍女站在长方形条案旁，一手端盘，盘内放有碗、勺等物。[2] 四川彭县出土的"沽酒图"则生动地再现了汉代普通民众"提壶行酤"的情景，四阿顶式房里垒土为垆，垆内放了两个酒瓮。墙壁上还挂了两个酒壶，屋内一人应为店主，正为门前沽酒者打酒。其左有一推独轮车者，车上盛一装酒物，正回头看买酒人。图的左上方有一头梳椎髻、身着短裤者，肩荷酒壶前来打酒，其前有一奔跑逗乐的顽童。[3] 徐州睢宁县张圩汉墓亦有"沽酒宴饮图"出土。[4]

---

[1] 马小红，《礼与法》，北京：经济管理出版社 1997 年版，第 60 页。

[2] 中国画像石全集编辑委员会编，《中国画像石全集》第 6 卷，郑州：河南美术出版社 2000 年版，第 256 页。

[3] 高文，《四川汉代画像砖》，上海：上海人民美术出版社 1987 年版，图 16。

[4] 张宛燕，《出土汉画中汉代社会的尚酒民风》，《酿酒科技》，2009 年第 3 期。

民间饮酒之风已经形成，所谓"酒流犹多，群庶崇饮，日富月奢"[1]，正是民间饮酒现象的真实写照。可以说，汉代统治阶层施行禁酒的根本目的是为了维护统治秩序。若用法律强行禁止，只能适得其反，与其这样，不如顺应民情，不废乡党之礼，不禁民之所乐。[2] 由于法律制度还存在一些不完善之处，加之特权阶级的存在及礼仪风俗的力量，也无形中促使了弛酒现象的产生。这样看来，当时汉代的禁酒和弛酒没有绝对的界限，并非绝对对立的，因而会出现禁酒政策和弛酒现象并存一时的局面。

三、汉画像中的"酒德"

汉代画像石这种艺术形式从中原绵延至地处边陲的四川地区，对中国人的生活和文化产生了深远的影响。热衷于汉代画像石艺术这种丧葬文化的不是封建帝王，而是那些中低层官员和殷实富有者。它起源于民间，由工匠们集体创作，所以汉画像中"重世俗"的特色表现得极为突出。生动写实、自由活泼、充满生活情趣的内容不仅反映出当时社会生产和经济的发展状况，也形象地反映出人们的文化思想和风俗习惯。通过汉画像中的"宴飨图"，我们可以探究其背后隐藏的汉代酒文化现象和精神，挖掘其人类文化学的价值。

（一）儒家思想影响下的酒德

1. "德将无醉"——儒家酒德的核心

"礼"是无所不包的文化体系，"德"乃无所不在的精神气质。因为

---

[1] 费振刚、胡双宝、宗明华辑校，《全汉赋》，北京：北京大学出版社 1993 年版，第 670 页。
[2] 班固，《汉书·宣帝纪第八》，北京：中华书局 2000 年版，第 186 页。

"德"几乎渗透于社会文化的一切方面。作为某种"意义结构","德"覆盖了所有类型的社会活动。[1]"德"是宗教祭祀、丧葬婚嫁、宴饮游戏等社会实践活动背后的精神价值及其原则。酒德最早见于儒家经典《尚书·酒诰》和《诗经》,其最基本的意思就是饮酒者要有德行,饮酒时要把握好度,根据自己的酒量来饮酒,切不可像商纣王那般"荒湛于酒"[2]。遵守酒德者,方为君子。反之,则被视为缺失酒德,为人所轻视。

《尚书·酒诰》的主要内容是阐述殷商亡国与饮酒之间的关系,以此告诫统治者千万不可沉迷于酒而废德乱政。它是对儒家酒德的集中体现,儒家并不反对饮酒,但当酒用于祭祀和养老奉宾时,都是很讲究酒德的。主要体现为四个方面:提倡在祭祀祖先和神灵时才可饮酒;不提倡经常饮酒,平日一定要节制饮酒,尽量少喝酒,儒家提倡节俭,少饮酒可以节约粮食;禁止群饮,儒家认为聚众饮酒这种行为有伤风化;禁止过度饮酒。《尚书·酒诰》所反映的酒德思想,其主要宗旨是引导人们从政治的角度去审视饮酒活动,把饮酒行为和国家乱治现象的出现联系在一起。从此渐渐形成了"酒祸"论或"饮酒亡国"论的酒德政治意识。

《尚书·酒诰》曰:"饮惟祀,德将无醉。"就是说在祭祀饮酒时,要以应有的德行要求自己,不要过度饮酒以免醉后失礼。自从《酒诰》颁布之后,"德将无醉"这一训诫警示,便成为后代学者一致认可的酒德要求。"无醉"是自我克制、自我把握的尺度。醉则失态,醉则昏乱丧德,因此孔子告诫弟子:"肉虽多,不使胜食气。唯酒无量,不及乱。"[3]孔子并不反对饮酒,只是要求饮酒者要以德自律,避免为酒所困。孔子的"不及乱"的酒德观念,与《尚书·酒诰》"德将无醉"的训诫完全一脉相承。儒家修身养性、严于律己、反对酗酒废政的酒德精神,通过"德将无醉"的训诫警示,在人们的日常饮食生活中得到了充分的体现。

---

[1] 郑开,《德礼之间——前诸子时期的思想史》,北京:生活·读书·新知三联书店 2009 年版,第 91 页。
[2] 周振甫,《诗经译注》,北京:中华书局 2002 年版,第 453 页。
[3] 安德义,《论语解读》,北京:中华书局 2007 年版,第 290 页。

"唯酒无量，不及乱"是孔子中庸思想的体现，"百礼之会，非酒不行"，酒为礼而设，如果不饮酒则有失礼节，但过量饮酒又会导致酒后失态失礼。《礼记》对饮酒量作了明确的规定："君子之饮酒也，受一爵而色酒如也，二爵而言言斯，礼已三爵而油油以退，退则坐取屦。"[1] 酒和饮酒行为在中国酒文化的传统观念中都是得到认可的，只是不提倡无节制的滥饮。因此，制止滥饮，适度饮酒，文明饮酒，就是应该提倡的饮酒之德。《诗经·小雅·小宛》曰："人之齐圣，饮酒温克。彼昏不知，壹醉日富。"[2] 就是说饮酒节制、合度是智者所为，那些饮酒无度的人多为糊涂虫，各位饮酒要恭敬守礼。《诗经·小雅·宾之初筵》又曰："其未醉止，威仪反反。曰既醉止，威仪幡幡。"[3] 赞扬宾客刚入席时仪表肃然，遵礼守节，批评宾客"舍其坐迁，屡舞仙仙。其未醉止，威仪抑抑，曰既醉止，威仪怭怭。是曰既醉，不知其秩"的行为有失酒德。此诗是一首讽刺贵族统治者饮酒过度，以致醉后失态的诗篇，诗人在强烈对比中抨击了过度饮酒败德、失仪的现象。

2. 汉画像中的酒令与酒德

从汉画像所表现的内容来看，统治者对于饮酒的态度已经不像《酒诰》中那样严厉。汉代酒风炽盛，达官贵人、豪强地主、富商大贾经常借各种名目设宴饮酒。甚至在民间，遇到节庆之日也会以丰盛的宴席招待宾朋。所以在汉画像中，宴飨的场面比比皆是，它是达官贵人们奢华生活的真实反映，也是汉人整体饮食水平的一种表现，更体现出汉时人们的理想与追求。随着饮酒之风的盛行，统治者对饮酒的态度也发生了一定程度的转变。

汉画像中有许多表现汉代宴饮活动的内容，从中我们可以看出，汉代

---

[1] 〔清〕阮元校刻，《十三经注疏》，北京：中华书局 1979 年版，第 1476 页。
[2] 同上，第 451 页。
[3] 同上，第 486 页。

酒宴中经常以六博、投壶等酒令游戏助兴，决出输赢，输者罚酒，既可显示宾客才艺又能活跃气氛。

我国的酒令起源于周代。最初的酒令是有关节制人们饮酒的律令，起到监督饮酒者是否过度饮酒的作用。在周代，除设专门"掌酒之政令"的酒官外，在酒宴上还设有监视人们饮酒的"监""史"。《诗经·小雅·宾之初筵》曰："凡此饮酒，或醉或否。既立之监，或佐之史。"酒宴中设"酒监""酒史"是为了规范酒席秩序，防止酒席中出现过度饮酒的失礼行为。酒监在酒宴中起着督察礼仪的作用，而酒史则主要是记录饮酒时宾客的言行。

春秋战国时代，"礼崩乐坏"，各国纷纷自立制度，"觞政"在宴席中确立。觞政规定饮酒必须一饮而尽，否则就要受罚，即使是君主也毫不例外，这一点迥异于周代酒令节饮的初衷。刘向《说苑·善说》有如下记载：

> 魏文侯与大夫饮酒，使公乘不仁为觞政，曰："饮不釂者，浮以大白。"文侯饮而不釂，公乘不仁举白浮君，君视而不应。侍者曰："不仁退！君已醉矣。"公乘不仁曰："周书曰：'前车覆，后车戒。'盖言其危，为人臣者不易，为君亦不易。今君已设令，令不行，可乎？"君曰："善！"举白而饮，饮毕，曰："以公乘不仁为上客。"[1]

觞政之举体现了酒令的严肃性，到了汉代酒令更加严格。《史记·齐悼惠王世家》记载吕后在一次宴饮中命朱虚侯刘章为酒史，刘章请求以军法行酒。一名吕氏族人因酒力不济而逃席，刘章以违令为由斩杀了这名吕氏族人。故后人常言"酒令如军令"。先秦及汉在酒宴中设监立史、行觞政、以军法行酒之举，均类于酒令。随着时间的推移，酒令逐渐成为酒宴中劝酒助兴的娱乐游戏，原有的礼仪内容亦逐渐淡化。

---

[1] 〔汉〕刘向撰，向宗鲁校证，《说苑》，北京：中华书局1987年版，第276页。

图 3-46 投壶图 河南南阳沙岗店出土

　　投壶是汉代酒宴中常见的酒令游戏。它是由西周射礼演变而来的，是一种礼制，流行于春秋时代的上层社会。两汉时期，投壶的娱乐化色彩转浓，如古诗"玉樽延贵客，入门黄金堂，东厨具肴膳，椎牛烹豕羊，主人前进酒，琴瑟为清商，投壶对弹棋，博弈并复行"就是汉人席间投壶对弈、饮酒助兴的真实写照。《后汉书·祭遵传》亦记载："遵为将军，取士皆用儒术，对酒设乐，必雅歌投壶。"[1] 投壶融教化和娱乐于一体，极好地体现了古代寓教于乐的教育思想。

　　南阳汉画馆现存一方东汉时的"投壶"画像砖（图3-46），该画像生动地表现了当时席间投壶的场景。画面中间刻有一壶，内有投中的两矢，壶左有一尊，上置一勺。壶的两侧各有一位头戴进贤冠的投矢者，怀中各抱三矢，一手执矢正欲向壶内投掷。[2] 从参与投壶者的着装看，投壶的三人及旁边的司射，均头戴进贤冠，身着宽袍大袖，这是汉代士大夫阶层的常见着装，进贤冠是其身份的象征。结合上述文献资料和出土文物，可以推断，投壶应很受汉代士大夫阶层欢迎。这种情况正和《后汉书·祭遵传》记载的儒生"雅歌投壶"相呼应。此外，在陕北画像石中也曾发现有投壶的画像。[3]

　　除了投壶以外，六博亦是汉代酒宴中较为常见的酒令游戏。六博亦称

[1] 〔南朝·宋〕范晔，《后汉书·祭遵传》，北京：中华书局2000年版，第492页。
[2] 南阳汉代画像石编辑委员会，《南阳汉代画像石》，北京：文物出版社1985年版，第87页。
[3] 牛天伟、李真玉，《浅析汉画中的酒文化》，《南都学坛》，2000年第2期。

陆博，是一种投箸行棋的古老博戏，因所用之棋为六黑六白，每人六棋，故名六博。根据史料记载，六博大约在商周时期就已存在了。[1]《史记·殷本纪》云："帝武乙无道，为偶人，谓之天神。与之博，令人为行。"[2] 到了春秋战国和秦汉，六博已经成为上层社会和民间宴饮时普遍流行的劝酒助兴方式之一。文献对此多有记载，如《战国策·齐策》曰："临淄甚富而实，其民无不吹竽鼓瑟，击筑弹琴，斗鸡走犬，六博蹋鞠。"《列子·说符篇》亦曰："登高楼，临大路，设乐陈酒，击博楼上。"[3] 可见，六博是一种没有太多约束和禁忌的酒令。

两汉时期，投壶和六博常常一同在酒宴中使用，正所谓"投壶对弹棋，博弈并复行"[4]。陕北汉画像中就有六博与投壶一同使用的场景。[5]1973 年长沙马王堆三号汉墓中出土一套完整的博具。[6]1973 年湖北省江陵凤凰山西汉墓出土了一整套博具。[7] 而对汉代六博游戏情况反映最多的出土文物当数汉画像。六博的画像资料主要发现于山东、河南、江苏、陕西、四川等省，尤以山东省数量最多，如安丘、嘉祥、微山、滕州、诸城等地出土的汉画像，都刻有六博图。河南有唐河、新野、南阳汉画像。四川有成都、新都、新津汉画像。江苏有徐州铜山、沛县汉画像。陕西有绥德义镇园子沟汉画像等。这些画像上都刻有六博图。下面列举两例加以介绍。

山东武梁祠汉画像中有一幅"六博宴饮图"（图 3-47），画面右部有三人坐于席上，其前置一六博棋盘，六箸一案，案上有耳杯、酒尊、碗等。对面一人为对弈者。其旁一人手欲伸向酒尊，其右一人正挥长袖而舞。[8]

[1] 崔乐泉，《中国古代六博研究》，《体育文化导刊》，2004 年第 4 期。
[2] 〔汉〕司马迁，《史记·殷本纪》，北京：中华书局 2000 年版，第 76 页。
[3] 严北溟、严捷译注，《列子译注》，上海：上海古籍出版社 2006 年版，第 218 页。
[4] 〔唐〕欧阳询，《艺文类聚》卷七四，上海：上海古籍出版社 1965 年版，第 1279 页。
[5] 陕西省博物馆，《陕北东汉画像石》，西安：陕西人民美术出版社 1985 年版。
[6] 湖南省博物馆、中国科学院考古研究所，《长沙马王堆二、三号汉墓发掘简报》，《文物》，1974 年第 7 期。
[7] 长江流域第二期文物考古工作人员训练班，《湖北江陵凤凰山西汉墓发掘简报》，《文物》，1974 第 6 期，第 88—95 页。
[8] 朱锡禄，《武氏祠汉画像石》，济南：山东美术出版社 1986 年版，第 25 页。

图 3-47　宴飨、车骑、六博图　武梁祠前石室第七石

图 3-48　六博图　成都市郊出土

四川汉画像中亦有"六博图"（图 3-48），图中四人分为两组，相对博弈。右上一人俯视局势，欲动其箸，左上一人，双手持一物，神情夸张，可能是在投箸。左下一人伸手于局上，右下一人似在观察局势，可能在考虑如何行棋。图中间置一案，案上有耳杯，案前有一盆形尊。大概是在饮酒对弈。[1] 在全国各地出土的汉画像中几乎都有六博图，由此可见，六博在汉代是一种受到各个阶层普遍欢迎的酒令游戏。

　　综上所述，可以想见汉代的宴饮活动内容是多么的丰富，吃喝玩乐形式多样，可谓是一种综合的娱乐、全面的享受。在充满欢乐气氛的酒宴中，人们以六博、投壶助兴，决出输赢，输者罚酒，在上文所介绍的南阳出土的一方"投壶"画像中，生动地刻画了一个输酒而醉者。这充分体现了汉画像艺术的真实性特征，从而使汉代人们的社会生活的原貌得以保存下来。酒令从最初的监督饮酒、劝人节饮，逐渐演变成一种劝酒助兴的席

---

[1]　高文，《四川汉代画像砖》，上海：人民美术出版社 1987 年版，图 34。

间游戏。在酒令游戏中应该经常有人输酒而醉,所以"醉鬼"这一形象被汉代画工生动地刻画了下来。但这并不代表汉代不讲酒德了,相反正是由于汉人饮酒的现象越来越普遍,当时的社会上更倡导对于酒的合理利用,更讲酒德,只是当时的酒德可能更多一些约定俗成的要求,而不再是通过统治者颁布禁酒令等强制性措施来实行了。

2. 汉画像中的"酒礼"与"酒德"

酒德与酒礼互为表里,如果说酒礼是中国酒文化的内核的话,那么酒德就是中国酒文化的外壳。按中国传统酒礼的要求,只能在祭祀、养老、奉宾时才可饮酒。而在祭祀、养老、奉宾时又必须"非礼不动",所以饮酒必须符合礼的规范,而"节制饮酒"的酒德,正好符合礼的规范。饮酒礼俗既是"德"的完整体现,同时也起到对"德"的强大传播作用。儒家礼仪提倡讲人伦、维护宗法制度与血缘关系,以便更好地巩固统治阶级的地位。孔子曰:"安上治民,莫善于礼。"[1]汉画像作为汉代的典型艺术形式,处处体现着对美好德行的追求。汉画像中的酒德最具代表性的特点,就是充满了对人伦礼教的肯定和天人合一的认同,从而形成了饮酒以德的标准规范。

汉画像中有一部分是反映汉代祭祀情形的。《尚书·酒诰》规定在祭祀饮酒时,要以应有的德行要求自己,以免醉酒后失态失礼。1954 年发掘的山东沂南画像石墓中有三幅"祭祀图",形象地反映了汉代祠堂祭祀的具体情况。从图中可见,参加祭祀的亲友很多,祭品的种类也非常丰富,酒、果品、兔、羊、鱼,可见祭祀的隆重;祭祀者神情庄重,恭敬地持笏站立或跪拜,跪拜分左向跪和右向跪;侍者在一旁忙碌,或布置祭品,或持梃立于一旁。[2]通过这三幅"祭祀图"我们可以看出,汉代人在祭祀祖先和神灵时有着严格的礼仪要求,酒具和祭品的选择及摆放都有

[1] 〔清〕阮元校刻,《十三经注疏》,北京:中华书局 1979 年版,第 1610 页。
[2] 王凤娟,《从山东画像石看汉代送葬与祭祀礼俗》,《东方论坛》,2004 年第 4 期。

图 3-49　宴乐图　成都市郊出土

明确的规定。汉画把汉人祭祀祖先和神灵时谦卑恭敬的神态刻画得淋漓尽致，向我们展示了汉代儒家所推崇的人伦孝悌以及那种内在的德行风范。

　　汉画像中的"宴飨图"大多表现故旧亲友相聚饮酒的情形，除此之外，还有一些表现夫妻对饮情形的，如成都市郊出土的一方"宴乐"画像砖（图 3-49），图的左上方一男一女，席地而坐，男者头上戴冠，身着宽袖长袍，女者头梳双髻，两人正在观赏乐伎表演歌舞。这应是对封建贵族夫妇日常家宴情形的描绘。从图中可以看到，汉代人在宴饮时不但有大量的美酒佳肴，还有乐舞表演来佐酒助兴，但是这些并不是"宴飨图"要表达的重点，而是要以此为基石，向人们展现宴饮本身所蕴含的亲和人际关系的德行追求，渲染出一种和睦融洽的聚会氛围。值得注意的是，"宴乐"画像砖中的男主人居于中间位置且刻画得身形高大，女主人则坐于男主人一旁，处于从属的位置，汉代男尊女卑的潜性思维表露无遗。尽管"汉代妇女地位有所提升，女性可以和男性一起参加宴饮，甚至可以应邀去他人家与男子宴饮"[1]。但"三纲五常"依然是那个时代的主题，女性还是处于

---

[1]　周耀明，《汉族风俗史》第二卷，上海：学林出版社 2004 年版，第 101 页。

附属的地位。

综上所述，酒以一种物质媒介的形态，反映出了建立在宗法和礼教基础上的人与人之间的特殊关系。即汉代酒文化最难以抹煞的便是由酒调和的酒德意识，它既制约着人们的言行举止，又在人们的内心深处沉淀下了一份共同的德行追求。

（二）悲剧精神——走向审美判断的酒德

汉代酒风的炽盛是汉画像中酒文化的社会原因。随着饮酒之风的盛行，汉代的酒文化凝结成了独具特色的酒德。对待酒，汉代人虽然也有对大杯痛饮、饮酒无度给予批评的价值判断，但是对适度的饮酒所带来的精神愉悦、人伦和谐和人神共欢，他们则已超越价值判断，走向审美判断。以审美判断来审视汉画像中的酒文化，可见汉代酒文化蕴含着浓重的悲剧精神，此后借酒浇愁、寄酒为迹则成为中国文人酒文化的常态。

1. 汉人尚哀之风及由来

考察任何一种文化现象，都不能脱离哲学的视点。因为哲学是文化的核心，既在文化整体中起着主导作用，又集中体现着文化的本质特征。作为一种哲学范畴，"酒神精神"是西方文化的产物，由哲学家尼采提出，这种精神代表着狂醉、本能、破坏、生命等等，是音乐、舞蹈产生的先决条件和生命自由与非理性的象征。西方酒神精神的本旨，就是体验到生命力受阻而产生的痛苦以及对生命阻力的叛逆和反抗，它在影响希腊人的人生追求和人生态度方面起了不可估量的作用。中国酒文化既有对生命痛苦的体验，又有对生活痛苦的承载，而前者往往又是通过后者表现出来的，落实到现实人生的具体行为和情怀之中。因此，中国虽然缺少西方那种形而上的酒神精神和尼采式的悲剧哲学，但酒文化的痛苦体验和表现却十分普遍。[1]

汉代国力强盛，为统治阶级追求奢华生活提供了更好的条件。汉画像中的"宴飨图"就真实地反映了达官贵人们的奢华生活。"汉人的享乐意识一步步地膨胀，形成一种普遍的追求世俗享乐的生活情调。但同时他们在世俗的享乐生活中也深化了人生短暂的感受，从而产生了比战国时代人更为浓郁的人生短促的悲伤情绪。"[2]《风俗通》曰："京师宾婚嘉会，酒酣以后，继以挽歌。"《后汉书·周举传》亦曰："大将军梁商……大会宾客，宴于洛水……酣饮极欢，及酒阑倡罢，继以薤露之歌，坐中闻者，皆为掩涕。"[3] 可见挽歌已逐渐成为达官贵人和士大夫们聚饮之时的必奏之乐。

本该充满欢乐的宴会上为什么要以挽歌伴奏呢？在上述所举的文献例证中，我们可以发现，挽歌都是在"酒酣"之时奏起，酒酣之际正是真情实感流露之时，对人生的万般感受都在酒后涌上心头，悲楚之感便不可避免地油然而生。事实上，无论是悲哀的楚骚，还是悲壮的汉代挽歌，甚至即使在兴高采烈欢娱嘉会后也"续以挽歌"，其实都是上层贵族和有识者的生存自觉。对死亡的哀伤关注，所表现的是对生存的无比眷恋，并使之具有某种领悟人生的哲理风味。李泽厚认为："所谓欢乐中的凄怆，总是加深着这欢乐的深刻度，教人们紧张把握住这并不常在的人生。甜蜜中的苦涩总是带有某种领悟的感伤，生存的意识和对有限人生的超越要求，它既是对人生的知性观照，又是情感性的。它既是对本体存在的探寻，又是对它的感受。"[4]

如李泽厚所言，汉代挽歌用于良朋佳会，确实有一种想留住美好的苦苦追求与美好之不可留的巨大哀痛。的确，追求一种无法追求到的东西，挽留无法留住的美好人生，是汉代挽歌盛行于嘉会与欢宴的重要原因。但另一方面，对自己不得志的感伤，对自己的人生价值无法得以实现的哀

[1] 王守国，《酒文化与艺术精神》，郑州：河南大学出版社 2006 年版，第 10 页。
[2] 杨树增、陈桐生、王传飞，《盛世悲音——汉代文人的生命感叹》，保定：河北大学出版社 2001 年版，第 7—8 页。
[3] 〔南朝·宋〕范晔，《后汉书·周举传》，北京：中华书局 2000 年版，第 1370 页。
[4] 李泽厚，《华夏美学·美在深情》，合肥：安徽文艺出版社 1994 年版，第 320 页。

叹，对朋友的不幸遭遇的惋惜，对自己立志成名的志向的倾吐，也是嘉会与欢宴上挽歌盛行的另一重要原因，它同样体现了对自身价值的看重，对天赋人性的珍视。《报孙会宗书》即是如此，杨恽在"酒酣而呼唔唔"之后，便作了一首别有一番滋味的诗："田彼南山，芜秽不治，种一顷豆，落而为萁，人生行乐耳，须富贵何时！""人生行乐耳，须富贵何时"，这不正是继承庄子之余风，沿袭汉初之风尚，又开启汉末之主题——悲歌人生、爱惜人生！而这首诗对时政婉曲而坚决的痛斥，终于招来了中国历史上首例文字狱之祸。杨恽亦与其伟大的外祖父司马迁一样，用鲜血和生命为自己的人生信念而放出一曲悲壮之歌。原来，汉代文人学者与庶民百姓对本体价值的确认与追求，同样付出了惊天地、泣鬼神的巨大代价。他们就这样把文人学者与庶民百姓带入了彻底自觉的魏晋时代！欢乐与悲伤，在大汉王朝反复交织着，共同体现着大汉王朝里人的进一步"自觉"与"醒悟"。

实际上，汉人一开始就有着"发愤以抒情"的秉性，因为汉文化基本上是楚文化的后裔，而楚文化正是抒情文化，王国维指出："屈子感自己之感，言自己之言者也。《离骚》乃抒情之文学。"[1] 楚文化里带有浓浓的感伤，这感伤和北人《风》《雅》《颂》里的感伤不同，北人情感理性内敛，他们用大山一样的沉默来面对生活的悲苦和人生的不幸，北人在苦难面前是理性和冷峻的。而南人的情感则如狂风暴雨一般猛烈，如炎炎烈日一般炽热，南人的悲伤是呼天抢地、撕心裂肺的。一部《楚辞》便是南人尚悲的最佳例证。《楚辞》所抒发的大伤大悲已成为中国文化史上发愤抒情的千古绝唱。

不止楚文学给人以哀伤之感，楚人音乐亦然。晋代文人阮籍曾在《乐论》中记载："桓帝闻楚琴，凄怆伤心，倚床而泣，泣下横流，曰：'善哉乎！为琴若此，一而已足矣'。"楚音往往来自民间乡里，来自巫术之音，然而楚音之作、之盛，正值"楚之哀也"，因此，"楚多死声"。[2] 悲伤之

[1] 《文学小言》，载《王国维文集》，北京：北京燕山出版社 1997 年版，第 230 页。
[2] 王启涛，《天汉精神》，成都：四川教育出版社 2001 年版，第 317 页。

情乃是楚歌及楚文化的主旋律，于是楚人也就自然而然把悲伤与壮美结合起来，形成一种悲壮之美。[1]汉人继承楚文化而尚哀，从开国君王刘邦就开始了。《史记·高祖本纪》详细记载了高祖刘邦酒后大哭，高唱楚歌的情形：

> 高祖还归……悉召故人父老子弟纵酒，发沛中儿得百二十人，教之歌。酒酣，高祖击筑，自为歌诗曰："大风起兮云飞扬，威加海内兮归故乡，安得猛士兮守四方！"令儿皆和习之，高祖乃起舞，慷慨伤怀，泣数行下。[2]

高祖刘邦在酒酣之时高唱楚歌，甚至"泣数行下"，慷慨击节而呼鸣。一首悲壮的《大风歌》把高祖刘邦悲喜交加的心情表现得淋漓尽致。正是因为受到楚歌和楚文化潜移默化的影响，汉代将相士大夫们在喜庆的酒宴之上，亦经常在酒酣之时唱出悲不自胜的挽歌来。汉代挽歌中最有名的两首是《薤露歌》和《蒿里曲》，唱词如下：

> 薤上露何易晞！露晞明朝更复落，人死一去何时归？蒿里谁家地，聚敛魂魄无贤愚，鬼伯一何相催促，人命不得少踟蹰！[3]

如此悲戚的挽歌却成为将相士大夫在宴会上的必奏之乐，汉人之尚悲，由此可见一斑。

2.汉画像酒文化的悲剧精神

汉代在宴饮时流行用乐舞助兴。音乐是时间艺术，通过一定的过程才

---

[1] 王启涛，《天汉精神》，成都：四川教育出版社 2001 年版，第 314 页。
[2] 〔汉〕司马迁，《史记·高祖本纪》，北京：中华书局 2000 年版，第 274 页。
[3] 〔南朝·宋〕范晔，《后汉书·左周黄列传第五十一》，北京：中华书局 2000 年版，第 1370 页。

能享受到音乐的美。既为历史，其声响已无法再重现，我们亦无法从汉画像中探知汉代音乐演奏的具体内容。但是汉画像却把汉代乐舞的精彩瞬间永恒地留了下来，汉画像中的"宴飨图"整体地展现了汉代宴饮的场面及使用的乐舞形式，从视觉上比较真实地反映了汉代乐舞以及与之相关的历史生活，客观、集中地展现了汉代酒文化的整体风貌，这对于汉代酒文化的研究来说，具有重要的历史语境意义。

汉代乐舞艺术的发展依附于民间文化层，主要表现的是中下层社会的乐舞活动场面。[1]格罗塞认为再没有其他一种原始艺术像舞蹈那样有高度的实际的和文化的意义，他认为舞蹈的最高意义全在于它的影响的社会化的这个事实。[2]朱光潜先生认为："悲剧是从抒情诗和舞蹈中产生出来的。"[3]哲学家尼采认为，悲剧精神正是起源于古希腊祭祀酒神的狂欢歌舞。哲学家叔本华亦认为，艺术是人企图摆脱悲剧人生的一种幻想的解脱方式。可见，乐舞表面上看是一种表现欢乐的艺术形式，实际上则蕴含了一种悲剧精神。"悲"是当时汉代乐舞审美的最高标准。汉代画像中的"乐舞宴飨图"所表达的思想和行为反映出浓郁的民间色彩，在文化背景总体上收集来的乐府民歌中，我们看到的都是悲怆凄苦之音，而且形成了这个时代的多声部大合唱，其中包括对悲剧人生进行思考的诗歌、背井离乡的悲苦之音、反映社会悲剧的叙事诗、悲剧寓言诗等。这些诗歌都是入乐的，入乐则常常有舞。[4]带有浓郁楚文化色彩的《古诗十九首》，它们在对日常生活、人事、节候、名利、享乐等等咏叹中，直抒胸臆，深发感喟。在这种感叹抒发中，突出的是一种生命无常、人生如寄的悲伤。"生年不满百，常怀千岁忧。""人生寄一世，奄忽若飘尘。""人生非金石，岂能长寿考。""人生忽如寄，寿无金石固。"这些悲伤之诗被钟嵘推为"文温以丽，意悲而远，惊心动魄，可谓几乎一字千金"。

[1] 顾颖，《论汉画像乐舞图的悲剧精神》，载《大汉雄风——中国汉画学会第十一届年会论文集》，2008 年。
[2] [德] 格罗塞著，蔡慕晖译，《艺术的起源》，北京：商务印书馆 2005 年版，第 170—171 页。
[3] 朱光潜，《悲剧心理学》，北京：人民文学出版社 1985 年版，第 4 页。
[4] 费秉勋，《汉代的"悲情歌舞"和"绝命歌舞"》，《古典文学知识》，2001 年第 1 期。

这些千古流传的人生悲叹，表现了人们对死亡的深刻恐惧之感以及由死亡带来的对时光流逝之快、生命短暂不永的伤感。汉代人生命意识和死亡意识的觉醒，将人们的精神带入了悲哀和无奈的境地，人们强烈地感受到生如此美好，值得留恋，然而它又是根本无法把握的。生命的短暂使得离别尤显残酷，也使人的生死之思显出更深的悲凉与无奈。死亡之感和离别之愁构成令人荡气回肠的伤感基调。汉画像是汉民族精神的一个"镜像"阶段。[1]"世俗"从"死亡之境"中觉察到了幻觉般的紧迫感。[2]死去世界的幻境只是人生前世界的一个模本。借灵魂的升入仙境而摆脱了肉体死亡给人带来的悲剧性，因而升入天堂的神秘观念，只是人在克服悲剧人生而产生的乌托邦的理想幻境。像所有祭祀性艺术一样，汉画像的象征图式，从内容到形式都有极强的稳定性。虽然时代的、地域的特征会有所变异，其内在的本质结构则是具有统一性的。[3]

　　人的出生由不得自己选择，同样人的死亡也由不得自己选择。汉画像作为一种墓葬艺术是一种与死亡密切相关的艺术，汉画像中的乐舞就是一种死亡之舞，费秉勋先生称之为"绝命歌舞"。儒家诗论认为，诗可以怨。司马迁提出"悲愤著书"说，他在生活的苦难中放歌，他在"诟莫大于宫刑""最下腐刑极矣"之时敢于直面人生，用非凡的勇气实现他对生活的挚爱与承诺，实现自身的价值。悲剧在人类生命中是最基本的、不可避免的。当意识超越了能力，悲剧便会产生，特别是当主要欲念的意识超越了满足它的能力的时候。[4]汉代人面对死亡，感到苍凉和无奈，深知无论怎样活着，最终逃不脱死亡的命运，人生就是一出悲剧。犹如德国哲学家贝克勒所言："每个人都与死亡终生共舞"，"每个人都与自身受到肯定的必死性共舞终生"。[5]汉代人也与他的必死性共舞终生，于是在汉墓中

[1]　朱存明，《汉画像的象征世界》，北京：人民文学出版社 2005 年版，第 2 页。
[2]　[德] 弗兰茨·贝克勒著，张念东等译，《誓言集：向死而生》，北京：生活·读书·新知三联书店 1993 年版，第 26 页。
[3]　朱存明，《汉代墓室画像的象征主义研究》，《民族艺术》，2003 年第 1 期。
[4]　[德] 卡尔·雅思贝尔斯著，亦春译，《悲剧的超越》，北京：工人出版社 1998 年版，第 15 页。
[5]　[德] 弗兰茨·贝克勒著，张念东等译，《誓言集：向死而生》，北京：生活·读书·新知三联书店 1993 年版，第 25 页。

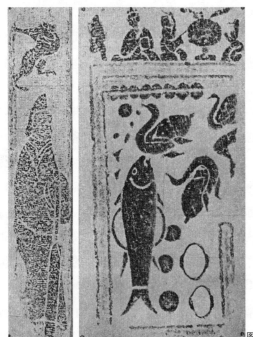

图 3-50　鼓舞宴飨图　河南南阳出土

出现了大量表现乐舞的画面。从这种画面中我们看出了汉代乐舞的悲剧的诞生。朱光潜先生认为，"悲剧是从抒情诗和舞蹈中产生出来的"[1]。宗白华先生认为"'舞'是中国一切艺术境界的典型"，"是宇宙创化过程的象征"。[2] 可见，舞蹈就是参与一种对于世界的宇宙性控制的活动。狂喜动作的自我陶醉使得皈依者至少有一会儿的时间进入神秘主义者所追求的境界，在忘我的状态与非自我的状态中相结合。尼采说："我的文体是一种舞蹈"，"没有舞蹈的日子，那是虚掷光阴"。舞蹈是艺术的开始，而且我们也发现舞蹈是艺术的终结。由此可以得出汉画像中的乐舞具有悲剧性。

　　汉画中的宴饮与乐舞往往同处一个画面。从汉画可知，长袖舞和盘鼓舞都是汉代宴饮中较常出现的表演。图 3-50 为"鼓舞宴飨图"，画面上部

---

[1]　朱光潜，《悲剧心理学》，北京：人民文学出版社 1985 年版，第 4 页。
[2]　宗白华，《美学散步·中国艺术境界之诞生》，上海：上海人民出版社 1981 年版，第 64 页。

图 3-51　乐舞宴飨图　唐河县针织厂出土

左刻一人，踞坐，右为鼓舞。下刻一案，案上有一条鱼，另有两个耳杯，三只肥鸭，还有肉串和其他食物。[1] 图 3-51 为"乐舞宴飨图"，画面分为上、中、下三层。上层左二人对坐，中一人仰面举手踞坐，手中端有杯盏之物，其右置二壶；右上一人为鼓瑟者。中层左三人奏乐，一舞者作长袖舞，右端一人似为伴唱者。下层左立一侍者，另二人对坐，中置博局与酒尊，右二人对坐。[2] 盘鼓舞又名"折盘舞"或"七盘舞"，在汉代十分受欢迎，在很多需要热闹庆祝的场合中，都可见到盘鼓舞的演出。许多汉代典籍中都记录下了有关盘鼓舞的资料，汉赋对盘鼓舞的场景进行了精彩的描述，而"在目前已发现的汉代舞蹈画像中，以盘鼓舞画像的数量最多；同时，在汉代文献记载的舞蹈资料中，也是盘鼓舞最多"[3]。由此可见盘鼓舞在汉代受欢迎的程度。盘鼓舞的表演内容具有抒情性和技巧性的特点。

[1]　南阳汉代画像石编辑委员会，《南阳汉代画像石》，北京：文物出版社 1985 年版，第 108 页。
[2]　同上，第 67 页。
[3]　傅举友，《鸢飞天汉，袖舞长虹》，《故宫文物》，第 11 卷 10 期。

就抒情性而言，盘鼓舞的表演极具楚舞特色。[1] 张衡《南都赋》亦对悲剧乐舞有所介绍，其歌曲是《九秋》，舞蹈则是七盘舞，它们的情调如"寡妇悲吟，鹍鸡哀鸣"，其艺术感染力足以使"坐者悽欷，荡魂伤精"。

长袖舞也是汉代常见的舞蹈形式。王克芬在《中国舞蹈发展史》指出汉画像石中"舞人舞袖的形象十分丰富，几乎是无舞不舞袖"。汉赋中亦有许多和《长袖舞》相关的文字记载，汉代赋家用美丽的词藻与抒情的描述来赞美这一舞蹈。长袖舞的图像是汉代早期石椁乐舞画像中的重要组成部分，仅山东地区就有58幅长袖舞图像。[2] 根据《西京杂记·戚夫人歌舞》，汉高祖最宠爱的戚夫人就很擅长跳"翘袖折腰之舞"。《史记·留侯世家》载："上欲废太子，立戚夫人子赵王如意。"后被吕后所阻挠。高祖饮酒作楚歌《鸿鹄》，戚夫人为楚舞，两人相对悲歌的情景似乎就浮现在我们眼前。我们知道，楚舞的基本情调是哀伤的，这从《九歌》中可以看得很清楚，所以刘邦在此时让戚夫人跳楚舞，自己唱楚歌，这是因为楚歌楚舞哀伤的情调正好和他们此时的情绪相吻合。《汉书·燕刺王刘旦传》载，刘旦联络上官桀等人谋反，事发失败。刘旦明白不可能有存活的机会，于是，"置酒万载宫，会宾客群臣妃妾坐饮。王自歌曰：'归空城兮，狗不吠，鸡不鸣，横术何广广兮，固知国中之无人！'华容夫人起舞曰：'发纷纷兮置渠，骨籍籍兮亡居。母求死子兮，妻求死夫……'"在即将生离死别之际，却载歌载舞！汉人在表达痛苦时用歌舞抒情的方式与现代人的表达方式不同，近代只有英勇的勇士在慷慨就义时高唱《国际歌》或者自己祖国的国歌。用歌舞表达悲情恐怕只有汉代了吧！[3] 汉代社会，风云突变，人生命运飘忽不定，增加了一种时代的悲剧氛围。汉代宴饮中的乐舞表演不过是汉人企图摆脱悲剧命运的幻想狂欢而已。

尼采认为，艺术产生于日神冲动和酒神冲动。日神精神体现在造型艺术和史诗中，表现为梦。酒神精神在音乐、舞蹈中得到体现，表现为醉。

---

[1] 杜蕾，《山东汉画像石乐舞图像研究》，中国艺术研究院2005年硕士论文，第29页。
[2] 同上，第31页。
[3] 费秉勋，《汉代的"悲情歌舞"和"绝命歌舞"》，《古典文学知识》，2001年第1期。

而二者的和谐统一则产生了悲剧。[1]汉画像"宴飨图"中的乐舞就体现了梦与醉的结合，对死亡的恐惧被转化为艺术之美。正如周国平在《悲剧的诞生·译序》中所言，"日神和酒神都植根于人的至深本能，前者是个体的人借外观的幻觉自我肯定的冲动，后者是个体的人自我否定而复归世界本体的冲动"，"日神精神沉默于外观的幻觉，反对追究本体，酒神精神却要破除外观的幻觉，与本体沟通融合"。[2]可见，日神精神和酒神精神的区别在于前者用美的面纱遮盖人生的悲剧面目，后者揭开面纱直面人生悲剧；前者教人不放弃人生的快乐，后者教人不回避人生的痛苦。所以酒神精神比日神精神更具形而上学性质，且有浓郁的悲剧色彩。尼采在其悲剧哲学中着重强调生存意志，这种强大的生命意志共存于创造与毁灭之中。他认为，古希腊人很早参悟了生存的可怖本质，俄底浦斯的悲惨命运、折磨普罗米修斯的兀鹰等无不证明了这一点。但是，生命力旺盛的希腊人最终并没有走向悲观主义，反之，他们用悲剧拯救自己。可以说，在某种意义上，生命的觉醒正是从意识到死亡的逼近而开始的。

生的观念在中国古人的头脑中占据独一无二的位置。"生"字在先秦文献中广泛出现，从金文到哲学论著都有，便充分证明了这一点。[3]恰如朱存明所说，在中国古代生死观中，人的死亡其实是"精神与肉体的一次分离，伴随着的是一次整个宇宙结构的变化"、"人被创造出来时，上天赋予了他灵魂，而大地给了他以肉体，死亡的时候，这两种要素便回到各自的本源那里，肉体回到大地，灵魂则回到上天……"[4]余英时在其著作《东汉生死观》中阐明"死是所有人生希望的终点"[5]，这实则强调了人生的价值性。此外，生命的本质属性是"自我保护自我发展的特性""生存的抗争性"[6]，具体表现为人的一种生存欲望和生命抗争意识。当这种抗争

---

[1] 王岳川，《尼采文集》序言《世纪转型中的尼采》，西宁：青海人民出版社1995年版，第3—5页。
[2] ［德］尼采著，周国平译，《悲剧的诞生》，北京：北岳文艺出版社2004年版，第4页。
[3] 转引自顾颖，《论汉画像乐舞图的悲剧精神》，载《大汉雄风——中国汉画学会第十一届年会论文集》，2008年。
[4] 朱存明，《汉代墓室画像的象征主义研究》，《民族艺术》，2003年第1期。
[5] ［美］余英时著，侯旭东译，《东汉生死观》，上海：上海古籍出版社2005年版，第94页。
[6] 邱紫华，《悲剧精神与民族意识》，武汉：华中师范大学出版社1990年版，第5页。

性的冲动和行为抽象、演绎到观念与意识的层面，我们就称之为悲剧性的抗争精神，即悲剧精神。"人的最根本的精神就是悲剧精神"[1]。人如果丧失了这种悲剧精神，也就丧失了存在意义和人生价值。

汉代的厚葬之风正是出于对生命的永恒崇拜、对死亡的抗争与超越意识。对于丧葬仪式中超越死亡的意识，费尔巴哈曾说过，为死亡所作的献祭、发愿等显露了人们"本性的真实的""幻想"，死亡实质上是"富有诗意的影像"。[2] 所以说，民众对这种"死亡"形式的"生命"的信仰，归根到底是他们对今世生命的信仰。可是，人生充满苦难，若要远离生活中的痛苦那是不现实的，所以人们便选择让自己进入到一个虚幻的梦幻世界里。毫无疑问，虚幻的乐舞世界充斥着醉与梦。生命沉醉在喜悦的狂欢世界里，人们可以暂忘生命与人世的痛苦；但这种狂欢化终归是虚幻的、暂时的存在，人们不可能一味地迷恋于狂欢世界，"必须要清醒起来，直面死亡，这样的存在才是有价值的存在"[3]。

海德格尔认为人始终以"向死而生"的方式存在着，向死而生的"向"，实质上就是死亡的存在本身的显现，人唯有把自己的死带入自身，才可能有真正的价值生活。[4]"生"包蕴着"死"，"死"则意味着新"生"。[5] 生与死既然是相对的就不必执着于它们的区别和所带来的痛苦，而应以淡然的态度来看待生死。生存于这个世界的人，如海德格尔所言，都始终以"向死而生"的方式存在着，死亡从存在的深处承托起生，生命的意义因此而绚烂绽放。

尼采说："艺术不只是对自然现实的模仿，而是自然现实的形而上的补充，是为了克服自然现实而与它并列的。""宴飨图"反映了汉代人的生

[1] 邱紫华，《悲剧精神与民族意识》，武汉：华中师范大学出版社 1990 年版，第 5 页。
[2] ［德］路德维希·费尔巴哈著，荣震华等译，《费尔巴哈哲学著作选集》上卷，上海：上海三联书店 1959 年版，第 265—267 页。
[3] 顾颖，《论汉画像乐舞图的悲剧精神》，载《大汉雄风——中国汉画学会第十一届年会论文集》，2008 年。
[4] ［德］海德格尔著，孙周兴译，《演讲与论文集》，上海：上海三联书店 2005 年版，第 151 页。
[5] 郑晓江，《善死与善终·中国人的死亡观》，昆明：云南人民出版社 1999 年版，第 28 页。

活内容，表现了汉代人独特的文化特征，而其中大量表现汉代宴饮、乐舞场景的图像，则体现了汉代酒文化的悲剧精神，那高扬蓬勃的生命意识、悲剧精神，以及对自然和生命之热爱与抗争交织的情绪为主要特征的酒神精神无处不在。

四、结语

我国酿酒的历史源远流长。当时酿酒的主要原料是粮食，所以酒业的发展必须依赖于农业的发展。两汉时期，随着农业生产技术的大幅度进步，粮食产量得到极大的提高。在此基础上，酒业生产的规模达到了前所未有的程度。所以全国各地有很多关于这一题材的汉画。它跨越了千余年的历史，记录了我国汉代酒文化的一些栩栩如生的形态，为我们研究汉代酒文化提供了第一手资料。中国画像石全集编辑委员会主编的《中国画像石全集》（8 卷）全书共收录 1918 幅图，其中"宴飨图"（含拜谒宴饮图、饮食起居图、庖厨图、乐舞百戏图）共计 69 幅；南阳汉代画像石编辑委员会主编的《南阳汉代画像石》一书共计收录南阳汉画 543 幅，其中"宴飨图"共计 27 幅。由此可以看出两汉酒文化的繁盛之貌。

中国的酿酒业相当发达，至汉代，酿酒技术较之前朝有了很大的进步，酒具品种更是花样繁多，给人一种流光溢彩的印象，这些都在汉画像中得到了较为充分的展现，是今人研究汉代文化的珍贵资料。"宴飨图"的民俗内容非常丰富，从中可以挖掘出一些两汉民俗活动中的酒礼和酒俗，可以看出，酒已经成为汉人招待宾朋和举行祭祀活动的必备品，可谓是"百礼之会，非酒不行"。酒是特殊的商品，出于政治和经济上的考虑，汉代在不同时期颁布了多项禁酒政策。但是在施行禁酒政策的同时也出现了弛酒的现象，对于造成这种现象的原因，除了法律自身的不完善和统治阶层的特权外，更主要的原因还是在于酒和礼俗之间的特殊关系。

酒以一种物质媒介的形态，反映出了建立在宗法和礼教基础上的人与人之间的特殊关系。即汉代酒文化最难以抹煞的便是由酒调和的酒德意识，它既制约着人们的言行举止，又在人们的内心深处沉淀下了一份共同的德行追求。以审美判断来审视汉画像中的酒文化，可见汉代酒文化蕴含着浓重的悲剧精神，此后借酒浇愁、寄酒为迹则成为中国文人酒文化的常态。

综上所述，可见汉代社会生活中炽烈的酒风现象在汉画中表现的意义是双重的，既是汉代民众对酿酒、饮酒文化进行刻画和记载的体现，又是酒文化赖以传承的历史背景的再现，在一定意义上反映了汉代民众的观念和思想，承载着沉重而丰厚的人文精神意蕴。

总之，汉代画像所表现的汉代酒文化堪称博大精深，本文虽然力图全面地进行探讨，但由于水平所限，在某些方面还是有所未尽，希望本文能起到"抛砖引玉"的作用，引发各家对汉画像的研究兴趣，并能够对从文化角度研究汉画像做些许有益的探索。

（作者 郭春燕 ）

汉画像是汉代的艺术奇葩,作为一种独特的艺术形式,与汉代人的思想观念、文化精神、社会生活和宗教信仰等有密切的联系。"牛郎织女"是中国古代四大民间传说之一,其中凄美的爱情故事引起古往今来无数人的感叹。汉画像中"牛郎织女"图像的出现,是该神话形成的标志。

神话不仅是关于神怪叙述的故事,而且在社会的发展中不断呈现着一种流动的意象。由于宗教观念、民俗信仰、社会文化等诸多因素的影响,"牛郎织女"神话经历了雏形期、形成期以及演变期。由于每个时期都深深植根于一定的社会和文化的土壤中,因此形成了不同时期"牛郎织女"神话的诸多不同特征。"牛郎织女"神话,起源于上古先民的星辰崇拜,"牵牛"与"织女"原是天上的星辰,隔银河相望。人们根据自身的生产生活的经验,将情感寄托于天上的星辰。因而"牵牛""织女"逐渐由星辰而神格化、人格化,演变为人世间的男女,这反映了汉代人的自然观、宇宙观以及人生观等。

语言与图像是人们用来表情达意的两种符号,有着不同的表现方式和艺术手法。图像具有直观性,属于空间艺术,语言相对抽象,属于时间艺术。二者有着相互转换的可能性,在同一文化背景中,在形象再现的基础之上,在共同读者的存在基础上达到转换、相通。运用图文互释的理论来阐释"牛郎织女"神话,旨在通过对图像与语言两种不同形式的符号进行比照对话、合力互补,从两种不同表现方式的符号系统中深入探讨"牛郎织女"神话的文化内蕴。

"牛郎织女"的画像深深植根于汉代的历史文化土壤中，与汉代的耕织信仰、生死观、宇宙观密不可分，只有理清汉代的精神文化和人们的思想观念，才能真正读懂具体的画像，才能真正理解"牛郎织女"神话的内涵，也才能挖掘隐匿于深处的民族精神文化内核。

一、汉画像"牛郎织女"图像的渊源

神话有着漫长的发展历程，经过不断的继承和演变，才能逐渐地定型和成熟，才能最终成为口耳相传、家喻户晓的神话传说，为人们津津乐道。"牛郎织女"的神话也是如此，历经漫长的发展演变。本章的主要内容是梳理该神话的发展历程，先是追根溯源，从源头上找到该神话的源起，即源于上古先民对于日月星辰的崇拜，并由此出发探讨牛郎织女神话的原始内涵。汉画像石中"牛郎织女"画像的出现，是该神话形成的标志。相关的画像也有多幅，形象生动地勾勒了这一神话的形态，使该神话清晰地展现在我们面前。

（一）先民的星辰崇拜

在中国古代人的心目中，"天"是至高无上的，是人格化的。囿于科学技术的极不发达，也缘于先民驰骋的想象力，人们对于未知的"天"有着极其神秘的、超自然的认知。茫茫宇宙中的星象也成为具有意志的神，被膜拜和信仰。恩格斯曾说过："在原始人看来，自然力是某种异己的、神秘的、超越一切的东西，在所有文明民族所经历的一定阶段上，他们用人格化的方法来同化自然力。正是这种人格化的欲望，到处创造了许多神。"[1]在原始社会，人们限于自身的渺小，只能依附于自然强大的力量。

---

[1]《马克思恩格斯全集》第 20 卷，北京：人民出版社 1956 年版，第 672 页。

一方面，大自然带给人们以各种福音和美好，人类也得以生存和延续；而另一方面，大自然的喜怒无常也使人类深受其苦，各种灾害也在摧毁人们的家园和生命。这种恐惧、无力与依赖交织的情感即是原始人类自然崇拜产生的根柢。

人们对于星辰的崇拜即属于这种自然崇拜，星辰作为天体的一部分，其神秘性以及神圣性，虽使得人们望而却步，但人们却期冀与星辰能有所感应。星辰崇拜指的是古人对自然天体进行神化而产生的一种崇高的信仰，人们把星辰神化，进而崇拜，通过举行各种仪式，人们希望能有所感应。

人们崇拜的星象主要有日、月、二十八宿、金木水火土五行星等等。星辰崇拜的文献记载众多，如《尚书·尧典》曰："乃命羲和，钦若昊天，历象日月星辰，敬授人时。"[1] 此处强调了日月星辰的运作对人们行事的指示，后人多释为教授人们农事耕作。当然，不仅仅是农时，古人在面对生老病死的无力时，总会诉诸上天的神力。

古代天文学著作《石氏星经》是战国时代魏国的天文学家石申所撰，该书虽已失传，但在《史记》、《汉书》等史籍中尚有记载的片段。该书内容涉及五星运动、交蚀和恒星等许多方面，记载了121颗星的赤道坐标位置，为世界上最古老的星表，也是中国天文历法计算中一项重要的基本数据。

中国的农耕文明决定了上古先民必然通过"观象"来指导农耕行为，如《诗经·豳风·七月》："七月流火，九月授衣。"[2] 人们的日常生活离不开天象的运行规律。因而，上古的中国天文学主要旨在指导人们的农耕生活。但发展到汉代的天文学却发生了本质性的转折，学者章启群在其文章中称这一根本转折为："从'治历明时'走向'占星祈禳'，试图用天象反映人间社会的等级制度，论证人间帝王统治的合法性。"[3] 并认为这种转变

---

[1] 〔唐〕孔颖达等，《尚书》，北京：中华书局1998年版，第142页。

[2] 周振甫，《诗经译注》，北京：中华书局2002年版，第213页。

[3] 章启群，《论中国古代天文学向占星学的转折——秦汉思想骤变的缘起》，《云南大学学报》（社会科学版），2011年第6期。

大约从春秋末战国初开始。占星学的内容涉及众多国家大事，包括祭祀、农桑，以及如何用兵等等，并与汉代盛行的阴阳五行学说相结合。

作为天文学方面的百科全书，《史记·天官书》具有非常重要的意义和价值，对后来中国的天文学、哲学、思想政治文化等的影响颇为深刻。《史记·天官书》把星象分为中宫和东、西、南、北宫，因此，古代中国人的星观念是以北极星为中心，参照人间的"统治"而形成的一种假想。这个时候的占星术就是"以此天上宫廷政府的帝星（皇帝）为中心而观察其他各星的状态以预测国家的命运和农业上的丰收或灾害"[1]。

人类原始时期所发生的事件，超乎人力，神秘莫测，人们信以为真。经过口传或是文字记载其事件，而为"神话"。对何谓神话的叙述，鲁迅和茅盾的解释更具公信力。鲁迅在《中国小说史略》中的解释如下：

> 昔者初民，见天地万物，变异不常，其诸现象，又出于人力所能以上，则自造众说以解释之：凡所解释，今谓之神话。神话大抵以一"神格"为中枢，又推演为叙说，而于所叙说之神，之事，又从而信仰敬畏之。[2]

这是鲁迅在《中国小说史略》中的一段话，他认为神话起源于初民对于异常万物的不可捉摸，是原始初民心理状况的反映，于是自造说法以解释天地万物之现象。对于叙说的神和事，"又从而信仰敬畏之"，人们的态度是敬畏而信仰的，并代代相传。茅盾在其著作《神话研究》中的叙述和鲁迅虽有言语上的不同，但本质上是一致的：

> 我们所谓神话，乃指：一种流行于上古民间的故事，所叙述者，是超乎人类能力以上的神们的行事，虽然荒唐无稽，但是古代人民互

---

[1] 王孝廉，《中国的神话与传说》，台北：联经出版事业公司 1983 年版，第 165 页。
[2] 鲁迅，《中国小说史略》，上海：上海古籍出版社 1998 年版，第 6 页。

相传述，却信以为真。[1]

　　神话都源于神力的强大，人们对待神、事的态度也都是敬畏和信以为真的。神话并不是荒诞不经的，也并不是谎言。神话反映了初民对宇宙的认识，以及他们的宗教思想，因而是神圣的。

　　人们以世俗世界的需要为出发点，进而神化宇宙天象，崇拜日月星辰。一方面，依赖于天体运行的规律，不敢有僭越的行为，另一方面，逐渐兴盛的占星学又得以指导人们生活中重大的活动和仪式。

　　"牛郎织女"的神话源于先民的这种星辰崇拜，那么，我们所熟知的"牛郎织女"神话是如何由天上单纯的星宿物象发展而为人间所寄予的美妙爱情呢？"牛郎织女"神话的原始内涵又是什么？这些问题即是接下来要探讨的重点。

（二）"牛郎织女"神话的原始内涵

　　古人基于对日月星辰的自然崇拜和信仰，对恒星所自然形成的图像做出特意的规定，我们称之为星象。人们依据这些自然的图像形状，赋予它们以人们熟悉的人物、动物、器物等不同的名称，于是产生了最古老的星座。现代意义上的"牛郎星"与"织女星"，在现代天文学上又称为天鹰座和天琴座，是人间生活的折射，是人们仰观天象所敷演出的自然星神话。

　　因此，依据相关的典籍资料对该神话的早期形态做原始内涵的挖掘是势在必行的。台湾学者洪淑苓在《牛郎织女研究》一书中认为"自然天象与人文社会，实是探索星座神话、牵牛织女故事起源的两大因素"[2]。自然天象与人文社会的相互映照是"牛郎织女"神话的两大源头，是该神话原始内涵形成的根柢。

---

[1] 茅盾，《神话研究》，天津：百花文艺出版社 1981 年版，第 3 页。
[2] 洪淑苓，《牛郎织女研究》，台北：台湾学生书局 1988 年版，第 18 页。

1. "牵牛星"与"织女星"的星象内涵

中国古人把太阳在天空中的周年视运动轨迹称为黄道，同时又把与天球极轴垂直的最大的赤尾圈，也就是地球赤道平面延伸后与天球球面相交的大圆称为天赤道。在黄道和赤道附近的两个带状区域内，分布着中国传统的二十八星座，古人叫它二十八宿。

这个完整的星座体系建立之后，二十八宿又与四宫、四象、四季相互配属，具体的分配是：东宫苍龙主春，辖角、亢、氐、房、心、尾、箕七宿；北方玄武主冬，辖斗、牛、女、虚、危、室、壁七宿；西方白虎主秋，辖奎、娄、胃、昴、毕、觜、参七宿；南宫朱雀主夏，辖井、鬼、柳、星、张、翼、轸七宿。[1]

此处，二十八星宿中北方玄武的"牛宿"与"女宿"，不同于我们现代意义上的牛郎星和织女星，也与"牵牛星"与"织女星"不同。

下面的一幅原始天象图（图4-1），仔细观察，我们可以发现，与织女星银河相隔的并不是牵牛星，而是河鼓三星。早在先秦时代，牵牛星指两个星座，一个是作为二十八星宿之一的牛宿，一个是河鼓三星。由于二十八星宿的划分，星宿之一的牛宿被命名为牵牛。早先引起先民注意，与织女星隔银河相望的三星称为河鼓星。河鼓三星排成一条直线，中间一颗异常明亮，整个形象仿佛牛郎担着一儿一女，因此民间也称为扁担星，更似牵牛。因而后来多被等同于牵牛，如《尔雅·释天》道："北极谓之北辰，河鼓谓之牵牛，明星谓之启明，彗星为欃枪，奔星为彴约。"[2]

发展至汉代，受到汉代文化大一统思想整合的影响，"牛宿"、"河鼓"、"牵牛"相互混同，统一称为"牵牛"，现代的天文学者们称河鼓三星中较明亮的那颗星，即河鼓二，为牛郎星，与织女星相对，区别于

---

[1] 冯时，《中国天文考古学》，北京：中国社会科学出版社2007年版，第351—352页。
[2] 李学勤主编，《十三经注疏·尔雅注疏》，北京：北京大学出版社1999年版，第176页。

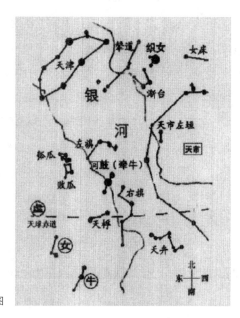

图 4-1　原始天象图

二十八宿中的牛宿。

　　战国时的《石氏星经》论述牵牛星和织女星，言曰："牵牛六星，主关梁。""织女三星，在天市东端，天女主瓜果丝帛。"[1] "关梁"指关口和桥梁，也比喻关键，后指对官吏的保举。瓜果也与人们的日常生活和农业息息相关，二者成为人们依赖和崇拜的对象。正如《尚书·尧典》中所记载："乃命羲和，钦若昊天，历象日月星辰，敬授人时。"[2] 日月星辰神秘且非人力所能左右，人们虽欲征服和驾驭自然，但总难以摆脱和超越自然。神灵一方面为人类所创造，人类欲征服却又不得不隶属于自己所创造的神灵之下。因而，作为"主关梁""主瓜果"的牵牛星和织女星则为人类所关注和崇拜。

　　《淮南子·天文训》曰："（牵牛）一时不出，其时不和；四时不出，

[1] 〔清〕纪昀纂修，《四库全书·唐开元占经》（影印本），台北：台湾商务印书馆股份有限公司 1986 年版，第 613、656 页。

[2] 〔唐〕孔颖达等，《尚书》，北京：中华书局 1998 年版，第 142 页。

天下大饥。"[1]《汉书·天文志》:"故星传曰'月南入牵牛南戒,民间疾疫。'"[2] 从这两段话中可见,牵牛星具有神性,主民间的兴灾祸福。织女主要是主民间瓜果的丰收及人事的吉凶,"其北织女,织女天女孙也。"[3]织女是天上的神仙,具有一定的神职。

综上看来,"牵牛星"和"织女星"作为星象的原始内涵仍是深深植根于人们对于星辰的敬畏和崇拜,二者虽为天上的星宿,却具有神性的品格,主管着与人们生活密切相关的事宜,作为一种自然天象,供人们占卜和祈祷,只是一种朴素的神学意义上的形象感知。两颗星之间也无必然的联系,为独立的个体存在。

2."牵牛"与"织女"的人文内涵

(1)牵牛与古代的农耕信仰

牵牛的"牵"字,《说文》释为"引而前也"[4]。《史记·天官书》曰:"牵牛为牺牲。"[5] 因而牵牛的原义为牲畜,即一头活的牛。《左传·僖公三十三年》有"吾子淹久于敝邑,唯是脯资饩牵竭矣"句,杜预注"牲生曰牵"。[6] 农耕社会,牛与人的关系甚为密切,如《礼记》所载:"天子以牺牛,诸侯以肥羊,大夫以索牛,士以羊豕。"[7] 牛既作为农耕工具与人类的生活紧密相关,又被奉为祭祀的重品。

牛的体形高大而健壮,繁殖能力较强,在中国文化中,牛是勤劳的象征,在农耕社会,牛对人类的生产活动极为重要。牛也是古代帝王祭祀社稷的太牢之一,遇到祭祀五帝、日月等大祭时必用牛。从日常的生产劳

[1] 何宁,《淮南子集释》,北京:中华书局 1998 年版,第 194 页。
[2] 〔清〕王先谦,《汉书补注》,北京:中华书局 1983 年版,第 581 页。
[3] 同上,第 570 页。
[4] 〔汉〕许慎撰,〔清〕段玉裁注,《说文解字注》,上海:上海古籍出版社 1981 年版,第 52 页。
[5] 〔汉〕司马迁撰,〔宋〕裴骃集解,《史记》,北京:中华书局 1959 年版,第 1310 页。
[6] 李学勤主编,《十三经注疏·春秋左传正义》,北京:北京大学出版社 1999 年版,第 474 页。
[7] 李学勤主编,《十三经注疏·礼记正义》,北京:北京大学出版社 1999 年版,第 156 页。

作，到神圣的宗教祭祀活动，人与牛有着深厚的情感。

牛在古代的农耕及祭祀仪礼中象征着神秘的力量，中国古代早就有这种农耕的信仰，远早于牵牛星的命名。因而，在成为星名以前的牵牛，是作为农耕信仰中重要的神圣动物而存在的。

"牵牛对古人的重大、神圣意义，乃在于用它当作牺牲，以祈求丰收。牵牛星所具有的神格，是代表着谷物神；它的命名内涵，寄托了祈求丰收、酬谢丰年的思想。"[1]

（2）织女与古代的蚕桑信仰

中国是蚕丝的发源地，养蚕治丝的传统悠久。胡厚宣先生考定："殷代蚕有蚕神，称蚕示……乃被崇拜为远古神灵之一。祭蚕示或用三牛……典礼十分隆重。又每于蚕神求年，知蚕桑之业，与农业一样，亦为一年的重要收成。"[2]《说文》："织，作布帛之总名也，从系戠声。"[3]《诗经·大雅·瞻卬》："妇无公事，休其蚕织。"[4] 织女应为古代农耕社会中治丝的女人，"织女在成为星名以前的原始意义当是农耕信仰中被视为神圣树木桑树的桑神，或许也就是原始的母神"[5]。以织女为天上的星名的思想渊源则是来源于古代的蚕桑信仰。古代妇女以治丝纺织为主要的工作和生活，把桑树看作是神木，具有"生殖""不死""再生"相关的神秘力量。

《大戴礼记·夏小正》中说道："七月，汉案户，初昏，织女正东向……斗柄悬在下，则旦。"[6]《夏小正》详细记载了夏历一年十二个月的农事活动以及与不同时令所对应的气象和星象。初秋七月，寒蝉鸣叫，银河横贯南北正对门户，织女星在黄昏时候正东方向闪烁。人们根据天象，预知收获季节的来临，女工们也开始进行纺织工作。

---

[1] 洪淑苓，《牛郎织女研究》，台北：台湾学生书局1988年版，第27页。

[2] 胡厚宣，《殷代的蚕桑和丝织》，《文物》，1972年第11期。

[3] 〔汉〕许慎撰，〔清〕段玉裁注，《说文解字注》，上海：上海古籍出版社1981年版，第644页。

[4] 周振甫，《诗经译注》，北京：中华书局2002年版，第490页。

[5] 王孝廉，《中国的神话与传说》，台北：联经出版事业公司1983年版，第185页。

[6] 〔汉〕戴德传，〔清〕李调元注，《夏小正笺》，北京：中华书局1985年版，第17—18页。

织女在作为天上的星宿名称之前的原始意义当源于人们对桑树的崇拜，织女也成为司掌人间纺织丝治的桑神，这与古代妇女以蚕桑纺织为主要社会工作的实际劳动相关。

3. 自然天象与人文社会的相互映照

20 世纪西方著名哲学家恩斯特·卡西尔曾说："语言、艺术、神话、宗教，决不是互不相干的任意创造。它们是被一个共同的功能纽带结合在一起的。"[1] 王孝廉认为，牵牛织女的传说决不是单纯的天文故事，而是一个由大地上农耕信仰的崇拜对象与天文上的实际星象观察结合而形成的神话传说。[2]

牛郎、织女的原始内涵，必然是人类在实际的生产生活中的经验，附会在天体星象的产物。牛郎织女的源起并非偶然的事件，也并非一次性的事件，相反是与现实社会密切相关的，影响了中国长时期，以至现在形成的牛郎织女民间传说，是中国几千年农耕社会中"男耕女织"生产生活方式的产物。

因此，是先有人间的农耕信仰和蚕桑纺织的信仰，人们根据自身的生产生活经验，结合星辰崇拜的心理，赋予银河两岸，两颗发亮而相隔的星座以"牵牛""织女"的星座名称。"这种命名的本身便是带有宗教情感或生活情趣的感性认识和神学批判的结果"[3]。

人们把与人类密切相关的生老病死与吉凶祸福与天上的星辰相系，希望通过对天体的崇拜，能够借助其神秘的力量来帮助人类，完成人类生存和生活的重大事件。

茅盾在《楚辞与中国神话》中说："原始人民……以自己的生活状况、宇宙观、伦理思想、宗教思想等等，作为骨架，而以丰富的想象为衣，就

[1] [德] 恩斯特·卡西尔著，甘阳译，《人论》，上海：上海译文出版社 2004 年版，第 107 页。
[2] 王孝廉，《中国的神话与传说》，台北：联经出版事业公司 1977 年版，第 169 页。
[3] 李立，《文化嬗变与汉代自然神话演变》，汕头：汕头大学出版社 2000 年版，第 78 页。

创造了他们的神话和传说。"[1] 牛郎织女的神话是由织女和牵牛二星的运动规律而来的。牛郎织女神话的发展与演变也与人们对于二星的附会与联想密切相关。

综上所述，牛郎织女神话反映了中国古代农耕社会人们对于社会生产和生活风调雨顺的渴望，希望建立男耕女织、安定的小农经济式的家庭生活。这是我国最早农业经济体制出现前后的社会生活和人们原始宗教崇拜思想的映照。[2]

荣格曾说："一个用原始意象说话的人，是在同时用千万个人的声音说话。他吸引、压倒并且同时提升了他正在寻找表现的观念，使这些观念超出了偶然的暂时的意义，进入永恒的王国。"[3] "牵牛"与"织女"的原始内涵都离不开农耕社会的现实条件，牛郎织女神话的产生和发展是人类在生产生活实践中的必然走向，是人类自我发展中的一个必然的因素。

（三）"牛郎织女"神话在汉画像中的表现

神话不断呈现着一种流动的变化，研究"牛郎织女"的神话，探讨其原始的内容及意义固然重要，但梳理该神话的形成过程亦极为重要。由于宗教观念、社会文化环境等诸多因素的影响，"牛郎织女"神话主要经历了雏形期、形成期、演变期等，每个时期都深深植根于社会和文化的土壤中。"牛郎织女"神话形成的标志是汉画像"牛郎织女"图像的出现，目前发现最早的有关牛郎织女神话人物形象的艺术作品当数汉代的墓葬艺术。[4]

《中国画像石全集》（1—8 卷），共收录 1918 幅从汉画像石艺术发达地区（山东、江苏、安徽、浙江、陕西、山西、河南、四川等）发掘出的

---

[1] 茅盾，《茅盾说神话》，上海：上海古籍出版社 1999 年版，第 158 页。

[2] 张振犁，《中原神话研究》，上海：上海社会科学院出版社 2009 年版，第 127 页。

[3] ［瑞］荣格著，冯川、苏克译，《心理学与文学》，北京：生活·读书·新知三联书店 1987 年版，第 122 页。

[4] 牛天伟、金爱秀，《汉画神灵图像考述》，开封：河南大学出版社 2009 年版，第 367 页。

汉画像石图片，题材广泛、内容丰富，经过观察和整理，笔者共选取"牛郎织女"及其相关的代表图像 58 幅。典型代表诸如河南南阳卧龙区白滩天文星象图、河南洛阳城外西北角汉墓前室顶脊"天汉图"、山东长清县孝里镇孝堂山石祠隔梁底面星象图等等，"牛郎织女"图像在整个汉画像石中出现的频率虽不似西王母、伏羲女娲、青龙白虎朱雀玄武等形象那么频繁，但绝不意味着我们可以忽视对牛郎织女图像的研究。汉画像中"牛郎织女"图像以其独特的神话承载和表现形式，为牛郎织女神话研究提供了新材料，开辟了新视野，是牛女神话前后传承的重要论证依据。

下面的《汉画像石"牛郎织女"神话代表性图像一览表》，是在《中国汉画像全集》中收录的"牛郎织女"的相关图像。详情如下：

汉画像石"牛郎织女"神话代表性图像一览表

序号	题名	出土／发现地址	年代	相关内容	图像出处
1	孝堂山石祠隔梁底面画像	山东省长清县孝里镇孝里铺村南孝堂山上	约东汉章帝时期（公元 76—88 年）	日月星辰图像，织女于日旁	《中国画像石全集》（卷1），图 47
2	武梁祠东壁画像	山东省嘉祥县武宅山村北	约东汉桓帝元嘉元年（公元 151 年）	牛车	《中国画像石全集》（卷2），图 50
3	武氏祠左石室屋顶前坡西段画像	山东省嘉祥县武宅山村北	约东汉桓帝建和二年（公元 148 年）	负牛、擒牛	《中国画像石全集》（卷1），图 88
4	前凉台墓庖厨画像	山东省诸城市前凉台村	东汉顺帝、桓帝时期（公元 126—167 年）	庖厨图：椎牛	《中国画像石全集》（卷1），图 125
5	大汶口墓前室北壁横额东段画像	山东省泰安市大汶口镇东门外	东汉晚期（公元 147—220 年）	庖厨图：赶牛、椎牛	《中国画像石全集》（卷1），图 47
6	狩猎、公牛抵斗画像	邹城市郭里乡黄路屯村	东汉中期（公元 89—146 年）	公牛抵斗	《中国画像石全集》（卷2），图 86
7	楼阁、纺织、兵库画像	山东滕州桑村镇大郭村	东汉晚期（公元 147—189 年）	纺织场景	《中国画像石全集》（卷2），图 163

序号	题名	出土 / 发现地址	年代	相关内容	图像出处
8	狩猎、纺织、车骑出行画像	滕州市龙阳镇附近	东汉晚期（公元147—189年）	纺织场景	《中国画像石全集》（卷2），图164
9	日、月、星象画像	滕州市官桥镇大留庄	东汉晚期（公元147—189年）	天象图	《中国画像石全集》（卷2），图165
10	群兽、纺织、楼房、车骑出行画像	滕州市造纸厂	东汉晚期（公元147—189年）	纺织场景	《中国画像石全集》（卷2），图169
11	西王母、人物、牛羊车画像	滕州市桑村镇大郭村	东汉中期（公元89—146年）	牛车、羊车	《中国画像石全集》（卷2），图204
12	楼阙、人物、斗牛、车骑出行画像	滕州王开村	东汉晚期（公元147—189年）	斗牛画像	《中国画像石全集》（卷2），图218
13	拜会、乐舞百戏、纺织画像	徐州市洪楼	东汉（公元25—220年）	纺织图	《中国画像石全集》（卷4），图46
14	纺织、骑吏画像	新沂市炮东镇	东汉（公元25—220年）	纺织图	《中国画像石全集》（卷4），图89
15	纺织、建筑画像	徐州市贾汪区青山泉子房	东汉（公元25—220年）	纺织图	《中国画像石全集》（卷4），图90
16	牛耕画像	睢宁县双沟	东汉（公元25—220年）	牛耕场景	《中国画像石全集》（卷4），图106
17	宴居、纺织画像	安徽灵璧县九顶镇	东汉（公元25—220年）	纺织图	《中国画像石全集》（卷4），图180
18	宴居、牛车画像	安徽灵璧县九顶镇	东汉（公元25—220年）	牛拉车	《中国画像石全集》（卷4），图182
19	榆林古城滩墓门左、右立柱画像	陕西省榆林市牛家梁乡古城滩村	东汉（公元25—220年）	牛首鸟身东王公	《中国画像石全集》（卷5），图4、5
20	榆林陈兴庄墓门左、右立柱画像	陕西省榆林市上盟沟乡陈兴庄	东汉（公元25—220年）	牛车	《中国画像石全集》（卷5），图10、11
21	榆林古城界墓门楣画像	陕西省榆林市红石桥乡古城界村	东汉（公元25—220年）	狩猎：野牛	《中国画像石全集》（卷5），图19
22	米脂党家汉墓门左、右立柱画像	陕西省米脂县党家沟	东汉（公元25—220年）	牛首东王公	《中国画像石全集》（卷5），图49、50

序号	题名	出土/发现地址	年代	相关内容	图像出处
23	绥德王得元墓室横头画像	陕西省绥德县	东汉永元十二年（公元101年）	放牧图：牛群	《中国画像石全集》（卷5），图75
24	绥德王得元墓室西壁门左、右立柱画像	陕西省绥德县	东汉永元十二年（公元101年）	牛车	《中国画像石全集》（卷5），图78、79
25	绥德墓门左立柱画像	陕西省绥德县	东汉（公元25—220年）	牛耕图	《中国画像石全集》（卷5），图107
26	绥德墓门左立柱画像	陕西省绥德县	东汉（公元25—220年）	椎牛	《中国画像石全集》（卷5），图123
27	绥德墓门楣画像	陕西省绥德县	东汉（公元25—220年）	斗牛	《中国画像石全集》（卷5），图124
28	绥德墓门左、右立柱画像	陕西省绥德县	东汉（公元25—220年）	牛首东王公	《中国画像石全集》（卷5），图131、132
29	绥德墓门右立柱画像	陕西省绥德县	东汉（公元25—220年）	牛首东王公	《中国画像石全集》（卷5），图133
30	绥德墓门左立柱画像	陕西省绥德县	东汉（公元25—220年）	牛车	《中国画像石全集》（卷5），图144
31	绥德墓门楣画像	陕西省绥德县	东汉（公元25—220年）	狩猎图	《中国画像石全集》（卷5），图148
32	绥德墓门楣画像	陕西省绥德县	东汉（公元25—220年）	放牧图	《中国画像石全集》（卷5），图149
33	绥德墓门楣画像（残）	陕西省绥德县	东汉（公元25—220年）	牛群	《中国画像石全集》（卷5），图157
34	绥德墓门楣画像	陕西省绥德县	东汉（公元25—220年）	放牧、驯马图	《中国画像石全集》（卷5），图165
35	绥德四十里铺墓门左、右立柱画像	陕西省绥德县四十里铺前街	东汉（公元25—220年）	牛车	《中国画像石全集》（卷5），图174、175
36	绥德四十里铺墓门右立柱画像	陕西省绥德县四十里铺	东汉（公元25—220年）	牛耕图	《中国画像石全集》（卷5），图184
37	子洲苗家坪墓门左立柱画像（残）	陕西省子洲县苗家坪	东汉（公元25—220年）	牛拉车	《中国画像石全集》（卷5），图196
38	清涧贺家沟墓门左立柱画像	陕西省清涧县贺家沟	东汉（公元25—220年）	牛车图	《中国画像石全集》（卷5），图206

序号	题名	出土/发现地址	年代	相关内容	图像出处
39	神木柳仓墓门右立柱画像	陕西省神木市乔岔滩乡苍村	东汉（公元25—220年）	牛车图	《中国画像石全集》（卷5），图229
40	横山孙家园子墓室壁组合画像	陕西省横山党岔乡孙家园子	东汉（公元25—220年）	牛耕图、牛首面具	《中国画像石全集》（卷5），图230
41	靖边寨山墓门左立柱画像	陕西省靖边县寨山村	东汉（公元25—220年）	牛耕图	《中国画像石全集》（卷5），图233
42	离石马茂庄二号墓前室东壁左侧画像	山西吕梁离石马茂庄西	东汉晚期（公元147—189年）	牛首人身的使者	《中国画像石全集》（卷5），图247—图249
43	离石马茂庄左表墓室门侧画像	山西吕梁离石马茂庄西圩塸梁	东汉和平元年（公元150年）	牛车	《中国画像石全集》（卷5），图282
44	方城东关 阄牛	河南方城东关墓	东汉（公元25—220年）	阄牛	《中国画像石全集》（卷6），图44
45	方城城关 阄牛·抵牛·猴	河南方城城关镇墓	东汉（公元25—220年）	阄牛	《中国画像石全集》（卷6），图49
46	密县打虎亭 车·牛	河南密县打虎亭一号墓	东汉（公元25—220年）	牵牛场景	《中国画像石全集》（卷6），图94
47	南阳阮堂 苍龙星座	河南南阳卧龙区阮堂	东汉（公元25—220年）	星象图	《中国画像石全集》（卷6），图110
48	南阳丁凤店 金乌·星座	河南南阳卧龙区丁凤店	东汉（公元25—220年）	星象图	《中国画像石全集》（卷6），图112
49	南阳白滩 牛郎织女	河南南阳卧龙区白滩	东汉（公元25—220年）	牵牛织女	《中国画像石全集》（卷6），图116
50	南阳石桥 角抵	河南南阳卧龙区石桥墓	东汉（公元25—220年）	抵牛	《中国画像石全集》（卷6），图123
51	南阳麒麟岗 天象	河南南阳卧龙区麒麟岗汉墓	东汉（公元25—220年）	天象图	《中国画像石全集》（卷6），图128
52	南阳英庄 牵牛	河南南阳宛城区英庄墓	东汉（公元25—220年）	牵牛	《中国画像石全集》（卷6），图177
53	南阳 斗牛	河南南阳市区	东汉（公元25—220年）	斗牛图	《中国画像石全集》（卷6），图210
54	成都曾家包汉墓农作图	四川成都市郊曾家包东汉墓	东汉（公元25—220年）	农作场景	《中国画像石全集》（卷7），图46—图48

序号	题名	出土／发现地址	年代	相关内容	图像出处
55	郫县二号石棺 青龙白虎、牛郎织女	四川郫县（今成都市郫州区）新胜乡竹瓦铺	东汉（公元25—220年）	牛郎织女	《中国画像石全集》（卷7），图129
56	新津崖墓石函 牛车	四川新津崖墓	东汉（公元25—220年）	牛车	《中国画像石全集》（卷7），图205
57	日月星宿	河南南阳	不详	河鼓、织女星象	《南阳汉代天文画像石研究》图版23
58	长安县斗门镇西汉昆明池遗址牵牛、织女石刻像	西安市长安区斗门镇	西汉武帝时期，约公元前120年	牛郎、织女石刻	《逝者的面具——唐墓葬艺术研究》，第13—15页

　　汉画像的分布十分广泛，题材内容和艺术风格也迥然有别。信立祥在《汉代画像石综合研究》中，根据汉画像石分布的密集程度，将其主要划分为五个分布区："第一个分布区是由山东省全境、江苏省中北部、安徽省北部、河南省东部和河北省东南部组成的广大区域；第二个分布区是以南阳市为中心的河南省西南部和湖北省北部地区；第三个分布区是陕西省北部和山西省西部地区；第四个分布区是四川省和云南省北部地区；第五个分布区是河南省洛阳市周围地区。"[1]

　　根据上述一览表的详细情况，我们可以初步得出汉画像"牛郎织女"相关图像的分布情况。其中，12幅画像出自山东，4幅画像出自江苏徐州，2幅画像出自安徽，26幅画像出自陕西和西安，11幅画像出自河南，3幅画像出自四川。基本覆盖了上述的五个分布区，最具代表性的5幅"牛郎织女"汉画像（分别为序号1、48、49、55以及57）则分布于山东、河南南阳以及四川地区，这三个地区经济文化相对发达、雕刻技法相对娴熟，也具有一定的地方特色。可见"牛郎织女"画像的雕刻已成为当时社会的流行趋势，"牛郎织女"的神话也必定在当时的大部分地区得到传播。

---

[1]　信立祥，《汉代画像石综合研究》，北京：文物出版社2000年版，第13—15页。

二、汉画像"牛郎织女"的图文互释研究

"牛郎织女"神话起源于上古时期的星辰崇拜，该神话中的"牵牛星"和"织女星"作为星象，其原始内涵即深深植根于上古之民对于星辰的敬畏和崇拜，人们赋予天上的星宿以神性的品格，星宿主管着与人们生活密切相关的事宜，作为一种自然天象，以供人们占卜和祈祷。"牵牛"和"织女"分别与古代的农耕信仰和蚕桑信仰密切相关，因此，牛郎、织女的原始内涵，必然是人类在实际的生产生活中的经验，附会在天体星象的产物。

"通过文献的与图像的互文性阐释来深入挖掘中国古神话的价值，提高解释的有效性，了解各种神话的视觉呈现图式，进而更加全面地理解神话的文化内涵，了解中国文化的原型结构是十分重要的。"[1]特别是在当下，视觉文化崛起，图像理论新兴，运用图文互释的方法来分析"牛郎织女"神话的内涵是十分必要的。

（一）图像呈现与文本记载

"牛郎织女"神话在形成与发展的过程当中，具有两种不同的表现方式，即语言文本形式和图像画像形式。汉画像石中相关的"牛郎织女"画像，以其图像的直觉呈现，以画面构图的方式形象地、物象化地再现了这一神话的主要因素，具有独特的表现手段和叙述方式。汉代相关的语言文本材料也较丰富，详细记载和描述了这一神话的发展，亦具有独特的叙述模式。

---

[1] 朱存明，《论中国古神话在汉画像中的表现》，《兴大中文学报》，2010 年第 27 期。

1. 图像呈现

"牛郎织女"相关画像石的出现是牛女神话基本形成的标志。第一章中总结的《汉画像石"牛郎织女"神话代表性图像一览表》，能初步看出"牛郎织女"相关画像的信息，下面就对这些画像作一个简要的分类。

"牛郎织女"图像在整个汉画像中分布广泛，构图方式和画面内容也各种各样。根据这些图像具体的题材内容，"牛郎织女"图像大致可分为以下三类：

（1）牛郎织女图

以"牵牛"或"织女"为题名或主要内容的图像，此类图像中多伴有日、月图案，日中金乌，月中蟾蜍。牛郎织女起源于先民的星辰崇拜，这些图案要素和"牵牛"、"织女"共同出现在一幅画像中。

如图4-2，织女在纺织，位于日旁，日中有金乌。图4-3，青龙白虎与牛郎织女。图4-4的"牛郎织女"画像，织女纺织，牛郎牵牛，欲相向而不得往。

再如图4-5的金乌星座。图4-6中的日月星宿画像，主要内容有金乌、蟾蜍，苍龙、河鼓、织女星座，还有一颠倒仙人。

（2）农耕纺织图

此类图像多包含农耕场景、纺织场景，反映了汉代人们的耕织信仰和生存状态，画面多贴近日常生活。

如图4-7中的"牵牛"一图，形象鲜明，线法灵活，栩栩如生，宛如生活场景。而且一人牵一牛的场景，颇似图4-3及图4-4中牛郎牵牛的画面。

图4-8"狩猎、纺织、车骑出行画像"，画面中间一层为纺织场景，有织机、纺车，还有织布的女子，画面生动形象。图4-9拜会、乐府百戏、纺织画像，下层左下角为繁忙的纺织场景。

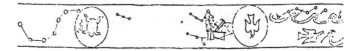

图4-2 孝堂山石祠隔梁底面画像

图4-3 郫县二号石棺 青龙白虎·牛郎织女

图4-4 南阳白滩 牛郎织女

图4-5 南阳丁凤店 金乌星座(部分)

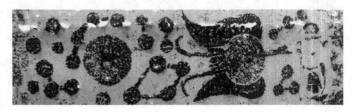

图4-6 日月星宿

图4-7　南阳英庄·牵牛

图4-8　狩猎、纺织、车骑出行画像

图4-9　拜会、乐府百戏、纺织画像

图 4-10　绥德墓　　　　　　　　图 4-11　横山孙家园子
门右立柱画像　　　　　　　　　　墓室壁组合画像（部分）

（3）其他

此类图像不同于其他四类，主要是一些形态古怪的图案，如图 4-10 中的出现于左上方的牛首人身东王公，图 4-11 中上方的牛首面具。还有一些画像诸如"牛首人身的使者"。

通过以上的代表性图像，我们可以更加确定，汉画像"牛郎织女"图像是该神话形成的标志。特别是图 4-3，该图题名为"青龙白虎·牛郎织女"，如题名所示，图画中一青龙一白虎，衔环出现，占了图片的大半，下方（为方便观看，原图经笔者旋转 180 度，此图为旋转之后的）中间为牛郎牵牛，右侧为织女似从天宫而来，两者相向而往，画面清晰明朗。牛郎和织女分别以牵牛和执梭来显明身份，青龙白虎是青龙星座和白虎星座，牛郎织女本源于星辰，人们在这样的一种星辰溯源中，找到了可以寄托情感的两颗星辰。此幅画像创作于东汉时期，是目前所见最早的牛郎织女画像图。[1]

汉画像为汉代的墓葬艺术，反映了汉代丰富多彩的现实生活，以及历史故事和仙界神话等，在当时以及后代都产生了广泛而深远的影响，贴近汉代人的日常生活和精神世界，是汉代人审美观、世界观以及婚姻爱情观的直观表现，也寄托了汉代人的思想情感。

2. 文本记载

"牛郎织女"神话的文本记载，主要是选取该神话在雏形期、形成期的主要文献，在时间上，即是从先秦到汉代，重点是承前启后的汉代的文献记载。

（1）雏形期（先秦）

《诗经》是我国第一部诗歌总集，大多采自流传于民间的歌谣，被儒家奉为经典，产生了广泛而深远的影响。《夏小正》是我国现存最早的一部农事历书，记载的是一年十二个月，每月的天象、气象、政事等。现举出其中与"牛郎织女"神话密切关联的两个例子，并加以分析。

1）《诗经·小雅·大东》：

> 维天有汉，监亦有光。跂彼织女，终日七襄。虽则七襄，不成报章。睆彼牵牛，不以服箱。[2]

这是文献记载的最早出现"牵牛""织女"星名的资料，在这首诗歌中，已然出现了构成"牛郎织女"神话的三个最基本的要素，即银河、织女和牵牛。诗人面向璀璨的星空，抱怨织女"不成报章"，织不成布帛；

---

[1] 中国画像石全集编辑委员会编，《中国画像石全集·四川汉画像石》，郑州：河南美术出版社 2000 年版，第 41 页。
[2] 周振甫，《诗经译注》，北京：中华书局 2002 年版，第 330—331 页。

抱怨牵牛"不以服箱"，不能拉车运输。意即它们虽为天上的星辰，光芒照耀，但却不能尽其职，徒劳无功，运用象征和隐喻等手法，借"怨天"来讽刺当时黑暗的社会现实。

这里的"牵牛"和"织女"虽未能各司其职，却已作为天上的星辰受到民间广泛的关注，人们根据与自身利益相关的生活经验赋予天上的牵牛星与织女星以神职。"牵牛"和"织女"同时出现在一首诗歌中，并非巧合，两颗星座隔银河相望，人们农忙之余仰观星空，由自然的天象联系生活现实，有感而发。

2)《夏小正》：

七月，汉案户，初昏，织女正东向，斗柄悬在下，则旦。[1]

七月，织女初昏时在正东方向出现，即标志着进入了秋季月序，"织女星"在七月的时候逐渐向东方移动。

从这两则文献，结合先秦时期的社会文化背景，我们可以得出"牛郎织女"神话在雏形期的主要特征及其所蕴藏的主要基因。

首先，"牛郎织女"神话的三个最关键的要素已经出现，即银河、织女和牵牛，这是该神话得以建构和继续发展的基础。织女和牵牛作为天上的星辰，初步具有了神格，反映了先民对于星辰的崇拜心理，他们借助上天的神力用来表达人的意志。

其次，牵牛和织女的不尽其责，一方面显示了该神话与古代农耕文化的密切相关，人们对于天象的关注，乃是源于自身生产生活的现实。另一方面，织女和牵牛在此时虽未产生相互之间的影响，人们也未形成他们是一对星辰的联想，但这种征兆却十分明朗。

最后，"织女正东向"的记载，也成为后来牵牛和织女隔河而相会的线索来源，为牛郎织女的相会提供了最初的科学依据。而且，出现"七

---

[1]〔汉〕戴德传，〔清〕李调元注，《夏小正笺》，北京：中华书局1985年版，第17—18页。

月"一词，也成为后来该神话情节发展的重要依据。

（2）形成期（两汉）

"牛郎织女"神话在两汉时期得以初步形成，这个时期该神话的主要形态特征是，从胚胎雏形中汲取因子，并发展扩散开来。"牵牛"和"织女"由天上的星象逐渐人格化，神性和人性相结合，并初步形成了牛郎织女银汉相隔不得见的悲剧情节。

主要的参考文献，诸如《史记》《淮南子》《汉书》《西都赋》《西京赋》《古诗十九首》等，这个时期的牛女神话仍沿袭雏形期的主要特征，在逐渐神格化、人格化的过程中牵牛和织女的联系越来越密切，最终演化为一对夫妻神。

1）"牵牛"与"织女"的逐渐神格化

"牵牛"和"织女"刚开始并非相对平衡的发展，"织女"作为"帝女"与牵牛起初并无直接的联系，织女具有尊贵的身份地位，成为人间恋慕的对象。《史记》和《淮南子》中均有相关记载：

《史记·天官书》云："织女，天女孙也。"[1]

《淮南子·俶真训》云："若夫真人则动溶于至虚，而游于灭亡之野，骑蜚廉而从敦圄。驰于方外，休乎宇内，烛十日而使风雨，臣雷公，役夸父，妾宓妃，妻织女，天地之间，何足以留其志？"[2]

织女的身份尊贵，在汉初人们的心目中，与雷公、夸父、宓妃等相提并论，充分显现了织女作为一位女神的神格力量。而这个时候的"牵牛星"未能获得类似织女这样显赫的身世和地位，就像它的星名一样朴实，文献记载仍是多涉及其作为星辰的特征，神化的特征并不明显。

2）"牵牛"与"织女"成为一对夫妻神

"牵牛"和"织女"从天上互不相关的两颗星辰，经过不平行的神格化发展，后又渐具人格化，发展成为一对夫妻神。例如班固的《西都赋》

---

[1] 〔汉〕司马迁撰，〔宋〕裴骃集解，《史记》，北京：中华书局 2000 年版，第 1310 页。
[2] 何宁，《淮南子集释》，北京：中华书局 1998 年版，第 128—129 页。

中所言："集乎豫章之宇，临乎昆明之池。左牵牛而右织女，似云汉之无涯。"[1] 以及张衡的《西京赋》："豫章珍馆，揭焉中峙。牵牛立其左，织女处其右。日月于是乎出入，象扶桑与濛汜。"[2]

汉武帝元狩三年于长安西南郊凿昆明池，以习水战。《汉书·武帝纪》云："元狩三年，发谪吏穿昆明池。"[3]《史记·平准书》云："越欲与汉用船战逐，乃大修昆明池，列观环之。"[4] 所引《西都赋》和《西京赋》中关于昆明池的描写，其中"牵牛"和"织女"以人形出现，他们有着世间男女一样的形躯，分别位于昆明池的左右，昆明池似云汉一般将其相隔。人们把天上的银河、牵牛和织女搬到人间来，牵牛和织女作为神，供人们膜拜，他们仍然是神，汉代的人们仍然把他们奉为星神祈祷，只是以人的形象和动态来进行联想。且此时，牵牛织女并非是独立出现的个体，而是一对夫妻神的姿态出现在人们的视野和想象中，这是牵牛织女人形化的关键。

3）牛郎织女神话的基本写定

牵牛和织女的神性和人性逐渐结合，且人格化的趋势更加显著，牛女神话在汉代也基本写定，汉代的历史文献记载和艺术作品中有充分的材料证明。

东汉时期的《古诗十九首》，是研究"牛郎织女"神话非常重要的文献材料，至此，牵牛和织女的人格化特征显著：

> 迢迢牵牛星，皎皎河汉女。纤纤擢素手，札札弄机杼。终日不成章，泣涕零如雨。河汉清且浅，相去复几许？盈盈一水间，脉脉不得语。[5]

人们对牵牛星、织女星的想象，已进展到隔着银河相望而不得见的一

[1] 〔梁〕萧统编，〔唐〕李善注，《文选》，北京：中华书局1977年版，第29页。
[2] 同上，第44页。
[3] 〔清〕王先谦，《汉书补注》，北京：中华书局1983年版，第90页。
[4] 〔汉〕司马迁撰，〔宋〕裴骃集解，《史记》，北京：中华书局2000年版，第1215页。
[5] 〔梁〕萧统编，〔唐〕李善注，《文选》，北京：中华书局1977年版，第411页。

对男女。牵牛和织女也已退去星辰和神的外衣，具有人的感情和行为。天象与人文进一步融合，人们把世间男女分离的悲痛投射到牵牛与织女二星隔着银河相望的天象上去，来寄托内心的复杂情感，牛女神话的情节要素和感情基调也因此得以基本形成。

在形成期，"牵牛"与"织女"从互不相关的两颗星辰，逐步发展成为人间恋慕的一对男女，人格化是这个时期该神话发展演变的关键。至《古诗十九首》，该神话的情节要素得以确立，并奠定了该神话的悲剧基调。汉代的"牛郎织女"神话更具世俗化、人形化，与汉代的政治、经济、社会文化等密切相关，是该神话前后传承的重要时期，是该神话进一步发展和演变的关键时期。

相关的图像材料与文献记载，笔者选取了较具代表性的如上列出。并将依据这些材料，从语言与图像两个视角，通过分析和探究两种符号形式的不同特性，进一步挖掘出汉画像中"牛郎织女"图像所具有的深刻内涵和文化意蕴。

所谓"语－图"互文研究，就是将语言和图像视为两种不同性质的文本，研究它们之间的互动关系及其普遍性模式。[1] 在本篇论文中，运用图文互释的理论来阐释"牛郎织女"神话，旨在通过对图像与语言两种不同形式的符号，分析它们相互转换的可能性，并将它们进行比照对话，以及二者的合力互补，从两种不同表现方式的符号系统中深入探讨"牛郎织女"神话的文化内蕴。

（二）"语－图"互文关系之相互转换

语言与图像之间的关系，可以划分为三个阶段，即文字产生之前，图像是人类表情达意最主要的工具，语言和图像尚未分化；文字出现之后，语言与图像开始分流、并行，而且呈现出语图互仿的模式；宋元之后，语

---

[1] 赵宪章，《传媒时代的"语－图"互文研究》，《江西社会科学》，2007 年第 9 期。

图关系迎来了"共存"的阶段，形成了"图文本"。

"牛郎织女"神话中具体图像与文献记载材料之间的图文关系首先表现为"因文生图"，意即图源于文，图像模仿语言。有关牛郎织女神话的画像在时间上的出现大都晚于相关的文学文本的材料记载，笔者收集到的汉画像石中的牛郎织女的相关画像基本产生的时间为东汉时期或是东汉以后，而牛郎织女的神话故事早在先秦时期已有所记载，即《诗经》和《夏小正》中已有较翔实的资料涉及。特别是《诗经》中的作品多为民间的百姓所作，说明彼时的"牛郎织女"神话故事已经在广大的民众之间广为流传。发展至汉代，更是上至《史记》《汉书》之类的史学专著，下至出自人民群众之口的《古诗十九首》，皆有关于牛郎织女神话故事的叙述。较之东汉而繁盛的汉画像石，应该可以确定牛郎织女神话的图像是在牛郎织女神话的文本记载的流传演变基础之上生发出来的。这个过程，也体现媒介之间由先前的语言媒介向图像媒介转化的一个过程，后出现的图像也必然有着文学所无法取代的独特功能和意义承载的独特方式。

1. 语言与图像两种符号的特性显现

语言与图像是两种各具特性的符号形式。先看具体事例，由事例出发分析图像是如何对语言进行模仿的。如上文中的图 4-2、图 4-3、图 4-4，与文献材料的《诗经·小雅·大东》《古诗十九首》，以及曹丕的《燕歌行》、曹植的《杂诗·西北有织妇》相比较。

图 4-2 题名为"孝堂山石祠隔梁底面画像"，画像刻日月星辰图像，分为南北两段。南段刻一日轮，日中有金乌。日旁有织女坐于织机上，上有三星相连，当为织女星座；织女后有六星。日轮外侧有相连的南斗六星及一小星，南斗下有浮云和一飞鸟。北段刻一月轮，月中有玉兔和蟾蜍。此画像在祠堂内正处于屋顶的正中部位，显然象征天空。[1] 此幅图像

---

[1] 中国画像石全集编辑委员会编，《中国画像石全集·山东汉画像石》，济南：山东美术出版社 2000年版，第 16 页。

中出现了一个"牛郎织女"神话的主要因素，即织女，而且该图像中充斥着日月星辰，织女本身是天上的星座，在此化为人间女子的扮相和装束以及行为举止，也能看出这时期的文学和艺术作品是天文与人文相互结合的产物。

我们不妨与曹植的杂诗相比较：

> 西北有织妇，绮缟何缤纷！明晨秉机杼，日昃不成文。太息终长夜，悲啸入青云。妾身守空闺，良人行从军。自期三年归，今已历九春。飞鸟绕树翔，嗷嗷鸣索群。愿为南流景，驰光见我君。[1]

曹植的这首《杂诗·西北有织妇》，表面上看是写一织妇悲惨的独居生活，实则写自己怀才却不得重用的凄苦生活，这与图 4-2 的画面内容相对一致。图中一织女独坐纺织，孤独凄凉之意顿显。

图 4-3 题名为"郫县二号石棺 青龙白虎·牛郎织女"，画像处于棺盖上，为青龙、白虎衔璧图。龙虎上方刻牛郎牵牛、织女执梭。《诗经·小雅·大东》是目前发现最早的记载牛郎织女神话的文献材料，此幅画像是目前所见最早的牛郎织女画像图，不同于《诗经》中的阐述，即牛郎织女的故事还处于雏形或者说是胚胎阶段，牵牛与织女还只是作为星座被人们所熟知，并没有后来曲折、凄美的故事。

此图虽为最早可见的牛郎织女图，但是画面内容和构图方式已经相当成熟。甚至不难从中看出织女牵牛作为一对"恋人"渴望相见的激动心情，牛郎牵牛、织女执梭的故事因素已然清晰，只是缺少了阻隔的银河这一必要因素。但从相对硕大的青龙白虎衔璧图，牛郎和织女的力量明显是弱小的，是不能如愿相见的。这与《古诗十九首》中的《迢迢牵牛星》以及曹丕的《燕歌行》也有异曲同工之妙，写相望不能相见的凄楚、无奈："明月皎皎照我床，星汉西流夜未央。牵牛织女遥相望，尔独何辜限

---

[1] 〔梁〕萧统编，〔唐〕李善注，《文选》，北京：中华书局 1977 年版，第 416 页。

河梁？”[1]

图 4-4 题名为"南阳白滩　牛郎织女"，图像左上有七星相连成圆形，内雕玉兔，表示月宫。其下四星相连成梯形，内有一高髻女子拱手跽坐，应是织女，即女宿，中部刻白虎星座。右上三星为牵牛星，亦名河鼓二。其下刻牛郎牵牛图。画间饰云气。[2] 图 4-4 与图 4-3 的画面内容比较相似，都有牛郎牵牛和织女，较为不同的是织女和牛郎的方位不同，织女的形象略有不同，图 4-3 依稀能看出尚为翩翩的仙女，而图 4-4 则为普通的劳动妇女的装束，且被一类似"门"字形状的东西所困。还有一较大的不同是画面的其他内容，图 4-3 为青龙白虎，此处为日月星辰，还环绕着云气。图 4-3 点明了牛郎织女神话的主要因素和故事因子，但通过比较便可发现图 4-4 更为贴近生活，是天上与人间的相互融合。

三幅典型的"牛郎织女"画像，有着颇多的相似之处，例如都会出现神话的主因子，或是"牵牛"，或是"织女"，且都幻化为人形，牛郎牵牛，织女纺织。另外，三幅画像中都会出现相应的星辰，或为日月星辰，或为青龙白虎星座。画面内容如此接近，可以确定的是这个时候的牛女神话已然深入民间，并已形成了一定的叙事模式。

图像的主要特点在于其直观性，把所要表达的对象直观地呈现在读者面前，相对而言，图像表达的对象内容一目了然，观者所受的欣赏条件的限制较小，是大多数观者多能理解的一种符号方式。直观的呈现方式，也必然带来画像的强烈感染力。曹植曾曰："观画者见三皇五帝，莫不仰戴；……见令妃顺后，莫不嘉贵。"[3] 图像具有极强的相似性，给观画者带来较强的感染力。英国学者彼得·伯克在其著作《图像证史》中认为图像研究关注的是"本质意义"，也即"揭示决定一个民族、时代、阶级、宗教或哲学倾向基本态度的那些根本原则"。[4] 达·芬奇认为，图像叙事能立

---

[1] 〔梁〕萧统编，〔唐〕李善注，《文选》，北京：中华书局 1977 年版，第 391 页。

[2] 中国画像石全集编辑委员会，《中国画像石全集·河南汉画像石》，郑州：河南美术出版社 2000 年版，第 40 页。

[3] 〔唐〕张彦远，《历代名画记》，北京：人民美术出版社 1964 年版，第 3 页。

[4] ［英］彼得·伯克著，杨豫译，《图像证史》，北京：北京大学出版社 2008 年版，第 43 页。

刻被人所知晓其中的准确信息和内容，而不用像语言那样要借助翻译等工具，图像便能够更加清晰和准确地将一切传达给我们。[1]《历代名画记》是唐代张彦远的著作，他在其中讲述道："记传所以叙其事，不能载其容；赋颂有以咏其美，不能备其象；图画之制，所以兼之也。"[2] 图像可以兼有记传和赋颂的长处，且能弥补它们的不足。

语言文本则是"通过间接的、迂回的途径表达意义，这是只有少数学者才懂的任意的语码中介"[3]。语言相对图像，它的叙述方式相对抽象和晦涩得多，往往需要读者具有一定的文化修养和理解能力。语言文本所传达的思想也常隐晦，不易捉摸，造成一些理解上的障碍和误会，因为语言符号能指和所指之间的关系是"任意"的、约定俗成的。

从上述所举的实例中也不难发现，文学文本涉及的多是想象的空间，多是以作者的思想感情为主，由此展开联想，传达情感。当然，画像也引发人们的联想，形成一定的想象空间，但是画像更为侧重的是对世俗空间的刻画，多是直观地阐述人的所观所想，创作者主观的思想感情透露得较少。

"语言"与"图像"是人类用来表情达意的两种主要符号，二者有其相同之处，也皆有其作为符号的特性。一般而言，图像属于空间艺术，语言属于时间艺术，不同的媒介材料，使得它们各自形成独特的表现方式与表现规律。作为表意符号，语言和图像有不同的意指功能，语言符号与对象之间的联系是约定俗成的，能指和所指是任意的，而图像符号依据的则是"相似性"，"图像之所以是一种隐喻，就在于它的生成机制是喻体和喻旨的相似"。[4] 图像也因此具有虚指性。

---

[1] [意] 列奥纳多·达·芬奇著，戴勉编译，《芬奇论绘画》，北京：人民美术出版社1979年版，第17页。

[2] 何志明、潘运告编著，《唐五代画论》，长沙：湖南美术出版社1997年版，第140页。

[3] [美] W.J.T. 米歇尔著，陈永国译，《图像学：形象、文本、意识形态》，北京：北京大学出版社2012年版，第98页。

[4] 赵宪章，《语图符号的实指和虚指——文学与图像关系新论》，《文学评论》，2012年第2期。

2. 相互转换之可能性

"语言"和"图像"作为两种不同的表意符号，虽各有特性所在，然二者之间仍有相通之处，可相互转换。

（1）同一的文化环境

符号与其所要表征的对象之间存在于一个空间中，在这个空间中"把它们结合在一起的是知识内部的一物的观念与另一物的观念之间建立起来的纽带。"[1] 从这个角度来看，"语言"与"图像"作为符号，也必然服从于这一说法，连接知识内部的一物与另一物的观念，在同一个空间中，探索人类文明的深度内涵，这同一空间，笔者认为应是同一文化空间，即承载着人类的集体意识和深层经验的文化共同体。从这个意义上看，"语言"与"图像"同处于一个文化空间中，从而有了相互转换的"大环境"。

中国古代是农业社会，注重农桑的生产，因而农耕和蚕桑成为人们的衣食根基所在。汉画像中反映此内容的画像有多幅，如图 4-12，画面分为两层。下层刻一建筑，上层刻纺织图，共刻四位妇女，一人拿来一束丝，一人在维车上络纬，一人抱一婴儿交给坐在织机上的织女。[2] 再如图 4-13，画面分为三层，下层刻牛耕图：一牛引拉一犁，一农夫扶犁耕地。

图 4-7 题名为"南阳英庄·牵牛"，图像处于主室门楣背。一耕者，梳髻着襦，一手执物似鞭，一手牵牛。牛角如叉，垂尾。[3] 汉画像石中还有诸如庖厨图、狩猎图、放牧图、生活场景图等等，与汉代的社会政治经济文化等等背景密切相关。有关纺织场景和农耕场景的图像颇多，有关"牛"的形象的画像也非常多，这些画像与牛郎织女神话密不可分，该神

---

[1] ［法］米歇尔·福柯著，莫伟民译，《词与物——人文科学考古学》，上海：上海三联书店 2001 年版，第 85 页。

[2] 中国画像石全集编辑委员会编，《中国画像石全集·江苏、安徽、浙江汉画像石》，济南：山东美术出版社 2000 年版，第 30 页。

[3] 中国画像石全集编辑委员会编，《中国画像石全集·河南汉画像石》，郑州：河南美术出版社 2000 年版，第 63 页。

图 4-12　纺织、建筑画像　　　　　　　　　　　　　　　图 4-13　牛耕画像

话即是在汉代的背景下滋生和发展的。"诗言志""诗缘情"，汉代的文学
作品和历史文献也必然是从这一文化空间中获得养分。

（2）形象再现

图像符号的最基本单位是点、线、面，即呈现在图像之中的语言。语
言符号的基本单位是音素、音节等，是指呈现在语言之中的图像，是语言
由实指滑向虚指的符号变体。[1] 从这个角度上来看，它们有着共同的文法
与语法。文学与图像能够实现"统觉共享"的基点在于二者的构成基因，
语言的"语象"与图像的"物象"之间能够互相联想和互相模仿。

形象再现是文学与图像的核心——语言符号与视知觉的不同认知方式
在相互关联、影响下对文学形象的重构。[2] 何为"象"？据《韩非子·解
老》中所记载，先民难得见到活生生的大象，看到的多是大象死去的骨骸
残骸，人们所以根据这个残骸来想象大象活着的样子，所以后人把意想

---

[1]　赵宪章，《语言符号的实指和虚指——文学与图像关系新论》，《文学评论》，2012 年第 2 期。

[2]　高小康，《文与图：从空间再现到空间分裂》，参见赵宪章主编《文学与图像》，南京：江苏教育出版社 2013 年版，第 55 页。

的对象称之为"象"。[1] 由此可见，"象"字深层意为想象之意，即通过对材料的整理，经过头脑的加工，从而创造出新形象的思维过程。《周易略例·明象》有言曰："夫象者，出意者也。言者，明象者也。尽意莫若象，尽象莫若言。……故言者所以明象，得象而忘言；象者所以存意，得意而忘象。"[2] 此处的"言""象""意"意从象出，明象者言。"言"为显性的存在，是表意的符号，这篇论文中涉及的"语－图"关系中的语言和图像都属于出意的"言"。它们有着一个共同的目的，即是为了将所要表达的深刻内涵用较显性的方式呈现出来，只是在呈现的过程中，"图像"相对更加直接和通俗，"语言"则相对抽象和晦涩。

由此可得出结论，形象的"再现"是语言与图像两种不同媒介之间相互沟通和转换的共通点所在。

（三）"语－图"互文关系之对话与互补

"语言"与"图像"同处一个共同的文化空间中，通过形象的"再现"实现相通和互相转换的可能。接下来，笔者主要通过这一共同文化空间中图像与文本的情感对话、时空共同体及合力互补三个方面阐述"牛郎织女"神话的图文关系。

1. 情感对话

"牛郎织女"神话的图像与文本之所以能够形成互文，关键是缘于"共同读者"的存在，这种互文的关系是建立在共同接受者的基础之上，建立在"共同读者"情感共鸣的基础之上。

首先，从汉画像中"牛郎织女"及其相关画像来看，囿于图像本身

---

[1] "人希见生象也，而得死象之骨，案其图以想其生也，故诸人之所以意想者皆谓之象也。"见张觉《韩非子校疏》，上海：上海古籍出版社 2010 年版，第 392 页。
[2] 〔魏〕王弼撰，楼宇烈校释，《周易注》，北京：中华书局 2012 年版，第 284—285 页。

的瞬间性，一幅画像只能表现某一瞬间发生的事情，并且记录下来。创作者们往往选取最为触动人心、最为重要的一幕进行刻画。具有代表性的几幅牛郎织女画像也是如此，画面中一般出现牛郎、织女、牛及其相关的星宿。牛郎和织女分别位于画面的两侧，不能团聚，却总是有渴望相聚的指向。织女多在织布，牛郎多为牵着牛与织女的位置相向，中间隔着的是他们无法跨越的障碍。

鉴于此，汉画像中"牛郎织女"的相关图像表现的虽为瞬间凝固的客观状态，但是我们从中却看到画面的律动，甚至是创作者内心的活动。"牛郎织女"神话本身的流传和发展也是来源于人类的集体无意识，无数人的情感汇集而成，因而一幅画面并非只是客观的再现，也是人的思想和情感的产物。牛郎与织女虽然分离，但是从画像中依然能清晰地看到他们渴望相聚的事实。人们通过观看画像也会因为形象的刺激而更加盼望他们的团聚。

其次，从相关文本的记载来看，《诗经·小雅·大东》篇是"牛郎织女"神话最早的文献记载，虽然只处于雏形阶段，与之后的牛郎织女神话内涵有所差异，但是在这首诗歌中最早出现了牵牛、织女的星座名，反映了人们最初对于星辰的崇拜和信仰，为以后牛郎织女神话转向世俗的人文社会打下了基础。只是在这首诗歌中作者似乎在抱怨星宿未能各司其职，更多的是情绪上的发泄。班固的《西都赋》与张衡的《西京赋》则多以方位上的相离——"左牵牛而右织女"、"牵牛立其左，织女处其右"来表达对牛郎织女相隔云崖无奈的同情。《古诗十九首》中的《迢迢牵牛星》重点在"终日不成章，泣涕零如雨"，"盈盈一水间，脉脉不得语"。清且浅的河汉，却只能隔岸相泣，无语泪焉。这何尝不是对事实的埋怨和控诉，对不公平的制度发出的怒吼。

在汉代及汉代之前的文学作品以及汉画像石中的有关描述，人们渴望"牛郎织女"能长相厮守，对他们相隔不得见表示同情和无奈。

再次，汉代的官僚任命制度规定，汉代的地方官吏在任职期间不允许携带家属，独身生活一方面使他们有闲暇去探索自然天象的奥秘，另一方

民俗之雅

面长期的孤独又使得他们更加思念妻子儿女，对这种非人性化的制度也十分抱怨。因而联想到天上牛郎织女银河相隔而不得见的状态，又何尝不会连及自身，无奈扼腕长叹。

这种情绪深埋在汉代人的心中，因而在文学作品和汉画像的艺术表现世界中也必然笼罩着这种无奈和敢怒不敢言的愤懑之情。

在汉代的时代氛围下，图像与文本两种表现形式都是为人们的内心所服务的，表达积聚在人心中的情愫，使之得以寄托和畅怀。汉画像中牛郎织女图像也一定给予了创作者、接受者等复杂的情感，加之汉画像石是死亡的艺术，汉代人相信存在死后的另一个世界，画面之外存有更多的画面，"艺术审美者通过想象、联想的再创造，从视知觉感受到的画内有限空间去感知无限的画外空间"[1]。

2."语言"与"图像"的时空共同体

在古代中国人的世界观中，宇宙万物的运行都离不开时间与空间的密切联系，都必须处于适宜的时间点和空间点，如此才能保得风调雨顺和生活的吉利、祥和，反之，则会遭到凶祸。

图像是空间艺术，是物质存在的一种客观方式。"在空间之中，对象的形状、大小以及相互之间的关系是确定的，或是可以被确定的"[2]。叙述空间是叙述形象的存在范畴，叙述形象（形状、大小、位置、关系）必然依存于叙述空间。汉画像的具体一幅画像是客观存在于一块石头上或砖上。汉画像图像的叙事以及传播媒介是雕刻或笔墨等，能够较容易地表现出所要表达的物象的形象特征，以及物象的姿态和动感。如图4－3所示，画像刻在具有一定长宽高的石头上，此画面中主要有四个物象充盈，分别为牛郎牵牛、织女执梭作飞奔状，青龙和白虎，物象的位置和形态非

---

[1]　潘秀通，《电影的空间观》，《文艺研究》，1988 年第 1 期。

[2]　[德] 康德著，邓晓芒译，《纯粹理性批判》，北京：人民出版社 2004 年版，第 27 页。

常明确。

　　时间和空间都是"时空"有机体的部分，而不具有独立性。时间与空间一经一纬地交织与融合才能构成画面，从而实现图像叙事的功能。叙述空间和叙述时间一旦脱离叙述时空总系统则不具有意义。就这个时空体而言，图像的时间和空间相互交织，在纵向关系上看，时间空间化，从横向关系上看，空间时间化。时空因而具有相对性，即没有独立的时间和独立的空间。表面上看来，图像叙事由于叙事停顿的原因，时间让位于空间，但时间并没有因此停止。相反，画面时间虽然暂停了，但是由于象征、隐喻的使用，读图时间、想象时间、审美时间却被强化。例如，人们在欣赏"牛郎织女"的汉画像时，看似会被相对局促的空间所限制，但是人们从相对静止的画面空间中，从生动形象的图案中，展开想象，突破画面的相对静止，突破空间的限制，逐渐形成有先后有连接的时间点，在此基础上，与语言文本的时间点相联系，共同为表现同一个主题服务。语言（文学）是时间艺术，存在一种时间顺序，以有声有形的语言文字为媒介，时间上绵延、顺承，多用来叙述故事，表明故事传承的时间流程。

　　作为一门艺术，甚至而为人类经验中的所有事物，都是时空结合的构造，不可能为单一的"唯空间"或"唯时间"的结构。如"一首诗既不是直义的时间形式，也不是比喻意义上的空间形式，而是一个时空构造。"[1]同样，一幅画像，也并非简单意义上的空间位置或是形状，而是空间中包孕着时间的时空构造。由此可见，时间和空间的构造也成为人类生存空间的框架，文化必然地处于某一具体的时空当中，人们的物质和精神秩序也必然地依存于时空所架构起来的框架结构。那么，图像叙事必然地也存在于具体的时空范畴中，建立起图像叙事的时空架构，图像在叙事的时候必然地使空间转化为时间，才能达到图像叙事的可能。

　　画像的各个部分之间、图像与文字之间、画像与画像之间的相互连接

---

[1]　[美] W.J.T. 米歇尔著，陈永国译，《图像学：形象、文本、意识形态》，北京：北京大学出版社2012年版，第129页。

必然依附于一种内在的时间秩序，也因此才能构成连贯起来的意义。一切系统都必为一个整体，单独的一块画像石也必然离不开墓葬的整体，必然是整体中的一部分。因此我们在分析的时候一方面要注重单块画像石的时空构造，另一方面也要放到整个墓葬的时空体系中去分析。例如此块画像石是何内容，在墓葬整体中的位置怎样，作用如何。再结合整个汉代的社会大环境来考察，从而从微观和宏观两个方面做出较深入的研究。亦即空间中包孕着时间，时间中也包孕着空间，时空相互交融，不可截然分割。

从空间角度分析文学语言，"意味着从特定文化的整体关系中探索和分析文学经验与世界的深层生态关系"[1]。语言叙述故事采用时间的顺序，却也是为探索和分析文学与世界的深层关系，与社会文化的空间构筑成一个互文的时空结构。

在汉画像石中，图像与文学的互文关系可以做出如下的总结：图像与文学都是时间与空间相互交融的时空构造。其中，图像多以空间的布局角度来演绎汉代人的生死观和对于死亡的想象，"透过祭祀的典仪空间，也构连、凝聚了宗族意识与集体同一性，其中隐涵了一套宗法社会的意识形态和权力运作的机制"[2]。画像各部分之间、画像与画像之间、画像与墓葬整体之间、墓葬与汉代的社会背景之间都构成了层层的空间指涉，即空间中包孕着空间。画像中的榜题与画像之间从结构上来看构成了空间上的组合，汉画像与汉代及汉代前后的文学文本在整体的社会文化系统中也构成了一个空间的层层组合关系。它们之间的联系、传承以及相交互，从而呈现出一个多重文本之间的相互指涉的多重空间构造。从历史传承的角度来看，空间中又必然包孕着时间。时间与空间相交汇，构成一股张力。"这股张力一方面显示人有其土著性与历史性，受现世时空所限制；但另一方面又指出一族人有其超越的连系，超出现世时空，而与灵界（神话）的时

[1] 高小康，《文与图：从空间再现到空间分裂》，《文学与图像》（第 2 卷），南京：江苏教育出版社 2013 年版，第 56 页。
[2] 郑文惠，《文学与图像的文化美学——想象共同体的乐园论述》，台北：里仁书局 2008 年版，第 11 页。

空拉上关系。"[1] 从这个角度上来看，"牛郎织女"神话一方面贯穿整个社会文化空间，另一方面贯穿历史发展的进程，是人类历史发展进程中的一个重要阶段。

3. 语言与图像的合力互补

需要强调和注意的是，语言与图像仍然有着各自独特的个性，语言联结时间叙事，为推论性的实指符号，较强势。图像联结的是空间叙事，为表象性的虚指符号，较弱势，这是语言与图像产生差异或者说是图文缝隙的主要根源。诗画关系是图文关系在古代的一种说法，对于诗与画关系的理解，宗白华认为"诗和画各有它的具体的物质条件，局限着它的表现力和表现范围，不能相代，也不必相代"[2]。诗与画各自有特性所在，也囿于客观的条件在表现力和表现范围上有所局限，因此二者不能相互取代，也没必要相互取代。语言与图像之间的差别并不是本质上的差别，二者都是将所要指涉的对象通过表征性的符号描述出来，通过形象再现的方式传达出对象蕴含的深刻意义和内涵。也就是说，语言与图像的差异并不能在根本上控制着它们作为符号和艺术的本性，它们所要再现的对象以及所要传达的人类精神世界是一致的。一种文化总是有一些差异在起作用，使这种文化清理出其符号和象征组合中的独特性质。诗与画之间争论绝不仅仅是两种符号之间的竞争，而是身体与灵魂、世界与精神、自然与文化之间的一场斗争。[3]

文学与图像作为重要的两朵艺术奇葩，它们的存在必然不是要取代彼

---

[1] 关永中，《神话与时间》，台北：台湾学生书局 2007 年版，第 209 页。

[2] 宗白华，《美学散步》，上海：上海人民出版社 1981 年版，第 13 页。

[3] [美]W.J.T. 米歇尔著，陈永国译，《图像学：形象、文本、意识形态》，北京：北京大学出版社 2012 年版，第 58—59 页。

此的位置，艾尔雅维茨所说："在艺术的表现与其所指称的对象之间，必然永远存在着一种差异，因为差异是认识在审美和视觉方面得到满足的根源。"[1] 正是这种差异性的存在，才使得这种转换具有较强的审美感受。"艺术能够做到的不是实际上取代彼此的位置，而是相互间提供新的力量。"[2] 比如一些最令人愉悦的音乐似乎总是接近于形象，接近于绘画。在艺术殿堂中，图像与文本为对方提供新的材料和力量，同时也汲取新的材料和力量，从而促进各自以及整个艺术的繁荣发展，促进人类物质文明和精神文明的长足进步。

三、汉画像"牛郎织女"图像的文化意蕴

经过第一章和第二章的叙述，我们对牛郎织女神话的渊源及其流传演变，对该神话图文互释的共同时空体，对某些代表性的画像等等都有了较深的认识和了解。第三章则是在前两章的基础之上，重点探讨汉画像"牛郎织女"图像的文化内涵。

维科认为"人类文化的真正统一表现为语言、艺术和神话的三者合一"[3]。反之亦成立，即语言、艺术和神话三者合一的基础则是建立在人类文化的真正统一的基础之上。汉画像是汉代特有的艺术形式，亦是一个时代、一个民族特有的艺术形式，背后蕴含了深刻的文化内涵。"牛郎织女"图像的出现，深深扎根于汉代的耕织信仰、生死观、宇宙观等历史文化土壤中，也从汉民族大的历史环境中获取营养成分。

---

[1] ［斯］阿莱斯·艾尔雅维茨著，胡菊兰、张云鹏译，《图像时代》，长春：吉林人民出版社 2003 年版，第 47 页。

[2] ［英］沃尔特·佩特著，张岩冰译，《文艺复兴：艺术与诗的研究》（插图珍藏本），桂林：广西师范大学出版社 2000 年版，第 151 页。

[3] ［德］恩斯特·卡西尔著，黄龙保、周振选译，《神话思维》，北京：中国社会科学出版社 1992 年版，第 4 页。

（一）汉代的耕织信仰及生死观

1. 汉代的农耕信仰及蚕桑信仰

恩格斯认为："政治、法律、哲学、宗教、文学、艺术等的发展是以经济发展为基础的。"[1] 汉代是中国封建社会大一统的朝代，经济取得重大突破。中国封建社会所依附的经济模式是自给自足的小农经济，因此农耕和纺织是与人类最为息息相关的经济生活，也影响了汉代人的政治、文化以及汉代人的精神世界。

牛耕的方式是在汉代被普遍采用的，如《汉书·食货志》中提及的："用耦犁，二牛三人。"[2] 这种现象当然也广泛地反映在汉代的画像中。比如之前提到的牛耕一图，再举两例以作佐证：

> 先民最初的生产活动主要是依靠农业和畜牧业，这便需要掌握好时间的变化和历法的规律，因而，可以说，古代的天文学是依附于农业和畜牧业的发展而产生和发展起来的。诸如，牛在古代的农耕及祭祀仪礼中象征着神秘的力量。中国古代早就有这种农耕的信仰，远早于牵牛星的命名。因而，在成为星名以前的牵牛，是作为农耕信仰中重要的神圣动物而存在的。

古代妇女以治丝纺织为主要的工作和生活，把桑树看作神木，具有"生殖""不死""再生"相关的神秘力量。织女在作为天上的星宿名称之前的原始意义当源于人们对桑树的崇拜，织女也成为司掌人间纺织丝治的桑神，这与古代妇女以蚕桑纺织为主要社会工作的实际劳动相关。迄今，仍有妇女希望通过祈祷桑树来求得子嗣的情况。"和田地区某处的维吾尔

---

[1] 《马克思恩格斯选集》（第4卷），北京：人民出版社1972年版，第506页。
[2] 〔清〕王先谦，《汉书补注》，北京：中华书局1983年版，第513页。

图 4-14　绥德四十里铺墓门右立柱画像　　图 4-15　靖边寨山墓门左立柱画像

族妇女，祈求生育时，去祭拜一棵大桑树，祭毕，摘食桑叶。"[1]

《淮南子·齐俗训》："故神农之法曰：'丈夫丁壮而不耕，天下有受其饥者；妇人当年而不织，天下有受其寒者。'故身自耕，妻亲织，以为天下先……而天下均平。"[2] "牛郎织女"神话正是在这种早期的小农经济体制下所反映出的一种社会生活和人们思想上早期星辰崇拜相结合的映照。

2. 汉代的丧葬习俗及生死观

汉代人相信鬼神传说，相信人死后仍有一个世界，且与现世的人世相通。"死人有知，与生人无以异。"[3] 现世的人生与死亡的世界共同构成一

---

[1] 赵国华，《生殖崇拜文化论》，北京：中国社会科学出版社 1990 年版，第 223 页。

[2] 何宁，《淮南子集释》，北京：中华书局 1998 年版，第 821 页。

[3] 黄晖，《论衡校释》，北京：中华书局 1990 年版，第 962 页。

个完整的宇宙。人们为了摆脱对死亡的恐惧，为了现世的幸福和死后的幸福，在脑海中逐渐幻想和营造出一个虚幻的景象，人们说服自己完全相信了这个虚幻的景象，逐渐形成一种不死的信仰，即升仙。

从这个角度上来看，汉画像出现的根源则是承载了人们对生的渴求以及死后的追求。墓葬以及具体的画像则成为生命的载体，成为人们灵魂的寄居场所。法国学者列维－布留尔在其著作《原始思维》中写道："逼真的画像或者雕塑像乃是有生命的实体，乃是原型的灵魂之所寓，不但如此，它还是原型自身。"[1] 对于汉代人而言，死亡并不是人生命的终结点，反之可以说成是人生命的新的起点。死亡只是人类生存的另一种不同的模式而已。汉代人也因此正确地看待生与死的关系，认为有生便有死，正如有始就有终一样，是自然发展的必然规律。虽然这是带着并不科学的基于迷信的信仰，但却可算是坦然面对生死问题，并形成了汉代独特的生死观。

巫鸿谓："一旦圣祠被建造，祖先的灵魂迁入后，在死者和生者之间的关系便通过恒定的牺牲继续着。"[2] 建造祠堂、墓室等，实际上生者期冀通过种种方式将后世子孙与祖先神灵相联系，将现世的空间与祖先的神灵相联系。文学、艺术、哲学、宗教等等，皆是由人们对于死亡这一事实触发的精神活动，"是解决生存焦虑的一种方式"[3]。汉代，"世以厚葬为德，薄终为鄙，至于富者奢僭，贫者单财，法令不能禁，礼义不能止"[4]。汉代盛行厚葬之风，以厚葬为德，反之为鄙。这也是汉画像石产生的重要原因所在，人们为了使得死者的灵魂有所寄寓，死者的衣食起居能和生者一样，必定要为之建立与生者相当的丧葬礼制性建筑，并配之以与生者相通的饮食起居。当然为死者丧葬的汉画像石，本质上是为了生者活着的需要。

[1] ［法］列维-布留尔著，丁由译，《原始思维》，北京：商务印书馆 2010 年版，第 37 页。
[2] ［美］巫鸿著，柳扬、岑河译，《武梁祠——中国古代画像艺术的思想性》，北京：生活·读书·新知三联书店 2006 年版，第 224 页。
[3] 袁阳著，《生死事大——生死智慧与中国文化》，北京：东方出版社 1996 年版，第 4 页。
[4] 〔南朝·宋〕范晔撰，〔唐〕李贤等注，《后汉书·光武帝纪》（卷一），北京：中华书局 2000 版，第 36 页。

汉画像中也颇多祭祀的场景，以及日常生活的画面。首先，整个汉画像艺术，就是汉代丧葬礼俗的产物，人们建造了供死者寄居的丧葬建筑，并雕刻画像，主要内容包括神话传说、历史人物、风土人情及典章制度等。建筑的位置、规模，画像雕刻的技法、内容、位置等都有着严格的设定，一般分为现世生活、神仙世界以及鬼神世界，共同构成一个相通的宇宙空间。

由汉代的经济社会制度，特别是耕织信仰、丧葬制度以及生死观等，我们也可以从中对汉代的爱情及婚姻观作一简单的窥视。汉代的婚姻制度，极其强调等级观念，要求门当户对。汉代的社会制度对当时的爱情婚姻采取强制的态度，"恋爱和婚姻的当事者犹如网中之鱼，已经丧失了情感的独立和行为的自由"[1]。例如汉代的长篇叙事诗《孔雀东南飞》中，从刘兰芝悲剧的爱情和婚姻生活中，可以较深刻地感受到汉代的封建婚姻观以及妇女低下的地位及可悲的命运。且汉代的官僚体系规定做官的官员要远离家庭在外任职，长期与妻儿分离，聚少离多的生活现实，是促使牛郎织女神话故事由天上的星辰演变为世俗的人世生活的直接原因。汉代的爱情与婚姻受到大家庭和社会的制约，无法获得爱情和婚姻的自由，人们也将此种情感诉诸星辰，排遣内心的寂寞和无奈。

构成牛郎、织女爱情悲剧的原因，表现为一种社会的传统力量、固有观念、文化习俗和道德规范。[2]

（二）"阴阳交泰"的宇宙观

1. "天人感应"思想

《黄帝内经·素问》曰："余闻善言天者，必有验于人；善言古者，必

---

[1] 李立，《文化嬗变与汉代自然神话演变》，汕头：汕头大学出版社 1999 年版，第 88 页。
[2] 同上，第 87 页。

有合于今。"[1] 天地人相互沟通与相互感应之中，天地人形成的宇宙空间与过去现在将来形成的宇宙时间才能相融合，而构成一个整体的时空建构。董仲舒的《春秋繁露》言曰："天亦有喜怒之气，哀乐知心，与人相副。以类合之，天人一也。"[2] 文化不断向前发展，天逐渐人化，具有人的喜怒哀乐，一些英雄人物逐渐神化，在不断的契合中，天人感应的理论逐渐建立起来。

人们通过礼仪，特别是祭祀活动，使神话具有可循环性的特点，人们按照特别的祭祀节日、祭祀活动及礼仪制度，"一再返回礼仪所'纪念'的神话事迹与时光之中，以与其中的人物神往交还"[3]。

汉代人眼中的天不仅仅是纯自然性的，具有道德的属性。天文是与人文相对应的。宇宙虽然是人对于外界的思考，但实质却落到人的关系，比如宇宙中的物象带有人的特征，带有人世间的社会秩序或道德规范，是这种人的关系的一种象征性的表现。

汉画像石艺术的本质特点可以归纳为追求人性与神性和谐的产物，墓葬祭祀的最重要的功能是提供生者与死者进行交流沟通的机会，反映客观的天象是为了表现人的观念形态，汉画像星图主要是反映汉代社会意识的人文科学性质的文物。[4] 例如汉画像石的典型代表，山东武氏祠石刻画像，其组构方式和内涵主题则是"以丧葬 - 祭祀为核心意义开展而出的文化建制行为。大致呈现为一种人性结合神性的天人结构模式。"[5] 与建立在天命论基础上的政治理论密切相关，天人神的关系从根本上说是深深扎根于政治体系和理论观念中的。

牛郎织女的神话溯源至先民对于星辰的崇拜心理，"牵牛"和"织女"

---

[1] 郭霭春编，《黄帝内经素问校注语译》，天津：天津科学技术出版社 1981 年版，第 234 页。
[2] 〔汉〕董仲舒撰，〔清〕凌曙注，《春秋繁露》，北京：中华书局 2012 年版，第 445 页。
[3] 关永中，《神话与时间》，台北：台湾学生书局 2007 年版，第 119 页。
[4] 陈江风，《天文与人文——独异的华夏天文文化观念》，北京：国际文化出版公司 1988 年版，第 95 页。
[5] 郑文惠，《文学与图像的文化美学——想象共同体的乐园论述》，台北：里仁书局 2005 年版，第 42 页。

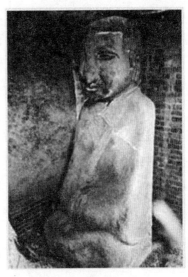

图 4-16　西安市斗门镇西汉昆明池遗址牵牛、织女石刻像

早期作为星座被人们膜拜，后逐渐神格化。发展至汉代，逐渐人格化、世俗化，牛郎和织女由星座、天神逐而清晰可见凡人的形态样貌，且与汉代日常生活相结合，成为普通劳动者的典型代表。人格化、世俗化的"牛郎织女"，与人间的百姓更加亲近，人们通过瞻仰和膜拜，来祈求美好的生活和愿望。

西安斗门镇发现的有关牛郎织女石刻的画像，是牛郎织女神话从天上的星宿具象化为人的标志。当地的人们通过联想，把"牛郎"和"织女"具化为"石爷""石婆"的雕像，并结合"银河"这一重要因素，将二者居昆明湖两侧，似有相向而望之意。

图 4-16 中的石婆和石爷为织女和牛郎的石刻像，供人们供奉和祭拜。前文出现的班固的《西都赋》与张衡的《西京赋》有相关的文献记载。

汉武帝元狩三年于长安西南郊凿昆明池，以习水战。《汉书·武帝纪》："元狩三年，发谪吏穿昆明池。"[1]《史记·平准书》："越欲与汉用船

---

[1]　〔清〕王先谦，《汉书补注》，北京：中华书局1983年版，第90页。

战逐，乃大修昆明池，列观环之。"[1] 所引《西都赋》和《西京赋》中关于昆明池的描写，其中"牵牛"和"织女"即为现在的石爷石婆像，昆明池现今为陆地。这是牵牛织女人形化的关键。但"牵牛""织女"仍然是神，汉代的人们仍然把他们奉为星神进拜，只是以人的形象和动态来进行联想。

牛郎织女神话由天上转向人间，逐步建立起牛郎织女的民间信仰，七夕乞巧的风俗也由此肇始。葛洪的《西京杂记》记载："汉彩女常以七月七日穿七孔针于开襟楼，俱以习之。"[2] 这是古代文献中可见的最早的关于七夕乞巧的记载。这一习俗在长安盛传，并迅速蔓延至全国，代代延续。

2. 阴阳的对立统一

汉代的宇宙观视阴阳为万物内在的本质，任何事物都为阴阳的对立统一。"天地交而万物通也，上下交而其志同也。"[3] "宰相者，上佐天子理阴阳，顺四时，下育万物之宜，外镇抚四夷诸侯，内亲附百姓，使卿大夫各得任其职焉。"[4] 古代的宰相，首要任务便是辅佐天子协调阴阳，可见阴阳和谐是汉代诸多大事中的首要前提，阴阳不和一切便无法正常运作。

阴和阳是指相互补充的既对立又统一的一组力量。每一组力量中的一方处在支配地位时，不断向上发展，至一个顶点后则会退让于另一方，通过这种上升、下降的循环往复，"促成了生、死乃至再生的永恒周期"[5]。汉代崇尚永生的观念，相信死后存在另一与现世相同的世界。再生或永生，是处在二元论的宇宙观之中，是通过这个世界的两个根本要素以某种形式结合来实现的。这种结合，更确切地说是以男女两性的结合来象征

---

[1] 〔汉〕司马迁撰，〔宋〕裴骃集解，《史记》，北京：中华书局 2000 年版，第 1215 页。

[2] 〔晋〕葛洪，《西京杂记》，北京：中华书局 1985 年版，第 3 页。

[3] 〔清〕李道平撰，潘雨廷点校，《周易集解纂疏》，北京：中华书局 1994 年版，第 164 页。

[4] 〔汉〕司马迁撰，〔宋〕裴骃集解，《史记》，北京：中华书局 2000 年版，第 1644 页。

[5] 〔英〕鲁惟一著，王浩译，《汉代的信仰、神话和理性》，北京：北京大学出版社 2009 年版，第 45 页。

图 4-17　伏羲、女娲画像

的。[1] 通过阴阳的结合产生出新的生命力，人的生老病死，星象的沉浮，以至于万物的发展都是阴阳调和的产物，由循环往复以至无穷。

汉画像石的雕刻也处处遵循着阴阳交泰的宇宙观念，例如图 4-17，也是汉画像中较常见的伏羲、女娲图像，彰显着两性的结合。又如汉画像石中的卿云图像，是阴阳聚合所产生的瑞应，是汉代人追求阴阳和谐思想的体现。[2] 汉代人相信生死轮回，追求阴阳的和谐，天为阳、地为阴，男为阳、女为阴，天地和谐、男女和谐，才能使得人类得以世代相传，通过演化不断得到新生，才能使得宇宙得以循环往复，并迸发出别样的生机。

由此来分析牛郎织女的神话模式，人们对于牛郎织女相会的期冀带有阴阳结合的重大意义。如《史记·天官书》上，新年肇始太阳天体的位置即在牵牛织女近旁。牛郎和织女按照一定的日期定期的会合，对于宇宙的

---

[1] ［日］小南一郎著，孙昌武译，《中国的神话传说与古小说》，北京：中华书局 1993 年版，第 83 页。
[2] 韩玉祥主编，《南阳汉代天文画像石研究》，北京：民族出版社 1995 年版，第 102—103 页。

生存和延续有着重要的作用。"以激起宇宙规模的生命力，这个世界的存续得以保障。阴阳二神的结合，本来绝不是以恋爱传说为基础形成的那类故事，而是对宇宙存续所不可欠缺的神话性质的事业。"[1]

在墓葬中出现的这些汉画像石，则是生者试图通过星体图案，把死者安置在一个不断延续的永恒的宇宙之中。

（三）世俗化嬗变的审美意义

"牛郎织女"神话在先秦时期得以雏形，在汉代由于《古诗十九首》和汉画像石的出现，得以形成和定型。汉代之后便得到进一步的发展和演化，使得"牛郎织女"的形象更加饱满、立体，更加深入人心。

1."牛郎织女"的进一步发展

（1）魏晋南北朝时期

牛郎织女每年七月七日相会的情节要素在魏晋时期形成，是牛女神话进一步发展的标志。主要的参考资料有曹丕的《燕歌行》，傅玄的《拟天问》，曹植的《洛神赋》《九咏》，宗懔的《荆楚岁时记》等。

汉之前的"牛郎织女"饱含了人们对于他们凄惨命运的同情，发展到魏晋，同情之余，人们开始表示不平。诸如曹丕的《燕歌行》，有言曰："明月皎皎照我床，星汉西流夜未央。牵牛织女遥相望，尔独何辜限河梁？"[2]以及曹植的《洛神赋》中的相关叙述："叹匏瓜之无匹兮，咏牵牛之独处。"[3]

在这两篇文学作品中，一方面延续了《古诗十九首》中对"牵牛""织女"被河汉相隔的同情，一种无奈之情，另一方面是在此基础之

---

[1] ［日］小南一郎著，孙昌武译，《中国的神话传说与古小说》，北京：中华书局1993年版，第84页。

[2] 〔梁〕萧统编，〔唐〕李善注，《文选》，北京：中华书局1977年版，第391页。

[3] 同上，第271页。

上的为他们不得见鸣不平，"尔独何辜限河梁""咏牵牛之独处"，甚至有一丝愤怒在里面，也为接下来牵牛织女得以七月七日一会埋下了伏笔。

善良的人们不愿看到"牛郎""织女"独处的伤心，便有了他们的相见。傅玄的《拟天问》是文人记录的最早的关于牵牛织女七夕相会的记载，至此，七月七日相会之说得以成立："七月七日牵牛织女会天河。"[1]七夕相会，成为"牛郎织女"神话进一步发展的标志。再如谢惠连的《七月七日夜咏牛女诗》，也有相似的叙述：

> 云汉有灵匹，弥年阙相从。遐川阻昵爱，修渚旷清容。弄杼不成藻，耸辔骛前踪。昔离秋已两，今聚夕无双。[2]

牵牛织女美好爱情故事中的基本情节要素已经确立，该神话故事得以较丰满的情节和形式广泛传播。在广泛传播的过程中，有一个发展情节的转变颇为重要，那就是"牛郎织女"的神话传说与董永故事的整合。

两汉确立了"牛郎织女"神话的雏形，并经由魏晋文人的渲染，该神话广泛流传于民间，故事情节与人物形象已经深入人心。时至魏晋，该神话的主题与时代主题相悖，魏晋延续汉代的以孝治国并发扬，家庭观念、门第制度更加严苛，因而牵牛织女的故事必然在此冲突中寻求新生。

董永，汉时千乘人，是中国民间二十四孝故事的人物之一，是封建社会"孝"思想的代表，以孝名彰显。在董永的故事里，董永代替了牵牛的角色，牵牛织女的故事也从遥远的天际搬到了现实人间，董永成为天上牵牛的化身，成为人间的牛郎。

魏晋南北朝时期，牛女神话得到文人的广泛关注，并进行文学创作，人们同情于牵牛织女的现状，使他们七月七日得以相见。囿于魏晋的社会制度，牵牛织女的故事与董永的故事相融合，牵牛织女的神话也因此得到

---

[1] 〔梁〕宗懔，《荆楚岁时记》，北京：中华书局1991年版，第12页。
[2] 〔梁〕萧统编，〔唐〕李善注，《文选》，北京：中华书局1977年版，第426页。

更为广泛的传播，也从天上转到民间，成为实实在在的世间男女的故事。

（2）唐代至今

唐代至明清时代，"牛郎织女"多是结合时代背景做出相应的演变。如唐代多战争，带来的是多分离、多闺怨。例如唐朝诗人刘禹锡的《七夕二首》：

> 河鼓灵旗动，嫦娥破镜斜。满空天是幕，徐转斗为车。机罢犹安石，桥成不碍槎。谁知观津女，竟夕望云涯。天衢启云帐，神驭上星桥。初喜渡河汉，频惊转斗杓。余霞张锦幛，轻电闪红绡。非是人间世，还悲后会遥。[1]

宋代理学发达，导致牛郎织女神话似乎偏离了正常的发展轨道，如张耒的《七夕歌》：

> 自从嫁得废织纴，绿鬓云鬟朝暮梳。贪欢不归天帝怒，谪归却理来时路。但令一岁一相见，七月七日桥边渡。……空将泪作雨滂沱，泪痕有尽愁无歇。我言织女君莫叹，天地无穷会相见。犹胜姮娥不嫁人，夜夜孤眠广寒殿。[2]

从这两首诗来看，牵牛织女似乎只是一个"借口"，诗人更多的是借助这个故事的情节来渲染自己的情绪。在唐代，分离所带来的闺怨比汉代更为严重，更为无可奈何。第二首诗，简洁地概括了牵牛织女神话的情节，却强调了织女"废织纴""贪欢不归"的过错，有点偏离轨道的发展。

明代朱名世的《新刻牛郎织女传》整合了历代文献中关于牛郎织女故

---

[1] 中华书局编辑部点校，《全唐诗·增订本》，北京：中华书局 1999 年版，第 4022 页。
[2] 傅璇琮等主编，《全宋诗》，北京：北京大学出版社 1995 年版，第 13034 页。

事的资料，是目前发现的第一部完整叙述了牛郎织女故事的中篇小说。该书在牛郎织女神话的流传和演变中有着重要的价值和意义，对该神话的流传起到了很大的作用。

"牛郎织女"神话经历了长时期的流传和演变，从雏形，到形成期，到进一步发展演变期，该神话逐渐地定型和成熟，经久的磨炼也使得它成为我国神话传说和民间故事的瑰宝。该神话的萌芽、形成与发展演变呈现出历时性的传承特点，时至今日，仍然有着强大的生命活力。

"牛郎织女"神话发展至当下，与上述各时期的形态已不完全相同，在继承和发扬传统的神话精神的同时，也融入了现代人们的生产生活经验。每年的农历七月初七为我国汉民族的传统节日"七夕节"，也称"乞巧节"，现又被定为"中国情人节"，此节日便是以"牛郎织女"这一凄美的爱情故事为基点而逐渐形成和发展的，不仅寄予了古人的宇宙观和审美观，对我们今天的审美，仍然具有意义。而且逐渐走出国门，走向世界，向世界传达中国古老而美好的爱情故事，让世界了解中国的传统文化。诸如日本、韩国等对此节日亦十分重视，人们通过各种形式，诸如穿针乞巧、拜织女、吃巧果等来庆祝"七夕节"，祈求美满和谐的幸福生活。

"牛郎织女"神话作为一种集体无意识，深入中华民族的精神内核，形成了反映中华民族独特审美情趣的人文景观，并将继续产生着重要的影响。

2. 审美意义

每个符号系统都有这样一套规则，称为符号系统的信码。使用信码来处理信息，称为编码。使用信码来解释符号，就是解码。[1] 汉画像作为图像符号，它的模式是宇宙象征主义的，意即当时的人们期望通过一些手段

---

[1] 赵毅衡主编，《符号学文学论文集》，天津：百花文艺出版社 2004 年版，第 14 页。

和方式把他们对宇宙的认识表达出来，希望能够确定人在宇宙中的秩序，以便能够在死后有一个归宿，不至于幻灭或是无归宿，汉代人因此来摆脱死亡带来的威胁和恐惧，使得人生能在无限的宇宙中得以永恒和超越。朱存明教授在其《汉画像的象征世界》一书中认为汉画像表现的是汉民族初期文化精神的"镜像"阶段，是汉民族内在生命本质的图像呈现，比起文字来更接近人类审美的本源。[1]

何为符号的象征？可以作如下总结：象征是借具体事物的表象，来表现抽象，从而传递出一种无限的内涵义，即为"观物取象"。图像的象征是用具体可观可感的图像来表达抽象的对象，隐喻社会文化的深刻内涵，图像本身构成了一个有完整意义的空间，这是汉画像图像审美的根源。

画像将文学文本的语言符号通过形象再现转换为图像符号，绘图者将故事情节凝缩化，将意象的内涵隐匿起来。象征的运用，能够提供给接受者除他们所见之外更加丰富的内容，从事物的原本状态出发，超越实实在在的本身，从中构想出一系列的歧义与可能。如此的思维方式能更加接近对事物本质的把握。"构筑出对天人之际无限性的文化想象，其中涵摄了天道与人性、人性与神性的思维模式，及现实与幻想、仕进与隐逸、今生与过去、来世的生命哲学与理想建构。"[2]

在一块土地上居住生存，就是栖居在这块土地形成的世界里，房子并不是一个物件，不是一个"用来居住的机器"。它是人类借助于对诸神的创世和宇宙生成模式的模仿而为自己创造的一个宇宙。[3] 我们看到的画像石被画出来的表意的符号，表现的是汉代的社会景观，带有汉代的社会意识形态。视觉上给人带来的一种感受，也使人们心中产生了对于"彼岸"向往憧憬的感觉。

[1] 朱存明，《汉画像的象征世界》，北京：人民文学出版社 2005 年版，第 9 页。
[2] 郑文惠，《文学与图像的文化美学——想象共同体的乐园论述》，台北：里仁书局 2005 年版，第 53 页。
[3] ［罗］米尔恰·伊利亚德著，王建光译，《神圣与世俗》，北京：华夏出版社 2002 年版，第 25 页。

文本也有提供线索的功能，但图像却是"认识过去文化中的宗教和政治生活视觉表象之力量的最佳向导"[1]。因此，艺术是人类生活的必备要素，是人类生存的本质意义。

"真正的神话源出于某种不依赖一切虚构的东西，某种实际上在形式和实质方面都与虚构相对立的东西，它源出于某种从意识的观点来说是必然的进程。"[2]语言、艺术、神话等在无意中被"共同的功能纽带"联结在一起，并非任意的没有任何关联的随意创造。"共同的功能纽带"以及与虚构相对立的某种必然的进程，笔者理解为指的是一个民族的集体无意识，即积藏在人类内心深处的文化积淀性的东西。神话的深刻性也即在于其所隐匿的关于人类集体无意识的精神内核。创作者创作艺术作品的过程，将自己的内心经验表象化、客体化，其内心的经验必然是对于所处社会的体验，必然受到社会观念的制约。也因此没有任何的艺术作品能够脱离当时的社会、历史以及文化观念。观者在观赏及做出阐释的时候，也必然要回归当时的情境，不可超脱于其外。

文化也是一种符号，并以特定的符号形式在历代相传中生成一种意义模式和一种文化体系，人们通过这种文化体系得以历代延续和没有隔阂地沟通，也在这一文化体系中生发出对生命的认知。因而，也只有在文化的精神内核体系中，各种时期的形态才可能并存，例如神话、民俗，积淀大量的原始文化和历代的文化因子。如在中国传统文化中，"月亮"这一意象，成为人们传达思想感情的重要载体，拥有着丰富的意蕴。在人们仰望星空，展开想象的空间，将自己的情思寄托于月亮。这样的一种寄托，实则是一个民族的群体的情感的寄托。再如，人们对于某一节日的定期举行庆祝的仪式。表面上看来，是对一神话故事或英雄人物的纪念，更深层次实则是通过一定的必要的仪式，将人们的内心与文化的精神内核相交融。

---

[1] [英]彼得·伯克著，杨豫译，《图像证史》，北京：北京大学出版社2008年版，第9页。

[2] [德]恩斯特·卡西尔著，黄龙保、周振选译，《神话思维》，北京：中国社会科学出版社1992年版，第6页。

汉画像是汉代的产物，但也反映出远古时代的民俗观念。画像中的神话故事并非由某一个或几个人所创造的，而是集体的产物。"是自动自发地出现在民族文化的心灵之中，被人们所供奉、信仰，并从神话的情节当中获得深刻的体验，流传下来而为叙事诗篇或故事演绎。"[1]

只有理清汉代的精神文化和人们的思想观念，才能理解产生于该时代社会大背景下的汉画像石艺术，才能理解那些雕刻于墓室祠堂内的具体画像，也才能理解隐匿于其深处的民族的精神文化内核。

"文学／图像作为特定时空范畴中具承传性、转衍性文化观念系统的再现，实质承载了想象共同体的集体生活态度、人生观念等相关的知识系统和意义系统，而表述为一种象征性的美学形构与观念体系，体现了想象共同体的集体生活经验和特定的情感结构与心灵样式。"[2]

四、结语

汉代是中国的大一统王朝，对中国的历史发展影响深远。思想上，"罢黜百家，独尊儒术"，儒家思想占据统治地位。艺术上，出现了有磅礴气势的汉赋和汉代的百科全书——汉画像石。汉画像石是汉代特定历史背景的产物，其深刻的文化内涵和审美价值值得我们不断挖掘。目前我们的研究尚未成熟，与其博大精深相比，还只是九牛一毛。

本章主要从三个方面来研究，分别是牛郎织女神话的渊源及流传演变、牛郎织女神话的"图－文"互释研究以及汉画像中"牛郎织女"图像蕴含的文化意蕴探究，从具体的图像入手，对图像进行阐释，分析图像的象征世界，以期从表层到深层，从图像出发探索人类文化的奥秘。

---

[1] 关永中，《神话与时间》，台北：台湾学生书局 2007 年版，第 37 页。
[2] 郑文惠，《文学与图像的文化美学——想象共同体的乐园论述》，台北：里仁书局 2005 年版，第 105 页。

基于此，再联系学术界牛郎织女神话的研究现状，我们可以对汉画像"牛郎织女"图像的未来研究做出如下拓展空间的预测：

第一，重视对"牛郎织女"图像的研究，特别是从图像学的角度对相关的画像做出梳理、总结。整理汉代以后的有关"牛郎织女"的图像资料以及文献材料，对图文的比较做出更加深入的研究。从宏观和微观两种视角，对"牛郎织女"神话展开更深入的研究。

第二，汉画像"牛郎织女"画像虽然彰显的只是神话故事瞬间的一个画面，但画面上的人物、动物、星象等具备了符号学的象征意义，而符号又源于现实，属于"隐喻思维"，隐喻汉代人的宇宙观和人生观。因而，研究汉代的民俗文化，了解汉代人的农耕信仰、婚姻制度等社会文化，以及汉代普通人的生活情感和理想追求，是十分重要的。汉画像艺术是一种宇宙象征主义的图式，其美学意义在于建构了一个"天人合一"的审美理想，使人摆脱死亡的威胁，生活在一个审美的幻象中，使无常的人生具有了宇宙论的意义。因而研究汉画像中"牛郎织女"的图像必然要放入汉画像研究的整体范式中，从其总体特征的宇宙象征主义图式方面找寻基点和寻求突破。例如比较汉画像中"牛郎织女"图像与其他诸神，如西王母与东王公、伏羲女娲等。通过分析对比，从而总结出其中的相异与相通之处，进而深入探讨汉画像中神话故事的深刻内蕴。

第三，汉画像"牛郎织女"图像研究必然要综合国内外的研究成果，梳理和总结国内外的研究现状，从而形成一种跨越国界和民族的整体认识，打破各自为营的研究园囿，在交流和对话的基础之上，寻求共同的增长点。

第四，加强对"牛郎织女"神话在今天的现实意义的探讨，以及加强如何承载民族精神方面的研究。重视地方传说和传说的地方性，保护好民间传说的传承价值。关注地方传说本身，更要比较不同区域内的同类传说，从对比研究中挖掘出支撑地方传说形成的地方性知识。

我们通过对汉画像"牛郎织女"图像的考释和研究，初步窥视了汉代的社会文化以及汉代独特的艺术风貌。当然，牛郎织女的图像仅是浩瀚的汉画像中的一个代表，博大精深的汉画像世界需要我们及后人付出更多的热情与努力，不断探索其中蕴含的奥秘。

（作者 陆婧）

第五章
汉画像"泗水捞鼎"图像研究

汉画像题材广泛，历史故事就是其中的一类。这些故事不仅是汉代人智慧和想象力的凝聚，而且蕴含着深刻的文化意蕴与审美特性。"泗水捞鼎"在中国民间是家喻户晓的一个历史故事，在汉画像中也是多次出现。因此，我们选择"泗水捞鼎"作为研究母题。

关于汉画像"泗水捞鼎"的研究，学术界已经有不少的研究成果。从政治文化意义来解释，有的学者认为这个刻在石头上的故事就是一幅"政治宣传画"，有的学者认为这个故事是汉代人用来讽刺秦王的。从图像的构图方面分析，学者们提出了"泗水捞鼎"图像不仅能体现出山东画像石的构图风格，还体现了汉代山东汉画像石工匠们的精美制作工艺。也有研究者从考古学角度出发，对整个故事的真实性作了研究，认为"泗水捞鼎"是有人杜撰出来的。从众多的研究成果可知，汉画像"泗水捞鼎"的研究角度涉及了美术学、历史学、考古学等多方面，并且仍有很多问题亟待研究，具有很大的探究空间。

汉画像"泗水捞鼎"不能简单地看成是一个历史故事。在汉画像中，以秦王为主角的画面少之又少，而有关秦王的事件中，大多工匠却又不约而同地挑选了"泗水捞鼎"，这一现象可以说明"泗水捞鼎"一定是含有深刻的象征意义。此外，秦汉交替，汉朝不仅从制度上与秦朝有着巨大的改变，在思想文化上也有着根本性的转折。汉朝人对这一事件的记载是否含有一定的时代印记，图像又是否向世人传达了某种政治思想，对这些问题的深入研究将有助于进一步了解"泗水捞鼎"的政治文化意义。

从汉朝的文化背景中，我们都注意到了董仲舒的"新儒学"对汉朝的巨大影响。工匠们在选取汉画像的内容时不可避免地会受当时主流思想的影响，如"孔子见老子""孔门弟子""周公辅成王"等就与当时的社会背景有着密切的联系。而"泗水捞鼎"经常与这些内容并肩而立，在意义上也必有相通之处。从对汉画像的分类梳理来看，有很多"泗水捞鼎"图像中都含有仙界的事物，而且这些图像多出现在山东地区，这一特殊的现象也成为一个新的研究切入点。

一、"泗水捞鼎"的文本记载与图像分析

（一）"泗水捞鼎"的文本记录

公元前 221 年，秦始皇统一中国，但是"九鼎"得而不全，一直成了秦始皇的一块心病。秦始皇第一次出巡时（前 219 年），在完成泰山的祭天大典后，为了得到周鼎，他特地绕道来到古彭城的泗水之滨，组织数千人力打捞。但是，秦始皇耗费大量人力财力，并没有如他所愿，反而落得竹篮打水一场空，不得已只能无功而返。

关于"泗水捞鼎"这个传说的文本记载有两个最著名的版本，一是汉朝司马迁的《史记·秦始皇本纪》，这是有关"泗水捞鼎"最早的明确记载：

> 始皇还，过彭城，斋戒祷祠，欲出周鼎泗水。使千人没水求之，弗得。[1]

---

[1] 〔汉〕司马迁，《史记·秦始皇本纪》，北京：中华书局 2000 年版，第 176 页。

二是郦道元《水经注·泗水注》：

> 周显王四十二年，九鼎沦没泗渊。秦始皇时而鼎见于斯水。始皇自以德合三代，大喜，使数千人没水求之，不得，所谓鼎伏也。亦云系而行之，未出，龙齿断其系。故《语》曰："称乐大早绝鼎系。当是孟浪之传耳。"[1]

虽有明确的文本记载，但是古今学者仍有人对"九鼎沦泗"之说有所怀疑。《史记正义·秦本纪》说："至周赧王十九年，秦昭王取九鼎，其一飞入泗水，余八入于秦中。"张守节就曾怀疑过此记载，一是秦昭王取九鼎入秦时，一鼎怎会飞入泗水；二是从洛邑往秦运鼎，根本不经过泗水。笔者查阅了其他相关记载发现，《史记·封禅书》中载："其后百二十岁而秦灭周，周之九鼎入于秦。或曰宋太丘社亡，而鼎没于泗水彭城下。"《太平御览》卷七五六曰："周末有九鼎徙秦氏，（或）曰：（宋）太丘社亡，而鼎没于泗水彭城下。其后百一十五年，而秦兼天下。始皇二十八年，过彭城，斋戒祷祀，欲出周鼎，使千人没水求之，不得。"[2] 可见，不同的书籍、不同的作者、不同的叙述，而对于"泗水"这个地点的说法却是一样的。而且，在其他版本的记载中也没有出现泗水以外的地点之说。因此，足以见"泗水"之说是可信的。

在古代，泗水河又名泗水，是全国最大的倒流河，由东到西流向，全长 159 公里，流域面积达 2357 平方公里。其发源于鲁中山地新泰南部太平顶山西麓，西南流经山东济宁市的泗水、曲阜、兖州、邹城、任城区、微山等地。自古以来，泗水就有着十分重要的地理位置，早在数千年前的《禹贡》中就有过记载，"沿于江海，达于淮泗"。由此可见，泗水是江淮与中原地区的交通要道。不仅如此，泗水对南北文化的交流与经济发展

---

[1] 〔北魏〕郦道元撰，陈桥驿注，《水经注》，杭州：浙江古籍出版社 2001 年版，第 403—404 页。
[2] 〔宋〕李昉等，《太平御览》，北京：中华书局 1960 年版，第 3356 页。

也有着至关重要的作用。古籍上记载的很多重大历史事件都在此发生，这条河流也孕育出了刘邦、项羽、韩信等历史名人，因此把它称为"黄金水道"是一点也不为过的。但是，古泗水经常受黄河的侵扰。汉元光三年，黄河于瓠子决口，从泗水入淮河长达23年。南宋光宗绍熙五年，自徐州以下的泗水被黄河夺占，分成黄、泗混流。在今天的大运河畔，即徐州城北10公里处，有一个名为秦梁洪的村庄。此处水流湍急，常有船只遇险，乃是绝险之处。记载中的九鼎中的一鼎即是落在此处，而宝鼎掉落在此也是非常有可能的。并且，目前可考的汉画捞鼎图共有三十多件，主要分布在山东、江苏、河南和四川等地。其中，山东西南是出土此图最多的地区，这一带也恰好是泗水流经的地区。

（二）汉画像上记录的"泗水捞鼎"图像

通常，我们熟悉的历史都是从文字资料上获悉的。但是，一个民族不仅有文字记载的历史，而且有一个视觉图像叙述的历史。在文字方面，汉代的历史有司马迁的《史记》、班固的《汉书》与碑刻所记载的文字历史。文字的记载不仅是逻辑的、理性的，还是历史话语权的表现。它表达的是一种道德和价值观，相对于其他方式，文字较准确，代表着那个时代的历史学家对历史的理解和叙述。与此同时，还有一个视觉图像呈现的历史。汉墓中的画像石以及各种器物上的装饰图案的抽象符号，都可以看作该时代的反映。相对来讲，汉画像的图像方式是直观的，也是隐秘、朦胧的。它往往代表的是当时世俗文化对现实的感觉，并且也是对理想的追求。它是直觉的、感性的，也是边缘文化的产物。而我们从汉画像"泗水捞鼎"中就能最直观地感受到当时人们对这一事件的直观感受。

经过汉画像石专家的考察，山东、江苏、浙江、山西、陕西、四川、河南南阳是汉代画像的主要分布地区。[1] 笔者通过对《中国画像石全集》

---

[1]　中国画像石全集编委会编，《中国画像石全集》（第6卷），郑州：河南美术出版社2000年版，第5页。

图 5-1　泗水捞鼎　（采自《中国画像石全集》卷 3，图 212）

图 5-2　山东长清孝堂山石祠（邢义田摹本）

中的泗水捞鼎图像进行搜集整理后发现，目前可考的汉画像捞鼎图共有三十多件，绝大部分集中在山东西南地区，除此之外，山东、江苏、河南和四川等地也是此图的分布地。以下将从图像的内容方面对其进行分类：

经过对资料的梳理，笔者将"泗水捞鼎"图大致分为简单叙事类和含有仙界事物类两种。纪实叙事类共 23 幅（山东 17 幅、河南 3 幅、江苏 2 幅、四川 1 幅），如图 5-1、图 5-2；含有仙界神物类共 10 幅（山东 9 幅，河南 1 幅），如图 5-3、图 5-4。

综上所述，汉画像中有关"泗水捞鼎"图的总和为 33 幅，其中，山东出现的"泗水捞鼎"图最多，为这一图像的主要聚集地。有关"泗水捞鼎"的汉画像不仅画幅较大，气势恢宏，而且图像精美，刻画细致，多幅都为不可多得的佳作。

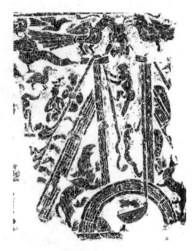

图 5-3　泗水捞鼎（采自《汉
　　　　画像石》）

图 5-4　升鼎（采自《中国画像石全
　　　　集》卷 2，图 21）

（三）图像的艺术特点

秦汉是中华文化一个重要的分水岭。秦汉的文化相对纯净，从画像砖、画像石上，我们都可以看出华夏文化的一种原生状态的表现方式。[1]虽然质朴，却仍为后世学习的佳作。汉画像砖和汉画像石上的艺术表现手法多样，这也使得今人可以从中看到汉代的艺术特色。

从各地出土的汉画"泗水捞鼎"来看皆属疏简之作，其原因与当时的创作工艺和工具的落后等条件都有关系。画像砖和画像石都不易作细加工，使得制作者必须从大处着眼而不得不舍弃众多的人物或情节，只是集中在一个事件的一个情节上来体现整个故事。正因如此，在艺术的表现上，汉画"泗水捞鼎"也出现了一些新的因素。

汉画像是一门十分注重形的艺术形式，我们在看到它时，给人的第一感觉就是画面的繁密。从我们熟悉的汉画像"车马出行图""宴饮图"与

---

[1]　蒋英炬、杨爱国，《汉代画像石与画像砖》，北京：文物出版社 2001 年版，第 149 页。

图 5-5　泗水捞鼎

"胡汉战争图"来看，画面大部分都体现了充盈繁密又琳琅满目的特点，这也是汉画像形式美最突出的一个表现，"泗水捞鼎"图也不会例外。其画面繁密的特征主要体现在以下几点：

第一，对画面主体内容的夸张。[1] 图画是在不增加其他元素的前提下，把画面其本身所要表现的事物适度进行夸张的刻画来达到充盈的理想效果。这种表现手法多是对所要描绘的事物进行比例上的一定夸张。如在图 5-5 中，为了突出站在桥中间的主角，刻意将其位置凸显，以显示其不凡的地位。但是，汉画不止这一种夸张的表现形式，还有一种即对事物真实性的夸张。如图 5-6，画中只有一人拉鼎，这显然是不符合现实生活的，但是此画面不是为了表现拉鼎的人，而是表现龙咬绳索这一情节，所以创作者也是在真实性上作了夸张。

第二，画面时空的有序安排。这种表现方式较之前的一种方式而言，可使时空安排得更有序且能使画面表现得更繁密又不会显出杂乱。如图 5-7 的山东嘉祥武梁祠的"泗水捞鼎"中，在这幅画面上的人物形象没有

---

[1]　刘炜东，《汉画像——传递丰富多彩的历史信息》，《美术学刊》，2010 年第 1 期。

图 5-6　成都江安桂花村一号石棺
（采自《巴蜀汉代画像集》，图 243）

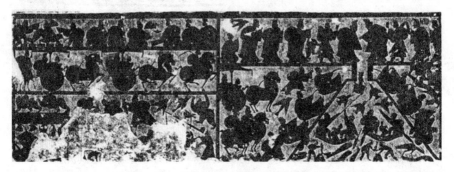

图 5-7　右侧为泗水捞鼎（史语所藏武氏祠左石室拓片）

任何的夸张，个体与个体之间也有相对的独立性。在表现捞鼎的场面时，每个人都在各司其职，整幅画面生动地再现了每一个人的神态。而且，在空白处填上了飞鸟，整体仍能呈现出一种有序的繁密。对空间的完整设置，这类情况多出现在汉画的建筑物构图中。很多的"泗水捞鼎"图就是将大多人物都局限在某一个建筑内，将整个空间完整地充塞，以这种方式达到"满"的效果。

第三，装饰纹样繁多。汉画为了使画面不留白，同时也是为了追求装饰意趣，在图画的衔接之处会有各式纹样来装饰，这也是汉画的一大特

图 5-8　滕州官桥镇后掌大出土画像（采自《中国画像石全集》卷 2，图 177）

色[1]。如图 5-8 的汉画是由泗水捞鼎、车马出行等多个汉画组合而成。整幅画面人物众多、构图元素丰富。为了使画面不留白，创作者把空白处都填上了装饰纹，画面非但不杂乱，而且显得浑然一体，大气磅礴。

这种表现手法与汉画的时代背景有密切的联系。由于汉代受佛教的影响还很微弱，我们可以理解成汉画所表达的是未被佛教思想侵染的、最具有中国本土精神的艺术表现形式之一。从时代上来看，汉代的美学是先秦美学到魏晋南北朝美学的中间过渡环节。这个环节受到儒、道思想的共同支配。[2] 由于儒家的美学大行其道，汉画像在艺术表现上，尤其是形式美的想法上更多地体现了儒家的美学意识。巫鸿先生在他的著作《武梁祠——中国古代画像艺术的思想性》一书中曾强调儒家美学在汉画像中的重要地位。儒家美学是我国先贤孔子开创的以"仁"为哲学基础，强调了社会政治伦理规范与个体的审美观念、美的内容与形式的相统一。

在内容选取上，汉画像中大量的作品，尤以祠堂壁画充分体现了儒家的美学审美观念。巫鸿先生曾提过，汉代人在建构祠堂时所使用的汉画大都是有模板的。为什么每个祠堂的画像看来都各不相同呢，这是因为创作者的审美意识和文化观念上的些许差异。[3] 但是从现今所存的大部分祠

---

[1]　张燕，《汉画像砖石的文化背景与审美个性》，《美术研究》，1999 年第 3 期。

[2]　杨爱国，《不为观赏的画作：汉画像石和画像砖》，成都：四川教育出版社 1998 年版，第 112 页。

[3]　[美] 巫鸿著，柳扬、岑河译，《武梁祠：中国古代画像艺术的思想性》，北京：生活·读书·新知三联书店 2006 年版，第 314 页。

堂汉画像来看，总体上的创作题材都隐喻着"仁"这个儒家美学所奉行的最高原则。在汉画像形式的表现上，它繁密的特征所体现的正是儒家美学的形式美要求，同时也是汉代人典型的审美观念。这种对"大而全"的追求，也是为了达到儒家美学内容与形式的统一。因此，这种统一在汉画上也必须以繁密的表现方式才能达到圆满。其实汉代的这种审美观念不仅仅是表现在汉画像这一种艺术形式上，在汉代的其他艺术门类上也有所体现，如我们所熟悉的汉赋。我们都知道文学语言具有十分强烈的时空感，它足以胜任对所有事物的多角度描写。而汉赋又极好地发挥了语言艺术的这项功能，使人们在阅读它时，会感觉汉赋拥有了一种图像化的效果。语言艺术的形式美是落实在各种功能的变化上。而汉赋运用的是纵向铺叙以及横向铺陈，总是对事件的时间叙述的同时还要横切一个侧面对其空间进行细致而繁复的描写。全文辞藻的堆砌和修饰都是力求表现空间与时间上的极度完整。从这一点上看，汉赋与汉画像对繁密特征的追求都是一致的，即在有限的空间内尽力表现全部的思想都能体现汉代"大而全"的审美意识。[1]

二、"泗水捞鼎"的文化诠释

任何一种现象的产生都离不开时代这个大背景，而汉画更是如此。汉代上承先秦时代的原始思维，下开新的时代的人文精神，是中华民族的形成阶段。因此，汉代在中国文化史上有着独特的地位。通过隐喻的象征图像与符号[2]，汉画像形象地传达了这种充满神秘色彩的时代精神。经过对大量汉画资料的研究，我们发现"泗水捞鼎"图之所以那么频繁地出现在汉画中，不仅仅因为它拥有传奇的故事背景和精美的构图特点，还寄托了

---

[1] 赵雷，《从汉赋与汉画的比较看两汉审美心理》，《广西社会科学》，2007 年第 5 期。

[2] 朱存明，《汉画像的象征世界》，北京：人民文学出版社 2005 年版，第 23 页。

一定的隐喻和寓意。通常，创作者的一些想法往往用最朴素的手法表现在汉画上。而"泗水捞鼎"这一题材被如此广泛地运用，且经常与其他题材画像并肩排列，这也一定是有意而为之的。俄国的弗拉基米尔在他的《神奇故事的历史根源》中说过，"神奇故事是某种整体性的东西，它的所有情节都是互相联系并互相制约的，这就让人不可能孤立地研究母题。我们对母题的研究只可能在情节系统之内进行，诸情节只能在其彼此相关的联系中被研究"[1]。因此，故事作为一种具有上层建筑性质的现象，我们不能忽视它是一个时代的产物，必须在此基础上研究文化现象。对"泗水捞鼎"进行深一步的文化意义研究，不仅有助于更好地理解这一图像的本源意义，也有助于后人对这一图像的深一步探讨。

（一）九鼎的演变

研究"泗水捞鼎"，我们就避不开九鼎这一话题。关于九鼎起源的神话，学者们大多引用的是以下两个典故，其一出自《左传·宣公三年》周定王使王孙满慰劳楚庄王，庄王向他询问鼎之大小轻重的情节。王孙满说：

> 在德不在鼎。昔夏之方有德也，远方图物，贡金九牧，铸鼎象物，百物而为之备，使民知神奸。故民入川泽山林，不逢不若，魑魅魍魉，莫能逢之。用能协于上下，以承天休。桀有昏德，鼎迁于商，载祀六百。商纣暴虐，鼎迁于周。德之休明，虽小，重也。其奸回昏乱，虽大，轻也。天祚明德，有所底止。成王定鼎于郏鄏，卜世三十，卜年七百，天所命也。周德虽衰，天命未改。鼎之轻重，未可问也。[2]

---

[1] ［俄］弗拉基米尔·雅可夫列维奇·普罗普著，贾放译，《神奇故事的历史根源》，北京：中华书局2006年版，第215页。

[2] 〔清〕阮元校刻，《十三经注疏》，北京：中华书局2009年版，第4056页。

其二出自《墨子·耕柱》：

> 昔者夏后开使蜚廉折金于山川，而陶铸之于昆吾；是使翁难卜于
> 白若之龟，曰："鼎成三足而方，不炊而自烹，不举而自臧，不迁而
> 自行，以祭于昆吾之虚，上乡！"卜人言兆之由曰："飨矣！逢逢白
> 云，一南一北，一西一东。九鼎既成，迁于三国。"夏后氏失之，殷
> 人受之；殷人失之，周人受之。[1]

夏、商、周三代的青铜器如同古希腊的青铜雕塑一样，是属于艺术的
范畴，随着近、现代艺术的逐步深入研究，越来越成为中国古代一个举足
轻重的艺术依据。基于以上，青铜器艺术已经被当代学者看作是中国古代
艺术的一个节点。而九鼎其本身所具有的浓厚哲学性、政治性背景，自然
也就成为了最引人注目的景观。其富有传奇色彩的存在和消亡成为了中国
文学史上一个有价值的研究依据。

在古时，青铜鼎是有着烹煮肉食、实牲祭祀和燕享等各种用途的。
《周礼·天官·亨人》就曾载："掌共鼎镬。"[2] 最初的鼎具有炊具和馐具两
个普通功能，然而，当鼎在分化成为镬鼎、升鼎和羞鼎三类后，只有镬鼎
还有炊器意义了。"鼎"字属于象形字，虽经过历代的演变成今日的楷书，
但是仍保留着当时的形体特点，拥有厚重的文化底蕴（见图5-9）。《说文
解字》中许慎就说到："鼎，三足两耳，和五味之宝器也。"而今天出土的
古鼎也证明了三足两耳的形制（见图5-10）。当然我们不能说所有的鼎都
是这种形制，有特例，如著名的"司母戊鼎"，就是我们今天看到的四足
方鼎。

---

[1] 吴毓江，《墨子校注》，北京：中华书局1993年版，第656页。
[2] 马承源，《中国青铜器》，上海：上海古籍出版社2003年版，第63页。

| 甲骨文 | 金文 | 小篆 | 标准字形 |

图 5-9 "鼎"字的演变

　　最初的鼎并不是我们今天所熟悉的青铜器材质，而是由黏土烧制而成的。后来青铜鼎之所以逐渐成为了主流，是因为铸造技术的快速发展。不仅如此，鼎还成为了中国青铜文化的典型代表，被视为国之重器。

　　作为重要的祭器，到了夏商时期，鼎就成为等级的重要代表。这也与这一时期等级制度的飞速发展有关。随着社会的发展，等级制度有越来越繁复、越来越严密的趋势。到了周代，以升鼎为中心的用鼎制度出现，这一制度也被古人称为"正鼎"。关于用鼎的规格，古书上也有明确的记载，《公羊传·桓公二年》中，何休注："礼祭，天子九鼎，诸侯七、卿大夫五、元士三也。"[1] 从这里我们就可以看出，用鼎的制度已经越来越详细明朗化。随着时代的变迁，鼎在等级上的作用愈加明显，逐渐成为了国家权力的象征。而天子才能拥有的"九鼎"更是成了至高无上皇权的象征。

　　战争四起、群雄争霸的春秋时代，不仅是一个谋夺皇权的战乱年代，也是一个争夺"九鼎"的时代。前有"问鼎"的楚庄王，后有"捞鼎"的秦王。他们对"九鼎"的不轨企图，昭然若揭，世人皆知。而"九鼎"之所以有这么高贵尊崇的地位，乃是有人相传"九鼎"为大禹所铸造。这种传说具有神秘色彩，口口相传后，"九鼎"成了百姓口中的"三代相承之宝物"。根据《左传》的记载，禹之所以铸鼎，是因为他在涂山会见各位诸侯时，各诸侯都是带着礼物来朝贺的。有的大国献玉，有的小邦献帛。随着时间的推移，九州所进贡的青铜有逐年增多之势。大禹就将诸侯

---

[1]　刘尚慈，《春秋公羊传译注》，北京：中华书局 2010 年版，第 59 页。

图 5-10　泗水捞鼎（采自《中国画像石全集》卷 7，图 193）

进贡的青铜铸成"九鼎"，包括冀州鼎、兖州鼎、青州鼎、徐州鼎、扬州鼎、荆州鼎、豫州鼎、梁州鼎、雍州鼎。"九鼎"耗时五年才一一铸造完成。而这铸鼎的想法也是从黄帝轩辕氏铸鼎得到启发。为了象征大禹为九州之主，"九鼎"铸成后，夏王朝首都阳城作为其存放地。这也从另一个侧面寓意着天命所归。此外，每当朝见时，各诸侯都要向"九鼎"参拜，可见，"九鼎"已经具备了国家最重要礼器的特征。从此以后，"九鼎"不仅有了等级的意味，而且象征着国家统一、最高皇权。夏被商灭，商朝的首都亳邑成为"九鼎"的新居所。过 500 余年，周又把商朝灭亡，"九鼎"转运到周的都城镐京，象征着皇权易主。此后，由于建造新都城郏鄏，成王便定鼎于此，这也就是"定鼎"的由来。由此可见"九鼎"对于一个国家的重要性。"九鼎"传徙约 2000 余年，历经三代。从朝廷到民间，"九鼎"的神圣意义早已在人们心中深深扎根。秦始皇统一天下后，下令制作

　　　　　　　　　　　　　　　　　　　民俗之雅

传国玉玺，君权象征由金（青铜）转玉[1]，但是这仍阻止不了秦王想得到"九鼎"，以证明自己的正统皇权地位。

（二）"真龙天子"的探究

故事大多是民间口口相传的形式得以传承。而"泗水捞鼎"故事的原型事件怎么样，今人只能凭古书的记载获知。《史记》是汉代的产物，其记录也可以大致还原那时人们相传的故事原貌。秦王想聚齐"九鼎"，证明其君权神授的"正统"身份，但是捞而不得，最终一无所获。值得注意的是，在《水经注》这个版本的故事里，出现了一个凡间没有的生物——龙。可见，"泗水捞鼎"到了这个时候就已经发展成一个带有神话色彩的故事了。在现今出土的汉画中带有"龙"的"泗水捞鼎"图数量很多，甚至在个别汉画中，龙的形象、地位比人和鼎都突出。而且，在汉画"泗水捞鼎"中鼎的坠落是由龙咬断造成的，这一与现实严重背离的情节也是汉代人有意为之，其背后的寓意亟待研究者探寻。

1. 龙的起源

中国文化源远流长，龙的形象深入到社会的各个方面，也直接或间接地影响着文化的各个层面，不胜枚举（见图 5-11）。《诗经》——我国最古老的诗歌总集，在这部书籍里我们就已经可以找到龙的身影了："龙旗十乘""龙旗阳阳"。在浪漫主义诗人屈原的千古佳作《离骚》里，他也描述了自己幻想如神仙一般驾起龙车在云朵中遨游——"为余驾飞龙兮，杂瑶象以为车"。可见龙不管是在远古还是在近代都对中国人有着非凡的影响力。虽然龙是人为创造出来的神物，却一直影响着中华民族直到今天。

古籍里关于"龙"的记载多种多样，许慎在《说文解字》中写道：

---

[1]　柯工，《"九鼎神话"与中国古代艺术的非公共性》，《福建师范大学学报》，1999 年第 2 期。

图 5-11　盘龙（山东）（采自《汉画像石》）

"龙，鳞虫之长，能幽能明，能细能巨，能短能长，春分而登天，秋分而潜渊。"《易·乾·文言》载："云从龙，风从虎。"《广雅》曰："有鳞曰蛟龙，有翼曰应龙，有角曰虬龙，无角曰螭龙，未升天曰蟠龙。"

关于龙的起源，观点多种多样。经笔者搜集资料查阅，关于"龙"起源的记载约有 20 多种。冯天瑜先生在《上古神话纵横谈》中说："在中国神话系统中居于显要位置的腾云驾雾的龙，当然是非现实的……因为龙不过是实际存在的几种动物，如海马、蜥蜴、蛇、鹿等的拼合体。"[1] 早前由闻一多提出的图腾合并说曾风靡一时，造成很大的争议。近年来冯时提出的星象说，也颇有新意。冯时认为最早的龙是来自于星象，东宫苍龙星宿才是真正体现龙的最原始形象。[2] 冯先生认为，龙起源于图腾，但是已经超越了图腾，在其本质上已经不再是图腾的崇拜，而是发展成综合创新的文化创造。尽管说法层出不穷，但是随着大量的新石器时代的考古发现，使大多的学者趋向于多元综合说。而与之观点相近的王东通提出的"马，猪，鱼，鲵，鳄，蛇，鹰，虎，鹿，这九种动物的综合，构成了中国龙的综合原型"这一说法，更容易为大众接受。[3] 在中国地区，目前为止发现的最早的龙形图案是 8000 年前的兴隆洼文化查海遗址。兴隆洼文化地处内蒙古敖汉旗兴隆洼，在这一地区，考古人员发现了一条约 19.7 米长的"龙"。这条"龙"用红褐色的石头堆砌。正是因为发现了这条"龙"，人

[1]　冯天瑜，《上古神话纵横谈》，上海：上海文艺出版社 1983 年版，第 12 页。
[2]　冯时，《中国天文考古学》，北京：中国社会科学出版社 2010 年版，第 296 页。
[3]　同上，第 124 页。

们把中华民族崇拜龙的年代推到了 8000 年前。[1]

古时，人们由于对自然科学认识的不足，不能对一些自然现象做出合理的解释。于是，人们就创造了民族的图腾，这个图腾寄托了人们的希望，人们希望它能具备呼风唤雨的力量，能翱翔在天际，更能驰骋在海底。因此人们便把许多动物的特点聚集在这个图腾"龙"身上。龙身上聚集了九种动物的特征，成了"九不像"。人们赋予了它无穷的神力，认为它是万兽之首，是神的化身。龙在我国不仅是传说中的神物，更是中华民族精神的象征。在传说中，龙长着虎须鬣尾，身子像蛇一般长，还有着像鱼一般的鳞片，角似鹿角，爪子似鹰爪一般锋利。当然龙不仅是外形独特，人们赋予它的能力也是非凡，能在地上行走，能在天空飞翔，会吞云吐雾、兴云降雨、翻江倒海，亦能变大变小、时隐时现。在中国的历史长河里，龙早已渗透到文化传承的方方面面，龙的印迹也遍布在中华大地。"龙的传人""龙的国度"，中国龙俨然已经化为民族的图腾。世界人民也已经接受这一点，龙就是中华民族的代表，也是中国的一个象征。

2. 真龙天子溯源

汉高祖刘邦在位 12 年[2]，登基后，刘邦首先做的事情就是平定诸侯王的叛乱，巩固统一局面，而且还逐渐把分崩离析的民心凝集起来。也可以说，四分五裂的中国是在刘邦的带领下才真正统一起来。然后，他又建章立制并采用休养生息之宽松政策治理天下，迅速恢复生产，发展经济。这样的治国理念不仅安抚了百姓，使中华民族有了凝聚力，也为汉代雍容大度的文化打下了坚实的基础。从这个层面上来说，刘邦对汉民族的统一强大与汉文化的发扬有着不可磨灭的历史功绩。

据《史记·高祖本纪》记载："高祖，沛丰邑中阳里人，姓刘氏，字

---

[1] 朱乃诚，《中华龙：起源和形成》，北京：生活·读书·新知三联书店 2009 年版，第 69 页。
[2] 黄中业，《汉高祖刘邦传》，长春：吉林人民出版社 2010 年版，第 43 页。

季。父曰太公，母曰刘媪。"沛是秦时县名，属泗水郡，即今江苏省沛县。刘邦的父亲人称刘太公，母亲人称刘媪，太公与媪都是当时人们对老年男子或老年妇女的尊称与通称。[1] 通过《史记》，今人可以看出刘邦出身于一个普通的农户家庭，并无任何显赫背景。

关于刘邦的身世民间还有一个广为流传的传说故事，且刻画在了武梁祠的石壁上。这个故事也被收入《史记》中，记载大致讲述了刘媪在湖边休息小睡，睡时梦见与天神相遇交合。此时正值天空中雷电交加，天昏地暗。刘太公冒着雷雨寻找妻子，在湖畔看见有一条蛟龙盘在妻子的身上。雨过天晴，蛟龙也随着乌云离去不见。后来，刘媪怀了身孕，生下刘邦。[2] "龙种"一词便由此传开。通过这一记载，我们也可以窥探出"真龙天子"这一说法的由来。

除了以上的记载，《史记》中还收录了有关刘邦的相貌的描述"隆准而龙颜"，即长着高高的鼻梁，上额突起，犹如龙额。传说中刘邦还有着漂亮的胡须，左腿上有 72 颗黑痣。因此，后来人们通指"隆准而龙颜"为帝王相貌。

然而，《史记》中关于刘邦的传说远不止于此。《史记·高祖本纪》云：

> 高祖以亭长为县送徒郦山，徒多道亡。自度比至皆亡之，到丰西泽中，止饮，夜乃解纵所送徒。曰："公等皆去，吾亦从此逝矣！"徒中壮士愿从者十余人。高祖被酒，夜径泽中，令一人行前。行前者还报曰："前有大蛇当径，愿还。"高祖醉，曰："壮士行，何畏！"乃前，拔剑击斩蛇。蛇遂分为两，径开。行数里，醉，因卧。后人来至蛇所，有一老妪夜哭。人问何哭，妪曰："人杀吾子，故哭之。"人曰："妪子何为见杀？"妪曰："吾子，白帝子也，化为蛇，当道，今为赤帝子斩之，故哭。"人乃以妪为不诚，欲告之，妪因忽不见。

---

[1] 黄中业，《汉高祖刘邦传》，长春：吉林人民出版社 2010 年版，第 112、129 页。
[2] 〔汉〕司马迁，《史记·高祖本纪》，北京：中华书局 2000 年版，第 241 页。

后人至，高祖觉。后人告高祖，高祖乃心独喜，自负。诸从者日益畏之。[1]

通过以上《史记》中对汉高祖刘邦的记载，后人真切地了解有关这位开国君主的传说以及在民间刘邦被传说成"真龙天子"的由来，虽然不能肯定是何时何人所说，但是从这些记载中我们可以肯定一点的是，在当时的民间传说中刘邦与"龙"是有着密切而不可分割的联系的。谢选骏先生也曾说，从中国上古神话中的兽形因素中，可以看出其发展还处于较为原始、朴野的阶段；他还说过，"以上层文化为先驱的神话历史化运动是导致了中国上古神话分裂的直接原因，如一足的夔和四面的黄帝等许多原先具有动物外形的古代神祇已逐步化为全面人化和'文明化'了的帝王、将相"。在汉代，百姓把帝王看作"龙"的化身，也是完全有可能的。

值得注意的是，司马迁在《史记·刘邦本纪》中明确写有高祖的出生地是徐州沛县，明代的《关王庙记》也曾载："丰邑，古徐州城，汉高祖诞生之乡也。"徐州城既是古泗水的流经之地，更是秦王捞鼎而不得的地点。因此在有的研究者看来，汉画"泗水捞鼎"中的"龙"不仅是在暗喻刘邦，也暗示了秦汉交替的政治争斗。而此时的图像也就成了一幅名副其实的"政治宣传画"。

3. 帝王与传说

有着神奇传说的皇帝，刘邦并不是唯一的，中华民族所崇奉的很多圣人也都有不凡的"身世"。据传：黄帝是有熊国君少典的后代，其母亲名为附宝。有一天，黄帝的母亲在野外向苍天祈祷，突然之间电闪雷鸣，全身麻木，从此就有了身孕。彼时，巫婆到处奔走相告："不久之后，这里必有圣人降生！"传说附宝怀孕了24个月才生下黄帝。黄帝出生时，天

---

[1] 〔汉〕司马迁，《史记·高祖本纪》，北京：中华书局2000年版，第245—246页。

空中遍布五彩祥云，百鸟朝凤，一派吉祥之兆。二月初二，黄帝出生于沮水河畔沮源关降龙峡。自此以后，民间也有了二月二"龙抬头"的说法。司马迁在《史记》中说，黄帝"生而神灵，弱而能言，幼而徇齐，长而敦敏，成而聪明"。[1]

有关炎帝的出生传说就更为详细。其中最早涉及这个问题的是左丘明编写的《国语·晋语》。此书云："昔少典娶于有蟜氏，生黄帝、炎帝"。[2]依此描述可知，少典氏是炎帝的"父亲"，有蟜氏乃炎帝的"母亲"。后来，王符在写作《潜夫论》时受五行说的影响，把炎帝的出生与其他历史伟人的降生一样，赋予了浓重的神话色彩。王符说："有神龙首出常羊，感任姒，生赤帝魁隗，身号炎帝，世号神农，代伏羲氏"。[3]此后，《帝王世纪》又把炎帝的出生加以具体化，该书说："神农氏，姜姓也，母曰任姒，有蟜氏之女，名女登，为少典妃，游于华山之阳，有神龙首感女登于常羊，生炎帝。"[4]而南宋时的罗泌综合前人诸说，自己又加以系统化。罗泌在他写的《路史·后纪》中说："炎帝神农氏，姓伊耆，名轨，一曰石年，是为后帝皇君，炎精之君也。母安登，感神（龙）于常羊。生神农于烈山之石室。生而九井出焉。初少典氏娶于有蟜氏，是曰安登，生子二人，一为黄帝之先，袭少典氏；一为神农，是为炎帝。炎帝长于姜水，成为姜姓。其初国伊，继国耆，故曰伊耆。长八尺有七寸，弘身而牛愿，龙颜而大唇，怀成钤、戴玉理。生三辰而能言，五日而能行，七朝而齿具。三岁而知稼穑般戏之事，必以粟稷。"[5]

由以上的众多传说，我们可以知道，在中国历史上帝王神化自己的现象十分普遍，而且在民间的传颂也是极为广泛的。《说文解字》中许慎说道，"圣人皆无父，感天而生"。从这里我们也能看出，汉代人对于有关帝王的传说包括汉高祖刘邦"真龙天子"之说是持着相信的态度的。

---

[1] 〔汉〕司马迁，《史记·五帝本纪》，北京：中华书局2000年版，第1页。

[2] 徐元诰，《国语集解》，北京：中华书局2002年版，第336页。

[3] 〔汉〕王符，《潜夫论笺校正》，北京：中华书局1985年版，第389页。

[4] 〔晋〕皇甫谧等，《帝王世纪》，北京：中华书局1985年版，第3页。

[5] 〔宋〕罗泌撰，陆费达总勘，《路史·后纪三》，上海中华书局据原刻本校刊，第68页。

（三）"弗得"所体现的汉人政治观

最早记录"泗水捞鼎"这个事件的古籍是《史记》。《史记》是由司马迁撰写的中国第一部纪传体通史，司马迁写作这部书是在汉武帝在位时期，而其真正流传开来是在东汉中期以后。从年代我们可以看出，最早记录"泗水捞鼎"的书籍并非出自秦始皇时期，而是在汉代。这就出现一个问题，记录事件的时间、人物皆不在秦王朝，那时间的推移和人物情感的变迁是否对记录事件的真实性有影响呢？笔者试着从对文本的研读和资料的探究中，试图探究出汉代人在"泗水捞鼎"这一事件中所体现的政治观。

1. 汉人记载的秦王

西汉初年，政论文盛行，而贾谊就是其中的代表作家之一。[1] 在贾谊的《过秦论》中写道，秦始皇灭了六国，统一了中国，之所以能如此迅速地强大起来，其中的原因是十分复杂的。首先，秦国地理位置优越，可以说是"据崤函之固，拥雍州之地"。其次，秦王嬴政更有一统天下的远大志向。再者，国内的政治环境也较好，秦王也是知人善用，这也可以从"商鞅变法"这个事件中看出一二。另外，秦国的外交政策也是很得当，"外连横而斗诸侯"的谋略也是十分成功的。但是，秦王虽征服了六国的国土，却征服不了六国的民心。[2] 从《过秦论》中，我们就可以看到"诸侯力政""兵革不休"这样的情景出现，这也反映了当时各国人民的厌战情绪甚是高涨。有这么浓的情绪，其结果自然是"士民疲敝"，而造成"天下之士，斐然向风"的结果也就不足为奇了。秦二世的即位并没有给百姓

---

[1] 李宗桂，《汉代思想的理性审视》，《哲学研究》，1988 年第 4 期。

[2] 王兴国，《贾谊评传》，南京：南京大学出版社 1992 年版，第 263 页。

带来新政，反而将暴政变本加厉。"坏宗庙与民，更始作阿房之宫"，徭役之苦令家家户户苦不堪言，农业也一蹶不振。"繁刑严诛，吏治刻深"，原本就很严酷的刑法，不但没有减轻，反而愈演愈烈。"赋敛无度"，繁重的赋税令百姓民不聊生。腐败加重，实为"吏不能纪"；"百姓困穷，而主不收恤"，可见国君早已没有民本的思想。

贾谊是汉朝人，他写的文章也可以说很大程度上是代表了汉代初期的人对秦朝的看法。从他的记叙中，我们可以看出汉朝初期的人民对于秦王的连年征战、崇尚武力、繁重徭役、酷刑严吏、赋敛无度等一系列暴政是深恶痛绝的。历史上的"焚书坑儒"，《史记·儒林列传》中就有明确记载："及至秦之季世，焚诗书，坑术士。"班固的《汉书·郊祀志》说："始皇封禅之后十二年而秦亡。诸儒生疾秦焚诗书诛灭文学，百姓怨其法，天下叛之。"《汉书·儒林传》说："及至秦始皇兼天下，燔诗书，杀术士，六学从此缺矣。"

由此可见，在汉朝人眼中，秦王的形象早已不是那个一统天下、雄姿焕发的帝王了；而是一个压榨百姓、残暴不仁的昏庸帝王形象了。书上描写尚且如此，汉画上刻画的秦王自然也不能是一个明主形象。但是工匠们没办法像书上的文章，用大量的词汇描写人物，只能用手中的刻石工具刻出跟秦王相关的故事情节，以此来讽刺这个他们心目中的荼毒天下百姓的"残暴皇帝"。"泗水捞鼎"这个故事是在民间流传比较广的有关秦王的故事之一，从众多的汉画中，今人可以清楚地看出汉代人对待秦王和"泗水捞鼎"这一事件的态度。百姓们认为秦王朝丢了政权是"天"的意思，汉王朝理应该取代秦。因此，蛟龙出水，咬断绳索之类的情节出现是在暗示刘邦的"真龙天子"的"合法"地位。这里也可以看出汉朝人民心中对这个结局的默许赞同。

2. 汉朝的政治理念

秦王用武力称霸天下后，以严苛的律法治理天下，却并没有稳固江山。秦王朝仅仅用了15年的时间就迅速地走向了覆灭。在秦国的治国政策上，我们可以明显地看到法家思想的印记，如律法的建立就充分地实践了法家的治国理论。[1]大多研究者认为秦王朝之所以这么快走向尽头，与它的治国理念有着极大的关系。从研究中发现，法家思想的极端发展和法家思想在实际操作中自身无法解决的矛盾成为秦朝灭亡最主要的一个原因。

在西汉建立之初，国库存在严重空虚的情况。这是由两个主要原因造成，一是由于秦汉交替战乱时，劳动力数量大量减少，百姓的生产被严重地破坏，以至于不能很快地恢复生产；二是由于战争引发的大量百姓流亡，这给国家带来了长时间的经济萧条。鉴于全国的紧迫形势，在汉朝建立之初，统治者便吸取了秦朝亡国的教训，采取了"与民休息"的政策，此举主要是为了缓和阶级矛盾和恢复生产力，以巩固汉朝统治。国家大力施行"轻徭薄赋""奖励耕织"以及缓刑等政策。这些政策的大力推广对生产的快速恢复和经济的稳步发展起到了十分重要的作用。此外，刘邦并没有对地方诸侯王采取过多干涉的政策，此举主要是为了在郡国并行的制度下，巩固封建王朝的统治。而作为这一时期的主导治国思想也是需要与这种形势相适应。黄老思想主张的是清静无为、因循而治，完全符合了统治阶级的要求，因此也得到广泛的流行。[2]经过历史检验证实，汉朝针对这一时期施行的政策对快速促进生产恢复与发展起到了很大的作用，而且完全适应了当时社会发展的需要。这一时期的稳步发展，不仅为汉朝的封建统治起到了稳定人心的作用，也为后来著名的"文景之治"打下了坚实的基础。

汉武帝即位后建立了强盛的封建国家，这也更加巩固了封建统治。此后，统治者亟待建立与之相适应的思想体系，"新儒学"就应运而生。"新儒学"是西汉思想家董仲舒创立的。他将儒学进行了改造，不仅吸收了道

---

[1] 张同利，《九鼎传说与秦汉都城》，《文化研究》，2008年第4期。
[2] 王冉，《试论汉代文化思想传播控制的主要特点》，《新闻传播》，2009年第5期。

家、法家等内容，还增加了"君权神授"和"大一统"等思想。之所以做这样的改造，都是为了有利于封建统治者的统治，以维护汉朝现今的良好局面。除此以外，董仲舒还向汉武帝提出了"罢黜百家，表彰六艺"的建议。

> 春秋大一统者，天地之常经，古今之通谊也。今师异道，人异论，百家殊方，指意不同，是以上亡以持一统；法制数变，下不知所守。臣愚以为诸不在六艺之科孔子之术者，皆绝其道，勿使并进。邪辟之说灭息，然后统纪可一而法度可明，民知所从矣。[1]

这是《举贤良对策三》中的一段话。多年以来，学者们一直以"罢黜百家，独尊儒术"八字加以概括。

邹鲁文化的传统，燕齐方术的传统，一部分三晋文化的传统，阴阳家、刑名家的思想观点等共同组成了董仲舒本人的思想体系。从此看来，他并非纯粹单一的儒学。选择儒学，并不是董仲舒的仓促之举。第一，秦朝二世而亡给汉朝人留下了不可磨灭的印象，他们从中汲取教训。从古至今，未尝有以乱济乱、大败天下之民如秦者也。秦的覆灭正是秦王朝二帝奢华靡费、不修文德、不顾苍生的必然结局。第二，汉承秦祚。汉朝之初，统治者奉行黄老之学，过分消极无为致使诸侯王势力急速膨胀。因此，对社会教化松弛的理论批评也屡有出现，如"如朽木粪墙，虽欲善治，无可奈何""当更化而不更化，虽有大贤不能善治也。故汉得天下以来，常欲善治而至今不可善治者，失之于当更化而不更化也"之类的评论便应运而生。[2] 第三，大举儒家的大旗，外儒内法政策的实行极为有利于封建统治阶级的长安久治。推行这一政策的真实记录就有"汉家自有制度，本以霸王道杂之"。从以上三点的分析，可以明显看出董仲舒从众

---

[1] 〔汉〕班固撰，〔唐〕颜师古注，《汉书·董仲舒传》，北京：中华书局2000年版，第1918页。
[2] 邓乔彬，《论汉代的宗教思想、社会生活》，《杭州师范学院学报》，2001年第3期。

多学说中选择儒学作为当时中国文化的主轴思想，是有其独立且深刻思考的。

董仲舒的世界观一直奉行着这样的观念，即"天"是超自然、超社会、超诸神的至高无上的上帝。他认为，"天者，万物之祖也"，"百神之大君也"，"天亦人之曾祖父也"。在他的观念里，"天"被看作有意志、有权威的，甚至大自然的规律也可以被曲解成"天"的意志安排的。[1] 他声称，四时是由于阴阳流转而形成的。这也说明了"天"不好刑而好德，此外，从"春生夏长、秋收冬藏"中，人们也可以看出"天"的喜怒哀乐。他尽力渲染"天"的无穷威力，认为"天"是"甚可畏"的，一切人必须服从"天意"，敬畏"天殃"，否则必将招致"天"的严厉惩罚。具有唯心主义的、神学的性质是董仲舒的世界观最明显的特征。在董仲舒的政治观念中，"王道之三纲，可求于天"，即是说封建政治秩序所奉行的"君为臣纲，父为子纲，夫为妻纲"乃是天意的有意安排。而"天"在人间的代表就是封建专制君主，因此人们必须听命于他。他曾明确说："唯天子受命于天，天下受命于天子。""天"与封建君主之间有一种感应关系，如果国家的政治举措有了过失，"天"就要用灾异来向君主表示告诫或谴责。这种说法多少具有在封建君主身上增加一种制约力量的意味。此外，为了表明封建秩序的合理性，董仲舒的学说中还有一些古代"阴阳""五行"的理论衍生的观点。如"天道右阳而不右阴""阳贵而阴贱"的观点，他想以此向世人说明社会人伦中尊卑贵贱现象的合理性，而诸如"五行者，乃忠臣孝子之义"的观点则是用来说明维护封建道德的合理性的。[2]

在历史观上，董仲舒认为历史是以黑统、白统、赤统的顺序依次循环更替的。这也是他所宣扬的"三统循环"的观念。董仲舒曾说过，历史上夏、商、周三朝轮转交替，完成朝代更替，其中夏朝是黑统、商朝是白统，周朝是赤统。此外，在立法制度上也是顺应朝代交替而改变，即当

---

[1] 张实龙，《董仲舒学说内在理路探析》，杭州：浙江大学出版社 2007 年版，第 183 页。
[2] 刘国民，《董仲舒的经学诠释及天的哲学》，北京：中国社会科学出版社 2007 年版，第 325 页。

两个朝代更替之际，历法制度也要顺应改变，这也就是"改正朔"。而所谓的"易服色"即是在服饰方面的相应变换。但是，他特别指出，虽然历法、服饰等可变，封建统治的实质是绝对不能改变的。因此才有了："若其大纲人伦、道德、政治、教化、习俗、文义，尽如故，亦何改哉？故王者有改制之名，而无易道之实。"他坚信："古之天下，亦今之天下；今之天下，亦古之天下。""道之大原出于天，天不变道亦不变。"这既是唯心主义历史观，也是形而上学的宇宙观。[1]

综上，汉代的儒家思想已经不再单纯是孔子建立的儒家思想了。它为了顺应封建统治的需要，被董仲舒大肆改造，而君权神授说、天人感应论、大一统思想、三纲五常说等等成了其不可缺少的重要内容。这样的儒家思想得到了汉武帝的赞许并积极采纳。不仅如此，后来的封建统治者也都对这个儒家思想青睐有加，作为封建统治的主要统治思想。如班固就曾说过："昔殷道弛，文王演《周易》；周道敝，孔子作《春秋》。则乾坤之阴阳，效《洪范》之咎征，天人之道，粲然著矣。汉兴，承秦灭学之后，景武之世，董仲舒治《公羊春秋》，始推阴阳，为儒者宗。"从这段话中，我们可以看出班固已经将董仲舒与文王和孔子并列了。可见，董仲舒在封建社会的史学家心目中是有着极高评价的。[2]

3. 德与天命

信立祥认为，祠堂中的历史故事画像都有明确的目的性。因为，历史故事画像是严格地按照当时占统治地位的社会意识形态选择和配置在祠堂中的。它们并不是祠堂所有者或工匠们自由选择和创造出来的。并且，画像的道德标准就是儒家以"仁"为核心，以"忠、孝、节、义"为主要内容的道德观。也就是说，这些历史故事画像通常具有劝诫的味道。[3]

---

[1] 刘国民，《董仲舒的经学诠释及天的哲学》，北京：中国社会科学出版社2007年版，第286页。

[2] 郭炳利，《武氏祠画像石中的历史故事》，《广西艺术学院学报》，第20卷第4期。

[3] 信立祥，《汉画像石综合研究》，北京：文物出版社2000年版，第183页。

众所周知，春秋的孔子是儒家思想的创始人。儒家主张维护"礼治"，提倡"德治"，重视"人治"的思想。汉朝的董仲舒虽然对其大量地改造，但是儒家主张"仁政、德治"的主旨并没有改变。而且随着"君权神授"思想的出现，更把统治者的德治思想推上了一个新的高度。[1]

我们知道，早期的"德"主要运用于政治、社会领域，而触及政治的合法性论证的部分则体现了德的理论的核心价值。《诗》《书》所见的"德""天命"等语词可谓如影随形。早在西周就把"德"与政治的合法性联系在一起了，周人认为天命的转移根据在于"德"之有无，换言之，政治合法性的基础在于"德"。

既然"德"与"天命"有关，"降德"就是"降命"的另一种表述，所以我们先从"命"字入手研究。《说文解字》曰："命者，天之令也。""命"即天的命令。早期的文献和铭文中说过"降命"亦言"受命"，其中的"命"的确切含义是政治层面上的。就是说，"命"意味着"国祚"。而"降命"和"受命"，"降德"（授）和"德"（受）以及"施德"和"德"（内德于己）都是同一过程的两个方面，即从古语的特点来看。王力、杨树达也指出过，古语的"授""受"两个方面往往不分彼此；从古人的思维来看：从"施"的方面说，"命"是动词，即命令；从"受"的方面说，"命"是名词，就是天赐国祚。即《尚书》中所说的"天命"多指"国祚""帝位"，即政治权力、权利及其天命意义上的合法性。姜昆武就曾这样阐述过：

> 《尚书》中凡言国祚、帝位、政事、征战、灾异、祸福、寿夭、刑赏等等人所不能预测者，皆称天之所命。……天命最原始意义为受命于天之国祚帝位，乃改朝换代之特用成词。[2]

从上文中我们已经明显地看出了"君权神授"的观点，实际上这个问

[1] 刘宗贤、蔡德贵主编，《当代东方儒学》，北京：人民出版社2003年版，第329页。
[2] 姜昆武，《诗书成词考释》，济南：齐鲁书社1989年版，第50—51页。

题也是《尚书》诸篇什的重要主题。就如《尚书·皋陶谟》表达了"天授命于有德者，惟有德者奉受天命"的思想。《尚书》所说的"天命""德"几乎可以说是一枚硬币的两面，即"有德"乃"受命"的依据，"失德"亦"坠命"的原因。"德"几乎成了"天命"的具体化，成了天命、人道，天意、民意之间的中介。自周起，"德"的理念就已经深深地植入政治、社会、宗教和道德观念中，并一直影响着中华民族。[1]

随着人文理性的发展，渐渐礼俗之中也渗透了"德"的精神，"德"成了"王道"的精神实质和基本特征，西周推崇"敬德保民"，"保民"其实就是"敬德"题中应有之义，而显示于民情、民意。[2]这点在《尚书·康诰》中写道：

（文王）克明德慎罚，不敢侮鳏寡。庸庸，祗祗，威威，显民。[3]

《尚书·酒诰》也有记载：

在今后嗣王（纣）酣身，厥命罔显于民祗。……人无于水监，当于民监。[4]

可见，上面的例子是从正反两方面阐述了"德"所包含的政治理性，其中的核心就是"以民为本"。在本文"泗水捞鼎"中的鼎也是政治权力的象征，"天命"的易姓与转移，也就意味着传说中的"九鼎"的易手和迁移。并且早在《左传·宣公三年》就阐述了"在德不在鼎"的政治思想。从《左传·宣公三年》的叙述中我们就已经可以看出显然"德"比鼎更重要。"修德"成了政治行为的尺度与标尺。再如："三苗不服，禹请攻

---

[1] 郑开，《德礼之间——前诸子时期的思想史》，北京：生活·读书·新知三联书店 2009 年版，第 308 页。
[2] 同上，第 317 页。
[3] 〔清〕阮元校刻，《十三经注疏》，北京：中华书局 2009 年版，第 431 页。
[4] 同上，第 439—440 页。

之。舜曰：以德可也。行德三年，而三苗服。孔子闻之曰：通乎德之情，则孟门、太行不为险矣。故曰：德之速，疾乎以邮传命。"[1] 即在儒家看来，坐拥孟门、太行之险远不如修德更有政治意义。

综上所述，政治的合法性基础依赖于"德"，"德"已成为了一种时代精神影响着儒家的发展乃至后来中华民族的发展。因此，当"泗水捞鼎"中的秦王因暴政而失德时，百姓就已经剥夺了他政治统治的合法性地位。所以，对于秦王捞鼎而不得的结局，汉朝百姓理所当然地会认为这是预示着"天命"的转移以及他"失德"所造成的必然结局。

三、"泗水捞鼎"图像的功能探析

"泗水捞鼎"图像本是以现实历史故事为题材进行创作的，但是在很多相关题材的画作上却经常出现诸如凤鸟、羽人之类的仙界神物，且现今已发现的"泗水捞鼎"图像多出现在汉墓之中，很少用在现实的生活之中。这种现象的背后一定与图像的功能性有着密不可分的关联。通过研究发现，汉画像"泗水捞鼎"图像的功能性主要体现在"升仙"上。"升仙"思想历史悠久，也是汉代墓葬的一个重要组成部分。汉代，由于受到董仲舒"天人感应"的祥瑞学说及东汉"谶纬神学"的影响，民间的升仙长生思想变得十分普及。[2] 大量的汉画像石都以"升仙"为主题，也足以证明这一思想在汉代的影响之广。

（一）特定的时空因素

汉画像的内容中有很多都有明显的时代、地域痕迹。如"西王母"系

---

[1] 国学整理社编，《诸子集成·吕氏春秋》，北京：中华书局1954年版，第241—242页。
[2] 贾艳红，《论汉代民间信仰的基本特点》，《齐鲁学刊》，2010年第4期。

列就反映了汉代盛行的"神仙信仰";"七女为父报仇"的故事则映射出汉代的报仇文化和性别观念;"孔子见老子"画像频频出现在山东一带,这也体现了汉代这一地区的儒学风气浓厚。由此可见,时空因素对于汉画像的创作有着极大的影响力。而"泗水捞鼎"被多次地运用在墓葬中,其中也必有相关的时空特点可寻,从此入手,对于其功能性的探索也是一种突破。

1. 来自兖州墓的启示

1981 年山东兖州农业技术学校出土一座西汉中晚期的双室墓,墓中石椁上刻有极为简单的"捞鼎图"。图中央有两个立柱,立柱两旁各有三人用绳索拉鼎,鼎口上方有不清楚的刻画,从刻画姿态可以推测是龙头,鼎旁有一人凭几而坐,其前有"大王"两字,其身后还有围观者五人。鼎旁右边还有一只似龙又似虎的动物,和鼎中的龙头遥遥相望(见图 5-12、图 5-13)。

此墓石椁为长方形,南北长 252 厘米,东西宽 197 厘米,高 101 厘米。石棺中间有一长板将石椁分为左右大小均等的两室,有石块铺垫于底部,顶部以两块条石封盖。这样的石椁为西汉中晚期物,普遍出土于今天的山东西南地区。这个棺椁的装饰画像和形式呈现出如下特点:一是和同时期这一地区的石椁装饰一致,侧壁都是分为左、中、右三个带边框纹饰的方框,中央一框稍长而呈长方形;二是画像内容以生活中的场景如建鼓乐舞、宴饮、车马出行、谒见、狩猎或搏兽等为主,前后挡板上则是极为常见的墓树和穿璧(见表 1)。

表 1　石椁室左右两内侧、两档石板题材对照表

(左内)搏虎(?)图	十字穿环	捞鼎图
(南)墓树		(北)穿璧
(右内)孔子、云气、怪兽、其他人物	宴饮图、云气	老子、云气、怪兽、其他人物

图 5-12 捞鼎图拓本（杨爱国）　　　图 5-13 大王榜题（杨爱国）

　　这个椁室很值得人注意的是左右侧板各有三幅画像，其中三幅图像都有榜题。左侧板从右至左，分别是"大王捞鼎"（有"大王"二字榜题）、十字穿环和搏虎（？）图。右侧板从右至左则有云气鸟兽人物，其中一个人物身侧的榜题推测是"孔子"二字[1]，中央是宴饮图和云气，左端也是云气和怪兽、人物身后有"老子"榜题。

　　这个石椁室内侧左右侧板上的画像是否有联系，还不能确定。因为搏虎（？）图的意义是什么？还不知道，更不能说和其他部分是不是有关联。目前我们只能从两个有渊源的故事为切入点，并可由榜题，提示画中人物身份的图像入手解读与之相关的信息。而作为一个整体，笔者认为应全局考虑且要符合这一地区、这一时期的墓葬文化特色。而这一时期山东地区正盛行一种墓葬文化，即升仙。

----

[1] 赖非《山东汉代画像石榜题》一文第 124 页最早提到榜题为"孙武"，并谓其为隶书，有浓厚篆意。张从军《黄河下游的汉画像石艺术》第 59 页和《中国画像石全集》卷 2 图版说明第 6 页都从之，解释为"孙武"二字。但是细读《中国画像石全集》卷 2 的图版（图版 18）和《黄河下游的汉画像石艺术》第 144 页，发现榜题第一字右侧笔画简单，不像"孙"字的右旁，反比较像"孔"字。第二字两种拓本都不清楚，看起来似乎像"武"，但是如果拓片上"武"字的"弋"部分不是笔画而是椎拓时石面纹路所造成，则此字不排除是"子"字。且经邢义田先生与杨爱国先生的原石拓片对比后，证实了"弋"部分确是石面裂纹，但是"子"字部分原石已破损严重，难以确辨。孔子见老子是泗水一带经常出现的画像题材，前后脉络清晰可考。而孙子与老子难以联系。所以，这个榜题本文暂时主张应释作"孔子"。

2. 地域、时间的研究

在本章研究之初，笔者分析了"泗水捞鼎"图像所出土的地域特点，即绝大部分集中在山东一带，也就是泗水流域流经的地区。当然，我们也不能忽视自汉武帝以后整个上下层的社会风气。通过进一步研究，笔者发现泗水一带是我国儒家的创始人孔子的故乡，并且汉高祖在位时曾到曲阜参拜孔子，以太牢祠之。武帝时的司马迁到曲阜更是亲身感受了邹鲁之士对孔子的尊崇和当地特殊的礼乐文化。《史记·货殖列传》就曾载，"邹鲁滨洙、泗，犹有周公遗风，俗好儒，备于礼"。因此今人在很多山东出土的"捞鼎图"旁都发现了与孔子相关的图像，这绝非偶然事件。[1] 汉画像石砖或石壁出土较多的陕北、河北、山西、安徽等地无一件捞鼎图画像可考，这一点就足以说明"捞鼎图"这个研究课题是有比较明显的地域性特点的。

就时间因素来说，我国自战国以来君王的求长生不死之风就十分强盛，秦王、汉武帝就曾远赴今天的山东多次。上有所好，下必效焉，因此，齐鲁地区的神仙之术大为兴盛。皇帝的行为直接影响到了下层官员、百姓，自汉武帝以后的士大夫，甚至是平民百姓都追随而效仿之。秦末汉初的陆贾就曾说道：

> 凡人则不然，目放于富贵之荣，耳乱于不死之道。[2]
>
> 苦身劳形、入深山，求神仙，弃二亲，捐骨肉，绝五谷，废诗书，背天地之宝，求不死之道。[3]

在汉代，不仅汉武帝研究长生之术，连后来的文帝、宣帝都沉迷于此

---

[1] 邢义田，《画为心声——画像石、画像砖与壁画》，北京：中华书局 2011 年版，第 429 页。

[2] 〔汉〕陆贾撰，王利器注，《新语校注：新编诸子集成》，北京：中华书局 1986 年版，第 165 页。

[3] 同上，第 93 页。

道。上行下效，皇家如此，官员百姓自不必说。据记载，淮南王刘安曾召宾客达数千之众，主要著作为论天下事和谈论道术。他们著述数十篇，其中的《中篇》八卷记载的就是"神仙黄白之术"[1]。宣帝时的刘向曾献淮南《枕中鸿宝苑秘书》[2]，孔安国的《秘记》则已佚失，其内容也有部分涉及神仙[3]。哀帝建平四年正月，关东和关西的百姓不分官民，都陷入西王母行诏筹的狂潮，相互传书，号称"母告百姓，佩此书者不死"。这些都直接或间接地说明了求仙或求不死，已经在西汉晚期成了从皇帝到平民百姓的共同追求。这也直接影响到了这时期以后的墓葬，因此大量的神仙图像就出现在了墓穴中。

（二）故事寓意的转化

神，即神仙，神灵。在古代，人们遇到他们难以理解的自然现象、社会力量时，便在头脑中对这种力量产生虚幻的反映，并且将它人格化。据研究，原始社会后期这种观念就已经产生，而到了西周前这种观念就已十分普遍了。战国中期就出现了仙人世界的观念，到了汉朝，升仙不死之风犹胜以往。[4]《史记·封禅书》就曾记载，"帝武乙慢神而震死"；《史记·孝武本纪》也说，"孝武皇帝初即位，尤敬鬼神之祀"；《抱朴子·论仙》引《汉禁中起居注》云，"数日，而少君称病死。久之，帝令人发其棺，无尸，唯衣冠在焉"。可见在汉朝升仙思想已经是多数人普遍认可的观念了。

扬雄在《法言》中说过："有生者必有死，有始者必有终，自然之道也。"但是在汉人的想象中，人死或者下黄泉、入蒿里，或赴泰山、或登昆仑而升仙。[5]他们认为要连接生死两界，可行的办法是通过象征性的图

---

[1] 〔汉〕班固撰，张永雷、刘丛译注，《汉书·淮南衡山济北王传》，北京：中华书局2000年版，第1652页。
[2] 张松辉译注，《抱朴子内篇·论仙》，北京：中华书局2011年版，第19页。
[3] 张松辉译注，《抱朴子内篇·至理》，北京：中华书局2011年版，第113页。
[4] 季宏、朱永春，《汉画像升仙图中斗拱的文化意义解读》，《建筑与文化》，2008年第1期。
[5] 邢义田，《画为心声——画像石、画像砖与壁画》，北京：中华书局2011年版，第408页。

画，想象虚构一个天上、人间和地下既有区分，又可相互沟通的世界。在这个虚构的世界里，不论天上的神兽，地下或升仙的先祖，或在世的孝子贤孙，甚至历史上的典范人物或故事，在画面上可以穿越时空，交织成一片。汉人创造这样一个象征性生死连接的空间，墓葬和祠堂装饰将原本分隔的天上、人间、地下世界巧妙地相连。

1. 墓主与秦王的转化

上文提到的兖州石椁上的"泗水捞鼎"的画像上榜题为"大王"。汉代画像描述秦始皇时，一般称他为"秦王"，在武氏祠堂的"荆轲刺秦王"以及"蔺相如拒秦昭王"画像上都有明确的"秦王"榜题。在汉画里，却从不曾见"秦始皇""始皇"榜题，兖州石椁中"大王"更是没有见过。并且，兖州石椁的画像上没有提到捞鼎地点，也是在淡化捞鼎人物和地点的明确性。"泗水捞鼎"图像的正中央是鼎，可见焦点在鼎。而鼎中龙头探头向上，龙头上方有一人朝前正面而坐。身后又有一些或跪或站的随从人员，这样的画面布局显然大王已经不是焦点了，但是还没有完全走下舞台。

笔者发现模糊主角或模糊地点的做法在很多"泗水捞鼎"的画像中都有所体现，就现在可考的"泗水捞鼎"汉画而言没有一个提到准确的地点，甚至连"大王"这样的榜题也没有出现。主角往往是由墓主替代，甚至有些描绘成在楼亭之上观看捞鼎（见图5-14）。

泗水一带的百姓不可能不知道"泗水捞鼎"的故事，当地人也不会不知道秦王才是事件的主角。当画工想要用这个广为人知的故事为自己服务时，保留主要元素是最简单的办法，例如捞鼎；再增加一些新元素，例如龙。[1] 秦王虽然在百姓心目中的形象是残暴的，但是他晚年所追求的升仙长生的思想却是所有百姓都向往的。《史记·秦始皇本纪》曾载"于是遣

---

[1]　邢义田，《画为心声——画像石、画像砖与壁画》，北京：中华书局2011年版，第418页。

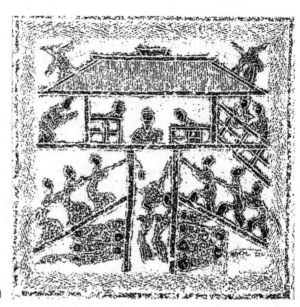

图5-14　泗水捞鼎（采自《中国画像石全集》卷2，图56）

徐福发童男女数千人，入海求仙人"。所以画工利用偷换主角的方式，使墓主进入画面，继而巧妙地转换成墓主祈求升仙不死。

2.龙与鼎的关系

　　龙是仙界之神物，在古人的眼中龙和升仙有关，这也是早有渊源的。《庄子·逍遥游》中就曾写神人："不食五谷，吸风饮露，乘云气，御飞龙，而游乎四海之外。"这里说的神人和汉代人眼中的仙人可以说如出一辙。《史记·封禅书》就曾载："黄帝采首山铜，铸鼎于荆山下。鼎既成，有龙垂胡髯下迎黄帝。黄帝上骑，群臣后宫从上者七十余人，龙乃上去。余小臣不得上，乃悉持龙髯，龙髯拔，堕，堕黄帝之弓。百姓仰望黄帝既上天，乃抱其弓与胡髯号，故后世因名其处曰鼎湖。其弓曰乌号。"武帝时，齐方士公孙卿就以这则"鼎湖龙去"的故事来鼓动武帝求仙。上文分析过的兖州石椁所描绘的捞鼎画面中鼎中突现一龙，无疑也是在借助龙转移故事的焦点。[1] 而主角从"大王"变成墓主,整个捞鼎图的性质也发生了根本性的转变,由历史性的事件转变成一个具有升仙意味的升仙祈愿图。

鼎原本象征着世俗的权力。[2] 依《史记》记载的故事,秦王捞鼎,在意的是它象征的无上权力。战国方士神仙之说兴起后,鼎多了一层神仙的色彩。[3] 汉武帝在位时曾因求鼎得鼎,为之改元"元鼎";在私下生活中,他更渴望因得鼎而升仙。公孙卿对汉武帝所说的黄帝铸鼎而引来神龙,继而骑之飞升的故事应该对武帝的触动很大,使他更加相信宝鼎可以引来天上之龙。依此而言,此鼎已经不是周鼎了,而是黄帝铸成的用于引来天上之龙的一种工具。鼎所引来的龙才是真正被期待的对象。[4] 也就是说,捞鼎的目的就是为了求龙,龙至则鼎弃之可也。据《汉书·郊祀志》载武帝听闻公孙卿之说后有这么一句话:

> 嗟乎,诚得如黄帝,吾视去妻子如脱屣耳。[5]

这与画像中的龙咬断绳索这一象征性动作联系起来,也可以理解成升仙之前,必须先切断世俗的权力和富贵的牵绊。画像里绳断鼎没,龙腾而出,在旁观看等待的主人,遂得如愿,骑之升天。因此,笔者认为人们等待的不是鼎而是龙。

大约在同一时期的西汉中晚期的石椁和墓室祠堂内都曾出现过一种没有鼎,却有墓主端坐于堂内,且有双龙双凤的画像。我们可以理解成,自西汉中晚期后,人们表达升仙愿望就不一定用捞鼎的故事了,可以直接用

---

[1] 黄展岳先生在一杂记中曾以"移花接木"形容。参黄展岳(丰州)《考古杂记》,原刊《考古与文物》3(1983),收入《先秦两汉考古与文化》(台北:允晨文化出版公司1999年版),改题为《汉画升鼎图》,第579—582页。
[2] 战国时,策士张仪曾大言:"据九鼎,案图籍,挟天子以令于天下。"(《史记·张仪列传》,北京:中华书局2000年版,第1799页)
[3] [美]巫鸿,《礼仪中的美术》(上),北京:生活·读书·新知三联书店2005年版,第45—69页。
[4] 邢义田,《画为心声——画像石、画像砖与壁画》,北京:中华书局2011年版,第419页。
[5] 〔汉〕班固撰,〔唐〕颜师古注,《汉书·郊祀志》,北京:中华书局2000年版,第1020页。

图 5-15　济宁师专十号石椁东壁墓主画像（采自《中国画像石全集》卷 1，图 104）

图 5-16　萧王庄汉墓石椁（采自《黄河下游》，图 42）

龙、凤，鼎根本无须出现。如图 5-15 和图 5-16，这两幅图有类似的画面结构，墓主正面端坐堂室内，室顶有双龙或是双凤。

　　图 5-17 中，墓主夫妇端坐堂内，堂顶的双凤前各有羽人在喂食仙丹一类的东西，这幅画中的升仙意味就更加明显了，墓主夫妇希望在凤鸟的协助下升仙。凤鸟的升仙作用文本不拟多谈，在洛阳昭宣时期卜千秋墓壁画上墓主夫妇分别乘龙凤奔向西王母，已经很清楚地交代了龙凤的作用。[1]

　　1990 年邹城市郭里乡高李村出土东汉晚期的一石上，有一位形体十分高大的墓主站在桥上观看捞鼎。在他两侧各有羽人喂食凤鸟（见图 5-18）。这个画像的主题就更加鲜明了，我们可以很清楚地看到画像的主题是成仙不是得鼎，这也明确地告诉我们捞鼎、龙、凤这些元素皆属于升仙的脉络里。

[1]　"乘龙凤者为墓主夫妇"参照孙作云《洛阳西汉卜千秋墓壁画考释》，《文物》，1977 年第 6 期。

图 5-17　微山两城镇祠堂后壁墓主画像
（采自《中国画像石全集》卷 2，图 52）

图 5-18　泗水捞鼎（采自《中国画像石全集》卷 2，图 60）

　　根据以上的分析，对于向往升仙的汉代人而言，骑龙升仙不死才是他们所向往的，鼎仅仅是他们为了引龙而利用的工具。得龙弃鼎，继而升仙，才是他们真正的意图。但是这也并不说明鼎和龙是互斥的。因为鼎到了东汉末也不再仅仅是象征权力了，随着道教的出现，它成为了炼丹的工具，也象征着长生不死。[1] 因此，没有龙的捞鼎图也可以带有升仙的意愿。

3. 墓主身份的确立

　　在许多"捞鼎图"中都能看到主角站在桥上或立于鼎前观看捞鼎，那我们就要确定这个主角的身份。"他"究竟是原主角秦王，还是另有其人，这对于揭示"泗水捞鼎"图的功能性有着极大的帮助。

---

[1]　郭向平，《汉代画像砖石中的社会现象初探》，《西北农林科技大学学报》，2003 年第 5 期。

图 5-19　山东汶上孙家村画像石线
描图（杨依萍摹本）

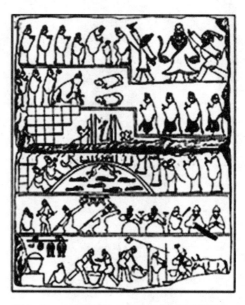

图 5-20　山东嘉祥出土（采自《中国画像石全
集》卷 2，图 139）

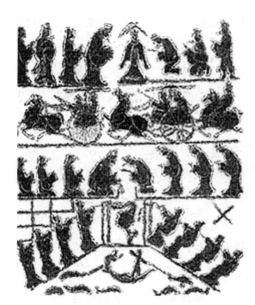

图 5-21　出土于山东嘉祥五老洼（采自
《中国画像石全集》卷 2，图 137）

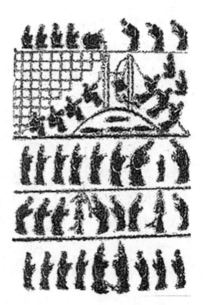

图 5-22　出土于山东嘉祥五老洼（采
自《中国画像石全集》卷 2，图 135）

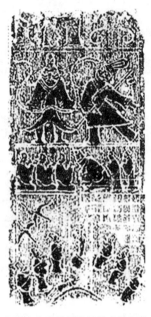

图 5-23　出土于山东嘉祥刘村洪福院（采自《中国画像石全集》卷 2，图 123）

图 5-24　出土于山东嘉祥纸坊镇敬老院（采自《中国画像石全集》卷 2，图 115）

　　笔者发现"捞鼎图"转换主题成升仙图有一个明显的现象就是观看捞鼎的主角不是秦王，而是墓主本人。在兖州石椁的其他祠、墓画像里，已经找不到大王的榜题，而是见到墓主或站在桥上、或立于岸边、或在屋檐下，鼎中有龙头冒出，将绳索咬断，这样的例子很多。

　　笔者对比同时期的其他汉画发现，在许多"泗水捞鼎"汉画上都有明显的特征来说明主角就是墓主。如画面上主角的服饰、姿势、道具以及整个画面的布局结构。这些与西汉中晚期以后流行的墓主谒见图中的主人和谒见者的形象特征几乎一模一样，包括墓主及旁人所戴的头冠、彼此或立或跪地拱手对揖、墓主凭几答礼的姿势等。

　　另外，笔者还发现在汉南出土的画像砖上经常见到车马过桥和捞鼎图在一幅图中同时出现的现象。（见图 5-25 至图 5-27）桥上车马中的人物，无疑是象征着墓主的。而且汉代的工匠刻画捞鼎图的观鼎者时与车马出行图中墓主的格套形式是一样的。这也证明了观鼎者确是墓主。

观捞鼎者图

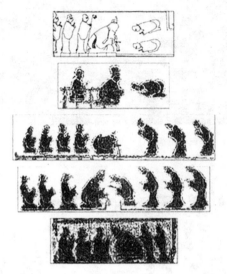

图从上起依次采自本书图 5-19、图 5-20、图 5-21、图 5-22、图 5-23 局部

墓主谒见图

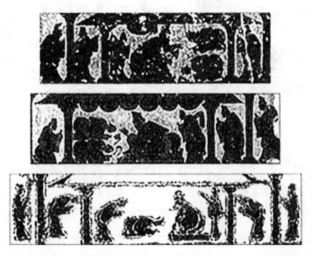

（图从上起依次采自《全集》1，图 92；《全集》2，图 104 局部；《全集》2，图 136 局部）

图 5-25　观鼎者与墓主谒见图对比

图 5-26　河南南阳画像砖（采自《世界美术大全集 东洋编秦·汉》，图 98）

图 5-27　河南南阳画像砖（采自《南阳汉代画像集》图 141）

图 5-28　河南南阳画像砖（采自《南阳汉代画像集》图 139）

　　从上面的图例中我们可以确定汉代人在运用捞鼎图的升仙功能时，确实运用了转换利用观看捞鼎者身份的方法。汉代人认为人死后应该和生前的待遇是一样的，《中庸》就写道："践其位，行其礼，奏其乐，敬其所尊，爱其所亲，事死如事生，事亡如事存，孝之至也。"正是这种"事亡如存"的思想，致使墓主本人及其后世子孙在墓葬上极其重视，今人可以从汉代墓葬上直接窥探到汉代人对生与死的幻想。而升仙这一主题是墓葬

　　　　　　　　　　　　　　　　　　　　　民俗之雅

最主要的体现，墓主将自己转换成画面上的主角来表达自己的升仙愿望也是最直观的一种表达方法。

（三）卧虎山石椁"泗水捞鼎"图升仙功能解析

汉代人向往长生升仙，因此将"捞鼎图"的功能转化成了带有升仙功能的画像。现今存有的"捞鼎图"大多是在汉代墓室中被发现的，并且不是独立存在的，而是与其他汉画一起为墓主所用，共同表达一个主题。

中国的丧葬制度，含有宇宙象征主义的模式，死者再现生者世界的做法在墓葬中得到了特别的运用。从汉代人的墓室中，我们可以发现汉代人在墓葬中运用的画像不仅有历史人物，也有仙界事物，甚至会有孝子贤孙等题材。这些不同题材、不同种类的汉画，虽有差别却又为同一主题所用，共同构成了墓主的死后世界。

兖州邹城卧虎山石椁大约建造于西汉中晚期，在这个石椁上除了有汉画"泗水捞鼎"外，还刻画了"孔子见老子""车马临阙""车马出行""凤鸟衔珠""西王母"等图。由于"泗水捞鼎"刻画在棺椁内侧，笔者就仅以内侧四周的汉画作整体分析。（见表2、图5-29）

表2　邹城卧虎山石椁南椁室石板内侧题材对照表

（北内）车马临阙	车马出行	捞鼎图
（西） 孔子见老子		（东） 凤鸟衔珠、羽人
（南内）西王母	乐舞、车马出行	百戏乐舞

棺椁的北椁板的内侧刻画着"泗水捞鼎"汉画，画面上很清楚地画有一座亭子下两侧人奋力地拉着绳索，宝鼎已然现出水面，水上还有划船的人在观看着，亭子正中坐着两人，姿势大致相同，两侧的人朝向他们或跪坐或躬身，应该是这两人的随从。亭子上方还有一人张开手臂，喊着口

1. 南樟板内侧
2. 南樟板外侧
3. 东档板内侧
4. 西档板内侧
5. 东档板外侧
6. 西樟板内侧
7. 北樟板内侧
8. 北樟板外侧

图 5-29　邹城卧虎山汉墓石樟画像摹本
（采自张从军《黄河下游》，第 126 页）

号，在画面的上面还有两只凤鸟分立左右，整幅图人物众多，刻画生动，把捞鼎时的精彩场面表现得栩栩如生。上文中笔者已经推测出捞鼎图有升仙的功能，在此不再赘言。

1. 从"孔子见老子"图解析"泗水捞鼎"的升仙观

石樟西挡板内刻画着两个人相对作揖，左侧一人手持鸠杖，在两人中间有树，还有两个矮小的人，其中一人还跪着朝向右侧伸着双手。经笔者对照了年代较晚的孔子见老子图画面的配置结构还有人物的造型设计，发现这幅图与孔子见老子图是大致相同的，都有两人对揖，手持鸠杖，也都

图 5-31　孔子见老子（采自《微山汉画像石选集》）

有个子矮小的人，虽然稍有出入，却仍能推测出此画就是"孔子见老子"
图。汉画"泗水捞鼎"与"孔子见老子"放在一个棺椁或一幅画里的现象
不止这一次，可见这是创作的人有意而为之。并且与"泗水捞鼎"放在一
起的孔子图中，只有"孔子问礼老子"这个题材。孔子是我国极为推崇的
圣贤，他的儒家思想也影响了中国的整个封建王朝，汉画中出现他的身影
是可以理解的，但是众多画匠偏偏对"孔子见老子"这个题材情有独钟，
就不是一种偶然现象。

　　孔子在齐鲁一带备受推崇，也是公认的圣人。他主张教人学而优则
仕，成仁成圣，但是对于大多数的士子儒生来说，真正能做到富贵荣华、
位列三公的人是少之又少，更不要说成仁成圣的人了。因此，他们到了晚
年回首一生的追求，必然是失落万分。连我们都熟知的王充在人生的最后
也是感叹生命的无奈，写了《养性》一书，书中也写了"闭明塞聪，爱精
自保"，"服药引导"。[1] 可见这位自视不同于流俗之人是不相信神仙鬼神
和来世之说的。而大多数的百姓必然不会如他一般有那么高的觉悟，他们
希望能长生不老，并且将希望寄托在升仙上。长生和升仙也正是老子的主
张，因此，孔子必然要见老子才能符合他们的急迫愿望。

---

[1]　王治理，《王充及其文学思想》，济南：齐鲁书社 2007 年版，第 36 页。

其实在我国历史上圣人、贤人被神仙化的现象并不少见，如我们都知道的黄帝、张良、关羽等等，而身在汉朝的汉武帝甚至被传说与仙人六博。由此可见，在汉代人们听见历史人物神仙化已经不是什么稀奇事了。如图 5-31 的"孔子与老子"图上方就有凤鸟这种代表仙界的元素围绕着。

早在西汉中晚期大为流行的谶纬图书中孔子的形象就被某些人神化、仙化了。东汉末至魏晋时代的牟子在他的《理惑论》中甚至说："道家云：'尧、舜、周、孔、七十二弟子，皆不死而仙。'"[1] 在山东省的汶上孙家村、嘉祥纸坊敬老院是有明确的孔子见老子的场面，而这个场面又是恰好在捞鼎图上方。并且画中的人俯首作揖，正望着下方的宝鼎（见图 5-24），在视觉上就形成了一种上面的人期待得鼎升仙的场景。

老子被神仙化的文本资料较为丰富，如刘向的《列仙传》中即有老子，而司马迁《史记》中的老子也是一位修道养寿的神秘人物，东汉以后老子在人们心目中俨然成了一位通晓长生之术的人。而老子除了有长生的仙术，还被人赋予了更大的本事，认为他是超越了神、人之上，是与道俱化的宇宙主宰。在《老子铭》的序中，边韶说道，老子"出入丹炉，上下黄庭，背弃流俗，舍景匿行，苞元神化，呼吸至精。世不能原，印其永生"[2]。在这里我们可以看到，那时老子在人们心目中的形象就已经是一位道骨仙风的老神仙了。

从对"孔子见老子"图像的分析，我们也从侧面印证了汉画像"泗水捞鼎"的主题思想。升仙这个主题不仅在"泗水捞鼎"和"孔子见老子"这两幅汉画上有所体现，我认为这个主题也是卧虎山汉墓石椁汉画所共同拥有的一个主题。

2. 同一主题下的多幅汉画解析

在棺椁内侧与"孔子见老子"图相对的是"凤鸟衔珠""羽人图"。

---

[1] 〔梁〕僧祐撰，刘立夫、胡勇译注，《弘明集》，北京：中华书局 2011 年版，第 69 页。
[2] 傅佩荣，《傅佩荣细说老子》，上海：上海三联书店 2009 年版，第 63 页。

图5-32　凤鸟衔珠（采自《汉画像石》）　　图5-33　凤鸟·羽人
（采自《汉画像石》）

图5-34　车马图（图中人物刻有铭文，上饰鸟云纹）（采自《汉画像石》）

凤是传说中的神鸟，亦名朱雀、玄鸟，是圣王出现的征兆。凤作为传说中的瑞鸟，与龙共同组成了中国的龙凤文化，成为中国传统文化的组成部分。而且凤在传统图案中的象征寓意也是多种多样。有镇邪驱恶之吉祥意义，也寓意贤者之德威等等。[1]《说文》就写道："凤，神鸟也。天老曰：凤之像也，麟前，鹿后，蛇颈，鱼尾，龙文，龟背，燕颔，鸡喙。五色备举，出于东方君子之国，翱翔四海之外，过昆仑，饮砥柱，濯羽弱水，暮宿丹穴，见则天下大安宁。从鸟，凡声。凤飞则群鸟从以万数，故以为朋党字。"[2]在汉代文献中关于"有凤来仪""凤凰于飞"的描述，证实了此禽在人们心目中为吉祥鸟的象征（见图5-32）。在汉画像中，凤鸟旁常有羽人喂食丹药的身影（见图5-33）。羽人即身上长有羽翼的人，因为在古人的意识里仙人均应有羽翼。羽人也是汉代先民所信仰的仙人。仙人就是长生不老之人，在汉代人眼里，仙人"不食五谷，吸风饮露"，羽人向凡

[1]　刘德增，《凤的文化解读》，《文史知识》，2006年第9期。

[2]　〔汉〕许慎撰，〔清〕段玉裁注，《说文解字注》，上海：上海古籍出版社1981年版，第148页。

人提供长寿之术所需要的仙药,如丹丸、灵芝之类。羽人长有翅膀,可以升入仙境。因此,汉代人也希望可以化身为他们,成仙飞升、长生不老。在此幅图画中凤鸟与羽人共同出现,羽人手持仙丹向凤鸟喂食,在此凤鸟不仅是吉祥的象征,还带有吃了仙丹、飞天升仙的含义,在这里凤鸟已经转化成了仙界的符号象征,而墓主更希冀像凤鸟衔珠一般,服食了羽人的仙丹后继而羽化成仙。而在这个棺椁这幅图又与孔子见老子图相对,两幅图升仙的含义遥相呼应,就愈加明显了。

与捞鼎图同处于北橔板内侧的是"车马临阙"和"车马出行"图,二图同为车马图题材。在汉画像中,有很多的车骑出行图(见图 5-34)。汉代人非常爱车马,致使这类题材在汉代也十分盛行。在汉代初期,车马是用来显示国力、军事实力强弱的,因此,才有称作军事强国为"千乘之国"的说法(车四马被称为"一乘")。到了汉代中期,由于官吏贵族出行时常常宝马雕车,气势恢宏,尽显威仪,因此,车马就成了身份地位与权贵财富的象征。但是,在汉代人观念中车马不仅仅是地位的代表,它还被赋予了更深层的含义即升仙。中国古代认为车也是宇宙的代表,盖圆像天,舆方像地,载人居中(车与居同音)。所以,古人认为车也是可以通行于三界的。在汉画像中,车马出行题材大致可分为三类:第一种是车马作为升天工具,图像中墓主乘坐车马升天;第二种是车马作为下地工具,汉画多处于墓葬,描绘的也多是死后的世界,如丧葬行列、车马出行等;第三种是就人世而言,故事中的车马,或与故事内容相关,或描绘生前的出行情景。这一类曾经被认为反映死者生前的生活,代表其地位。但是,我们不能机械地将图画分门别类,汉画像中创作者所描绘的画像通常是现实与想象的交错,即真实中有想象,想象又要以真实为基础,其象征意义也超出现实的生活之外,并且随场景的不同而不同。从现今研究的角度来看,无论升天入地还是人世出行,都不能单纯地分解开来。在汉人想象中,死后升入的仙界天堂正是以一个个理想家园的方式呈现在脑海中。就卧虎山石橔上描绘的车马图来看,创作者显然不是在描绘墓主生前的车马出行情况,应该是在现实情境中又加入了升仙元素的可能性最大,也能与

图 5-35　汉砖西王母（四川）

孔老画像及凤鸟衔珠画像呼应起来。[1]

在棺椁的南椁板内侧刻画着西王母、车马出行、乐舞和百戏乐舞。这里又出现了两个新题材即西王母和乐舞图题材。西王母在仙界有着尊贵的地位，这是中国人众所周知的。早在西周，"王母"字样就在青铜器上出现了。而西王母这个称呼最早可追溯到殷卜辞中"西母"两字。在我国有关西王母的记载繁多，最早的记载有《竹书纪年》《山海经》《穆天子传》等书，对其的信仰早在战国时期就已经显现，到了汉代已经达到了信仰的鼎盛时期。汉代官府将西王母列为专祀对象，在民间也成为了人们信仰的主神之一，被尊称为金母、西姥、王母等，人们认为她掌管着不死药和凡人升仙大权。[2] 在此棺椁中，墓主期冀得到西王母的不死药继而能直升天界的愿望也是显而易见的了。（见图 5-35、5-36）

舞乐在汉代人的日常生活中，是不可或缺的一部分，犹如人们天天食用的食物和水。乐舞题材也在汉画像中大量出现，是汉画像的重要组成部分（见图 5-37）。笔者按照图像的功能分类，汉代的乐舞可以分为娱人和娱神两个大类。娱人乐舞是使用在宴享、礼仪等场合的；而娱神乐舞则主

---

[1]　邢义田，《画为心声——画像石、画像砖与壁画》，北京：中华书局 2011 年版，第 429 页。
[2]　〔宋〕罗泌撰，陆费达总勘，《路史》，上海中华书局据原刻本校刊，第 217 页。

图 5-36　西王母坐在龙虎座上（采自《四川汉画像石集》）

图 5-37　乐舞百戏（石残 上格为行龙祥云，下格为乐舞百戏）（安徽）

要用于祭祀的场合，如灵星祠舞、郊祀舞、大傩乐舞和请雨乐舞等。舞蹈也如我们熟悉的诗歌一样，是由原始巫术的通神功能慢慢发展成一门娱人的表演艺术。乐舞的娱乐性在汉代被大大地推进，进而形成了中国舞蹈艺术历史上的第一次鼎盛时期。[1] 在"事死如事生"的厚葬观念下，汉画像砖石上的各种画面、形象是为死者创造一个与生前相同或相近的生活与娱乐环境而设计的，其中所描绘的歌舞活动场景，则是现实生活的再现。然而，在此棺椁中描绘的乐舞题材与西王母这个仙界人物并排，就不仅仅是在描绘凡间的娱人舞蹈场景了，它也有包含娱神的功能在里面，墓主是希望通过向神仙展现轻歌曼舞后，能让神仙愉悦，继而自己可以死后升天。

[1]　孙怡村，《从汉画看百戏与舞乐的交融》，《中原文物》，1995 年第 3 期。

民俗之雅

综上所述，通过对棺椁内这些升仙题材画像的简要分析，我们大致可以得出一个结论，即墓主虽然在棺椁上刻画了众多题材的图像，但是这些图像都包含一个相同的象征意义，即升仙含义。由此看来，"泗水捞鼎"图像的升仙功能也就可以相应地推出了。这也再次印证了上文中对"泗水捞鼎"的论述：墓主捞鼎真正本意并不在鼎，而是为了引出故事中的鼎中之龙，继而驾之升天。[1] 在卧虎山的棺椁中，"泗水捞鼎"显然已经不是一个普通的历史故事，而是被赋予了新的象征含义，即为自己的死后升仙"铺路"。通过分析，笔者也大致可以为此墓主描绘出一条他心目中的升仙路：墓主死后入土，肉体慢慢地与大地融为一体，他的灵魂则乘着车马出行，期冀着有神龙、凤鸟、羽人来相助接他上天，通过双阙天门，见到主宰生死的大神西王母并向她敬献乐舞，继而得到仙丹，能真正的长生不老。

人有生就必有死，虽然人们尽力地想要延年益寿，但是死亡仍然要来临。人们害怕死亡，为了摆脱这种恐惧心理，就幻想出一种不死的信仰，这也就是升仙。汉代人深信，人死了以后是可以升天的，天上也是诸神的世界。在司马迁的《史记·天官书》中，我们看到了汉代人对天上世界的描绘，司马迁说："文史星历，近乎卜祝之间。"[2] 这简直就像是地上的一个国家。但是，司马迁在这里所说的"天"特指的是占星术中的天，与我们所说的自然的天不是一个概念。而我们可以肯定也必须明白的一点是，古人所描述的天庭其实就是人类社会的一种表现。我们从这也能看出汉代人的天地观。在汉代画像中关于神仙和升仙的图画基本上是存在于墓室的画像、祠堂的画像与椁棺的画像中。在汉代人的观念中，是把宇宙看成天圆地方的，他们也按照这一图式来设计墓室图。在中国的古代并没有如其他国家一样创造出一神教的唯一的上帝，我们只是在个体生命的基础上而创造了神仙的信仰与传说。在汉代，上至统治者、下至平民百姓都对长生成仙有着强烈的追求，甚至是毕生的追求。可见，神仙的信仰在两汉的信仰中是极盛的，以致左右着他们的生死观。

---

[1] 邢义田，《画为心声——画像石、画像砖与壁画》，北京：中华书局 2011 年版，第 436 页。
[2] 〔汉〕班固撰，〔唐〕颜师古注，《汉书》，北京：中华书局 2000 年版，第 2066 页。

四、结语

汉画像"泗水捞鼎"取材于秦王在泗水打捞周鼎的真实事件。几千年来，这个故事代代相传，且多有文人对其进行探索研究。《史记》《水经注》等古籍的记载更加引起了后人对此事的重视。以"泗水捞鼎"为主题的汉画像数量繁多，画面精美，且多集中在山东地区。笔者认为图像不仅是视觉上的表达，更展现了汉代人对世界整体性、综合性的看法。我们可以从中看到汉代的文化发展、政权变更，以及百姓对秦朝暴虐统治的强烈不满。此外，汉画像"泗水捞鼎"多应用于墓葬之中，寄托了墓主希冀可以升仙的美好愿望。

本章以汉画像中的"泗水捞鼎"图像为研究对象，通过对文献记载和图像的分析，笔者发现汉代人对待秦王打捞周鼎而不得持一种赞同的态度。"鼎"自古以来就是权力的象征，秦王捞鼎也是为了证明自己的正统地位。然而，由于受董仲舒提倡的新儒学和"君权神授"思想的影响，汉代人对于暴政失德的秦王捞鼎不得的事件，认为是理所当然的事情，更是上天的一种政权变更的预示。

汉画像"泗水捞鼎"图像运用于汉代人的墓葬中，主要体现的是"升仙"功能。它的功能是从其所体现的文化内涵上生发出来的。"天人感应"、祥瑞学说、升仙长生思想以及东汉"谶纬神学"对汉代人的影响颇深。受此影响，长生升仙成了大多数汉代人的毕生追求。汉代人把"泗水捞鼎"图像由秦王捞鼎的原意转换成了墓主希冀"弃鼎得龙、驾之升仙"的寓意。因此，汉画像"泗水捞鼎"图像多为汉代人用于墓葬之中，与其他图像一起共同表达"升仙"的主题思想。

（作者 杨静）

本章是对汉代画像艺术中的庖厨图进行的研究。文章从庖厨图依托的神圣空间——祠堂及祠堂的另一种阐释"食堂"入手,结合常与庖厨图配置于一起的狩猎图、乐舞图,探讨庖厨图所具有的祭祀意义。文中提出汉代祠堂之所以被称为"食堂",是因为在墓祭祖先时要在祠堂前摆放奉献给祖先灵魂的祭食。祠堂中的庖厨图,表现的就是准备和制作奉献给祖先灵魂的祭食的场面。狩猎图、乐舞图与庖厨图之间分别具有前奏性、共存性价值。

文章进一步从中国古代思想观念、民俗信仰入手,论述了庖厨图的"牺牲"构成,提出了庖厨图具有"神嗜饮食"体系的特征。庖厨图中食物种类之丰盛全备、人力投入数量之多,充分地表达了人的仁义情感和生死观,体现了古人关于生之彼岸的信仰和"鬼犹求食""事死如事生"的生死观。庖厨图从另一个侧面反映了汉代人相信人死后是有灵魂存在的,而且灵魂像活着的时候一样同样有着饮食的需求,并且认为牺牲祭品可以起到沟通的作用。

汉画像中的庖厨图不只是对汉代饮食制作流程的简单描绘,而且还是汉代人信仰崇拜的载体,表达了死者家人对死者的虔诚祝福和生之彼岸的美好想象。

一、庖厨图的祭祀意义

汉画像作为汉代独特的墓葬艺术，由于其存在空间的神秘性，画像的内容不会随意而作，人们必定会通过特定的图像赋予它们特定的观念意义。而汉画像中的庖厨图表现的不纯是简单的现实生活，它具有一定的祭祀意义，它是家庭为祭祀祠主而准备祭食的场面。[1] 祭祀是在特定的祭祀场所进行的，这个场所在汉代的表现形式之一就是祠堂。信立祥先生认为："汉代祠堂之所以被称为'食堂'，就是因为在墓祭祖先时要在祠堂前摆放奉献给祖先灵魂的祭食。祠堂中的庖厨图，实际上表现的就是在这种墓地庖厨中准备和制作奉献给祖先灵魂的祭食的场面。"[2] 而常与庖厨图配置一起的狩猎图表现的则是为祭祀祖先准备"血食"的场面，对于人们为举行庖厨祭祀活动具有一定的前奏意义。如果说庖厨图是为了"飨神"，那么常与庖厨图共同出现的乐舞图更多是为"娱神"而存在。

（一）祠堂的另一种阐释——"食堂"

在汉代，祠堂是举行祭祀活动的场所，是"鬼神所在，祭祀之处"[3]，"祭祀是居，神明是处"[4]。汉代祠堂之所以被称为"食堂"，就是因为它是在墓祭祖先时向祖先灵魂奉献祭食的场所。祠堂中庖厨图的刻画正是祭祀准备过程的一种象征性表达。

1. 祠堂概述

在中国人这里，似乎巩固地确立了这样一种信仰、学说、公理，即似

---

[1] 朱存明，《汉画像的象征世界》，北京：人民文学出版社 2005 年版，第 142 页。
[2] 信立祥，《汉代画像石综合研究》，北京：文物出版社 2000 年版，第 143 页。
[3] 〔汉〕王充，《论衡·四讳篇》，上海：上海人民出版社 1974 年版，第 357 页。
[4] 〔汉〕张衡，《冢赋》，费振刚、胡双宝、宗明华辑校《全汉赋》，北京：北京大学出版社 1993 年版，第 470 页。

乎死人的鬼魂与活人保持着最密切的接触，其密切的程度差不多和活人之间的接触一样。"当然，在活人与死人之间是划着分界线的，但是，这个分界线非常模糊，几乎分辨不出来。不论从哪方面来看，这两个世界之间的交往都是十分活跃的。这种交往既是福之源，也是祸之根。"[1] 这种说法说明了：人们相信死人在自己的坟墓里是活着的。基于此信念人们相信唯有用供奉的办法来拔除"祸之根"的坏影响，而举行供奉之场所的选择与确定也变得尤为重要。祠堂的设立为这种供奉与"沟通"的实现提供了很好的载体。汉代的祠堂就是建造在墓地旁对地下墓主进行祭祀活动的这样一种建筑。关于汉代墓上祠堂的起源问题，学界历来有着不同的看法。一种观点认为，墓上祠堂在先秦时期就已经出现。在《楚辞·天问》中，东汉王逸注说："屈原放逐，忧心愁悴，彷徨山泽，经历陵陆。嗟号昊旻，仰天叹息。见楚有先王之庙及公卿祠堂，图画天地山川神灵，琦玮僪佹，及古贤圣怪物行事。……因书其壁，何而问之，以泄愤懑。"[2] 清代的赵翼据此认为"战国末已有祠堂矣"[3]。近年来由于河南省安阳殷墟小屯五号墓[4]、大空司村311号墓、312号墓墓圹正上方的地面建筑遗址[5]和河北平山县战国中期中山王陵封丘上的建筑遗址[6]等的陆续发现，使得一些学者进一步认可了这种看法，即认为在战国时期甚至于殷商时期就已经有了墓祭用的墓上祠堂或者是具有墓上祠堂性质的墓地建筑了。

　　另一种观念则认为，"古不墓祭"[7]。在先秦时期，祭祀祖先的活动都是在都邑中的宗庙里进行，墓祭用的祠堂是在墓祭盛行的两汉才出现的。杨宽先生根据文献记载，认为至少到西汉时期昭帝的时候，官僚墓前祠堂

[1] ［法］列维-布留尔著，丁由译，《原始思维》，北京：商务印书馆1985年版，第296—297页。
[2] 游国恩主编，金开诚等补辑，《天问纂义》，北京：中华书局1982年版，第1页。
[3] 〔清〕赵翼撰，栾保群、吕宗力校点，《陔余丛考》卷三十三祠堂条，石家庄：河北人民出版社1990年版，第569页。
[4] 中国社会科学院考古研究所安阳工作队，《安阳殷墟五号墓的发掘》，载《考古学报》，1977年第2期。
[5] 马得志等，《一九五三年安阳大司空村发掘报告》，《考古学报》，1955年第1期。
[6] 河北省文物管理处，《河北省平山县战国时期中山国墓葬发掘简报》，《文物》，1979年第1期。
[7] 〔汉〕蔡邕，《独断》，上海：上海古籍出版社1990年版，第14页。

筑已比较流行。[1]

　　在先秦文献记载中，"祠堂"这一名称确实没有出现过。"祠堂"一词的最早文献记载，见于《汉书·循吏传·文翁传》。文翁，庐江舒人，汉景帝末年为蜀郡太守，"仁爱好教化"，在任期间，以移风易俗为己任，挑选"开敏有材者"送到京师学习，又"修起学官于成都市中，造成蜀中以文相尚的风气，极得民众爱戴"。文翁死后，"吏民为立祠堂，岁时祭祀不绝"。另《盐铁论·散不足》记载，贤良文学在抨击社会上的厚葬习俗时指出："今富者积土成山，列树成林，台榭连阁，集观增楼；中者祠堂屏阁，垣阙罘罳。"《盐铁论》所记载的御史大夫桑弘羊和贤良文学之间关于政府盐铁政策的辩论，发生于汉昭帝始元六年（前 81 年）。贤良文学的这段评论，为墓上祠堂之风在汉昭帝时期已经普及到社会中层，其滥觞期或许更早的观点提供了另外一个佐证。根据这两条文献记载，我们有理由认为，两汉时期就已经出现墓上祠堂。[2]

2. 祠堂与"食堂"

　　汉代的墓地祠堂，有多种名称，如食堂、庙祠、斋祠、食斋祠、石室等。在汉代人看来，墓地祠堂是"鬼神所在，祭祀之处"[3]，"祭祀是居，神明是处"[4]。表面上看，人间世界的一切客观物质形式以及存在于历史、文化观念、大众信仰中的意象，汉代的艺术创造者似乎都想通过各种物质材料赋予它们以可触知的形象。"但是，我们不能忽视的是，现在所看到的图像艺术品基本属于墓葬性艺术，由于制作环境的神秘而敬畏，创造者不会随意而为，必定通过特定图像赋予它们特定的观念意义。"[5] 而"选

[1] 杨宽，《中国古代陵寝制度史研究》，上海：上海古籍出版社 1985 年版，第 124 页。
[2] 信立祥，《汉代画像石综合研究》，北京：文物出版社 2000 年版，第 67 页。
[3] 〔汉〕王充，《论衡·四讳篇》，上海：上海人民出版社 1974 年版，第 357 页。
[4] 〔汉〕张衡，《冢赋》，费振刚、胡双宝、宗明华辑校《全汉赋》，北京：北京大学出版社 1993 年版，第 470 页。
[5] 刘宗超，《汉代造型艺术及其精神》，北京：人民出版社 2006 年版，第 70 页。

择什么样的故事画面安置在祠堂的图像中，不是个人的纯粹的主观爱好，而是当时流行的意识形态的话语权的一种表现。哲学家斯拉沃热·齐泽克认为：'意识形态并非单纯的虚假意识，并非现实的幻觉性再现，而是现实本身。'"[1] 本节试从宗教人类学角度出发，结合庖厨图的主要存在的神圣空间——祠堂，主要从祠堂具有的"食堂"象征意义上来探讨庖厨图所具有的祭祀意义。对上述其他别名予以简要阐述，推论出"庙祠""石室""斋祠""食斋祠"在不同程度上与"食堂"的象征意义具有着一定的相联性。

将墓上祠堂称为"食堂"，一般在山东地区的汉画像石铭文中较为常见。例如，汶上县所发现的路公祠堂画像石上就刻有"天凤元年立食堂"的铭文，微山县所发现的两块祠堂画像石上则分别刻有"永和四年四月丙申朔廿七日壬戌，桓弁终亡，二弟文山、叔山悲哀，治此食堂"和"思念父母，弟兄悲哀，乃治冢作小食堂"的题刻铭文。对于汉代祠堂为何被称为"食堂"，信立祥先生认为："汉代祠堂之所以被称为'食堂'，就是因为在墓祭祖先时要在祠堂前摆放奉献给祖先灵魂的祭食。祠堂中的庖厨图，实际上表现的就是在这种墓地庖厨中准备和制作奉献给祖先灵魂的祭食的场面。"[2]

"祠堂"一词中的"祠"字，具有祭祀的意义。段玉裁在《说文解字》中对"祠"字注释曰："祠犹食也，犹继嗣也。春物始生，孝子思亲，继嗣而食之，故曰祠。"[3] 析而言之，"祠"就是孝子向死去的亲人供奉食物之意，而这也是献祭行为的一个方面。费尔巴哈曾这样说过献祭的性质与目的，他认为："宗教的整个本质表现并集中在献祭之中。献祭的根源就是依赖感——恐惧、怀疑，对后果、对未来的无把握，对于所犯罪行的良心上的咎责，而献祭的结果、目的则是自我感——自信、满意、对后果

---

[1] 朱存明，《汉祠堂画像的象征主义研究》，《民族艺术》，2003 年第 2 期。
[2] 信立祥，《汉代画像石综合研究》，北京：文物出版社 2000 年版，第 143 页。
[3] 〔汉〕许慎撰，〔清〕段玉裁注，《说文解字注》，上海：上海古籍出版社 1981 年版，第 5 页。

的有把握、自由和幸福。"[1] 祭祀中的献祭活动，是祭祀礼仪中不可或缺的重要组成部分。祠堂是为死去的人建造的，却是为活着的人服务的。祖先去世了，通过所立祠堂的祭祀，把其转化为一个不断回忆的事件，以强化宗法社会的礼制与教化，以抗拒死亡的虚无带给人的"无"，与生相对的死亡世界便转化成了"有"。由此出发来组织图像的排列，排列的前提是先验地设想人在祭祀祖先时要在祭桌前献祭，即使有些小祠堂因过于矮小，人不能进入其内，但这个先验性的预设是存在的。这样，面对祠堂入口处的后壁画像，就成了最引人注目的位置，作为祠堂最主要的画像表现死去的祖先的"祠主受祭图"，毫无例外地都配置在这里。[2] 汉画中的庖厨图，与这种观念也是密切相联的，它是家庭为祠主受祭而准备祭食的场面。[3] 山东台儿庄、河南南阳、江苏徐州等地出土的汉画中不乏祠堂祭祀的内容。如 1986 年枣庄市台儿庄区邳庄乡邳庄村出土的一块汉画像石（图 6-1），画面中间刻一壶，壶中插有三支香，壶两侧各一盘，盘中有鱼，这是向祖先献祭的象征。南阳东汉墓出土的祭祀画像（图 6-2），画像分两层，其中下层刻的是堂内所放祭品，左侧置有五盘，右侧置有六耳杯，中间则放有一樽，两侧各一提梁壶，下则放有看馔，此外左置一叠案，中间为两个圆形盘状物，右置三碗，最下方拴一狗，这也当是向祖先献祭所用，是为向祖先供奉食物而准备。

祠堂是从古代的宗庙祭祀演变而来。《易·系辞传下》说："古之葬者，厚衣之以薪，臧（藏）之中野，不封不树。"这当然也就不会有墓地祠堂存在。先秦对祖先的祭祀往往都是在都邑中的宗庙里进行的。宗庙设在邑中，与墓地是相分离的。汉高祖至汉宣帝期间，"各自居陵旁立庙，并为百七十六。又园中各有寝、便殿。日祭于寝，月祭于庙，时祭于便殿。寝，日四上食；庙，岁二十五祠；便殿，岁四祠。又月一游衣冠。"

---

[1] ［德］路德维希·费尔巴哈著，荣震华等译，《费尔巴哈哲学著作选集》下卷，北京：商务印书馆 1984 年版，第 462 页。

[2] 朱存明，《汉祠堂画像的象征主义研究》，《民族艺术》，2003 年第 2 期。

[3] 朱存明，《汉画像的象征世界》，北京：人民文学出版社 2005 年版，第 130、142 页。

图 6-1　双鱼画像 67×76cm 东汉中期
1986 年山东枣庄市台儿庄邳庄村出土 现藏于枣庄市
博物馆
（采自《中国画像石全集》卷 2 图 150）

图 6-2　庖厨画像 95×41cm 东汉
1982 年河南南阳英庄墓出土 原地保存
（采自《中国汉画像石全集》卷 6　图 182）

从祠堂的别名之一"庙祠"，我们也可以推断祠堂的前身是宗庙。可见汉
时墓地祠堂仍可称作庙，而"庙"最重要的特质之一是按节气和时日向祖
先供食。汉代人相信人死后是有灵魂的，灵魂像生前一样要有居室，要有
"饮食"，故有"寝庙"制度，并且相信"鬼犹求食"。"食堂"这一名称与
在宗庙祭祀时在祖先像前的供案上摆放食物的功能有关。据信立祥先生考
证，汉时，帝后的宗庙有时被称为"籩食堂"，它是元后庙中向元后灵魂
呈献祭食，供其享用的地方。"食堂"一词，应当就是"籩食堂"的简称，
是祠主灵魂享用祭食的地方。[1] 人活着需要吃饭，人们设想死后也会有同
样的需求，所以在向祖先及神献祭时，便要摆设供品，甚至"日上四食"。
《礼记·礼运》曰：礼之初始诸饮食。凡祭祀都要陈供牺牲等供品，"黍

[1]　信立祥，《汉代画像石综合研究》，北京：文物出版社 2000 年版，第 72 页。

图 6-3　盘中鱼画像 60×130cm 东汉
徐州贾汪区青山泉子房征集 现藏于徐州汉画像石艺术馆
（采自《中国汉画像石全集》卷 4 图 93）

稷馨香"才能"神必据我"，"民以食为天"，推己及神，人们相信神亦如此。[1] 所以，古代牺牲往往是宗教诸礼中最重要的供品，如祭礼中的"太牢""少牢"，前者指使用"牛羊豕"三牲，后者指使用"羊豕"两牲。另外，对汉代墓上祠堂的形制、画像布局研究后我们知道，在祠堂的正对门的后墙上往往刻有祠主受祭图，图中往往设有祭台，有的直接在祭台上刻出祭品。如江苏徐州青山泉发现的画像石（图 6-3），画面上有一个十字穿环的祭台桌面，桌面上置三个盘子，每盘中盛一鱼，鱼呈浮雕状，这显然是为在祠堂中祭祀所用。庖厨图常配置于"祠主受祭图"的左侧，表现的应是祠主的在世子孙准备祭祀用的供品的场面。[2]1980 年在山东嘉祥出土的东汉永寿三年（157 年）许安国祠堂顶石所刻的长篇题记，便记载了许安国的父母兄弟修建祠堂的目的就是为了向其灵魂献食祭祀。[3]山东东阿县发现的芗他君祠堂石柱铭曰："财立小堂，示有子道，差于路食。"由此可见，"食堂"当为祠主灵魂享用祭食之地，而作为祠堂画像不变的内容之一，并且常配置于"祠主受祭图"左侧的庖厨图，应是与这种祭祀观念

[1]　朱存明，《汉画像的象征世界》，北京：人民文学出版社 2005 年版，第 130 页。

[2]　信立祥，《汉代画像石综合研究》，北京：文物出版社 2000 年版，第 115 页。

[3]　"甘珍滋味兼设，随时进纳，省定若生时。"济宁地区文物组、嘉祥县文管所，《山东嘉祥宋山1980 年出土的汉画像石》，《文物》，1982 年第 5 期。

图 6-4　白集祠堂西壁画像 157×122cm
1965 年江苏徐州青山泉乡白集发现 原地保存
（采自《中国汉画像石全集》卷 4 图 87）

密切相关的，当是为向祖先灵魂献祭食物而作的准备。如图 6-4 的江苏徐州白集祠堂西壁画像所示。

"庙祠"一名，常见于东汉时的石刻铭文。1964 年，在北京市的石景山区上庄村发现了一批东汉时期的墓表石柱和墓阙画像石。[1] 其中，两根墓表石柱的上部和两块方柱形阙石上都刻有铭文。从这些铭文知道，这处墓表和墓阙是东汉和帝永元十七年（105 年）孝子秦仙为死去的父母——"幽州书佐秦君"夫妇建造的。在 8 号阙石上，刻有长达 147 字的铭文，生动地陈述了孝子秦仙缅怀和悼念父母的悲痛心情。其中一段说："欲广祠庙，尚无时日。呜呼！非爱力财，迫于制度。"[2] 从这段文字可以推断，当时秦仙父母的墓前立有被称为"祠庙"的小型祠堂。

"石室"一名见于徐州的一些汉代墓地祠堂。1980 年在徐州铜山汉王乡东沿村发现 10 块汉画像石，考证为小祠堂的构件。五号祠堂右壁左上角有阴刻铭文 32 字："元和三年三月七日三十示大人子（侯）世子豪（高）行三年如礼治冢石室直□万五千。"1944 年在徐州铜山大庙发现一

---

[1]　北京市文物工作队，《北京西郊发现汉代石阙清理简报》，《文物》，1964 年第 11 期。
[2]　信立祥，《汉代画像石综合研究》，北京：文物出版社 2000 年版，第 67 页。

祠堂，有题记铭文：此□室中人马皆食太仓；起石室立坟直万二千，孝经曰：卜其宅兆而安措之，为家庙以鬼神飨之。从中可以看出，起"石室"的目的是为了"鬼神飨之"，正所谓"鬼犹求食"。[1] 这从另一侧面证明了"祠堂""石室"当为子孙进献、鬼神飨食之地，这为祠堂的另一名称"食堂"所具有的象征意义提供了一个佐证。

祠堂又被称为"斋祠""食斋祠"，是源于宗庙祭祀活动时的"斋戒"仪式。敬祖时，为了表示恭敬，人们要在祭祀典礼前沐浴、静思，肉身的净化才能更好地达到精神的纯净和虚无，才能更好地达到沟通神灵的目的。《礼记·曲礼》："斋戒以告鬼神。"[2] 宗庙建筑旁，往往置有"斋宫""斋室"以供准备参加祭祀之人斋戒使用。如内蒙古和林格尔发现的东汉晚期壁画墓中室、东室下部的宁城图上；在护乌桓校尉墓府的右侧刻有文字题记的"斋室"房舍；在汉高祖刘邦的长陵也发现有"斋园""斋园宫当"的瓦当。由于"斋室"是与墓上祠堂相互依存的祭祀性建筑，"斋""祠"连称，就成了"斋祠"。

（二）前奏：狩猎图及其祭祀意义

狩猎图在汉画像石中属于常见图像，表现形式也多种多样。与庖厨图常常配置一起的狩猎图，此两种图像具有一定的宗教意义。它具有一定的神圣性，在于祠主的子孙要通过进行狩猎活动来为自己的祖先准备献祭时的牺牲用品，庖厨图则是为祭祀祠主而准备祭食的场面。[3]

1. 狩猎图概述

狩猎图在汉画像石中属于常见图像，表现形式也多种多样。狩猎者

---

[1]〔春秋〕左丘明撰，蒋冀骋标点，《左传》，长沙：岳麓书社1988年版，第123页。

[2] 杨天宇，《礼记译注》，上海：上海古籍出版社1997年版，第18页。

[3] 朱存明，《汉画像的象征世界》，北京：人民文学出版社2005年版，第142页。

图 6-5　墓山一号墓前室南壁画像 101×195.4cm
1991 年徐州睢宁县墓山发现 现藏于睢宁县博物馆
（采自《中国汉画像石全集》卷 4 图 120 ）

一般使用猎犬、弩、毕等捕杀工具，狩猎的对象有鸟、兔、犬、鹿、野猪等等。本节主要考察的是常与庖厨图配置于一起的狩猎图，常见的表现形式为一人拉弓于树下作射鸟状。典型代表见图 6-5，为江苏徐州睢宁县墓山一号墓前室南壁画像，画面中间刻一房屋，屋中两人端坐于榻上；屋左刻一大树，树上有鸟飞翔，树下一人引弓欲射；屋右分两层，其中下层有两人抬着猪腿、大鱼、酒坛准备献食。汉代画像石主要是为建造坟墓建筑的阙、祠堂和墓室之用，而这些建筑都是为死者在彼岸世界的生活、与现实人间沟通而建，由此我们可以知道：这些神圣空间上面的装饰图像当是为死者而存在的。这些图像为死者创造了一个天人合一、祥瑞纷呈、充满着安乐生活享受的神奇世界。现实世界的人们借此来沟通和慰藉死者的灵魂，并满足自己的愿望。而作为其中之一的狩猎图具有一定的神圣性，它表现的不纯粹是一种剥削阶级的娱乐活动，一定程度上，它是作为庖厨图的"前奏"而存在。

2. 狩猎图的祭祀意义

朱存明在《汉画像的象征世界》一书中认为，在祠堂的左右侧壁下部经常配置狩猎图和庖厨图，此两种图像具有一定的宗教意义，而不仅仅如表面所看到的只是表现人间现实生活，或者是表现剥削阶级生活的。古代祭祀崇尚"血食"，即重视用牺牲进行祭祀。狩猎图的神圣性在于祠主的子孙要通过进行狩猎活动来为自己的祖先准备献祭时的牺牲用品，庖厨图则是为祭祀祠主而准备祭食的场面。[1]

中国古代，由于在宗庙、祠堂祭祀祖先时用牲，因而这种祭祀牺牲也被称作为"血食"。《汉书·高帝纪》记载，高祖五年（前202年），刘邦下诏说："故粤王亡诸世奉粤祀，秦侵夺其地，使其社稷不得血食。"颜师古注曰："祭者尚血腥，故曰血食也。"[2] 也就是说，古代人们在向死去的祖先举行祭祀仪式时，须要宰杀各种可得到的动物甚至屠杀活人以作为牺牲，将其供放在祭祀场所即宗庙或祠堂中的祖先牌位之前。"不得血食"往往意味着亡国丧家或绝嗣，而这在古代人的观念里，无论对于生人还是逝去的祖先，无疑都是最大的悲哀。"正因为如此，在祭祀已故先祖时，必须事先准备好祭祀用的牺牲。射猎、狩猎和渔猎都是后人祭祀先祖时获得牺牲的手段。"[3] 而在狩猎中所捕获的动物，作为祭祀所需食品的重要来源，它的溯源最早可以追溯到狩猎社会。"在以狩猎所获为主要经济来源的时代，基于猎物的所得没有保障、时机不易把握等特点，人们寄希望于神灵的恩赐，一旦获得猎物，要先祭祀鬼神，其动机、目的与后来的农耕社会的尝新是一致的。而且人们相信，祭献次数越多，敬意越诚，鬼神的恩赐才会增多。"[4] 常常出现于祠堂画像中且配置与庖厨图旁的树下射鸟图像，实际上表现的就是孝子贤孙为了准备祭祀用的牺牲而在墓地树林中进行的射猎场面。

信立祥先生认为"狩猎图、庖厨图等祠堂画像也都是与先秦时期的宗庙祭祀活动有关的画像"[5]。宽泛地讲，从画面本身来看，狩猎者一般都是

[1] 朱存明，《汉画像的象征世界》，北京：人民文学出版社2005年版，第142页。
[2] 〔汉〕班固撰，〔唐〕颜师古注，《汉书》，北京：中华书局2000年版，第40页。
[3] 信立祥，《汉代画像石综合研究》，北京：文物出版社2000年版，第137页。
[4] 同上，第99页。
[5] 同上，第99页。

图 6-6　楼阙 人物 车骑出行画像 71×120 cm
1980 年山东嘉祥宋山出土 现藏于山东石刻艺术博物馆
（采自《中国汉画像石全集》卷 2 图 140）

使用弩、毕、猎犬去捕杀这些鸟兽，狩猎的对象一般为兔、鹿、鸟等。山东嘉祥宋山 4 号小祠堂画像（图 6-6）和山东嘉祥县纸坊镇敬老院出土的画像中（图 6-7），其中前者表现的是常与庖厨图配置于一起的典型的树下射鸟图，树上有栖鸟数只，树下一马，一人正引弓射鸟。对这种狩猎图的图像学意义，日本学者土居淑子认为由于这种图像常常与西王母图组合在同一块画像石上，因此这些被捕猎的鸟兽，应看作是奉献给西王母的牺牲，同时也是奉献给死者的供馔。对此，信立祥给出了不同的看法，他认为将祠主与西王母都看成是祭祀对象，这与作为祭祀祖先用的墓地祠堂的建筑性质不合。笔者倾向于后一种看法。先秦时期，狩猎活动，特别是国家和贵族的狩猎活动，并不是一种休闲的娱乐消遣，而是一种与军事和祭祀有关的重要礼制活动，即通过狩猎活动进行军事训练，同时为祭祀祖先准备必要的牺牲。《礼记·射义》："天子将祭，必先习射于泽。……而后射于射宫，射中者则得与于祭，不中者不得与于祭。"[1]祭祀是国家的大

---

[1]　杨天宇，《礼记译注》，上海：上海古籍出版社版 1997 年版，第 1082 页。

图 6-7　西王母 仙车 狩猎画像 87×65cm
1983 年嘉祥县纸坊镇敬老院出土
现藏于嘉祥县武氏祠文物保管所
（采自《中国汉画像石全集》卷 2 图 119）

典，而先有习射之礼，进一步说明了习射在祭祀中的重要作用。关于狩猎活动的意义和作用，《左传·隐公五年》云：

> 五年春，公将如棠观鱼者。臧僖伯谏曰："凡物不足以讲大事，其材不足以备器用，则君不举焉。君将纳民于轨物者也。故讲事以度轨量谓之轨，取材以章物采谓之物，不轨不物谓之乱政。乱政亟行，所以败也。故春蒐夏苗，秋狝冬狩，皆于农隙以讲事也。三年而治兵，入而振旅，归而饮至，以数军实。昭文章，明贵贱，辨等列，顺少长，习威仪也。鸟兽之肉不登于俎，皮革齿牙、骨角毛羽不登于器，则公不射，古之制也。"[1]

臧僖伯所说的"大事"，指的就是《左传·成公十三年》提及的"国

---

[1]　〔春秋〕左丘明撰，蒋冀骋标点，《左传》，长沙：岳麓书社 1988 年版，第 6—7 页。

之大事，在祀于戎"[1]，"器用"就是祭祀用品。换言之，祭祀活动和军事活动是当时最重要的国家大事，统治者按季节举行的狩猎活动都与这两件大事相联系在一起。从臧僖伯的这段谏言中可以看出，当时统治阶层按季节举行的狩猎活动并不纯是一种简单的、随意的娱乐活动。它首先是一种军事上的训练，是与祭祀和军事密切相关的礼制活动，狩猎结束后，狩猎者回到宗庙，将捕猎到的鸟兽作为牺牲，并举行隆重的祭祖典礼。正由于狩猎是与宗庙祭祖典礼密切关联的一种礼制活动，可以想象，在宗庙内的装饰性壁画中，必然会有表现这种狩猎活动的相关图像。上面我们已论述到，汉代的墓地祠堂来源于宗庙，那么在早期的石结构祠堂中，蹈袭宗庙中的狩猎题材图像，将其配置在祠堂里，也就不足为怪了。狩猎活动按季节分为春蒐、夏苗、秋狝、冬狩。（《穀梁传·桓公四年》另曰："四时之田，皆为宗庙之事也。春曰田，夏曰苗，秋曰蒐，冬曰狩。"[2]）在这四种狩猎活动中，秋狝和冬狩最为重要。但是在汉代，对于普通民众，特别是在农业经济发达的平原地区的人民来说，这种按季节的大规模的狩猎活动是不大可能的。因此，祠堂中的这种"狩猎图"，随着祠堂本身的发展，也逐渐失去了原来的图像学意义和存在价值。[3]而是以树木射鸟图的形式，取其原来的象征意义，作为一个象征场景保存在祠堂壁上。

（三）共存：乐舞图及其祭祀意义

在早期祠堂画像中，乐舞图与庖厨图在配置上如此整齐划一，表明这两种图像与祠堂本身一样，也是仿效宗庙画像题材而来。从图像学意义上讲，它具有一定的祭祀意义，可以说，庖厨图是为了飨神而存在，那么乐舞图更多的是为了娱神而存在，也就是说，乐舞图与庖厨图在一定程度上具有共存价值。

---

[1] 〔春秋〕左丘明撰，蒋冀骋标点，《左传》，长沙：岳麓书社 1988 年版，第 162 页。
[2] 〔清〕阮元校刻，《十三经注疏》，北京：中华书局 2009 年版，第 5152 页。
[3] 信立祥，《汉代画像石综合研究》，北京：文物出版社 2000 年版，第 139 页。

图 6-8　乐舞　建鼓　庖厨画像 63×59cm
1981 年嘉祥县五老洼出土
现藏于山东石刻艺术博物馆
（采自《中国汉画像石全集》卷 2 图 130）

图 6-9　乐舞　建鼓　庖厨画像
87×61cm
1983 年嘉祥县纸坊镇敬老院出土
现藏于嘉祥县武氏祠文物保管所
（采自《中国汉画像石全集》卷 2 图
118）

1. 乐舞图概述

作为祠堂画像中的不变内容，乐舞图在早期祠堂和晚期祠堂画像中都可以见到，而且常与庖厨图配置在一起，一般是庖厨图配置在最下层，乐舞图配置在其上面一层。以早期祠堂为例，典型代表有山东嘉祥县五老洼出土画像石的第四石（图 6-8）和纸坊镇敬老院出土画像石的第十石（图 6-9）。图 6-8 的画面分为上、中、下三层。上层为奏乐图，五人组成的乐队坐成一列，中层是乐舞图，左边为敲击建鼓的场面，一面很大的建鼓固定在高耸的伞柄上，伞柄插在虎形座上，两边各有一人双手挥桴，以对称而立的身姿敲击着建鼓；右边，两人似随着建鼓的节拍表演双手倒立等杂技，其上方坐着一名观赏者，身前摆放着酒樽。下层为庖厨图。图 6-9 的图像内容及其配置与图 6-8 的内容大体相同，不同的是此画面分为上、下

　　　　　　　　　　　　　　　　　　　　　　　　　　民俗之雅

图 6-10　庖厨　乐舞画像
78×75cm
1986 年徐州铜山汉王乡出土
现藏于徐州汉画像石艺术馆

两层，上层的乐舞图将奏乐场面和建鼓杂技场面糅合在了一起，使画面的情节更加紧凑，下层为庖厨图。在早期祠堂画像中，乐舞图与庖厨图在配置上如此整齐划一，表明这两种图像与祠堂本身一样，也是仿效宗庙画像题材而来。从图像学意义上讲，它具有一定的祭祀意义，可以说，庖厨图是为了飨神而存在，那么乐舞图更多的是为了娱神而存在，也就是说，乐舞图与庖厨图具有一定程度上的共存价值。

2. 乐舞图的祭祀意义

汉画中与庖厨图配置一起的乐舞图，比较常见的多为建鼓图、奏乐图，并伴有舞蹈。江苏徐州铜山汉王乡东沿村发现的庖厨、乐舞画像中，如图 6-10，庖人切肉、杀狗、汲水；建鼓两侧二人舞桴击鼓、伎人弄丸作戏、乐人吹竽、伎人拂袖作舞。按照马克思经典著作中所阐述的观点，文学艺术是劳动者在生产实践中产生和发展起来的，它的发生与劳动密切相关。这种观点，就文学艺术的起源来说，无疑是正确的，但这也许只说明了问题的一个方面。另一方面，"艺术在发展过程中，并不能脱离社会整体意识的影响，它必然地、不可避免地要渗透进宗教的气味，而其中精华的部分又往往被统治阶级用来作为娱神的工具"[1]。《吕氏春秋·古乐》："昔葛天氏之乐，三人操牛尾投足以歌八阕：一曰载民，二曰玄鸟，三曰遂草木，四曰奋五谷，五曰敬天常，六曰达帝功，七曰依地德，八曰总万物之极。"[2] 这八阕之乐，有着原始文化的韵味，可见它是劳动者改造自然的产物。但是，在往后的历史发展中，它初期的纯粹性逐渐褪色，渐变为祭祀鬼神的一种工具。这种变化在原始宗教中就有所表现。青海大通上孙家寨出土的新石器时代的彩陶盆，盆壁上绘有由五人一组、连臂而舞、共十五人构成的舞蹈图。其形象生动、动作整齐，是一种祭祀性的集体舞。[3] 在广西等地出土的铜鼓上，刻画了许多带状图纹，这些图纹表现的是一幅幅干羽图。晋宁石寨山的 14：15A 号鼓、江川李家山 M24：36 号鼓上绘有一个个手持盾牌、头戴羽毛的舞蹈者形象。在阴山岩画中，也发现有鬼神祭祀歌舞图。它表明远古时人们把舞蹈和歌唱作为祭祀的最古老的内容和形式。中国古代"用舞降神"，认为舞蹈这种仪式可以达到"通灵"和"降神"的目的。[4] 上述这些资料说明，"原始宗教的祭祀活动中已潜藏着艺术的要素和审美的愉悦"；"活跃的经济活动必需造成相对富足和闲暇，繁重的劳作之余应该有定期的休憩和安慰，然后才能把纯粹的祭神求神酬神变成赛神乐神连带娱人，才能使迷信式的宗教活动逐步世俗化、娱乐化、艺术化，才能做到'精神体质两愉悦'"。[5] 这两种愉悦的特征，在"表现祭祀时歌舞场面的乐舞图"中同样得到了鲜明的体现。

信立祥认为乐舞图"应是模仿和沿袭皇帝陵庙中同类题材的图像而来，其目的是代替实际的乐舞以取悦来祠堂接受子孙祭祀的祖先灵魂"[6]。

[1] 傅亚庶，《中国上古祭祀文化》，北京：高等教育出版社 2005 年版，第 319 页。
[2] 陈奇猷释，《吕氏春秋新校释》，上海：上海古籍出版社 2002 年版，第 288 页。
[3] 赵国华，《生殖崇拜文化论》，北京：中国社会科学出版社 1990 年版，第 204 页。
[4] 方光华，《俎豆馨香——中国祭祀礼俗探索》，西安：陕西人民教育出版社 2000 年版，第 10 页。
[5] 萧兵，《楚辞的文化破译：一个微宏观互渗的研究》，武汉：湖北人民出版社 1991 年版，第 482 页。
[6] 信立祥，《汉代画像石综合研究》，北京：文物出版社 2000 年版，第 142 页。

当然，取悦祖先灵魂不是祭祀乐舞的目的之一，它也为了祈求福助。英国学者哈弗洛克·蔼理斯认为，舞蹈和祈祷是同一种事情。[1] 用无声而有形的姿势与超验的无形世界对话，这就是祈祷的语言。汉文帝时刘章因功封城阳王，死后民间为其立祠，《后汉书·刘盆子传》记载："军中常有齐巫鼓舞祠城阳景王，以求福助。"[2]

汉画中与庖厨图组合的乐舞图中，以建鼓图的形式出现较为常见。现存于梁山县文物保管所的建鼓庖厨画像（图6-11），画面分为四层，第一层为六人奏乐，第二层为建鼓、舞蹈，二人以对称形式侧于虎座建鼓旁边击边舞，左侧有二人和乐起舞。最底层为庖厨图：自左而右，一人烧灶，一人和面，一人剖鱼，另一人捆猪欲杀之。图6-12为山东微山县夏镇出土的西汉晚期（前48—前5）画像石，画面分为三格，左格为粮仓、庖厨图（烤肉串、宰羊、砍肉）。中格楼阁分为两层，下层刻有建鼓、舞者，四人袖手坐地观看，前置酒具。右格刻有西王母、九尾狐等仙界之物。出土于清道光年间沛县古泗水的东汉早期（25—88）的画像石（图6-13），从图像构成上看，画面分为三部分，依次为二人持桴击鼓、对博、巾舞、车马、庖厨。《诗经·商颂·那》有："庸鼓有斁，万舞有奕。"[3] "鼓"是一种非常古老的乐器，而建鼓则是其中的一种，"建"是"树"的意思。史书中充斥了大量的有关建鼓舞的记载，《国语·吴语》："载常建鼓。"韦注云："建谓为之楹而树之。"[4]《仪礼·大射》："建鼓在阼阶西南鼓，应鼙在其东南鼓。"郑注云："建尤树也，以木贯载之树之趺也。"在原始先民的意识中，鼓声具有一定的威慑性和神秘性，这是从鼓声和自然界中的雷声联想得到的。"鼓，其声象雷，其大象天，其乐象君。"在万物有灵思想的影响下，雷神在原始先民的集体意识中不单纯是自然现象，而是由法力无穷的雷神鼓动自己的肚子发出的声音。[5] 从画面形制构成上来看，建鼓就

[1] ［英］哈弗洛克·蔼理斯，《生命之舞》，北京：生活·读书·新知三联书店1989年版，第36页。

[2] 〔南朝·宋〕范晔撰，〔唐〕李贤等注，《后汉书》，北京：中华书局2000年版，第219页。

[3] 王延海译注，《诗经今注今译》，石家庄：河北人民出版社2000年版，第850页。

[4] 〔吴〕韦昭注，《国语》，上海：上海古籍出版社2008年版，第285页。

[5] 费秉勋，《中国神秘文化》，西安：陕西人民教育出版社1991年版，第168页

图 6-11　建鼓　乐舞　庖厨画像 80×53cm
1989 年梁山县前集乡郑垓村出土
现藏于梁山县文物保管所
（采自《中国汉画像石全集》卷 2 图 38）

图 6-12　庖厨　百戏　神话画像　254×84cm
微山县夏镇出土
（采自《微山汉画像石选集》图 13）

图 6-13　庖厨　车马　乐舞画像　80×257cm
清道光年间沛县古泗水出土　现藏于徐州汉画像石艺术馆

　　　　　　　　　　　　　　　　　　　　　　民俗之雅

图 6-14　虎座建鼓画像　　　　　　　　　　图 6-15　羊座建鼓画像
（采自《中国舞蹈文物图典》第 188 页）　　　（采自《中国舞蹈文物图典》第 186 页）

是用一根杆状物从鼓的腰部贯穿而将其竖立起来。这竖在中间的杆状物是代表天地之中的象征体，卜键在《建木与建鼓》一书中从文化学的角度认为这个鼓中之杆是沟通天地的圣木。[1]汉代建鼓大多饰以流苏羽葆，张衡《东京赋》："鼖鼓路鼗，树羽幢幢。"

　　汉画像中的建鼓底座多以虎座和羊座形式出现（图 6-14、6-15），《风俗通义》曰："虎者，阳物，百兽之长也，能执搏挫锐，噬食鬼魅。"在古代人们的意识中，虎是一种具有驱邪能力的神兽，基于这种功能，把它作为建鼓的底座，对于帮助灵魂顺利升天而言是非常理想的一种方式。在汉画像中还有以羊为底座的建鼓。羊是吉祥的象征，祥即从羊从示。《古今图书集成》引《南越志》："尉佗之时，有五色羊，以为瑞应，图之府厅。"按中国人的观念，羊代表吉祥，并且有着驱恶的功能，《杂五行书》说："悬羊头门上，除盗贼。"用羊作为建鼓的底座也寄托了人们美好的意愿。我们知道，刻画庖厨图的目的是为了向鬼神献祭，一方面为回避神降的灾

---

[1]　卜键，《建木与建鼓——对先秦典籍中一个人类文化学命题的考索》，《文献》，2000 年第 4 期。

祸，另一方面更多的是为了祈求祝福。[1] 汉代人们真诚地相信，刻画在石头上的食物能和真正的食物起到同样的作用，而通过建鼓舞这种手段可以与神更好地沟通。《淮南子·修务训》："今鼓舞者，绕身若环，曾挠摩地，扶旋猗那，动容转曲，便媚拟神。"建鼓最初是在祭祀中巫师沟通生人与鬼神之间的工具。以建鼓表演和祭祀牺牲两者并行的方法可以更好地与神沟通，使神的心情更加愉悦，就会答应人们的祈求。《周礼·地官》亦云："祭祀则鼓羽龠之舞，宾客飨食则亦如之。"

二、庖厨图的构成

在贡献给神灵的祭品中，食物类祭品有着极其重要的地位。从祭祀角度分析，动物用品、谷类蔬果分别充当着"牺牲""庶食"。其中动物用品占据了相当大的比例。从现实意义上讲，这与汉代人的饮食结构——五谷（稷、粟、麦、菽、稻）为主食，肉食为副食——恰恰相反。但以肉食为主，五谷果蔬为辅，这恰恰是神嗜饮食体系的主要特征。[2] 而在所有食物类祭品中，被人们认为最能满足神灵嗜欲的是以牛、羊、豕、马、犬、鸡六畜或"六牲"为代表的动物类祭品，这在庖厨图中得到一一体现。庖厨图中刻有很多屠宰场面的画像，其内容包括宰杀六牲（牛、羊、豕、马、狗、鸡）、剖鱼等等。如宰杀牛牲的方式一般是以椎击杀，实际上，宰杀动物的方式也具有一定的祭祀依据。"用槌击杀祭牲，应当是割牲前的一种行为，即杀牲前，先用木槌打击祭牲的头部，将其打晕，然后才便于进刀、放血，进行一系列的肢解宰割。"[3] 紧接宰杀行为之后的是烹饪劳作，正如列维-斯特劳斯从印第安神话中所观察到的那样，用"生食"象

---

[1] [韩]文镛盛，《中国古代社会的巫觋》，北京：华文出版社1997年版，第51页。

[2] 李金平，《古代宗教祭祀用食物类祭品的构成及其形态特征》，《湖北广播电视大学学报》，2007年第1期。

[3] 傅亚庶，《中国上古祭祀文化》，北京：高等教育出版社2005年版，第310页。

征自然、用"熟食"象征文化的神话逻辑思维，庖厨中的烹饪行为为自然（"生食"）到文化（"熟食"）的过渡，也为从纯粹的食物向为神鬼进献祭品的转变提供了重要的纽带功用。作为庖厨图的重要构成之一——厨房设施，其中比较重要的有炊事器皿、燃料、杵臼、炉子、刀俎、釜和甑、灶、辘轳和桔槔、水井等等。

（一）庖厨图的构成

在目前我们可获知的庖厨图中，肉食品为其中主要成分，粮食、蔬果类为副食，这也是神嗜饮食体系的主要特征。据有关资料统计，《诗经》中用牛羊豕作为祭品的记载明显多于用黍稷韭瓜等粮蔬作祭品的记载。在所有食物类祭品中，被认为最能满足神灵嗜欲的是以牛、羊、豕、马、犬、鸡六畜或"六牲"为代表的动物类祭品。五谷蔬果在庖厨图中刻画较少，这也从一个侧面反映了庖厨图所具有的向祖先鬼神供食的祭祀意义。它虽作为神嗜饮食体系的一个次要组成部分，但也具有一定的祭祀之义。用五谷蔬果作为祭品，来源于远古社会的尝新的习惯。

1. 动物用品与"牺牲"

在目前我们可获知的庖厨图中，肉食品（以六畜为主，鱼、兔、鳖等其他动物为辅）为主要成分，粮食、蔬果类为副食。从图 6-16、图 6-17 庖厨图中依稀看到，肉类（猪腿、鱼等）占据了食物的大部分比例。从现实意义上讲，这与汉代人的饮食结构——五谷（稷、粟、麦、菽、稻）为主食，肉食为副食——恰恰相反，文献记载的实际情况是汉人生活中肉食并不丰富。据东汉崔寔《四民月令》记载，东汉庄园地主的正月食物表是：正旦，祭先祖，宗族团聚，子妇曾孙各上菽酒于家长，称觞举寿。典馈酿春酒。作诸酱、肉酱、清酱。可菹芋。试想一个庄园地主正月里只

图 6-16　庖厨　宴饮画像
110×74cm
江苏省徐州市睢宁县张圩散存征集
现藏于江苏省徐州市睢宁县博物馆

图 6-17　建鼓　庖厨画像　77×71cm
1986 年江苏徐州铜山汉王乡东沿村出土
现藏于徐州汉画像石艺术馆

有这些肉食之需，其他家庭的情况也不会好到哪里。[1] 中上贵族的肉食也没有特别丰裕的情况，《汉书·衡山济北王传》记载：在厉王被废的时候，汉文帝特赦而专下诏书："给肉日五斤。"《后汉书·皇后纪》记载，和熹年间，邓后一天也只保证一次肉饭。

　　以肉食为主，五谷果蔬为辅，这是神嗜饮食体系的主要特征。在中国古代的食物类祭品中，几乎涉及了人们食物结构的各个方面，凡是生人可享用的精美食物都能被用作献祭之物。但是，与现实世界人们的日常食谱相比，神灵的食谱在构成上一个明显的差别在于——在人的食谱构成中作为副食的肉类食品变成了神灵的主食。相反地，作为人类主食的五谷杂粮成为了神灵的副食，形成了一种以肉食为主。粮食、蔬果和酒水为辅的神嗜饮食体系。据考证，《诗经》中涉及牛羊豕等肉类祭品的诗文有 18 处，

---

[1]　汪小洋，《汉代墓葬绘画"宴饮图"考释》，《艺术百家》，2008 年第 4 期。

涉及黍、稷等粮食类祭品的诗文有 8 处，涉及韭、瓜等蔬菜类祭品的诗文有 7 处，涉及酒类祭品的诗文有 16 处，从这些不同种类的祭品在具有祈祷词性质的诗文中出现的频率，可以从一个侧面大致看出神嗜饮食的基本结构。著名人类学家张光直说过："……肉类或鱼类是在仪式上和宴席上使用的重要的菜肴成分。有时肉类生食，有时整个一只动物烤食。"[1] 通过对祭祀中所献的供品、牺牲的研究，我们可以更深刻地理解汉画中的庖厨图作为献祭活动前期准备工作所具有的内涵，透视人们通过庖厨劳作所要达到的目的。

在所有食物类祭品中，被人们认为最能满足神灵嗜欲的是以牛、羊、豕、马、犬、鸡六畜或"六牲"为代表的动物类祭品。这在庖厨图中得到一一体现。其中表现得最完整、最生动的是山东诸城前凉台庖厨图画像（图 6-18），从图像构成上看，画面上方悬挂十一只钩子，分别为鳖、鸡、鱼、兔、猪肺、猪头、猪肉等。究其原因，除了它们的味美、珍贵之外，还具有一定的象征意义。"在中国上古社会的动物象征谱系中，鸡、狗、羊、猪分别象征着四方与四时，牛和马象征着地与天，也就是上方和下方。此六种动物合在一起，恰恰是三维度的立体空间宇宙的构成的一种隐喻。"[2]《墨子·迎敌祠》中记载了一种古老的祭祀仪式活动中提及：

> 敌以东方来，迎之东坛。坛高八尺，堂密八。年八十者八人主祭。青旗青神，长八尺者八。弩八，八发而止。将服必青，其牲以鸡。
>
> 敌以南方来，迎之南坛。坛高七尺，堂密七。年七十者七人主祭。赤旗赤神，长七尺者七。弩七，七发而止。将服必赤，其牲以狗。
>
> 敌以西方来，迎之西坛。坛高九尺，堂密九。年九十者九人主祭。白旗素神，长九尺者九，弩九，九发而止。将服必白，其牲以羊。
>
> 敌以北方来，迎之北坛。坛高六尺，堂密六。年六十者六人

---

[1]　[美] 张光直，《中国青铜时代》，北京：生活·读书·新知三联出版社 1983 年版，第 231 页。

[2]　叶舒宪，《中国神话哲学》，西安：陕西人民出版社 2005 年版，第 288—289 页。

主祭。墨旗黑神，长六尺者六，弩六，六发而止。将服必黑，其牲以彘。[1]

《易·说卦》所述天地象征："乾为天……为父……为老马。坤为地，为母……为子母牛。"由此可知，牛和马分别是下地上天两个方位构成的象征。

在六畜中，牛羊豕三牲是最重要的牺牲，通常作为历代帝王祭天、祭社稷、祭祖中不可缺少的祭品，在三牲中居于首位当数牛。我国在汉代以前，牛的饲养已非常普遍，以致大的宴会上总离不了吃牛肉。祭祀上天、鬼神、祖先时，最隆重的是使用太牢，也是以牛为首。《礼记·王制》云："天子社稷皆太牢，诸侯社稷皆少牢。"[2] 太牢，《左传·桓公六年》杜预注："牛、羊、豕也。"先秦时代，除了礼制所规定的祭祀对象之外，庶民的其他祭祀活动的一系列细节都受到等级制度的限制，国家礼制对祭祀活动控制力极强。然而到了汉代，情况就不同了，汉时列鼎制度衰退，杀牛饮宴或犒劳比较常见。在祖先祭祀这一礼仪领域，庶民往往突破了礼典的限制，如后世出现的祠堂制，祭祖的规格就大大超过了礼典对庶民的限制。此时，庖厨图中使用牛作为祭品已经不再具有"太牢"所赋予的强烈的等级礼制观念，更多的是对祖先表示尊敬的一种方式。我们知道，汉代经济以农业为主，而牛由于担当着运输和挽力任务，基本不作肉食。光武帝建武四年诏令"毋得屠杀马牛"，牛的价格也比较高，一般百姓买不起牛，仅趁社祭之时合资共买宰杀分肉食。上层社会的情况略有不同，食用牛的情况较下层百姓普遍，但也仅在大型盛宴盛典或祭祀活动时杀牛。可以说，牛肉是汉代肉食中的上等食物，非仪式所用则一般较少宰杀食用。汉画像庖厨图作为汉代死亡艺术的一种表达形式，不会是以盛宴或盛典的基调而存在，当为祭祀活动而做准备的场景。目前发现的庖厨图中杀牛图

---

[1] 〔清〕孙诒让，《墨子间诂》，北京：中华书局1986年版，第573页。
[2] 杨天宇，《礼记译注》（上），上海：上海古籍出版社1997年版，第209页。

图 6-18　前凉台墓庖厨画像 152×76cm
汉顺、桓帝晚期
1967 年山东诸城前凉台村出土 诸城市博物馆藏
（采自《中国汉画像石全集》卷 1 图 125　作者
手绘图）

像，典型代表有山东诸城前凉台汉画像石（图 6-18）、沂南北寨村汉画像石等。宰杀方式多为椎击。诸城前凉台的椎牛图位于宰羊图之下，右侧之人用绳子拴住牛的右后腿，正使劲欲将牛拉倒；左侧之人踩住拴牛的绳子，双手举椎，正欲椎杀。沂南北寨村的椎牛图位于庖厨画面之右上部、剥羊图之左。一人左手牵着一头牛，右手扬椎正欲椎之（图 6-19）。图 6-23 中我们可以看到相似的场景。凡是在规模较大的宗教祭祀活动中都需要用牛来献祭，在古人的心目中用牛这种体形大且为人们所珍视的牲畜来献祭，最能讨得神灵的欢心，可以充分表达人们对神的敬诚，也最可能从神的施舍中获得益处。所以"自周以来，下逮唐宋，裕享无不用牛者"，成了历代宫廷祭祀中的一种普遍现象。帝王将相在举行规模较大的宗教祭祀活动时都频繁地使用牛牲，如周公"用牲于郊，牛二"；汉高祖"令郡国县立灵星祠，常以岁时祠以牛"……而匈奴、突厥、鲜卑、契丹等民族

图 6-19　沂南汉墓中室南壁横额东段画像（局部）50×190cm
1954 年山东省沂南县北寨村出土 现藏于沂南北寨汉画像石墓博物馆
（采自《中国汉画像石全集》卷 1 图 204）

的统治者则是更为普遍地用牛来祭天地神灵。鲜卑拓跋氏祭天时"常以四月四日杀牛马祭祀"，契丹"凡举兵，帝率蕃汉文武臣僚，以青牛白马祭告天地、日神"。女真凡征战、会盟等大事都要"宰乌牛祭天"，牛成了这些民族统治者祭天礼仪中最重要的牺牲之一。[1] 除了历代的帝王将相之外，平民百姓也将牛视为献给神鬼享用的首要祭品，史书中有关"民常以牛祭神"的记载就反映了这种状况。

从跨文化的视野上看，在祭祀中使用牛作为祭品并不只是中国文化独有的现象，而是一种世界性的现象，只是这种普遍性关联在不同文化区域中发展出了不尽相同的文学表现传统。赋予牛以特殊宗教价值莫过于印度，"印度人相信从母牛（或公牛）身体中出来的一切都是神圣的。婆罗门祭司制作的一种神圣'蜜浆'便是由牛奶、凝乳、黄油、牛尿和牛粪

[1] 李金平，《古代宗教祭祀用食物类祭品的构成及其形态特征》，《湖北广播电视大学学报》，2007 年第 1 期。

为原料的……他们还用新鲜牛奶进行每天例行的神像淋浴"[1]。"在印度的神圣经文中特别提到的动物有：双角下垂并且前额上有白毛的公牛、去掉角的公牛、白色的公牛、五岁的无瘤小矮牛、粗腿的母牛、绝育的母牛……"[2]所有这些记录充分表明印度人用牛作牺牲相比于其他动物更为常见，也表明了婆罗门祭司对于适合特殊的仪式场合的牛肉之尺寸、形状、颜色的职业性关注，与我们在《周礼》《仪礼》《礼记》中看到的详细规定有着一定的异曲同工之妙。

祭祀中太牢、少牢都用羊，周代王室设有专管祭祀用羊的羊人，《周礼·夏官》："羊人，掌羊牲，凡祭祀饰羔，祭祀割羊牲登其首，凡祈珥共其羊牲，……凡沈、辜、侯、禳、衈、积，共其羊牲。"《楚辞·招魂》中人们用各种美味招引灵魂归来时也涉及羊："……腼鳖炮羔，有柘浆些。"《礼记·内则》中有如何杀羊、做羊肉的记载，可知在许多礼仪场合中用羊牲或羊头。李发林认为"汉代人祭祀中特别不能缺少羊"[3]。羊牲在画像石中常以羊头代表，在山东益都、安丘、肥城等地汉画像石上常见刻有羊或羊头的画像（见《山东汉画像石全集》图 519、520、528、529、532、565、566、573、574、578、579、584），其用意可能有二：祭祀或祈求吉祥。庖厨图中，羊充当羊牲的身份而具有祭祀意义：如沂南北寨村画像石墓中室南壁上横额东段上庖厨图，其右上角刻的是一人正持刀剥侧吊着的羊（图 6-19）；诸城前凉台庖厨图的宰羊画面位于整幅画像的右中上部，烤肉串图与椎牛图之间。从考古学方面看，墓中陪葬坑如洛庄汉墓发现有羊的前后肘，羊作为陪葬品从另一个侧面反映了羊具有一定的祭祀意义。用羊祀神以求福祉，乃是当时人们惯常的思想、习惯和做法。在汉族民间羊曾是最早用来祭灶神的祭品之一，《后汉书·阴识传》："宣帝时，阴子方者，至孝有仁恩，腊日晨炊，而灶形见。子方再拜受庆，家有黄羊，因

[1] ［美］马文·哈里斯著，叶舒宪、户晓辉译，《好吃：食物与文化之谜》，济南：山东画报出版社 2001 年版，第 45—46 页。
[2] ［美］马文·哈里斯著，叶舒宪译，《圣牛之谜——饮食人类学个案研究》，《广西民族学院学报（哲学社会科学版）》，2001 年第 2 期。
[3] 李发林，《汉画考释和研究》，北京：中国文联出版社 2000 年版，第 361 页。

以祀之……"应劭的《风俗通义》亦记有此事。羊也是吉祥的象征，祥即从羊从示。《古今图书集成》引《南越志》："尉佗之时，有五色羊，以为瑞应，图之府厅。"《杂行书》说："悬羊头门上，除盗贼。"

豕作为三牲之一，重要性仅次于牛，在祭祖等重要的宗教祭祀活动中被人们广泛应用于献祭。汉画像石上的猪有两种，其中之一是家猪，见于庖厨图。它们大多已被捆好四蹄（如图 6-20 所示），有的正在被绑，有的正在被宰杀（图 6-21），有的已经完全被肢解，变成肉块、猪头、猪腿。从庖厨图构成上看，在山东出土的刻有肉食储备的 28 幅庖厨图中，悬挂有猪头、猪腿、猪肉的庖厨图就有 24 幅；从制作流程上看，在山东出土的庖厨图中，刻有杀猪图有 15 幅，占 34%。可见，猪肉在古代人们的观念中无疑是美味而比较珍贵，在祭祀祖先的肉食中占有重要地位。据《淮南子·泛论训》记载，猪肉之所以是祭祀时的上牲是因为"以为豢者家人所常畜而易得之物也"[1]。猪除了与牛羊并列为三牲之外，还在某些特定的宗教祭祀活动中被单独用来供神，最突出的莫过于葬礼中的祭祀，"士虞礼，特豕馈食"。猪在民间祭祀活动中用于献祭的频率远远高于牛羊二牲，至于人们用猪肉制作的祭品则更是种类繁多，仅是清代坤宁宫食肉大典中用猪肉做成的祭品就有背灯肉、背灯肉片汤、煮白肉、攒盘肉等六七种。另外，满族民间比较著名的猪肉祭品还有烤小油猪、燎毛猪、白肉血肠、全猪席等等。由此可以看出猪是绝大部分农耕民族献祭神灵的最重要祭品之一。汉代赋予猪以特殊的祭祀意义的观念从跨文化的角度加以比较，具有很大的普遍性，正如马文·哈里斯所言："猪肉是如此好吃，以至于使人们感到有义务与其祖先和同盟分享……或者被贩往其他村落以在取悦某些人的祖先时被人们吃掉；新几内亚人的猪，要吃就必须出于仪式的目的而宰杀，并且和祖先、神灵一起分享。"[2]

庖厨图中刻画马的图像较少见，江苏徐州铜山区苗山汉墓出土有击马

[1] 刘康德，《淮南子直解》，上海：复旦大学出版社 2001 年版，第 723 页。
[2] ［美］马文·哈里斯著，叶舒宪、户晓辉译，《好吃：食物与文化之谜》，济南：山东画报出版社 2001 年版，第 194—196 页。

图 6-20　黄土崖墓前室后门西柱画像
112×76cm 东汉
1992 年山东省章丘市黄土崖出土
现藏于章丘市博物馆
（采自《中国汉画像石全集》卷 3 图 183）

图 6-21　周公辅成王 庖厨画像 61.5×74.5cm
山东嘉祥县蔡氏园出土 现藏于山东省博物馆
（采自《中国汉画像石全集》卷 2 图 110）

图：画像右边一马被拴在柱上，一人正举棒击之。汉代人对马十分重视，已经出现了专门研究马的著作，并流行于社会，山东临沂银雀山西汉墓即曾经出土《相马经》一书。"马的重要性在当时不仅在于代步，更重要的是在于它是国防中的重要力量。"[1]当时汉王朝的主要对手是匈奴奴隶主集团，其武装是以骑兵为主。汉朝廷如果不发展自己的骑兵，就不能抵消匈奴的长处。所以，汉朝廷对马的重视程度颇高并提倡多养马。《汉书·食货志》记载："众庶街巷有马，仟伯（阡陌）之间成群，乘牸牝者摈而不得会聚。"[2]光武帝建成四年曾诏令"毋得屠杀马牛"。马在祭祀中较少使用，可能正是由于它担当着军用、运输和挽力任务，基本不作肉食。而用马作为食物，傅亚庶认为"马牲惟有事于四海山川及丧祭遣奠用之"[3]。

犬、鸡在牺牲中不如牛、羊、豕、马重要，但在各种日常小型祭祀活动中的用牲频次却不亚于前四种牲。庖厨图中经常见到厨者剥狗的画面，"一则由于狗肉味美，二则亦用狗作祭礼"[4]。山东嘉祥武氏祠前石室东壁下画像石中，庖厨图位于第四层，左残，剥狗图位于最右侧。也许正因为狗肉是如此美味，才能更好地飨神鬼。狗在先秦时期多用作乡饮酒礼、乡射礼及燕礼中的祭牲，从秦德公开始，用狗作祭牲来祭门。《礼记·乡饮酒义》记载："烹狗于东方，祖阳气之发于东方也。"[5]《仪礼·乡饮酒礼》说："其牲，狗也，烹于堂东北。"《周礼·秋官》中有"犬人""掌犬牲"，《周礼·地官》中有"稿人""掌豢祭祀之犬"。《楚辞》中两首关于招魂的诗，其中之一《大招》中，人们用精美的菜肴作引诱，而把灵魂引诱回来的菜肴中涉及狗肉制品，"醢豚苦狗，脍苴蓴只"。《淮南子·泛论训》说猪肉之所以是祭祀时的上牲是因为"人所常畜，易得之物"。《淮南子》中将猪肉与狗肉并提，"剥狗烧肉"的成语也来源于此。狗肉在当时作为主要祭品之一，刻有狗的庖厨图像较为常见，据笔者粗略统计，在山东出土

---

[1] 李发林，《汉画考释和研究》，北京：中国文联出版社 2000 年版，第 359 页。
[2] 张烈主编，《汉书注译》，海口：海南国际新闻出版中心 1997 年版，第 1402 页。
[3] 傅亚庶，《中国上古祭祀文化》，北京：高等教育出版社 2005 年版，第 304 页。
[4] 李发林，《汉画考释和研究》，北京：中国文联出版社 2000 年版，第 362 页。
[5] 杨天宇，《礼记译注》（下），上海：上海古籍出版社 1997 年版，第 1072 页。

图 6-22　东王公　庖厨　车骑
70×64cm
1978 年山东嘉祥县宋山出土 现
藏于山东石刻艺术博物馆
（采自《中国汉画像石全集》卷 2
图 98）

的画像石庖厨图中，刻有剥狗的占有 36%。剥狗图中一般是将狗吊在杆上，以刀剥之，如山东嘉祥宋山出土的庖厨图画像石，剥狗图位于画面右边，狗被吊在立杆上，一人持刀剥之（图 6-22）。《山海经》中常常提到以狗为祭神的祭品[1]，高诱在注《吕氏春秋·季春》云：磔犬羊以禳。应劭在《风俗通义》中曾经用阴阳五行的观念解释用犬磔禳的理由：

　　谨按：月令：九门磔禳，以毕春气。[2]

　　从跨区域的角度加以比较，我们发现类似的以狗作祭品的观念具有很大的普遍性："波利尼亚人认为狗肉是非常美味的食物，以至于人们不得不和诸神一起分享这些狗肉；在塔希提岛和夏威夷群岛，这项活动是由祭司们来完成的，在一些重要的公共集会时，祭司们要用很多狗作为

---

[1] 袁珂，《山海经校注》，上海：上海古籍出版社 1980 年版，第 19 页。
[2] 〔汉〕应劭撰，王利器校注，《风俗通义校注》，北京：中华书局 1981 年版，第 377 页。

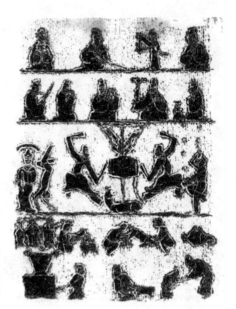

图 6-23　乐舞　建鼓　庖厨画像 87×61cm
1983 年山东嘉祥县纸坊镇敬老院出土
现藏于嘉祥县武氏祠文物保管所
（采自《中国汉画像石全集》卷 2 图 118）

牺牲。只有夏威夷人和塔希提人的祭司和贵族才被正式允许吃狗肉……但是，一场献祭仪式结束之后，塔希提的平民‘偷偷地把剩下的牺牲品运回家中’。"[1]

　　庖厨图中的杀鸡图，从画面构成上来看一般是一人或两人手提烫好的鸡，正欲拔毛，鸡身下有一盆，内盛水，如图 6-23 中最下层左上角所示。在《荆楚岁时记》中，关于鸡具有驱鬼辟邪之阳物的巫术功能具有明确的记载："帖画鸡，或斫镂五采及土鸡于户上，悬苇索于其上，插桃符其傍，百鬼畏之。"同书注引《括地图》曰："桃都山有大桃树，盘屈三千里，上有金鸡，日照则鸣；下有二神，一名郁，一名垒，并执苇索以伺不祥之鬼，得则杀之。"书中载新春正月初一为鸡日："鸡鸣而起，先于庭前爆竹，燃草，以辟山燥恶鬼。"同书注引周处《风土记》：正旦（即正月初一日出东方之时），当生吞鸡子一枚，谓之炼形。[2] 由此可以看出，鸡作

[1]　［美］马文·哈里斯著，叶舒宪、户晓辉译，《好吃：食物与文化之谜》，济南：山东画报出版社 2001 年版，第 201 页。
[2]　叶舒宪，《中国神话哲学》，西安：陕西人民出版社 2005 年版，第 282—283 页。

民俗之雅

为象征性的表象符号，是同东方日出、光明取代黑暗、阳气战胜阴气等现象相关联的。在全国各地的两汉墓葬中常见有鸡骨架、陶制鸡模型。这也使得鸡这种普普通通的家禽能在各地民俗中成为辟邪的神鸟，成为黑暗和鬼魅的克星，也成为频频出现在庖厨图中作为祭祀祖先的重要牺牲的主要原因。

　　除了"六牲"之外，动物血在庖厨图中也大致可见，其中主要表现为为动物放血。祭祀中大量使用动物牺牲，有可能与以血祀神有关。以血祀神，由来已久。在先秦古文献中，血食常用作宗庙祭祀的代称，《国语·齐语》："恐宗庙之不被除，社稷之不血食，敢问为此若何？"《韩非子·十过》："吾恐此将令宗庙不被除，而社稷不血食也。"祭祀何以用血，郑玄注《周礼·春官·大宗伯》云："阴祀自血起，贵气臭也。"孔疏："此皆地之次祀，先荐血以歆神……且社稷亦土神，故举社稷以表地示。……云阴祀自血起者，对天为阳祀，自烟起，贵气臭，同也。"在古代人的观念中，血是一种带有神秘性与神圣色彩的东西，在古希腊前奥林匹斯时期的神话中，血为灵魂所寄寓，"自流血的伤口，灵魂匆匆而出"[1]，在以色列人的《圣经》中常把灵魂和动物血液联系起来，甚至认为灵魂就是血[2]。与世界上其他民族信仰相同，血在汉时期具有神圣意义，许多宗教活动都用血祭祀。两汉时期普遍流行的用血衅鼓的仪式，与努尔佳人用血擦拭祭祀用品的仪式相类似。汉代祭祀用血，一方面可能与两汉时期的灵魂信仰有关，另一方面也可能与农业民族中将血与土地生殖力联系起来的原始思维有关。冯汉骥先生曾指出："在许多原始民族的信仰中，只有用人血才能恢复地力，使农作物得到丰收，所以不惜用各种方法去寻找祭祀人牲。"[3]

　　从目前可知的庖厨图看，"六牲"之外，鱼、鳖、其他家禽、野味

---

[1]　[苏] A·洛谢夫，《希腊神话》，载《世界各民族神话大观》，魏庆征编译，北京：国际文化出版公司 1993 年版，第 306 页。

[2]　吕大吉，《宗教学通论新编（上）》，北京：中国社会科学出版社 1998 年版，第 114 页。

[3]　冯汉骥，《云南晋宁石寨山出土铜器研究——若干主要人物活动图像试释》，《考古》，1963 年第 6 期。

（兔、雉）、各种动物下水虽不及"六牲"出现来得频繁，也是多有涉及，并且占据了庖厨图的很大部分。而汉代人民现实生活中的主食在庖厨图中则成为了"副食"，动物食品占主要部分，反映了汉画像庖厨图所表现的应是以肉食为主、谷类为辅的神嗜饮食体系，一定程度上也传达了汉代人们飨神鬼的祭祀观。

2. 谷类蔬果与"庶食"

庖厨图中所反映的内容主要是有关汉代人副食的一个组成部分——肉食的情况（正如上文所言，为神嗜饮食的主要特征），通过对马王堆出土遣策的研究，我们已经知道汉代以五谷为主食。这五谷一般是指黍（稷）、粟、麦、菽、稻，黍即今天所称的黄米。春秋以前，"黍稷"是最重要的粮食作物，被用于献祭的频率也最高，"与其黍稷，以享以祀"的现象极为普遍。[1]《论语·微子》说："杀鸡为黍而食之。"汉代以后被"菽粟"代替，种植面积减少。粟也称禾，即今天人们俗称的小米，禾、粟常被作为一般作物的总称，而原本作为粮食作物总称的"谷"，在汉代渐渐成为粟的专名。麦分为大麦、小麦，在祭祖仪式中占有一定的地位，逢鬼节则祭用麦面[2]就反映了这种情况。菽是指豆类，有大豆、小豆之分，汉以后称豆。对于这些世间人们享用的主食，庖厨图反映极少，只有少数图像上有加工谷物的图像，如微山沟南画像石上的二人相对以杵舂臼图、河南省密县打虎亭一号汉墓东耳室南壁石刻画像的下部的加工豆腐图。有的庖厨图是制作面食的图像，1972 年山东临沂白庄出土的庖厨画像中有二人抬一笼屉蒸好的块状面食。1978 年山东嘉祥宋山村出土的一块庖厨图画像石，画面中下部刻一妇跪坐在一盆前，身子前倾，一手扶盆沿，一手在和面（图 6-22）等等。

---

[1] 李金平，《古代宗教祭祀用食物类祭品的构成及其形态特征》，《湖北广播电视大学学报》，2007 年第 1 期。

[2] 〔清〕顾禄撰，来新夏点校，《清嘉录》，上海：上海古籍出版社 1986 年版，第 47 页。

五谷蔬果在庖厨图中刻画较少，这也从一个侧面反映了庖厨图所具有的向祖先鬼神供食的祭祀意义。它虽作为神嗜饮食体系的一个次要组成部分，但也具有一定的祭祀之义。用五谷蔬果作为祭品，来源于远古社会的一种尝新习惯。《周礼·春官·肆师》："尝之日，涖卜来岁之芟。"注："尝者，尝新谷。"[1]《礼记·月令》："孟秋之月……是月也，农乃登谷。天子尝新，先荐寝庙。"孙希旦《礼记集解》引方氏慤曰："谷，谓稷也。孟夏之麦，仲夏之黍，仲秋之麻，季秋之稻，皆谷也。"[2]尝新是一种礼俗，谷物成熟之后，要把首次的收获献给鬼神。裘锡圭先生在解释《韩非子·二柄》"桓公好味，易牙蒸其首子而进之"[3]中的食子风俗时说到："献第一批收获于鬼神，是为了能平安地保有、食用收获的其他部分，并在来年继续得到新的收获。"[4]周族所祭献的农业神当为后稷，其所祭献的新谷称为"糈"，王逸曰："糈，精米，所以飨神。"郭璞曰："糈，祭神之米。"后稷除了具有农神的神格之外，又是周人的祖先神，周人的尝新献祭，实际上就是祭祖先神。尝新的习俗，到周代实际上已经演变为一种祭祀的专名，即尝祭，为时祭之一。尝新的内容，不仅仅是尝粟稷等谷物，凡应时的蔬菜水果成熟后，按祭献的原则，也都要敬献祖先来品尝。《礼记·月令》："孟夏之月……农乃登黍。是月也……羞以含桃，先荐寝、庙。"[5]孙希旦《集解》："羞，进也。果轻，不特荐，故因新谷而并荐之。凡果皆然，以含桃为荐果之始。"汉画像中有着类似的表达方式，如山东沂南画像石墓前室西壁横额的祭祀图中，案上放置有果品等物，案前一老者右向跪。水果蔬菜都属时新之物，既有献桃，又有献韭、卵之事，《礼记·王制》云："庶人春荐韭……韭以卵。"[6]蒲慕州认为"在祭祖时供以韭卵，

[1]　〔清〕孙诒让，《周礼正义》，北京：中华书局 2013 年版，第 1486 页。
[2]　杨天宇，《礼记译注》，上海：上海古籍出版社 1997 年版，第 269—272 页。
[3]　金沛霖主编，《四库全书·子部精要》，天津：天津古籍出版社、北京：中国世界语出版社 1998 年版，第 593 页。
[4]　裘锡圭，《文史丛稿 - 上古思想、民俗与古文字学史》，上海：远东出版社 1996 年版，第 129 页。
[5]　杨天宇，《礼记译注》，上海：上海古籍出版社 1997 年版，第 252—259 页。
[6]　同上，第 209—210 页。

应该是取二者所具的象征意义：韭菜为容易生长的茂盛的菜蔬，卵则象征着生殖力。"[1] "按照社会的习惯，蔬菜和水果作为祭献的物品，也大都是与五谷一样，来源于古代尝新的习俗……"[2] 关于祭祀用五谷蔬果的记载，史不绝书。《孟子》："牺牲即成，粢盛即洁，祭祀以时，然而旱干水溢，则变置社稷。"《礼记·郊特牲》："唯为社事，单出里；唯为社田，国人毕作；唯社，丘乘共粢盛：所以报本反始也。"疏："唯社丘乘共粢盛者，向说祭社用牲，此明祭社用米也。丘乘者，都鄙井田也……惟祭社而使丘乘共其粢盛也。粢，稷也；稷曰明粢，在器曰盛……所以报本反始。"[3]《诗经·小雅·甫田》："以我齐明，与我牺羊，以社以方。"传："器实曰齐，在器曰盛。"按朱熹曰"齐与粢同""社，后土也，以句龙氏配。方，秋祭四方，报成万物。"[4]《周礼·春官·肆师》："祭之日，表粢盛，告洁。"注云："粢，六谷也。"无论将粢解释为六谷还是解释为稷，用作祀社的供品，粢所代表的当是梁稻之类的谷物。[5] 关于充当祭品的粢盛的选择，《墨子·明鬼》："必择五谷之芳黄，以为酒醴粢盛。"[6] "观辜，是何珪璧之不满度量，酒醴粢盛之不洁净也，牺牲之不全肥，春秋冬夏选失时，岂女为之与？"[7] 以芳黄、洁净者为上乘。现代社会仍有在佛像、祖先牌位前供奉果品之俗，或许与古代"尝新"之俗有着一脉相承的渊源，具有祭祀、供奉祖先神鬼的意义。

（二）烹饪行为

庖厨图中刻有很多屠宰牺牲的场面，其内容主要包括屠杀六牲（牛、

[1] 蒲慕州，《追寻一己之福——中国古代的信仰世界》，上海：上海古籍出版社 2007 年版，第 121 页。
[2] 傅亚庶，《中国上古祭祀文化》，北京：高等教育出版社 2005 年版，第 315 页。
[3] 杨天宇，《礼记译注》，上海：上海古籍出版社 1997 年版，第 426 页。
[4] 王延海译注，《诗经今注今译》，石家庄：河北人民出版社 2000 年版，第 547 页。
[5] 魏建震，《先秦社祀研究》，北京：人民出版社 2008 年版，第 230 页。
[6] 〔清〕孙诒让，《墨子间诂》，北京，中华书局 2001 年版，第 231 页。
[7] 同上，第 231 页。

羊、豕、马、狗、鸡），剖鱼等等。庖厨图中杀牲主要以椎击为主，用椎击杀祭牲，应当是割牲前的一种行为，即杀牲前，先用木椎打击祭牲的头部，将其打晕，然后才便于举刀、放血，进行一系列的肢解宰割。紧接宰杀其后的是烹饪行为，正如列维-斯特劳斯从印第安神话中所观察到的那样，用"生食"象征自然，用"熟食"象征文化的神话逻辑思维，庖厨中的烹饪行为为自然（"生食"）到文化（"熟食"）的过渡，也为从纯粹的食物向为神鬼进献祭品的转变提供了重要的纽带功用。

1. 宰杀方式

　　庖厨图中刻有很多屠宰场面的画像，其内容包括屠杀六牲（牛、羊、豕、马、狗、鸡）、剖鱼等等。宰杀牛牲的方式一般是以椎击杀，《韩诗外传》卷七有云："是故椎牛而祭墓，不如鸡豚逮亲存也。"意谓为人子者对待父母，与其死后椎牛而祭，不如生前进奉猪鸡，可见古人视椎牛为盛典。如山东诸城前凉台的椎牛图：一人位于牛的右边用绳子拴住牛的右前腿，正试着将牛拉倒；而左边之人则踩住拴牛的绳子，双手举椎，正准备椎牛（图6-18）。山东临沂市沂南北寨村汉墓的椎牛图（图6-19）表现形式则为：一人左手牵着牛，右手扬起椎正欲杀之。其宰羊图位于庖厨图画面之右上角，刻着一人正持刀剥侧吊着的羊。诸城前凉台的庖厨图中宰羊画面置于椎牛图和烤肉串图之间，左右各站一人，其中左边之人左手持羊角，右手持尖刀正欲刺之，羊头下有一盆，可能是作盛羊血之用。山东嘉祥纸坊镇画像石墓第八石庖厨图之右上部刻有杀猪图，一人按猪，一人持刀刺之（图6-9）。武梁祠前室第七石庖厨图之右侧刻着两人在一大盆里烫猪的场景。关于杀马图比较少见，目前可知的有江苏徐州铜山区苗山汉墓出土的画像石：画像右边一马被拴在一根立柱上，右侧之人正举棒欲杀之。而剥狗图则是庖厨图中常见画面，一般是将狗吊在杆子上，用刀剥之。仪式中用狗作为牺牲，杀法特殊，称为"磔"或"辜"。何谓之"磔""辜"？《说文·桀部》：磔，辜也。段注：凡言磔者，开也、张也，刳其胸腹而张之，令其干枯不收。《周礼·秋官·司寇》"辜"字下郑玄注：辜之言枯也。"可见'磔'为破腹，'辜'指干枯，两者为同一杀牲方法之两个步骤。"[1] 如嘉祥宋山画像石上的剥狗图：狗被吊在立杆上，一人持刀剥之（图 6-22）。目前看来，汉画像庖厨图中的杀鸡（鸟、雉）图一般表现为一人或两人手提烫好的鸡（鸟、雉），正在拔毛，鸡（鸟、雉）身下有盛水的盆。而剖鱼图一般是一人持刀在案上剖鱼，案下、案侧放有盛鱼的盆，有的还刻有洗鱼的图像。

从目前可获知的庖厨图看，宰羊一般是用刀捅耳根，如山东诸城前凉台庖厨图中宰羊画面。宰牛、猪、狗时，先用铁锤或者木棒将其砸昏以后再进行宰杀。"对于祭典中所用的动物，从饲养到选用，以及祭牲的种类、性别、毛色、齿龄、用牲数目、用牲与祭者的身份、祭祀的对象、杀牲的方法都有详细的规定。"[2] 在杀牲的方法中，包括土埋、水沉和刀卯等等。傅亚庶认为刀卯实际上主要指的是如何割牲，在此不一一论述。汉画像庖厨图中杀牲主要以椎击为主，"实际上，用椎击杀祭牲，应当是割牲前的一种行为，即杀牲前，先用木椎打击祭牲的头部，将其打晕，然后才便于进刀、放血，进行一系列的肢解宰割。"[3] 其次牲体的各个部位在祭祀中往往是用于祭祀不同对象，庖厨图中经常出现的动物下水也许并不仅仅传递的是人们爱食之意而已。《礼记·月令》记载，五祀中祀户用牲的脾，祀火土用肺，祀中溜用心，祀门用肝，祀行用牲等等。把祭牲的肝脏分离出来，用于祭祀不同的神鬼，这本身就与刀卯有密切的关系。在祭祖先神时，割牲又有豚解和体解之分。在五祀与庙礼中，对割牲有如此的讲究，那么，刀卯作为用牲方法之一，是有其实际内涵的。同时，庙祭之后分胙肉，社祀之后分脹肉，也都是刀卯所包含的内容。况且，在杀牲时，并不一定都是首先用椎击，《国语·楚语下》："天子禘郊之事，必自射其牲，王后必自舂其粢；诸侯宗庙之事，必自射牛、刲羊、击豕。"韦昭注：

[1] 汪宁生，《古俗新研》，兰州：敦煌文艺出版社 2001 年版，第 169 页。
[2] 傅亚庶，《中国上古祭祀文化》，北京：高等教育出版社 2005 年版，第 304 页。
[3] 同上，第 310 页。

"牲，牛也。刲，刺也。击，杀也。"用椎击杀牺牲、砸昏后再杀之，某种程度上是为了使其不受宰杀之痛，并使其灵魂在砸昏后的那一刻得以完整的飞离，为祖先亡者灵魂作陪伴之用。

2. 烹饪方式

正如列维 - 斯特劳斯从印第安神话中所观察到的那样，用"生食"象征自然，用"熟食"象征文化的神话逻辑思维，庖厨中的烹饪行为为自然（"生食"）到文化（"熟食"）的过渡，也为从纯粹的食物向为神鬼进献祭品的转变提供了重要的纽带功用。庖厨图中的烹饪活动主要包括动物牺牲、五谷蔬果的制作。庖厨图中的屠宰、切肉、烤肉、炊煮等属于动物类食品的制作工序，杵臼、和面、炊煮属于五谷蔬果的制作工序。其中主要反映的是肉类食品的制作，常见的烹饪方法有炙和煮。炙即烧烤，是庖厨图中常见的烹饪方法之一，《释名·释饮食》说："炙，炙也，炙于火上也。"临沂五里堡和诸城前凉台庖厨图都刻画有烤肉的内容。后者的烤肉串图位于庖厨画面的右上角，两人斜对跪坐于方形烤箱前，箱上放五串肉，左边之人单手翻肉串，右边之人持扇子扇风（图 6-18）。煮，即把肉放在釜等容器中熬煮，汉代称作釜炙。《释名·释饮食》："釜炙，于釜汁中和熟之也。"庖厨图中的炊煮图一般是刻一灶，灶上置釜甑，一人在灶旁劳作，一人在灶前负责添柴，或者是只刻一个人，灶上劳作与添柴并行（图 6-24）。以诸城前凉台庖厨图为例，炊煮图位于画面左侧中部。两人负责灶上劳作，旁有一人在劈柴。庖厨画面顶部横杆上有 11 只钩肉用的钩子，挂有各种肉制品。嘉祥宋山炊煮图是一人跪于灶前一手添柴，一手持匕状物在灶上准备劳作。灶上方挂有鱼、鸡、兔、猪头、猪腿等。

（三）厨房设施

由于汉画中的庖厨活动是为了祭祀活动而准备，场地布局必须足够

图6-24　庖厨画像 25.8×43.7cm
1985年四川省彭州市羲和乡出土 现藏于四川省博物馆
（采自《四川汉画像砖》图135）

开阔才可更好地进行厨事活动，所以庖厨图中一般少见厨房，厨事活动都
为露天进行，区别于一般的家庭日常厨事。在厨房设施中，比较重要的有
炊事器皿、燃料、杵臼、炉子、刀俎、釜和甑、灶、轱辘和桔槔、水井
等等。

1. 厨房设施

汉代人一般把厨房称为"厨"，《说文解字》"广部"："庖，厨也"；
"厨，庖屋也"。[1] 由于汉画中的庖厨活动是为了祭祀活动而准备，场地布
局必须足够开阔才可更好地进行厨事活动，所以庖厨图中一般少见厨房，
厨事活动都为露天进行，区别于一般的家庭日常厨事。如山东微山县两城
镇出土的汉画像石，庖厨活动在大树下进行，树干上悬挂着四块肉，还有
洗肉、切肉、提水之人（图6-25）。在厨房设施中，比较重要的有炊事器

---

[1] 〔汉〕许慎撰，〔宋〕徐铉等校，《说文解字》，上海：上海古籍出版社2007年版，第458页。

图 6-25　扁鹊针灸　庖厨画像
84×80cm
微山县两城镇出土 现藏于曲阜孔庙
（采自《微山汉画像石选集》图 87）

皿、燃料、杵臼、炉子、刀俎、釜和甑、灶、轱辘和桔槔、水井等等。

　　炊事器皿　炊事器皿在炊事活动中占有非常重要的地位，是顺利完成各项厨事活动的保障。庖厨图中炊事器皿数量众多，包括瓮、壶、鼎、罐、盆、盘等等。比较典型的山东诸城前凉台庖厨图的炊事器皿就有 30 余件。由于庖厨是为祭食制作做准备，所用盛放祭食的器皿当有一定的规定。一般而言，对于存放祭品的器皿，也就是所谓的祭器，有苍璧、青帛、笾、豆等等。笾用形盐、枣、栗、菱、芡、鹿脯、白饼、黑饼、粉粢，登用太羹等等。祭天时所用祭器也很讲究，郊坛昊天上帝正位一般要设三爵，一登，簠、簋各二，笾、豆各十二，篚俎、尊各一，等等。[1]《汉书·郊祀志》记载汉武帝"郊拜太一"的礼仪中有"杀一牦牛以为俎豆牢具"。

　　炊事燃料　从目前出土的汉画像庖厨图看，主要的炊事燃料是木柴和炭，其中木柴的使用最为普遍。《史记·货殖列传》有"通邑大都"一年

---

[1]　方光华，《俎豆馨香——中国祭祀礼俗探索》，西安：陕西人民教育出版社 2000 年版，第 36 页。

售出"薪槁千车"的记载。木柴又称"栝"。《说文解字》："栝，炊灶木。"木柴也是厨房炊事活动的必备物品。

杵臼　杵臼是一种加工粮食的工具，《说文解字》"木部"："杵，舂杵也。"[1] 从形制上看，杵是一根圆形木棒，通过人工捣臼里的粮食，让谷物去皮。

炉子　炉子在汉画像庖厨图中通常用作为烤肉设备，目前可发现的有圆炉和方炉两种形制。临沂五里堡、微山县夏镇庖厨图和诸城前凉台庖厨图画面上刻有烤肉场景，前者使用的是圆炉，后者使用的是方炉。从庖厨图我们大致可以看出，方炉相对于圆炉应用更加普及。今天我们仍在普遍使用的烧烤用的长条形炭炉应是方炉的余响。

刀俎　刀俎，析言之即刀和俎，刀即厨房用刀，基本上为铁制品。俎一般用于切肉和蔬菜，大多数为木头制品，也有石头制。山东诸城前凉台庖厨图所刻画的俎比较罕见，形体较长，足够三人同时使用。除了图像记载，木俎在临沂银雀山汉墓的考古挖掘中有出土，俎的正面用作切肉、菜，部分布满刀痕，长 40 厘米，宽 20.5 厘米，通高 18 厘米。

釜和甑　釜即锅，和甑一样多为陶制。甑类似盆形状，底有小孔，用于蒸食。一般釜和甑可以配套使用，釜用于煮食，甑用于蒸食。清道光年

---

[1] 〔汉〕许慎撰，〔宋〕徐铉等校，《说文解字》，上海：上海古籍出版社 2007 年版，第 284 页。

间沛县古泗水的东汉早期庖厨图（图6-26）右格下层有一人于灶前推栝添火，釜甑上蒸汽腾腾。河南省密县打虎亭一号墓庖厨图也刻有灶上置釜、甑。

灶 灶在厨房中是必不可少的基本设备，目前可知的庖厨图中一般都将灶放在比较突出的位置上。《释名·释宫室》曰："灶，造也，创造食物也。"从形制上看，灶都为多边形，后端大多有烟囱，且大部分只有一个火眼，较少有一大一小两个火眼。山东地区的庖厨图中双火眼比较常见：嘉祥宋山小祠堂画像、长清孝堂山石祠、临沂白庄汉墓等等。总体而言，双火眼灶为人们在同一时间进行煮饭、烧水或其他烹饪活动提供了很大程度的便利，大大提高了炊事效率。

辘轳和桔槔 辘轳和桔槔是汉代常用的两种汲水工具，庖厨图生动地展示了这两种汲水工具的构造和使用方法。辘轳一般是在井上搭一个架子，安装上辘轳，利用其可以转动的功能进行汲水。一般有两种操作办法：一是通过穿于辘轳的轴摇转辘轳汲水；一种是通过直接拉动汲水器的绳索提水，如江苏徐州睢宁县张圩出土的庖厨图。桔槔利用杠杆原理汲水，在庖厨图中是最为常见的汲水工具。它一般由一根横杆和一根立杆组成，固定在地的为立杆，横杆则一端系着壶、罐等汲水工具，另一端则坠以石头等重物，相对于辘轳汲水较为轻省便捷。

水井 在厨房设施中，水井和灶一样至关重要。汉人对水井非常重视，为了保护水井卫生和人身安全，水井旁一般都置有护栏。其中齐鲁地区的井栏式样有圆形收口井栏如临沂白庄庖厨图、圆形敞口井栏如嘉祥宋山祠堂庖厨图、方形井栏如诸城前凉台庖厨图三种。汉代人民为方便起见，一般将水井放置在厨房附近。

三、庖厨图的文化意义

《礼记·礼运》曰："夫礼之初，始诸饮食。"凡祭祀都要陈设牺牲等供品，"黍稷馨香"才能"神必据我"。"民以食为天"，推己及神，人们相信鬼神也是如此。汉画像中有许多的庖厨图与这种观念是密切联系的。[1]它是生人为祭祀祖先灵魂而准备祭食的画面。通过围绕为祭祀祖先而准备祭食的一系列庖厨图画像的描绘，汉代人建立在"鬼犹求食""事死如事生"观念基础上的祭祀观被图像叙述出来。庖厨图作为祠堂画像的不变内容，依托祠堂的神圣空间——阳界与阴界的转折之处所、生者与死者的交流之地——庖厨有了深层次的审美价值和文化象征意义。庖厨图中以动物牺牲为主不仅反映了它是神嗜饮食体系的主要特征，同时也反映出它们具有生死沟通的作用。张光直先生在《中国青铜时代》中论及"助巫觋通天地的若干特殊动物，至少有若干就是祭祀牺牲的动物。以动物供祭也就是使用动物协助巫觋来通民神、通天地、通上下的一种具体方式"[2]。

（一）"飨神"的存在意义

1. 鬼犹求食

《左传·宣公四年》记载：

> 初，楚司马子良生子越椒。子文曰："必杀之。是子也，熊虎之状，而豺狼之声，弗杀，必灭若敖氏矣。谚曰，'狼子野心'，是乃狼也，其可畜乎？"子良不可。子文以为大戚，及将死，聚其族，曰："椒也知政，乃速行矣，无及于难。"且泣曰："鬼犹求食，若敖氏之鬼，不其馁而？"[3]

令尹子文的话："鬼犹求食，若敖氏之鬼不其馁而。"是在无意间所说

---

[1] 朱存明，《汉画像的象征世界》，北京：人民文学出版社 2005 年版，第 130 页。
[2] 〔美〕张光直，《中国青铜时代》，北京：生活·读书·新知三联书店 1983 年版，第 324 页。
[3] 〔春秋〕左丘明撰，蒋冀骋标点，《左传》，长沙：岳麓书社 1988 年版，第 123 页。

出，即所谓的"无心史料"，因为它不是为了讨论鬼神的问题而谈及鬼神之事，应该可以作为一种可靠的证据，说明了鬼神有具体的存在和需求的观念是深入人心的。"一般鬼神观的特点之一，就是鬼神是具体可知的一种存在。'鬼犹求食'即鬼神也有和人相同的饮食的需要，这其实是相当原始的观念，也是一切献祭活动的基本假设。"[1]《墨子》中有一段话说："执无鬼而学祭礼，是犹无客而学客礼也，是犹无鱼而学鱼罟也。"[2] 可以说是把民间信仰中鬼神是具体存在的这样一种观念，用比较明确的言辞表达了出来。

原始人确信灵魂不死，延续到文明社会中转变为祖先崇拜，实即死者崇拜，这是一切宗教情感的深切基础。[3] 人在活着的时候需要吃饭，在灵魂不死的观念下，汉代人民相信人死后是有灵魂存在的，而且灵魂像活着的时候一样同样有着饮食的需求，相信"鬼犹求食"。基于这样的观念，生人在向祖先以及神献祭的时候，便会以食飨祖先，甚至"日上四食"。《礼记·礼运》曰："夫礼之初，始诸饮食。"[4] "凡祭祀都要陈设牺牲等供品，'黍稷馨香'才能'神必据我'，'民以食为天'，推己及神，人们相信鬼神也是如此。所以，古代牺牲在宗教诸礼仪中是最重要的供品，如祭礼中的'太牢''少牢'。汉画像中有许多的庖厨图与这种观念是密切联系的。"[5] 它是生人为祭祀祖先灵魂而准备祭食的画面。通过围绕为祭祀祖先而准备祭食的一系列庖厨图画像的描绘，汉代人建立在"鬼犹求食"观念基础上的祭祀观被图像叙述出来（见图 6-16）。在周代的文献中，记载的两个对祭祀起源的说明都是围绕着食物而展开，虽然其中的一个是环绕着谷类食物的，另一个是以火烧食物为中心的。[6] 前者见于《诗经·大雅·生民》：

---

[1] 蒲慕州，《追寻一己之福——中国古代的信仰世界》，上海：上海古籍出版社 2007 年版，第 59 页。
[2] 〔清〕孙诒让，《墨子间诂》，北京：中华书局 2001 年版，第 276 页。
[3] 叶舒宪，《英雄与太阳：中国上古史诗的原型重构》，西安：陕西人民出版社 2005 年版，第 218 页。
[4] 孔令河，《五经译注》，济南：山东友谊出版社 2001 年版，第 1490 页。
[5] 朱存明，《汉画像的象征世界》，北京：人民文学出版社 2005 年版，第 130 页。
[6] [美] 张光直，《中国青铜时代》，北京：生活·读书·新知三联书店 1983 年版，第 243 页。

厥初生民，时维姜嫄。生民如何？克禋克祀，以弗无子。

履帝武敏歆，攸介攸止，载震载夙。

载生载育，时维后稷。

……

诞实匍匐，克岐克嶷。

以就口食。蓺之荏菽，荏菽旆旆。禾役穟穟，

麻麦幪幪，瓜瓞唪唪。

诞后稷之穑，有相之道。茀厥丰草，种之黄茂。

实方实苞，实种实褎，实发实秀，实坚实好。

实颖实栗，即有邰家室。

诞降嘉种，维秬维秠，维穈维芑。恒之秬秠。

是获是亩。恒之穈芑，是任是负，以归肇祀。

诞我祀如何？或舂或揄，或簸或蹂。释之叟叟。

烝之浮浮。载谋载惟，取萧祭脂，取羝以軷。

载燔载烈，以兴嗣岁。

卬盛于豆，于豆于登。其香始升，上帝居歆。

胡臭亶时，后稷肇祀。庶无罪悔，以迄于今。[1]

另外一个关于祭祀起源的故事，见于《礼记·礼运》，以祭祀与熟肉的关系为中心：

夫礼之初，始诸饮食。其燔黍捭豚，污尊而抔饮，蒉桴而土鼓，犹若可以致其敬于鬼神。及其死也，升屋而号，告曰：皋某复！然后饭腥而苴熟。故天望而地藏也。体魄则降，知气在上。故死者北首，生者南乡，皆从其初。

---

[1] 王延海译注，《诗经今注今译》，石家庄：河北人民出版社 2000 年版，第 661—663 页。

昔者先王，未有宫室，冬则居营窟，夏则居橧巢。未有火化，食草木之实、鸟兽之肉，饮其血，茹其毛。未有麻丝，衣其羽皮。后圣有作，然后修火之利，范金合土，以为台榭宫室牖户，以炮以燔，以亨以炙，以为醴酪，治其麻丝，以为布帛，以养生送死，以事鬼神上帝，皆从其朔。

故玄酒在室，醴盏在户，粢醍在堂，澄酒在下。陈其牺牲，备其鼎俎，列其琴瑟，管磬钟鼓，修其祝嘏，以降上神与其先祖。以正君臣，以笃父子，以睦兄弟，以齐上下，夫妇有所，是谓承天之祜。

作其祝号，玄酒以祭，荐其血毛，腥其俎，熟其殽，与其越席，疏布以幂，衣其浣帛。醴盏以献，荐其燔炙，君与夫人交献，以嘉魂魄，是谓合莫。然后退而合亨，体其犬豕牛羊，实其簠簋笾豆铏羹，祝以孝告，嘏以慈告，是谓大祥。此礼之大成也。[1]

而从《仪礼》里面我们也可以看到，食物是与祭祀仪式分不开的。[2]另外，《楚辞》里两首关于招魂的诗，也为人们关于"鬼犹求食"的观念提供了一个生动的证明，诗中详尽地讲述了人们用精美的菜肴作引诱，好叫死去的灵魂回来的场景。《楚辞·招魂》：

魂兮归来，何远为些？
室家遂宗，食多方些。
稻粢穱麦，挐黄粱些。
大苦醎酸，辛甘行些。
肥牛之腱，臑若芳些。
和酸若苦，陈吴羹些。
胹鳖炮羔，有柘浆些。

---

[1] 孔令河，《五经译注》，济南：山东友谊出版社 2001 年版，第 1490 页。
[2] [美] 张光直，《中国青铜时代》，北京：生活·读书·新知三联书店 1983 年版，第 323 页。

鹄酸臇凫，煎鸿鸧些。

露鸡臛蠵，厉而不爽些。

粔籹蜜饵，有餦餭些。

瑶浆蜜勺，实羽觞些。

挫糟冻饮，酎清凉些。

华酌既陈，有琼浆些。[1]

在另一首诗《大招》里当作贿赂而把灵魂引诱回来的菜肴和饮料是：

五谷六仞，设菰粱只。

鼎臑盈望，和致芳只。

内鸧鸽鹄，味豺羹只。

魂乎归来！恣所尝只。

鲜蠵甘鸡，和楚酪只。

醢豚苦狗，脍苴蓴只。

吴酸蒿蒌，不沾薄只。

魂兮归来！恣所择只。

炙鸹烝凫，煔鹑陈只。

煎鰿臛雀，遽爽存只。

魂乎归来！丽以先只。

四酎并孰，不涩嗌只。

清馨冻饮，不歠役只。

吴醴白蘖，和楚沥只。

魂乎归来！不遽惕只。[2]

除了文献资料记载，汉墓的考古挖掘中常常会有用大量的食物和制食

[1]　陈子展撰述，《楚辞直解》，上海：复旦大学出版社 1996 年版，第 336—338 页。
[2]　同上，第 361 - 363 页。

用具作为陪葬，如动物遗骸、家庭厨房用具。如济南青龙山汉画像石墓曾出土陶制的猪圈、猪、狗、鸡、鸭、鹅等[1]，山东荣成梁南庄汉墓出土有烤肉用的陶制方炉、圆炉[2]，淄博西汉齐王墓出土釜、甑[3]，不胜枚举。由此可见，"鬼犹求食"观念在古代人民的集体意识里有着强烈的影响。汉画像作为关于死亡的艺术，庖厨图里一系列关于祭食的准备，与这种观念是密切相联的。

2. 事死如事生

如远古人类一样，汉代人也相信人死后是有灵魂的，认为灵魂像生前一样要有居室。"墓室和墓上建筑均按'事死如事生'的观念建造，整个世界是完整的"[4]，要有"饮食"，故有"寝庙"制度，并相信"鬼犹求食"，甚至"日上四食"，即"事死如事生"。《礼记·祭义第二十四》："君子生则敬养，死则敬享。"[5]汉代以儒家为大宗，"儒家主张事死如事生，应该在祭祀中充分表达人的仁义情感"[6]。"儒家以反神话思维的理性态度，继承了原始生殖崇拜的思想，希望通过族类的延续来战胜死亡，并把它伦理化为'孝'的学说。"[7]而"孝"是丧葬礼俗的理论核心和指导思想。[8]《礼记·中庸》：

> 夫孝者，善继人之志，善述人之事者也。春秋修其祖庙，陈其宗器，设其裳衣，荐其时食。宗庙之礼，所以序昭穆也。序爵，所以辨贵贱也。序事，所以辨贤也。旅酬下为上，所以逮贱也。燕毛，所以

---

[1] 济南市文物局文物处，《山东济南青龙山汉画像石壁画墓》，《考古》，1989 年第 11 期。
[2] 烟台市文物管理委员会，《山东荣成梁南庄汉墓发掘简报》，《考古》，1994 年第 12 期。
[3] 贾振国，《西汉齐王墓随葬器物坑》，《考古学报》，1985 年第 2 期。
[4] 刘宗超，《汉代造型艺术及其精神》，北京：人民出版社 2006 年版，第 69 页。
[5] 杨天宇，《礼记译注》，上海：上海古籍出版社 1997 年版，第 800 页。
[6] 方光华，《俎豆馨香——中国祭祀礼俗探索》，西安：陕西人民教育出版社 2000 年版，第 222 页。
[7] 叶舒宪，《中国神话哲学》，西安：陕西人民出版社 2005 年版，第 232 页。
[8] 刘宗超，《汉代造型艺术及其精神》，北京：人民出版社 2006 年版，第 21 页。

序齿也。践其位，行其礼，奏其乐，敬其所尊，爱其所亲，事死如事生，事亡如事存，孝之至也。[1]

在论及祭祀所奉之物时，《礼记·祭统第二十五》："凡天之所生，地之所长，苟可荐者，莫不咸在，示尽物也。外则尽物，内则尽志，此祭之心也。……尽之谓敬，敬尽然后可以事神明，此祭之道也。"[2] 从目前所发现的庖厨图看，食物种类之丰盛全备、人力投入数量之多，充分地表达了人的仁义情感和"事死如事生"的信仰。如山东诸城前凉台的庖厨图（图6-18）参与劳作人数近50人之多，涉及屠宰、炊煮、烤肉、切菜等多方面。其中屠宰场面涉及椎牛、杀猪、宰羊、击马、剥狗、烫鸡（鸟、雉）、剖鱼等，画面左中部刻有炊煮图，共有三人劳作：一人添柴、一人负责灶侧劳作、一人劈柴。中上部则刻着切菜图：三人跪坐于案前切菜，后有一人似在指挥。整个画面的顶部置有11只钩子，自右向左依次挂着猪腿、肉块、猪腿、肉块、猪头、猪下水（？）、兔、一串鱼、三条鱼、三只鸟、一只鳖。[3] 如南阳汉画像砖庖厨图中，两个女子在一大瓮前，一人执棒、一人扶勺正在劳作，右边有一执鸠杖的老人。大瓮旁边有一横架，架上挂着猪腿、鸡、鸭等肉食，一人正在伸手取肉，另有两女子端盘行走。从中我们也可以看出，庖厨虽是为祭祀祖先灵魂而准备，但是它的规格、标准以及人们对它的重视程度，比起对生人饮食的讲究是有过之而无不及的。"庖厨们的劳作就是为了使死者在另一世界饮食无忧"，"反映了汉代人事死如事生的孝亲伦理观"。[4]

"事死如事生"观念还表现在祠堂设立和食物摆放上。按段玉裁《说文解字》的解释，"祠"就是孝子贤孙向死去亲人供奉食物。《礼记·祭义第二十四》："其奠之也，容貌必温，身必诎，如语焉而未之然。"其大意是孝子在设置祭品的时候容貌必须温顺，身体必须屈俯，如同跟亲人说话

[1] 杨天宇，《礼记译注》，上海：上海古籍出版社1997年版，第908—909页。
[2] 同上，第829页。
[3] 杨爱国，《汉画像石中的庖厨图》，《考古》，1991年第11期。
[4] 刘建，《汉画中的孝亲伦理及其成因》，《理论学刊》，2008年第6期。

图 6-27　庖厨画像（一）92×124cm
1961 年河南密县打虎亭一号墓出土 原地保存
（采自《中国汉画像石全集》卷 6 图 97）

而未得到答复的样子。江苏徐州、河南南阳、山东台儿庄等地出土的汉画像石中不乏祠堂祭祀图像。如徐州青山泉发现的一祭祀画像，画面刻有一祭台，台上置有三只各盛有一条鱼的盘子（图 6-3）。南阳出土的东汉画像石的祭祀图像（图 6-2），画面被分为两层，其中下层刻有祭品及器皿：左右各置五只盘子、叠案和六只耳杯、三只碗，最下面拴一狗，看护祭品。而山东台儿庄区邳庄村出土的汉画像石，画面刻有一个插着三炷香的香炉，其两侧各置有一盘，盘中各盛一鱼（如图 6-1 所示）。汉画像在一定程度上也可以说几乎完整地再现了汉代人的日常生活场景，但是，这些不是为世间人欣赏的精神文化产品，而是基于汉代人对灵魂的认识，"人死之后形体需要继续供养，而灵魂则要升天，所以墓葬品中既有食物供给，更有画像相伴，使亡灵不至于孤独"[1]。《论衡》中说："闵死独葬，魂孤无副，丘墓闭藏，谷物乏匮，故作偶人，以侍尸柩，多藏食物，以歆精魂。"汉画像庖厨图叙述事实情节只是符号性的，靠瞬间的一个画面来象征和隐喻事物场景中的道德寓意。从上述祠堂祭祀画像可以看出，祭祀时

[1]　吴祚来，《中国古典艺术观照——气韵流淌的性灵之美》，广州：广东人民出版社 2009 年版，第 89 页。

都放有食物，食用食物对于生人和死者都有一样的需要，显然，这从中表现了汉代人灵魂不灭的信仰和"事死如事生"的观念。

（二）象征意义

祠堂作为向祖先"上食"为祭祀方式的地面建筑，是沟通天、地、人、神的神圣空间，许多图像的存在就是为了达到这一目的。庖厨图作为祠堂画像的不变内容，依托祠堂的神圣空间——阳界与阴界的转折之处所、生者与死者的交流之地——庖厨有了深层次的审美价值和文化象征意义。它是家庭为祭祀祠主而准备祭食的场面。"把准备过程图像化，就含有一种象征性，图像就成了真实意图的一种幻像传达。"[1]

1.祠堂画像的象征意义

庖厨图是祠堂画像的不变内容，由于祠堂空间存在的神圣性，在一定程度上也赋予了庖厨图深层次的审美价值和文化象征意义。汉代祠堂的建筑是一种具有神圣意味的空间建构，它作为生死两界的转折、沟通之处，无形之中必然带有一种神圣意义和象征意义。"对诸多石祠堂画像进行考察分析，并与汉墓壁画、画像石图像进行比较研究，我们就会发现，作为一种带有宗教祭祀性的艺术，汉画像的图式是相对稳定的，民俗的传承性在发挥着重要的作用。汉代人的宇宙观，儒家的礼制观念和道家的自然观念，不仅在墓室、祠堂、墓阙的图像中反映出来，也在汉帛画、木椁墓、漆棺画、铜镜等图像中反映出来。墓上祠堂画像与这种传统有着内在的联系。"[2] "对其象征内容的了解，要通过图像学的阐释才有可能，图像学的阐释要求从汉代人对图像的理解和认识出发，从其形制和图像的排列中来分析其中所表现的汉代人的宇宙观和生死观。"[3]汉代人从形制上把宇宙分

---

[1] 朱存明，《汉画像的象征世界》，北京：人民文学出版社2005年版，第142页。

[2] 朱存明，《汉祠堂画像的象征主义研究》，《民族艺术》，2003年第2期。

[3] 朱存明，《汉画像的象征世界》，北京：人民文学出版社2005年版，第137页。

为四个部分，首先是日月星辰居住的地方，从信仰角度上看则是天帝和自然神居住的地方；其次是由西王母所代表的昆仑山仙人世界，再往下依次是人间的现实世界和死者灵魂居住的地下世界。

祠堂作为向祖先"上食"的地面祭祀建筑，是沟通天、地、人、神的神圣空间，许多图像的存在就是为了达到这一目的。"秦汉时代的人们基于经验，以为象征和象征所模拟的事物或现象之间有某种神秘的关系，于是那些画像图像类的东西可能并不只是一种单纯的艺术品，而有某种神秘的实用意味……"[1] 因此，石祠堂画像往往将诸天世界、神人世界与鬼神世界，与举行祭祀时人的直觉的幻想世界统一在一个大的图式之中。一般而言，祠堂的顶盖和左右侧壁的最上部分分别是天上世界的天帝、诸神的领域和西王母、东王公的昆仑山仙人世界，而祠堂的左右侧壁下部一般都配有狩猎图和庖厨图，二者都具有特定的宗教意义。就狩猎图而言，它更多地表达了一种神圣意味即祠主的子孙要通过狩猎这一行为为自己的祖先准备祭祀用的祭品。祠堂最引人注目的位置即入口处的后壁，是祠主灵魂接受子孙祭祀时所在之处，作为祠堂最主要的画像、表现死去祖先的"祠主受祭图"，无一例外地都配置在这里，在空间分配上一般要占后壁面积的一半以上。后壁的最下部是祠主灵魂往来地下世界和祠堂之间的通路，经常都刻有车马出行图，其长度往往横贯左右壁的最下层。信立祥认为："将祠主车马出行图配置在'祠主受祭图'之下，显然是表示祠主的车马行列是从位置较低的地下世界而来，目的是到墓地祠堂区接受子孙的祭祀。"[2] 其他祠堂壁面才是现实世界人们为祭祀祖先而存在的活动之处，这其中当然包含庖厨图、狩猎图与乐舞图。按照这一宇宙方位观念，表现不同宇宙空间景象的各类画像分别被配置在与其象征意义相应的位置上。"全部祠堂画像形象而生动地表现了现实人间世界与其他信仰世界的关

---

[1] 葛兆光，《中国思想史·七世纪前中国的知识、思想与信仰世界》，上海：复旦大学出版社1998年版，第328页。

[2] 中国画像石全集编辑委员会编，《中国画像石全集》第4卷，济南：山东美术出版社2000年版，第6页。

系。"[1] 在画像里，死亡已经不再是令人恐惧的生命的终结，死后住在地下世界，却依然向往和怀念人世间一切的祠主灵魂，仍旧可以通过修建在尘世间的祠庙，享用子孙后代给予他们的精神上和物质上的献祭。人鬼之间思想上的交流、伦理感情上的融合，通过祠堂这一神圣场所，通过祭祀这一事实行为得到了实现。

通过围绕祭祀祠主的这一系列图像的描绘，建立在祖先崇拜上的祠堂象征意义被图像叙述出来。"万物本乎天，人本乎祖，祖宗死后，将变成鬼魂，他被子孙安葬在一个地下的世界，那个世界和现实世界一样有着一个类似的空间，人死后仍然与生者有血亲关系，活着的人要在阳间为其建造一个祠堂，以便在一个特定的时期，使逝去的人的灵魂到祠堂里来接受祭食并受到子孙的拜谒，重温人世间的欢乐。"[2] 祠堂的功能就在于祭祀祖先，引导其升入仙界。祠堂后壁的下方就是地下世界与地上世界的通道，祖先的灵魂又在子孙的祭祀中而升入仙界。车马图象征灵魂来往于两个世界的沟通，庖厨、狩猎都是在为献祭准备食物。朱存明认为天地的沟通、人鬼的交流、自然与人文的结合，通过祭祀这一仪式得以实现。祠堂不仅使死去的祖先有个理想的去处，而且使活着的人与死者之间有了一个理想的精神沟通之地。

2. 庖厨图的象征意义

庖厨图表现的不纯是简单的现实生活或饮食制作流程，它具有一定的祭祀意义，它是家庭为祭祀祠主而准备祭食的场面。"把准备过程图像化，就含有一种象征性，图像就成了真实意图的一种幻象传达。"[3] 从庖厨图在祠堂的空间配置上看，它一般从属于祠堂最引人注目的位置——祠堂后壁最主要的画像即"祠主受祭图"。人们如果走进祠堂进行祭祀，首先面对

---

[1] 信立祥，《汉代画像石综合研究》，北京：文物出版社 2000 年版，第 183 页。
[2] 朱存明，《汉画像的象征世界》，北京：人民文学出版社 2005 年版，第 142—143 页。
[3] 同上，第 142 页。

的就是眼前的这个图像，作为生者与死者的沟通，"祠主受祭图"具有一定的象征意义，而庖厨则是为这种沟通进行的前期准备，这从它们之间的空间配置上就可以看出。在往往配置有庖厨图的整块石壁上，纵向看，庖厨图位于倒数第二层，最低一层为车马出行图，如山东嘉祥宋山 1 号小祠堂，信立祥认为该车马出行图是祠主灵魂从地下世界赶往地上世界接受子孙祭拜的场面。由此看来，紧接其上的是子孙为准备食物的庖厨图，当为准备祭食不错，再往上是祖先接受子孙家人祭拜和宴饮图，最上端的则是由东王公、西王母为象征代表的昆仑山仙人世界。到此，当为祖先接受祭祀和寄托了子孙希望其升入仙界的美好愿望。庖厨图在此也象征了一种时间上的过渡和跨越，在祖先赶来世间和接受祭祀之间，它表现了准备祭祀这一环节，这从它的纵向空间配置上可以看出。山东嘉祥宋山 4 号小祠堂东壁画像（图 6-22）和 1 号祠堂表现的程式大致相同。

（三）生死沟通

庖厨图中以动物牺牲为主不仅反映了它是神嗜饮食体系的主要特征，在一定程度上也反映了人们寄希望于它们具有的生死沟通的作用。"祭品作为一种奉献给神灵的礼物，是人们向神灵传递和表达思想感情、意愿的载体，通过祭品这一象征符号，把世俗与神圣世界有机沟通起来。"[1] 张光直在《中国青铜时代》中认为"助巫觋通天地的若干特殊动物，至少有若干就是祭祀牺牲的动物。以动物供祭也就是使用动物协助巫觋来通鬼神、通天地、通上下的一种具体方式"[2]。

1. 牺牲的沟通作用

昂利·于贝尔、马塞尔·莫斯在论及献祭的性质时认为"从根本上说，

---

[1] 李金平，《古代宗教祭祀用食物类祭品的构成及其形态特征》，《湖北广播电视大学学报》，2007 年第 1 期。

[2] ［美］张光直，《中国青铜时代》，北京：生活·读书·新知三联书店 1983 年版，第 324 页。

在多样性背后，献祭总是包含一个共同的程序，可以用于哪怕是最不一样的目的。这个程序就是通过一个牺牲的媒介，建立神圣和凡俗的沟通手段，这个牺牲也就是在庆典程序中被毁灭的东西。"[1] 祭品在宗教祭祀活动中扮演着传达人意和神意的双向角色。可以说，没有祭品作为中介，宗教祭祀活动也就失去了意义。张光直在论及商周青铜器上的动物纹样是否具有内容上的意义时，引用《国语·楚语下》：

> 昭王问于观射父曰：周书所谓重、黎实使天地不通者，何也？若无然，民将能登天乎？对曰：非此之谓也。古者民神不杂。……民之精爽不携贰者，而又能斋肃衷正，其知能上下比义，其圣能光远宣朗，其明能光照之，其聪能听彻之，如是则明神降之，在男曰觋，在女曰巫。是使制神之处位次主，而为之牲器时服，而后使先圣之后之有光烈，……使名姓之后，能知四时之生、牺牲之物、玉帛之类、采服之仪、彝器之量、次主之度、屏摄之位、坛场之所、上下之神、氏姓之出，而心率旧典者为之宗。于是乎有天地神民类物之官，是谓五官，各司其序，不相乱也。民是以能有忠信，神是以能有明德。民神异业，敬而不渎，故神降之嘉生，民以物享，祸灾不至，求用不匮。[2]

他认为观射父所讲的一套大道理，集中在"民"与"神"之间的关系；民即生人，神当以死去的祖先为主。民神之间的沟通，要仰仗民里面有异禀的巫觋和帮助巫觋通神的配备之一："牲器"即"牺牲之物"。[3]

在分层的宇宙之内，祖先和神居住在上面的层次，生人经由萨满或萨满一类的人物，借动物伴侣或法器——包括装饰着有关动物形象的礼

---

[1] [法] 马塞尔·莫斯、昂利·于贝尔著，杨渝东等译，《巫术的一般理论　献祭的性质与功能》，桂林：广西师范大学出版社 2007 年版，第 240 页。

[2] 〔吴〕韦昭注，《国语》，上海：上海古籍出版社 2008 年版，第 262 页。

[3] [美] 张光直，《中国青铜时代》，北京：生活·读书·新知三联书店 1983 年版，第 322 页。

器——的帮助与祖先神沟通。《左传·庄公三十二年》有一段讲神与物的关系，启示犹大：

> 秋七月，有神降于莘。惠王问诸内史过曰："是何故也？"对曰："国之将兴，明神降之，监其德也；将亡，神又降之，观其恶也。故有得神以兴，亦有以亡。虞、夏、商、周皆有之。"王曰："若之何？"对曰："以其物享焉，其至之日，亦其物也。"[1]

可见"物"是享神用的祭祀牺牲，且因神（"其物"）因日（"其至之日"）而异，也就是上引《国语·楚语》中"民以物享"的"牺牲之物"。从这里我们逐渐了解"助巫觋通天地的若干特殊动物，至少有若干就是祭祀牺牲的动物。以动物供祭也就是使用动物协助巫觋来通民神、通天地、通上下的一种具体方式"[2]。而"献祭本身赋予牺牲以宗教性质，献祭可以赋予牺牲最为多样的力量，并因此让它在不同的仪式或者同一个仪式中可以完成最为多样的功能。牺牲也可以将宗教世界的神圣特征传递给凡俗世界，反之亦可"[3]。

从普通动物转化为牺牲最常用的手段之一是宰杀，在庖厨图中屠杀牺牲的方式常常是先砸昏再宰杀，"在多数情况下，人们希望死亡能够骤至，牺牲由现世生命进入神性生命的过程要快，这才不会让邪力有时间破坏献祭"[4]。宰杀的仪式极为多样，但每个宗教都无一例外地强调必须严格按照规定的流程。严格意义上而言，妄加篡改属于致命的异端，将被处以革教和极刑。这是因为宰杀之举释放出一种模棱两可的力量，或曰一种盲目的力量，它是一种力量这一事实本身就令人生畏。因此它必须受到限制、引导和驯化；仪式的目的就在于此。简言之，被献祭的动物好像死人，其精

---

[1] 〔春秋〕左丘明撰，蒋冀骋标点，《左传》，长沙：岳麓书社1988年版，第44页。

[2] ［美］张光直，《中国青铜时代》，北京：生活·读书·新知三联书店1983年版，第324页。

[3] ［法］马塞尔·莫斯、昂利·于贝尔著，杨渝东等译，《巫术的一般理论 献祭的性质与功能》，桂林：广西师范大学出版社2007年版，第240页。

[4] 同上，第197页。

灵仍同属于彼岸世界与尸体之内。因此它的遗体要得到宗教崇敬；要得到荣耀。出于这个目的，它被加以双重对待。牺牲的残留物被完全认定为神圣的属性，或完全认定为凡俗世界的属性、或两者兼有。弗雷泽在《金枝》中论述道："用羔羊的血涂在每个崇敬者的身上乃是与神灵交流的一种方式。神性生命的传导由体外施与取代了体内吸收（如喝其血、食其肉）的做法。"[1] 而昂利·于贝尔、马塞尔·莫斯则认为："飨食是将这种沟通接触推向极致"，"最为完美的沟通是交给祭主牺牲肉的一部分，让他吃掉"。[2] 马文·哈里斯在《好吃：食物与文化之谜》中也论述道："丧礼等场合中都有着动物牺牲和慷慨大方的吃肉行为。"[3] 汉画像庖厨图中使用大量的动物牺牲作祭祀祖先灵魂之用，后再为前来参加祭祀之人食用，实现了祭祀之人通过牺牲与祖先灵魂的双向沟通。

以上所有关于动物和庖厨图所反映的动物牺牲的作用和推论，在民族学家所考察的近代巫术中仍有迹可循。正如张光直所言，召唤萨满动物伙伴最通行的办法，是以这些动物作牺牲，使它们的精灵自躯体中解脱和升华出来。[4] 下面这个有趣的例子，便讲了一位巫师如何利用动物精灵使自己飞越各种障碍。在一个中国东北满族的故事里，女巫 Nisan 正在漫长的行程中跋涉，当她"到达红河岸边……举目四望，并不见可供她渡河的船只，甚至没有一个身影。于是她再也没有别的办法，只好开始哼哼，急找她的精灵：

> 爱枯里，叶枯里，大鹰，
> 爱枯里，叶枯里，在天上盘旋的，
> 爱枯里，叶枯里，银色鹤鸰，

---

[1] ［英］弗雷泽著，徐育新等译，《金枝》，北京：大众文艺出版社1998年版，第485页。
[2] ［法］马塞尔·莫斯、昂利·于贝尔著，杨渝东等译，《巫术的一般理论 献祭的性质与功能》，桂林：广西师范大学出版社2007年版，第201页。
[3] ［美］马文·哈里斯著，叶舒宪、户晓辉译，《好吃：食物与文化之谜》，济南：山东画报出版社2001年版，第49页。
[4] ［美］张光直，《美术、神话与祭祀》，沈阳：辽宁教育出版社1988年版，第54页。

爱枯里，叶枯里，在海上转的，

爱枯里，叶枯里，大鸟，

爱枯里，叶枯里，沿着河岸蠕行的，

爱枯里，叶枯里，八条蟒蛇，

爱枯里，叶枯里，沿着洞河走的——

爱枯里，叶枯里，年轻的神主，我自己，

爱枯里，叶枯里，要渡过，

爱枯里，叶枯里，这条河。

爱枯里，叶枯里，你们全部精灵，

爱枯里，叶枯里，把我招起来，把我渡过去，

爱枯里，叶枯里，赶快！

爱枯里，叶枯里，显露你们的力量！

爱枯里，叶枯里。

念了咒语以后，她便把她的小鼓投入河中，她自己便踏在上面，像一阵旋风样，她在一瞬间便渡过了河。"[1]

从以上例子可以看出：动物伙伴并非别的，而恰恰是巫师和人们在日常生活中常见的普通动物。它们都可能作过巫师的助理精灵，也多半充当过祭祀的牺牲。对于两千多年前的汉代人们而言，这种当代的萨满教记述本身也许并不能说明任何东西。但是，对当代巫觋活动以及动物伙伴在其中的作用所作的观察却证明：古代人民告诉我们的，以及我们通过田野考察和文字资料重新建构起来的，确是人类直线形的历史长河中曾经运作过的系统。

---

[1] ［美］张光直，《美术、神话与祭祀》，北京：生活·读书·新知三联书店 2013 年版，第 60—62 页。

四、结语

汉画像艺术通过神话与历史、现实生活与神怪世界共同演绎的丰满的形象画面，极有气魄地展示了一个多彩绚烂、琳琅满目的世界。无论是对现实世界的热情讴歌，还是对生之彼岸的想象，都恰到好处地表达了汉代艺术的真正主题——人对客观世界的征服。本章对汉代墓葬中出现的庖厨图进行了系统梳理，首先从庖厨图的祭祀意义谈起，从庖厨图依托空间之一——祠堂及其具有的"食堂"意义，指出祠堂当为子孙祭祀、祖先飨食之地，然后根据庖厨图与狩猎图、乐舞图的空间配置进行了探讨：庖厨劳作并不是独立存在的，狩猎是在为庖厨准备祭祀牺牲；乐舞则是作为庖厨"飨神"的同时做"娱神"之用。笔者认为墓葬中的庖厨图不是随意刻画的，而是具有深刻的思想意义，反映了汉代人的生死观和民俗信仰。

本章接下来对庖厨图的构成进行解读，详细叙述了庖厨图中的动物实为"牺牲"器具，并集中讨论了"六牲"所具有的特殊文化、祭祀意义。因此，汉画像中的庖厨图具有祭祀功能，在汉代人的思想观念中，隐喻着对祖先的崇拜以及辟邪祈福的神圣功能。

本章又进一步从中国古代思想观念、民俗信仰入手，论述了汉画像中的庖厨图体现了汉代人关于生死的情结。在万物有灵观的集体无意识作用下，汉代人们相信"鬼犹求食"。在儒家思想观念的影响下，人们进一步由衷地认为对待死者应持有"事死如事生"的仁义情感和道德感怀。汉画中的庖厨图一方面作为沟通生死两界的中介，一方面作为象征物，表达了人们关于生死的信仰和对现世生活的美好祝愿。祭祀时用于动物牺牲事鬼神，通过它引导、沟通死者灵魂和保佑子孙繁衍昌盛。

综上所述，汉画像中的庖厨图不仅仅是对汉代饮食制作程序的简单描绘，而且还是汉代人信仰崇拜的载体，表达了死者及家人渴望生命延续及对彼岸生活的美好想象，体现了汉代人的生死观念，从一个侧面也体现了汉代文化的深层结构。

（作者　陈萍）

第七章

汉画像狩猎图研究

    汉画像是汉代典型的艺术作品，被誉为石头上的史诗，它内容丰富，气势雄浑，造型奇特，风格劲健，其中有很多关于狩猎的图像，这些图像集中在陕西、山东、河南、江苏等地，狩猎又称田猎、羽猎、校猎、畋猎等，它是研究汉代生活的一个重要方面。在农耕社会之前，狩猎是人类最重要的谋生手段之一。人们捕获了猎物后，食其肉、衣其皮。随着社会的发展，狩猎的性质和意义也发生了改变。狩猎既可以用来丰富庖厨、招待宾客，又可以娱乐生活、选拔人才、军事操练及保护农业生产等。除了实用性的目的外，狩猎还有一个重要的目的是为祭祀天地神灵与祖先准备必要的牺牲品。在对这些方面进行学术梳理的基础上，本章从四个方面展开论述：

    首先，概括总结狩猎图的构成，分析狩猎图的区域安排及狩猎的种类；其次，对狩猎图的祭祀性进行探讨。《左传》云："国之大事，在祀与戎。"狩猎与当时的国家大事——祭祀活动和军事活动有着密切的联系。论文阐述了祭祀的由来、解读汉代的射礼、分析狩猎的祭祀意义等；再则，对狩猎图的现实性进行分析，从狩猎的源起谈起，进而对狩猎的娱乐功能以及军事价值进行一一分析；最后，研究了狩猎图的艺术性，初步探究了狩猎图的审美、刻画及构图特征等。

一、狩猎图的分布及种类

汉画像石中的狩猎图所占比重较大，数量较多。目前，笔者已整理出 150 多幅有关狩猎的画像石及拓片，主要集中在陕西、山东、河南、江苏等地（见论文后附录），众所周知，汉画像多集中在当时经济比较发达、资源比较丰富的地方。据《汉书·食货志》记载，汉兴以来，"至武帝之初七十年间，国家亡事，非遇水旱，则民人给家足，都鄙廪庾尽满，而府库余财。京师之钱累百巨万，贯朽而不可校。太仓之粟陈陈相因，充溢露积于外，腐败不可食。众庶街巷有马，仟伯（阡陌）之间成群，乘牸牝者摈而不得会聚"[1]。虽有夸饰，但也可体现出当时社会经济的恢复和发展情况，再加上汉代的厚葬之风，这势必为汉画像石的发展与兴盛创造了良好的社会条件。

（一）狩猎图的分布

由附录狩猎图统计表可知，陕西的狩猎图数量最多，大约有 70 多块，主要分布在榆林市、绥德县、神木县、米脂县等。《汉书·地理志》说："天水、陇西，山多林木，民以板为室屋。及安定、北地、上郡、西河，皆迫近戎狄，修习战备，高上气力，以射猎为先。"[2] 陕西一带历来是汉与匈奴等民族相邻与杂居之地。经济、文化等方面不比中原。但这里自古是兵家必争之地，也是通往北方边塞的必经之处。从西汉实行戍边军队屯田的政策以来，多年的大量驻军和移民大力地促进了当地经济和文化的发展。陕北、晋西北地区所流行的砖石混合结构和仿砖石混合的画像石墓墓

---

[1] 〔汉〕班固撰，〔唐〕颜师古注，《汉书·食货志上》，北京：中华书局 2000 年版，第 956 页。
[2] 〔汉〕班固撰，〔唐〕颜师古注，《汉书·地理志下》，北京：中华书局 2000 年版，第 1312 页。

图 7-1　陕西米脂官庄墓门楣画像 （采自《中国画像石全集》卷 5 图 40）

室结构的特点，决定了其画像石的配置规律，即全部画像石都分布在墓门、后室门或耳室门的门楣、门柱和门扉部位。一般在门楣上刻画有车马出行、祭祀、狩猎、神灵异兽等图像。[1]

《中国画像石全集》卷 5 中有 31 块涉及陕西的狩猎图像，其中 28 块是刻在墓门门楣上。《陕北汉代画像石》[2]中有 41 块狩猎图，其中 34 块是刻在墓门横额上的。如图 7-1，田猎队伍十分庞大，图中十多个猎手个个强悍骁勇。有持矛刺中大熊的、射中狐狸的、持戟与虎搏斗的、拉弓射箭的、撒网捕鸟的，被围的飞禽走兽，或狂奔乱跑仓皇逃命，或木然呆立不知所措。[3]充分表现出田猎中最激烈精彩的情景。

山东有近 50 块狩猎图画像石，主要分布在嘉祥、微山、平邑、滕州及肥城等，其中《中国画像石全集》卷 1、卷 2 和卷 3 中共有 25 块，《嘉祥汉画像石》[4]中有 11 块，《微山汉画像石选集》[5]中有 4 块。山东是孔孟之乡，儒家文化深深地植根于此。东汉时，政府施行"举孝廉"制度，将"孝悌"列为选拔、任用官吏的最重要的标准，极大地推动了厚葬的疯狂发展。[6]由此衍生出了大量的汉画像石。这里的狩猎图画像一般分为多

[1]　蒋英炬、杨爱国，《汉代画像石与画像砖》，北京：文物出版社 2001 年版，第 130 页。

[2]　李林等，《陕北汉代画像石》，西安：陕西人民出版社 1995 年版。

[3]　中国画像石全集编辑委员会，《中国画像石全集》第 5 卷，济南：山东美术出版社 2000 年版，第 271 页。

[4]　朱锡禄，《嘉祥汉画像石》，济南：山东美术出版社 1992 年版。

[5]　马汉国，《微山汉画像石选集》，北京：文物出版社 2003 年版。

[6]　信立祥，《汉代画像石综合研究》，北京：文物出版社 2000 年版，第 19 页。

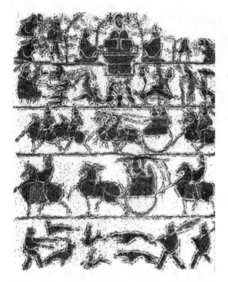

图 7-2-1　西王母、玉兔、云车、狩猎画像　　　图 7-2-2　西王母、仙车、公孙子都暗射颖考叔、狩猎画像

层，常和东王公、西王母或车骑出行综合在一起。李发林先生总结：西王母所居住的地方的地理、经济特点，归结起来，有如下几条：一是多山的地区；二是靠近流沙和湖畔的地区；三是较宜于畜牧狩猎的地区。《山海经·海内北经》中记载了三青鸟为西王母取食，有可能是用鹰捕捉兔子或其他小动物。《抱朴子·祛惑篇》中说到的奇禽异兽，如果把它作为畜牧狩猎经济的反映，也就不足为奇了。[1] 如图 7-2-1，图像共分为五层：第一层，西王母正面端坐，左右各一跪献仙草者……第五层为狩猎图，左边一人执棒牵狗，右边一人扛毕，一人扛弩，兔等猎物被围在中央。[2] 在图 7-2-2 中，图像也分为五层：第一层，西王母端坐于中央，第五层为狩猎图。

　　江苏的画像石相当多，关于狩猎题材的比较少，主要集中在徐州。山东与其相邻的江苏一带，是两汉时期经济、文化极为繁荣的区域之一。这

[1]　李发林，《汉画考释和研究》，北京：中国文联出版社 2000 年版，第 220 页。
[2]　俞伟超主编，《中国画像石全集》第 2 卷，济南：山东美术出版社 2000 年版，第 313 页。

图 7-3　畋猎（采自《南阳两汉画像石》图 135）

一带是农耕、盐业、铁业和纺织业最为发达的地区。汉高祖刘邦祖籍江苏徐州，两汉共 18 代诸侯王及其子孙在这里留下了很多大规模的坟墓，当时设立的许多王侯封国及社会上出现的大量豪门贵族，为汉画像石的兴盛发展，创造了充分的条件。

　　河南有 20 多块狩猎图画像石，主要集中在南阳和唐河县，《中国画像石全集》卷 6 中有 12 块；《南阳两汉画像石》中有 11 块。南阳是东汉武帝刘秀的发迹之地。东汉时南阳有"帝乡""帝都"之称。这里云集着大量的皇亲国戚，众多的将相臣属亦出自此地。因此，有"河南帝都多近臣，南阳帝乡多近亲"之说。南阳有关山之险，其人口众多、物产丰饶、交通便利，其郡治宛城（今河南南阳）是著名的交通要冲和工商业繁华的都会，而且是南北贸易的重要枢纽。《盐铁论》描述其为"商遍天下，富冠海内"。当时发达的冶铁业为画像石兴起、发展作了重要的铺垫，加上当时的厚葬风俗，从帝王将相到达官显贵，上行下效，竞相攀比。因此，出现了大量的画像石，狩猎图也占了一定的比例，如图 7-3，画面左上端刻一猎者，双手荷毕，跨步欲网猎物；前有两只獒犬飞奔追击一鹿；右有二骑者，扬鞭催马奔驰于猎场；中间一人，一手抓兔，一手执捶敲击猎物。[1] 画面形象、逼真，动感很强，让人仿佛置身于当时的狩猎场面之中。

为数众多、分布广泛的汉画像石，为我们进一步研究汉代史实及美术史料提供了重要的事实依据。当然，能有如此宏富的伟大作品，不仅要有强大的经济作后盾，还要有充沛的山石资源作基础，更不可忽略的是两汉时期疯狂演绎的厚葬风俗。汉人认为：只有孝亲才能忠君，而丧葬是否隆重，是孝与不孝的一个重要标志。[2] 尤其自东汉武帝时，厚葬之风席卷整个社会。汉武帝曾下诏曰："世以厚葬为德，薄终为鄙，至于富者奢僭，贫者单财，法令不能禁，礼义不能止，仓卒乃知其咎；其布告天下，令知忠臣、孝子、慈兄、悌弟薄葬送终之义。"[3] 以至于"子为其父，妇为其夫，竞相仿效"[4]。除了大建墓室，还在墓室的装饰上大做文章。因此，在那个尚武重祭的年代，会有大量的狩猎图画像出现，俨然是在情理之中的。

（二）狩猎图中的狩猎种类

上古时代，狩猎是人们最重要的生存手段和最原始的生产方式。所谓"靠山吃山，靠海吃海"，因此，渔猎及狩猎盛行了很长的时间。人们捕获了猎物后，食其肉，衣其皮，过着自给自足的简朴生活。我们的先辈原先用双腿追获野兽，后来借助了速度飞快的马匹，又在劳动实践中，逐渐地发明了弓箭。弓箭的发明以及野马的驯养，使得狩猎越来越便捷。随着社会的进步，工具的不断发展，狩猎的方式也随之而改变。从相关的汉画像石狩猎图中可以看出狩猎者常借助猎车、猎马、猎犬、猎鹰、弓箭及罗网等工具，猎手们采用了狩猎、射猎、围猎、渔猎、巡狩等方法，下面分类

---

[1] 王建中、闪修山，《南阳两汉画像石》，北京：文物出版社 1990 年版，第 92 页。

[2] 朱存明、安宇等，《淮海文化研究》，北京：西苑出版社 2000 年版，第 144 页。

[3] 〔南朝·宋〕范晔，《后汉书·光武帝本纪下》，北京：中华书局 1965 年版，第 51 页。

[4] 〔汉〕王符撰，〔清〕汪继培笺，《潜夫论笺》，北京：中华书局 1979 年版，第 134 页。

说明：

（1）狩猎。狩猎活动又称田猎（田通畋）、畋猎、羽猎、校猎等。《左传·隐公五年》："故春蒐、夏苗、秋狝、冬狩，皆于农隙以讲事也。"蒐、苗、狝、狩四季田猎的名称是由于田猎方式不同而得来。据《周礼·大司马》的叙述，仲春"蒐田"用火，仲夏"苗田"用车，仲秋"狝田"用网，仲冬"狩田"用车徒列阵围猎。[1] 田猎还是一种礼制，《礼记·仲尼燕居》曰："以之田猎有礼，故戎事闲也。"[2] 每逢秋天，天子亲自参加田猎，教人以战法，《礼记·月令》云"天子乃教于田猎，以习五戎，班马政。……司徒播扑，北面誓之。天子乃厉饰，执弓挟矢以猎"[3]。如：图7-4-1 至 7-4-4 田猎图，这些图片中猎人或在平原或在崇山峻岭中，或骑马，或借助猎犬等进行追赶猎物。图7-5 校猎图，河南唐河针织厂墓出土，图上刻一勇士，面部毫无恐惧之感，前推后挡与二只猛虎搏斗，下刻一勇士持矛欲向猛虎刺去，右一人作双手上扬状。汉代帝王出猎时，士卒背负带羽毛的箭跟随，称为"羽猎"。《汉书·扬雄传上》："其十二月羽猎，雄从。"目前，笔者还没见到汉画中单独名为"羽猎"的图像，其他的较多。

（2）射猎。射猎是汉画像中常见的图像。弓箭的发明和运用，具有划时代的意义，如恩格斯所说："弓矢对于蒙昧时代，正如铁剑对于野蛮时代和枪炮对于文明时代一样，乃是决定性的武器。"[4] 从射猎的武器不同来分：有弓射、弩射、弹射、弋射等，射手们还使用了箭、矛、戟、毕、矰、缴等工具。从射姿分有立射、仰射、骑射、跪射、步射等，如图7-6-1 至图 7-6-3。汉画像射猎图中弓射、弩射、弹射的特别多，在此不赘述。且看弋射图，弋射，即在射鸟时，为了可以将被射中的鸟拉回，使其不会带箭逃脱，在短箭末端系上细丝。《诗经·郑风·女曰鸡鸣》："将翱将翔，弋凫与雁。"注曰："弋，缴射，谓以生丝系矢而射也。"如图7-7：南

---

[1] 杨宽，《古史新探》，北京：中华书局 1965 年版，第 261 页。

[2] 杨天宇，《礼记译注》（下册），上海：上海古籍出版社 1997 年版，第 866 页。

[3] 杨天宇，《礼记译注》（上册），上海：上海古籍出版社 1997 年版，第 281 页。

[4] ［德］恩格斯著，张仲实译，《家庭、私有制和国家的起源》，北京：人民出版社 1954 年版，第 23 页。

图 7-4-1　田猎图　山东微山县两城镇出土（局部）

图 7-4-2　田猎图（采自《中国画像石全集》卷 6 图 153）

图 7-4-3　田猎图（采自《中国画像石全集》卷 6 图 180）

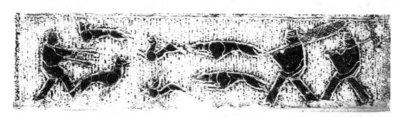

图 7-4-4　田猎图　山东嘉祥县城南嘉祥村出土

图7-5　校猎图（采自《中国画像石全集》卷6图9）

阳市靳岗出土的一矰缴图，画面上方刻一对飞鸟。下方有两名射手。一人以缴系箭而射，一鸟被箭坠落。另一人一手操弓，一手抓被弋获的鸟颈。

（3）围猎。狩猎者有单骑狩猎，也有结伴围猎。对付凶猛狡猾的野兽，有时个人的力量是不够的，要依靠集体的力量，从而也体现了一种团结合作的精神。如图7-1，米脂官庄墓门楣画像，十多个猎手一起围追堵截野兽，场面甚是壮观。再则，绥德墓门楣画像，图7-8-1中，画面分上下两层，下层为狩猎图，画面上九个猎手骑着骏马奔驰，有的转身回首，有的俯身向前，皆引短弓，箭矢在弦，瞄射猛虎或奔跑的鹿群。画面左上角一野牛中箭倒地。右面，猎手们跨奔马，拉满弓围堵追射一只老虎，老虎被吓得惊恐万状，木然呆立，仰首不知所措。还有一人手执弓箭，左脚着地，左腿曲蹲，右腿作脚蹬弩机射箭之势[1]。图7-8-2中六名骑士持弓围猎野兽，把围猎的紧张场面表现得惟妙惟肖，野兽的迅疾、猎手的勇猛形象逼真、耐人寻味。

（4）渔猎。汉画像石中的捕鱼图有钓鱼、网鱼、刺鱼、叉鱼、罩鱼、鱼鹰捕鱼等。捕鱼者有在水榭上，有在大桥下。《易·系辞下》曰："作结绳以为网罟，以佃以渔。"《史记·货殖列传》曰："弋射渔猎，犯晨夜，

---

[1]　中国画像石全集编辑委员会，《中国画像石全集》第5卷，济南：山东美术出版社2000年版，第299页。

图 7-6-1　围猎野牛（左者仰射，右者骑射）河南南阳市王庄汉墓出土

图 7-6-2　田猎图（跪射）河南南阳市王庄汉墓出土

图 7-6-3　射牛图（步射）河南南阳市靳岗汉墓出土

图 7-7　矰缴（采自《南阳两汉画像石》图 9）

　　　　　　　　　　　　　　　　　　　民俗之雅

图 7-8-1　陕西绥德墓门楣画像（采自《中国画像石全集》卷 5 图 148 局部）

图 7-8-2　陕西绥德县画像石墓门横额（残）原石现存西安碑林博物馆

冒霜雪，驰坑谷，不避猛兽之害，为得味也。"[1]《诗经·小雅·无羊》云："牧人乃梦，众维鱼矣……大人占之：众维鱼矣，实维丰年。"[2] 郑笺曰："鱼者，众人之所养也，今众人相与捕鱼，则是岁熟相供养之祥。"鱼为庶人之常食，故庶人祭祀亦用之。《国语·楚语上》也云："祭典有之曰：国君有牛享，大夫有羊馈，士有豚犬之奠，庶人有鱼炙之荐。"[3] 山东省微山县两城镇有几块画像石，见图 7-9-1 至图 7-9-4，四幅图中均有水榭人物，水中有人摇橹划船，船上有人在弯弓射鸟，有人在拉网捕鱼，旁边还有人执叉刺鱼，有人用鱼罩罩鱼，水榭里及大桥上均有很多人在观鱼。

（5）巡狩。据《尚书·舜典》载，从舜时起"五载一巡守"[4]。即为了考察各地方诸侯的政绩和公德等，每五年，天子都要亲率百官、侍从外出

[1]　〔汉〕司马迁，《史记》，北京，中华书局 2010 年版，第 2473 页。

[2]　刘毓庆、李蹊译注，《诗经》，北京：中华书局 2011 年版，第 481 页。

[3]　〔春秋〕左丘明著、上海师范大学古籍研究所校点，《国语》，上海：上海古籍出版社 1998 年版，第 533 页。

[4]　〔唐〕孔颖达等，《尚书》，北京：中华书局 1998 年版，第 7 页。

图 7-9-1　　　　　　　　　　　　　　　图 7-9-2

图 7-9-3　　　　　　　　　　　　　　　图 7-9-4

图 7-9-1 至 7-9-4（采自《山东汉画像石选集》图 8、38、39、40）

巡狩。此制度一直沿用，类似于今天的上级下来考察。天子浩浩荡荡的人马在巡狩途中兼及行猎，既可耀武扬威，又可解决军旅供需，还可以进行娱乐及军事操练。《宋书·志第五礼二》曰："古者天子巡狩之礼，布在方策。至秦、汉巡幸，或以厌望气之祥，或以希神仙之应，烦扰之役，多非旧典。唯后汉诸帝，颇有古礼焉。"[1] 秦汉在原有的射猎等内容的基础上，又加入了"五德三统"，甚至"谶纬"等学说观念。因此，在汉画像石中

---

[1]〔梁〕沈约，《宋书》，北京：中华书局 2000 年版，第 255 页。

图 7-10-1　巡游畋猎（采自《南阳两汉画像石》图 130 局部）

图 7-10-2　巡游畋猎（采自《中国画像石全集》卷 6 图 168）

有巡游畋猎图，如图 7-10-1、图 7-10-2：图中刻有骈马轺车，车上各树华盖，车内各乘坐驭夫和一尊者。车前有多排导骑，后有多排驺从，充分体现了尊者出行的宏大气场，最后还有骑射手回身弯弓射一猛虎。

当然，这些狩猎方法并不是独立运用的，更多的是交错使用，猎手们会根据具体的情形，比如：狩猎的时间、狩猎的地点、参猎的人员分布、动物的大小及多少、动物的所在位置及姿势，再根据所带工具的不同，采取不同的狩猎方式及手段。但无论如何，从每一幅狩猎图上，都能体会到猎手们娴熟的动作、矫捷的身姿、强健的体魄以及石工精湛的技艺。

二、狩猎图的祭祀性

汉武帝"独尊儒术"的方针，使专制"大一统"的思想上升为一种主流意识，同时，也确立了儒家思想的主导地位。祭祀是中华礼制的一部分，更是儒教礼仪中最重要的部分。《左传·成公十三年》云："国之大事，在祀与戎。祀有执膰，戎有受脤，神之大节也。"[1] 也就是说，祭祀活

---

[1] 杨伯峻编著，《春秋左传注》，北京：中华书局 1990 年版，第 861 页。

动和军事活动在当时是最重要的国家大事，而统治者按季节举行的狩猎活动恰好与这两件大事是密切相关的，可见狩猎活动的重大意义。祭祀天神、地祇、人鬼神灵，是要献出祭品的。人们对神灵敬仰的方法多种多样，或者燃纸焚香，或者叩头跪拜，但要想实现对神灵所祈求的愿望，最有效的祭祀方法还是献上肉食，即"牺牲"。这些供奉的牺牲，除了家养的牲畜以外，最主要的来源就是靠狩猎来获取。因此，狩猎的主要目的是为祭祀准备必要的牺牲。

（一）祭祀的由来

蒙昧的远古时代，人们很难解释神秘莫测的自然现象，风雨雷电、日月星辰、山石树木、飞禽走兽都被认为由神灵主宰，因而产生了"万物有灵"的观念，人类对神灵既心存感激，又心存敬畏。古人认为：人的任何行动都会被这些神灵所洞察和操纵，他们控制着人类的生死祸福。因此，人们的信仰、祭祀是有目的的，如《礼记·郊特牲》所说："祭有祈焉，有报焉，有由辟焉。"[1] 即人们对祭祀或者有所祈求，或者想感恩报德，或者希望避免灾祸。所以，人们就想通过某种方式影响神灵，如用讨好、崇敬、屈服等手段祈求鬼神为自己消灾祈福、祈求自然风调雨顺等，让神灵的行为符合人的意愿行事，即以事神致福。从而，原始的祭祀活动就开始了。

《周礼》中有吉、凶、军、宾、嘉"五礼"。吉礼，即祭祀之礼，被列在五礼之首。《礼记·祭统》也云："凡治人之道，莫急于礼。礼有五经，莫重于祭。"[2] 即在所有治理人的办法中，没有什么比礼更重要的。礼共包括五个方面，其中祭礼是最紧要的。《礼记·祭统》还曰：

夫祭之为物大矣，其兴物备矣。顺以备者也，其教之本与。是

[1] 陈戍国点校，《周礼·仪礼·礼记》，长沙：岳麓书社 1989 年版，第 387 页。
[2] 杨天宇，《礼记译注》，上海：上海古籍出版社 1997 年版，第 826 页。

故君子之教也，外则教之以尊其君长，内则教之以孝于其亲。是故明君在上，则诸臣服从；崇事宗庙、社稷，则子孙顺孝。尽其道，端其义，而教生焉。是故君子之事君也，必身行之，所不安于上，则不以使下；所恶于下，则不以事上。非诸人，行诸己，非教之道也。是故君子之教也，必由其本，顺之至也，祭其是与。故曰："祭者，教之本也已。"[1]

即祭祀之礼是多么重要啊……君子要想教育他人，必须先以身作则，这才是最合乎情理的，而祭祀就是这样的方法。所以说："祭礼，是教化的根本。"《论语·学而》中曾子曰："慎终，追远，民德归厚矣！"[2] 即：慎重地对待父母的丧事，虔诚地追祭远代的祖先，老百姓自然就会趋向敦厚忠实了。足以说明祭祀的重要性了。

祭祀作为一项重要的礼仪制度贯穿于整个汉代的社会生活，从上古到汉代最主要的是祭祀神灵，包括天界神灵即：日月星辰、风雨雷电诸神；地界神灵，主要是与人们日常生活相关的山、水、火、石及动植物等神；人界神灵即祖先神、老子及孔子等圣贤神之类。据《礼记·祭法》：

燔柴于泰坛，祭天也。瘗埋于泰折，祭地也。用骍犊。埋少牢于泰昭，祭时也。相近于坎坛，祭寒暑也。王宫，祭日也。夜明，祭月也。幽宗，祭星也。雩宗，祭水旱也。四坎坛，祭四方也。山林川谷丘陵能出云，为风雨，见怪物，皆曰神。有天下者祭百神。诸侯在其地则祭之，亡其地则不祭。[3]

这里涉及了各种各样的祭祀：有祭天、祭地、祭四时、祭寒暑、祭日、祭月、祭星、祭水旱、祭四方之神、祭山林川谷丘陵等。即统治天

---

[1] 杨天宇，《礼记译注》，上海：上海古籍出版社1997年版，第835页。
[2] 杨伯峻译注，《论语译注》，北京：中华书局1980年版，第6页。
[3] 杨天宇，《礼记译注》，上海：上海古籍出版社1997年版，第789页。

下的人，要祭天下的各种神。因此，在作为祭祀装饰的汉代画像石中有很多的神话故事，如东王公、西王母、伏羲女娲、风神、雨师、雷公、电母等，还有青龙、白虎、朱雀、玄武等祥瑞故事，以及炎帝、黄帝、尧禅舜让、孔子见老子之类的人事故事等很多题材。《尔雅》里说，祭特指天祭，祀特指地祭。因此，祭祀天地具有举足轻重的作用，两汉时期有关祭祀天地的礼仪，主要有郊祀、封禅以及明堂、辟雍、灵台、山川、四时等等之祭。[1] 扬雄的《甘泉赋》对汉成帝郊祀进行了颂扬，如随行之多，曰"齐总总撙撙，其相胶葛兮"，"骈罗列布，鳞以杂沓兮"；车骑之盛，曰"敦万骑于中营兮，方玉车之千乘"。充分体现了汉代天子对郊祀的重视程度。《礼记·祭统》曰："凡祭有四时：春祭曰礿，夏祭曰禘，秋祭曰尝，冬祭曰烝。"[2]

《史记·礼书》云："故礼，上事天，下事地，尊先祖而隆君师，是礼之三本也。"[3] 孔子云："人之行莫大于孝，孝莫大于严父，严父莫大于配天。"《礼记·祭统》也曰："祭者，所以追养继孝也。孝者，畜也。顺于道，不逆于伦，是之谓畜。是故孝子之事亲也，有三道焉：生则养，没则丧，丧毕则祭。"即祭祀是用来追养双亲而继续尽孝。……孝子侍奉双亲，有三条原则：双亲在世就赡养，去世就服丧，服丧完毕就祭祀[4]。在儒家看来：孝，就是孔子所云"生，事之以礼；死，葬之以礼，祭之以礼"。"祖有功而宗有德"，因而敬天与祭祖是互相配合的。[5]《礼记·中庸》曰："事死如事生，事亡如事存，孝之至也。郊社之礼，所以事上帝也；宗庙之礼，所以事乎其先也。"即侍奉死者如同活着时一样，侍奉亡者如同在世时一样，这是孝的最高表现；举行郊祭和社祭，是用来侍奉上帝（和地神的）；宗庙的礼仪，是用来侍奉祖先的。[6]

---

[1] 熊铁基，《秦汉文化史》，上海：东方出版中心 2007 年版，第 234 页。
[2] 杨天宇，《礼记译注》，上海：上海古籍出版社 1997 年版，第 842 页。
[3] 〔汉〕司马迁，《史记》，北京：中华书局 2011 年版，第 1167 页。
[4] 杨天宇，《礼记译注》，上海：上海古籍出版社 1997 年版，第 828 页。
[5] 熊铁基，《秦汉文化史》，上海：东方出版中心 2007 年版，第 235 页。
[6] 杨天宇，《礼记译注》，上海：上海古籍出版社 1997 年版，第 909—910 页。

"以孝治天下"是汉代政治及社会生活的典型特征，在汉画像石中有很多关于"孝"的题材，如刑渠哺父、金日磾拜母像、孝子赵苟、丁兰供木人、董永孝亲、老莱子娱亲等。汉代的孝文化具有一定的历史渊源和充分的现实体现，尤其是东汉政府实行举孝廉制度，孝作为升官进爵的标准。人们"崇饰丧纪以言孝，盛飨宾客以求名"[1]，通过举行厚葬以博取孝的美名。尤其到后汉，社会上出现了"世以厚葬为德，薄终为鄙"[2]的现象。从而，孝被大力推广，祭祀之风也由此被推向了前所未有的高潮。如《盐铁论·散不足》所云：

> 古者庶人鱼菽之祭，春秋修其祖祠。士一庙，大夫三，以时有事于五祀，盖无出门之祭。今富者祈名岳，望山川，椎牛击鼓，戏倡儛像。中者南居当路，水上云台，屠羊杀狗，鼓瑟吹笙。贫者鸡豕五芳，卫保散腊，倾盖社场。[3]

即与古人相比，在汉代，无论是富有者还是中等收入者抑或是贫民，都非常重视祭祀，富人祭祀就朝拜名山大川，杀牛敲鼓，载歌载舞。中等收入者祭祀则在大路上朝南搭棚子，在水上搭起高台，杀狗宰羊，吹奏演唱。就是贫民也用鸡猪等五味来祭祀，祈求保佑，散发祭肉。祭祀时车盖如云，挤满社场。这些足以说明汉代人对祭祀的热衷程度。

（二）射的礼制

中国自古就被称为礼仪之邦，礼是中国传统文化的核心。孔子曾教导他的儿子伯鱼说："不学礼，无以立。"在孔子看来，不学礼的人是难以在社会上立足的。在《礼记·礼运》中孔子也强调了"礼"的重要性：

---

[1] 〔汉〕王符，《潜夫论·务本篇》，《诸子集成》第 8 册，北京：中华书局 1954 年版，第 9 页。

[2] 〔南朝·宋〕范晔，《后汉书·光武帝纪》卷一，北京：中华书局 1965 年版，第 51 页。

[3] 〔汉〕桓宽，《盐铁论》，上海：上海人民出版社 1974 年版，第 68 页。

夫礼，先王以承天之道，以治人之情，故失之者死，得之者生。《诗》曰："相鼠有体，人而无礼。人而无礼，胡不遄死！"是故夫礼，必本于天，殽于地，列于鬼神，达于丧、祭、射、御、冠、昏、朝、聘。故圣人以礼示之，故天下国家可得而正也。[1]

孔子强调：只有遵循礼，才能得以治人，进而治理好家、国及天下。荀子曰："人命在天，国之命在礼。"明代思想家颜元曰："国尚礼则国昌，家尚礼则家大，身尚礼则身正，心尚礼则心泰。"因此，礼对于中国传统文化起着至关重要的作用，它贯穿于人们社会生活的始终。

两汉时，中国礼仪习俗进入发展阶段。西汉，创制礼法的是儒者叔孙通，他奏请汉高祖刘邦制立礼法"采古礼与秦仪杂就之"。即因汉初刚结束战乱，主要是杂采古礼。至东汉武帝时，经过70年的休养生息，国力强盛，社会稳定。汉武帝采纳"罢黜百家，独尊儒术"的方针，从而奠定了儒学的正统地位，推进了礼俗的快速发展。儒家文化是礼乐文化，《后汉书·明帝纪》记载："永平二年，建明堂，立辟雍，起灵台，恢弘大道，被之八极；三月，临辟雍，初行大射礼。"[2] 这也是首次见诸史书的大射之礼。《礼记·射义》曰："是故古者天子以射选诸侯、卿、大夫、士。射者，男子之事也，因而饰之以礼乐也。"[3] 儒家在保留田猎之射形式的同时，"饰之以礼乐"。以射选诸侯的史料还有很多：

> 射者，射为诸侯也。(《礼记·射义》)
> 故天子之大射，谓之"射侯"。射侯者，射为诸侯也。射中则得为诸侯，射不中则不得为诸侯。[4](《礼记·射义》)

---

[1] 陈戍国点校，《周礼·仪礼·礼记》，长沙：岳麓书社1989年版，第368页。
[2] 〔南朝·宋〕范晔，《后汉书·明帝纪》，北京：中华书局1965年版，第102页。
[3] 陈戍国点校，《周礼·仪礼·礼记》，长沙：岳麓书社1989年版，第541页。
[4] 同上，第542页。

若王大射，则以狸步张三侯。王射，则令去侯，立于后；以矢行告；卒，令取矢。祭侯则为位。与大夫数射中。佐司马治射正。[1]（《周礼·射人》）

射则赞张侯，以旌居乏而待获。（《周礼·服不氏》）

射则取矢；矢在侯高，则以并夹取之。[2]（《周礼·射鸟氏》）

因此，汉代有一些画像石，以前学者称之为"射鸟图"，而台湾学者邢义田称之为"射侯射爵图"。他认为图中树上的"猴"与"侯"谐音，树上的鸟为雀，"雀"谐"爵"，树下有人持弓射击，这就形成了"射侯射爵图"[3]（见图 7-11）。山东东阿邓庙一号汉墓有一图（见图 7-12），描述为："前室北面横额画像画面左侧为一连理枝树，树上有六只鸟及二个巢，树左侧立一马，马上站立一童子，树右侧立一人一猴"[4]，邢义田称之为"马上封侯"[5]。

祭祀是一种重要的礼制，但不是人人都可以参加的。祭祀之前，要进行习射选拔，这也是天子择士的一个重要标准。《礼记·射义》曰：

天子将祭，必先习射于泽。泽者，所以择士也。已射于泽，而后射于射宫，射中者则得与于祭，不中者不得与于祭。[6]

《礼记·射义》还曰：

是故古者天子之制：诸侯岁献贡士于天子，天子试之于射宫，其容体比于礼，其节比于乐，而中多者，得与于祭；其容体不比于礼，

---

[1] 陈戍国点校，《周礼·仪礼·礼记》，长沙：岳麓书社 1989 年版，第 83 页。

[2] 同上。

[3] 顾乐红，《试论汉画像石中所体现的美学特征》，《大众文艺》，2012 年第 21 期。

[4] 陈昆麟、孙淮生等，《山东东阿县邓庙汉画像石墓》，《考古》，2007 年第 3 期。

[5] 邢义田，《画为心声——画像石、画像砖与帛画》，北京：中华书局 2011 年版，第 521 页。

[6] 杨天宇，《礼记译注》，上海：上海古籍出版社 1997 年版，第 1082 页。

图 7-11　沈刘庄墓前室西面　　　图 7-12　山东东阿邓庙一号汉墓前室北面
　　　　　中间立柱正面画　　　　　　　　　　横额画像局部

其节不比于乐，而中少者，不得与祭；数与于祭，而君有庆，数不与于祭，而君有让；数有庆而益地，数有让而削地；故曰"射者，射为诸侯也"。是以诸侯君臣尽志于射，以习礼乐。夫君臣习礼乐而以流亡者，未之有也。[1]

意即古代天子的制度为：诸侯每年要给天子贡献士，天子会在射宫里对士进行测试……诸侯国的君臣都致力于射，用来演习礼乐。君臣都演习礼乐，但从来没有造成国家破灭、君臣出奔流亡的事情。可见，对祭祀前进行按射中次数进行选拔，以及通过射来决定增加封地或是削减封地，大家都是乐于接受的。

---

[1]　杨天宇，《礼记译注》，上海：上海古籍出版社 1997 年版，第 1077 页。

射礼分为四种：将祭择士为大射；诸侯来朝或诸侯相朝而射为宾射；宴饮之射为燕射；州（乡）大夫举士后行射为乡射。[1]《仪礼·大射仪》彭林注曰：大射是诸侯为将要举行的祭祀、盟会、朝觐等选定人员，或者纯粹是为了与群臣练习射技而在大学举行的活动。[2]大射的主要内容为"三番射"，因而，其基本仪节与乡射礼相似，只是大射的参与者身份比乡射更高，掌礼执事者的官职也更高，人数也更多，大射与燕射、宾射的主要区别是，后两者侧重于敬宾尽欢，前者则侧重于射的客体、动作等是否合于礼乐。[3]射礼，被称为"立德正己之礼"，它关系到当时社会的等级制度、人际交往和伦理道德观念等诸多内容。《礼记·射义》云："射者，仁之道也。"孔子曰："射者何以射？何以听？循声而发，发而不失正鹄者，其唯贤者乎。若夫不肖之人，则彼将安能以中？"[4]善射的人被认为是有仁道者，孔子也认为善射的人是有德有才的贤者。通过射礼还可以观察一个人的德行，《礼记·射义》曰："故射者，进退周还必中礼，内志正，外体直，然后持弓矢审固；持弓矢审固，然后可以言中。此可以观德行矣。"[5]《礼记·射义》还曰："故事之尽礼乐而可数为，以立德行者，莫若射，故圣王务焉。"[6]即一件事既能充分体现礼乐而又可以经常做，并可以用来树立德行的，没有比得上射礼的了，所以圣王都致力于射礼这样的活动。

各个社会都有它自己的礼制。各社会的各阶段多多少少存在礼制的差异，但后一社会、后一阶段总是或多或少地承袭过去的社会、过去的阶段某些方面的礼制。[7]孔子曰：

[1] 朱筱新，《中国古代的礼仪制度》，北京：商务印书馆1977年版，第106页。
[2] 彭林注译，《仪礼·大射仪》，长沙：岳麓书社2001年版，第163页。
[3] 同上。
[4] 杨天宇，《礼记译注》，上海：上海古籍出版社1997年版，第1083页。
[5] 同上，第1076页。
[6] 同上，第1077页。
[7] 陈戍国，《先秦礼制研究》，长沙：湖南教育出版社1991年版，第60页。

殷因于夏礼，所损益，可知也；周因于殷礼，所损益，可知也；
其或继周者，虽百世，可知也。[1]

陈戍国在《先秦礼制研究》中说："人类每一世代总是在既定的条件
下生活，不可能把前一世代赖以生存的一切全部推开，人类总要发展，每
一世代都要根据自己的认识有所作为，礼制的损益即因革，无疑是一条铁
的规律。"[2] 因此，秦在一定程度上要承袭周的礼制，李泽厚先生在《美的
历程》中明确地提出了"汉承秦制"，从而说明汉代的礼制和周礼有着必
然的联系。比如射礼，杨宽先生认为射礼起源于"借用狩猎来进行的军事
训练"[3]。在周代的青铜器上，有大量的狩猎图像，徐中舒在《中国古代狩
猎图像考》中，主要研究狩猎纹图像，且比较研究了国内外收藏的东周时
代的狩猎纹铜壶及其形制、纹饰、铭文、用途等。[4] 而汉代的画像石上也
有许多类似的狩猎纹图像，即便是载体不同，但也不可否认他们有紧密的
传承关系。据杨宽先生《古史新探》：

"大蒐礼"原为借用田猎来进行的军事检阅和军事演习。……《周
礼·大司马》所载"大蒐礼"，是按四季分述的，每季又分前后两个
部分，前半部是教练和检阅之礼，后半部是借用田猎演习之礼。……
仲春的借用田猎演习之礼叫"蒐田"，要"表貉"（立表而祭祀）、
"誓民"，然后鸣鼓用火围攻。……仲夏的借用田猎演习之礼叫"苗
田"，用车围攻。……仲秋的借用田猎演习之礼叫"狝田"，用罗网
猎取。……仲冬的借用田猎演习之礼叫"狩田"，有比较完备的围猎
方式。[5]

---

[1] 杨伯峻译注，《论语译注》，北京：中华书局 1980 年版，第 21—22 页。
[2] 陈戍国，《先秦礼制研究》，长沙：湖南教育出版社 1991 年版，第 61 页。
[3] 杨宽，《古史新探》，北京：中华书局 1965 年版，第 323 页。
[4] 徐中舒，《徐中舒历史论文选辑》，北京：中华书局 1998 年版，第 225—293 页。
[5] 杨宽，《古史新探》，北京：中华书局 1965 年版，第 256—257 页。

综上所述，射礼是重要的礼制，在周代"三礼"中有详要的说明。它是古人升官进爵的一种途径，同时也是祭祀前进行选士的一种方式、还可以作为考验贤者、察其德行的手段。汉代承袭古礼，汉画像石中的狩猎图不但有一定的现实意义、祭祀意义，它还是一种重要的习射之礼。

（三）狩猎的祭祀意义

古代祭祀一直是非常重要的活动，它几乎涵盖了人类初期精神活动的所有内容。颜师古注曰："祭者尚血腥，故曰血食也。"即古人在举行祭祀活动的时候，总会宰杀各种动物，甚至还会屠杀活人，而后，将其摆放在祠堂或宗庙中的祖先牌位前。《说文》中讲"祭"就是以手持肉。古人称没设牺牲的祭奠活动为"荐"，杀牲祭奠的为"祭"。而对祭奠者的行礼叩拜为"祀"。《穀梁传·桓公四年》中有："四时之田用三焉。唯其所先得。一为乾豆，二为宾客，三为充君之庖。"[1]即狩猎除了可以用来丰富庖厨、招待宾客外，还有一个重要的目的是为祭祀天地神灵与祖先准备必要的牺牲。当然，用作祭品的牺牲有专养的家畜，周代有一种官职叫"牛人"，是就专门负责为国家养牛，以备不时之需。但为什么人们更喜欢用来自野外的猎物呢？吕思勉先生引古人的话解释为："已有三牲，必田狩者？孝子之意，以为己之所养，不如天地自然之牲，逸豫肥美。"[2]

郑玄《三礼目录》云："名《郊特牲》者，以其记郊天用骍犊之义。郊者祭天之名。用一牛，故曰特牲。"疏云："天神至尊，无物可称，故用特牲。"又云："夫孰食有味，味者为人道，人道卑近；而天神尊贵，事宜极敬，极敬不亵近，故用血也。"因此，在汉画像中，狩猎图和庖厨图都是常见的祭祀题材，狩猎常常作为祭祀的前序，庖厨也常是为祭祀作准

---

[1] 〔清〕阮元校刻，《十三经注疏》，北京：中华书局2009年版，第515页。

[2] 吕思勉，《先秦史》，上海：上海古籍出版社1982年版，第305—306页。

备。信立祥在《汉代画像石综合研究》中认为狩猎活动，并不是一种悠闲的游乐消遣，而是一种与军事和祭祀有关的重要礼制活动，即通过狩猎活动进行军事训练，同时为祭祀祖先准备必要的牺牲。[1] 他认为：狩猎图同棺椁外侧的树木射鸟图一样，表现的是子孙为祭祀墓主而准备血食牺牲的狩猎场面。每次狩猎活动后，特别是每三年一度举行的以检阅军事力量为目的的狩猎活动后，狩猎者都必须回到宗庙，将猎取的鸟兽作为牺牲，举行隆重的祭祖典礼。[2] 朱存明在《汉画像之美》中也认为狩猎不是随意的、悠闲的娱乐，而首先是一种军事训练，是一种与祭祀与军事相关的礼制活动。[3]

据陈戍国的《秦汉礼制研究》：

> 《诗·车攻》，"大庖不盈"一句的注疏：一曰乾豆，二曰宾客，三曰充君之庖。故自左膘而射之，达于右腢，为上杀；射右耳本，次之；射左髀达于右膘为下杀。面伤不献，践毛不献，不成禽不献。（毛传）
>
> "一曰乾豆"，谓第一上杀者乾足以为豆实供宗庙也。"二曰宾客"，谓第二杀者别之以待宾客也。"三曰充君之庖"，谓第三下杀者取之以充实君之庖厨也。君尊宗庙，敬宾客，故先人而后己取其下也。又分别杀之三等：故自左膘而射之，达过于右肩腢，为上杀，以其贯心死疾，肉最絜美，故以为乾豆也；射右耳本……亦自左射之，达右耳本而死者，为次杀，以其远心死稍迟，肉已微恶，故以为宾客也……射左股髀而达过于右胁膘为下杀，以其中胁死最迟，肉又益恶，充君之庖也。（孔疏）[4]

---

[1] 信立祥，《汉代画像石综合研究》，北京：文物出版社 2000 年版，第 137 页。

[2] 同上，第 138—139 页。

[3] 朱存明，《汉画像之美》，北京：商务印书馆 2011 年版，第 172 页。

[4] 陈戍国，《秦汉礼制研究》，长沙：湖南教育出版社 1993 年版，第 195—196 页。

通过毛传和孔疏的话语可知，狩猎首先是为了祭祀，而且只有上等的猎物才配得上作祭祀的牺牲。当然，要达到《子虚赋》中子虚所云"弓不虚发，中必决眦，洞胸达腋，绝乎心系"，绝非一日之功，必须要经过长期的狩猎训练。《汉旧仪》云："上林苑方三百里，苑中养百兽，天子秋冬射猎取之。"在秦汉，天子专设皇家狩猎场地，汉武帝广开上林苑："初，建元三年，微行始出，北至池阳，西至黄山，南猎长杨，东游宜春。"[1]（《汉书·东方朔传》）再看汉文帝，"又选其贤者使为常侍诸吏，与之驰驱射猎，一日再三出……"（《汉书·贾山传》）可见，天子也喜好狩猎。"上有所好，下必甚焉"，这势必形成整个社会酷爱射猎的风气。

《续汉·志》关于社稷之祀的记载："建武二年，立大社稷于洛阳，在宗庙之右。方坛，无屋，有墙门而已。二月、八月及腊，一岁三祠，皆太牢具，使有司祠。……郡县置社稷，太守令长侍祠，牲用羊豕。"《王制》曰："天子社稷皆大牢。诸侯社稷皆少牢。"[2]《郊特牲》亦谓"社稷大牢"。《汉书·高帝纪》：高祖十二年十一月，"行自淮南还。过鲁，以大牢祠孔子。"[3]《续汉·志》曰郡县社稷牲用羊豕。《汉书·高帝纪》：八年十一月，"令士卒从军死者为椟，归其县，县给衣衾棺葬具，祠以少牢，长吏视葬"[4]。

由此说明，祭祀要有必要的牺牲，而且，祭祀用牲有一定的等级差别，一般来说，天子祭祀社稷用太牢，而诸侯祭祀则用少牢。很大程度上，狩猎是为祭祀作牺牲准备的重要方式。《谷梁传》曰："四时之田，皆为宗庙之事也。春曰田，夏曰苗，秋曰蒐，冬曰狩。"即不同季节的田猎活动，其主题也有所不同。晋代范宁注曰：春季的"田"指"取兽于田"，夏季的"苗"指"为苗除害"，秋季的"蒐"指"舍小取大"，冬季

[1]〔汉〕班固撰，〔唐〕颜师古注，《汉书·东方朔传》，北京：中华书局1962年版，第2847页。

[2]《公羊传·桓公八年》何休注："牛、羊、豕三牲曰太牢。"《仪礼·少牢馈食礼》郑玄注："羊、豕曰少牢。"由于祭祀对象不同，所用牺牲的规格也有所区别。

[3]〔汉〕班固撰，〔唐〕颜师古注，《汉书·高帝纪》，北京：中华书局1962年版，第40页。

[4]同上，第34页。

的"狩"指"围狩"。[1] 即为祭祀筹备物品的田猎时间，必须顺应野兽在四季的生长规律来安排。狩猎结束后，回到宗庙，将捕猎到的动物作为牺牲，举行隆重的祭祀典礼。《周礼》云：仲春"献禽以祭社（社神）"，仲夏"献禽以享礿（宗庙的夏祭）"，仲秋"献禽以祀祊（四方之神）"，仲冬"献禽以享烝（宗庙的冬祭）"，这和战胜后献俘于社和宗庙是相同的[2]。

关于狩猎活动的意义及作用，《左传·隐公五年》也有记载：

> 五年春，公将如棠观鱼者。臧僖伯谏曰：凡物不足以讲大事，其材不足以备器用，则君不举焉。君，将纳民于轨、物者也。故讲事以度轨量谓之轨，取材以章物采谓之物。不轨不物，谓之乱政。乱政亟行，所以败也。故春蒐、夏苗、秋狝、冬狩，皆于农隙以讲事也。三年而治兵，入而振旅。归而饮至，以数军实。昭文章，明贵贱，辨等列，顺少长，习威仪也。鸟兽之肉不登于俎，皮革、齿牙、骨角、毛羽不登于器，则公不射，古之制也。[3]

古人在祭祀先祖时，必须要有血食供奉在宗庙或祠堂中的祖先牌位之前，得不到血食可能导致亡国丧家甚至绝嗣，在古代，这无论是对于生者还是死者，都是最大的不幸。[4] 由于这个原因，汉代人在祭祀时，必须事先准备好祭祀的牺牲用品，其中狩猎、渔猎及射猎等都是获得祭祀用品的重要方式。古人重视祭祀活动，祭祀必须要供奉一定的牺牲，因此，在作为汉代丧葬艺术的画像石中必然会有狩猎图像，也充分体现了狩猎图的祭祀意义。

---

[1] 《春秋穀梁传注疏》，《十三经注疏》，上海：上海古籍出版社 1997 年版，第 2374 页。
[2] 杨宽，《古史新探》，北京：中华书局 1965 年版，第 260 页。
[3] 杨伯峻编著，《春秋左传注》，北京：中华书局 1990 年版，第 41—43 页。
[4] 信立祥，《汉代画像石综合研究》，北京：文物出版社 2000 年版，第 99 页。

三、狩猎图的现实性

由上一章可知，汉画像中的狩猎图带有一种礼制的意义，可以理解为为祭祀作必要的准备。但狩猎图的意义远不止这些。《马克思恩格斯选集》中有："人们首先必须吃、喝、住、穿，然后才能从事政治、科学、艺术、宗教等等。"[1] 费尔巴哈也曾说过："人必须先吃饭而后思维，而不是先思维而后吃饭"。即从古至今，无论什么时代，人类都要饮食。其中，肉食是不可或缺的一部分，这些肉食，除了家养以外，就靠狩猎获取了。因此，汉画像石中除了狩猎图，还有大量的庖厨图，以及很多歌舞宴飨的场面，就像一组组连环画。人们在解决温饱以后，就会想着寻欢作乐，尤其对于帝王将相、达官显贵们，狩猎在汉代是一种很受喜爱的娱乐活动，这在汉赋中多有提及。"国之大事，在祀与戎。"除了祭祀之外，国家还需要有一批批训练有素的军队来保障安全与维持稳定，狩猎便是一种很重要的军事训练活动。

（一）狩猎的源起

"仓廪实而知礼节，衣食足而知荣辱"[2]，即人们只有吃饱、穿暖才能知礼节、知荣辱。医学家孙思邈也说："安生之本，必资于食。不知食宜者，不足以存生也。""民以食为天"，在历史上规模巨大的统一帝国——汉代，是有过之而无不及。当时除了各种粮食蔬菜之外，肉食也相当普及。人们猎获野兽之后，可以食其肉、衣其皮，其中的鹿茸、熊胆、虎骨等还可作为名贵的药材。

恩格斯在《劳动在从猿到人转变过程中的作用》一文中说："请素食主义者先生们原谅，如果不吃肉，人是不会发展到现在这个地步的。"[3] 因

---

[1] 《马克思恩格斯选集》（第3卷），北京：人民出版社1972年版，第574页。
[2] 〔汉〕司马迁，《史记》，北京：中华书局2000年版，第2462页。
[3] 《马克思恩格斯选集》（第3卷），北京：人民出版社1972年版，第514页。

此，肉食对人类的发展起着重要的作用。古人只有在祭祀等重大活动，才有肉吃，而在汉代，街头巷尾肉食随处可见，这在《盐铁论·散不足》中有充分体现：

> 古者庶人粝食藜藿，非乡饮酒滕腊祭祀无酒肉。故诸侯无故不杀牛羊，大夫士无故不杀犬豕。今闾巷县佰。阡伯屠沽，无故烹杀，相聚野外。负粟而往，挈肉而归。夫一豕之肉，得中年之收，十五斗粟，当丁男半月之食。[1]

这说明，在古时，由于生产力水平低下，处于社会底层的老百姓，平日只能吃一些粗粮野菜，不是举行乡饮酒、滕腊或进行隆重的祭祀活动，即便是诸侯和大夫也不能无故杀牛羊猪狗来食肉。但在汉代，不仅达官显贵们能够舞乐宴食、杀牛宰羊，就是一般中等收入的人家也可以宰杀牲口、喝酒吃肉了。大街小巷的肉铺里，挂满了鲜肉。田间路旁也都有卖酒肉的，背着粮食去，带着肉回来。

《盐铁论·散不足》还曰：

> 古者不粥饪，不市食。及其后，则有屠沽，沽酒市脯鱼盐而已。今熟食遍列，肴施成市，作业堕怠，食必趣时，杨豚韭卵，狗膒马朘，煎鱼切肝，羊淹鸡寒，桐马酪酒，蹇捕胃脯，胹羔豆赐，毂膹雁羹，臭鲍甘瓠，熟梁貃炙。[2]

可以看出，古时没有卖熟食的，到后来，街市有卖肉、卖酒、卖盐等少许东西，而汉代到处有卖熟食的，熟食摊子都形成了市场。有时令的韭菜炒肉和鸡蛋，有切得很薄的狗肉及马肉，有煎鱼切肝，有腌羊肉及

---

[1] 〔汉〕桓宽，《盐铁论》，上海：人民出版社 1974 年版，第 67—68 页。
[2] 同上，第 68—69 页。

图 7-13　陕西绥德墓门楣画像（残），（采自《中国画像石全集》卷 5 图 166）

酱鸡，有酪酒，有用小肚做的肉干，有熟透的羊肉和豆豉，有用飞禽做的汤，有鲍鱼和瓜菜，还有米饭和烤肉。天上飞的、地上跑的、水里游的，几乎无所不包，由此说明汉代生活相当富庶。

　　根据 1972 年至 1974 年长沙马王堆三座汉墓发掘出的饮食实物，以及一号墓记载的随葬品名称和大量的竹简内容统计，共有 150 多种饮食品种，有农产品、饮料、酒、饮食器具，其中肉食品多达 30 余种。经科研部门对马王堆汉墓出土的动物骨骼进行鉴定，有如下几类：第一，兽类有山羊、绵羊、黄牛、猪、狗、马、兔以及长沙地区现已绝迹的梅花鹿；第二，禽类有鸡、野鸭、天鹅、喜鹊、雁、鹧鸪、斑鸠、鹬、鸳鸯、鹄、麻雀等；第三，鱼类有鲤鱼、鲻鱼、刺鳊、银鲴和鳜鱼等。[1] 可以推测，这些肉食中，有相当一部分是野外狩猎所得的珍禽异兽，足以证明汉代人饮食生活的丰富多彩了。

　　"四时之田用三焉。唯其所先得。一为乾豆，二为宾客，三为充君之庖。"[2] 虽然狩猎最首要的目的是为祭祀准备牺牲，但从后两点看，无论是招待宾客还是丰富庖厨，都是为了饮食之需。从汉画像石中的庖厨图、宴饮图可以看出汉代人的饮食内容，尤为突出的是肉食。狩猎的对象有鸟、

[1]　陈爱平，《从马王堆文物看汉代饮食文化》，载《马王堆汉墓研究文集——1992 年马王堆汉墓国际学术讨论会论文选》，长沙：湖南出版社 1994 年版，第 252 页。
[2]　〔清〕阮元校刻，《十三经注疏》，北京：中华书局 2009 年版，第 5151 页。

图 7-14　庖厨图

图 7-15　宴饮图（局部）

雉、兔、犬、羊、鹿、野猪、野牛、老虎、熊等，如图 7-13。庖厨图中的
内容有：杀牛、宰猪、杀羊、屠狗、杀鸡、宰鸭、烫雉、剥兔、剖鱼、割
肉等。且看山东诸城县前凉台汉墓出土的庖厨图，图 7-14，此图内容相当
丰富：最上边横杆上的十一只钩子挂满了肉食，有兽腿、猪头、兔、鱼、
鸡等，下面有人正持刀割肉。二人叠案，身后有人切肉、剖鱼，井旁汲
水者后面，一人正在烫鸡。剖鱼者对面几人正在烤肉：有的穿肉串，有的
翻肉串；下边有椎牛、杀猪、宰羊、打狗的屠宰场面，最下面还有酿酒图
等，一派热闹、繁忙的场面。作为墓室装饰的庖厨图，除了为祭祀祖先作
准备以外，就是为生人的饮食而劳作了。从而说明汉代饮食业非常发达，
肉食在日常生活中起着举足轻重的作用。

　　再看宴饮图，河南密县打虎亭一号汉墓出土的一块画像石，对汉代人

　　　　　　　　　　　　　　　　　　　　　民俗之雅

宴客的情形进行了细致的描绘：宴会大厅富丽堂皇、热闹非凡。主人端坐在方形大帐内，其前设一长方形大案，案上有圆盘、耳杯、碗等。主人席位的两侧各有宾客席，画面的右侧有四位侍者，各端盘、碗和食品，在为宴会忙碌。这类宴饮图在各地出土的画像石中还有很多。正如《箜篌引》诗曰："置酒高殿上，亲交从我游。中厨办丰膳，烹羊宰肥牛。"可以想象，人们狩猎归来，将猎物在厨房里切、洗、打理、烹制，然后再端到餐桌上畅快地宴饮，多么惬意的生活。

（二）狩猎的娱乐功能

当人们物质生活满足以后，就会想着精神上的愉悦，乐舞、角抵、蹴鞠、投壶、六博等都是汉代人的娱乐方式，但帝王将相们更酷爱狩猎。汉赋是汉代四百年间文人创作的主要文体，狩猎题材一直贯穿汉代散体大赋盛衰的始终，它以富丽华美的辞藻来描述气势磅礴、规模宏大的狩猎场面。而汉画像石又以古拙朴实的刀法对狩猎图进行形象、传神的刻绘。汉赋中的狩猎之描述与汉画中的狩猎之画以独特的形式完美地结合，生动地再现了汉代贵族们以狩猎为消遣的娱乐生活。

汉代时，天子们一般在苑囿中狩猎，虽然那时的皇家猎苑现已无遗迹留存，但我们依然可以从史料中得以了解，汉武帝于建元二年（前139年）在秦代猎苑旧址的基础上扩建上林苑，其规模空前宏大，宫室为数众多。专为皇家狩猎娱乐而设。《汉旧仪》云：

> 上林苑中广长三百里，置令丞左右尉，百五十亭苑，苑中养百兽，……天子遇秋冬射猎，取禽兽无数实其中，离宫七十所，皆容千乘万骑。[1]

---

[1] 〔汉〕叔孙通撰，孙星衍校集，《汉礼器制度》，北京：中华书局1985年版，第16—17页。

司马相如《上林赋》曰：

独不闻天子之上林乎？左苍梧，右西极，丹水更其南，紫渊径其北。终始灞浐，出入泾渭，酆镐潦潏，纡馀委蛇，经营乎其内。荡荡乎八川分流，相背而异态。东西南北，驰骛往来，出乎椒丘之阙，行乎洲淤之浦，径乎桂林之中，过乎泱漭之野。……于是乎背秋涉冬，天子校猎。乘镂象，六玉虬，拖蜺旌，靡云旗，前皮轩，后道游；孙叔奉辔，卫公参乘，扈从横行，出乎四校之中，鼓严簿，纵猎者，江河为阹，泰山为橹，车骑雷起，殷天动地。先后陆离，离散别追，淫淫裔裔，缘陵流泽，云布雨施。生貔豹，搏豺狼，手熊罴，足野羊，蒙鹖苏，绔白虎，被斑文，跨野马，陵三峻之危，下碛历之坻，径峻赴险，越壑厉水。椎蜚廉，弄獬豸，格虾蛤，铤猛氏，羂要袅，射封豕。箭不苟害，解脰陷脑，弓不虚发，应声而倒。[1]

司马相如《子虚赋》曰：

王驾车千乘，选徒万骑，田于海滨，列卒满泽，罘网弥山。掩兔辚鹿，射麋格麟，骛于盐浦，割鲜染轮。射中获多，矜而自功。……蹵蛩蛩，辚距虚，轶野马，轊騊駼，乘遗风，射游骐，倏眒倩浰，雷动飙至，星流霆击，弓不虚发，中必决眦，洞胸达腋，绝乎心系。获若雨兽，掩草蔽地。于是楚王乃弭节徘徊，翱翔容与，览乎阴林，观壮士之暴怒，与猛兽之恐惧；徼郤受诎，殚睹众兽之变态。……于是乃相与獠于蕙圃，媻姗勃窣，上金堤，掩翡翠，射鵕鸃，微矰出，纤缴施。弋白鹄，连驾鹅，双鸧下，玄鹤加。怠而后发，游于清池，浮文鹢，扬旌枻，张翠帷，建羽盖。罔玳瑁，钓紫贝。摐金鼓，吹鸣

---

[1] 费振刚等辑校，《全汉赋》，北京：北京大学出版社 1993 年版，第 62—65 页。

籁，榜人歌，声流喝……[1]

司马相如在《子虚赋》《上林赋》中以浩荡的篇幅、铺张夸饰的笔调大肆描写了上林苑的壮丽，使天子纵马于野、驰骋狩猎、娱乐享受的悠闲生活跃然纸上。不但帝王喜欢狩猎，众多美女也在蕙圃参加夜猎活动，帝王在夜猎结束之后，泰然自若地品尝着美食，享受着歌舞升平的奢侈生活。

扬雄的《羽猎赋》先描写了天子狩猎出行之盛，又以群公常伯、杨朱、墨翟之徒喟然并称赞天子出猎超越往古的盛大规模：

> 崇哉乎德！虽有唐虞、大夏、成周之隆，何以侈兹！太古之观东岳，禅梁基，舍此世也，其谁与哉？[2]

赋中还细致传神地描绘了让人触目惊心的狩猎场面，以及动物被穷追猛击后的惊悚之状：

> 若夫壮士忼慨，殊乡别趣。东西南北，骋耆奔欲。拖苍豨，跋犀牦，蹶浮麋，斫巨狿，搏玄猿，腾空虚，距连卷。踔夭蟜，娭涧门。莫莫纷纷，山谷为之风猋，林丛为之生尘。……沈沈容容，遥噱虖纮中。三军芒然，穷尤阋与。亶观夫票禽之绁隃，犀兕之抵触。熊罴之挐攫，虎豹之凌遽……[3]

班固的《两都赋》也描写了天子在上林苑举行的狩猎活动，其中《东都赋》讲到技艺高强的射手弯弓射箭，熟练的车夫驾车奔驰，根本不用仔细瞄准和选择道路，飞禽走兽还没来得及飞避逃窜，就已经纷纷落网。

---

[1] 费振刚等辑校，《全汉赋》，北京：北京大学出版社1993年版，第47—49页。
[2] 同上，第189页。
[3] 同上，第188页。

《西都赋》讲士兵们举刀、射箭，追踪拦截奔逃中的禽兽，使得鸟儿因惊吓撞到网上，兽类也吓得发昏而碰到刀刃上。猎手们用胳膊挟持住豹子、狮子，并拉住熊和螭，犀牛和牦牛也逃不过猎人的手，肥猪和大熊也被拖曳着。枚乘的《七发》有一部分以畋猎为主题，其中讲到将士骑着宝马，背着良弓，追寻着逃命的野兽，弓无空放，矢不虚射，僵死的猎物连成片，射中的飞禽如雨点。扬雄的《长杨赋》也是以成帝的狩猎为主要内容，王粲的《七释》，张衡的《西京赋》《羽猎赋》，应场的《校猎赋》《驰猎赋》《西狩赋》，潘岳的《射雉赋》等，多是以狩猎为主题，足以说明汉代人，尤其是帝王将相对狩猎活动的热衷程度。

史料中描写帝王狩猎的还有很多，如：汉成帝"行幸长杨宫，从胡客大校猎"，汉明帝"车骑校猎上林苑"，汉安帝"校猎上林苑"，汉桓帝"校猎上林苑"，汉灵帝"校猎上林苑"[1] 等。除了帝王，达官显贵也都酷爱狩猎，如葛洪的《西京杂记》记载：

> 茂陵少年李亨，好驰骏狗，逐狡兽，或以鹰鹞逐雉兔，皆为之佳名。狗则有修毫、厘睫、白望、青曹之名，鹰则有青翅、黄眸、青冥、金距之属，鹞则有从风鹞、孤飞鹞。[2]

这样呼鹰逐兔、纵横驰骋的场面，与王昌龄的《观猎》："角鹰初下秋草稀，铁骢抛鞯去如飞。少年猎得平原兔，马后横捎意气归。"可谓有异曲同工之处。《全后汉文·卷四十四》中，主簿崔骃言：

> 今旦汉阳太守棱率吏率数十人，皆臂鹰牵狗，陈于道侧，云欲上幕府。

---

[1] 艾延丁、李陈广，《试论南阳汉代画像中的田猎活动》，载《汉代画像石研究》，北京：文物出版社 1987 年版，第 220 页。

[2] 〔晋〕葛洪，《西京杂记》，西安：三秦出版社 2006 年版，第 202 页。

图 7-16　陕西汉画像石 (采自《陕西汉画》图 56)

图 7-17　骑射畋猎图 (采自《中国画像石全集》卷 6 图 78)

这些关于帝王将相狩猎的描绘，均与汉代画像石狩猎图表现的内容不谋而合。且看《陕西汉画》中的一幅图，如图 7-16 所示，此图分上下两层，上图为狩猎出行图，由车马人物组成，前面一人着长袍拱手相迎。下图为围猎的场面。画中鹿、狐、獾、野羊四处奔逃，饰满狭长的画面。全图为 160×35 厘米。图中飞奔的马蹄、张满的弓箭、勇猛的射手、拼命逃窜的野兽、充满动感的画面，让人犹如置身其中。再看南阳王庄畋猎图，图 7-17，图中左边二个人围猎一只虎，其中一个人跃马在前，然后返身挽射，另一人骑奔马持矛刺向老虎，不禁使人想起"马作的卢飞快，弓如霹雳弦惊"的射猎场面。图右下饰有山峰，一个似猪的野兽受伤并仰翻在地，后面一人飞马追逐，持械与其搏斗。

狩猎是赋家们热衷的话题，其中班固的《两都赋》写的是西汉首都长安（今陕西西安）及东汉首都南阳天子狩猎娱乐的场景。无独有偶，这两个地方以狩猎为题材的画像石数量也相当多。可见，当时的帝王将相酷爱狩猎这是不争的事实，赋家以华美夸饰的语言将汉代帝王的狩猎娱乐生活渲染到极致。石工以遒劲有力的刀法细致地刻画，给我们带来形象逼真的视觉效果。我们把汉赋的士人文学和汉画像石的民间艺术完美地结合起来，就能身临其境般地感受到汉代帝王将相欢快、激烈、愉悦的狩猎情景。

汉代，随着染织技术和刺绣工艺的发展，其服装业获得了前所未有的进步。尤其到了西汉，已经有锦、绫、绮、罗、绢、纱、缣、纨、缟、布、帛、麻等染织品，但是对付寒冷的冬天，动物的皮毛是很好的选择，虽然不像今天的皮草大衣那么豪华、奢侈，也没有现在这些样式新颖、色彩艳丽的羽绒服饰等，即便是做工简单、式样单调的皮毛，其御寒效果还是比其他染织品要好得多。尤其在边远的少数民族地区，他们更是以打猎为生。因此，素有"平原喜搏，高原喜射"之说。

《豳风·七月》载，冬闲时，农夫狩猎捕得的小野猪可以归自己所有，对普通百姓来讲，狩猎是重要的肉食来源之一，但是，五谷杂粮也是不可或缺的生活资源。《春秋·庄公十七年》载"多麋"，因为当时人烟稀少、土地空旷、鸟兽很多，不免会为害庄稼。《白虎通义》云："王者诸侯所以田猎何？为苗除害，上以供宗庙，下以简集士众也。……四时之田总名为田何？为田除害也。"又云："士射鹿、豕何？示除害也。"因此，狩猎还可以保护农作物。《礼记》中有所提及，《周礼》中还有专门对付野兽保护农田的官职：

> 田猎置罘、罗罔、毕翳、餧兽之药，毋出九门。(《礼记·月令》)
> 掌沟渎浍池之禁，凡害于国稼者，春令为阱获沟渎之利于民者，秋令塞阱杜获。(《周礼·秋官·雍氏》)
> 掌设弧张。为阱获以攻猛兽，以灵鼓驱之。(《周礼·秋官·冥氏》)

因此，《左传》隐公五年说："故春蒐、夏苗、秋狝、冬狩，皆于农隙以讲事。"[1] 步入农业社会，粮食是每日生活的必需品。保护庄稼、渴望丰收是人们共同的愿望。当鸟兽损害农作物时，理应采取一切方法，或用罗网毕捕，或设陷阱、或狩猎，来保障作物生长。

汉代的狩猎无论是为饮食、还是为温暖身体，亦或是为保护庄稼，在人们生活中都起着重要的作用。通过《盐铁论》的文字记载、马王堆汉墓的竹简记录及动物骨骼鉴定，还有汉画像石中狩猎图、庖厨图、宴饮图的生动展示，都充分说明了狩猎作为温饱之需的重要意义。

（三）狩猎的军事价值

国家的繁荣稳定，一定要有训练有素的军事队伍，汉代代秦而立，进行一系列统一战争和开拓边疆的战争，除了实现大漠以南游牧区与中原农业区的统一，还将西域、河西地区正式纳入中国的版图。[2] 除了统一战争，汉代还有民族战争、农民战争、统治阶级内部夺权之类的战争以及与周边匈奴之间的各种战争。正所谓"国之大事，在祀与戎"。这些频繁的军事战争，使得军队必须高度警惕、居安思危、强加训练。狩猎便是军事训练的一种方式，狩猎时，可以把野兽假想成敌人来练习单挑、围攻、搏击等训练。

《史记·魏公子列传》记有这样一个故事：一天，正在下棋的魏王，接到赵国在边境上聚集大批军队的报告后，本以为是赵军要来进攻，立马吩付调兵遣将以备战。情报灵通的魏公子无忌，得知是赵王田猎，这才免去了一场惊慌。诸侯王的狩猎就如同打仗一样，规模浩大，说明诸侯国常以狩猎来修习战备。汉代蔡邕的《月令章句》云："寄戎事之教于田猎，武事不可空设，必有以诚，故寄教于田猎，闲肄五兵。"田猎不仅可以驱驰骑射，围猎捕杀，而且可以模拟实战，对军队士兵调遣部署组织进退，

---

[1] 杨伯峻编著，《春秋左传注》，北京：中华书局 1990 年版，第 42 页。
[2] 中国军事通史编委会，《中国军事史·西汉军事史》，北京：军事科学出版社 1998 年版，第 2 页。

甚至使用兵车围逐。[1]

从大量的史料中可以得知，在汉代，每逢秋天，天子都要兴师动众地组织狩猎，驱驰车马、弯弓骑射，进行军事训练，通过狩猎，习武讲道、检阅士兵、保护人民，安不忘危。有时还要仿照军队制旗帜。如：

> 季秋之月，天子乃教于田猎，闲肆五兵，因以顺时取禽。其礼，将军执晋鼓，师率执提，旅率执鼙，以教坐进退徐疾之节。(《月令章句》)

> 亲执弓以射禽，所以教兆民（载）战事也。四时闲习，以救无辜，以伐有罪，所以强兵保民，安不忘危也。[2]

> 凡军事，建旌旗；及致民，置旗弊之，甸亦如之。(《周礼·司常》)

> 战斗不可不习，教于蒐狩以闲之也。(《尚书大传》)

> 夫田猎，因以讲道，习武，简兵也。(《韩诗内传》)

> 尔乃盛娱游之壮观，奋大武乎上囿，因兹以威戎夸狄，耀威而讲事。[3]

《周礼·地官小司徒》曰：

> 凡四时之田：前期，出田法于州里，简其鼓铎，旗物、兵器，修其卒伍。及期，以司徒之大旗致众庶，而陈之以旗物；辨乡邑，而治其政令刑禁；巡其前后之屯，而戮其犯命者；断其争禽之讼。[4]

凡四季的田猎，要事前先向各基层宣布田猎的法则，检阅他们的鼓

---

[1] 孟世凯，《商代田猎性质初探》，载《甲骨文与殷商史》，上海：上海古籍出版社 1983 年版，第 209 页。

[2] 〔南朝·宋〕范晔，《后汉书·礼仪中》，北京：中华书局 1965 年版，第 3123 页。

[3] 费振刚等辑校，《全汉赋》，北京：北京大学出版社 1993 年版，第 315 页。

[4] 陈戍国点校，《周礼·地官小司徒》，长沙：岳麓书社 1989 年版，第 32 页。

铎、旗帜和武器，修整他们的军事编制，用代表乡邑的旗帜排列队形，辨别乡邑并监督他们执行政令、刑法和禁令等。即进入农闲时，以秋射来进行全民性的操练，来增强国家威力，以预防不测。

《后汉书·志第五礼仪中》云：

> 立秋之日，白郊礼毕，始扬威武，斩牲于郊东门，以荐陵庙。其仪：乘舆御戎路，白马朱鬣，躬执弩射牲。牲以鹿麛。太宰令、谒者各一人，载获车，驰送陵庙。还宫，遣使者赍束帛以赐武官。武官肄兵，习战阵之仪、斩牲之礼，名曰貙刘。兵、官皆肄孙、吴兵法六十四阵，名曰乘之。立春，遣使者赍束帛以赐文官。貙刘之礼：祠先虞，执事告先虞已，烹鲜时，有司，乃逡巡射牲。获车毕，有司告事毕。[1]

在周代，田猎分四时进行，即"春蒐""夏苗""秋狝""冬狩"。"春蒐"主要是进行编队训练，打不孕之兽；"夏苗"是训练野外宿营，除禾苗害兽；"秋狝"的任务是进行基本技战术的训练，猎壮大之兽；"冬狩"是进行全面的军事演习活动，猎取百兽。很明显，作为一项军礼，田猎把狩猎活动与军事训练结合起来，既可以提高武艺、增强体质，也可以使军事训练的内容更加丰富多彩，以取得良好效果。[2]汉代继承和发扬周礼文化的三代主流传统，重视射礼以及通过射猎进行军事演习。汉王朝由"无为而治"转向"有为进取"的时代，汉高祖刘邦更是确立了"无功不得侯"的祖制。帝王对英勇善射的将军也相当重视，如飞将军李广，骁勇善射，唐诗中有"平明寻白羽，没在石棱中"。《史记·李将军列传》曾记载文帝的感慨："惜乎，子不遇时！如令子当高帝时，万户侯岂足道哉！"[3]善骑射的大司马骠骑将军霍去病死后，汉武帝调来铁甲军，列成阵沿长安

---

[1] 〔南朝·宋〕范晔，《后汉书·明帝纪》，北京：中华书局1965年版，第3123页。

[2] 吴成国，《中国人的礼仪生活》，武汉：湖北教育出版社1999年版，第122页。

[3] 〔汉〕司马迁，《史记·李将军列传》，北京：中华书局2011年版，第2867页。

一直排到茂陵东的霍去病墓。还将他的坟墓修成祁连山的模样，并且在墓前立大型石雕，彰显他力克匈奴的奇功。这更增加了士兵们练骑射、立战功、获封侯的信心。

因此，作为墓葬艺术的汉画像中有大量的狩猎图。狩猎的种类很多，有围猎，有单击，有骑射，有步射，还有弓射、弩射、弹射、弋射等，从射姿分有立射、仰射、跪射、骑射、步射等，这和当时的战争有异曲同工之处，因为上古时代的最初战争，所用武器就是狩猎工具，战争方式也和排列阵势的集体围猎方式相似……抑或远途规模较大的狩猎活动本身就具有军事演习意义和武装巡视的目的性。[1]《续后汉书·北狄》说匈奴"各地有分，以左右手为次，围猎战陈，各相联比，皆如分地，不易其次"[2]。组织围猎，即按游牧秩序进行，如同实际战争，也体现了集体合作的团队精神。

作为中央集权的汉代，统一一直是国家的宗旨，目标很明确，但过程很艰难曲折，因为周边总有匈奴来骚扰，如《史记·匈奴列传》所载："汉孝文皇帝十四年，匈奴单于十四万骑入朝那、萧关，杀北地都尉印，虏人民畜产甚多。"[3]东汉时有北击匈奴、征讨乌桓、鲜卑及与蛮夷、西羌各部族等战争。士兵们以射猎为先，修习战备，战败敌人是大家共同的心愿。《袁盎晁错传》中提及汉军对付匈奴的五大长技："轻车突骑"，"劲弩长戟，射疏及远"，"坚甲利刃，长短相杂，游驾往来，什伍俱前"，"材官驺发，矢道同的"，"下马地斗，剑戟相接，去就相薄"。[4]这些技能都可以在长期的狩猎中得到训练。

因此，汉画像中有很多的狩猎图、战争图、献俘图综合在一起。狩猎图是为战争做训练准备；战争图表现了如何击败敌人，赢取胜利的过程；献俘图意在彰显胜利成果。如图7-18-1，《汉代画像全集》[5]二编，图89，

---

[1] 何平立，《巡狩与封禅：封建政治的文化轨迹》，济南：齐鲁书社 2003 年版，第 11 页。
[2] 〔元〕郝经，《续后汉书》列传第七十六上，北京：商务印书馆 1958 年版，第 1155 页。
[3] 〔汉〕司马迁，《史记》，北京：中华书局 2011 年版，第 2891 页。
[4] 班固，《汉书·袁盎晁错传》卷四十九，北京：中华书局 1962 年版，第 2281 页。
[5] 傅惜华编，《汉代画像全集》二编，北京：学苑出版社 1951 年版。

图 7-18-1　孙家村画像（采自《汉
　　　　　代画像全集》二编 图 89 ）

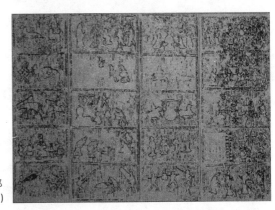

图 7-18-2　台湾史语所拓片（邢
　　　　　义田摹）

图 7-18-3　绥德汉墓前室西壁画像（采自《绥德汉代画像石》图 29 ）

图 7-18-4　《山东汉画像石精粹·邹城卷》图 23 （邢义田摹）

图像共三层，上层为交战图，中间为献俘图，下层为狩猎图。邢义田《画为心声》中有一台湾史语所的拓片，图7-18-2，此图比较模糊，从上端数来第二层是一联四面相关的战争和献俘图，最下层有一典型的狩猎画像[1]。《绥德汉代画像石》[2]有一图，图7-18-3，是陕西绥德汉墓前室西壁画像，其横额上是战争图和狩猎图。《山东汉画像石精粹·邹城卷》[3]中也有交战图、献俘图和狩猎图交错在一起，图7-18-4。这样的图片就不一一列举了，由此体现出狩猎图的军事意义。

四、狩猎图的艺术性

汉画像石，是我国继早期的岩画、商周时期的玉器以及青铜纹样之后一种独特的艺术表现形式，属于中国本土美术早期阶段的造型艺术，也是中国几千年来绘画脉络的发端之一，它为中国造型艺术的基本法则和规范奠定了良好的基础。从审美角度来看，画像石的造型艺术由汉初的平面、单调、笨拙逐渐发展到汉末的成熟、完善、游刃有余。其刻画的手法有很多，有阴线刻、阳线刻、浅浮雕、高浮雕等。不同的学者划分的方法不同，不可否认的是都由简单逐渐向复杂过渡。为了更好地表现画像主题和优化画面内容，画像石的构图方式也分为多种。顾森先生曾说："汉画研究，应从科学性、学术性、艺术性三个方面并举，方可称完善。"[4]下面主要从狩猎图的审美、刻画及构图方式来探讨汉画像石中狩猎图的艺术性。

---

[1] 邢义田，《画为心声——画像石·画像砖与壁画》，北京：中华书局2011年版，第333页。
[2] 李贵龙、王建勤主编，《绥德汉代画像石》，西安：陕西人民美术出版社2000年版。
[3] 山东石刻艺术博物馆，《山东汉画像石精粹·邹城卷》，济南：齐鲁书社1994年版。
[4] 顾森，《谈汉画的艺术研究》，见杨絮飞著《汉画像石造型艺术·序言》，开封：河南大学出版社2010年版，第1页。

汉画像石首先是一种造型艺术，所谓造型艺术，《辞海》中的定义为："用一定的物质材料（绘画用颜料、绢、布、纸等；雕塑用木、石、泥、金属等）塑造可视的平面或立体的形象，反映客观世界具体事物的一种艺术，包括绘画、雕塑、建筑艺术、工艺美术等，亦称'美术''视觉艺术'或'空间艺术'。"[1] 即造型艺术的实现须要依托于一定的物质材料，只有借助物质媒介，才能"把意象物态化"。画像石所用的物质材料乃是天然的石头，刻画出的作品琳琅满目、无所不包，反映了汉代人"事死如事生"的厚葬习俗。它所使用的工具也相对简陋，因此，画像石在整体造型上具有雄浑、朴拙的特征。但在大汉 400 年的历程中，画像石的造型也不是一成不变的，下面且以狩猎图为例，从审美的角度，浅谈画像石造型从发展到成熟的艺术形式。

随着时间的推移，艺术也随之发展，但艺术的发展是不能截然分段的，它有一个承接、发展、延续的过程，它的具体分期比较复杂。根据已经出土的有纪年的汉画像石及前人的文献史料，我认为东南大学刘宗超在他的博士论文《汉代造型艺术及其精神》中，对汉代艺术风范的分期方法很可取，他把汉画像造型艺术分为三个阶段：一、西汉初期，包括高帝、惠帝、高后、文帝、景帝几个时期，即战后国家处于休养生息的 70 年左右，作为画像石造型艺术的起初阶段；二、汉代中期，即汉武帝时期（前 140 —前 87）至汉章帝时期（76 — 88），作为汉画像石造型艺术的发展阶段；三、汉代后期，即汉和帝时期（89 —105）至汉末，作为汉画像石造型艺术的成熟阶段。[2]

汉画像的造型艺术即墓葬艺术，它的发展要建立在一定的经济基础之上，由于汉初刚结束战争，国家实行无为而治的政策，人们还不具备厚

---

[1] 辞海编辑委员会，《辞海》，上海：上海辞书出版社 1999 年版，第 2989 页。
[2] 刘宗超，《汉代造型艺术及其精神》，北京：人民出版社 2006 年，第 32 页。

图 7-19　校猎·聂政自屠
（采自《中国画像石全集》卷6
图 14）

葬的经济条件，当时墓葬文化主要承袭了战国时期的墓葬之风，比如马王堆汉墓群中出土的彩绘漆棺和帛画，它主要继承了秦文化的静穆与规范以及楚文化的古朴与神秘。漆棺的装饰花纹及帛画的构成相对平面化、装饰化。正如李泽厚先生所说："它们共同地属于那充满了幻想、神话、巫术观念，充满了奇禽异兽和神秘的符号、象征的浪漫世界。"[1]

　　汉代初期，所涉及的画像石相对比较少，那时的画像造型比较单调、稚拙、平面，只粗略地体现了物象的外形，画面简单，人物形象少，很少有饰纹及填白，刻线也比较单一，有如儿童画般纯真之美。如图 7-19，"校猎·聂政自屠"画像，画面粗糙，只求形似，很少有细部刻绘。可以说汉初的画像造型艺术只是为后期的发展及成熟做了铺垫。

　　汉代中期，经过汉初 70 年的积累，画像石造型艺术也随之得到了一定的发展。尤其在汉武帝时期，国家呈大一统的局势，经济、文化都处于一片空前繁荣的状态，汉武帝首开厚葬之风，造型艺术也随着新的需求而变得越来越丰富。这时的画像题材无所不包，形式多种多样，画面生动奔放，轮廓流畅自然，刻划技艺娴熟，造型奇特优美，越发体现出"深沉雄大"的气魄。

---

[1]　李泽厚，《美学三书》，合肥：安徽文艺出版社 1999 年版，第 76 页。

图 7-20　狩猎、车骑出行画像　（采自《中国画像石全集》卷 2　图 49）

如图 7-4-3，东汉南阳英庄出土的田猎图，图中刻群山。右一骑者，一荷毕者，在二猎犬配合下追逐三只逃往山中的奔鹿。山峦左侧一猎者、一辇。[1] 图中的山势高低起伏，错落有致，流畅的线条富有韵律感。鹿因惊恐而拼命地逃窜，猎犬穷追不舍，给人带来很强的视觉张力，仿佛观者已置身于这激烈的场面。跃跃欲飞的奔马给人带来了强烈的视觉运动感，马在飞奔，而马背上的人坐得稳稳当当，似乎没有对马造成任何压力。左方的人驾着辇车，静待狩猎成果。这些线条时高时低，忽粗忽细，灵活多变，生动的形象给人带来一种田园牧歌般的韵律美。

汉代后期，这时的政治、经济都处于失控与分化瓦解期，社会动荡不安，成三国鼎立之状，而社会的动乱却带来思想领域里的大解放、大争鸣。有句俗语"乱世出英雄"，我国伟大的诗人屈原，就是在动乱的年代，留下了《离骚》《天问》等千古杰作；集"诗、书、画、印"四绝于一身的吴昌硕，也是乱世的艺术家。因此，动乱的汉末却是汉画像造型艺术的成熟期。这时的汉画艺术博大雄强，趋于完善，造型成熟大气，风格健劲，意境深远。

如图 7-20，东汉中晚期，微山县两城镇出土的狩猎、车骑出行画像，画面分上下两层：上层为狩猎图，浩浩荡荡的一排猎人，四人执毕、三人

---

[1] 中国画像石全集编辑委员会，《中国画像石全集》第 6 卷，郑州：河南美术出版社 2000 年版，第 284 页。

荷弩、三人驾鹰，另外还有四只猎犬，其中前二犬已跃起捕捉到鹿、兔。下层为车骑出行，车三辆，步卒六人，马五匹。[1] 图像画面充实，繁复而不凌乱，饱满厚重又不笨拙。图中马匹的腿部线条勾勒非常纤细，反衬出整匹马形象的粗犷、豪放又不呆板。画像轮廓塑造得既简洁又自然流畅，线条描绘一气呵成，有很强的概括性，充分体现了汉画像狩猎图造型艺术成熟之美。

根据唯物辩证法：一切事物都有从低级到高级、从简单到复杂的发展过程。汉画像石的造型艺术也不例外。从早期的古拙、简单、生硬逐渐发展到后期的自然、流畅、细腻。将石头这一材料的特性真正挖掘出来并使石头完全发挥它的艺术表现力，是在汉代完成的。[2] 因此，从这个层面说，汉代造型艺术也可以称之为"石头艺术"。

（二）狩猎图的刻画

汉画像石是汉代工匠以刀代笔，在石头上刻画出的艺术作品。当时的石刻制作不具备现代的科学方法与精准的测量手段，但是，通过石工们多种多样的刻画方法，朴拙、粗犷的石刻艺术所流露出的神韵，给人带来很强的视觉冲击力。史学家翦伯赞先生曾在《秦汉史·序》中写道："在中国历史上，也再没有一个时代比汉代更好在石板上刻出当时现实生活的形式和流行的故事来。……这些石刻画像假如把它们有系统地搜集起来，几乎可以成为一部绣像的汉代史。"[3]

自 1937 年，滕固先生把中国的石刻画像，大体分为拟浮雕及拟绘画两大类后[4]，阎文儒、罗哲文、蒋英炬、吴文琪、俞伟超、王建中、杨爱

---

[1] 中国画像石全集编辑委员会，《中国画像石全集》第 2 卷，济南：山东美术出版社 2000 年版，第 285 页。

[2] 顾森，《秦汉绘画史》，北京：人民美术出版社 2000 年版，第 176 页。

[3] 翦伯赞，《秦汉史·序》，北京：北京大学出版社 1983 年版，第 5—6 页。

[4] 滕固，《南阳汉画像石刻之历史的及风格的考察》，载《张菊生先生七十生日纪念论文集》，北京：商务印书馆 1937 年版。

国等学者也先后对画像石雕刻技法进行了划分。李发林先生按照汉画像石的制作工艺，对雕刻技法进行了细致的分类，先后共分为九种，即阴线刻、平面浅浮雕、弧面浅浮雕、凹入平面雕、凹入雕、高浮雕、透雕、阳线雕以及后来增加的多层次斜平雕。[1]1987 年，杨伯达先生把汉画像石雕刻技法分为凹像刻、阳线刻、隐起刻等七类，并作了《各类刻法断面示意图》。[2]（如下图）

杨伯达先生作各类刻法断面示意图

由上可知，汉画像石刻画的分类方法有多种多样，且看汉画像狩猎图的刻绘：

（1）阴线刻，即用工具在石面上刻出凹痕，用阴线条来构造图像、表现对象的轮廓，但物象内部并不凹下。阴线刻是使用最广泛的一种刻法，根据石面被加工方式的不同，还可以分为：平面线刻、糙面线刻、凿纹地

---

[1] 1965 年，李发林先生在《考古》第 4 期，发表了题为《略谈汉画像石的雕刻技法及其分期》一文，提出了汉画像雕刻技法的前八种；1989 年，又在《中原文物》第 1 期，发表了《汉画像石的雕刻技法问题补谈》一文，其中又增加了一种汉画像石雕刻技法，即第九种：多层次斜平雕。

[2] 杨伯达，《试论山东画像石的刻法》，《故宫博物院院刊》，1987 年第 4 期。

图 7-21　狩猎、乐舞、杂技、人物、凤鸟 （采自《中国画像石全集》卷 2 图 58）

图 7-22　阙、狩猎、楼堂画像 （采自《中国画像石全集》卷 2 图 59）

线刻等。如图 7-21，微山县微山岛乡出土的狩猎、乐舞、杂技、人物、凤鸟画像，此石为阴线刻。画面分三格，左格刻狩猎场面，猎人有的荷毕、有的张弓、有的执戟、有的放犬，原野上鹿、兔、野猪等惊慌奔逃。图 7-22，微山县微山岛乡出土的阙、狩猎、楼堂画像，此石为阴线刻，是"百戏宴饮、泗水捞鼎画像"的背面。画面分三格。中格为狩猎场面。

（2）凹面线刻，即先用工具在石面上以阴线刻出物象轮廓，然后将物象铲去一部分，使物象低于整个石面，呈下凹状，最后再用阴线刻出细部。如图 7-2-1，山东嘉祥县嘉祥村出土的西王母、车骑、狩猎画像，现藏于山东石刻艺术博物馆，此石为凹面线刻，画面用横线分为五层，第一层，西王母凭几高坐，第五层为狩猎图。如图 7-2-2，嘉祥县纸坊镇出土的车骑出行、狩猎画像，此图为凹面线刻。画面共三层，最下层为狩猎图。

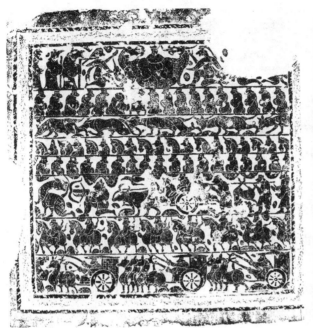

图 7-23　东王公·狩猎出行图（采自《中国画像石全集》卷 2 图 222）

图 7-24　人物、六博游戏、狩猎（采自《中国画像石全集》卷 2 图 127）

图 7-25　狩猎、人物（采自《中国画像石全集》卷 3 图 36）

（3）凸面线刻，即为了让物象轮廓凸起，对物象轮廓以外部分进行减地处理，类似于浮雕，但凸起幅度不大，物象截面呈平面。如图 7-23，

图 7-26　狩猎、异兽（采自《中国美术全集绘画编 18·画像石画像砖》图 55）

1958 年出土于滕州市西户口村的"东王公·狩猎出行图"，藏于山东省博物馆。此画像石为凸面线刻。画面共分八层：第一层为东王公坐双龙座上，第六层为狩猎图。

（4）减地平面线刻，即在打磨过的石面上，用工具把物象轮廓外部减地，使图像突出，再用墨线或阴线刻出物象细部的技法，如图 7-24，嘉祥县城西南齐山出土的人物、六博游戏、狩猎画像，此图为减地平面线刻。画面共三层，最下层为狩猎场面。图 7-25，山东临沂崔庄出土的狩猎、人物画像，此图为减地平面线刻。画面分上下两层，上层为狩猎图。

（5）浅浮雕，即将图像用阴线刻出之后，把物象轮廓外部减地，使得物象横截面呈弧面凸起，高出石平面，观若浮起。如图 7-20 微山县两城乡出土的狩猎、车马出行画像，此石为浅浮雕，两端残缺。上层狩猎者执毕、架鹰、荷弩，放出的犬正在捕兔。图 7-26 山东苍山前姚村出土的狩猎、异兽画像，此石现藏于苍山县文化馆，为浅浮雕。画面上下边栏一重，左右边栏二重，内饰双菱纹。中间由一横栏分为两层，上层为狩猎图。

（6）混合型，即由两种及两种以上刻画方法结合在一起，确切地说，大部分画像石不只是单一的刻画方法，只是刻画法的主次侧重不同而已。在此只列举两种：图 7-27，此图为陕北汉代一墓门横额画像，系平面减地浅浮雕，再加墨线和阴线的手法制成，下层中间一猎手策马追赶即将中箭倒地的野兔。图 7-28，山东长清县孝堂山出土的神兽、车骑、战争、狩

图 7-27　墓门横额（采自《陕北汉代画像石》图 446）

图 7-28　神兽、车骑、战争、狩猎（采自《中国美术全集绘画编
18·画像石画像砖》图 56）

猎画像。此图刻于孝堂山石祠西壁，系平面线刻兼有凹面线刻。画面内容
自上而下分为六个部分，第一部分的山墙锐顶有西王母等，第五部分为狩
猎图。

　　汉代画像石历经千百年的自然洗礼，有些保存得较好，有的因表皮的
风化脱落而漫漶不清，但这些都掩盖不了汉代石工精湛的刻画技艺。灵活
多变的刻画方法和丰富多彩的内容，使汉画像石永远散发着诱人的魅力，
为我们了解汉代社会生活的方方面面留下了宝贵的文化遗产。

（三）狩猎图的构图

汉画像石是我们了解汉代史实的物质根据，无论它代表了什么，有什么现实意义或象征意义，当我们徜徉在琳琅满目、神秘莫测的汉画世界时，我们首先看到的是画像石的外在构图。根据不同的地域、材质及主题，我们所见的画像石有的是独立配置，有的是分层分块，有的是粗线条外框配上内分隔线展现出一种"印章风格"等等。历史学家翦伯赞先生曾说过："深入地研究画像石在不同区域所呈现出的不同特点对我们了解两汉各个地区的地域文化有着指导作用。"[1] 下面，就汉画像狩猎图比较集中的区域来谈一下狩猎图的构图方式。

由第一章可知，狩猎图主要集中在陕西的榆林市、绥德县、神木县、米脂县等处；山东的嘉祥县、微山县、平邑县、滕州市及肥城等；河南的南阳、唐河县等以及江苏徐州等地。不同的区域，由于经济、文化发展的不平衡、石料的材质各不相同以及地理特点和地方风俗的不同，导致了各个区域画像石的构图方式也有些微的差别。

汉代时，陕西一带处于中原农耕和草原游牧的过渡地带，民风纯朴剽悍，画像石上体现出浓厚的塞上农牧特色。那一带也是汉帝国抵御匈奴南侵和捍卫关中京畿的军事要地，其画像构图不免要受到外来因素的影响。陕北一带的石料多为易于打磨刻画、质地疏松的页岩，画像构图细腻，形象犹如剪影，朴拙中见精巧。根据当时的墓室结构特点，其狩猎图多位于门楣位置。所以，那里的狩猎图画像多为横式，而且构图整体比较对称均衡，一般横额上的狩猎图分为两层，上层和两侧多为装饰纹样，有各式各样的卷云纹、蔓草纹、穿璧纹等，下层中间为狩猎图及其他图像，两边一般刻有对称的日月图像。

---

[1]　翦伯赞，《秦汉史·序》，北京：北京大学出版社1983年版，第5页。

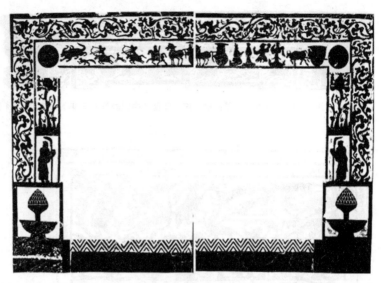

图 7-29　绥德杨孟元墓前室后壁组合画像（采自《中国画像石全集》卷 5 图 92 ）

如图 7-29，绥德杨孟元墓前室后壁组合画像。此壁由横额、两侧柱、中柱和基石组成。这是一幅典型的完全对称画像。最下层基座为连续的三角形纹，左右柱子下方各有一对称的博山炉，柱子和横额外层均为卷云蔓草纹，连续不断，此起彼伏，给人无限延伸的感觉。两侧柱中间左右各一持帚门吏相对而立，门吏上方各有仙树，树顶分别端坐着东王公、西王母，并有仙人侍候。横额下层两端为对称的日月图，左方为激烈的狩猎图，右方为观舞图和一牛拉车。图 7-30，靖边寨山墓门楣画像。此图也是一对称画像，横额上层为卷云蔓草纹，两端上方为对称的日月图，下方分别为玉兔捣药和朱雀。横额下层左边为狩猎图，右边为车马出行图。

山东是儒家文化的发源地，其画像内容多以反映儒家思想为主，狩猎图也占了一定的份额。这里的狩猎图构图主题突出，繁复而细腻，还采用了散点透视法，画面常被塞得满满当当，几乎不留白，饱满而不臃肿，厚重却不笨拙，图像多采取分层次构图法，有的层次很多，但一目了然，有横着分层，也有竖着分格，还有的内容博杂，貌似数不清层次，少有独立配置的画像。

图 7-30　靖边寨山墓门楣画像（采自《中国画像石全集》卷 5 图 231）

图 7-31　狩猎、纺织、车骑出行画像（采自《中国画像石全集》卷 2 图
164）

　　如图 7-2-1、7-2-2，很清晰地分为上下五层；图 7-23，分为六层；图
7-21、7-22，均为横向分为三格；而图 7-28，因其构图细密繁琐，内容较
多，猛看起来很杂乱，需细细观察，才能发现图像也是有规律、按题材进
行交错分组的。凡是画像中想突出的重要人物一般都放在重要位置且刻绘
得比较大，如图 7-2-1、7-2-2 及图 7-23 中的东王公、西王母都被置于最
顶层，图 7-9-2、7-9-3、7-9-4 中墓主人都被放在最显眼的中心位置。图
7-31，狩猎、纺织、车骑出行画像，粗粗的连续三条外框线构成的方块外
形，加上内分隔线给人一种"印章"的感觉。

　　素有"帝都"之称的南阳，是画像石比较集中的区域之一。南阳旧属楚地，其画像石的构图或多或少地吸收了楚文化的艺术特色。南阳的狩猎图也比较多，其构图方式整体疏朗开阔，酣畅豪放，主题突出，图像多独立配置，很少有分层，线条饱满粗犷，劲健有力，造型大胆夸饰。

如前图7-3、图7-4-2、7-4-3，图7-5，图7-6-2、7-6-3，图7-7，图7-10-1、7-10-2等狩猎图均为独立配置。从表现方法看，类似于雕塑；从构图方式上看更具有绘画艺术的特征。图7-6-1整个画面极其夸张，充满动感，硕大的马匹四蹄生风，跃跃欲飞，马背上猎人张满弓、回转身，随时会给吓得失魂的野牛致命一击，左面还有一人持弓仰射，紧张的氛围使得鸟儿也不知向何处飞才是。图7-32为射鸟图，稀疏、高挑的一棵树，似乎要触及云霄，俨然一幅长轴式画卷。树上栖着三只鸟，树下一高髻者，长襦宽袖，腰都要折成了九十度，转身张弓仰射，画面简单，线条流畅，意境空旷，图中大片留白。图中空白的效应开传统中国画知白守黑之先河，虚实相生，以少胜多，在有限中体现出无限。物象与自然融为一体，对后来的写意画产生了一定的影响。

以上简单地介绍了陕西、山东、河南一带，汉画像狩猎图的构图方式，陕西一带狩猎图更多体现为对称均衡、变化统一，卷云纹饰较多；山东的狩猎图饱满粗犷，少有留白，多为分层配置；南阳的狩猎图疏朗开阔，多为独立配置，为后来的写意画作了铺垫。画像石作为

图7-32　射鸟图（采自《中国画像石全集》卷6图213）

汉代的"石头艺术""无声史诗",整体构图多为朴拙、粗犷、豪迈,具有鲜明的装饰风格,在多样统一中体现出一定的节奏韵律。

五、结语

汉画像石艺术是汉代社会所独有的艺术形式,在中国艺术史上占有相当重要的地位,它上承楚文化之浪漫情操,下开魏晋之艺术先河。汉画像中的狩猎图占了相当一部分比例,为我们了解汉代社会的生活、军事、娱乐、祭祀等方面的内容提供了重要的史实依据。

为数众多、内容丰富的汉画像狩猎图主要分布在陕西、山东、河南南阳等地。这些地方当时的农业、手工业或是盐、铁业比较发达,带来经济上的繁荣、物质上的富足,为画像石的建造提供了强大的经济后盾,再加上浓郁的厚葬之风、"举孝廉"等升官进爵的制度,使得汉画像业突飞猛进地发展。汉画像中狩猎的种类多种多样,有狩猎、射猎、围猎、渔猎、巡狩等,充分体现汉代人勤劳、纯朴的品质和聪明的智慧,也给我们现代人带来强烈的视觉冲击力。

从远古至汉代,人们一直重视祭祀活动,到汉代更是有过之而无不及,作为坟墓艺术的画像石,当然有一定的祭祀意义。为了表示对祭祀的虔诚,实现自己的愿望,祭祀者总要为祖先及神灵提供一定的肉类祭品,即牺牲,这些牺牲品除了家养的牲畜,就是靠狩猎获取。这或许也是狩猎题材画像石比较多的一个重要原因。在汉代,射还是一种礼制,它是进行选士、考验贤者的一种方法,甚至成为士进入仕途的一种重要途径。

琳琅满目的汉画题材有相当一部分是来自现实生活,比如狩猎图。狩猎本是人类赖以生存的一种手段,狩取的猎物可以解决人们的温饱之需。可是,进入农业社会以来,人们解决温饱之后,还会想着寻欢作乐,尤其对于达官显贵们,狩猎便是他们茶余饭后很刺激的消遣活动,汉代天子甚至还建有专门的皇家猎场——上林苑。但是,在汉代,周围总有一些戎狄入侵，为了保证大一统的专政，国家必须保持一定的军事力量，狩猎就是一种很好的军事操练活动。狩猎者可以把猎物假想为敌人来进行各种搏击训练。

画像石作为一种石上杰作，显然有一定的艺术性。从汉初到汉末，随着时间的推移，它的造型艺术也从开始的稚拙逐渐向成熟发展。它的刻绘方式也是多种多样，比如：阴线刻、阳线刻、浅浮雕、高浮雕等，充分体现了石工们高超、娴熟的技艺，狩猎图的构图方式也因地域、习俗、材质等的不同而有差别，有对称统一，有分层配置，还有独立成幅等。

汉画像狩猎图不仅具有一定的祭祀性，还有其现实性和艺术性。当我们走进汉画像世界，欣赏精美的画作，体味曼妙的石上史诗，感受着触手可及的两千多年前的艺术作品时，不得不被汉代人精彩的生活所打动，被汉代石工的勤劳、聪慧所折服。我在研究汉画像狩猎图的过程中，时常有穿越时空，穿越到汉代体验一下金戈铁马的冲动。

（作者 顾乐红）

汉代画像艺术中存在着不少"纺织"图像，目前学界谈及此类图像多从汉代的农业生产、手工业生产等角度论述，未见对汉画像中纺织图像的综合分析研究，对纺织图所表达出来的宗教意蕴、美学意义和文化意义的阐释也鲜有人涉及。本章从"纺织图"图像源流入手，探讨"纺织图"出现的历史地理背景和文化意义，试图说明汉画像中的"纺织图"不只是对汉代纺织生产程序的简单描绘，而且还是汉代人信仰崇拜的载体，表达了死者及家人渴望生命延续及再生的美好愿望。

一、图像源流

汉画像描绘了汉代人现实生活中丰富多彩的画面，如宴饮、歌舞、杂耍、庖厨、狩猎、耕作、纺织、盐井、征战、讲经、历史故事，反映当时人们的思想信仰。这正如著名历史学家翦伯赞在《秦汉史》中所说："在中国历史上，也再没有一个时代比汉代更好在石板上刻出当时现实生活的形式和流行的故事来……这些石刻画像假如把它们有系统地搜辑起来，几乎可以成为一部绣像的汉代史。"[1] 鲁迅先生也赞叹说："唯汉代石刻，气

---

[1] 翦伯赞，《秦汉史·序》，北京：北京大学出版社 1999 年版，第 6 页。

魄深沉雄大。"[1]

笔者参阅了《中国画像石全集》以及一些相关资料作了一下统计，目前有关纺织的画像石全国已出土 20 余块，其中山东境内的有滕县（州）宏道院、黄家岭、后台、西户口各一块，龙阳店两块，嘉祥武梁祠、长清孝堂山郭巨祠、济宁晋阳山慈云寺各一块，共九块；江苏境内有铜山洪楼和青山泉两块，沛县留城、邳县白山故子 1 号墓、泗洪曹庄、新沂各一块，共六块；安徽宿县褚兰东汉墓一块；四川成都曾家包东汉墓各一块。这些图像反映了汉代纺织业的生产情况，是我们研究中国纺织业历史的宝贵资料。

（一）历史背景

据文献记载，山东自古以来就是我国桑蚕纺织业的重要地区。周代时，山东为齐鲁两国的封地，春秋战国时，有不少齐鲁的历史故事与蚕桑有关。《战国策》中有"强弩之末势不能穿鲁缟"的文句，齐有"冠带衣履天下"[2]的美誉。"齐纨鲁缟"是当时最为名贵的丝织品。山东地区土地肥沃，气候温和，地理条件优越，适宜种植桑麻。《史记·货殖列传》云："齐带山海，膏壤千里，宜桑麻，人民多文彩布帛鱼盐。"[3]《汉书·货殖传》云："齐、鲁千亩桑麻。"[4]

山东、徐州淮海地区地处黄河、淮河两大流域的下游，沃野千里，人口殷盛。本区的齐、鲁之地，自古以来就是"通鱼盐之利，而人物辐辏"的富庶之地。这一地区的冶铁、制盐、丝织等官营的手工业居全国之首，社会上出现大量的豪门望族，经济基础全国领先。该区又是儒家文化的发祥地，人才荟萃，在"罢黜百家，独尊儒术"的统治思想下，产生大量的

---

[1] 《鲁迅全集》卷十三，北京：人民文学出版社 1982 年版，第 207 页。

[2] 《汉书·地理志》："故其俗弥侈，织作冰纨绮绣纯丽之物，号为冠带衣履天下。"

[3] 〔汉〕司马迁，《史记·货殖列传》，北京：中华书局 2000 年版，第 2469 页。

[4] 班固，《汉书·货殖传》，北京：中华书局 2000 年版，第 2730 页。

高级官僚，《汉书·地理志》记载："汉兴以来，鲁东海多至卿相。"而且本区域文化发达，自春秋时期以来，诸子百家学说并起，邹鲁一带又是孔孟之乡，深受儒学思想影响。据《后汉书·仲长统传》记载："豪人之室，连栋数百，膏田满野，奴婢千群，徒附万计。船车贾贩，周于四方；废居积贮，满于都城。琦赂宝货，巨室不能容；马牛羊豕，山谷不能受。妖童美妾，填乎绮室；倡讴伎乐，列乎深堂。"[1] 此处还是神仙方士活动和早期道教流行的区域，追求长生不老和升仙之风盛行。这些都对此区域汉画像石的发展产生影响，并为之提供了丰富的创作思想素材。

汉画像石兴起后，又受到有如屈原《楚辞·天问》中所描述的那种古代庙堂壁画以及西汉早期建造的鲁灵光殿殿堂壁画的影响。《鲁灵光殿赋》中载：

> 图画天地，品类群生。杂物奇怪，山神海灵。写载其状，托之丹青。千变万化，事各缪形。随色象类，曲得其情。上纪开辟，遂古之初。五龙比翼，人皇九头。伏羲鳞身，女娲蛇躯。鸿荒朴略，厥状睢盱。焕炳可观，黄帝、唐、虞。轩冕以庸，衣裳有殊。下及三后，媱妃乱主。忠臣孝子，烈士贞女。贤愚成败，靡不载叙。恶以诫世，善以示后。[2]

这些著名殿堂的壁画对此区画像内容和形式的创作产生了重大影响。雄厚的经济实力、儒家"孝悌"伦理思想道德影响、追求升仙的愿望及此地便于开采和适宜雕刻的石灰岩石料，使这一地区的画像石墓大量出现，该区理所当然地成为我国画像石的第一主产区。这一地区的画像石产生的时间比较早，发展周期也较长，数量众多，题材丰富，在墓室、祠堂、石阙上都有画像。此地的画像石囊括了平面阴线刻、凹面线刻、减地平面线

---

[1] 〔南朝·宋〕范晔，《后汉书·仲长统传》，北京：中华书局2000年版，第1112页。

[2] 〔汉〕王延寿，《鲁灵光殿赋》，《昭明文选·宫殿》卷十一，北京：中华书局1977年版，第171页。

刻、浅浮雕、高浮雕等主要的雕刻技法，画面丰富多变，艺术风格呈现出百花齐放的局面。

春秋战国时，徐州产的玄纤、缟等纺织品很闻名，徐州与山东毗邻，自然条件相近。两汉时期，徐州一带经济富庶，文化发达，自然条件较好，古汴水、泗水在此交流横贯，土地肥沃。可谓"人口殷盛""谷米丰盛"，是汉代经济最发达的地区之一。经济的发达为汉画像的发展提供了物质基础。徐州是汉高祖刘邦的故里，两汉时一直为封建王朝所重视，是重要的诸侯分封地。

两汉四百年间，这里共有楚王、彭城王十八代，豪族之家生时恣意享乐，极尽其欲，死后崇尚厚葬，崇仰鬼神，迷信之风甚盛，爱把自己崇拜的东西刻于墓中，豪家贵戚如此，一些中小地主也竞相模仿。同时，徐州附近盛产石灰岩、青石，为营造汉画像石墓提供了石料来源，因此，众多的汉画像石墓便在徐州盛行起来。本文所谈的纺织图就是在这样的环境下产生的。

四川盆地是长江流域桑蚕纺织业比较发达的地区。据史料记载，成都平原很早就是我国纺织业发达地区之一，传说第一代蜀王蚕丛氏最早开始带领那里的人民种桑养蚕，四川民间还流传着蚕神马头娘娘的神话。这一点也可以从出土的汉画像砖得到证明。在四川成都出土的"桑园画像砖"中，如图8-1，桑树高而茂密，四川自古就是我国桑蚕的重要产地，到东汉时期，蜀郡成为汉代仅次于山东的蚕丝基地，西汉文学家扬雄的《蜀都赋》赞美成都产的蜀锦为"自造奇锦……绵茧成衽，阿丽纤靡"[1]。成都产的蜀锦闻名全国，所以古时成都又美名为"锦官城"。晋左思的《蜀都赋》中描写"机杼相和，贝锦斐成"[2]。另外，在四川还出土了"桑园野合"画像砖及"纺织"画像石。所以，四川成都平原一带在秦汉至魏晋时期一直是纺织业比较发达的地区之一。

---

[1] 〔清〕严可均辑，《全上古三代秦汉三国六朝文》，北京：中华书局1958年版，第402页。
[2] 同上，第1883页。

图 8-1　四川桑园画像砖

据《后汉书·地理志》记载，东汉时全国分为十二州，鲁南、苏北、皖东北统为徐州刺史部管辖，其中济宁、滕县归东海郡；嘉祥、沛县、铜山、宿县归彭城国；邳县、泗洪归下邳国。四川成都属益州刺史部的蜀郡。《盐铁论·本议篇》说："齐陶之缣，蜀汉之布。"[1] 指的就是这两个地区，在汉代，这两处都是著名的纺织业中心。从出土的纺织画像石及纺织品来看，"齐陶"多于"蜀汉"，今徐淮地区次于鲁南地区。由此可见，当时该地区的纺织业发展的盛况。今安徽与徐州毗邻，仅发现三块纺织画像石，而且都在宿县（今宿州市）发现，宿县在古代属于彭城国，所以说，安徽宿州出土的纺织画像石也反映了当时纺织业的盛况。

综上所述，出土于山东、徐州、四川、安徽地区的纺织图像具有特定的文化历史背景，具有一定的文化内涵，同时与汉代人的思想观念和信仰存在某种关联。

（二）图像配置

信立祥认为："汉画像石并不是一种自由创造的艺术，它是严格按照当时占统治地位的儒家礼制和宇宙观念刻在石结构墓室、石棺、祠堂和墓

---

[1]〔汉〕桓宽，《盐铁论·本议第一》，《诸子集成》卷七，北京：中华书局 1954 年版，第 2 页。

图 8-2　徐州铜山青山泉出土的纺织建筑画像石

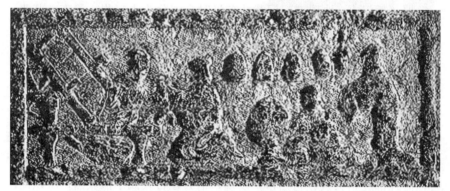

图 8-2　徐州铜山青山泉出土的纺织建筑画像石（局部图）

阙上的。"[1] 因此，汉画像中的纺织图像配置也具有不同的深层文化内涵。

1. 家庭作坊性质的纺织图像

　　徐州贾汪区青山泉出土的纺织画像石，如图 8-2，画面分上下两部分。上部分描写的是一个纺织场面。左方刻一织机，一人坐机前，回身从另一人手中接抱一婴儿。右方刻一纺车和一纺者，旁有一人躬身而立，正为

---

[1]　信立祥，《汉代画像石综合研究》，北京：文物出版社 2000 年版，第 59—60 页。

图 8-3　滕州市龙阳店镇附近出土的楼阁、人物、车骑画像

图 8-3　滕州市龙阳店镇附近出土的楼阁、人物、车骑画像（局部图）

纺者递传物件。右上方悬五个籆。我国古代一般纺织的程序为一调丝，一纺，一织。而青山泉纺织图中没有反映调丝的场面，只刻出一纺一织；图中织机经面倾角小，构造较为简单，应为一般家庭用的小型织机。这幅画像显示了东汉时期家庭纺织的真实情景和纺织工具的具体形制。

2. 集体作坊性质的纺织图像

　　山东滕州市龙阳店镇附近出土的"楼阁、人物、车骑"画像，如图8-3，第二层为纺织图像，左边女子操作织机，右一女子摇纬，背后均有妇女、孩子看之，图中有七人在操作。整幅画面复杂，有楼阁、人物、车骑，场面豪华，显示了统治阶级奢靡的生活。而且纺织图画面中有七人操作，是集体作坊的反映，不是个人家庭的简单操作。

此外，滕州市龙阳店镇附近还出土了另一块纺织图画像石"狩猎、纺织、车骑出行"画像，如图8-4，画面三层，中层刻画了纺织场景。左右有织机两架，中间有纺车一架。左右端各一人操作织机，一人在背后观望；右织机前一妇女执篗络丝，其上方挂有缠满丝的梭子；左织机前一人摇纬，一人弯腰提丝，表现出集体作坊的繁忙景象。

滕州市造纸厂出土的纺织画像石，如图8-5，画面分四层：第二层和三层，左端一楼，楼上二人六博游戏，楼下二骑吏守门，门侧置放戟、弓、剑、盾等武器；楼梯设在楼外，二人抬壶蹬梯。右端两层，左为众人物，右有纺线织布者，线品挂满墙壁。三层，跪拜人物，另有六人一排立。四层，车骑出行，有二轺车、四轮车、二导骑。整个画面气势磅礴，显示出富豪们奢侈豪华的生活。

还有出现在安徽宿县的纺织图像，如图8-6，画像分上下两层，第二层刻有三位女子在纺织，坐在织机上的妇女抱着婴儿在逗乐，情景动人。从整幅画面来看也反映了富人的奢华生活，图中的纺织图像是他们集体作坊的反映。

徐州洪楼出土的纺织图像，如图8-7，画面分上下二层。上层刻人物拜见；下层画面分两部分，右边为乐舞百戏，左边为纺织图，屋内有三女子，右边一人在调丝，中间一人在络纬，左面一人在织机上准备织布，图中织机的样子为单综双蹑斜身织机，在屋檐下还悬挂着满丝线的篗子。

另外，在四川成都土桥汉墓也出土了一块酿酒、纺织图像画像石，如图8-8，这是四川迄今唯一的一幅纺织图，内容分为三格：上格为狩猎图，中格为纺织图，下格为酿酒图。但在纺织图上的雕刻却以武器为中心，架上陈列着戟、矛、弓弩、盾牌等各式武器。而两架织机则布置在武器架的左右两侧。两个织妇正紧张地操作，似乎是在被监视下从事劳动。这两架织机属于当时结构较先进的一种织机。而且从画面上两架织机和摆放的武器来看，这属于集体作坊。

图 8-4 滕州市龙阳店镇附近
出土狩猎、纺织、车骑出行画像

图 8-4 滕州市龙阳店镇附近出土狩猎、纺织、车骑出行画像（局部图）

图 8-5 滕州市造纸厂出土群兽、纺织、楼房、车骑出行画像

图 8-5 滕州市造纸厂出土群兽、纺织、楼房、车骑出行画像（局部图）

图 8-6　安徽宿州褚兰镇墓出土的宴乐、纺织画像

图 8-7　徐州市洪楼拜会、乐舞百戏、纺织画像（局部图）

　　　　　　　　　　　　　　　民俗之雅

图8-8　四川成都土桥酿酒、纺织画像石

图8-8　四川成都土桥酿酒、纺织画像石（局部图）

3. 历史故事的纺织图像

　　山东嘉祥武梁祠西壁画像石，如图8-9，画面分为五层，第三层右下角刻有纺织机，讲的是"曾母投杼"的故事，这在纺织图中是比较特殊的一个画面，它不是描述纺织生产的情况，而只是作为历史故事展示的。而武梁祠上所刻的这个故事也应是这个意思，警戒后人做事的原则，不要听信谗言。

　　山东滕州市桑村镇西户口村出土的"楼阁、人物、车骑"画像石，如图8-10，图中上层左下角：刻有一妇女坐于织机前端，回首右顾一跪地

图 8-9　武梁祠画像石

图 8-9　武梁祠画像石拓本

　　　　　　　　　　　　　　　　民俗之雅

图 8-9　武梁祠画像石复原图

者，织机后一人站立；右一人摇纬。从图上可以看出，这也是一幅表现"曾母投杼"故事的画面。

　　江苏沛县留城镇曾出土了一块纺织图画像石，如图 8-11，原石已佚，铜山张伯英先生藏有拓片。从画面布局来看，左角刻一门楼以示织室，室内雕有织机和纬车。有两织妇坐在织机和纬车后操作，织机后站立一人戴冠帽，应为男性，面向织妇诉说其情，织妇目不转睛地在专心织布，另一少年跪在男人身后。从人物情节分析，与山东武氏祠相同，也是历史故事"曾母投杼"。

4. 神话传说的纺织图像

　　山东省长清县孝里镇村孝堂山出土的画像石，如图 8-12，画像刻有日月星辰图像。分为南北两段。南段刻一日轮，日中有金乌，日旁有织女坐于织机上，上有三星相连，当为织女星座；织女后有六星。日轮外侧有相连的南斗六星及一小星，南斗下有浮云和一飞鸟。北段刻一月轮，轮中有玉兔和蟾蜍。

　　信立祥先生认为："织女星图像之所以如此配置和构图，不仅因为牛郎织女的优美人神恋爱故事为当时的人民大众熟知和喜爱，还应与当时盛

图 8-10 滕州市桑村镇
西户口村出土楼阁、水
榭、纺织、车骑出行画像

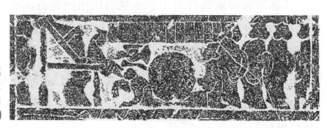

图 8-10 滕州市桑村镇
西户口村出土楼阁、水
榭、纺织、车骑出行画
像（局部图）

图 8-11 江苏沛县留城
镇出土的纺织图画像石

民俗之雅

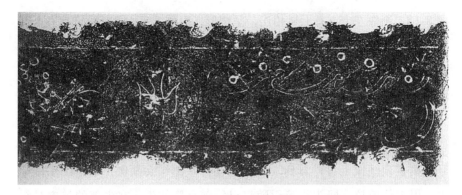

图 8-12 长清县孝里镇村南孝堂山出土的画像石

图 8-13　河南南阳白滩出土牛郎织女画像石

行的每年七夕妇女祈愿祭俗有关。"《四民月令》载：七月七日，设酒脯时果，散香粉于筵上，祈请于河鼓、织女。到南北朝时期，这种妇女七夕祈愿祭俗演变为妇女的七夕乞巧风俗。据《荆楚岁时记》载：七月七日为牵牛织女聚会之夜。这种乞巧风俗一直流行到近代。他还认为：在汉代的天象图中，出现织女机织的形象，应与后代的乞巧风俗无关，表达的应是祠堂建造者祈求幸福的愿望。[1]

　　另外，河南南阳白滩出土的一块画像石上，有牛郎、织女星宿。如

---

[1]　信立祥，《汉代画像石综合研究》，北京：文物出版社 2000 年版，第 164 页。

图 8-13，画像左上方有七星相连，呈圆形，内雕玉兔，象征月宫。右上部刻三星相连即牵牛星，一牛郎一手牵牛，一手举鞭，作向前行走状；与其相对应的左下部刻四星相连的女宿，内有一高髻女子拱手跽坐，即织女；两星之间隔着白虎星座，星座前还有内刻玉兔的毕宿，图间饰云气，象征天空。

同样的图像在四川郫县（今成都市郫都区）新胜二、三号砖室墓一号石棺盖顶画像上可以看到，龙虎衔璧与牛郎织女画像，牛郎正手牵一牛，用力往前拉，回头望着正随自己往前奔跑的牛。在牛郎的前方是织女，她手执机梭，正在焦急地等待牛郎的到来。这里的牛郎织女是天象的人格化。

李立先生认为："古代先民对星象的认识是从自身实际生活经验出发的，人们凭借宗教的和现实生活方面的知识，来观照天空上的星辰，展开丰富联想，因此，古代先民对某些星座的命名，便已经体现着对这些星辰的宗教情感和生活情趣。这样说来，牵牛、织女作为银河东西两个星座的名称，便是一种感性认识和神学抽象的结果。牵牛织女符号形式内，便已经包含着'人'的形象内涵。"[1]

综上所述，汉画像上的纺织图像并不是孤立存在的，而是与楼阁、人物、宴饮、车骑出行、星座、历史故事在同一画面。有反映家庭作坊性质的，画面刻有孩子，情景温馨动人。有的为莲台楼阁、欢歌燕舞、宾朋满座、车骑出行，是汉代官僚地主豪侈生活的真实反映。这些纺织图像反映的应是官僚地主经营的纺织工业作坊的景象及其生活的场景。另外，还有表现"曾母投杼"的历史故事，警戒后人做事不要听信谗言，具有警示后人之意；还有神话传说，如表现牛郎织女的故事。所以，笔者以为，刻于墓室祠堂中的纺织图不是随意刻画的，而具有特定的思想内涵，反映着汉代人的思想观念。

---

[1] 李立，《汉代牛女神话世俗化演变阐释》，《洛阳师专学报》，1999 年第 1 期。

二、要素分析

"汉画像艺术是中国古老审美观念形象的汉画像史诗，是我们民族一个久远的梦，是汉民族精神的一个'镜像'阶段。"[1]汉画像反映了汉代人对死后世界的看法。汉代人信仰人死后有另一个世界，这个世界是人生时的一个摹本。

汉代画像石主要是用来建造坟墓建筑的阙、祠堂和墓室的，而这些建筑都是为死者在死后的生活而建的，上面的装饰图像也都是或者主要是为死者而装饰的。这些图像为死者开辟创造了一个天人合一的、祥瑞纷呈的、有各种神灵护佑的、可辟邪消灾的、能羽化升仙的、有理想道德规范的、充满着安乐生活享受的神奇世界，用来满足和慰藉死者的灵魂。而且人们为了克服对死亡和死后世界的恐惧心理，"一方面就用镇墓兽和解除瓶来避除、镇压恶鬼，以免给死者的魂魄找麻烦，另一方面积极为死者营造一个理想化的死后生存空间，随葬品和墓室建筑装饰的绝大多数内容都是为此而做的"[2]。所以，笔者以为，墓室祠堂中的纺织图不是随意刻画的，而具有特定的思想内涵。当然，纺织图像中的要素也具有不同的内涵，本章先分析它的要素，然后再阐释其文化内涵。

（一）图像解读

一个民族，不仅有一个文字记载的历史，而且有一个视觉图像叙述的历史。[3]汉画像艺术是以图像方式展现汉代人的生活精神面貌。著名的艺术史学家潘诺夫斯基把视觉图像的研究分为三个层次：第一，对基本的或自然的形象进行确定；第二，对从属性的、约定俗成和象征性的内容进行

---

[1] 朱存明，《汉画像的象征世界》，北京：人民文学出版社2005年版，第1页。

[2] 杨爱国，《幽冥两界：纪年汉代画像石研究》，西安：陕西人民出版社2006年版，第210页。

[3] 朱存明，《汉画像的象征世界》，北京：人民文学出版社2005年版，第8页。

确定；第三，对上述二者进行分析，并确定其综合性含义，还要考虑艺术家对主题所作的风格性处理及其哲学性的内涵。[1] 本文结合运用这三个层次对纺织图像进行解读。

以徐州铜山洪楼出土的纺织图为例，这幅图比较全面地反映了我国古代纺织的三道程序：一纺，一织，一调丝。在画像中的织女后面是一架纺车，和留城画像中的纺车相似，与后世的纺车形制也有相似之处。关于纺车的文献记载最早见于西汉扬雄的《方言》，记有"繀车"和"道轨"。汉代纺车，根据画像石上所画的形状看，和明代《天工开物》上的纺车类似。画像中所纺的丝，一端结系在纺车的锭子上，纺者一手握丝，丝的另一端穿过檐下的横杆，下垂成为两条，其端各缀一长方形物，半悬在空中。这大约就是"篗"，宋应星记后世的纺丝法，相当于我们现在纺织上用的筒子，名为"筒子纱"。纺时在车旁斜置一杆，杆上装置一只半环形的鼻，地下放着篗，篗上的丝，穿过半环鼻，"摇车转锭，而纺于竹管之上"[2]。这个工序是提供纱的，当时名为"纬络"。而现在我们叫它"纬纱"。洪楼画像所示的可能就是这种操作形象。

纺车的右方为一女子，身旁放着一个三角形架，上置三根短箸，丝的一端缠绕在箸上，其上端也是穿过檐下的横杆，操握在女子的手中。但女子所执何物看不清楚（当是篗），这种操作应为"调丝"。《天工开物》中记载："调丝"是在"透光檐端宇下以木架铺地，置竹四根于上，名曰络笃。丝匡竹上，其旁倚柱高八尺处，钉具斜安小竹偃月挂钩。悬搭丝于钩内，手中执篗旋缠，以俟牵经、织纬之用"[3]。洪楼纺织画像中的"调丝"操作正是在"檐端宇下"，其中的三脚架当为"络笃"。笔者认为这道程序就是现代纺织中从筒纱到绞纱的过程，名为"倒纱"。

而且从洪楼纺织画像中可以看出使用的织机为斜织机，形制结构比较

---

[1] 〔美〕潘诺夫斯基著，傅志强译，《视觉艺术的含义》，沈阳：辽宁人民出版社1987年版，第34—36页。

[2] 〔明〕宋应星撰，潘吉星译注，《天工开物译注·乃服第六》卷上，上海：上海古籍出版社2008年版，第96页。

[3] 同上，第95页。

清晰。《天工开物》中载有两种织机，一种是带有花楼的花机，构造复杂，能织各种花纹的绫绡纱罗；另一种是织罗绢和布的"腰机"，形制结构小巧。[1] 与洪楼画像中织机的形象大致相同。赵丰对汉代斜织机有进一步的研究，他认为："汉代踏板织机至少有两大类型，一类为卧机，另一类为中轴式踏板斜织机。"[2] 洪楼画像中的织机为"脚踏提综斜织机"。

画像石上的织女踞坐状，是汉代妇女操机织布的劳动状态。古代织女传说与蚕女神话有密切关联，养蚕与丝织是密切相关的生产劳动，又都是妇女所从事的工作。在古代先蚕崇拜和蚕女神话中，蚕女形象便是跪坐的姿势。《山海经·海外北经》云："欧丝之野大踵东，一女子跪据树欧丝。"由此，我们可以看出汉画像石上的织女形象与养蚕丝织的渊源。

郑先兴先生认为："牛女神话故事传说从先秦到汉代被刻在画像石上，一方面表明着农耕生产方式需要了解自然和气候的变化，促使古代天文学的发展；另一方面是借此教导女子做一个贤妻良母；第三方面也体现了古代官吏离家别妻任官他乡的相思寂寞之情。总之，在夫妻恩爱的前提下，男耕女织，传宗接代，幸福平淡地生活，是牛女神话所流露的传统民俗文化的基本精神。"[3]

从汉画像纺织图像上我们可以清楚地看到，刻有很多的线团。"在西藏，用缠着各种线的纺锤为女子招魂，用箭矢为男子招魂。"[4] "线作为招魂工具，应用得很普遍，体现着它所具有的生命之线的象征意义。"[5] 因此，汉画像纺织图像中墙上挂的丝线，很有可能是用来招魂的工具，表达生命长久的愿望。

从以上列举的材料中，可以了解到汉代纺织业的真实情景以及纺织

---

[1] 〔明〕宋应星撰，潘吉星译注，《天工开物译注》卷上，上海：上海古籍出版社2008年版，第100页。

[2] 赵丰、金琳，《纺织考古》，北京：文物出版社2007年版，第70—71页。

[3] 郑先兴，《汉画牛郎织女神话的原型分析》，《古代文明》，2007年第4期。

[4] 〔意〕图齐、〔德〕海西希著，耿升译，《西藏和蒙古的宗教》，天津：天津古籍出版社1989年版，第225页。

[5] 马昌仪，《中国灵魂信仰》，上海：上海文艺出版社1998年版，第280页。

织造的具体操作，纺织工具的具体形制。根据文献记载，西汉时期，国家有专门的纺织机构，名为"东西织室"。《汉书·贡禹传》："三工官官费五千万，东西织室亦然。"[1] 又《惠帝纪》织室注："（织室）主织作缯帛之处。"[2]《三辅黄图》："织室在未央宫，又有东西织室，织作文绣郊庙之服。有令史属少府。"[3]《盐铁论·本议篇》云："非独齐、陶之缣，蜀、汉之布也。"[4] 古人曰："一夫不耕，或受之饥；一女不织，或受之寒。"[5] 表明了当时的妇女都会纺织。又《汉书·食货志》记西汉时一般暴富的商人是"男不耕耘，女不蚕织"。而一般百姓"男子力耕不足粮饷，女子纺绩不足衣服"[6]。由此，我们不难看出，在汉代，纺织已成为民间普遍的手工业。从某些画像内容来看，图中既有家庭作坊又有集体作坊。例如铜山洪楼东汉墓出土的纺织图，当是描绘统治阶级家庭妇女的纺织操作情景。汉代官吏的家庭妇女往往担负着督率婢仆种桑养蚕、从事纺织的责任。在《汉书·张汤传》有记载"（张安世）夫人自纺绩，家童七百人，皆有手技作事，内治产业，累积纤微，是以能殖其货，富于大将军（霍）光"[7]。

（二）符号象征

汉画像中的许多图像和符号具有某种神秘性，它不但直接反映了汉代人的精神生活面貌，而且还隐喻着一个神秘的世界。"汉画像艺术营造了一个宇宙象征主义的时空，这一时空的表达必然是符号性的，因为宇宙的浩瀚和'无形式'，只能在人的符号传达中才能得到象征性的表现。"[8] "符号作为指示，作为隐喻，它涉及到符号象征事物的过程，以及不同的诠解

[1] 〔汉〕班固撰，〔唐〕颜师古注，《汉书》，北京：中华书局 2000 年版，第 2301 页。
[2] 同上，第 67 页。
[3] 孙星衍、庄逵吉校订，《三辅黄图》，北京：中华书局 1985 年版，第 28 页。
[4] 〔汉〕桓宽，《盐铁论·本议篇》，见《诸子集成》第七册，北京：中华书局 1956 年版，第 2 页。
[5] 〔汉〕班固撰，〔唐〕颜师古注，《汉书》卷二四，北京：中华书局 2000 年版，第 950 页。
[6] 同上，第 949 页。
[7] 〔汉〕班固撰，〔唐〕颜师古注，《汉书》卷五九，北京：中华书局 2000 年版，第 2011 页。
[8] 朱存明，《汉画像的象征世界》，北京：人民文学出版社 2005 年版，第 201 页。

方式。"[1]卡西尔将符号概念扩充到象征符号,他认为象征符号与其相互的理解是文化生活的基础,也是文化科学的前提。卡西尔说:"这些象征符号之体系不要仅仅被理解为和解释为趋于多种不同方向,而且弥散于我们精神生活领域与人类心灵的简单表露。它们尽管有其差异,但都具有一种内在的统一性。当然,这种统一性不能以实体化形而上学的方式被看作简单的、不可分割的实体。它不能用纯属实体性的方式去描述。它必须用功能的方式去理解与界定。"[2]本节所谈的"胜"即是这种象征符号,应从这种功能的方式去理解。

从上文列举的纺织图像上,我们可以看到汉代的纺织机具包括三大件:织机、络车和纬车,而且几乎每幅图上都刻有织机。织机是纺织业最重要的工具,构造较为复杂,而且斜织机是我国纺织机械史上的一项重要发明。而图中所刻织机形象逼真,从织机上我们还可以看到织机的重要构件元素——织机轴,织机上的卷经轴在古代被称为"胜"[3]或"滕","胜"实际上就是纺织机的代名词。下面就对纺织图像的要素"织胜"进行论述。

图 8-14　江苏沛县留城织机简易图

从目前出土的画像石上的纺织图像来看,每幅纺织图上都刻有织机,目前赵丰、尤振尧等几位学者对织机进行了复原研究,并把织机的示意图描绘出来,在这些复原的织机示意图上可以清楚地看到用以卷经线的轴的形状。如图 8-14、8-15、8-16 所示:

[1] 林信华,《社会符号学》,上海:东方出版中心 2011 年版,第 21 页。

[2] 〔德〕恩斯特·卡西尔著,李小兵译,《符号、神话、文化》,北京:东方出版社 1988 年版,第 23 页。

[3] 〔汉〕刘安,《淮南子·泛论训》:"后世为之机杼胜复。"《诸子集成》卷七,北京:中华书局 1954 年版,第 221 页。

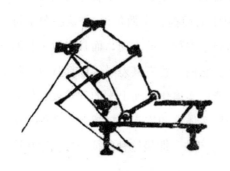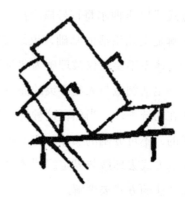

图 8-15　江苏泗洪曹庄织机图　　　　图 8-16　徐州铜山青山泉织机图

上面描绘的几个织机轴图,在汉代许慎《说文解字》云:"縢,机持经者。"段玉裁注引《三仓》:"经所居,机縢也。"段玉裁注:"胜者,縢之假借字。"由此可知,"縢"即"胜",是织布机上持经线的轴。

此外,在山东、四川、河南等地的汉画中也常见到单独出现的作为抽象符号的"胜"纹图案。这种"胜"多被刻画在墓门横额或画像石的正中位置。有学者认为:"它应是一种具有宗教意义的符号,其功能为辟邪祈福。"小南一郎认为:"在墓门或墓室壁描绘'胜'的图案,可能是认为它具有宗教的、特别是驱魔的力量。"[1] 成都郫都后汉墓石棺所刻画像中,建筑物正面入口上方绘有"胜",表示它的驱魔作用。河南邓县彩画砖墓中守墓门的虎衔有玉胜,被称为衔"胜"的守门神,也具有驱魔辟邪的作用。

不仅汉画像石纺织图像织机上的轴被称为"胜",西王母的头饰也被称为"胜"。从古籍记载及画像石上西王母形象来看,西王母头上的饰物"胜"成了她的象征物或者说是一个符号。是西王母的核心图像。胜,有金胜、玉胜之称,在汉代有三种意义,主要是西王母的首饰,戴于头部。它是西王母的重要标志。李淞先生认为:"胜与西王母的关系可分为两个阶段:第一阶是西汉至东汉中期,这个时期的绝大多数西王母图像上都有

[1]　[日]小南一郎著,孙昌武译,《中国的神话传说与古小说》,北京:中华书局 1993 年版,第 46 页。

这个标志；第二阶段是东汉后期，西王母为不戴胜的形象，或为高髻（山东、陕北），或戴帼（四川）。此时胜作为抽象符号单独出现，出现在墓门横额或画像石的正中位置。作为一种瑞象或西王母信仰的符号。"[1] "胜"的第三种意义即生活中的实用物品。如颜师古在注释司马相如《大人赋》中"吾乃今目睹西王母皓然白首，戴胜而穴处兮"时有："胜，妇人首饰也。汉代谓之华胜。"[2] 华胜是汉代贵妇的盛装。小南一郎认为："西王母身上的装饰品及其身边的侍者们，分别象征性地表现了西王母所具备的神话的机能与力量。这正如佛像一样，某位神身上的宝冠或服饰，是它作为神的存在的本质的特征，并多保留着那位神的自古来历。"[3] 当然，作为西王母象征符号的"胜"也就有了非凡的寓意。下面列举几幅西王母戴"胜"的图像。（见图 8-17、8-18、8-19）

《山海经》记载中曾三次出现的西王母，总是戴"胜"的。"胜"是识别西王母的重要标志。小南一郎认为："西王母的神话的机能是由'胜'象征的。"[4]

据《山海经·西山经》记载说："又西三百五十里曰玉山，是西王母所居也。西王母其状如人，豹尾虎齿而善啸，蓬发戴胜，是司天之厉及五残。"[5]

《山海经·大荒西经》记载说："西海之南，流沙之滨，赤水之后，黑水之前，有大山，名曰昆仑之丘。……有人，戴胜，虎齿，有豹尾，穴处，名曰西王母。此山万物尽有。"[6]

《山海经·海内北经》云："西王母梯几而戴胜杖，其南有三青鸟，为西王母取食。在昆仑墟北。"[7]

[1] 李淞，《汉代艺术中的西王母图像》，长沙：湖南教育出版社 2000 年版，第 249 页。

[2] 班固，《汉书·司马相如传》（卷五七），北京：中华书局 2000 年版，第 1972—1947 页。

[3] ［日］小南一郎著，孙昌武译，《中国的神话传说与古小说》，北京：中华书局 1993 年版，第 43 页。

[4] 同上。

[5] 郭郛，《山海经注证》，北京：中国社会科学出版社 2004 年版，第 172 页。

[6] 同上，第 847—848 页。

[7] 同上，第 708 页。

图 8-17　四川省成都市新都
区新农乡出土西王母画像砖

图 8-18　四川眉山彭山江口
乡崖墓出土西王母画像砖

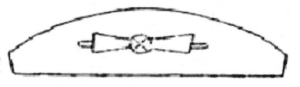

图 8-19　四川省合江县草山砖
室墓 1 号石棺盖两端的"胜纹"

《山海经·大荒西经》云："西有王母之山、壑山、海山。……有三青鸟，赤首黑目，一名曰大鵹，一名曰少鵹，一名曰青鸟。"[1]

从以上文献记载中我们还可以了解到，在汉代以前的人们心目中，西王母是一位半人半兽的可怕的刑罚之神。

而且我们从汉代的图像中，也可知"胜"的具体形态。比如，在山东嘉祥武氏祠画像石中有一系列祥瑞图，其中的一幅有榜题"玉胜，王者"字样。《宋书》载"金胜，国平盗贼，四夷宾服则出"[2]。（如图8-20）

小南一郎认为："从其他祥瑞图推断，肯定写的是王者施行善政则玉胜作为祥瑞而出现的意思。"[3]作为祥瑞的"胜"，《符瑞图》曰：金胜者，仁宝也，不断自成，光若明月。[4]

图8-20 玉胜，武梁祠屋顶画像复原图

《太平御览》卷七一九："金胜一名金称。《援神契》曰：神灵滋液，百珍宝用，有金胜。晋孝武时，阳谷氏得金胜一枚，长五寸，形如织胜。"[5]

《宋书·符瑞志》曰："金胜，国平盗贼，四夷宾服则出。晋穆帝永和元年二月，春谷民得金胜一枚，长五寸，状如织胜。明年，桓温平蜀。"[6]从以上例子可以看出，金胜的形状被形容如"织胜"，可知"胜"是与织机有某种关系的东西。

有学者对"胜"描述如下："华，象草木华也。胜，言人形容正等。

[1] 郭郛，《山海经注证》，北京：中国社会科学出版社2004年版，第835—837页。
[2] 沈约，《宋书·符瑞志下》，北京：中华书局2000年版，第569页。
[3] ［日］小南一郎著，孙昌武译，《中国的神话传说与古小说》，北京：中华书局，1993年版，第46页。
[4] 〔宋〕李昉等，《太平御览》卷七一九，北京：中华书局1960年版，第3186页。
[5] 同上。
[6] 沈约，《宋书·符瑞志下》卷二十八，北京：中华书局2000年版，第569页。

一人著之则胜也。蔽发前为饰也。"[1]

这里专门把"胜"解释为发饰。呼之为"胜",是说戴上它则看起来容貌胜人。

"戴胜"中的"胜",晋郭璞注解为卷丝的工具。郭宝钧《古玉新诠》中所讲的织机上用来卷经线的横轴,郭氏认为,这横轴叫作"摘",或又称"滕"或"胜"。

通过文献记载及梳理,小南一郎先生认为:"西王母所戴的'胜'与织机的'滕'有深刻关系,滕是织机上用来卷经线而将抽出的轴,即华胜的原型。胜象征整个纺织工作,表示西王母与养蚕纺织密切相关,选取这一具有象征机织道具意义的东西的背后,存在着有关'织'这一行为本身的神话性质的宗教性观念。而且'胜'成为象征天下太平的祥瑞,推测'织'这一行为具有宇宙论性质的意义。"[2]李凇认为:"胜作为一种图像或物体,随着它的语境不同而涵义有别。胜的原始对应物确应与织胜有关,它所表达的首先是西王母之'母'字的特性,即是女性的标志,在'胜—纺织—女性(母)'之间产生联系和语义延伸。正如颜师古扼要解释的:'胜,妇人首饰也。'戴胜,则是形容、解释和补充。其次,在东汉中期以前作为西王母专用品时它具有神性特征。但在东汉中期以后,西王母开始流行不戴胜的高髻或戴帼巾像,皇室和贵族亦戴胜。胜的含义向两方面转化:实用和祥瑞物。"[3]赵丰对汉代踏板织机的复原研究也证实了西王母的胜来自织机经轴两头的定位装置,它通常被称之为"胜花"。[4]

牛天伟先生认为:"西王母本身很可能是远古传说中的一位纺织女神。"[5]西王母作为传说中的一位女性神祇,其原型可能就是母系氏族社会

[1] 任继昉,《释名汇校》,济南:齐鲁书社 2006 年版,第 250—251 页。

[2] [日] 小南一郎著,孙昌武译,《中国的神话传说与古小说》,北京:中华书局 1993 年版,第 43—56 页。

[3] 李凇,《论汉代艺术中的西王母图像》,长沙:湖南教育出版社 2000 年版,第 252 页。

[4] 赵丰,《论汉代踏板织机的复原研究》,《文物》,1996 年第 5 期。

[5] 牛天伟,《汉晋画像石、砖中的"蚕马神像"考》,载《中国汉画研究》第一卷,桂林:广西师范大学出版社 2004 年版,第 94 页。

的一位女祖先，当最原始的桑蚕纺织业出现之后，女性一直垄断着这一行业的技术，西王母自然就是桑蚕纺织业的管理者。她被神话成了一位"先蚕之神"，而头戴"胜"饰就暗示她曾是一位与养蚕纺织有关的女性氏族神。因此，"西王母与桑蚕纺织之间有着千丝万缕的关系"。

小南一郎认为："在很多场合下，诸神从属的眷属及其身上的服饰往往象征地表明了它们神的机能。因而，如果西王母头上所戴的'胜'与织机的'滕'有深刻关系，那么这种服饰即表示它本身与养蚕纺织有密切关系。"[1]正如《后汉书·舆服志》记载：

> 太皇太后、皇太后入庙服，绀上皂下，蚕，青上缥下，皆深衣制……簪以玳瑁为摘，长一尺，端为华胜。[2]

又《礼记·月令》载：

> 是月也，命野虞毋伐桑柘。鸣鸠拂其羽，戴胜降于桑。具曲、植、籧、筐，后妃斋戒，亲东乡躬桑。禁妇女毋观，省妇使，以勤蚕事。蚕事既登，分茧称丝效功，以共郊庙之服，毋有敢惰。[3]

从上述两段话中可以看出采桑不仅仅是一个女人的劳作，高贵女性从事这项工作还具有特别的意义，特别是西王母采桑，更具有特别的含义，也说明了西王母与采桑纺织之间具有千丝万缕的联系。

河南南阳、郑州出土的西汉画像砖上的西王母，手中握着绕线板，它是与胜相同的纺织用具，出自生产实践。但在西王母图像系统的意义，李凇认为："墓葬中的西王母手中握的绕线板，可能是以丝线之连绵不断

---

[1] 〔日〕小南一郎著，孙昌武译，《中国的神话传说与古小说》，北京：中华书局1993年版，第54页。

[2] 〔南朝·宋〕范晔，《后汉书·舆服下》，北京：中华书局2000年版，第2514页。

[3] 〔清〕孙希旦撰，沈啸寰、王星贤点校，《礼记集解》卷十五，北京：中华书局1989年版，第433页。

来象征生命之长久，以体现西王母掌握不死之药的特征，即丝连绵不断长生。"[1] 丝表示连绵不断的又一证据是汉字"孙"，繁体字为"孫"。《说文解字》曰："孙，子之子曰孙，从系子。系，续也。"金文"孙"字从"幺""系"。"幺""系"皆古文字"丝"字，有连绵不断意。因此，墓葬中的西王母手握绕线板，即丝帛，除表示灵魂长生不死之外，还应有子子孙孙连绵不断之意。

小南一郎还说："西王母本来只是一个神，她居于大地中心的宇宙山（世界树）顶上，以绝对的权力赋予整个宇宙以秩序。赋予秩序一事，就由它的机织行动来象征。西王母可以说是织出世界秩序的神。因此，正是织机部件的'胜'就戴到了她的头上。"[2]《淮南子·览冥训》载："西老折胜，黄神啸吟，飞鸟铩翼，走兽废脚。"[3]

又《易林·益之·小过》载："月削日衰，工女下机，宇宙灭明，不见三光。"[4]

由以上文字可知，这里是认为宇宙的秩序由天上神女的机织来确保，如果胜折断了，天上的机织出了故障，宇宙就失去秩序而陷于混乱状态了。头上戴胜的西王母，是显示自己织出宇宙秩序的职务的，织女的织机在根本上也与西王母这样的机能相合。因此，笔者以为，汉画像纺织图上所刻织机就表达了西王母的这种织神的机能。

综上所述，"胜"源于生活中的实用物件织机上的织轴，因其作为西王母头上的特殊发饰而成为西王母的象征，其功能也由实用性转化为神圣性，最终成为一种独特的祥瑞象征符号，并在汉代的葬俗中得到广泛运用。根据卡西尔的符号象征论以及朱存明先生的汉画像艺术的象征性，笔者认为，汉画像上的纺织图像具有神的机能，在汉代人的思想观念中，隐

[1] 李淞，《论汉代艺术中的西王母图像》，长沙：湖南教育出版社 2000 年版，第 68 页。
[2] ［日］小南一郎著，孙昌武译，《中国的神话传说与古小说》，北京：中华书局 1993 年版，第 113—114 页。
[3] 〔汉〕刘安撰，〔汉〕高诱注，《淮南子注》，《诸子集成》第七册，北京：中华书局 1954 年版，第 96 页。
[4] 〔汉〕焦延寿撰，徐传武、胡真校点集注，《易林汇校集注》，上海：上海古籍出版社 2012 年版，第 158 页。

喻着对西王母的崇拜，以及辟邪祈福的功能。

纺织图像不只是现实生活中生产程序的简单描绘，而是具有一定的思想内涵。纺织图像和楼阁建筑、乐舞杂技、人物车马、星座瑞祥等内容组合在一起，不仅展现了汉代的生活精神面貌，而且通过这种不同的组合来反映思想信仰，表达他们的思想观念。

三、民俗意义

翦伯赞先生在《秦汉史》中指出："坟墓、神庙、桥梁之有石刻画像的装饰，乃系由模仿宫室的装饰而来。这种道理，正如殉葬的冥器，系模仿活人的日用器皿而来，是一样的。"[1] 一语道出了壁画、画像石、画像砖的宗教信仰的意义。"宗教感情的热烈是汉代文化又一个显著的特征。"[2]两汉时，神仙之说盛行，巫术到处流行，对鬼怪神异力量的重视，无论是在政治思想中还是在社会日常生活中，都具有普遍性。鲁迅曾说过："中国本信巫，秦汉以来，神仙之说盛行，汉末又大畅巫风，而鬼道愈炽。"[3]《后汉书·襄楷传》曰：桓帝"宫中立黄老、浮屠之祠"[4]。帝王如此，民间自然也是巫风盛行，正如《盐铁论·散不足》曰："街巷有巫，闾里有祝。"汉代人事死如生，认为人死了也应享受与活人一样的待遇，加之统治阶级对"孝"文化的提倡，社会各阶层大兴阴宅。丧葬活动和汉代人的生活密切相关，因此现实生活中的一切也被自然而然地搬到墓室中去。但是汉代人的宗教信仰还不同于殷人的宗教迷狂，殷人的宗教多是出于对鬼神的恐惧，而汉代人的信仰则是人们将生活的价值和追求投射到彼岸世界的结果。曾有学者把汉武帝以至整个汉代社会对来世信仰的态度概括为四

---

[1]　翦伯赞，《秦汉史》，北京：北京大学出版社 1999 年版，第 574—575 页。

[2]　郭敬，《中国面具文化》，上海：上海人民出版社 1992 年版，第 107 页。

[3]　鲁迅，《中国小说史略》，上海：上海古籍出版社 1998 年版，第 24 页。

[4]　〔南朝·宋〕范晔，《后汉书》卷三十下，北京：中华书局 2000 年版，第 727 页。

个字，曰："自做主宰。只是因为现世的东西和时空太渺小，根本不足以显示人们的力量，于是才想起了宗教。所以现世的自信越强大，宗教的喜剧也就越热闹，场面也就越大，直恨不得要把宇宙踩在脚下做舞台。"[1] 不管是为了死者还是生者，汉代人对他们认为吉利的事物都加以崇拜和信仰，所以汉画像中的纺织图像必然蕴涵了汉代人的思想信仰。

罗森认为："在中国的墓葬里，我们看到的不是一种而是多种思想模式。考虑到在许多文化中，个人信仰常常不同于大都市的正统宗教信仰与哲学经典，揭示礼仪展示和叙事的基本因素的物质遗迹是非常重要的信息来源。这种信息表明了一种多元的物质文化，它可认为映照出一个多元的知识体系。整个器物的地区与地区之间不同的复杂状态表明了广泛独立的祭祀、宗教仪式与信仰。在这个背景下，人工器物不宜全然看作是象征的存贮而应更多地把它考虑成制作者和使用者之信仰、希望与恐惧的融合组分。"[2] 本文所谈的纺织图应从这个角度去理解，它刻于墓中或祠壁上，绝不仅仅是简单的刻绘，正如周学鹰先生所言"古人用各色艺术装饰墓葬，是为了表现一种遥远而深沉的精神寄托，他们无意于在墓葬中反映阳世——人类社会，而是要建构一个理想的、舒适的'另一个世界'——他们确信存在的'神鬼世界'。汉画像石墓中画像的存在，应是为表达墓主祈盼死后能继续享受生前的美好生活、永保灵魂不死的强烈愿望，代表了汉代人的'时代理想'，是现实与幻想交织的产物。汉画像砖石的画面内容，在当时人看来是客观与主观结合的实际存在，表达了他们的哲学思想、宇宙观念。"[3] 汉画像砖石的画面是由局部到整体，单个的整体又服从于全部墓葬建筑的整体，而整个墓葬建筑的主旨思想，又是为表现墓主祈盼身后能够如生前一样继续享受美好生活、羽化升仙、长生不死的愿望。

[1] 王毅，《开拓与自信》，《读书》，1987 年第 9 期。
[2] ［英］罗森，《中国古代的艺术与文化》，北京：北京大学出版社 2003 年版，第 376 页。
[3] 周学鹰，《解读画像砖石中的汉代文化》，北京：中华书局 2005 年版，第 96—97 页。

（一）纺织图与桑树崇拜

我国是世界上最早学会种桑养蚕制丝纺织的国家，在世界上享有"东方丝国"之称。自从先民发明养蚕缫丝以来，桑树便与人们生活发生极为密切的联系。桑树能为人类提供衣履冠带之利，能创造其他树木不能创造的效益，这些特殊性能在古人看来都是上天赋予的，具有特殊秉赋的桑树因此就被视为一种不同凡品的神树。桑在古代人的思想信仰里被看作具有神秘力量的圣树。信仰崇拜对中国人心灵的掌握主要表现为一种非理性控制。弗洛姆说："存在式生存中的信仰，不是首先去信奉某个观念（尽管它也可以是某种观念），它是一种内心的倾向，一种态度，或最好应该说，是人在信仰之中，而不是人占有信仰。"[1]

法国学者列维-布留尔认为："原始人的意识已经预先充满了大量的集体表象，靠了这些集体表象，一切客体，存在物或者人制作的物品总是被想象成拥有大量神秘属性的。因而，对现象的客观联系往往根本不加考虑的原始意识，却对现象之间的这些或虚或实的神秘联系表现出特别的注意。"[2] 在原始人的心目中，整个世界都是有生命的，树木花草也和人类一样具有灵魂。这种对于树木花草的崇拜，来自原始人的万物有灵观念。由于原始社会人类处于蒙昧阶段，还根本不能认识和控制自然世界，因而在他们的心目中，世界是受自然力支配的，从而形成原始人的自然崇拜观念。进入原始氏族时期以后，人们普遍认为："一个氏族集团的一切成员都起源于某种动物与植物，或其他物体与现象就成为他们的图腾。"[3] 这样原始人的自然崇拜观念和图腾观念融为一体，巫术信仰和万物有灵观念融为一体。原始人认为它们对于人类的生存和人类的繁衍具有一种超自然的决定性的影响，相信人类可以利用一种外在力量的巫术活动，使这种决定

---

[1] ［美］埃·弗洛姆著，杨慧译，《占有或存在》，北京：国际文化出版公司1989年版，第39页。

[2] ［法］列维-布留尔著，丁由译，《原始思维》，北京：商务印书馆1981年版，第69页。

[3] ［苏］柯斯文著，张锡彤译，《原始文化史纲》，北京：人民出版社1955年版，第171页。

性的超自然力量为自己造福。

"大森林曾经是人类文明的摇篮，树木不仅给人类祖先以庇护，而且还供给赖以生存的食物，于是，原始先民在自己简单思维的基础上，把树木神化，把它加以无限扩大而成为整个宇宙，这便是古代树崇拜的最早源头。"[1] 桑树崇拜最初是从东方民族中间兴起的，有关扶桑的神话无一例外地把扶桑说成东方神木即可为证。在推动桑树崇拜的普及、发展方面，起源于东方的商族人发挥了重要的作用。商族特别崇拜桑树丛生的山林，认为其中蕴藏着一种非常有威力的神灵，他们把这种神灵直接称为"桑林"。商王朝的开创者汤曾向桑林祷告求雨；商朝垮台后，周人把商纣王的庶兄微子启封到宋国，让他"世为长侯，守殷常祀，相奉桑林"，可见桑林是商族最有代表性的神祇。

所谓"桑林"包含三层意思："一为桑树之林，二为社稷之神所居之处，三为大母神——高禖神庙所处之地。高禖神庙与社稷神坛建于'桑林'之中，使得'桑林'与高禖神庙和社稷神坛在人们的意识中融为一体，而'桑林'作为符号形式，也便成为高禖神及社神的指代，这正是现实生活中人们将'桑'所内含的女性性质属性与社神的生命力和高禖神的生殖力融合在一起而崇拜的反映。"[2] 丧事本因桑事而起。死亡中包孕着生命，桑树是丧葬之树，也是生命之树。古人认为人的死亡并不是生命的终结，新旧生命是一个更续转化的过程。子孙的生命是祖宗灵力的转化。在古人的原始思维中，枝叶茂盛的桑，果实能饱腹，叶子能喂蚕，它具有生命养育的神奇功能，因此桑在上古人的心目中成为生命的象征。将逝去的先人葬于桑林，可以获取巨大的生命力量。关于这一点我们可以从下面的古籍记载中得到印证。

《吕氏春秋·顺民》中说："昔者汤克夏而正天下，天大旱五年不收。

---

[1] 傅才武，《中国人的信仰与崇拜》，武汉：湖北教育出版社1999年版，第110页。

[2] 李立，《文化整合与先秦自然神话演变》，昆明：云南人民出版社2002年版，第144页。

汤乃以身祷于桑林。"[1]郑振铎对此曾做过解释，认为农民们是为了蚕桑生产而求雨。[2]而赵丰认为："实际的原因就因为桑林是祭祀的场所，尤其是祈天求雨的场所。"[3]

据古史传说记载，桑林不但是祭祀祖先的场所，而且还是男女幽会、祭高禖神以求子的地方，以《诗经》中的记载最为丰富。如《小雅·隰桑》："隰桑有阿，其叶有难，既见君子，其乐如何。"[4]《魏风·十亩之间》："十亩之间兮，桑者闲闲兮，行与子还兮。"[5]以上这些描绘的就是桑林之中男女相会并祭高禖之情景。直到汉代，桑林中仍有罗敷采桑、秋胡戏妻等风流韵事发生。有关"秋胡戏妻"的故事汉画像石上多处刻画，据《列女传·鲁秋洁妇》载："秋胡西仕，五年乃归，遇妻不识，心有淫思，妻执无二，归而相知，耻夫无义，遂东赴河。"[6]它讲的是鲁国秋胡子娶妻五日后，便去陈国做官，五年乃归，见路旁妇人采桑，就下车戏曰："苦曝采桑，吾行道远，愿托桑荫下□下赍休焉。"[7]被妇人正色拒绝，及秋胡子至家，发现此妇人即是其妻，后秋胡妻投河而死。这则故事听起来很惨，但它也说明了桑林是男女好合之处。

《周礼·地官·大司徒》云："制其畿疆而沟封之，设其社稷之坛而树之田主，各以其野之所宜木，遂以名其社与其野。"[8]古人以各地所宜之树与田主相配，桑为"众木之本"，将祭祀社稷神祇的神庙建在桑林之中，也是合乎情理的。《吕氏春秋·慎大览》云："武王胜殷……立成汤之后于宋以奉桑林。"[9]由此可知，"桑林"即殷商社稷之神居处之地，也是殷商

[1] 〔汉〕高诱注，〔清〕毕沅校，《吕氏春秋》，《诸子集成》第六册，北京：中华书局1954年版，第86页。
[2] 《郑振铎全集》（第三卷），石家庄：花山文艺出版社1998年版，第576—603页。
[3] 赵丰，《丝绸起源的文化契机》，《东南文化》，1996年第1期。
[4] 王秀梅译注，《诗经》，北京：中华书局2006年版，第303页。
[5] 同上，第142页。
[6] 刘向，《列女传》，《四部丛刊》（六十），上海：商务印书馆1937年版，第68页。
[7] 同上。
[8] 〔清〕孙诒让撰，王文锦、陈玉霞点校，《周礼正义》，北京：中华书局1987年版，第692页。
[9] 〔汉〕高诱注，〔清〕毕沅校，《吕氏春秋》，《诸子集成》第六册，北京：中华书局1954年版，第160页。

部族高禖神所在地。男女于"桑林"相合相聚，目的无非是为了希望高禖神赐予男人生殖力，企求女人像桑树一样丰产和多子。汉画中刻的纺织图也许蕴涵着古人旺盛的生命力，希望像桑树一样具有旺盛的生殖力，生命长久。这与汉代人的"事死如生"的观念是相吻合的。

桑林之所以被人们选择作为祭祀之地，是因为它们之间存在着某种联系。汤祷桑林之辞曰："余一人有罪无及万夫，万夫有罪在余一人，无以一人之不敏，使上帝鬼神伤民之命。"汤的目的是通过桑林与上帝鬼神沟通。中国古代许多仪式、宗教思想和行为的很重要的任务，就是在这种世界的不同层次之间进行沟通。因此，笔者认为汉代人在祠堂、坟墓里刻画纺织图源于他们的信仰崇拜，在"万物有灵"的观念支配下，他们借助自己认为的灵物以表达自己的信仰，希望通过它为自己造福。

既然桑树是一种神树，它就必然具有一般树木所不具有的超凡力量。因此，利用桑木的神秘威力驱鬼辟邪就很自然了。据《礼记·内则》记载，周代国君的嫡长子诞生后，要在大门左侧悬挂弓弧，并在第三天举行父亲与孩子见面的"接子"仪式。接子仪式上有一项重要内容，是由专门负责射箭的"射人"，用"桑弧蓬矢"即桑木弓和蓬草箭连发六箭，分别射向天地四方。孔颖达的《礼记正义》说："蓬，御乱之草；桑，众木之本。"联系古代桑木崇拜和古人用桑木辟除邪祟的事实来看，接子仪式中使用的桑弧蓬矢，其用途应与古代常见的灵物组合形式桃弧棘矢近似。用桑弧蓬矢射击天地四方，意在利用桑木和蓬草的超自然力量驱除来自天地四方的邪恶，保佑太子的平安。

"在古代神话中，古人将桑树视为生命之树。他们认为，桑树是太阳树，太阳从东方汤谷升起时，是沿着桑枝向上移动的。桑木自然凝聚着阳气的精华，是镇魂的神奇灵木。因此在古代的生死仪礼中少不了桑木的运用。"[1] 而汉画中的纺织图刻于墓中，不是简单刻绘，而是和其他图像混合刻在一起，应具有一定的寓意，与古人的信仰崇拜存在某种关联。

---

[1] 萧放，《"桑梓"考》，《民俗研究》，2001 年第 1 期。

中国古代流传的许多关于桑树的神话反映了人们对桑树的崇拜。《山海经·中山经》载有"帝女之桑"的神话：

> 又东五十五里，曰宣山，沦水出焉，东南流注于视水，其中多蛟，其上有桑焉，大五十尺，其枝四衢，其叶大尺余，赤理黄华青柎，名曰帝女之桑。[1]

古人将桑树称为"女桑"，认为它是女人的化身，是女神的植物化，其思想动机认为桑树所具有的强盛的生命力与部族女人所具有的繁衍后代的生殖力是一致的，并力求通过二者的合一，将前者的生命力和生殖力移植到后者身上。古人崇拜桑树，将桑树称为"女桑"或"帝女之桑"，实际上是对人类女性所具有的生命力和生殖力的崇拜，是对部族母亲辛勤繁衍部族后代这一神圣事业的崇拜。因此，在人们的神话观念中，桑树是生命之树，是母亲树。

在古人原始宗教信仰和神话观念之中，桑树作为大母神——母亲神形象，不仅孕育了人类，容纳、庇护、滋养了"她"的后代，而且也是万物的母亲，也同样容纳、庇护、滋养着大地上的一切生物，如此，"桑"又具有了大地母神的属性特征，在古代神话中，通过象征的方式而成为大地母神，受到人们的尊敬和崇拜。

桑是生命之树，古人对这一点认识得很清楚。《太平御览》卷九五五说："扶桑国在大汉国东二万余里，地在中国之东，其土多扶桑木，故以为名。扶桑似桐，初生如笋，国人食之实，如梨而赤。绩其皮为布以为衣，亦以为锦，以扶桑皮为纸。"[2]《孟子·梁惠王上》说："五亩之宅，树之以桑，五十者可以衣帛矣。"[3] 可知，古代的桑已经成为家家要种的树木。《礼记·内则》有"射人以桑弧蓬矢六"句，注云："桑，众木之本。"

---

[1] 郭郛，《山海经注证》，北京：中国社会科学出版社 2004 年版，第 544 页。
[2] 〔宋〕李昉等，《太平御览》第四册，北京：中华书局 1960 年版，第 4240 页。
[3] 〔清〕焦循，《孟子正义》，《诸子集成》第一册，北京：中华书局 1954 年版，第 32 页。

可见桑树在人们生活中的重要性。

据托名东方朔的《十洲记》载："有葚树，长者数千丈，大二千余围。树两两同根偶生，更相依倚，是以名为扶桑仙人。食其葚而一体皆作金光色，飞翔空玄。"[1] 桑葚为仙人所食，食后体生金光，凌空飞翔。可知古人相信桑树之葚不但能够使人的生命得以延长而成为仙，更具有使人脱胎换骨的神奇功效。而这一切的本质意义，即是使人的生命借桑而获得滋养，得到升华。桑是生命之树，能够拯救人的生命，使旧有的生命得以延长，也能够将生命授予他人，使新的生命得以诞生。

西汉哀帝时，一度受封为宜陵侯的息夫躬被罢黜官职，赶出京城。息夫躬来到宜陵，无处安身，只好暂住在空亭里。附近有伙惯盗认为息氏曾经封侯，一定随身携有财物，因此经常夜间前来窥视动静。息夫躬的同乡贾惠得知后，向息夫躬传授了一套"祝盗方"——诅咒盗贼的法术，此法术强调使用桑木匕首，手持桑木匕首诅咒盗贼，这也是因为他们相信桑木具有特殊的制邪功能。因此，汉画中的纺织图也许具有辟邪驱鬼的功能。

从目前出土的画像石来看，就有不少刻有桑树的画像石。图中刻有枝叶茂密的桑树，与车马出行图、人物、墓阙等在同一画面，以表现汉代的生活面貌，体现他们对桑树崇拜的习俗。如图 8-21、图 8-22。

通过文献和图像的分析可以看出，刻有桑树和纺织图像的画像石无不体现了汉代人的桑树崇拜。祠堂不是普通的建筑，而是祭祀祖先的墓祭用建筑，是维系现实的人间世界与地下鬼魂世界关系的纽带。[2] 在汉代人的观念中，墓地和祠堂"祭祀是居，神明是处"，是"鬼神所在，祭祀之处"。[3] 在那里"皆有神灵"，通过纺织图这一象征物与神交流。正如黑格尔所言："象征的各种形式起源于全民族的宗教的世界观。"[4] 所以，汉代

[1] 王根林、黄益元、萼光甫校点，《汉魏六朝笔记小说·海内十洲记》，上海：上海古籍出版社 1999 年版，第 69 页。

[2] 信立祥，《汉代画像石综合研究》，北京：文物出版社 2000 年版，第 93 页。

[3] 〔汉〕王充，《论衡·四讳篇》，见董治安主编《两汉全书》第十七册，济南：山东大学出版社 2009 年版，第 10502 页。

[4] ［德］黑格尔，《美学》（第 1 卷），北京：商务印书馆 1982 年版，第 29 页。

图 8-21　武氏祠前石室后壁小龛后壁画像
（局部图）

图 8-22　武氏祠左石室后壁小龛后壁
画像（局部图）

人刻于墓中的纺织图应是它们宗教观念的象征物。"在宗教礼仪中赋予超现实的力量以貌似现实的、活灵活现的形象和图案，当为宗教信仰的象征性所在。而宗教信仰的象征性本身，则体现在崇拜、祈祷、缅怀、穿戴、献祭等环节中。在这些环节中，是象征符号沟通人与鬼神的联系，向鬼神表达人的虔诚和愿望，以便精神还乡或寻找情感归宿。同时，亦是在这些环节中，宗教又借助符号图案的象征手段，构成一套有序的程式，以显示宗教的神秘性、庄严性，并在人们心理上造成严肃静穆的氛围，以培植和加固宗教情感。"[1]

　　因此，笔者以为，画像石上的纺织图应与汉代人的这种思想信仰有关。他们并不是通过具体实物来表达自己的思想，而是通过一种象征物来表达。朱存明先生认为："汉画像属于黑格尔的象征型艺术，它表现了汉民族源于远古神话时代的民族的集体无意识领域，构成了民族的心理原型。"汉画像中"每一种图像都有宗教信仰的背景，归根结蒂都有'象征的'含义，因为每个图像中的符号都有超验的价值观念隐喻其中。"[2] 米尔

[1]　杨鹍国，《符号与象征》，北京：北京出版社 2000 年版，第 274—275 页。
[2]　朱存明，《汉画像的象征世界》，北京：人民文学出版社 2005 年版，第 77—78 页。

希·埃利亚德曾说："当一棵树成为一种崇拜物时，它就不再是一棵受崇拜的树了，而是一个圣物，是神性的一种体现。"[1]

综上所述，从远古人的桑树崇拜可以联想到，祠堂上所刻纺织图、图中的桑树被看作是祭祀之地，通天地鬼神的场所，认为桑树具有辟邪驱鬼的功能，具有旺盛的生殖力，是生命之树，是神树，借此表达生命生生不息的愿望。

（二）纺织图与蚕神崇拜

"万物有灵"是世界范围内古代民族的共同信仰，从旧石器时代起人们就相信灵魂的存在，并且认为人死后灵魂依然活着。灵魂不朽的信仰其实就是人类否定死亡、追求生命永恒的一种信念，这种信念深深地扎根于人类本能的情感之中。

马林诺夫斯基说："不死的信仰，乃是深切的感情启示的结果而为宗教所具体化者；根本在情感，而不在原始的哲学。人类对于生命继续的坚确信念，乃是宗教的无上赐予之一；因为有了这种信念，遇到生命继续的希望与生命消失的恐惧彼此冲突的时候，自存自保的使命才选择了较好一端，才选择了生命的继续。相信生命的继续，相信不死，结果便相信了灵的存在。"[2]灵魂不朽的观念也是一切"来世"和"生命轮回"信仰赖以存在的基础，人们相信肉体的死亡并不意味着生命的终结，而是一种生命形式的转化，灵魂还将在另一个世界重新开始新一轮的生活。因此灵魂信仰使人们相信，现世的"死亡是通向另一世界的大门"。[3]卡西尔在研究神话思维与灵魂信仰的关系时说："生与死之间的分界线是易变的。因而对

---

[1] ［英］布赖恩·莫里斯著，周国黎译，《宗教人类学》，北京：今日中国出版社1992年版，第246页。
[2] ［英］马林诺夫斯基著，李安宅译，《巫术、科学、宗教与神话》，北京：中国民间文艺出版社1986年版，第33页。
[3] 同上，第29页。

神话而言，死亡不再是存在的冥灭，而是通向存在的另一形式。"[1]

法国学者列维-布留尔认为："在中国人那里，巩固地确立了这样一种信仰、学说、公理，即是死人的鬼魂与活人保持着最密切的接触，其密切的程度差不多就跟活人彼此接触一样。当然在活人与死人之间是划着分界线的，但这个分界线非常模糊，几乎分辨不出来。不论从哪个方面来看，这两个世界之间的交往都是十分活跃的。这种交往既是福之源，也是祸之根，因而灵魂实际上支配着活人的命运。"[2] 正是由于灵魂不灭观念的存在，所以先秦、两汉的人们还进一步确信：生命是循环往复、生生不息的，肉体死去的人，其灵魂将在另一个世界里继续生活。《庄子·知北游》曰："生也死之徒，死也生之始，孰知其纪？人之生，气之聚也，聚则为生，散则为死。若死生为徒，吾又何患？故万物一也。是其所美者为神奇，其所恶者为臭腐。臭腐复化为神奇，神奇复化为臭腐。故曰天下一气耳。"[3] "灵魂意识存在于早期中国人的头脑中，灵魂永恒、不朽的信念同样也贯穿于当时人们的思想和意识中；灵魂观念是早期中国思想和信仰的重要组成部分，也是汉代丧葬文化的重要思想基础，以汉墓壁画为代表的汉代墓葬艺术鲜明而突出地反映了这一具有普遍意义的观念。"[4] 因此，笔者以为，蚕与丝帛都不形象，而生活中的纺纱织布比较真实形象，刻于墓中画像石上的纺织图就是汉代人通过它引导灵魂升天的一种途径，具有辟除邪祟的功能。在汉代，对于崇奉巫道信仰的人们来说，服饰对于他们具有特别的含义，在节庆祭奠中表达对鬼神的敬意，是沟通鬼神与人的媒介。在他们看来，借助道服神衣一定会产生一种"交感作用"，从而达到实用的驱鬼逐疫的功能。因此，画像石上的纺织图作为一种象征物蕴含了一定的内涵。

---

[1] 〔德〕恩斯特·卡西尔著，黄龙保等译，《神话思维》，北京：中国社会科学出版社1992年版，第178页。

[2] 〔法〕列维-布留尔著，丁由译，《原始思维》，北京：商务印书馆2007年版，第296—297页。

[3] 〔清〕王先谦，《庄子集解》，《诸子集成》第三册，北京：中华书局1954年版，第138页。

[4] 贺西林，《古墓丹青——汉代墓室壁画的发现与研究》，西安：陕西人民美术出版社2001年版，第119页。

中国是世界上最早学会种桑养蚕制丝纺织的国家，蚕的养育，桑树的栽培，以及丝织品的织造，是我国人民对世界文明的贡献之一。在几千年的古代中国农耕经济中，男耕女织一直是最基本的生产方式，采桑养蚕一直是古代女子的专职生产劳动。《诗经》说"妇无公事，休其蚕织"。由此可知，一般民间妇女是以治丝而织为主要工作的。这一点我们从画像石上的纺织图像可得到证明。汉代养蚕制丝的发达也促使了汉代的蚕神信仰的兴盛，这在汉画像纺织图上有明显的体现。

从汉画像纺织图我们不但了解到汉代的织机形状、织造工具、织造程序，还可以看到在织室中有调丝、纺纱、织布等程序，维系这一切的根本是原材料丝絮。虽然图中尚未表现丝之母体即天然吐丝者蚕，但蚕与纺织，与织者有着千丝万缕密不可分的联系，并且蚕具有神的特性。画像石上的织女踞坐状，是汉代妇女操机织布的劳动状态。古代先蚕崇拜和蚕女神话中，蚕女形象便是跪坐的姿势。《山海经·海外北经》云："欧丝之野在大踵东，一女子跪据树欧丝。"又据《宋书·礼志》，古代先蚕神示呈坐姿于坛上。古代织女传说与蚕女神话有密切关联，养蚕与织布是密切相关的生产劳动，又都是妇女所从事的工作。由此，我们不难看出汉画像石上的织女形象与养蚕织布的渊源。

丝的起源自然和桑蚕也有着密不可分的关系，中国以产丝闻名世界，中国是桑树的原产地，桑在古代人的思想里被看作具有神秘力量的圣树，在古代人的树木信仰中，桑被看成是生殖和繁殖子孙的原始母神。又由于桑叶采了再生，持久不衰的实际现象，使得桑木在古代人的思想里又和不死和再生的原始信仰结合在一起。而桑蚕在远古社会是被当作神物崇拜的。笔者认为，汉画像石上刻纺织图就与当时人的这种神仙信仰有关。

从古至今，桑蚕是自然界中变化最为神奇的生物之一。蚕的一生有四种变化，卵、幼虫、蛹、蛾，根据列维-布留尔的互渗律，蚕的这种静与动之间的转化使人们联想到天地生死。卵是生命的源头，卵化成幼虫就如生命的诞生，几眠几起犹如人生的几个阶段，蛹可看成是一种死，原生命的死，而蛹的化蛾飞翔就是人们所追想的死后灵魂的去向了。《博物志》

云"蛹，一名魂"，正是此意。提出"万物有灵论"的泰勒说过："看来，能够思维但还处于文化水平低级发展阶段的人们，对于两类生物学问题是深感兴趣的。第一，是什么引起了活的身体和死尸之间的差别？清醒、睡眠、梦、疾病、死亡的原因是什么？第二，那些在梦和幻觉中出现的人形又是什么？"[1] 当社会文化的发展处于低级阶段时，他们所考虑的问题往往是精神高于物质，对天与地、生与死、人与神等的探索是其主要兴趣。所以，赵丰认为："为了保证天地之路的畅通，为了使人们所敬重的蚕蛾能生生不息，循环轮回，先民们开始建立蚕室来对其进行精心的饲养。养蚕的最初目的并不是为了经济，也不是为了好玩，而是为了保护。为避免酷暑、阴雨和飞鸟之类伤害的最佳保护莫过于建立专门的蚕室。"[2]《礼记·祭义》："古者天子诸侯必有公桑、蚕室，近川而为之，筑宫，仞有三尺，棘墙而外闭之。"[3] 公桑即为桑林，蚕室就是养蚕之处。

甲骨文记载，武丁时"省于蚕"，占卜竟达九次之多，亦是蚕室非凡室的一证。由此可知，蚕室并非一般的生产场所，而是与原始宗教、繁殖生育等重大事件紧密相连的地方，最初建立蚕室的目的并非单纯为了经济，而是与神明相关联。远古先民驯化桑蚕的目的应是崇拜与祭祀。正因为养蚕的好坏直接关系到神明，故天子诸侯的蚕室中对养蚕人的要求很高。《礼记·祭义》："及大昕之朝，君皮弁、素积，卜三宫之夫人、世妇之吉者，使入蚕于蚕室，奉种浴于川，桑于公桑，风戾以食之。"[4] 而且养蚕所得之丝亦用于神圣的场合。到了汉代，随着桑蚕业的普及与发展，帝王对祭蚕神的礼仪更加重视。《后汉书·礼仪志上》："（永平二年三月）是月，皇后帅公卿诸侯夫人蚕。祠先蚕，礼以少牢。"[5]《汉旧仪》曰："春桑生而皇后（视）[亲] 桑于菀中。蚕室养蚕千薄以上。祠以中牢羊豕，（今）

---

[1] ［法］列维-布留尔著，丁由译，《原始思维》，北京：商务印书馆 2007 年版，第 73 页。

[2] 赵丰，《丝绸起源的文化契机》，《东南文化》1996 年第 1 期。

[3] ［清］孙希旦撰，沈啸寰、王星贤点校，《礼记集解》卷四六，北京：中华书局 1989 年版，第 1223 页。

[4] 同上。

[5] ［南朝·宋］范晔，《后汉书》，北京：中华书局 2000 年版，第 2108 页。

[祭] 蚕神曰菀窳妇人、寓氏公主，凡二神。"[1] 从以上论述可以推测，远古先民驯化桑蚕的目的应是崇拜与祭祀。他们认为，蚕是一种通天的动物，进而把它当作神物崇拜。

在甲骨文中还有祭蚕神的卜辞，祖庚祖甲时卜辞中就有："贞元示五牛，蚕示三牛。十三月。"这里的元示解释为殷人的祖先上甲，蚕示为蚕神。"把蚕神与上甲并祭，可见当时对蚕神崇拜的程度"[2]。

赵丰认为："在认识扶桑为通天之树、蚕蛾为通天之物的同时，人们也认识到蚕茧是蛹羽化的基地，茧丝服用的最初目的是利于人与上天的沟通，因此，作茧自缚并不一定是坏事，而是灵魂升天的必由之路。"[3] 仰韶文化遗址中，有大量瓮棺葬的实例，约占总数的三分之一到一半左右，主要是未成年人的葬俗。而且瓮棺之上均有人为的凿孔。"这些小孔是为了使死者灵魂能通过此孔而飞出升天，并且认为这一想法的来源就是对蛹羽化后破口而出的形象模拟。"[4] 这一点还可以从出土的汉代纺织品以及早期人们对死后尸服及葬俗的制度得到印证。人们直接用丝织物或丝绵把死者包裹起来，等于用丝质的材料做成一个人为的茧子，有助于灵魂的升天。目前所知最早的丝织品实物出自河南荥阳青苔村仰韶文化遗址，它就出自瓮棺葬之中，为包裹儿童尸体之用。

谈到汉画像纺织图像，当然也会涉及到汉代的纺织品，谈纺织图像必然言及织女们的劳动成果——丝织品。两汉时代，用新织布帛驱鬼辟邪的做法已在民间普遍流传开来。汉代人常把新布条缝于衣襟上或挂在门上，认为如此就能躲避瘟疫和兵器的伤害。《淮南子·说林训》说："曹氏之裂布，蛛者贵之。"高诱注曰："楚人名布为曹。今俗间以始织布系著其旁，谓之曹布。烧以傅蛛蛛疮则愈，故蛛者贵之。"[5] 胡新生先生认为，高诱没

[1] 〔南朝·宋〕范晔，《后汉书》，北京：中华书局 2000 年版，第 2108 页。
[2] 陈维稷，《中国纺织科学技术史（古代部分）》，北京：北京科学出版社 1984 年版，第 10 页。
[3] 赵丰，《丝绸起源的文化契机》，《东南文化》，1996 年第 1 期。
[4] 同上。
[5] 〔汉〕刘安撰，〔汉〕高诱注，《淮南子注》，《诸子集成》第七册，北京：中华书局 1954 年版，第 289 页。

有明确指出当时人为何系佩新布，但联系其他记载和用曹布治病的做法来看，佩曹布必是一种辟邪法术。[1] 首先对挂新布的巫术性质做出准确说明的是另一位东汉学者应劭。应劭认为，汉代人"取新断织系户"，与用五彩绸布辟厉鬼辟五兵属于同一类现象。应氏又说，在瘟疫流行时，人们往往从新织绢的最后一截上剪一小块用于辟除灾祸，据《太平御览》卷二三引《风俗通》曰："夏至著五彩，辟兵，题曰游光厉鬼，知其名者无瘟疾，五彩辟五兵也。按：人取新断织系户，亦此类也。谨按：织取始断二三寸帛，缀着衣衿，以已织纴告成。……今家人织缣新，皆取着后缯绢二寸许系户上，此其验也。"[2]

新织成的麻布比较洁净，常被用于祭祀、丧礼等与神灵有关的活动之中；又因新布经常与神发生联系，祭祀者便认为它沾染了神性从而具有辟除凶邪的功能。再到后来，所有的新布无论是否与神事相关都被看成了辟邪灵物。这一点可以从下面的古籍中得到印证。

在周代较大规模的祭祀中，人们常在放置祭品的几案上搭一块三尺长的新布，当时称为"道布"。按周代祭祀惯例，祭祖时必须找一位同姓族人装成祖先直接享用祭品。那时还不习惯用筷子吃饭，这位人扮的祖先同样是用手抓食饭菜。满手油垢饭渣的"神"需要一块手巾擦拭，"道布"就是特意为他准备的"神巾"。要求用洁净的新布作神巾，无非是为了讨得神的欢喜。据《周礼》记载，天子祭礼中的道布要由巫师之长"司巫"负责提供。胡新生认为："当时人已把祭祀用的新布看得非常神秘，否则何必强调要由司巫全权负责道布的准备工作？"[3] 周代丧礼中使用的麻布分为斩衰、齐衰、大功、小功和缌麻几个等级，其中的"大功"又称"功布"，是用七升至九升麻线织成的。《周礼》中的道布从其质地来说属于功布。功布的巫术用途在当时丧礼中表现最为明显。《仪礼·既夕》描述说，由一种特殊的巫师"商祝"来主持"启殡"仪式，商祝手持功布拂去灵柩

[1] 胡新生，《中国古代巫术》，济南：山东人民出版社1998年版，第218页。
[2] 〔宋〕李昉等，《太平御览》第一册，北京：中华书局1960年版，第111页。
[3] 胡新生，《中国古代巫术》，济南：山东人民出版社1998年版，第218页。

上面的尘土，使用功布寓有迎接神灵和拂去凶邪之气的意思。正式出殡途中，商祝手持功布在前面指挥灵车的行进，以便让后面牵引灵车的人了解前方的地形。因此，商祝手中的功布不单是一面引导灵车的旗帜，它同时又是辟除各种邪祟，护佑整个送葬队伍的巫术武器。

最为著名的西汉纺织品考古发现当数湖南长沙马王堆一号墓，墓中出土大量纺织品，女尸身上穿着丝质服饰，笔者赞同赵丰的观点，认为女尸身上的丝质服饰就是一个人为的茧子，有助于灵魂的升天。墓中还有大量帛书和帛画出土，也可以看作是纺织品的一种特殊使用。[1] 其中的帛画，巫鸿先生认为："帛画不是一件独立的'艺术品'，而是整个墓葬的一部分；墓葬也不是现成的建筑，而是丧葬礼仪过程中的产物。"同时还说"帛画表现的是一个微观的宇宙，帛画的主题是，在宇宙的背景下它描绘了死亡，也寄托了重生的愿望：葬礼之后，轪侯夫人将生活在她地下的'永恒家园'"。[2] 关于马王堆汉墓帛画的功能，主要有三种学术观点，一种认为它是招魂用的；一种认为它是引魂用的；还有一种认为它是起辟邪作用的。李如森先生认为："帛画的功能在于标志死者的肖像、灵柩，或作为死者神明的寄托，或者寄望死者久藏，或对死者表示哀思。"[3] 关于帛画的名称，主要有两种看法：一种认为是"非衣"，一种认为是"铭旌"。贺西林先生认为："这幅帛画当为'铭旌'，即郑玄所说的'神明之旌'。其功能和作用显然是引导墓主之魂升仙，它和漆棺图像内容是一致的。"[4] 朱存明教授认为："汉代墓室建筑及其画像是汉代人生死观和宇宙观的体现。"他把这种 T 形帛画按民俗学称为"幡"，在为死者送葬时，由死者的儿子举着走在前面，与棺柩一起送入墓室，最后将它放在棺盖上，象征死者的灵魂沿此宇宙图示而升入仙界。[5]

---

[1] 赵丰、金琳，《纺织考古》，北京：文物出版社 2007 年版，第 53—54 页。

[2] [美] 巫鸿，《礼仪中的美术》，北京：生活·读书·新知三联书店 2005 年版，第 102—103 页。

[3] 李如森，《汉代丧葬礼俗》，沈阳：沈阳出版社 2003 年版，第 34 页。

[4] 贺西林，《古墓丹青——汉代墓室壁画的发现与研究》，西安：陕西人民美术出版社 2001 年版，第 157 页。

[5] 朱存明，《汉画像的象征世界》，北京：人民文学出版社 2005 年版，第 108—110 页。

在周代，为死者办理丧事前照例要举行招魂仪式，当时称为"复"。"复"即招魂复魄之意。举行此仪式的目的是使游离于外的魂魄重新进入死者体内从而达到起死回生的效果。用死者生前穿过的服装招魂复魄是典型的接触巫术。施术者相信死者接触过的这件东西与亡灵之间仍旧保持着密切的关联。而且要求用死者最华贵的服装招魂复魄，是因为这类服装曾经最受死者的珍视，它对亡灵更有吸引力，可以更顺利地把游魂召唤回来。在周代的"复"礼中，先将魂魄招还到衣服上；再用衣服覆盖尸体，使附着在衣服上的魂魄进入死者体内。笔者认为，马王堆汉墓中的"T形帛画"有可能是这个意思。招魂复魄是为了表达生者对死者的爱，表达一种祈求的愿望。"复而后行死事"表示生者在尽力挽救一个人的生命而不是对死者漠不关心，草率地把他送往另一个世界。

湖北荆州马山一号楚墓中的锦绣衣衾图案同样也包含着一定的象征意义。死者尸体上包裹着18层衣衾，不少衣衾上都有龙、凤、虎和流云纹组成的图案，另外还有由不死鸟、三头离珠和长生树、琅玕或琼枝构成的图案。这种把带有大量云纹和各种灵瑞图像的衣物层层包裹于墓主尸体上的做法，显然寓有引魂升天的目的。[1] 而李如森认为："古人入殓时用带子将包裹尸体的衣物束紧，再覆盖以衾。其目的主要是为了遮人眼目，使生人不至厌恶死者的丑陋形象。"[2] 杨鹍国说："服饰在民族历史上从古至今担负着通神娱鬼的宗教礼仪庄严使命。"[3] 所以，这种服饰"既是一个以为能增加巫术效果的逼真形象，又能从这种模仿得来的外观创造以及它所产生的幻觉真实中导源出一种愉快的感觉"[4]。

由此可知，"丝帛在先民绘事中的意义首先与其材资所具有的'神性'

---

[1]　湖北省荆州地区博物馆，《江陵马山一号楚墓》，北京：文物出版社1985年版；袁朝《江陵马山一号楚墓刺绣品图案考释》，《中原文物》1993年第1期。
[2]　李如森，《汉代丧葬礼俗》，沈阳：沈阳出版社2003年版，第19页。
[3]　杨鹍国，《符号与象征》，北京：北京出版社2000年版，第278页。
[4]　朱狄，《艺术的起源》，北京：中国青年出版社1999年版，第127页。

有关。"[1]《国语·楚语》所谓"牺牲之物，玉帛之类"[2]，正反映了在早期文明中，丝帛与玉器"二精"并重，在国之大事的"祀"与"戎"中充当重器与神物。文献中有关丝帛的神用（或称礼用）大体可归为三类：一曰荐玉之籍，二曰祀盟之质，三曰郊庙之用。这三项都表现出了丝帛于祭祀享神、通神的特性。

《礼记·礼运》载："昔者先王……未有麻丝，衣其羽皮。后圣有作……治其麻丝，以为布帛，以养生送死，以事鬼神上帝，皆从其朔。"[3]这里已把布与帛的功用分开，布用于生前服饰，而帛主要用于尸服。古人认为一定要用丝绸来制尸衣，这一点从上文马王堆出土的丝织品可以看出，出土的均为丝绸之类的纺织品。

随着丝绸生产的逐渐发展，养老也多用丝衣。《礼记·王制》载："有虞氏皇而祭，深衣而养老；夏后氏收而祭，燕衣而养老……周人冕而祭，玄衣而养老。"[4]这里不仅是对老人的尊敬表示，而且也有类似蚕老作茧自缚的含义。

据古籍文献记载，丝绸除用作尸服外，还用作祭服。《礼记·月令》："蚕事既登，分茧称丝效功，以供郊庙之服。"[5]另外，丝绸还被作为祭祀时用的物品，一类是帛书或帛画，一类是与青铜、玉等礼器同等地位的丝织礼器。赵丰先生认为："其用意应是把丝绸当作一种载体，把其上所书画的内容或是其中所包裹的物品传达到另一世界。"[6]

最有名的帛书是湖南长沙子弹库出土的帛书，中央书写着文字，四周画有神奇的图像，它之所以用帛，也是为了显示其神圣。还有马王堆

---

[1] 陈锽，《古代帛画》，北京：文物出版社2005年版，第5页。

[2]《国语·楚语下》，上海：上海古籍出版社1978年版，第560页。

[3]〔清〕孙希旦撰，沈啸寰、王星贤点校，《礼记集解》卷二十一，北京：中华书局1989年版，第587—588页。

[4]〔清〕孙希旦撰，沈啸寰、王星贤点校，《礼记集解》卷十三，北京：中华书局1989年版，第385页。

[5]〔清〕孙希旦撰，沈啸寰、王星贤点校，《礼记集解》卷十五，北京：中华书局1989年版，第433页。

[6] 赵丰，《丝绸起源的文化契机》，《东南文化》，1996年第1期。

一号、三号汉墓中出土的两幅帛画，以及战国时的人物御龙帛画、龙凤帛画，均是用于导引死者灵魂升天的帛画，亦用于事鬼神。这一点许多学者都论述了。

综上所述，可知汉代人把蚕当作神物，崇拜蚕神，主要是事鬼神而用之，通过它引导死者灵魂升天和保佑子孙繁衍昌盛。所以，汉画像中的纺织图绝不仅仅是对汉代现实生活中生产程序的简单描绘，而是汉代人信仰崇拜的载体，体现了汉代人的生死观念，具有深刻的思想内涵和文化意义。

四、结语

汉画像是汉代产生的独特艺术，在中国美术史上具有崇高的地位，表现了汉民族的文化精神、审美精神。本文对汉代墓葬中出现的纺织图像进行了系统梳理，首先从图像的源流谈起，指出纺织图像集中出现在山东、江苏、安徽、四川地区不是偶然现象，而是具有一定的历史地理背景，反映了当地纺织业的发展状况。然后根据纺织图像的内容进行了分类，有表现家庭作坊的、集体作坊的、历史故事的纺织图像，还有神话传说的纺织图像。纺织图像并不是独立存在的，而是与楼阁、人物、宴饮、车骑出行、星座、历史故事同在一画面。笔者认为，墓葬中的纺织图像不是随意刻画的，而是具有深刻的思想意义，反映了汉代人的思想观念和民俗信仰。

文章接下来对纺织图像进行解读，详细叙述了纺织图中的"胜"实际上是织机的织轴，文中结合西王母"戴胜"论述了"胜"由实用性转化为神圣性，并最终成为一种独特的祥瑞象征符号。因此，汉画像中的纺织图像具有神的机能，在汉代人的思想观念中，隐喻着对西王母的崇拜以及辟邪祈福的神圣功能。还有纺织图中的丝线，象征了生命像丝线一样长久。笔者以为，丝线很可能是作为招魂的工具，表达生命长久的愿望。

文章又进一步从中国古代思想观念、民俗信仰入手，论述了汉画像中的纺织图体现了古人的桑蚕崇拜情结。桑树是神树，具有旺盛的生殖力，是生命之树，在传统文化中具有辟邪驱鬼的功能。古人在"万物有灵"的观念支配下，把桑林作为祭祀之地，通过它和天地鬼神进行沟通，表达自己的信仰和美好愿望。古人还把蚕当作神物，崇拜蚕神，祭祀时用于事鬼神，通过它引导死者灵魂升天和保佑子孙繁衍昌盛。因此，汉画中的纺织图像一方面体现了古人桑蚕崇拜的民俗信仰，一方面作为象征物，表达了他们的信仰和愿望。

　　综上所述，汉画像中的纺织图不仅仅是对汉代纺织生产程序的简单描绘，而且还是汉代人信仰崇拜的载体，表达了死者及其家人渴望生命延续及再生的美好愿望，体现了汉代人的生死观念，从一个侧面也体现了汉代文化的深层结构。

（作者　赵丽）

本章是对汉画像乐舞图进行的审美价值的研究。

汉画像是汉代产生的独特艺术，在中国美术史中具有崇高的地位，表现了汉民族的文化精神、审美精神。汉画像中的乐舞图是汉画像中的典型形象。论文在对汉画像乐舞图进行图像志的研究基础上，对乐舞图所表现的汉民族民俗生活中的诗歌舞的文化精神进行了深入探讨。在对这个问题进行学术梳理的基础上，论文从三个方面展开。首先论述了汉画像中乐舞图与原始巫术信仰之间的关系。巫术是原始社会的思维方式、操作方式，是人企图与不可理解的、超现实的、神秘的力量打交道的方式。中国的汉画是死亡的艺术，是丧葬习俗的反映，承袭的是建立在原始思维上的一种巫术信仰。汉画像中大量乐舞图的文化背景是巫师以舞蹈的方式与"无"（气）打交道，因此，汉画像中的乐舞图可以看作一种仪式表演行为，借此沟通天地、鬼神。其次，分析了汉画乐舞图所表现的狂欢化诗学品质。汉画本为表现死亡的艺术，却用狂欢性的乐舞来表现生时的欢乐和对死后欢乐世界的幻想。狂欢化是人的一种审美感受，人总有一死，但活着就要追求欢乐，狂欢是生命的底色。汉画像乐舞图通过与死亡抗争，表现一种狂欢化的精神，表现了汉民族的悲剧意识，表现了悲剧的文化精神。第三，通过对汉画像乐舞图的戏剧性、表现性、狂欢性的论述，进而从人生的悲剧意义上，分析了这种乐舞图所体现的悲剧性，人把死的虚无转化为一种狂欢性的歌舞仪式，进而肯定生的幸福，为虚无的人生创造出一个悲剧崇高美的价值。

一、汉画像中的巫舞形式及其文化意义

王国维在《宋元戏曲史》中开宗明义指出："歌舞之兴，其始于古之巫术乎？巫之兴也，盖在上古之世。"[1] 在汉代乐舞画像中可以看到大量的具有巫术性质的舞蹈。巫和舞最初写法在古代同音又同形。[2] 巫师在作巫术时，常常手足舞蹈。郑玄《诗谱》曰"古代之巫，实以歌舞为职"，一语道破舞蹈与巫术之间的联系。巫者以舞蹈为媒介，借助咒语（诗歌）、占卜这些巫术仪式，重复强烈的节奏和单调的动作，进入某种真正的狂喜狂态，从而达到身与神通，获得神的旨意，或者将神从上界请下。在这种仪式中，舞蹈有着举足轻重的作用，即所谓"巫之事神，必用歌舞"[3]。可见，"巫"与"舞"是不可分的。直到今天"巫舞"仍然泛指以人体动态为中介来与神灵沟通的活动。中国现代舞的铺路人欧建平教授甚至作了这样的断言："舞蹈就是巫术。"[4]

艺术史家格罗塞对原始舞蹈进行了深入的研究，他将舞蹈分成模拟式的和操练式的两种。模拟式的舞蹈是对动物和人类动作的节奏的模仿。[5] 在汉画像中，有些舞蹈属于操练式的，而另一部分则属于模拟式的。汉画

[1] 王国维，《宋元戏曲史》，上海：上海古籍出版社 1998 年版，第 2 页。

[2] 许慎在《说文解字》中说："巫，祝也。女能事无形，以舞降神者也。象人两褒舞形，与工同意。"刘师培认为："舞从无声，巫舞叠韵。古重声训，疑巫字从舞得形，即从舞得义。故巫字并象舞形。"（刘师培，《刘师培辛亥前文选》，北京：生活·读书·新知三联书店 1998 年版，第 437 页）陈梦家以为，"舞巫既同出一形，故古音亦相同，义亦相合，金文舞无一字，说文舞无巫三字分隶三部，其于卜辞则一也"。（陈梦家，《商代的神话与巫术》，《燕京学报》1936 年第 20 期）杨向奎认为在甲骨文中"无"（舞）字本来就是巫，也是种舞蹈的姿势。（杨向奎，《宗周社会与礼乐文明》，北京：人民出版社 1997 年版）常任侠先生也认为"巫"和"舞"是一字的两种写法。（常任侠，《常任侠艺术考古论文选集》，北京：文物出版社 1984 年版，第 85 页）王克芬先生在《中国舞蹈发展史》中否认巫人是我国最早的舞蹈家。（王克芬，《中国舞蹈发展史》，上海：上海人民出版社 2003 年版，第 27 页）但是史料和文物都已证明"无（舞）字就是巫"，这一点已经得到学术界公认，本文赞同这种说法。

[3] 王国维，《宋元戏曲史》，上海：上海古籍出版社 1998 年版，第 2 页。

[4] 欧建平，《人体魔术——舞蹈》，北京：中国美术学院出版社 1994 年版，第 2 页。

[5] ［德］格罗塞，《艺术的起源》，北京：商务印书馆 2005 年版，第 156 页。

像中的舞蹈画像所表达的观念反映出浓郁的民间色彩，它反映了中国古老的巫舞传统。这种巫舞在汉画像中种类众多，在当时发挥着一定的文化功能。文化人类学研究表明，原始人在举行巫术仪式时，无论是模拟动物被狩猎还是模拟植物在生长的舞蹈都不能看作是纯粹的娱乐，因为这些活动本身是一种追求功利的巫术活动。弗雷泽运用"交感巫术"原理分析巫术赖以建立的思想原则时，认为物体通过某种神秘的交感可以远距离地相互作用，通过一种我们看不见的"以太"把一物体的推动力传输给另一物体。巫师盲目地相信他施法时所应用的那些原则也同样可以支配无生命的自然界的运转。[1] 原始巫术仪式的主持者"巫"，在这种原始思维的作用下以歌舞为基本语汇进行拟态表演时，其功能必定出于巫术效用。汉代离古不远，或者说汉代仍然是巫术盛行的时代，作为丧葬习俗的汉画像中充满巫术的内容就也是很自然的。本章就汉画像中存在的巫舞的几种表现形式进行探讨，试图说明汉画像中的巫舞所具有的文化意义。

（一）傩舞的驱邪功能

孙作云先生认为汉画像的主要内容一是打鬼，二是升仙。[2] 汉画中驱鬼辟邪和灵魂升天的画面，几乎概括了汉画像内容的全部。而想实现升仙的理想，驱鬼则势在必行。巫舞的功能就是祈神安鬼，逐祟除疫。[3] 傩舞是汉画像中驱鬼逐疫内容的一个重要方面。最早的傩舞本是一种巫术仪式，即驱鬼祛邪的法术。傩舞则属于模拟式的舞蹈，这种舞蹈就带有巫舞性质。人们在狩猎之余就会跳起狩猎舞，这种舞蹈就是驱赶巫舞，"原始狩猎驱赶巫术群舞，是世界性假面驱赶巫术之根，也是傩之根"[4]。

---

[1]　[英]乔·弗雷泽著，刘魁立编，《金枝精要》，上海：上海文艺出版社 2001 年版，第 16 页。

[2]　孙作云，《河南密县打虎亭东汉画像石墓雕像考释》，《河南大学学报》1978 年第 3 期。

[3]　刘建，《宗教与舞蹈》，北京：民族出版社 2005 年版，第 169 页。

[4]　钱茀，《傩俗史》，南宁：广西民族出版社，第 9 页。

1. 方相氏是傩舞仪式的主角

汉画像中有很多傩舞画面，这些画面中的傩舞的主角为方相氏。《周礼·夏官·司马·方相氏》云："方相氏掌蒙熊皮，黄金四目，玄衣朱裳，执戈扬盾。帅百隶而时傩，以索室驱疫。大丧，先匶；及墓，入圹；以戈击四隅，驱方良。"[1] 这段文字详细描绘了方相氏带着假面傩祭驱鬼时的具体情景。在原始初民认为，死者灵魂的主要座位时常是在头部，因而头部的重要意义，成为巫术力量的中心，故而成为巫傩驱疫的最有力的手段。《酉阳杂俎》说："魌头，所以存亡者之魂气也。"[2] 死者的鬼魂附在了面具上，它便成为禳邪祛恶的灵物。由此可见，面具在意义上已与鬼神等同，是可以借它们达到震慑疫鬼、逐除疫鬼这一功能的。原始时期人们就已经用兽皮伪装自己进行狩猎，利用假面伪装有利于突然发动袭击，并能减少牺牲。人们以为面具本身具有某种力量，因而对面具产生崇拜。方相氏戴着面具，穿着黑上衣红下裙，拿着戈矛扬起盾牌，率领许多部属挨家驱除疫疠之鬼。如在王室丧礼，则走在棺椁之前，到了坟墓，棺椁入置圹穴时，则用戈打击圹穴的四个角落，并驱除那好食死人肝脑的恶鬼。对于方相氏的原型，古代文献大多将方相氏与黄帝的次妃嫫母联系起来。20世纪的50年代，常任侠和陈多等专家都认为方相氏与蚩尤之间有着密切的联系。[3] 山东沂南一号墓前室北壁中柱上就有蚩尤的画像，与文献中叙述的方相氏的确很相似（图 9-1）。顾朴光先生在《方相氏面具考》中，把方相氏与上古的饕餮联系起来，甚至与苗、瑶民族的先祖九黎 – 三苗部落的图腾徽记联系起来。他认为，方相氏面具由假面（蚩尤）和假头（熊首）

---

[1] 〔清〕阮元校刻，《十三经注疏》，北京：中华书局 2009 年版，第 1838 页。

[2] 〔唐〕段成式，《酉阳杂俎》卷十三，济南：齐鲁书社 2007 年版，第 84 页。

[3] 《云笈七签》引唐人辑《轩辕本纪》云："帝周游时，元妃嫘祖死于道，帝祭之以为祖神。令次妃嫫母监护于道，因以嫫母为方相。"《三教搜神大全》云："开路神君乃是《周礼》之方相氏是也。相传轩辕皇帝周游九垓，元妃嫘祖死于道，召次妃嫫如监护，因冥相以防夜，盖其始也。俗名险道神，一名叶陌将军。"常任侠根据张衡《西京赋》中"蚩尤秉钺，奋鬣被般"等语，推测"蚩尤和方相，大傩和角抵，有深切的结合"。(常任侠，《关于我国音乐舞蹈与戏剧起源的一些考察》，《人民戏剧》1950 年第 1 卷 6 期）陈多在《古傩略考》一文中，对蚩尤与方相氏的关系作了详细的考证，指出"方相、蚩尤，其实一也"，"方相的原型只能是蚩尤"。(陈多，《古傩略考》，《戏剧艺术》1989 年第 3 期）

图 9-1 沂南汉墓蚩尤画像（作者摄）

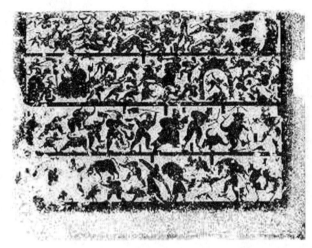

图 9-2 山东嘉祥武氏祠左石室天井前坡西段画像（采自《中国画像石全集》卷 1 图 88）

两部分组成，一方面，方相氏佩戴状若蚩尤形象（实际上是九黎－三苗部落集团的图腾徽记）的假面，希望借助蚩尤的神威震慑敌人和疫鬼；另一方面，他又佩戴用黄帝部落的图腾物制作的假头，以祈求得到图腾祖先的庇护。由于方相氏把当时最强大的两个部落的图腾合为一体，他才能担负防夜、威服天下和驱鬼逐疫三重任务，成为我国上古时期最威猛神武、最具传奇色彩的人物。他还认为假头的二目加上假面的二目，便成为所谓的"四目"了。[1]在山东嘉祥武氏祠左石室天井前坡西段的画像石上（图9-2）可以看到方相氏的形象，一头戴面具，身披兽皮，手足和头顶都有兵器的可怕熊形怪神就是傩神方相氏。

宋人罗泌在《路史·后纪·蚩尤传》注里提到："三代彝器多著蚩尤之像，为贪虐者戒。其状率为兽形，傅以肉翅。"暗示蚩尤的画像就是饕餮纹。蚩尤像－饕餮纹－镇邪面具（如"吞口"），确实都是有辟恶和御敌之功效的，在性质与功能上都是可通的。[2]在很多的饕餮纹中，最突出

---

[1] 顾朴光，《方相氏面具考》，《贵州民族学院学报》，1990 第 3 期。
[2] 萧兵，《面具眼睛的辟邪御敌功能》，《淮阴师范学院学报》，1994 年第 4 期。

图 9-3　四川三星堆青铜面具 （作者摄）

的就是巨大的瞪睁的眼睛。其实这与方相氏的"黄金四目"有着相似的象征意义，即象征太阳和光明，方相氏的"四目"的"四"更有可能是代表"阳光四射"，辟除邪秽和黑暗。1991 年，在湖南吉首召开的少数民族国际傩文化研讨会上，国内外学者均认为三星堆文化的核心内容就是傩祭。[1] 三星堆出土的青铜面具中的眼睛就非常突出，冯其庸先生认为这种青铜面具就是方相面具。[2]

三星堆的柱状眼睛类似于太平洋原始性艺术中印第安人的"斯瓦希威"面具上的圆筒眼睛（图 9-3）。列维 - 斯特劳斯认为这种圆筒——柱状的眼睛具有"捕捉、确定远方信息并与之进行直接交流"和"用于捕捉和禁锢病人的游魂，以便将其重新注入病人的躯体"的作用。[3]

2. 傩舞仪式中方相氏的作用

方相氏是傩舞的主要表演者，在这种巫术礼仪中有着举足轻重的作

---

[1]　唐楚臣，《广汉三星堆文化探秘》，《楚雄师范学院学报》1992 第 4 期。

[2]　冯其庸，《关于傩文化》，《人民日报》1997 年 10 月 18 日，第七版。

[3]　[法] 列维 - 斯特劳斯著，知寒等译，《面具的奥秘》，上海：上海文艺出版社 1992 年版，第 128 页。

用。萧兵先生认为它的内涵有三项——

一是"索室驱疫"。二是"大丧，先匶"。三是"及墓，入圹"。到了东汉，这种戴面具以驱邪的"傩礼"规模就很大。《后汉书·礼仪中·大傩》云：

> 先腊一日，大傩，谓之逐疫。其仪：选中黄门子弟年十岁以上，十二以下，百二十人为侲子。皆赤帻皂制，执大鼗。……因作方相与十二兽舞。讙呼，周遍前后省三过，持炬火，送疫出端门；门外驺骑传炬出宫，司马阙门门外五营骑士传火弃洛水中。百官官府各以木面兽能为傩人师讫，设桃梗、郁垒、苇茭毕，执事陛者罢。苇戟、桃杖以赐公、卿、将军、特侯、诸侯云。[1]

在这段文字中我们可以看出驱傩的过程变得更加复杂。这场驱逐疫鬼为中心的方相与十二兽舞的傩仪场面可以在安丘汉墓画像石（图9-4）和临沂汉墓画像石（图9-5）上看到。驱傩的时间为"先腊一日，大傩，谓之'逐疫'"。说明了傩舞驱鬼逐疫的作用外还有祈盼丰年的功能。"中黄门倡，侲子和"的唱词可以看出在举行傩仪时是边舞边唱"驱鬼词"的，并且在傩仪中设置了桃梗、郁垒、苇茭以及大鼗等具有巫术作用的驱鬼辟邪物。《礼记》记载春、秋、冬三季都有傩仪。傩祀是分三个等次的，"天子傩"在仲秋，由天子在皇宫内主持，诸侯与庶民不得参与；"国傩"在季春，在皇城九门进行祈禳，供天子与诸侯共同享用；"大傩"在季冬，由各地祭礼官主持，下及庶民，举国上下共同参与。春季时分，"命国难，九门磔禳，以毕春气"。郑注："此难（傩），难阴气也。阴者右行……气伏则厉鬼亦随而出行。"说明汉人认为"傩"是为了"难却阴气"，意为抵御寒冷、疾病和死亡。不但"阴气"，就是过盛而伤生的"阳气"也要"傩却"。仲秋之月，"天子乃难，以达秋气"，郑注说，"此难（傩），难

---

[1] 〔南朝·宋〕范晔，《后汉书·礼仪中》，北京：中华书局2000年版，第2121页。

图 9-4　安丘汉墓后室西间室顶东坡画像
（采自《中国画像石全集》卷 1 图 166）

图 9-5　山东沂南北寨村汉墓前室北壁上横额大傩图
（采自《中国画像石全集》卷 1 图 188）

阳气也……阳气左行……气伏则厉鬼亦随而出行"。这也是为了驱除疫灾、鬼厉或死亡。季冬之月，天子"命有司大难旁磔，出土牛，以送寒气"。郑注："此难（傩），难阴气也，……阴气右行……为厉鬼，将随强阴出害人也。"说明冬之傩也是为了征服死亡和岁时节仪。[1] 在这些傩礼活动中，"气"占有重要位置。古人认为一切自然界的变化和发生瘟疫，都是因阴阳二气的不调，致使"寒暑不时则疾，风雨不节则疾"。而"气伏则厉鬼出使而引"，鬼便成了疫的代词。一年三季之傩祭，意在运用阴阳五行学说，不使一年各季的阴气或阳气过剩到"物极必反"的程度；或抑阳扶

---

[1] 萧兵，《傩蜡之风——长江流域宗教戏剧文化》，南京：江苏人民出版社 1992 年版，第 122—128 页。

阴，或抑阴扶阳，意在通过含有巫术意识的驱逐手段，以求阴阳二气在对立中达到调和，从而有利于农业的生产发展，也有利于人类生存条件的改善，促进社会的安定。[1] 萧兵先生总结出傩舞是一种有关季节转换、乃至生命周期的"循环性"仪式。它的举行跟太阳的运行有关。每个季节，太阳的温度、光亮和力度的不同，凡是需要加强太阳的光明与威力的时间和空间，都必须举行这种周期性、节令性的积极巫术仪式。[2]

（二）建鼓舞及其文化意义

"鼓"是一种古老的打击乐器，建鼓是其中一种，"建"是"树"的意思。有关建鼓舞的记载代代相沿，史不绝书。《国语·吴语》："载常建鼓。"韦注云："建，谓为楹而树之。"《仪礼·大射》："建鼓在阼阶西南鼓，应鼙在其东南鼓。"郑注云："建犹树也，以木贯载之，树之跗也。"建鼓最初是作为巫师沟通人神的法器，常在祭祀中使用。传说黄帝和蚩尤打仗时用一种叫"夔"的野兽的皮蒙成鼓面，骨头制成鼓槌，敲击声传到五百里之外，从而震住了蚩尤，获得了胜利。因此在先民的意识中鼓具有神秘性和威慑性，这是从鼓声和雷的联想中得到的。"鼓，其声象雷，其大象天，其乐象君"，在先民意识中，雷绝不会是一种自然物，是由法力无边的雷神操纵，雷声就是雷神鼓动自己的肚子发出的声音。[3] 简单地说建鼓就是用一根树干贯穿鼓的腰部将其竖立起来。《礼记·明堂位》记载："夏后氏之鼓足，殷楹鼓，周县鼓。"郑注云："楹谓之柱，贯中上出也。"这竖在中间的杆子是代表天地之中的象征体，其来源于立杆测影的古代历法制度。卜键在《建木与建鼓》中从文化学的角度认为这个鼓中立杆是沟通天地、接引天神的圣木。[4] 在立杆的最上方有一个天盖，象征盖天，更证

[1]　曲六乙，《傩魂》，《四川戏剧》，2001 年第 3 期。
[2]　萧兵，《傩蜡之风—长江流域宗教戏剧文化》，江苏人民出版社 1992 年版，第 128 页。
[3]　费秉勋，《中国神秘文化》，西安：陕西人民教育出版社 1991 年版，第 166—168 页。
[4]　卜键，《建木与建鼓》，《文献》，2000 年第 4 期。

图 9-6　虎座建鼓画像　　　　　　　图 9-7　羊座建鼓画像
（采自《中国舞蹈文物图典》188 页）　　（采自《中国舞蹈文物图典》186 页）

明立杆是沟通天地的灵木。汉代建鼓多以流苏羽葆为饰。汉代张衡《东京赋》："鼗鼓路鼗，树羽幢幢。"羽葆以翟尾（野鸡尾毛）做成，羽葆中间的幢上有流苏，用丝帛之类制成，可随风飘扬。在羽葆上方大都站立一只或成群的鸟，汉代人相信人死后可以飞升入仙界，便以鸟作为灵魂飞升的象征。在汉画像中，生命树上的鸟大都有象征灵魂飞升的意义。[1]

在汉画像的建鼓中，底座以虎座和羊座居多（图 9-6、9-7）。东汉应劭《风俗通义》曰："虎者，阳物，百兽之长也，能执搏挫锐，噬食鬼魅。"人们将虎附会成具有扫清鬼魅力量的神兽。另外虎以疾快著称，《淮南子·天文训》曰："虎啸而谷风至。"把这种既能驱鬼除魅又神速的兽作为鼓座，对于帮助灵魂快速顺利升天是非常理想的一种方式，所以在建鼓画像中，虎座的画像占了大多数。在汉画像中还有以羊为鼓座的建鼓。《说文》云："羊，祥也。"按中国人的观念，羊代表着吉祥，用羊作为鼓座也是非常美好的意愿。建鼓形制椭圆形，也作宇宙之象，建鼓的整体组成就是天地上下沟通的象征表现。

在汉画像中，除了作为乐舞形式出现的建鼓图，还有和其他内容组

---

[1]　朱存明，《汉画像的象征世界》，北京：人民文学出版社 2005 年版，第 100 页。

合在一起的建鼓图，如将西王母和建鼓舞刻在同一个画面，是希望能借
助建鼓沟通天地的法力，使死去的亲人顺利到达西王母所在的仙界（图
9-8）。在汉画像中，建鼓多与天界仙禽灵物组成画面，这些仙禽灵物象征
天国的神灵和神兽，它们和谐地组合在一起，形成神秘、祥和、浪漫的天
国仙界。建鼓与雷神组合在一起的画面在徐州、山东和河南的画像石墓中
均有出现。而用建鼓来表现雷神行雨时的场面是最具特色的。图中都有云
气托浮的云气车，古人认为云气不仅是仙人的交通工具，也是天人沟通的
媒体。云气车上往往竖立建鼓，建鼓是雷神的法器，鼓与舞正是在这种神
秘的巫术中得以完善地结合，从而形成了娱神巫舞。如河南南阳英庄和安
丘汉墓后室东间室顶西坡都有雷公出行图（图 9-9）。1978 年，成都新都
出土一块"骆驼建鼓"画像砖（图 9-10），图中骆驼背上双峰之间竖一建
鼓，鼓上羽葆飘飘。鼓两侧各有一人，身着长袖服，翩翩起舞。骆驼在汉
代又叫"橐驼"，从西域诸国进献至中原。骆驼和其他动物不一样，特别
耐饥耐渴，能够连续四五天不进食、不喝水，也不会有生命危险。所以汉
代人认为骆驼一定是神奇的仙兽，符合汉代人追求长生不死的愿望，更是
一种理想的升仙工具。汉代人认为"仙人好楼居"，相信高楼能够接近仙

图 9-9　雷公出行图
（采自《南阳汉代画像石刻》
图 70）

图 9-10　驼舞画像
（采自《四川汉代画像砖》图
48）

境。阳嘉三年的一幅建鼓画像结合了高楼和车马出行（图 9-11），更是表达了汉人渴望快速到达仙境的急切心情。山东邹城孟庙有一幅建鼓与阙的画像（图 9-12），汉人认为阙乃天门象征，是拜见西王母，并得到西王母赏赐的不死之药的必经之路。庖厨建鼓图在汉画中的组合很多（图 9-13），刻画庖厨图的目的在于向神拜祭，一方面为回避神降的灾祸，另一方面为了祈求祝福。[1] 汉人认为刻画在石头上的食物同真正的食物起到同样的效

[1]　[韩] 文镛盛，《中国古代社会的巫觋》，北京：华文出版社 1999 年版，第 51 页。

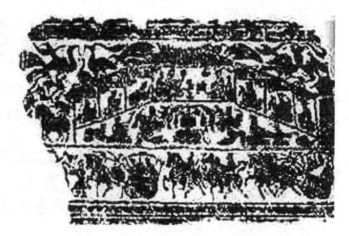

图 9-11　阳嘉三年建鼓画像
（采自《中国画像石全集》卷 4 图 177）

图 9-12　建鼓、汉阙画像
（原石收藏于山东邹城孟庙 作者摄）

用。以建鼓表演和祭祀牺牲两者并行的方法可以更好地娱神，会使神的心情更高兴，就会答应人们的求助。

　　山东微山两城镇出土一幅针灸图（图9-14），刘敦愿先生认为画面上的神医是扁鹊。[1]人被病魔纠缠常常会失去生命，汉代人认为疾病是鬼神对人不满时给予的惩罚，所以将建鼓与针灸图组合成一个画面，表明了汉人通过建鼓舞向神讨好祈福，祈愿神能够保佑全家远离疾病，长生不死。

---

[1]　刘敦愿，《汉画像石上的针灸图》，《文物》，1972 年第 6 期。

图 9-13　庖厨、建鼓画像
（采自《中国画像石全集》卷 2 图 177）

图 9-14　建鼓、针灸画像
（采自《中国画像石全集》卷 2 图 51）

图 9-15　建鼓、捞鼎画像
（采自《中国画像石全集》卷 2 图 21）

　　　　　　　　　　民俗之雅

中国古代的鼎一直作为礼器使用，具有政治权力的象征意义。统治者拥有了九鼎，就成为天命的所有者。九鼎成为历史事件发生的先决条件，鼎的迁移成为历史进程的同义词。山东出土的汉画像石和徐州出土的画像砖上都有"泗水捞鼎"的画像（图9-15），展现的就是秦始皇为了大秦江山受命于天，能代代相传而"泗水捞鼎"的场面。鼎是运动的，好像具有生命性，到了汉代成为宗教活动中沟通人神，尤其是与已逝祖先沟通的神器。[1] 所以捞鼎的意义是非常明显的，其和建鼓图的组合更加强了这种意义。

人生存在宇宙之中，人与神之间就要有沟通的手段，汉代人认为通过表演建鼓这种手段可以与神沟通，并通过这种手段可以达到所祈愿的目的。

（三）盘舞与天界信仰

幻想长生不老和羽化飞升，是秦汉时代上层阶级中极为盛行的思想。这种思想在汉代达到了高潮，反映了汉代上层社会对于物质享受和得道升仙这两个方面都念兹在兹。盘舞所反映的正是这样的社会意识。汉代盛行盘舞。盘舞，因舞者在不同数量的盘上翩翩起舞而得名。其舞姿优美，潇洒飘逸，舞者长袖飘飘，动作轻捷灵巧，在 7～10 个盘上旋转雀跃。这种盘舞打动了不少文人墨客。张衡、王粲、鲍照、陆机都曾为七盘舞写下热情洋溢的赞颂文字。张衡《舞赋》："拊者啾其齐列，盘鼓焕以骈罗……歌曰：进退无差，若影追形。"[2] 汉魏词赋里歌咏盘舞形象的不在少数，如傅毅《舞赋》云："轶态横出，瑰姿谲起，眄般（盘）鼓则腾清眸，吐哇咬则发皓齿。"李善注引《七释》："七盘陈于广庭，畴人俨其齐俟。揄皓袖以振策，竦并足而轩跱。邪睨鼓下，亢音赴节。安翘足以徐击，驭顿身

[1] ［美］巫鸿，《礼仪中的美术》，北京：生活·读书·新知三联书店 2005 年版，第 45—62 页。
[2] 费振刚等辑校，《全汉赋》，北京：北京大学出版社 1993 年版，第 478 页。

图 9-16　四川彭州盘舞画像
（采自《四川汉代画像砖》图 42）

而倾折。"[1]《许昌宫赋》："振华足以却蹋，若将绝而复连。鼓震动而不乱，足相继而不并。婉转鼓侧，蟺蛇丹庭，与七盘其递奏，观轻捷之翾翾。"[2]这种舞蹈具有一定的杂技性。舞蹈者穿上特制的鞋子作各种舞姿在盘上踏出声响，形成复杂多变的节奏。四川彭州白祥村东汉墓出土的画像砖（图9-16）上，可以看到《舞赋》中描写的情景。南阳出土的宴饮舞乐图中也可见到盘舞（图9-17）。

在山东沂南北寨出土的盘舞图中（图9-18），从长袖飘飘和快速的舞姿来看，这种盘舞有快速的节奏，伴着身体的运动。舞者居画面左边，他的左前方有七个倒覆的盘，前四后三，两排置于地上。我们知道，汉代画像石艺术是刻画在祠堂或陵墓中的神圣画像，都有一定的文化内涵。毫无疑问，它本身包含着某种历史的真实性，可以肯定盘鼓舞就有祭祀祖先的神圣意义在里面，它代表的是对祖先或神明的献祭。"献祭"这个词首先表达了圣化的观念，而人们也易于相信，这两种观念是同一的。汉画像石中的盘舞图作为墓葬文化的一种图式，就是受这种巫术思维的影响，死者

[1] 〔梁〕萧统编，〔唐〕李善注，《文选》，北京：中华书局1977年版，第248页。
[2] 同上。

图 9-17　南阳许阿瞿墓盘舞画像
（采自《中国画像石全集》卷 6 图 202）

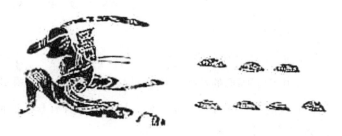

图 9-18　沂南汉墓盘舞画像
（采自《中国舞蹈文物图典》第 179 页）

的后人（有德之人）希望通过对神的献祭，得到神灵的庇佑，使死去的亲人早日升仙，同时保佑活着的亲人能够在世间永生。远古人类希望借助外在力量为自己造福，于是按人间规律对待外在力量，以为给至尊者提供最好食物能得到报答，这些食物以带血动物为代表，但带血动物不能单独存在，故而盛放动物的器皿享有尊贵地位，以这种器皿舞蹈的盘舞在祭祀活动中不可缺少。以人充当祭牲的情况，史籍上著名的商汤王以身祷雨的传说就是一个例子。[1] 将人作为祭品献于神的画像象征人的自我与具有神性的物的合一，人被神吞食，从而实现神与人的合一，从而得到神的保护。盘舞的器具摆设更能证明这种象征意义，盘可能代表星座，有些盘舞道具中还存在两座鼓，代表日月，人舞于盘鼓之间，象征着飞升，意即成仙。

---

[1]　马昌仪，《中国神话学文论选粹》（上册），北京：中国广播电视出版社 1994 年版，第 191 页。

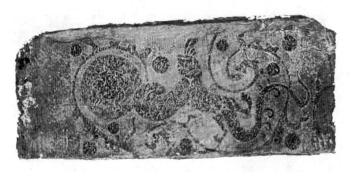

图 9-19　嫦娥奔月画像
（原石收藏于南阳汉画馆　作者摄）

南阳汉画像石中有一幅非常有名的"嫦娥奔月图"（图9-19），画面上的神人手中捧着圆形的物体，应该是鼓，人物尾部是一串串的雷，这正好就是盘和鼓的象征。奔月就是升仙，所以盘舞具有升仙通神的意义是非常明确的。

从画像石看，盘鼓舞常与长袖舞、持棍巾舞合二为一，比如长袖盘鼓舞、执巾盘鼓舞等。盘舞表演者一般身穿长袖罗衣，腰部或衣裾系上飘带，少数画像中舞者持巾，但巾仍属袖的延长，犹如长袖。轻柔的罗衣，随风飘扬，长长的袖子飞舞挥动，似乎在充满云气的仙境飘游。在汉画像中，很多长袖舞、巾舞在表演的时候都有乐器伴奏，最多的是琴。嵇康认为"众器之中，琴德最优"，最好的音乐来自大自然，与大自然融为一体，听乐者、表演者与大自然合而为一，即"和"。在汉画中还有俞伯牙与锺子期坐在蘑菇形仙山上抚琴的画像（图9-20）与另一幅仙人六博画像并列，而俞伯牙曾经到过蓬莱仙山，这样很容易与升仙联系在一起。可以肯定在汉画中一部分"长袖舞"和"巾舞"也具有巫舞性质。

汉代是一个以农耕经济为主的社会，农业生产是立国根本。源于古老文化的巫术信仰，被用在许多的仪式上。国家祭祀用乐常常有祭祀灵星舞，祭祀主题是祈求风调雨顺，不违农时。汉高祖曾立灵星祠，祭祀灵星成为全国性祭祀活动。灵星祠的祭祀对象是后稷，后稷是公认的主管谷物

图 9-20　俞伯牙抚琴画像
（采自《魏晋南北朝壁画墓研究》图 159）

丰收的农神天田星。祭祀时跳灵星舞。四川德阳有一块表现农耕情景的画像砖，很多学者认为它就是汉代祭祀农神的舞蹈——灵星舞。（图 9-21）这种以模仿农作的形式来祈求丰收则有巫术通神的意味，明显地再现了先民求神恩、赐农牧丰收的祭典仪式。

在山东沂南汉画中的百戏图中，一人持鼗鼓引龙形兽，正边舞边走，正在表演"鱼龙漫衍"幻术（图 9-22）。画像石中多见鼗作乐器，鼗鼓的形制如近代民间流行的小孩玩的拨浪鼓。东汉时，鼗鼓在朝廷举行的岁末逐疫仪式的驱傩大典中是必不可少的法器。《后汉书·礼仪志》记载"百二十人为㑴子，皆赤帻皂制，执大鼗"[1]。汉人认为，鼗鼓的声音可以驱鬼逐疫，给人们带来平安。新野出土的"泗水捞鼎图"中，右上角两人手中所持乐器正是鼗鼓，鼗鼓与建鼓，以及与已逝祖先沟通的礼器——鼎共同组成的画面，这说明鼗舞是沟通人神的巫舞。鞞舞得名于舞人所持的舞具——鞞鼓。鞞舞起源于民间，随着发展逐渐成为一种程式化、仪节性的舞蹈。

---

[1] 〔南朝·宋〕范晔，《后汉书·礼仪中》，北京：中华书局 2000 年版，第 2121 页。

图 9-21　四川祭祀灵星舞画像
（采自《四川汉代画像砖》图 1）

图 9-22　沂南汉墓鼗鼓画像
（采自《中国舞蹈文物图典》第 141 页图 4 局部）

　　英国学者哈弗洛克·蔼理斯认为舞蹈和祈祷是同一件事情。[1]用无声
而有形的姿势与超验的无形世界对话，这就是祈祷的语言。舞蹈就是这
样一种具有超凡品格的语言。巫的作用在于调动人的主观能动性，舞蹈是
身体力行的操作模式的一部分。巫师祭神时所跳的迷狂歌舞，可以与"无

---

[1]　[英]哈弗洛克·蔼理斯著，徐钟珏、蒋明译，《生命之舞》，北京：生活·读书·新知三联书店
　　1989 年版，第 35 页。

形"的神灵相通感。巫师也就成了神灵下凡，或者巫师也可以通神。巫师跳舞主要目的是悦神，也是沟通与神鬼的桥梁，是巫师活动不可缺少的手段。有些舞蹈形式本身就是一种神的化身。[1] 汉画像中的舞者通过戴假面等形式模拟动物、植物和神仙人物的姿态而认为使自己具有了模拟对象的神性。在面具后面，舞者直接进入鬼神之位进行表演，忘掉自己的存在，从日常生活的自我感觉中拔高，在忘我的状态与神性相结合，自我解脱进入狂欢的极乐世界。

二、汉画像乐舞图中的狂欢世界

"狂欢化"理论是巴赫金通过对拉伯雷和中世纪民间诙谐文化（笑文化）的研究，而提出的一种诗学理论。狂欢化源自"狂欢节"型的庆典。"狂欢节"型的庆典来源于古希腊的酒神崇拜，每年丰收季节来临之际，人们都要杀猪宰羊来到神庙中敬献给酒神狄俄尼索斯，并在祈祷中表演歌舞，祭献活动之后，人们打破了以往的等级界限，不顾一切官方限制和宗教禁忌，戴上面具，身着奇装异服，到街上狂欢游行、开怀畅饮、狂歌狂舞，尽情放纵自己的原始本能，形成了各种怪诞风格和各种喜剧、诙谐、夸张、讽刺的形式。巴赫金称之为"颠倒的世界"。这种狂欢的世界观可以渗透到狂欢式（意指一切狂欢节型的庆贺、仪典、形式的总和）之中，而狂欢式转为文学的语言，这就是"狂欢化"。狂欢化，可视作宽泛的精神文化现象。它凝聚着人类历史进程中深刻的文化积淀，它是艺术地把握生活的强大手段。汉画像"乐舞"图展示出来的乐舞也在多方面体现着狂欢化的精神和内涵。

---

[1] 宋兆麟，《巫觋·人与鬼神之间》，北京：学苑出版社 2001 年版，第 263 页。

（一）乐舞中的狂欢世界

1. 全民性

早在公元 4 世纪中期，在经济条件比较优越的大城市，像齐国的临淄，据说人人都会奏乐器。《战国策·齐一》苏秦对齐宣王说："临淄甚富而实，其民无不吹竽、鼓瑟、击筑、弹琴。"秦始皇统一六国之后，吸收了包括音乐在内的六国文化成果。《史记·秦始皇本纪》载："秦每破诸侯，写放其宫室，作之咸阳北阪上……所得诸侯美人钟鼓，以充入之。"汉承秦制，汉代民间音乐在汉代统治阶级中间，受到广泛欢迎。汉代上层统治者有一种作歌抒怀的风气，无论战争、祭祀、欢乐、悲愤常常写歌颂之，有的甚至亲自奏乐，手舞足蹈。[1] 随着中外文化交流的频繁和密切，一些西方的幻术、马术、杂技也传到汉朝，可以说汉代音乐是古代中国音乐的又一大高峰。汉代礼乐紧密相联，各种祭祀、礼仪，诸如祭神、求雨、驱疫、筵宴、射仪、各国使节往来，无不伴以乐舞。《盐铁论·散不足》谈到民间的娱乐活动时说："今俗因人之丧以求酒肉，幸与小坐而责辨，歌舞俳优，连笑伎戏。"《盐铁论·崇礼》篇说："夫家人有客，尚有倡优奇变之乐。"从出土的汉画像中能够看到主人在宴请宾客时必有歌舞助兴。如 1974 年 3 月在竹瓦铺砖室墓出土的宴饮画像中可以看到上层坐着戴着高冠、身着华丽长袍的宾主，下层则有艺人表演盘舞、龙舞等丰富多彩的乐舞百戏（图 9-23）。

可见乐舞已经深入汉代人们的日常生活的方方面面，能歌善弹是相当普遍的情况。在四川二磴岩东汉晚期的 5 号、6 号崖墓中都发现"集体舞蹈图"画像。（图 9-24、9-25）画面上都是七个人，其中一个人盘腿吹奏，一个人领舞，另外五人均为体态婀娜的长裙女性，手拉手形成连臂舞队。在马家窑陶盆中也可以看到类似的五人舞蹈（图 9-26）。崇尚五是秦汉时

---

[1]　刘再生，《中国古代音乐史简述》，北京：人民音乐出版社 2006 年版，第 188—198 页。

图 9-23　四川郫县（今成都郫都区）宴乐画像
（采自《中国画像石全集》卷 2 图 47）

图 9-24　二磴岩 5 号墓集体舞画像
（采自《巴蜀舞蹈史》图 27）

图 9-25　二磴岩 6 号墓集体舞画像
（采自《巴蜀舞蹈史》图 28）

期巴人地区的习俗，以五为伍，五人并不仅仅指五人，而是指众人，代表
人数无限多的集体。据说在该地区还发现有多达九人的类似画像，图中人
物穿着各异，男女老少都有，位置错落有致，动作姿态各有不同，情绪显
得兴奋激烈，好似在举行盛大的狂欢节日。这种集体性的全民舞蹈在我国

图 9-26　马家窑陶盆舞蹈画像
（采自《图说中国舞蹈史》导言页）

阿坝、凉山、攀枝花等地仍可以看到。如羌族的"哟粗布"、川西北藏族的"达尔嘎"仍然是领舞者带领大家齐舞的模式。

汉代尚无专职化剧场的出现，大型乐舞演出的场地多是在殿堂、庭院、广场等。广场是底层平民大众的象征、全民性的象征，在真正的狂欢节型庆典中，广场是具有无上约束力的既定范围，是人们放纵自身、自由挥洒的特殊天地。这里没有演员和观众之分，甚至没有舞台，没有演出和观看的截然区分，人们不是袖手旁观，而是生活在其中，而且是所有的人都生活在其中。汉代就有一种叫作"观"的表演场地，可以表演《驰骋百马》这样的大型节目，其中"平乐观"最有名。[1] 在举行大规模的活动时，皇帝、大臣、使节、方圆三四百里的百姓都聚集在一起，人山人海，共庆节日。《汉书·武帝纪》：

> 三年春，作角抵戏，三百里内皆（来）观。
> 夏，京师民观角抵于上林平乐观。

可证当时的大型表演全民参与的特点。在沂南汉墓中室东壁横额（图9-27）和安丘汉墓中室室顶北坡西段的乐舞（图9-28）中，就展现了这种广场性的全民狂欢。"在狂欢节的广场上，在暂时取消了人们之间的一切

---

[1]　傅起凤、傅腾龙，《中国杂技》，天津：天津科学技术出版社 1983 年版，第 1—40 页。

　　　　　　　　　　　　　　　　　　　　　　民俗之雅

图 9-27　沂南汉墓中室东壁横额画像
（采自《中国画像石全集》卷 1 图 203）

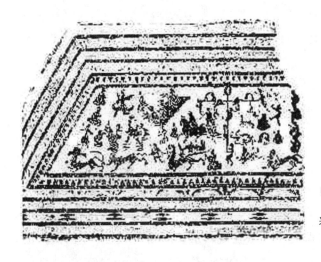

图 9-28　安丘汉墓广场乐舞
画像
采自《中国画像石全集》卷 1
图 105）

等级差别和隔阂，取消了日常生活，即非狂欢节生活中的某些规范和禁令的条件下，形成了在平时生活中不可能有的一种特殊的既理想又现实的人与人之间的交往。这是人们之间没有任何距离，不拘形迹地在广场上的自由接触。"[1] 起源于汉代的元宵节是中华民族典型的"狂欢节"。封建社会不允许年轻女性抛头露面，但是在元宵节却可以在灯火下载歌载舞。"总之，在狂欢节上是生活本身在表演，而表演又暂时变成了生活本身。狂欢节的特殊本性，其特殊的存在性质就在于此。"[2]

---

[1]　［苏联］巴赫金著，李兆林、夏忠宪等译，《拉伯雷的创作与中世纪和文艺复兴时期的民间文化》，载《巴赫金全集》第六卷，石家庄：河北教育出版社 1998 年版，第 19 页。

[2]　同上，第 9 页。

2. 节庆性

　　节庆的时间是一种对立于日常时间的时间概念，日常时间是线性的、瞬时性的单向结构，是不可重复的单向运动过程。而节庆时间具有重复性与永恒性。巴赫金认为节庆活动（任何节庆活动）都是人类文化极其重要的第一性形式，它具有深刻的内涵。他多次指出狂欢节与时间的本质联系，有一种特殊的"节日气候"。[1] 他说："节庆活动永远与时间有着本质性的关系，一定的和具体的自然（宇宙）时间、生物时间和历史时间观念永远是它的基础。同时，节庆活动在其历史发展的所有阶段上，都是与自然、社会和人生的危机、转折关头相联系的。死亡和再生、交替和更新的因素永远是节庆世界感受的主导因素。正是这些因素通过一定节日的具体形式，形成了节日特有的节庆性。"[2]

　　中国传统节日如过年、元旦、元宵节等节日皆起源于汉代。[3] 在这样的节日里，宫廷一般要举行"百戏"表演。《汉官仪》记载："每岁首正月，为大朝受贺……百官受赐宴享，大作乐。"另蔡质《汉仪》云："正月旦，天子幸德阳殿，临轩……宗室诸刘亲会，万人以上，立西面。位既定，上寿……作九宾散乐。"这里的"大作乐"和"九宾散乐"就是指"百戏"表演。但是这种官方的节日庆典存在很多的等级、特权和禁忌，庆典活动死板、程序化。"任何组织和完善社会劳动过程的'练习'、任何'劳动游戏'、任何休息或劳动间歇本身都永远不能成为节日。要使它们成为节日，必须把另一种存在领域里即精神和意识形态领域里的某种东西加入进去。它们不应该从手段和必要条件方面获得认可，而应该从人类生存的最高目的，即从理想方面获得认可。离开这一点，就不可能有任何节庆

---

[1]　[苏联] 巴赫金著，佟景韩译，《〈弗朗索瓦·拉伯雷的创作与中世纪和文艺复兴时代的民间文化〉导言》，《巴赫金文论选》，北京：中国社会科学出版社 1996 年版，第 250 页。

[2]　[苏联] 巴赫金著，李兆林、夏忠宪等译，《拉伯雷的创作与中世纪和文艺复兴时期的民间文化》，载《巴赫金全集》第六卷，石家庄：河北教育出版社 1998 年版，第 10—11 页。

[3]　韩养民、郭兴文，《中国古代节日风俗》，西安：陕西人民出版社 2002 年版，第 43—54 页、第113 页。

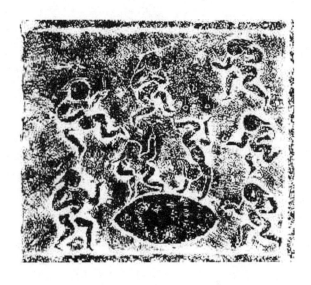

图 9-29 蹴鞠画像
（采自《中国画像石全集》卷 2
图 10 ）

性。"[1] 而在民间，同样的传统节日则是全民共享、自由平等的第二种生活方式。比如元宵节的"闹花灯"。正月十五放灯火之俗始于汉武帝祀太一神，每到正月十五夜，城乡灯火辉煌，昼夜通明，士族庶民，一律挂灯。《事物纪原》记载：汉代西都长安城有执金吾负责宵禁"晓暝传呼，以禁夜行"，唯有正月十五日夜晚，皇帝特许执金吾弛禁，前后各一日，允许士民踏月观灯。元宵节讲究的就是走出家门普天同乐，是各民俗节日中唯一以"闹"为核心内容的。同样在《事物纪原》中记录了清明节的一些娱乐活动，比如流传至今的打秋千，打秋千原为汉武帝的后庭之戏，本为"千秋"，是祝寿之词，后世传为"秋千"。[2] 每到寒食清明节来临，民间的姑娘们都穿着彩色的衣裙，荡着秋千，上下凌空，彩带飘飘，犹如仙女下凡而来。同时在清明之节进行的娱乐活动还有"蹴鞠"（图 9-29）等等。张衡《南都赋》记载了汉代"祓禊"的情景。每年三月上巳日，官民人众

---

[1] ［苏联］巴赫金著，李兆林、夏忠宪等译，《拉伯雷的创作与中世纪和文艺复兴时期的民间文化》，载《巴赫金全集》第六卷，石家庄：河北教育出版社 1998 年版，第 10 页。

[2] 韩养民、郭兴文，《中国古代节日风俗》，西安：陕西人民出版社 2002 年版，第 43—54 页、第 113 页。

都要到河里洗濯，除灾求福，然后穿上漂亮的衣服载歌载舞，这是真正的民间的节日。"与官方节日相对立，狂欢节仿佛暂时摆脱占统治地位的真理和现有的制度，庆贺暂时取消一切等级关系、特权、规范和禁令。这是真正的时间节日，不断生成、交替和更新的节日。它与一切永存、完成和终结相敌对。它面向未完成的将来。"[1]

各种民间节日形式瞻望的是未来，并表演着这个未来，即"黄金时代"对过去的胜利：这是物质幸福、自由、平等、博爱之全民丰裕的胜利。未来的这种胜利是由人民的不朽所保证的。正像旧事物的灭亡是必然的、不可避免的一样；新的、大的、更好的事物的诞生。[2]

3. 诙谐戏谑性

狂欢节中最不可缺少的就是笑声，而这些笑声就是通过插科打诨来实现的。汉代的乐舞百戏表演很多带有诙谐戏谑性，"谐"，刘勰认为"谐之言皆也，辞浅会俗，皆悦笑。"就是用俚俗言辞，取悦他人，获得笑的效果。"谑"，许慎云："谑，戏也。"戏，本身就有戏弄、调侃、逗趣之意。诙谐戏谑在《诗经》时代就已经是"谐浪笑傲"，到了汉代更是形成风气，《汉书·徐乐传》云："俳优侏儒之笑，不乏于前。"俳优在古代是以乐舞戏谑为业的艺人。俳为杂戏、滑稽戏之古名，优即演员、艺人之古称。《韩非子·难三》："俳优侏儒，固人主之所与燕也。"《汉书·霍光传》："引内昌邑乐人击鼓歌唱作俳优。"俳优的演出是以滑稽的形象、幽默而诙谐的言词和动作、流利而多辩的口才为特征。如颜师古注："俳优，谐戏也。"其艺术活动包括歌、舞、乐、优四项，以诙谐嘲弄为特色，又如《左传·襄公六年》记："宋华弱与乐辔，少相狎，长相优。"杜注："优，调戏也。"在《说苑·急就篇》中更是点明此特色，云："倡优俳笑观伎

---

[1] ［苏联］巴赫金著，李兆林、夏忠宪等译，《拉伯雷的创作与中世纪和文艺复兴时期的民间文化》，《巴赫金全集》第六卷，河北教育出版社 1998 年版，第 1—12 页。

[2] 同上，第 296 页。

图 9-30　南阳沙岗店俳优画像
（采自《中国画像石全集》卷 6
图 114 ）

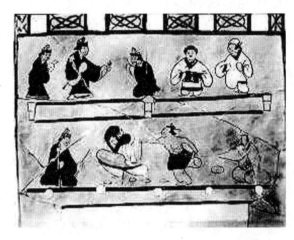

图 9-31　东汉彩绘陶仓楼俳优
画像
（采自《中国舞蹈文物图典》第
129 页 图 2 ）

庭。"注："倡，乐人也；俳，谓优之亵狎者也；笑，谓动作，云为皆可笑
也。"这些文献中的描述几乎在汉画像中都有生动的体现（图 9-30、9-31）。
汉画中俳优的表演充满了滑稽、讽刺、调谑的狂欢节特征。

　　从出土的汉代文物看，那时俳优已经大量存在，不仅皇室蓄养俳优来
为自己提供娱乐，富商巨贾也纷纷效仿贵族排场，大兴俳倡之乐。甚至有
贵族亲自学习俳倡之伎为乐趣者。[1] 俳优善于模仿，有些借助时事，进行
滑稽表演，《辞海》"滑稽"条目云："在嘲笑和插科打诨之中，揭露自相

[1]　崔华、牛耕，《略论汉代出土文物中的滑稽形象及其表演艺术》，《南都学坛》1998 年第 5 期。

矛盾的地方，从而达到批评和讽刺的目的。"[1] "嘲笑"是言语滑稽；"插科打诨"则是在言语滑稽之外穿插引人发笑的滑稽动作。比如《滑稽列传》记载"优孟衣冠"的故事。优孟是楚国名优，他的好友孙叔敖临死时，嘱咐自己的儿子说：我死之后，就去找优孟，他会帮助你。孙叔敖死了不久，儿子穷困不堪，于是只好去求助优孟。优孟花了一年的时间模仿、练习孙叔敖的举止言谈。一年后优孟穿着孙叔敖衣冠，模仿孙叔敖言谈举止来到楚庄王面前，庄王居然以为是孙叔敖再生，急忙邀请他当宰相。优孟借机讽谏，终于感动了庄王，庄王给孙叔敖之子"四百户"的封地，以奉孙叔敖之祀。

狂欢节少不了笑声，汉画像中的俳优通过表情、肢体、言语的滑稽表演取悦观者，具有诙谐戏谑性。这种诙谐戏谑性不仅带来了一片欢声笑语，同时也营造了一个非官方非严肃的世界，使人们能够从清规戒律走出来，尽情而深刻地体会强大的生命力量，愉快地憧憬未来。

（二）怪诞现实主义审美品格的狂欢化世界感受

"怪诞现实主义"理论是巴赫金通过对拉伯雷和中世纪民间诙谐文化的研究而提出的一个原创术语。巴赫金充分注意到在拉伯雷的作品中，生活的物质 - 肉体的因素，如身体、饮食、排泄和性生活的形象占了压倒优势的地位，而且这些形象又是以极度夸张的方式出现的。因此，他把拉伯雷创作中的这种现实主义称之为怪诞现实主义。巴赫金认为怪诞是一种源于古代民间狂欢节传统的怪诞现实主义美学形态，在各个历史时期虽然存在变异，但是永葆青春的是怪诞的狂欢化精神和生命活力。

怪诞最初是一种用来描述当时发掘出来的一种装饰风格的词。在那些装饰画中，画着怪模怪样的叶子和涡形物，从根上开出来的花，花顶上无

---

[1] 《辞海》（缩印本）上海：上海辞书出版社 2009 年版，第 935 页。

缘无故地画着不和谐的山花茎支撑着人头或兽头的半身雕像。17、18 世纪，中国的大批古玩、瓷器、漆器、绘画、文学传到了欧洲，各国都以收藏中国古代艺术品作为一种荣耀。[1] 于是，怪诞一词的意思因被用于描绘某些中国古玩而得到扩展。在当时西方人的眼中，中国古玩上的装饰，把不同领域的东西融合在一起，各组成部分具有怪异的品质，秩序和比例被颠倒了。席米德林宣称："中国人走得如此之远，画中的房屋和风景可以在空中飞翔或者从树上长出来。"默尔泽在 1761 年写的《丑角哈乐昆》中声称："即使中国人的怪诞的盆景也使庭院生辉……"[2] 可见在西方人的眼中，中国的古玩（特别是青铜纹饰）及瓷器等物上的装饰，是怪诞的。巴赫金不是从"怪诞"术语诞生开始考察怪诞风格的，他认为怪诞是一种古老的形象观念类型，起源于原始社会的神话和民间传说。[3] 汉代艺术中的涂抹鬼神、张皇灵异，目的都是表现一个超现实世界与现实世界的联系，为死者或者生者祈福。15 世纪在意大利用"怪诞"所描述的那种装饰风格在汉画中也能见到。在汉画像的乐舞图中更是表现这种怪诞风格。巴赫金指出："在伟大转折时代，在对真理重新评价和更替的时代，整个生活在一定意义上都具有了狂欢性：官方世界的边界在缩小，它自己失去严厉和信心，而广场的边界却得以扩展，广场的气氛开始四处弥漫。"[4] 欧洲 14 至 16 世纪的文艺复兴时代就是欧洲历史一个伟大的转折的时代。也正是这种伟大转折时代的生活所具有的狂欢性，造成了拉伯雷小说的狂欢世界和怪诞现实主义的特征。

"倒立"图像表现生命的交替与变更

怪诞现实主义的主要特点是降格。即把一切高级的、精神性的、理想的和抽象的东西转移到整个不可分别的物质 – 肉体层面、大地和身体

[1]　沈福伟，《中西文化交流史》，上海：上海人民出版社 1985 年版，第 439—468 页。

[2]　[德] 沃尔夫冈·凯泽尔著，曾中禄、钟翔荔译，《美人和野兽——文学艺术中的怪诞》，西安：华岳文艺出版社 1987 年版，第 20 页。

[3]　[苏联] 巴赫金著，李兆林、夏忠宪等译，《拉伯雷的创作与中世纪和文艺复兴时期的民间文化》，《巴赫金全集》第六卷，河北教育出版社 1998 年版，第 36 页。

[4]　同上，第 588—589 页。

图 9-32　山东汉画中的倒立画像
（采自《中国画像石全集》卷 2 图 47）

图 9-33　河南汉画中的倒立画像
（采自《中国画像石全集》卷 6 图 167）

的层面。汉代乐舞图中出现最多的是倒立的画像，倒立在汉代被称为"倒植"。[1] 从汉画中我们可以看到，表演者在表演倒立时，身体下部（生殖器官、腹部和臀部）向上，而脸（头）部却朝下。（图 9-32、9-33）从地形学意义来说，"上"代表"天"，而"下"代表"地"，汉代人按照自己的自我意识和自我肉身来想象世界和理解世界，认为天人异质同构，即人体和宇宙具有相同的秩序和模式。头部作为血脉汇集的地方，最能彰显人内在的生命精神，最能使人的美、人的道德、人的生命得到灿烂的表现。[2]所以，头部应和"天"一样是崇高的。而在倒立表演中，头倒置，下体向

---

[1]　傅起风、傅腾龙，《中国杂技》，天津：天津科学技术出版社 1983 年版，第 28 页。
[2]　刘成纪，《形而下的不朽——汉代身体美学考论》，北京：人民出版社 2007 年版，第 65 页。

上竖立的"倒植"模式实际上就是一种降格或贬低。而这种"倒植"实际上是一种"回归","始终是以这种或那种形式,以这种或那种手段表演着向农神黄金时代的大地的回归,表演着这种回归的活生生的可能"[1]。大地是吞纳的因素(坟墓、肚子)和生育、再生的因素(母亲的怀抱)。而倒立就是靠拢作为吸纳因素而同时又是生育因素的大地。人在出生时,就是头部先从母腹出来,那么回归也要先从头部开始回归。"倒立"正是按照生的顺序回归到母腹(大地)。因此它不仅具有毁灭、否定的意义,而且也具有肯定的、再生的意义:它是双重性的,它同时既否定又肯定。……怪诞现实主义别无其他下部,下部——就是孕育生命的大地和人体的怀抱,下部永远是生命的起点。[2]

1. "角抵"与"武舞"体现生命的摧毁与更新

狂欢节上的主要仪式,是笑谑地给国王加冕脱冕,而这一仪式在汉代的巴渝舞中也有表现。巴渝舞是一种武舞,武舞至少从周王朝开始就已经出现了。如《乐记》中提到的表现武王伐纣灭商,建立周王朝的史诗性的、英雄传奇性的大型战斗乐舞《大武》。《大武》中最激烈的一段是分别有人扮演周、商两队的王和将,双方击刺,"商王"最终被击毙的情景。汉高祖定三秦以后,这种舞蹈被习于乐府,成为"大雅之堂"的乐舞,为统治阶级所欣赏,并称之为"巴渝舞"。《华阳国志·巴志》载:"阆中有渝水,民多居水左右,天性劲勇,初为汉前锋,陷阵,锐气喜舞,帝善之,曰:'此武王伐纣歌也。'乃令乐人习学之,今所谓巴渝舞也。"同时,巴渝舞也被用于日常交际之中,用以招待客人。《汉书·西域传》记当时朝廷为了招待"四夷之客"而"作巴渝、都卢、海中砀极、漫衍鱼龙、角抵之戏以观视之"。也有人认为巴渝舞和大武舞并没有联系,只是刘邦自

---

[1] [苏联]巴赫金著,李兆林、夏忠宪等译,《拉伯雷的创作与中世纪和文艺复兴时期的民间文化》,《巴赫金全集》第六卷,石家庄:河北教育出版社1998年版,第57页。

[2] 同上,第25—26页。

比周武，因而咬定巴渝舞为武王伐纣之舞而已。[1] 不管怎样，巴渝舞作为一种歌功颂德，炫耀胜利的武舞是肯定的。和大武舞一样巴渝舞在舞蹈中表现"成为王，败为寇"的情节，那必定也会有表演者被装扮成敌军的"王"。在巴渝舞里，敌方的"王"是全民选举出来的，他代表最高权力，代表整个旧的世界。在他的统治期之后，他沦为俘虏，受到全民的嘲弄、辱骂和殴打，这就是典型的狂欢化的"加冕"和"脱冕"。我国西南地区大量出土的铜鼓可以说是巴渝人的文化遗产。这些铜鼓的鼓面、鼓体上都刻有古巴渝人生活习俗的图案，共同特点是这些图案中的舞人头上鼓上皆饰羽。如云南开化铜鼓、广南铜鼓，还有云南晋宁石寨山铜鼓，有舞人戴羽冠、执兵群舞的图案。如云南晋宁石寨山出土的西汉铜鼓鼓腰上有六组集体武舞（图9-34），画面上的舞人头饰长羽，腰系前短后长的羽饰长裙，有的一手持斧一手执盾，有的一手持矛一手执盾起舞，可以看出这具有巴渝舞"执杖而舞"的特征。《尚书·牧誓》中所云"称尔戈，比尔干，立尔矛，予其誓"，目前出土的汉以前古巴人的武器中，主要兵器无非戈、矛、干（盾）、钺及长剑、短匕而已。[2] 这些铜鼓上的舞蹈画像不仅可以为巴渝舞的历史演变提供物证，也进一步证明了西南地区出土的铜鼓是殷周时代巴渝文化的遗存。

斗兽和角抵在百戏乐舞图也是非常普遍的。角抵戏原是一种供观赏的象人与兽、人与兽、象人与象人之间的搏斗与厮杀的表演，兽都是象人装成的动物。[3] 象人在宴乐百戏中，以戴面具为特征的一种表演形式，通常是表演虫、兽类或神话传说中的角色。如图9-35中就是戴着面具的象人和两个伪装成兽的象人在表演斗兽，唐河针织厂的一幅搏击图就是两个戴着面具的象人在搏击的情景（图9-36）。新津崖墓的戏猿图（图9-37）中

[1] 邓廷良，《巴渝舞考》，《东南文化》1992年第6期。
[2] 同上。
[3] 孙世文，《汉代角抵戏初探——对汉画像石中的角抵戏的考察》，《东北师范大学学报（哲学社会科学版）》，1984年第4期。

图 9-34　云南晋宁石寨山西汉铜鼓画像
（采自《中国舞蹈文物图典》第 57 页 图 24）

图 9-35　斗兽画像 〔作者藏拓片〕

一个化装成猿猴的象人，正做向后跌倒躲避刺杀的样子，右边有一人跨步向前做出刺杀猿猴的动作，跟在他后面的是一个一手举棍、一手提筐的人，准备将猎物捉入筐中，是一个带有故事情节的角抵表演。我们将在后文提到的东海黄公就是"驯虎"和"玩蛇"的艺人，在那时人的心目中，黄公因为能够伏虎而被认为是一位法力无边的人。而《东海黄公》则是当时常常表演的一个角抵戏。在汉代，角抵都是一些戏剧表演，而不是真正的搏斗。"角抵戏"的"斗牛"（或"斗兽"）之戏也可能含有祈求丰穰、

图 9-36 象人搏击画像
（采自《中国画像石全集》卷 6 图 18）

图 9-37 新津崖墓石函戏猿画像
（采自《四川汉代石棺画像集》图 186）

辟逐邪魅的寓意。[1] 戏剧性的游戏、祭赛、竞技或者戏剧、傀儡戏里某些激烈的场面，甚至仅仅是"假人"的相搏，都可能起到惊吓镇厌鬼魔、灾害、邪魅、瘟疫的作用。[2] 用巴赫金的狂欢化诗学分析，这种搏斗与殴打渗透着放纵的、狂欢化的和狂热的气氛。在整个表演过程中并不存在通常的殴打，并不存在纯粹日常生活的、实际意义上的殴打。在这里，所有的殴打都具有广义象征和双重意义：殴打同时既是杀害的，又是赠予新生命

---

[1] 萧兵，《傩蜡之风——长江流域宗教戏剧文化》，南京：江苏人民出版社 1992 年版，第 242 页。
[2] 同上，第 241 页。

的；既是结束旧事物的，又是开始新事物的。[1]

这些被戏耍的形象，代表了整个世界——旧的、生育者的二位一体的世界。殴打和辱骂"就是死亡，就是逝去的青春走向衰老，就是变成僵尸却还活着的肉体"[2]。巴赫金把辱骂看成是"摆在旧生活面前、摆在历史上理应死去的事物面前的一面'喜剧的镜子'"[3]。脱冕的武舞意味着对旧权力、旧世界的告别。伴随胜利的狂欢化舞蹈，在激烈的鼓调声中，一个新的世界诞生了，人们开始重新生活，是一种死亡后的重生。

2. "宴乐歌舞"图像体现人对自然界的胜利

汉画中的乐舞往往与宴饮以及庖厨图共处于同一个画面（图9-38）。这种与饮食结合在一起的乐舞图就表现了一种典型的狂欢化特征。人与客观世界的接触最早是发生在能啃吃、磨碎、咀嚼的嘴上。人在这里体验世界、品尝世界的滋味，并把它吸收到自己的身体内，使它变成自己身体的一部分。人这种觉醒了的意识，不可能不集中在这一点上，不可能不从中吸取一系列最重要的，决定着人与世界相互关系的形象上。这种人与世界在食物这个点的相逢，是令人高兴和欢愉的。[4] 所以人跳起欢快的舞蹈，用舞蹈表达欢愉的感觉，这种感觉是胜利的感觉。"这里是人战胜了世界，吞食着世界，而不是被世界所吞食。人与自然界界限的消除，对人来说具有非常积极的意义。"[5] 这种积极意义就在于，人类所吞吃的东西都是来自于大自然，把大自然的东西吞进肚子里，就代表与大自然合为一体，同时也代表了人体对大自然的胜利。"肉体战胜了自然界，战胜了对方，庆贺对它的胜利，并依靠它而成长。这个胜利庆典的时刻必然属于所有的筵

---

[1] ［苏联］巴赫金著，李兆林、夏忠宪等译，《拉伯雷的创作与中世纪和文艺复兴时期的民间文化》，《巴赫金全集》第六卷，石家庄：河北教育出版社1998年版，第235页。

[2] 同上，第226页。

[3] 同上，第226页。

[4] 同上，第325页。

[5] 同上，第325页。

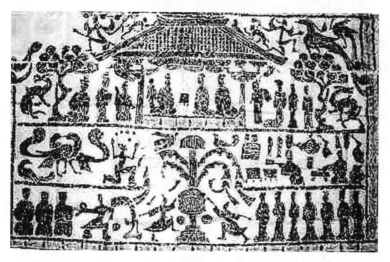

图 9-38　乐舞、庖厨画像　（作者藏拓片）

席形象。"[1] 庆祝胜利的固定模式都是筵席，胜利了的肉体把被征服了的自然界的食物吸收到自己身上，从而获得新生，所以通过狂欢的歌舞将自己的心情表达出来。庖厨同时又是准备献祭的食物，天地的沟通，人鬼的交流，自然与人文的结合，通过祭祀的仪式行为而得以实现。[2] 在祭祀时人们跳起娱神的舞蹈，将自身作为祭品献给神灵，通过神灵的吞食而与世界再次合而为一。这种筵席的形象，在人、世界和神的复杂的统一体中与死亡和诞生（生命的更新）的形象结合起来。而这种结合就是借迷狂的舞蹈来达到的。这种结合是一种未完成性，需要不停地吞咽、吮吸、折磨着世界，把世界上的东西吸纳到自己身上，并且依靠它使自己充实起来，长大成人，不断地继续发展、更新，并以新的细微的内涵丰富起来。"它们继续与新出现的现象建立新的联系。它们与创造它们的人民一道成长起来，并得到更新。"[3] 死是恐惧神秘的，在这里借助子孙的血食祭祀、阴阳两界

[1]　［苏联］巴赫金著，李兆林、夏忠宪等译，《拉伯雷的创作与中世纪和文艺复兴时期的民间文化》，《巴赫金全集》第六卷，石家庄：河北教育出版社 1998 年版，第 327 页。

[2]　朱存明，《汉画像的象征世界》，北京：人民文学出版社 2005 年版，第 155 页。

[3]　［苏联］巴赫金著，李兆林、夏忠宪等译，《拉伯雷的创作与中世纪和文艺复兴时期的民间文化》，《巴赫金全集》第六卷，河北教育出版社 1998 年版，第 326 页。

的沟通而得以疏泄，幻想中的死亡幻境是审美的极乐世界，其可怕的悲剧性转化为一种驱魔的崇高，人类把自己灵魂深处的恐惧外化为一种凶神恶煞，并用丑怪的形象加以驱邪。[1]于是在汉画中就出现大量形体怪异畸形，表情夸张的丑陋的具有怪诞人体形象的舞者。

"俳优"形象体现生命具有永恒的连续性和未完成性

先秦时期的俳优基本上是以侏儒为主体的。"古之优人，其始皆以侏儒为之。"[2]从出土的汉画像石、砖以及陶俑中可以看出这些俳优外形上的共同特点为：多为男性，上身赤裸，下身穿低腰长裤，大多短胖袒裸，畸形丑陋。如河南偃师宴乐壁画墓中一幅舞乐百戏画像中的一个俳优，一手举起，一手前伸，腹凸臀伸，单腿跪地，长舌吐出，情态怪诞可笑（图9-39）。还有河南新野樊集出土的一块汉砖上也是一个光着上身，腆着大肚，嘴巴大张，极尽身体扭曲怪异之能事（图9-40）。可以想见，俳优在表演时总要刻意做一些夸张的、滑稽可笑的动作神态，如缩颈歪头、龇牙咧嘴、扭曲肢体，甚至在表演中直接采用一些身体有残疾的和发育畸形的人，目的只为博得观众一笑，这种人体形象被巴赫金称之为"怪诞的人体形象"。怪诞人体形象的基本倾向之一就在于，要在一个人身上表现两个身体：一个是生育和萎死的身体，另一个是受孕、成胎、待生的身体……[3]在一个人体上总是以这种或那种形式和程度突出另一个新的人体。在沂南百戏图中就有"白象行孕"和"狮子生儿"的节目。在怀孕的狮子及白象身体上没有任何完成的、稳定的、安定的东西。这是濒于老朽、已将变形的身体与一个已经受孕而尚未长成的新生命的结合。在这里，生命在其双重性的、内在矛盾的过程中得以表现。这里没有任何现成的东西，这是未完成本身，怪诞的人体观念正是如此。在汉代，总有一些身体有残疾的人被当作取笑逗乐的玩物，这些人表演滑稽动作，进行狂欢

---

[1] 朱存明，《汉画像的象征世界》，北京：人民文学出版社2005年版，第155页。

[2] 王国维，《宋元戏曲史》，上海：上海古籍出版社1998年版，第4页。

[3] ［苏联］巴赫金著，李兆林、夏忠宪等译，《拉伯雷的创作与中世纪和文艺复兴时期的民间文化》，《巴赫金全集》第六卷，石家庄：河北教育出版社1998年版，第31页。

图 9-39 壁画中的俳优像
（采自《中国舞蹈文物图典》
第 169 页图 61 局部）

图 9-40 画像砖中的俳优像
（采自《中国舞蹈文物图典》第 156 页图 35）

节的戏仿。这种狂欢节式的戏仿在否定的同时还有再生和更新。一般说来，赤裸裸的否定是与民间文化完全格格不入的。

到了两汉社会，随着文化娱乐生活需求增加、表演综合性增强，这种有身体缺陷的侏儒仅被帝王贵族享用，一般情况下都换作正常人，但是在表演时多借助面具，或装扮成面目狰狞的怪兽，或装扮成滑稽丑陋的可笑嘴脸，如南阳县石桥出土的"乐舞百戏"，一俳优戴假面举旗做戏，做各种滑稽表演（图 9-41）。南阳市七孔桥出土的"乐舞百戏"，中部刻三人，一俳优单腿跪地呈弓步，叉腰扬臂作戏（图 9-42）。总之，汉时的俳优是动作滑稽、装扮怪异的怪诞形象。实际上早在周代社会就已经开始使用大量的身体有缺陷的人作为乐舞表演者了。周代有选用先

图 9-41　南阳石桥出土俳优画像
（采自《中国画像石全集》卷 6 图 124）

图 9-42　南阳七孔桥出土俳优画像
（采自《中国画像石全集》卷 6 图 127）

天性盲人担任乐官的制度，这种先天性盲人被称为"瞽"。据《周礼·春官·序官》记载，其中的演奏人员有"瞽矇，上瞽四十人，中瞽百人，下瞽百有六十人"，计三百人；另有"眡瞭三百人"，贾公彦疏曰"眡瞭，目明者，以其扶工"，即是在乐队中配备视力正常的人做盲人乐师的助手。可见，当时王室乐队的"瞽"的规模相当庞大。《周颂·有瞽》描写的正是王室乐队演奏的壮观场面：

> 有瞽有瞽，
> 在周之庭。
> 设业设虡，
> 崇牙树羽。
> 应田悬鼓，
> 鞉磬柷圉。
> 既备乃奏，

箫管备举。

喤喤厥声，

肃雍和鸣。

先祖是听。

我客戾止，

永观厥成。[1]

    前两句开宗明义地道出了全诗颂扬的对象是西周庙廷中扮演重礼的盲乐师们，它极为突出地表明了以听觉为接收器官的音乐信息如何构成祭祖大礼的基础，成为沟通众人的主要传播手段。[2] 在汉代，盲人乐师仍占据一定的数量，比如汉景帝于前141年著令："年八十以上，八岁以下，及孕者未乳，师、朱儒当鞠系者，颂系之。"（《汉书》卷二十三《刑法志》）这里的"师"就是指盲人乐师。由此我们有理由推测汉画像中的一些乐器表演者、演唱者甚至建鼓舞表演者以及出土的俳优俑中很可能有一部分是盲人。可见，汉代有身体残疾和缺陷的人在汉代乐舞表演中有举足轻重的作用。而这种怪诞的人体形象的原初体验是民间广场式的狂欢化的世界感受，充溢着"交替与变更的精神，死亡与新生的精神"[3]。

    作为百戏的主要表演者，俳优表演的终极目的是乐人，借助于夸张变形的面具把日常世界和游戏世界区别开来。在夸张背后，我们还可以看出狂欢化生存的明显迹象。在脱离现实生活的形象中存活更加现实的生活，这就是巴赫金强调的"第二种生活"，是对现世生活的对抗和戏谑。在等级制度森严的封建社会，俳优通过杂耍百戏、滑稽表演把日常世界的等级、秩序忘掉，而营造了一个尽情狂欢的极乐世界。

[1] 〔清〕阮元校刻，《十三经注疏》，北京：中华书局2009年版，第1281—1283页。

[2] 叶舒宪，《诗经的文化阐释——中国诗歌的发生研究》，武汉：湖北人民出版社1994年版，第248—249页。

[3] ［苏联］巴赫金著，李兆林、夏忠宪等译，《拉伯雷的创作与中世纪和文艺复兴时期的民间文化》，《巴赫金全集》第六卷，石家庄：河北教育出版社1998年版，第163页。

民俗之雅

（三）狂欢化生存

汉画像反映了汉代人对人死后世界的看法。死是恐惧的，人们靠载歌载舞将其可怕的悲剧性转化为一种狂欢的崇高体验。"死亡对所有人都是公正的，从掌握权力的帝王将相，到身外无物的一介草民，死亡是一条活人永远无法涉入的河流。进入仙境的路也不是通过'权力''金钱'与'贿赂'可以达到的。创造幸福的路还是要自己去寻找。"[1] 人们在迷狂的歌舞中忘记死亡的恐惧，达到另一种神秘境界。"狂喜动作的自我陶醉使得皈依者至少有一会儿的时间进入神秘主义所追求的境界：在忘我的状态与非自我的状态中相结合。"[2]

狂欢精神是一种快乐哲学。它能发现矛盾并用玩笑的态度将它排除（哪怕是暂时的），从而获得一种精神超越和心理满足。它是人类精神的一个重要方面，它不仅仅只存在于狂欢节中，它的狂欢化的文学，甚至在整个的人类文化中，都是普遍存在的。就心理机能而言，它具有"释放"的功能。它是"一种自由意识的突然放纵"，"心理的一种解脱，一种心灵的松弛，一种压迫被移除的快感"。它是民众能量释放的一条途径。它具有理想化和乌托邦的意义。狂欢世界是暂时的、相对的、象征性的，但乌托邦的意义并不因此丧失，它的意义正在于它与现实的距离，它对现实的批判和超越。它体现了人类追求至善至美的精神力量。[3]

沉重的和可怕的事物、严肃的和重要的事物转变到欢乐的和轻盈的音区，从小调变成大调。一切都有欢乐的、轻盈的结尾。世界及未来时代的神秘和奥秘，原来并不是阴森可怕的，而是轻松欢快的，当然，这并不是一种哲学观念，这是该时代的艺术－意识形态的思维倾向，努力用心灵去倾听世界，不是把世界看作阴沉的神秘，而是把它看作欢乐的羊人剧。[4]

---

[1] 朱存明，《汉画像的象征世界》，北京：人民文学出版社 2005 年版，第 156 页。
[2] ［英］哈弗洛克·蔼理斯著，徐忠珏、蒋明译，《生命之舞》，北京：生活·读书·新知三联书店 1989 年版，第 34 页。
[3] 夏忠宪，《巴赫金狂欢化诗学理论》，《北京师范大学学报（社会科学版）》，1994 年第 5 期。
[4] ［苏联］巴赫金著，李兆林、夏忠宪等译，《拉伯雷的创作与中世纪和文艺复兴时期的民间文化》，《巴赫金全集》第六卷，石家庄：河北教育出版社 1998 年版，第 267—268 页。

三、论汉画像乐舞图的悲剧精神

（一）汉画中乐舞图与戏曲的关联

"戏曲"一词，首见于元末明初人陶宗仪的《南村辍耕录》："唐有传奇，宋有戏曲、唱浑……"这里的"戏曲"实指宋代的"杂剧本子"。大量运用"戏曲"这一概念的，是王国维的《宋元戏曲考》，王国维用了这一名称，兼取了王骥德笔下的"剧戏"和李渔笔下的"词曲"二字含义，"戏曲"一词更能体现中国戏剧文学的高度综合性特征。[1] 在中国古代，乐舞与戏曲有着内在的关联。刘师培在《原戏》中说："戏曲者，导源于古代乐舞者也。"[2] 在原始宗教祭祀活动的娱神乐舞中，舞者通过戴假面等形式模拟动物、植物和神仙人物的姿态而认为使自己具有了模拟对象的神性。野物在舞蹈中被有声有色、有情有义地表演的同时，也就获得它们原本不具有的声色情意，也就是"神性"。本文第二章提到的傩舞以"驱鬼逐疫、祈福禳灾"为宗旨，它是民间戏曲的温床。巫傩面具因为吓唬恶鬼的需要，多呈现凶相、武相。又因仪式中常常有娱戏成分，多掺杂滑稽诙谐的"丑"相。这与戏曲中净、丑行当独有的脸谱，外形相似，文化内涵相连，存在血脉联系，可以说：戏曲脸谱源于巫傩面具。[3] 古籍中有汉画像中乐舞表演者戴上面具，模拟神与兽的记载，如《西京赋》中所记载的"总会仙倡"与"东海黄公"。前者以歌舞为主，后者则是角抵戏的典范之作。山东临沂出土的一块汉画像石刻画着东海黄公的故事，这是汉代著名的"角抵之戏"。"东海黄公，赤刀粤祝，冀厌白虎，卒不能救，挟邪作

---

[1] 叶长海，《中国戏剧学史稿》，上海：上海文艺出版社 1986 年版，第 8—9 页。

[2] 刘师培，《原戏》，《国粹学报》，1907 年第 3 期。

[3] 周华斌，《巫傩面具与戏曲脸谱——兼论中国戏曲脸谱之发生》，《民族艺术》，1994 年第 4 期。

蛊，于是不售。"[1] 东晋葛洪在《西京杂记》，则有较详细的记载：

> 有东海人黄公，少时为术，能制蛇御虎。佩赤金刀，以绛缯束
> 发。立兴云雾，坐成山河。及衰老，气力羸惫，饮酒过度，不复能行
> 其术。秦末，有白虎见于东海，黄公乃以赤刀往厌之。术既不行，遂
> 为虎所杀。三辅人俗用以为戏，汉帝亦取以为角抵之戏焉。[2]

　　四川郫县竹瓦铺东汉崖墓出土的石棺上"漫衍角抵水戏图"中就有类
似"东海黄公"的内容。（图 9-43）上排为七个戴着假面的"象人"，前面
两人一为猴面一为猪面，都做出跨奔状。第三个人是一个毛脸大力神，正
在拖拽一个坐在龙虎座上的戴着兽形面具的人。第五、第六人分别为执矛
拿盾的熊面和作搬重物状的豹面。最后一人提着一盏与建鼓装饰相像的似
灯物体。此图可能是汉代巫傩舞蹈在角抵戏中的变异显现，此图正中人可
能为东海黄公。[3] 从"东海黄公"的表演中，我们已经能看到故事、舞蹈、
化装三者的初步结合。"东海黄公"的故事情节虽然十分简单，表演也失
之粗糙，但"它第一个突破古代倡优即兴随意的逗乐与讽刺，把戏曲表演
的几个因素初步融合起来，为戏曲的形成奠定了初步基础"[4]。周贻白先生
在所著《中国戏曲发展史纲要》中评论说："假令戏曲的必备条件，必须
是从故事情节出发，然后构成剧本，再通过演员们所扮人物形象而表演出
来，这才可以称为戏剧的话，那么'东海黄公'这项角抵戏，便应当成为
中国戏剧形成一项独立艺术的开端。"[5]
　　汉代舞蹈由于受到"百戏"（山东省安邱汉画像石、沂南北寨村汉墓

[1] 〔梁〕萧统，《昭明文选》，北京：中国文学出版社 2000 年版，第 69—70 页。
[2] 〔晋〕葛洪撰，成林，程章灿译注，《西京杂记全译》，贵州：贵州人民出版社 1993 年版，第
　　87 页。
[3] 四川省音乐舞蹈研究所编著，《巴蜀舞蹈史》，成都：四川美术出版社 2004 年版，第 127 页。
[4] 中国大百科全书出版社编辑部编，《中国大百科全书·戏曲·曲艺卷》，北京：中国大百科全书出版
　　社 1992 年版，第 63 页。
[5] 周贻白，《中国戏曲发展史纲要》，上海：上海古籍出版社 1979 年版，第 14 页。

画像石《百戏图》反映了汉代百戏杂陈的面貌）的影响，已开始向高难度发展，舞蹈注重技艺结合。达官贵族之家多蓄养技艺高超的乐人和舞人，他们用滑稽风趣的说唱乐舞取悦于王公贵族，创造出了形式多样的乐舞百戏。这些乐舞百戏成为社会娱乐重要手段。当时称这些乐人和舞人为"倡"或"歌舞者"。《说文·人部》解释："优，倡也。"段玉裁注："倡者乐也，谓作妓者，即所谓俳优也。""今富者，祈名岳，望山川，椎牛击鼓，戏倡舞象。"《盐铁论·刺权》里已谈到倡优扮演的各种形象，豪门贵戚纵情声色犬马，竞相夸示。在《汉书·元后传》中也有这样的记载：

> 五侯群弟，争相奢侈……后庭姬妾，各数十人，僮奴以千百数，罗钟磬，舞郑女，作倡优，狗马驰逐。

文献中的"倡"泛指从事调谐、乐舞、百戏等活动的人或活动本身；狭义是专指从事音乐舞蹈表演的人。汪景寿指出："'俳优'是集舞蹈、歌唱、表演为一身，其实就是古代的说唱艺术。"[1] 王国维在《宋元戏曲史》中指出："古之俳优，但以歌舞及戏谑为事"，"合歌舞以演一事者"，并认为"后世戏剧之源，实自此始"。[2]

沂南一号汉墓汉画像中的"鱼龙漫衍"表现的就是人们为了求雨而表演的系列舞蹈。从其系列舞蹈中可以看出各种舞蹈表演有着固定的出场顺序，体现开端、发展、高潮、结局四大步骤。还有前面提到的山东嘉祥武氏祠左石室天井前坡西段的画像石上的"大傩乐舞"表演情景。在这些舞蹈中，表演者大都戴着面具，有着特殊的服装装扮，通过戴假面具，即所谓假形扮饰的"象人"达到逼真效果。傅毅的《舞赋》中对舞者的化装有"红颜晔其扬华"，"眉连绢以增绕"，"动朱唇，纡清扬"等记述，说明当时已普遍采用了面部敷粉、面颊施朱、唇部涂丹、蛾眉墨黑的化装手

---

[1] 汪景寿，《中国曲艺艺术论》，北京：北京大学出版社 1994 年版，第 21 页。
[2] 王国维，《宋元戏曲史》，上海：上海古籍出版社 1998 年版，第 6—7 页。

图 9-43　郫县（今成都郫都）漫衍、水戏画像
（采自《巴蜀舞蹈史》图 59）

法。[1] 汉代的歌舞娱乐表演已经注重场地的选择。主要在三种场合举行，那就是厅堂、殿庭、广场。郫县（今成都郫都）5号汉墓石棺中的画像，即展现了一个贵族家中厅堂里的宴饮观剧场面（图 9-43）。山东和徐州出土的汉画像石里常见在殿庭即院子里的乐舞画面（图 9-44）。对于汉代宏大的广场演出有历史记载，据说汉武帝为夸耀声威，就曾在元封三年（前108 年）春天举行过一次大型的百戏汇演，"三百里内皆观"。三年之后，汉武帝又进行了一次大规模的百戏汇演："夏，京师民观角抵于上林平乐馆。"对此，张衡的《西京赋》和李尤的《平乐观赋》都有生动的描述。[2]周到先生认为，在汉代已经有了专供表演用的戏楼，如现藏河南项城县文化馆的一个三层陶戏楼，"中层正面敞口，有前栏，栏上横列三柱支撑屋檐；两侧壁为镂孔花墙半敞。次层为舞台，中间横隔一墙，分前后场，隔墙右半设门供出入。前场有两个乐伎俑。一人一肢支撑，一肢扎跪，一手伸于胸前，一手上举摇鼗。一人踞坐，仰面张口，左手扶膝，右手扶耳为讴歌者"[3]。

在汉画像石中盘鼓舞、建鼓舞的数量很多，表演的姿态非常生动，给

[1]　关莉，《汉代乐舞百戏对戏曲艺术的影响》，《南都学坛》2007 年第 3 期。

[2]　廖奔，《中国古代剧场史》，郑州：中州古籍出版社 1997 年版，第 27—32 页。

[3]　周到，《汉画与戏曲文物》，郑州：中州古籍出版社 1992 年版，第 188 页。

图 9-44 翘袖折腰舞蹈画像
（采自《中国舞蹈文物图典》第 155 页 图 32）

人以栩栩如生的感觉。在舞蹈中，舞者注重表情的夸张，很多画像上可以看到舞者张嘴狂欢，比较清晰的画像上可以看到舞者生动的眼神，手随眼动。手眼身步法体现戏曲表演功法的基本要求。汉画像中的娱人乐舞最典型的是长袖舞，我们不难判断，这就是现代"水袖舞"的前身。在很多的乐舞画面中，都有笙、箫、琴、笛等丝竹乐器伴奏，这和现代戏曲伴奏乐器如出一辙。从伴奏者和演唱者的座次看，汉代乐舞百戏演唱、乐器伴奏的座次方式可以说是曲艺演唱和座次方式的肇端。[1] 从画面上可以看出有伴唱、合唱等帮衬，这与今天的曲艺多有吻合。从汉画像中可以看出乐舞包括了音乐舞蹈、说唱、装扮、服装、杂技、武术、舞美等基本元素。[2]以此可知，汉代不仅有了中国早期戏曲艺术，而且其表演形式也相当成熟，已经有了诸多用于表演的程式化的动作模式。

（二）汉代乐舞图体现悲剧性

格罗塞认为再没有其他一种原始艺术像舞蹈那样有高度的、实际的和文化的意义，他认为舞蹈的最高意义全在于它的影响的社会化的这个事

---

[1] 高梓梅，《从汉画中的乐舞百戏看曲艺的发生》，《郑州大学学报》，2005 年第 4 期。
[2] 关莉，《汉代乐舞百戏对戏曲艺术的影响》，《南都学坛》，2007 年第 3 期。

实。[1] 汉代乐舞艺术的发展依附于民间文化层，主要表现的是中下层社会的乐舞活动场面。"悲"是当时汉代乐舞审美中的最高标准，大江南北，举国上下，所唱（奏）所听多为悲歌悲乐。汉代画像中的乐舞图所表达的思想和行为反映出浓郁的民间色彩，在文化背景总体上汇集来的乐府民歌中，我们看到的都是悲怆凄苦之音，而且形成了这个时代的多声部大合唱，其中包括对宇宙人生进行悲剧思考的诗歌、离乡背井的悲苦之音、反映社会悲剧的叙事诗、悲剧寓言诗等。这些诗歌都是入乐的，入乐则常常有舞。[2] 不仅汉乐府诗独多悲歌，《古诗十九首》全部都是悲歌，在这些悲歌里就发出了生命无常、人生如寄的慨叹：

> 人生天地间，忽如远行客。（《青青陵上柏》）
> 人生寄一世，奄忽若飙尘。（《今日良宴会》）
> 人生忽如寄，寿无金石固。（《驱车上东门》）
> 人生非金石，岂能长寿考？（《回车驾言迈》）

这些千古流传的人生悲叹，贯穿着一个共同的核心：死亡。死亡之感和离别之愁构成令人荡气回肠的伤感基调。

汉画像是汉民族精神的一个"镜像"阶段。[3] "世俗"从"死亡之镜"中觉察到了幻觉般的紧迫感。[4] 死去世界的幻境只是人生前世界的一个模本。借灵魂的升入仙界而摆脱了肉体死亡给人带来的悲剧性，因而升入天堂的神秘观念，只是人在克服悲剧人生而产生的乌托邦的理想幻境，不过是死的富有诗意的影像而已。费尔巴哈曾说道："在人为哀悼死人而流出的眼泪和血滴中，显露了人的本性；在人为死人而做的献祭、祈祷、发愿

---

[1] ［德］格罗塞著，蔡慕晖译，《艺术的起源》，北京：商务印书馆1984年版，第170—171页。

[2] 费秉勋，《汉代的"悲情歌舞"和"绝命歌舞"》，《古典文学知识》，2001年第1期。

[3] 朱存明，《汉画像的象征世界》序言，北京：人民文学出版社2005年版，第1页。

[4] ［德］弗兰茨·贝克勒等编著，张念东、裴胭红译，《向死而生》，北京：生活·读书·新知三联书店1993年版，第26页。

中，显露了人的幻想，不过是死的富有诗意的影像而已。"[1]像所有的祭祀性艺术一样，汉画像乐舞图的象征图式从内容到形式都有极强的稳定性。虽然时代的、地域的特征会有所变异，其内在的本质结构则是具有统一性的。[2]

　　人的出生身不由己，同样，人的死亡也是身不由己的。汉画像作为一种墓葬艺术是一种与死亡密切相关的艺术，汉画像中的乐舞就是一种死亡之舞，费秉勋先生称之为"绝命歌舞"。汉代的风气是在痛苦的时候才作诗、唱歌、跳舞，甚至在一些婚礼宴会上也合着丧乐傀儡的表演，唱起《薤露》《蒿里》一类的送葬歌。儒家诗论认为，诗可以怨。司马迁提出"悲愤著书"说。《淮南子》中的一些言论中的"悲"字均为"美"的代词，是典型的以悲为美，说明这一思想已经深入人们的审美意识和潜意识。例如刘邦衣锦还乡时唱的《大风歌》就是一首悲情歌曲。[3]人生多忧患，"不如意事常八九"，在群体束缚个体的不合理社会中就更是如此，即便贵如帝王也不能例外。汉画像上常见到"翘袖折腰"舞，河南南阳，徐州沛县栖山、铜山汉王乡等汉画像上均有"翘袖折腰之舞"（图9-44）。汉高祖刘邦宠爱的戚夫人就擅长"翘袖折腰之舞"。[4]《史记·留侯世家》载："上欲废太子，立戚夫人子赵王如意。"吕后、张良设计加以阻挠。高祖告诉戚夫人，太子"羽翼已成，难动矣。吕后真而主矣。戚夫人泣，上曰：'为我楚舞，吾为若楚歌。'"我们从"翘袖折腰"的汉画像中似乎看到刘邦与戚夫人相对悲歌、唏嘘欲绝的情景。刘邦死后，吕后做了太后，她令戚夫人穿上囚衣，戴上铁枷，关在永春巷春米。戚夫人悲痛欲绝，乃作《春米》歌："子为王，母为房，终日春薄暮，常与死为伍！相去三千里，当谁使告汝？"（《汉书·吕后纪》）歌声凄苦悲绝，即使在春米，也有舞蹈的律动。更为凄惨的是戚夫人在其后不久就被吕后做成惨烈震烁

---

[1]　[英]马林诺夫斯基著，李安宅译，《巫术科学宗教与神话》，北京：中国民间文艺出版社1986年版，第29页。

[2]　朱存明，《汉代墓室画像的象征主义研究》，《民族艺术》，2003年第1期。

[3]　费秉勋，《汉代的"悲情歌舞"和"绝命歌舞"》，《古典文学知识》，2001年第1期。

[4]　王克芬，《中国古代舞蹈史话》，北京：人民音乐出版社1980年版，第28页。

古今的"人彘"，在猪圈中滚了三天痛苦死去，这与汉画像中的那舞技超群、明眸善睐、艳盖宫掖的美女形象形成多么强烈的对比！《后汉书·皇后纪》记载少帝刘辨被董卓废为弘农王后，又强进鸩酒令饮，"卓乃置弘农王于阁上，使郎中令李儒进鸩，曰：'服此药，可以辟恶。'王曰：'我无疾，是欲杀我耳！'不肯饮。强饮之，不得已，乃与妻唐姬及宫人饮宴别"，"（王）遂饮药而死"。在即将生死离别之际，却载歌载舞！这里的楚歌楚舞是汉代歌舞的渊源，其悲凉哀伤的基调，皆延续《九歌》。《山鬼》是《九歌》中悲剧之最。《山鬼》说"雷填填兮雨冥冥，猿啾啾兮狖夜鸣。风飒飒兮木萧萧，思公子兮徒离忧"。描述了美丽的女神对爱情求之不得，但是又怀着对美好生活的向往和期待的悲剧故事。《云中君》《少司命》《湘君》都充满了生死契阔、会合无缘的离别哀伤。汉人在表达痛苦时用歌舞抒情的方式与现代人的表达方式如此不同，令人难以理解。近代只有英勇的勇士在慷慨就义时高唱《国际歌》或者自己祖国的国歌。用歌舞表达悲情恐怕只有汉代了吧！楚歌楚舞中的缠绵悱恻、哀怨感伤的情调，在尚悲的汉代，与人们的审美要求一拍即合，向迷离世界的执着求索触及了舞蹈中的悲剧性层面，以歌舞的形式直面死亡这一人生终点。悲剧在人类生命中是最基本的，不可避免的。所谓"盛筵必散"正是这种死亡意识给欢快生活留下的令人感伤的阴影。"人类不能不在死的阴影之下去生活，凡与生活很亲而且享受圆满生活的人，更不能不怕生活的尽头。于是同死打了照面的人，乃设法寻求生活的期许，死与永生，那就是不死的欲求。"[1] 而这种不死的欲求是人生最根本的，最大的欲望。当意识超越了能力，悲剧便会产生，特别是当主要欲念的意识超过了满足它的能力的时候。[2] 悲剧性总是与人的生命现象、人的生理本性联系在一起的，尤其是与生命的痛苦与毁灭联系在一起的。汉代人面对死亡，感到苍凉和无奈，深知无论怎样活着，最终逃不脱死亡的命运，人生就是一出悲剧。如同德

---

[1] ［英］马林诺夫斯基著，李安宅译，《巫术科学宗教与神话》，北京：中国民间文艺出版社1986年版，第29页。

[2] ［德］卡尔·亚斯贝尔斯著，亦春译，《悲剧的超越》，北京：工人出版社1988年版，第26页。

国哲学家贝克勒在他的著作《向死而生》中指出的：“每个人都与死亡终生共舞”，“每个人都与自身的受到肯定的必死性共舞终生”。[1] 悲剧意识是在人类感受到自我与整个宇宙、整个大自然、整个世界的分裂和对立中产生的。[2] 当汉代人意识到死亡的不可避免性时，自然而然地就感到巨大的惊恐与伤痛。汉代人生命意识和死亡意识的觉醒，将人们的精神带入了悲哀和无奈的境地，人们强烈地感受到生如此美好，值得留恋，然而它又是根本无法把握的，生命的短暂和逼迫使得离别尤显残酷，也使人的生死之思显出更深的悲凉、无奈。这种对生命苦难与毁灭的恐惧、痛苦形成人类意识中具有本能性的悲剧意识。这源于生命的悲剧意识，典型地表现了汉代人对宇宙人生进行的一种悲剧性的思考。也正是在这种生命的悲剧意识的驱使下，人类才产生出种种超越死亡、追求永生的举动。舞蹈就是参与一种对于世界的宇宙性控制的活动，汉代人也与他的必死性共舞终生，于是在汉墓中大量出现表现乐舞的画面。

（三）汉画像乐舞图体现悲剧精神

汉代有一种武舞叫“干戚舞”，来源于“刑天舞干戚”的故事。《山海经·海外西经》云：“刑天与帝争神，帝断其首，葬之常羊之野。乃以乳为目，以脐为口，操干戚而舞。”郭璞注：“干，盾。戚，斧也。”[3] 在汉画像中可以看到很多“干舞”和“戚”舞（图9-45）。刑天本是一无名巨人，断首之后，才得“刑天”之名，意即与象征整个宇宙、整个大自然、整个世界力量的“黄帝“做抗争。（图9-46）陶渊明在《读山海经十三首》第十首中用“精卫衔微木，将以填沧海。刑天舞干戚，猛志固常在。同物既无虑，化去不复悔。徒设在昔心，良辰讵可待”的诗句来赞颂刑天的反抗

---

[1]　[德] 弗兰茨·贝克勒等编著，张念东、裴挹红译，《向死而生》，北京：生活·读书·新知三联书店 1993 年版，第 25 页。

[2]　王富仁，《悲剧意识与悲剧精神》（上篇），《江苏社会科学》，2001 年第 1 期。

[3]　郭璞注，《山海经》，上海：上海古籍出版社 1995 版，第 30 页。

图 9-45　戚舞画像
（采自《汉代人物雕刻艺术》
第 222 页）

图 9-46　山海经中刑天画像
（采自《古本山海经图说》第 439 页）

精神。这个神话故事虽然简单，但它给我们的却是非常典型的悲剧感受。人的悲剧，是由人的局限性和人的错误造成的，是由人的自然本能欲望的永无满足造成的，是在追求一种根本不可能实现的更崇高的目标中表现出来的。刑天在头被砍下后，没有死去，将乳头做眼睛，肚脐做嘴，手舞干戚继续与黄帝抗争。"刑天舞干戚"的悲剧意识是在刑天与"黄帝"的分裂和对立的意识中产生的，是刑天对"黄帝"的始终未泯的仇恨的情绪构成的，在这种激情的控制下，刑天超越了死亡，超越了自己，主体力量发挥到了极致，产生了顽强的意志。这种意志支持了刑天始终不懈与黄帝抗争，这种"明知不可仍然为之"的抗争是无望的，是悲剧性的，但是却又让人感到生命充满了力量。刑天就在这种悲剧性和力量的结合中表现自己的崇高性。朱光潜指出："对悲剧说来紧要的不仅是巨大的痛苦，而且是对待痛苦的方式，没有对灾难的反抗，也就没有悲剧。引起我们快感的不是灾难，而是反抗。"[1]邱紫华教授强调生命的价值是在于人的生命抗争意识，"生命的本质特征之一，尤其是人的生命、人性的根本特征之一，就是自我保护自我发展的特性，而这种特性就是生存的

---

[1]　朱光潜，《悲剧心理学》，北京：人民文学出版社 1983 年版，第 206 页。

抗争性，就是人的生命抗争意识和生存欲望"。进而他提出："这种抗争
冲动凝聚为意识、观念，就叫做悲剧性的抗争精神，即悲剧精神。人的
最根本的精神就是悲剧精神，丧失了悲剧精神，也就丧失了人存在的意
义和人生的价值。"[1]

生的观念在古代中国人的头脑中占据独一无二的位置。"生"字在先
秦文献中广泛出现，从金文到哲学论著都有，便充分证明了这一点。[2] 据
湖南马王堆汉墓出土的医书《十问》记载，尧和舜进行过一次对话。尧问
于舜，天下万物什么最为可贵？舜明确肯定"生最贵"。即认为生命乃天
下万物中最为宝贵最有价值的东西。对生的普遍重视，最终会自然导向对
个体生命的特别关注。汉代墓葬中出现大量的汉画，就体现了汉代人个人
生命的觉醒。在汉代的乐舞图中，不仅"干舞"和"戚舞"，汉墓中的乐
舞图甚至汉画像本身都体现了汉代人的悲剧精神。天人合一是中国哲学和
美学的基本命题。在汉代，这一命题被下降为身体与世界的同构或同体关
系。[3] 但是当人的身体与宇宙、自然界、整个世界是分裂和对立的时候，
汉代人为自己的悲剧命运感到了深深的恐惧和悲哀。但是汉代人并没有失
去自己的主体性，并没有失去自己对力量的感觉，以人的本能反抗宇宙、
自然和世界对自己的主宰，仍然努力使异己的世界变成了一个为人而在的
世界，甚至是按照人的身体造型的世界。这虽然是荒谬的、错误的，但它
却体现了"刑天"般的百折不回的悲剧精神。这种新的世界因与人同体而
与人相亲，因与人相亲而成为诗意和审美的存在。

在中国人的眼里，死亡并不是绝对的，它总与"生"相互联系、相
互转化。人与天体征上的相类，是空间性的、静态的，人与四季及其情感
的相类则是时间性的、动态的。显然，这种相类只有呈现为动态，才会使
人体和天共同成为活跃的生命，才会使天成为有情感、有意志的天。[4] 秋

---

[1] 邱紫华，《悲剧精神与民族意识》，武汉：华中师范大学出版社 1990 年版，第 5 页。

[2] 傅斯年，《性命古训辩证》，选自《傅孟真先生集》，台北：台湾大学出版社 1952 版，第 1—
201 页。

[3] 刘成纪，《汉代哲学的天人同构论及其美学意义》，《上海师范大学学报》，2006 年第 6 期。

[4] 同上。

天是收获的季节，也是走向衰亡的季节；冬天是死亡的季节，但在这死亡里，也孕育着春天的生机。这就是中国人从自然中所悟出的死亡之道，在自然的生死轮回中蕴藏着人生的真谛。[1]"在中国文化中，人的死亡是精神与肉体的一次分离，伴随着是一次整个宇宙结构的变化。人被创造出来时，上天赋予了他灵魂，而大地给了他以肉体，死亡的时候，这两种要素便回到各自的本源那里，肉体回到大地，灵魂则回到上天。在夸父追日的神话中，死后的夸父，尸体化为了山、河、草、木等，就是人回归大地的象征。埋葬是一个仪式的过程，是引导其到新的居所，并仪式性地与冥界成员的灵魂结合在一起。"[2]余英时先生指出："死是所有人生希望的终点，实际上是强调了人生的价值。因为一旦采纳了这样一种悲观的死亡观，人们只能相信尽可能地寻求延长生命的必要性。"[3]人要活着，并且要活得不是那么痛苦，便不得不让自己进入到一个虚幻的梦幻世界里。在虚幻的狂欢的醉与梦的歌舞世界里，暂时忘却生命中的痛苦，让生命进入沉酣的喜悦中。但是狂欢化的存在毕竟是虚幻的存在，也是暂时的存在，人不可能永远地存在于狂欢化的世界中，而必须要清醒起来，直面死亡，这样的存在才是有价值的存在。海德格尔强调谁也不能替自己去死，唯有把自己的死带入自身，人才可能有真正的价值的生活。海德格尔称此为"向死而生"，向死而生的"向"，实质上就是死亡的存在本身的显现，人始终以向死而生的方式存在着。[4]"生"包蕴着"死"，"死"则意味着新"生"，所以"死"也可以说蕴藉着"生"，现实生活中的人都应该理解这一点，把握这一点，并由此出发，"先行到死"，由"死"观"生"。[5]生与死既然是相对的就不必执着于它们的区别和所带来的痛苦，而应予以超越。人存在着，始终以朝向死亡的方式存在着，死亡从存在的深处承托起生，并使

[1] 张玉芬，《论中国人的死亡观》，《太原师范学院学报（社会科学版）》，2004 年第 1 期。

[2] 朱存明，《汉代墓室画像的象征主义研究》，《民族艺术》，2003 年第 1 期。

[3] ［美］余英时著，侯旭东译，《东汉生死观》，上海：上海古籍出版社 2005 年版，第 94 页。

[4] ［德］海德格尔，《讲演与论文集》(1959 年德文版)，第 151 页。转引自刘小枫《诗化哲学》（济南：山东文艺出版社 1987 年版）第 197—206 页。

[5] 郑晓江，《善死与善终：中国人的死亡观》，昆明：云南人民出版社 1999 年版，第 28 页。

生绽放出意义。

　　汉画像中展现的乐舞以狂欢的形式达到"无"（舞）的境界，在无我的状态中回归到自然的怀抱，物我融为一体，实现再生。正如叶秀山先生的《世间为何会"有""无"？》一文中所说的："有了'无'，也就有了'有'；从而面对着'无'，并不会全是消极的情绪，其中仍有积极的东西在。因为'无'保留着'有'的秘密，'死'埋藏着'生'的秘密。所以，埋着'死'的'坟墓'，也可供人瞻仰。瞻仰包括古墓在内的文物古迹，不是叫人消极，而是教人深沉、深刻——叔本华似乎也有这种体会，他在一个什么地方说过，面对'死人'，你会严肃起来——看到被古物、古人'死''无'所掩盖着的'有'和'生'——体味那'生命的脉络'，那绵延不绝的'命脉'。"[1]倘若人不是以"向死而在""无中生有"的方式活着，而是像神一样不食人间烟火地永生不死、永远存在，那么人类为求生而进行的各种生产活动和经济活动，以及基于这些物质生产活动之上的精神文化活动，都将丧失其存在的必要性，由之而建立起来的各种意义系统势必轰然坍塌，诸如真、善、美、自由、道德这些维系着人之为人的生存意义系统，在"人没有死"，"世间不存在虚无"的那一刻也必将灰飞烟灭。[2]当汉代人认识到现实界无法抵挡死亡的绝对性征服时，于是转向一个想象性世界，即艺术的世界，表现在汉画中，就是乐舞。以艺术世界（无）代替现实世界（有），以"无中生有"的方式继续生命的不朽。在艺术世界假定一个生死齐一，生命意志绝对自由而不寂灭的理想世界。在这里，生命排斥了死亡，相对性地征服了死亡。汉画像中大量的舞蹈图的存在，正是体现了生命的悲剧精神，汉画像中的乐舞就是生命的转变或抽象结果，它是生命本身。

---

[1]　叶秀山，《世间为何会"有""无"？》，《中国社会科学》，1998 年第 3 期。
[2]　余平，《论海德格尔的死亡本体论及其阐释学意义》，《哲学研究》，1995 年第 11 期。

四、结语

汉画是汉代产生的独特艺术，在中国艺术史上有崇高的地位，它上承原始神话时代的原始思维，下开人的时代的审美精神。汉画像中的乐舞则表现了汉代人独特的审美观。诗歌舞三位一体的艺术是艺术早期的典型代表。舞蹈是人的生动韵律的表现。在原始信仰中，舞蹈有通神的巫术价值。汉画中的舞蹈图，含有文化原型的深刻内涵。巫师通过舞蹈打破了肉体和精神的界限，灵魂使加速运动的肉体摆脱掉自身的负重而产生快感与欢乐，从而变成生活在人间和仙界的双重人物。他们能在人间翩然举步，也能在神界飘飘欲仙，与整个自然宇宙合为一体，本于世俗的舞蹈就有了神圣性。

狂欢化精神是一种快乐的哲学，人必有一死，当汉代人发现生死之间的矛盾之后，就用狂欢的舞蹈忘却死亡的恐惧（哪怕只是暂时的），从而获得一种精神超越和心理满足，在狂欢舞蹈中获得生命的充盈，从而尽情欢乐，获得肉体的解放、思想的再生。狂欢化的目的是人类摆脱宗教的控制，回到民俗的生存上去，达到沉醉和沉迷，达到忘我境界。汉画中的舞者的创造精神使死神在艺术所创造的境界中隐遁，从而带来生命的狂欢聚会。乐舞狂喜动作的自我陶醉使得皈依者至少在狂欢体验的瞬间片刻进入神秘主义所追求的身心愉悦的沉醉境界，在忘我的状态与非自我的状态中相结合。

汉画像中的乐舞就体现了梦与醉的结合，它把死亡的恐惧转化为艺术的美。梦境以美的面纱掩盖人生的悲剧本质，使人生获得无限性，实现同物我、齐生死的理想，即"梦中千载，世上一日"。艺术的本质之一是人类集体无意识的生命冲动的表现，它追求生命永恒和生命自由的美妙境界，反抗死亡和追求不朽就自然而然地渗透其中。死亡来临时，人所持的是敢于抗争的态度和勇于超越的精神。毫无疑义，它是人类对生命的热爱，对永生的追求，对死亡的抗拒与超越意识的体现。这种对死亡的超越欲望反映了人类不屈从于生命毁灭的必然性法则的抗争精神与死亡抗争，表现了汉代人的悲剧精神。正是人们知道了死亡的威胁，生命终于要化为虚无，于是才在狂欢化的歌舞形式中达到超越死亡的欢乐世界，以瞬间的欢乐抗拒永恒悲剧的降临。

（作者　顾颖　）

汉画像艺术中有很多体育图像，深刻体现了汉代人的身体观，在身体活动的背后隐藏着汉代人对生命的独特崇拜。本章试图在对汉画体育图像的解读中来分析汉代人对身体的认识。汉代承袭了先秦诸子的生命意识，这种生命意识对汉代人产生了重要的影响。汉画体育图像也反映了汉代人对于身体美的诉求。在汉画体育图像中身体参与的活动有竞技性身体运动形式、娱乐性身体运动形式、军事活动性身体运动形式、表演性身体运动形式、保健性身体运动形式五类。汉代人的身体观念，通过汉画像的图像形象、具体、生动地表现出来。汉画像艺术中体现出来的身体活动形式是汉代社会"事死如生"思想的现实反映，是汉代人祈求得道升仙、追求长生不老的奢望，更体现了汉代人对于生命的美好愿望。

一、汉画体育图像的背景与类型

汉画像是一部"无字的'汉书'"，也被称为"绣像汉代史"。[1] 信立祥说："所谓汉画像石，实际上是汉代地下墓室、墓地祠堂、墓阙和庙阙等建筑上雕刻画像的建筑构石。"[2] 著名史学家翦伯赞先生在《秦汉史》序

---

[1] 侯秀敏，《论汉画像砖石中有关社会活动方面的几种形式与内容》，《文物世界》，2008 年第 3 期。
[2] 信立祥，《汉代画像石综合研究》，北京：文物出版社 2000 年版，第 4 页。

中对于汉代画像石的艺术价值给出了很高的评价："我以为除了古人的遗物以外，再没有一种史料比绘画雕刻更能反映出历史上的社会之具体的形象。同时，在中国历史上，也再没有一个时代比汉代更好地在石板上刻出当时现实生活的形式和流行的故事来。"[1] 汉画像在内容和形式上大多是反映现实生活，此外，建筑民俗、羽化升仙、乐舞百戏、竞技表演、吉祥图像、神怪辟邪等内容形式丰富多样，几乎涵盖了汉代生活的方方面面。汉画像艺术是墓室祠堂刻画出来的具有祭祀意义的丧葬艺术。所呈现出来的唯美画面涵盖了武事、政事、外事、农事、信仰、神灵、龙凤、饮食、建筑、婚嫁、丧葬、乐舞百戏、娱乐、商业以及寓意深刻的典故，据不完全统计，迄今为止，在全国范围内发现和挖掘的汉画像石墓已超过两百座，汉画像石阙二十余对，包括复原的石祠堂在内的汉画像石祠十余座，用汉画像石雕刻技法的摩崖造像群一处，汉画像石总数已超过一万块。[2] 其中的很多体育图像反映了汉代人对于身体问题的认识，这种认识是汉代人以生命关怀为起点的。在体育图像中有些身体参与的活动杂技、武术、蹴鞠等不仅体现了身体的美感也为今天的体育运动提供了参考的源头。

（一）汉画体育图像产生的背景

通过汉画像艺术了解汉代社会政治、经济、风俗文化无疑是具体、真实可感的。无论是军事需要、经济的发展、风俗文化的影响都离不开人的参与，因而理解大美唯汉，就应该在万物之灵长的人类身上去探索，才能真正理解汉画体育图像产生的背景和历史渊源。

1. 军事需要

体育是强身健体的首选，汉代为了巩固政权，对士兵的体格要求更加

---

[1] 翦伯赞，《秦汉史》，北京：北京大学出版社 1999 年版，第 5 页。
[2] 信立祥，《汉代画像石综合研究》，北京：文物出版社 2000 年版，第 13 页。

严格。为了军事需要，要变得更强，才能满足国家的需要。因而汉画体育图像的产生离不开汉代的军事需要，从军事强权下的等级制度以及社会礼仪教化来解读汉画体育图像的产生十分具体且形象。

汉武帝在晚年与大将军卫青谈及自己一生的事业："汉家庶事草创，加四夷侵陵中国，朕不变更制度，后世无法；不出师征伐，天下不安；为此者不得不劳民。"[1] 故而，儒家思想就是在这样一种社会局势下应运而生的。

汉武帝采纳董仲舒"罢黜百家，独尊儒术"的意见，儒家的"忠孝仁义"思想便得到统治者的宣扬。[2] 顺应这一思想应运而生的便是"举孝廉"的从官制度。"自然之罚至，裹袭石室，分障险阻，犹不能逃之也。明主贤君必于其信，是故肃慎三本。郊祀致敬，共事祖祢，举显孝悌，表异孝行，所以奉天本也。"[3] 这段话就说明诚信和行孝道者是顺应了上天的意思，应该予以嘉奖。在历时 400 多年的汉代，这一思想形成了汉文化独具特色的精髓。"罢黜百家，独尊儒术"不可避免地会有严格的等级制度和对于儒学正统地位的巩固。

汉高祖刘邦是马上得天下，在汉朝建立初期"千乘之国"，"万乘之国"被看作是军事强国的标志。到了汉代中期，从车马出行就能看出三六九等的身份，车马被看作是财富和地位的象征，"故贵贱有等，衣服有制，朝廷有位，乡党有序，则民有所让而不敢争，所以一之也。《书》曰：'举服有庸，谁敢弗让，敢不敬应。'此之谓也"[4]。从这段话我们可以看出等级制度一旦确立，从车马出行的服饰就能显示出来，车马出行位分高低一目了然，百姓见之必当有礼。因而从汉画中的车马出行图来解读军事强权下的等级制度是最直观的图文史料。接下来从已出土的车马出行图来述说汉代等级制度。这种风气在汉画之车骑出行图中得到了形象的反

---

[1] 〔宋〕司马光，《资治通鉴》第一卷，北京：中华书局 2001 年版，第 149 页。

[2] 赵耀双，《从汉画像石上所刻历史故事看汉代社会风尚》，《文物世界》2003 年第 3 期。

[3] 苏舆撰，钟哲点校，《春秋繁露义证》，北京：中华书局 1992 年版，第 169 页。

[4] 同上，第 231—232 页。

映。如图 10-1，山东石刻艺术博物馆收藏的一幅东汉晚期的车马出行图，从画面看，主车为四维辀车，在主车前面有一导车，步卒紧跟其后，且扛戟，同时还进行管乐吹奏，在画面中主车后面还有两名骑从，从整幅画面来看，体现了等级制度的森严。此外成都北郊昭觉寺东汉墓出土的一套画像砖[1]。画像砖的画面由23块方砖组成。画面上方有主车和各种导从、仪仗车马，连车列骑，旌旗招展，前呼后拥，威风凛凛，前面还有两亭吏躬身迎候，更衬托出了出行官吏的盛气凌人之势。同一类型的题材如图10-2、图10-3、图10-4。

图 10-1　车马出行图 [2]

图 10-2　车骑出行 [3]

---

[1] 刘志远、余德章、刘文杰，《四川汉代画像砖与汉代社会》，北京：文物出版社1983年版，第24页。

[2] 中国画像石全集编辑委员会编，《中国画像石全集》第2卷，济南：山东美术出版社2000年版，第97页。

[3] 顾森，《中国汉画像拓片精品集》，西安：西北大学出版社2007年版，第56页。

图 10-3　车马出行图^[1]

图 10-4　车马出行图^[2]

图 10-5　抚琴、玄武、讲学画像^[3]

　　从车马出行我们可以看出严格的等级制度，声势浩大的出行队伍是其身份地位的象征。车马出行极其注重排场，讲究威严。然而讲气派的自我炫耀的风气严重受到了儒家讲究威仪原则的影响。西汉初年，儒家学士从暴秦"焚书坑儒"的禁锢思想解放出来，开始招收学生讲授经学，儒生之间会面交谈频繁。武帝以后，儒学成为正统哲学，在"罢黜百家，独尊儒术"思想的左右下，如何来巩固这一思想变得比较现实，从汉画像石艺术中的"讲经教学"图像可以反映汉代政治制度如何维系儒家的正统思想。

[1]　中国画像石全集编辑委员会编，《中国画像石全集》第4卷，济南：山东美术出版社2000年版，第173页。
[2]　同上，第163页。
[3]　同上，第134页。

如图 10-5，讲学画像，这幅藏于安徽博物馆的画像，清晰可见讲学的过程、学生对老师的恭敬之态，以及学生聆听教诲的庄重感。

进入封建社会以后，中国历史上体育的发展繁荣昌盛，涌现出几个大发展时期，其中最为突出的当数战国时期、汉代、唐代。[1] 体育的发展离不开社会制度的支持，汉代是封建社会发展的高峰期，前承先秦，后启隋唐，是中国古代历史上经济文化发展高峰期的代表。汉朝初期，统治者实行休养生息政策，国力日渐强盛，必然会出现一个强硬的社会制度，无论怎样都离不开人的参与，因而统治者为了巩固政权，必然加强军队建设，这就为汉画像中的军事体育活动图像的出现提供了可能。

2. 经济发展

汉画体育图像的产生和发展离不开汉代经济的繁荣。物质资料的生产是人类最原始的实践活动，汉画体育图像的出现是汉代物质文明和精神文明发展的重要组成部分，它是基于社会物质生产发展到一定水平才有的。汉代生产工具的发展以及采用大量先进的生产方式使得汉代经济繁荣发展。在经济富足的同时，人们对于生活质量的需求大大提高了。物质生活的极大富足导致汉代人追求功名、崇尚厚葬之风，奢靡豪华生活成为人们追求的第一选择。生前物质生活富足，死后同样要享受，因而大量的反映生产方式的画像比比皆是。这就使得人们在满足物质需求的同时，生发出对于精神需求的渴望，希望长生不老，所以伴随经济发展的同时，生命有价值的存在成为汉代人的思考。这也使得汉画体育图像的出现有了经济基础。

《史记·货殖列传》中描绘了西汉初期社会经济发展的繁荣场景："天下熙熙，皆为利来；天下攘攘，皆为利往。"生动描绘了汉代经济发展的盛况。中国封建社会经济体制是由自然经济和商品经济相结合而构成的，

---

[1] 国家体委体育文史工作委员会，《中国古代体育史》，北京：北京体育学院出版社 1990 年版，第 3 页。

其中以自然经济占主导地位，这是中国封建社会经济的一个重要特点。[1]
商业活动在汉代变得十分活跃，从汉画像上可以看出表现汉代社会经济情况的画像石有两种类型，一类是直接的商业形式，一类是间接的商业形式。直接的商业形式即汉画中商业街市和商业店肆的买卖活动。间接的商业内容表现为农副产品、手工业劳动产品的生产与制造。[2] 汉代社会经济发展离不开对于先进生产方式和生产工具的运用。如图10-6，藏于济宁市博物馆的渔猎画像，一人撑船一人引弓射雁，水中有游鱼两条，一人持叉立一侧。如图10-7，藏于中国历史博物馆的纺织画像，左右有织机两架，

中间有纺车。从这两幅画像可以看出手工业的兴旺发达带动产业的发展。此外，图10-8这幅藏于中国历史博物馆的牛耕画像，在画面的下层刻画的是一副农家耕作播种其乐融融的场面，只有百姓安居乐业，国家才能富强昌盛。

图 10-6　渔猎画像[3]

图 10-7　纺织画像[4]

[1] 林甘泉，《秦汉的自然经济与商品经济》，《中国经济史研究》，1997 年第 1 期。
[2] 中国汉画学会、河南博物院编，《中国汉画学会第十三届年会论文集》，郑州：中州古籍出版社 2011 年版，第 206 页。
[3] 中国画像石全集编辑委员会编，《中国画像石全集》第 2 卷，济南：山东美术出版社 2000 年版，第 1 页。
[4] 同上，第 154 页。

图 10-8　牛耕画像[1]

　　《史记·货殖列传》中记载："汉兴，海内为一，开关梁，弛山泽之禁，是以富商大贾周流天下，交易之物莫不通，得其所欲。"[2] 尽管朝廷颁布了很多法令以求达到重农抑商，但是这并没有打消经商者的热情。汉承秦制，重农抑商的思想一如既往，对于商人的迫害并没有减弱。但是，汉武帝死后抑商政策有所转变，到了西汉后期，官商结合，外戚、官僚也开始涉足商业，且越来越富。虽然对此有很多人认为官商结合属于社会隐晦一面，但我们也应该看到汉代社会商业的繁荣，带动整个社会经济的发展，商人们依靠自己的力量赚取钱财，从另一方面也是整个社会经济繁荣的一股重要力量的体现。这时期脱颖而出的集地主、商人于一身的樊宏、刘秀，为后来东汉王朝的确立奠定了基础。

[1]　中国画像石全集编辑委员会编，《中国画像石全集》第 4 卷，济南：山东美术出版社 2000 年版，第 76 页。
[2]　〔汉〕司马迁撰，〔宋〕裴骃集解，〔唐〕司马贞索隐，〔唐〕张守节正义，《史记》，北京：中华书局 2000 年版，第 2466 页。

3.“风俗文化”的影响

　　“风俗文化”是指广大民众集体创造、拥有和传承的文化现象。[1] 了解汉代社会风俗文化，就不能脱离汉画像艺术。“风俗文化”从广义上来说可被认为是民俗文化，说到民俗文化就离不开对于汉画像的认识，因其雕刻的画面反映了汉代社会的方方面面，几乎涵盖了整个汉代的“风俗文化”。“风俗文化”外延至四个部分 [2]：一是物质风俗文化，包括饮食、服饰、居住、交通、生产、商贸、卫生保健等方面的风俗；二是社会风俗文化，包括社会组织风俗、社会制度风俗、岁时节日风俗、民间娱乐风俗等；三是精神风俗文化，包括民间信仰、民间哲学伦理观念、民间艺术等；四是语言风俗文化，包括民俗语言和民间文学两大部分。汉代等级制度森严，但是却无法限制各阶层风俗文化的产生和传承，如宴饮和丧葬。在藏于徐州汉画像石艺术馆的宴饮图（图 10-9）中，我们可以清楚看到屋内宾主正在饮乐，樽、耳杯置于中间，并有侍者服侍左右，可见宴饮的豪华奢侈。庖厨和宴饮总是离不开的。藏于睢宁县博物馆的庖厨宴饮图（图 10-10）真实地反映了当时社会的宴饮习俗。高层社会可以说钟鸣鼎食之家、厚葬之风盛行，低层社会虽没有足够的钱财支撑，但是他们可以通过孝义感天动地甚至谋取一官半职。可以说每个人都会有自己的风俗文化“收藏”，这不得不让人想起美国民俗学家阿兰·邓迪斯所说的：“所有的人群——无论其民族、宗教、职业如何，都可以构成一个独特的民间，并具有值得研究的相应民俗。”[3]

---

[1]　昝风华，《汉代风俗文化与汉代文学》，北京：中国社会科学出版社 2009 年版，第 1 页。

[2]　同上。

[3]　［美］阿兰·邓迪斯编，陈建宪、彭海滨译，《世界民俗学》，上海：上海文艺出版社 1990 年版，第 385 页。

图 10-9　宴饮画像 [1]

图 10-10　庖厨、宴饮画像 [2]

　　丹纳在《艺术哲学》一书中说过："对于一件艺术品的欣赏、一个艺术家的品读、一群艺术家的了解，必须正确地想象他们生活时代的精神和风俗面貌概况。" [3] 因而，从汉画像艺术中来了解和诠释汉代风俗文化更加

[1]　中国画像石全集编辑委员会编，《中国画像石全集》第 4 卷，济南：山东美术出版社 2000 年版，
　　　第 16 页。
[2]　同上，第 85 页。
[3]　［法］丹纳著，傅雷译，《艺术哲学》，北京：人民文学出版社 1963 年版，第 7 页。

便捷清晰。饮食、服饰、居所、建筑、生产、商贸、卫生保健、家庭、丧俗、娱乐、信仰等这些在汉画像艺术中真实可感地表现出来，为我们了解汉代社会风俗提供了"石头上的记忆"。

通过对汉画体育图像产生的背景论述发现：与汉画像艺术特色形成关系比较密切的是汉代神仙信仰、人体审美风尚、庖厨宴饮的饮食文化、尊侠重孝的社会伦理风气，以及整个社会对于人的完美追求，这些社会风俗文化离不开整个汉代社会政治、经济的支持。而风俗文化又是对于整个汉代社会政治、经济文化的写照，付诸汉画像艺术上有很多真实可感的史料。

汉画体育图像的产生与汉代社会经济高度发达以及厚葬之风盛行有着千丝万缕的联系。汉画像是对整个汉代生活的方方面面作了一个具体的刻画。在其内容上涉及音乐、美术、体育、舞蹈、天文地理、民俗建筑等，对于汉代社会政治、经济、风俗文化等社会现状进行一次"影像记录"。我们从汉画像艺术中能够读到汉代社会生活的精神风貌，这些是无法从数字资料中体会出来的。而在汉画像当中一个很重要的刻画题材就是汉代的体育活动形式，对于这一特殊的文化形态，笔者试图通过对于汉画像中所表现出来的体育图像进行分类并探讨这些图像表现的身体形式。

（二）汉画体育图像的类型

汉画体育图像表现出来的身体运动形式，从外部特征来说是人类在活动过程中所体现出来的外在的表现。汉画体育图像在较长时间稳定地保留着体育图像所体现出来的人类活动的不同类型以及综合特征。但是体育图像反映出来的身体运动形式是汉代人有意识、有目的的运动方式，是在不断发展和变化中生存的综合体。因而，从这个角度对汉画体育图像进行分类变得饶有意义。在分类之前对于前辈们眼中的汉画体育图像的解读是必然且有意义的。

大汉民族尚武尚勇的体育风尚和精神在孙松珍的《汉画中的体育竞赛活动》[1]一文中有详细论述。该篇文章将汉画中的体育竞赛活动依据身体运动的表现及通过竞技比赛的方式创造优异运动成绩分为：蹴鞠、角抵（角力、相扑、摔跤）、马术、技击、射箭、武术、六博、投壶等。着重强调竞技比赛的重要性，认为竞技体育是古代体育活动的主要形态之一，而恰巧这一类竞技比赛正是汉画所体现的主要题材之一。李学砻在《浅谈汉画像石中的古代休闲体育方式》[2]一文中，认为汉画像反映了汉代社会的方方面面，是汉代社会的生活百科全书，其中有很多古代体育休闲方式供人们消遣，汉代以蹴鞠、射箭、角抵、博戏、投壶等丰富的休闲娱乐体育，不仅促使当时人们放松身心，达到生命保健、身心愉悦的目的，也证明了当时的休闲娱乐体育的技法及要领规范达到相当高的水平。而且值得一提的是汉代创立的体育休闲娱乐技法以及要领为当代休闲娱乐体育项目的发展提供了重要的参考价值和现实意义。崔乐泉分析了汉画像中所体现出来的人体运动形式，梳理了古代体育、杂技、舞蹈等在汉代这一时期的文化构体的表现特点。[3]基于此，他将汉画中反映出来的身体运动形态分为娱乐性身体运动、竞技性身体运动和保健性身体运动这三类。垂钓、舞蹈、狩猎、投壶、驯兽、戏兽与斗兽、杂技等被归类为娱乐性身体运动；田径、举重、马术、器械技击、角抵、拳术、蹴鞠、射箭、棋类、龙舟竞渡等被划分到竞技性身体活动；技巧和带有技巧性特点的舞蹈、以器械作辅助形式的保健活动、导引养生被归结为保健性身体活动。这些身体运动形式表现在汉画中可以说是中国古代体育身体运动表现形态的具体化和形象化的代表，反映了真实的汉代生活。

经研究发现汉画体育图像的分类结合不同的体育题材与身体关系可以有很多种分法，且表现形式不一样。张华、曾宪波的《浅析汉画中的

---

[1]　孙松珍，《汉画中的体育竞赛活动》，《南都学坛（人文社会科学学刊）》，2007 年第 2 期。

[2]　李学砻，《浅谈汉画像石中的古代休闲体育文化》，《开封大学学报》，2009 年第 4 期。

[3]　崔乐泉，《汉画中身体运动形式研究》，《山东体育学院学报》，1995 年第 4 期。

足球、马术和举重运动》[1]一文中继续概述汉画体育运动包括：蹴鞠、马术、摔跤、举重、射箭、击剑、角抵、竞技、倒立、走索、冲狭、戏车、顶杆、舞轮、叠案、投壶、六博等，并对其中的蹴鞠、马术、举重进行图文互释。体育的发展在两汉时期融入到军事体育的制度化，娱乐体育的竞技化、表演化，养生体育的系统化中，并对此进行总结，为我国封建体育运动发展作了铺垫。王海平在《从考古资料看西南地区两汉时期的体育活动》[2]一文中依据考古资料结合文献记载把西南地区两汉时期的体育活动分为：叠罗汉、打磨秋、踩高跷、寻橦、冲狭、叠案、弄丸、博戏、龙舟竞赛。这些体育活动在"休养生息"的推动下日益普及、深入民心。昝风华在《汉代风俗文化与汉代文学》[3]一书中谈到汉代游戏活动，将其大致分为乐舞百戏、智力游戏、体育游戏和儿童游戏四个部分。这一类文章在研究探讨汉画体育图像时，从整个汉代体育图像出发进行分类。除此之外，如刘朴的《射艺汉画像石分类分布研究》，周保平、王瑞峰的《汉画游戏研究》，崔乐泉的《论汉画中武艺活动》《最早的六博棋盘石博局》，路蓍冰的《汉画艺术中的武术密码解析》，以及贾顺成的《我国古代的蹴鞠运动》等，从汉画中反映出来的体育活动的一个类别，分析研究整个时代的体育人文活动的大方向。

综上所述，前辈们对于汉画中的体育活动形态的分析，在其具体的类别和特点上叙述翔实，但其研究过多集中在单一的运动形式上，不过这恰巧为我的论文提供了丰富的文献资料。结合田野调查以及目前了解的情况，笔者将汉画体育图像分为竞技性身体运动形式、娱乐性身体运动形式、军事活动性身体运动形式、表演性身体运动形式、保健性身体运动形式五类。基于此，汉画体育图像表现出来的身体美形式将清晰可见。

---

[1] 张华、曾宪波，《浅析汉画中的足球、马术和举重运动》，《南都学坛（哲学社会科学版）》，1996年第5期。
[2] 王海平，《从考古资料看西南地区两汉时期的体育活动》，《贵州文史丛刊》，1997年第6期。
[3] 昝风华，《汉代风俗文化与汉代文学》，北京：中国社会科学出版社2009年版，第20页。

竞技性身体运动形式主要有：射箭、蹴鞠、博戏、马术、田径、举重、角抵、武术、器械辅助竞技等。通过此类运动形式，身体参与的方式丰富多彩，主要有军事、娱乐、强身健体、技巧性、耐力训练、体力、脚力等。竞技性身体运动的画像题材多见于战争狩猎、乐舞百戏、宴饮娱乐、角抵等画像中。以图 10-11 为例，来阐释竞技性身体运动，这幅藏于定远县文物管理所的格斗画像，生动体现了人持械格斗时身体的舒展，需要强健的身体以及体力、脚力的支持。

图 10-11　格斗画像[1]

娱乐性身体运动形式有棋类、蹴鞠、狩猎、钓鱼、投壶、斗兽、杂技、六博、舞蹈等。通过此类运动形式，身体的娱乐、技巧、健身、表演和智力相结合共同完成娱乐的目的。这类题材多见于宴饮娱乐、百戏乐舞之中。如图 10-12 百戏图画像，这幅藏于定远县文物管理所的乐舞百戏画像，画像依次排列的有拳术、倒立、盘舞、舞钩镶、吹竖笛的艺人。这幅画像生动描绘了娱乐的场面。

图 10-12　乐舞百戏图画像[2]

[1]　中国画像石全集编辑委员会编，《中国画像石全集》第 4 卷，济南：山东美术出版社 2000 年版，第 163 页。
[2]　同上，第 160 页。

　　　　　　　　　　　　　　　　　　　民俗之雅

军事活动中身体的参与方式主要是出于锻炼身体、历练意志品质以及增强力量体能的需要。这类活动主要有蹴鞠、车马出行、武术、角抵、举重、马术等，这类题材画像多见于军事练兵、军事演习中。以图 10-13 为例，这幅藏于临沂市博物馆的武卒画像，汉武卒和胡武卒生动地展示于画面，两军对垒，决一雌雄。在这里表现的是军事活动需要的勇猛、干练、智谋和力量，离不开平时的刻苦训练。

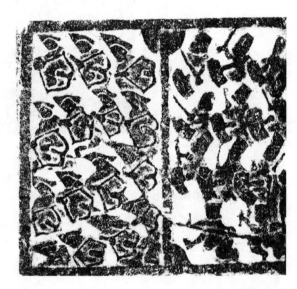

图 10-13　武卒画像[1]

　　表演性身体活动形式有蹴鞠、舞蹈、杂技、投壶、角抵、武术等，通过身体技巧、表演娱乐来达到身体参与的形式与内容的统一。这类画像题材主要体现在乐舞百戏、角抵之戏中。以图 10-14 为例，这幅藏于徐州汉画像石艺术馆的建鼓、绳技画像，表演者正在进行缘绳翻身之戏，体现了身体的技巧性。

---

[1]　中国画像石全集编辑委员会编，《中国画像石全集》第 3 卷，济南：山东美术出版社 2000 年版，第 55 页。

图 10-14　建鼓、绳技画像[1]

　　保健性身体运动形式最直接地表现身体的参与方式，有导引行气、舞球导引、六禽戏、器械辅助保健性活动、带有技巧性的舞蹈和杂技等，通过保健性身体运动以求达到强身健体、延年益寿。

　　汉画体育图像中反映出来的竞技性身体运动、游戏性身体运动、军事活动性身体运动、表演性身体运动、保健性身体运动都需要身体来参与和支持，其深刻反映了汉代人对于身体美的诉求，它们所反映出来的形体美，或者说人体美，就是人的身体美。[2] 对于具体的分类及表现形式详见附录所列表格。

　　天人感应、天人相副左右了汉代人对于生命的本体的思考。他们对于身体的重视达到极致，在整个社会活动中都以身体活动和参与为第一要义。儒家美学观的突出特点是将审美体验与社会政治生活、道德修养活动

[1]　中国画像石全集编辑委员会编，《中国画像石全集》第 4 卷，济南：山东美术出版社 2000 年版，第 23 页。
[2]　王德胜，《形体美的发现——中西形体审美意识比较》，南宁：广西人民出版社 1993 年版，第 2 页。

联系在一起，强调美的伦理性、功利性[1]。他们特别重视"内在美"，并大于"外在美"和"形式美"，重视内在美体现在汉画像艺术中的很多体育图像里面，有着自己特殊的内涵，其深刻反映了汉代人的身体哲学观，在身体活动的背后隐藏着汉代人对于生命的独特崇拜。

二、汉画体育图像的身体美学问题

"儒家和经学在汉代如此流行，'厚人伦、美教化'，'惩恶扬善'被规定为从文学到绘画的广大艺术领域的现实功利职责，汉代艺术的突出特点在于，它并没有受到儒家微观的功利信条的限制，恰恰相反，它通过神话跟历史、现实社会与虚幻的神灵、人与兽同台竞演的丰满的形象画面，极有气势地展示了一个五彩缤纷、琳琅满目的世界。这个世界是有意或无意地作为人的本质的对象化，作为人的有机的或无机的躯体而表现着。它是人对客观世界的征服，这才是汉代艺术的真正主体。"[2]从李泽厚这段话可以看出，他在比较汉代哲学和艺术特点的时候特别强调"人的有机或无机的躯体"，以此来描述身体在汉代艺术表现世界中具有举足轻重的地位。身体美表现在汉代人对于身体存在着两种需要，首先是基本的生理需要，人需要衣食住行，需要参与社会活动，需要有人际关系，需要延绵子孙以此保证生命的延续；其次是身体与整个宇宙、整个世界之间的关系，它是人体存在于空间的一个延展性。这就意味着人的身体亦即躯壳不能单纯地只注重物理性的肉身，更多的应是关注其活动的区域，以此来标注自己的存在。通过学习来开发智力，明白事理，以便更好地服务物质的身体，这体现在《淮南子·泰族训》中[3]：

[1] 雷国樑，《美学与审美——体育（艺术）美学素质教育》，北京：北京体育大学出版社 2009 年版，第 18 页。
[2] 李泽厚，《美的历程》，合肥：安徽文艺出版社 1994 年版，第 75 页。
[3] 何宁撰，陈广忠译注，《淮南子集注》，北京：中华书局 2012 年版，第 1220 页。

凡人之所以生者，衣与食也，今囚之冥室中，虽养之以刍豢，衣之以绮绣，不能乐也。以目之无见，耳之无闻，穿隙穴，见雨零，则快然而叹之，况开户发牖，从冥冥见照照乎！从冥冥见照照，犹尚肆然而喜，又况出室坐堂，见日月光乎！见日月光，旷然而乐，又况登泰山，履石封，以望八荒，视天都若盖，江河若带，又况万物在其间者乎！其为乐岂不大哉！

"身体美学"与身体哲学在某种意义上并没有确切的划分，它们一直被泛化地运用。在西方，生物学上的身体实在主导着哲人们对于身体的思考，同时认为心灵的根源应该放在身体之内，最能标注人存在的是身体，身体和主体被看作是同一实在。汉画体育图像反映出来的体育活动，内容颇为精彩和丰富，基本上是沿着军事训练、医疗养生和娱乐这三条线索发展的。[1] 在汉画体育图像中反映出来的身体美或者说是人体美，都是由人的身体来参与的，身体的健康、强壮、灵活、柔韧性好、反应快是身体美的体现。汉代人在加强身体锻炼的同时，更注重保健，使得身心愉悦，从而更好地生活。这些方面都需要体育锻炼。加强体育锻炼在汉代有一套独有的方式，形成了独具特色的东方人体文化。体育作为一种特殊的身体文化有着其深刻的内涵和意义，而身体作为体育活动的载体，承载着体育活动的表现形式。

（一）体育与身体的关系

两千多年前古希腊的山岩上留下这样一段话："如果你想强壮，跑步吧！如果你想健美，跑步吧！如果你想聪明，跑步吧！"从这段话我们可以深刻地体会到健康的身体源自丰富的体育运动，人类社会活动内容之一便是体育，汉画像石中的体育活动内容丰富多彩，我们需辩证地看待体育

---

[1] 崔乐泉，《体育史话》，北京：社会科学文献出版社 2011 年版，第 1 页。

活动与身体的关系。体育与身体的联系是非常密切的，它作为身体文化的直接表现形式，有利于我们对于身体的深刻研究和认识。因此从体育——特殊的身体文化；身体——体育活动的载体，辩证地看待体育与身体的关系变得饶有意义。

1. 体育：特殊的身体文化

　　真正的哲学家，经常是最急切地要解脱灵魂。他们希望将灵魂和肉体分开来解读，让灵魂可以脱离肉体自由存在。[1] 肉体和灵魂被人类分为两种世界：意识和肉体的世界，上升到精神世界和身体世界，人类为自己构建一个生之彼岸的理想国，任何人都可以在这样一个国度里面称王，这个王国变成了一个象牙塔，就是在这样一个国度里人类创造了灿烂辉煌的文明。但是身体却被抛弃了，没有人去在意身体，甚至在哲学家眼中身体只是一种可有可无的陪衬抑或是某种象征。

　　中世纪神性独大，遮蔽了人性的存在，身体被抛于九霄之外，人们无法主宰自己的身体，身体被无情地鞭打、虐待甚至肢解。人们眼中只有灵魂和天国，他们恨透了阻碍生之彼岸的肉身，在这个时期身体被赤裸裸地孤立甚至任凭宰割。到了文艺复兴时期，人性大于神性的口号呼之欲出，人们开始赞美结实、健康的人体美。米开朗琪罗、达·芬奇、拉斐尔等这一时期杰出的艺术代表都热情地对万物之灵的人类进行歌颂。在这一时期人们意识到身体的存在，对于身体而言只不过是一种意识觉醒。随着机器大生产、工业革命的到来，人们从体力劳动的深渊解脱出来，基于此，人类也清晰地认识到身体是革命的本钱，最能标注人存在的是人类的身体。"作为主体的身体是我身与世界的结合点。我的身体是我同世界之间的媒介。我与我的身体存在同一物质之间，并且属于同一类型。由于我的身

---

[1] 柏拉图著，杨绛译，《斐多：柏拉图对话录之一》，沈阳：辽宁人民出版社 2000 年版，第 18 页。

体，我对万物抱有怜悯。"[1] 从德国哲学家马塞尔这段话我们可以看出[2]：身体被遗弃、被分割、被肢解、被注释、被劫持、被无数次地封禁之后，身体最终获得了解救。这便是身体的回归。

"文化是由人类的反思性思维发展出来的积累性结构。实施这种思维的机制是每个人的内在素质的一部分；文化因素的积累主要是这类反思性行为在语言和客观性物质操作中的表达。"[3] 从美国人类学家克拉克·威斯勒这段话可以看出，文化的产生离不开人的存在。同样的体育文化的产生也与人类身体同客观世界发生的关系脱不了干系。人类成就了体育，人类亦创造了体育文化，而体育文化的核心就是以人为本，但是无论是身体文化还是体育文化，它们都是文化了的身体。文化的产生有其自身发生、发展的各个阶段和过程，体育文化的发展也存在这样一个过程，但是无论是体育文化还是身体文化，它们都脱离不了身体的参与，因而身体文化是体育文化的实质和奠基石。

文化的发展有着自己的发展历程，无论是实在的身体还是抽象的身体，都离不开身体的参与，这一点同样适合于体育文化。体育文化的概念也属于抽象的范畴，但是它却用身体的参与方式表现出来，这就说明了文化身体承载了体育文化的象征和标志意义。无须赘言，只有身体的存在，体育的发生才有可能，因而可以说身体是体育文化发展的最直接的动力源泉。

2. 身体：体育活动的载体

人类从初始起，为了适应这个世界，便与周围的环境进行抗争，而首要的资本便是将身体豁出去。身体是人类与这个世界、与自己进行对抗的

[1] 司马容，《体育游戏：人类生存的辩证法——现代哲学家对体育本体多维反思》，《体育与科学》，1994 年第 5 期。
[2] 赵岷、李翠霞、王平，《体育——身体的表演》，北京：知识产权出版社 2011 年版，第 4 页。
[3] ［美］克拉克·威斯勒著，钱岗南、傅志强译，《人与文化》，北京：商务印书馆 2004 年版，第 1—2 页。

物质基础，也是对抗的前提。[1] 提到对抗，从这一点我们可以看出，身体的对抗是反映人类竞技体育的一个原始尚力冲动。体育的核心是竞技，竞技的前提是有一个公平的竞争平台。远古社会，人类不仅要与猛兽对抗，也要抵御外族侵略。因而男人在古代是一种"听觉动物"，他们更多的是要通过敏锐的听觉来辨别外界对于自己将要造成危害的事物。女人更多意义上是一种"视觉动物"，她们的职责是延续生命，但是她们必须要有眼观六路、耳听八方的本事，这样才能保护好自己的孩子免遭猛兽袭击。作为体育活动的基础和前提，人类自身必须要有其完整性才能满足体育竞技需要。"体育是游戏，是竞争游戏……人的'本质力量'，人的'对象化'的力量，都在这种游戏中得到简洁的描述。体育被人所爱，其历史的背景和社会的原因总是离不开这种文化的'合情'。"[2]

把身体文化视为一种美学，其基本前提在于"健康"。[3] 有一个健康的身体才能满足身体文化的内在需求。"躯体是个人的物质构成，躯体的存在保证了自我拥有一个确定无疑的实体。任何人都存活于独一无二的躯体之中，不可替代。如果说，'自我'概念的形成包括了一系列语言次序内部的复杂定位，那么，躯体将成为'自我'含义之中最为明确的部分。"[4] 身体是主体性的标志，它将人类与外界客观世界区分开来，使得人类自身在普遍泛化的意识范畴实现自我意识的觉醒和身体主体性的实现，这就是在消费时代人类对于视觉身体的自我审视，以及体育兴盛的动力之源。

与前面提到的对抗性身体、视觉性身体相比较，体育教育目的的发生者便是接下来将要提到的教化身体。体育教育的发生使得人类应该抛弃自然存在的身体去接受教化性的身体。"在制度化的学校场域中，教育与身体成为一对矛盾，身体更多地是作为被遮蔽、被规训和被惩罚的对象，而没有得到教育者应有的关注。"[5] 竞技文化、体育文化、身体文化构成人类

[1] ［美］克拉克·威斯勒著，钱岗南、傅志强译，《人与文化》，北京：商务印书馆2004年版，第34页。
[2] 李力研，《野蛮的文明：体育的哲学宣言》，北京：中国社会出版社1988年版，第13页。
[3] 赵岷、李翠霞、王平，《体育——身体的表演》，北京：知识产权出版社2010年版，第38页。
[4] 南帆，《躯体修辞学：肖像与性》，《文艺争鸣》，1996年第4期。
[5] 齐学红，《教育中的身体隐喻》，《上海教育科研》，2006年第1期。

奥林匹克赛场上最灿烂的篇章，体育活动的载体是身体，体育活动的发生者是身体，体育活动的主体是身体，因而只有身体才是体育最直接的表现形式。体育是人类通过身体运动创造出的身体活动样式，通过身体活动可改变身体的健康指数从而改善其自身。

通过对于体育与身体关系的论述我们可以看出，体育作为一种特殊的文化身体，只有身体的存在才能诱发体育的发生和发展。另一方面，身体作为体育活动的载体，使人类通过自身的身体运动创造出了体育的样式，故而体育与身体在形式上不乏会涉及一些审美范畴，身体活动的形式更多地是追求一种身体的审美诉求。在汉代画像艺术中，有很多鲜活的体育活动图像，身体参与的活动形式体现了身体活动的形式美。接下来，通过几组典型的体育活动形式，来探析身体活动的形式美在汉画像艺术中的体现。

（二）身体活动的形式美

中国古代文献使用了许多不相同的术语来指称身体，比如"身""体""形""躯"。[1] 它们所表达的是儒家对于规训和教化人的特征、性格以及自我的观念。形体美的真正价值在于它所表达的生命本身的美，这就是西方人一个普遍的理性观念。[2] 较之西方，身体美作为灵魂与肉身、精神与物质的二元同一性，引起我们更多的关注。由肉身进入到心灵，由外显的实在性、躯壳包裹的内在灵魂精神引发哲人更深层次的探讨，因而把这些观念区分开来。笔者试图通过娱乐与身体、武术与身体、保健与身体这三个方面进行归纳梳理，将这种作为身体的外在表现形式的运动与内在形神兼修、灵肉合一的思想相结合，来阐释汉画体育图像身体美的实在意义。

---

[1] ［美］理查德·舒斯特曼著，程相占译，《身体意识与身体美学》，北京：商务印书馆 2011 年版，第 4 页。
[2] 王德胜，《形体美的发现——中西形体审美意识比较》，南宁：广西人民出版社 1993 年版，第 46 页。

1. 娱乐与身体

娱乐是人在休闲的时候参与的一种社会活动，"休"在《说文》中解释为"休，息止也，从人依木"。从《说文》中我们可以看出休闲最初指的是"人依木而休"。我们可以概括地说，休闲的原始状态就是人的身体状态。汉画体育图像中有很多体育活动带有娱乐性质（详见表1）。

表1 汉画体育图像中娱乐身体运动的形式

娱乐性	表现形式	身体参与方式
棋类	围棋、六博	娱乐、智力
蹴鞠	大鼓蹴鞠、长袖蹴鞠舞、大鼓蹴鞠舞	娱乐、表演、技巧
狩猎	羽猎、狩猎、校猎、畋猎、渔猎	娱乐、锻炼身体、满足个人爱好、练兵
钓鱼	垂钓、"钓鲤""射鲋"	娱乐、游玩
投壶	投壶	礼仪、修身、健身、表演
斗兽	驯兽、戏兽、人与兽斗（斗狮、斗熊、斗虎、斗野猪）	表演娱乐、智力、强身健体、历练胆识
杂技	戏车、倒立、冲狭、戏车、走索、钻刀蹈火、翻筋斗、竖蜻蜓、跳丸、抛剑、叠案、手倒立、弄丸、俳优、倒立滚球、耍罐	身体技巧、表演娱乐
六博	博戏或六博	娱乐、智力
舞蹈	建鼓舞、巾舞、七盘舞、盘鼓舞、鞞舞、舞袖舞腰结合、拟兽舞蹈、俳优舞蹈、蹴鞠舞	表演娱乐、技艺展示、身体柔韧、形神兼备

从表1可以明显看出，汉画体育图像中不乏带有娱乐性的体育活动，它们需要身体的参与来完成，身体在参与的同时对于内在修养的提高有很大的帮助。汉代社会经过"文景之治"、"汉武盛世"之后出现大繁荣时期，在一定程度上为体育娱乐发展提供了可能，人们在体育娱乐的同时更重视对于自身的历练和修养，以求达到身体美的诉求。

以表1中提到的棋类活动来进一步说明汉画体育图像中的娱乐性表演与身体的作用。此类活动在战国时期就已经存在了，棋类活动的出现与古代战争有着密切的联系，如我们熟悉的象棋布阵"马走日，象飞田，大军走路无人拦，炮打跟子一溜烟"。随着战争的减少，社会生活水平的提高，棋类活动越来越具有娱乐性。《战国策·齐策》中记载："临淄甚富而实，其民无不吹竽鼓瑟，弹琴击筑，斗鸡走狗，六博蹴鞠。"从这里我们可以看出六博在先秦时期就已出现，人们在闲暇时间去博弈，有助于智力的发展和提高。六博之戏常伴随投掷箸、饮酒。但是在《汉书·文帝纪》有这样的记载："薄昭与文帝博，不胜，当饮酒。"从这里我们可以看出博弈双方会因为输赢影响到自己的情绪，饮酒后更容易发生争执谩骂的情况。在民间博弈之戏颇为流行，有些人甚至沉溺其中，不能自拔，甚至将博弈的性质演化成为赌博。图10-15，从美术学角度来说，为浅浮雕，画面是由人物六博游戏组成。图10-16，这幅六博游戏图从美术学角度来讲属于减地平面线刻，画面左侧有二人在交谈，还可见一人首兽身怪者立于侧，图片右侧为二人饮酒，可见六博游戏场面的丰富多彩。图10-17为徐州汉画像石艺术馆藏的六博画像，从画面清晰可见二人对弈时以酒相伴的乐趣。此类画像如图10-18，也是表现博弈之戏。

图 10-15　六博游戏图[1]

图 10-16　六博游戏图[2]

[1]　中国画像石全集编辑委员会编，《中国画像石全集》第2卷，济南：山东美术出版社2000年版，第34页。
[2]　同上，第92页。

图 10-17　六博画像[1]

图 10-18　六博画像[2]

在娱乐体育活动形式中的围棋、六博、乐舞百戏、杂技中，人们通过身体的参与达到相应的娱乐要求，在悦己的同时也达到娱人的目的，同时越来越多的人以此为谋生的手段。娱乐体育的身体运动形式不仅表现了身体的刚健美，也传达了身体的轻柔美，另一方面表现出了身体的韵律美以及人们在娱乐时所享受到的一种快感体验。在图 10-19，滕州市博物馆

[1]　中国画像石全集编辑委员会编，《中国画像石全集》第 4 卷，济南：山东美术出版社 2000 年版，第 43 页。
[2]　同上，第 14 页。

藏的东汉中期六博游戏和乐舞画像共同出现在画面的汉画像石，为浅浮雕，画像分为上中下三层，其中层为六博游戏，下层为乐舞图。图10-20是表1中提到的鞞舞，既是舞蹈展示又是供别人娱乐的方式，利于锻炼身心，此幅图刻画的是舞女一列横排，明显看出分为两个舞组——鞞舞和长袖舞。这种娱乐性的场面，可以认为是一种娱乐性身体活动，是以休闲娱乐为目的进行的表演性活动，它是人类创造的、有利于人类自身发展的高级生活方式，汉代人付诸汉画像石的休闲体育活动方式是汉代人追求生活的自我解放和完善。因而，"在休闲体育中，人类可以找回自我，可以面对自我、体验自我、享受自我，并最终塑造自我、完善自我"[1]。它是汉代人对于汉代整个时代风貌的反映，浓缩地体现出整个汉代社会的发展和变化。

图 10-19　六博游戏、乐舞画像[2]

---

[1] 赵岷、李翠霞、王平，《体育——身体的表演》，北京：知识产权出版社2010年版，第159页。

[2] 中国画像石全集编辑委员会编，《中国画像石全集》第2卷，济南：山东美术出版社2000年版，第197页。

2. 武术与身体

最能标志人存在的是人的身体。人类身体的存在方式和存在特征标志了身体的特立独行，汉画像石中很多反映武术活动的图像，不仅为我们提供了追溯武术起源的重要切入点，也为我们探索隐藏在武术活动背后的身体提供了图像源考。

要了解武术，首先要知道身体的含义在古代被怎样定义。身体一般被分开用，"身"在《说文》中注释为："身，躬也，象人之身。"《诗经·小雅·何人斯》中注："我闻其声，不见其身。"这里面提到的"身"就是身体。[2]"体"则较早出现在《淮南子·泛论训》中，"圣人以身体之"，在这里提到的"体"有体察、体会、体悟之意。由此，我们不难看出古代将身体分开各用，即使身体连用也只是"身体力行"，较明确地规定了动作的指向性，并不是单纯指的人之身体。

武术在汉代更多的是以追求"养生""摄生"为主要目的。由此可以看出传统儒家文化关注的不是身体的武术而是武术中的"术"给人带来的术的精进和德的修炼，但是不可忽视的是人的身体是武术起源的基础和发展的灵魂。一方面身体是自然的身体，是无数的文化材料和对象；另一方

---

[1] 中国画像石全集编辑委员会编，《中国画像石全集》第 4 卷，济南：山东美术出版社 2000 年版，第 125 页。

[2] 李格非，《汉语大字典》，成都：四川辞书出版社 2000 年版，第 1718—1719 页。

面身体又是武术文化的身体，是武术文化塑造出来的产品和结果。[1] 汉代的武术最终回归到身体，具体表现在汉画像中，以武术活动的身体参与特点为基准进行分类（如表 2）。

表 2　汉画中的武术

目的	表现形式	身体参与方式
竞技性	单人兵器舞、徒手搏斗、兵器击刺、空手对练、拳术、器械、兵器对打	健身、修身、娱乐、表演、技巧
军事活动	徒手搏斗、兵器击刺、空手对练、拳术、器械、兵器对打	健身、修身
表演性	武术与舞蹈具有同源性、武艺	身体的表演

　　表 2 主要说明的是在汉画中表现出来的武术图像，一般的套路脱离不了拳术、刀、剑、枪、棍等单人表演或者双人以上的对练演习。武术的目的大致可以分为竞技性、军事活动以及表演性，武术被赋予的修身为目的的身体活动方式，其最高境界是追求身心并修、身心合一，以心扯身，再为身从心，而其中的竞技性和军事活动是武术运行的必行法门。

图 10-21　"象人"斗牛画像[2]

[1]　戴国斌，《武术：身体的文化》，北京：人民体育出版社 2011 年版，第 315 页。
[2]　孙世文，《汉代角抵戏初探——对汉画像石中的角抵戏考察》，《东北师范大学学报（哲学社会科学版）》，1984 年第 4 期。

以武术动作身体活动特点为基准分类，武术动作大体可由手法、身法、步形、步法、头部动作构成。[1] 从武术动作的分类可以看出，武术离不开身体，身体是构成武术活动的客观载体，有武术就离不开对抗，离不开竞技，而在军中，武术更是最基本的必习之艺。徒手搏斗更是被人们津津乐道，《汉武故事》有这样一段记载："秦并天下，兼而增广之，汉兴虽罢，然犹不能绝，至上复采用之，并四夷之乐，杂以童幼，有若鬼神。角抵者，施角力相抵触也。"[2] 角抵就是我们所谓的摔跤，汉武大帝刘彻极好角抵。所以角抵之戏尤为盛行，汉画中反映的手搏和摔跤其实就是"武戏"的表演节目，其目的是供人观赏和娱乐。图 10-21，刻画的是一人头戴面具与牛搏斗毫无惧色的场面，体现了角抵的魅力。同类型的画像还有如图 10-22"象人斗熊"画像。图 10-23 比武画像，这方石藏于徐州汉画像石艺术馆，从中可以看出在比武的同时还有操琴抚乐之人，画面极为生动。此外，如图 10-24 的手搏图，画面生动刻画了三个壮小伙，行云流水般的身姿，徒手对练时的精彩瞬间。由此我们不难看出在 1900 多年前汉人徒手相搏的生动场面。除此之外，武术多用于军事活动，如图 10-25 反映的是历史故事"鸿门宴"，也许从这里我们就真正理解了"项庄舞剑意在沛公"的真实意义了。

图 10-22　象人斗熊 [3]

---

[1] 刘朴，《汉画像石武术技艺研究》，《体育文化导刊》，2009 年第 1 期。

[2] 国家体委武术研究院，《中国武术史》，北京：人民体育出版社 1996 年版，第 76—77 页。

[3] 孙世文，《汉代角抵戏初探——对汉画像石中的角抵戏考察》，《东北师大学报（哲学社会科学版）》，1984 年第 4 期。

图10-23　比武画像[1]

　　谈到军事运用不得不说的是在山东石刻艺术博物馆藏的一方武士对练画像如图10-26，它属于凹面线刻，画面清晰可见武士执剑和长矛对练，场面生动活泼。

图10-24　手搏图　出土于河南省南阳市[2]

图10-25　舞剑图　出土于河南省南阳市[3]

[1] 中国画像石全集编辑委员会编，《中国画像石全集》第4卷，济南：山东美术出版社2000年版，第39页。
[2] 米冠军、王仲伟、魏仁华，《南阳汉代武术画像石试析》，《中原文物》，1998年第3期。
[3] 同上。

图 10-26　武士对练画像[1]

　　两汉以来，武术的发展离不开经济繁荣国力强盛的支持，角力活动的广泛开展一方面是因为其具有表演性和竞技性，另一方面也是军事的需要。但是角抵经过了"讲武之礼"向"百戏"的演变，慢慢地，角抵的存在多是用于竞技、表演的内容了。《西京赋》中记载的百戏："临迥望之广场，程角抵之妙戏。"这里指称角抵为妙戏，可见角抵被人们喜爱的程度。此外，带有武术性质的器械表演、器械对练、器械比赛、拳法、斗兽等也是汉画像中表现丰富的内容之一，在此不一一赘述。如图 10-27，宿县文物管理所藏，两个女子挥钩舞剑，身姿健美，两男子演举术，动作十分潇洒，整个画面极其生动。

图 10-27　演武图[2]

[1]　中国画像石全集编辑委员会编，《中国画像石全集》第 2 卷，济南：山东美术出版社 2000 年版，第 22 页。

[2]　中国画像石全集编辑委员会编，《中国画像石全集》第 4 卷，济南：山东美术出版社 2000 年版，第 133 页。

图 10-28　胡汉交战画像[1]

图 10-29　胡汉交战画像[2]

[1]　中国画像石全集编辑委员会编，《中国画像石全集》第 2 卷，济南：山东美术出版社 2000 年版，
　　 第 129 页。
[2]　同上，第 131 页。

从汉画像中反映出来的武术与身体问题，实际上是汉代人借刻在墓室石刻上的游侠刺客，以彰显其对于强悍与武力的推崇，反映了汉代人们的民族精神，其中所表现出来的阳刚之气，正是生命激情和活力的体现，身体的社会性表现在汉代亦是如此。武术打上了中国的印记，而汉代的武术反映出来的身体问题正是这种"中国性"的体现。表现武术文化的汉画像正是中华武术的文化内涵之所在。然而武术人的使命在汉代就是保家卫国，这体现在汉画胡汉战争题材所表现出来的故事。如图10-28，山东石刻艺术博物馆藏的胡汉交战图，此图为凹面线刻，从画面可以看出有六人执长矛对刺，其中还有二人作对射状，该画面充分展示了胡汉交战场面的壮观。除此之外，图10-29也是类似题材的反映。

3. 保健与身体

汉代人进行导引养生离不开对于"气"的把握，在汉代思想中，天地万物都被视为一气运化的结果。[1] 对此，《淮南子·原道训》中有一段认为：形体、元气和精神互相有着不可磨灭的关系，形体是生命的宅舍，元气是生命的本原，而精神则是生命的主宰。三者相互依存，共同维持着生命的机体。追求长生不老在汉代已然成风，但是长生不老只是人们的美好愿望，根本不可能实现。所以只能退而求其次，寄希望于导引养生以求达到延年益寿。汉代人善于观察生物界发生发展规律，运用仿生学的观念创造了"六禽戏""五禽戏"，这种仿生学的活动是汉代导引养生的重要组成部分。此外，百戏中的器械操、蹴鞠舞、带有技巧性的舞蹈和杂技也是身体保健的一部分。古代导引仿生有两重意义：一是"知龟鹤之遐寿，效其导引以增年"，二是各具特性的动物活动姿势能吸引练习者的兴趣。[2] 具体反映在汉画图像中如表3。

---

[1]　刘成纪，《形而下的不朽——汉代身体美学考论》，北京：人民出版社2007年版，第130页。
[2]　王松、刘怀祥、张勇，《汉代导引文化研究》，《南京体育学院学报（社会科学版）》，2002年第1期。

表 3

保健性	类型	身体参与方式	题材
导引行气	导引术（乐舞）、养生保健、徒手导引、太极拳、按摩、硬气功	导引行气、强身健体、延年益寿	导引、帛画
舞球导引	蹴鞠导引	以蹴鞠为乐延年益寿、娱乐身心	百戏、导引
六禽戏	熊经、鸟伸、猿距、虎顾、凫浴、鸥视	仿生导引	导引
器械辅助保健性活动	器械操、蹴鞠舞	强身健体、延年益寿	帛画
带有技巧性的舞蹈和杂技	叠案、翻筋斗、柔术、舞蹈、蹴鞠舞、戴竿、寻橦、叠罗汉、倒立、走索	强身健体、养生保健、延年益寿	百戏

图 10-30　导引图　图 10-31　前手翻（左）和后手翻（右）动作 [1]

图 10-32　双手倒立头弹鞠图　　　　图 10-33　双手倒立头弹鞠图 [2]

---

[1] 中国画像石全集编辑委员会编，《中国画像石全集》第 2 卷，济南：山东美术出版社 2000 年版，第 38 页。

[2] 刘朴，《蹴鞠汉画像石分类分布研究》，《山东体育学院学报》，2009 年第 8 期。

从表 3 我们可以很清楚地看到，汉人为了追求延年益寿，将保健性运动运用到身体锻炼上面。如湖南长沙马王堆西汉墓出土的导引帛画图中的徒手导引形式（图 10-30），导引图分为四排，表明一年四季有不同的锻炼方式，每一季选择两套动作进行练习，这也是和汉代医家思想完全一致的。[1] 导引图作为最直观的养生图谱，是将呼吸运动和躯体运动相结合的体育治疗手段。深受道家影响的董仲舒也曾将阴阳五行套入四季的食谱中。此外，类似的表现保健运动的还有山东省微山县两城镇出土画像石中的前手翻和后手翻动作（图 10-31）。百戏中的蹴鞠舞也同样可以看出运用蹴鞠进行身体导引，这种体现特殊技能的蹴鞠有利于身体锻炼。如图 10-32，藏于山东博物馆的双手倒立用头部弹鞠的图像，体现了高难度的特殊的蹴鞠活动。图 10-33 也是类似活动的反映。

此外，带有技巧性的舞蹈和杂技也因其独特的身体参与方式与身体发生关系，从而达到锻炼身体、延年益寿的效果，如图 10-34，在郯城孟庙藏的西汉中期二人长袖舞画像石，该舞既有技巧性又有观赏性。图 10-35 为 1967 年山东省平阴县孟庄发现的叠人、斗兽画像石，画面清晰可见下排人物举手蹲托住上排人物的脚，这种需要力气和技巧的叠人技术有强身健体之效。这样的杂技一般出现在百戏图中，它也属于保健性质一类，这样的运动可以促进身体柔韧度的训练。如图 10-36，在曲阜庙收藏的一方乐舞杂技画像石，属于浅浮雕系列，画中的杂技表演者身段技能俱佳，整个画面生动活泼。图 10-37 描述的"平索戏车"是杂技艺术中的又一难度延伸。

---

[1] 王松、刘怀祥、张勇，《汉代导引文化研究》，《南京体育学院学报》，2002 年第 1 期。

图 10-34　二人长袖舞画像[1]

图 10-35　叠人、斗兽画像[2]

图 10-36　乐舞杂技画像[3]

---

[1]　中国画像石全集编辑委员会编，《中国画像石全集》第 2 卷，济南：山东美术出版社 2000 年版，
　　　第 60 页。
[2]　同上，第 184 页。
[3]　同上，第 43 页。

汉代人对于身体的高度重视提高了导引养生在其心目中的地位。汉代人追求导引养生，其目的就是追求身体的不朽，东汉名医华佗创造五禽戏，其目的就是"以古之仙者为导引之事"。导引被赋予神圣化的意义，很多时候被认为是修炼成仙必备的阶段。

图 10-37　"平索戏车"画像[1]

渴求不死是人类对于生命最原始的呼唤，秦始皇初得天下就极力寻求长生不老药。而在汉代把这种肉体不死、灵魂不灭的长生不老观念发挥得淋漓尽致，因而他们把得道升仙作为对生命本体最原始的关怀，从而达到身体永久不朽。在汉代，虽然思想者依然在捍卫精神的价值，但人的尘世之欲却强烈要求精神的自由在肉体层面得到同样的兑现。《淮南子·原道训》中云"夫精神气志者，静而日充者以壮，躁而日耗者以老"，说明精神是人体内部的一种物质性能。[2] 因而在这一时期好道学仙之人比比皆是，他们更多的是把保健意义的导引神化了。

在汉代这样一个大一统的时代，"罢黜百家，独尊儒术"，迫使道学只

---

[1]　杨絮飞、李国新，《从汉画像砖看汉代杂技艺术》，《杂技与魔术》，2005 年第 3 期。
[2]　刘成纪，《形而下的不朽——汉代身体美学考论》，北京：人民出版社 2007 年版，第 261 页。

能算是一门处在主流文化边缘的学问。道学的精神内核，以道为本源和总则，独欲长生不死、羽化登仙[1]。在导引升仙以及长生不死方面，道学之士认为，身体动摇屈伸，可以活筋通络，从而使人长寿。[2] 人体活动尊重自然规律，遵循自然变化规律，以此来理解汉代人的导引养生观念是最准确不过了。但是我们应该看到无论是导引养生还是羽化登仙只能是汉代人对于身体不朽的一个愿望，真正做到长生不死只是现世人对于生命不灭的美好愿望罢了。

汉画体育图像反映出的汉代人对于身体美的诉求是多方面，前面提到的娱乐与身体、武术与身体、蹴鞠与身体、保健与身体只是汉画体育图像题材的一部分，综合反映了汉代体育活动的身体参与方式，以及汉代人对于身体美的诉求，它实质上是一种物质性的要求，是身体的一种实体状态。在思想方面，儒学成为汉代的主流学问。因而从精神方面，从宇宙观角度来探索儒家身体美的诉求可以真正了解汉文化视觉下的身体观问题。

（三）身体运动美

汉画体育图像中的身体运动形式，身体参与其中表现出来的状态有休闲性、竞技性和保健性等，所以，它反映出来的体育休闲、竞争、健身的意义就是身体运动的文化内涵所在。

1. 娱乐与健身并存的蹴鞠运动

汉代的蹴鞠游戏有两种情况：一种是不用鞠场，以个人或两人踢控球表演为主的玩法，一种是有一定场地和一定规则的蹴鞠竞赛。[3] 从汉画图像反映出来的蹴鞠图形来看，它追求一种技巧和身体姿态美，多见于角

---

[1] 刘克，《从升仙汉画像石看儒道二学对汉代文化心理的影响》，《宗教学研究》，2003 年第 1 期。
[2] 刘成纪，《形而下的不朽——汉代身体美学考论》，北京：人民出版社 2007 年版，第 296 页。
[3] 中国古代体育史讲座编写小组，《汉代的蹴鞠运动》，《体育文史》，1987 年第 2 期。

抵百戏之中，符合儒家身体美的诉求。而在汉画图像表现出的男子蹴鞠和女子的蹴鞠又不同，男子大多数表现的是击鼓蹴鞠，体现身体的粗犷、厚实；女子的舞袖蹴鞠向世人展现了女子轻柔、唯美的姿态。蹴鞠展示的竞技性和表演性是截然不同性质的身体诉求，表演性蹴鞠是供别人欣赏，着眼于身体美；竞技性蹴鞠则更多地被看作是一种军事活动中的练武手段，着眼于奔跑和强有力的身体素质训练。汉代人虽然有很浓重的"事死如生"的思想，但是他们生前更多地是追求身体康健。因而，蹴鞠成了街头巷尾人们热衷的身体锻炼形式，以体育运动来建构自己康健的身体，以求达到延年益寿。通过列表我们来具体分析蹴鞠与身体的关系（如表4）。

表 4

性质	类别	身体参与方式	画像题材
竞技性	特别技能蹴鞠、白打	练武、舞球导引、竞赛、技巧	军事、角抵百戏
娱乐性	百戏中大鼓蹴鞠、长袖蹴鞠舞、大鼓蹴鞠舞	娱乐、表演、技巧	百戏
军事活动	蹋鞠、蹴鞠与练武并行	锻炼身体、历练意志品质	军事、练武
表演性	百戏中大鼓蹴鞠、长袖蹴鞠舞、大鼓蹴鞠舞	表演、舞球导引、技巧	角抵百戏
保健性	蹴鞠导引	延年益寿、娱乐身心	百戏、导引

从表4我们可以清晰地看出，蹴鞠已经渗透到汉代人生活的方方面面，不论是竞技还是娱乐，表演抑或保健，就连军事活动都有蹴鞠的参与。由此可以看出来，蹴鞠在当时社会已经被广泛接受和认可，也许就是汉代人热衷于身体锻炼促成的。不论是市井乡民还是达官贵人都热衷于蹴鞠，"里有俗，党有场，康庄驰逐，穷巷蹋鞠"（桓宽《盐铁论·国病》）。《西京杂记》卷二载"成帝好蹴鞠，群臣以蹴鞠为劳体，非至尊所宜，帝曰：'朕好之。可择似而不劳者奏之。'家君作弹棋以献，帝大悦"。

那么，汉画像石中蹴鞠所表现出来的身体特点为何？如图10-38反映的是一种边打鼓边蹴鞠的大鼓蹴鞠图，王建中先生在《南阳两汉画像石中》说道，在百戏中出现的大鼓蹴鞠图是一种带有军事性质的活动，是由军事蹴鞠衍生出来的。而鼓在当时一是用作战争的指挥功能，另一种是百戏中的奏乐功能。图 10-38 反映的击鼓是蹴鞠时的指挥和号令作用。[1] 我们不难看出，击鼓蹴鞠时人的身体需要充分活动开，这样就疏通全身的关节脉络，达到锻炼身体的效果。图 10-39 表现的是一个人穿着长袖衣服，一边跳舞一边蹴鞠，其蹴鞠的姿态以及定格下来的瞬间姿态都是永恒的经典，由此说明蹴鞠是形式和功能的统一。蹴鞠不仅服务别人也服务自己，表演性、娱乐性蹴鞠取悦别人，军事性、保健性蹴鞠锻炼了自己。图 10-40 所表现的一人二鞠的长袖舞蹴鞠明显地表现了蹴鞠的百戏娱乐性。

图 10-38　大鼓蹴鞠舞 [2]

图 10-39　长袖舞蹴鞠 [3]

图 10-40　一人二鞠的长袖舞蹴鞠 [4]

[1] 刘朴，《对汉画像石中蹴鞠活动的研究》，《体育科学》，2009 年第 11 期。
[2] 同上。
[3] 同上。
[4] 刘朴，《蹴鞠汉画像石分类分布研究》，《山东体育学院学报》，2009 年第 8 期。

汉代人通过蹴鞠，将身体的技巧性与竞技性、表演性与娱乐性、全民参与性，以及整个社会追求的自由精神与人文价值认同性相统一，这也符合儒家对身体美的诉求。

"太上皇徙长安，居深宫，凄怆不乐。高祖窃因左右问其故。以平生之所好，皆屠贩少年，酤酒卖饼、斗鸡蹴鞠，以此作欢。今皆无此，故以不乐，高祖乃作新丰，移诸故人实之，太上皇乃悦。"从这则小故事中我们来发现其中的文化因由，儒家举孝廉、重人伦的思想左右了世人对于亲情的厚爱，皇帝也不例外。因而可以说蹴鞠作为纽带成全了这种孝义为先的思想，另一方面我们也可以看出，汉代蹴鞠活动已经蔚然成风。这是其娱乐性的表现。后汉学者李尤《蹴城铭》载："圆蹴方墙，仿象阴阳。法乐冲对，二六相当。建长立平，其列有常。不以亲疏，不有阿私。端心平意，莫怨其非。鞠政由然，况乎执机。"从这十二句简短的语言中我们可以看出，蹴鞠在汉代不仅有一定的群众基础，而且赛制竞争规则都非常详尽，可见蹴鞠活动不仅体现了体育文化的娱乐性，也体现了其竞争的公平公开性。

2. 健身养生的导引

提到导引，我们不得不提的是《导引图》，前文对于《导引图》涉及的人体活动与自然环境相适应方能顺应自然、导引养生的观念进行论述了，本节具体是探讨体育文化视觉下《导引图》的内涵。

《导引图》上的10-44人是排成4排，每排11人，与人身的经络数相合，这就表明导引也是可以疗疾，每一个动作都是与一条经络对等，按照动作的要求去练习就能促进经络循环运行，治疗疾病。[1]引用此段话是为了说明，在《导引图》中有人物身体仿生图像，有相应的文字说明，对于

---

[1] 刘秉果、赵明奇，《汉代体育》，济南：齐鲁书社2009年版，第8页。

练习者来说可以清晰明了练习的方法以及步骤，这也许就是早期的体育图解。另一方面从《导引图》中体现出来的仿生物运动，以及类似的拳术运动为中国武术象形拳以及现代体育领域的体育仿生学的产生和发展奠定了基础。这不仅为后世体育刊物的出版力求图文互释提供了模板，对于其中涉及的徒手导引、借助器械导引、体操与导引相结合的身体运动，都为后世体育文化发展提供了参照的基础。

3. 竞技性击剑

《史记·高祖本纪》中记载刘邦"以布衣提三尺剑取天下"，《史记·司马相如》也曾说司马相如"少时好读书，学击剑"，此外《后汉书·东方朔传》中记载东方朔"十五学击剑，十六学诗书"。这说明学习击剑不仅是武士的责任，帝王、文人、墨客都在学习击剑，这是整个汉代尚武思想的诉求，也是因为剑具本身具有防身、具备战斗力的特点使然。

从体育文化角度来看，汉代击剑竞赛与现代击剑竞赛有异曲同工之妙，战术上要求真打实攻，但相比较武术而言，它更注重体育竞技的真实性特点。比赛就要有输赢，从汉代的击剑竞赛可以看出，它是一种武力活动，有一定的群众基础，在当时符合军事战争的需要，与现代体育竞技也有着一脉相承的关系。

诚然，汉画体育图像中蕴含的体育文化不单单只是体现在蹴鞠运动、导引养生、击剑运动中，但是我们从这三组鲜活的例子可以看出，汉代体育活动与现代体育文化之间存在着共通、共融、一脉相承的关系。两汉的娱乐性体育活动十分发达并日趋完善，体育文化带有浓重的儒家文化特点，在尊儒重武的同时体现了汉代人的精神风貌。因而，汉代体育追求娱怀取乐的境界，这也是中国古代体育竞技的特色，体现在汉画像这一古老石刻艺术中更显得神秘而具东方体育文化特色。

（四）汉代人对身体美的诉求

　　身心、灵肉、形神的合一构成了生命的表征，身体美学作为一种精神的存在，更多的是看重精神价值。这在汉代人那里体现了对于生命的关怀。在汉代，无论是儒家还是道家，都极端重视人身体的完整性。先秦、孔孟强调精神存在的至高无上，而庄子一脉的道家则视"德有所长而行有所忘"，把评判身体的标准归结在有无身体残缺，是否符合于天道。人的存在，意味着任何认识都无法摆脱人这一物种的独特限定。[1]要理解汉代人对于身体美的诉求，理解其中蕴含的身体与世界的关系，起点就要放在汉代人对于身体的认知问题上。

　　儒家身体美的诉求的核心问题是"什么是身体"和"身体是什么"，其中"身体是什么"将是笔者试图厘清的一个关于儒家身体美的首要问题。儒家思想在确定其正统地位的同时，将身体美的实用主义思想表现得更为突出，表现在"身体是什么"方面是对其确定了具体的定位方案。其中，活身、治身和修身是儒家身体美的核心问题。

　　道家追求返璞归真，运用自然之道构建身体，从而达到"万物一体"，"天地与我为一"。《老子》强调的"圣人抱一以为天下式"，为什么圣人可以成为圣人，其中心主旨是"抱一"，在这里面强调的"一"指的是什么？《老子正诂》中给出这样的答案："一谓身也。"所以说老子讲求的"抱一"即修身。老子对于"身"的重视非常明显。"修之于身，其德乃真"，修身的关键是重德行，而老子所言的修身的理想境界是什么？"含德之厚，比于赤子"，"常德不离，复归于婴儿"，这里提到的是人生命的最初阶段是最美好的，像婴儿、赤子般纯净。只有这样身体才能体会到与自然的和谐状态。而庄子更加明确地提出："形体保神，各有仪则，谓之性。性修，反'德'；'德'至，同于初。同，乃虚；虚，乃大，合喙鸣。喙鸣合，与天地为合。其合緍緍，若愚若昏，是谓'玄德'，同乎大

---

[1] 刘成纪，《形而下的不朽——汉代身体美学考论》，北京：人民出版社2007年版，第158页。

顺。"[1] 人通过不断地修身寻求其自然本性，以此找到真我的原始修养。而"万物皆一"，身体的原始状态也即天地的初开状态，故而身体回归自然，意味着身体与宇宙天地之间融而为一的实现。由此推出，道家理解的"通天下一气"的自然观，与"与天地为合"的身体观，是浑然一体的。

对于黄老之学而言，"人生而有欲"之后才"因其自然而推之"。这说明黄老之学所推崇的只不过是用不死之欲引起人更多的关注，从而对于耳目之欲的克制，以肉身不死来限制对肉体欢愉的超越。在这里提到的耳目之欲、肉体之欲都是人的自然之欲。体现在《淮南子》中养生的目的不仅仅是在于追求健康，而是对身体固有局限的超越和生命的有效延长，即通过修炼来达到长生不死的真人金身。黄老之学对于身体的认识只不过是关于身体问题的一种美好理想。

扬雄在《法言·问明卷》首次提出"活身"的概念："或问'活身'。曰：'明哲。'或曰：'童蒙则活，何乃明哲乎？'曰：'君子所贵……冲冲而活，君子不贵也。'"并对"活身"进行了儒家化的释义，它的提出在本质层面上说明了只有身体的存在才有一切问题的可能。鉴于此，整个汉朝都表现出强烈的身体为大的哲学观念。

活身讲的就是身体怎样去活，而活身的首要前提就是身体的完整性，汉代如此看重整个身体及各个器官的完整性，以"全身"解读"自得"，很明显的是将一个完整的身体保存当作第一要务。除此之外，一个完整的身体不仅包括生物体的真实存在，还应有精神方面的诉求。汉代儒家身体美的诉求是一种形神志气合一的有机形式。虽然身体是物理性身体与精神性身体组合而成，但是在汉代它们却是一种有机的复合体，二者构成全身的完整性，缺一不可。这也就是汉代"事死如生"的思想为什么如此深入人心，他们通过汉画像艺术来表达自己死后也有自己的"活法"，身体也有自己一套完整的存在方式，死后继续生活甚至比生前更加精彩。

儒家身体美学在论述活身时，不忘对其精神和物质二元性统一看待。

---

[1] 杨柳桥译注，《庄子译注》，上海：上海古籍出版社 2006 年版，第 179 页。

在治身方面要谈及的便是养神和养形，儒家推崇的治身要有所作为，则要求其内在意志和外在行为符合整个社会潮流，以整个社会性的道德准则、行为规范来要求自己。汉代人承袭了先秦诸子的身体美学思想。其中儒家思想受黄老之学的影响，在《淮南子·泰族训》中将治身分为："治身，太上养神，其次养形。"[1] 按照这一说法，不难看出养神是治身最关键的手段；"聋者，耳形具而无能闻也；盲者，目形存而无能见也。"这里又说到养神和养形是不能分开的，养神的同时兼顾了养形，养形的活动本身又反作用于养神。对于养神和养形的关系桓谭这样描述：

> 精神居形体，犹火之然烛矣。如善扶持，随火而侧之，可毋灭而竟烛。烛无，火亦不能独行于虚空，又不能后然其。犹人之耆老，齿堕发白，肌肉枯腊，而精神弗为之能润泽内外周遍，则气索而死，如火烛之俱尽矣。人之遭邪伤病，而不遇供养良医者，或强死，死则肌肉筋骨，常若火之倾刺风而不获救护，亦道灭，则肤余干长焉。余尝夜坐饮内中，然麻烛，烛半压欲灭，即自曰敕视，见其皮有剥，乃扶持转侧，火遂度而复。则维人身，或有亏剥，剧能养慎善持，亦可以得度。[2]

桓谭这段话以烛与火来比喻形与神，养神就是养形，形神兼备、和而共养即是治身。而治身的最高境界就是"心与神处，形与性调，静而体德，动而理通"[3]。

据以上解释得出，儒家所讲的治身问题实际上是将人的身体的社会性放大，更多的是把着眼点放在关注人的伦理属性上。这也就是为什么儒家思想更多的是关注"修身"的问题，基于此我们接下来讨论一下汉代儒家思想中的"修身"问题以及涉及的美学意义。

---

[1] 陈广忠译注，《淮南子》，北京：中华书局2012年版，第1200页。
[2] 〔汉〕桓谭，《新论》，上海：上海人民出版社1967年版，第31页。
[3] 陈广忠译注，《淮南子》，北京：中华书局2012年版，第391页。

徐复观在《两汉思想史》第二卷中说："儒家以修身为治国平天下之本，这是合理的。老庄由贵身而清静无为，即可使天下隆于三代，这便是带有一厢情愿的神秘思想。这种神秘思想为《淮南子》中的道家所继承。"[1] 从徐复观的论点我们不难看出，儒家所讲的修身的目的是为了更好地服务于天下，将身体的社会性无限放大，关于修身的问题，集中体现在《礼记》中的《大学》和《中庸》两章，其中最耳熟能详的关于修身的内容莫过于"欲修其身者先正其心。欲正其心者先诚其意，欲诚其意者先致其知。致知在格物，格物而后知至，知至而后意诚，意诚而后心正，心正而后身修，身修而后家齐，家齐而后国治，国治而后天下平"。修身齐家治国平天下，这是儒家对于修身的定位，也是汉代对于身体的主流诉求。那么汉代儒家所谓的修身最本质的东西是什么，或者说其最高追求是什么，从扬雄《法言·问道卷》与《法言·修身卷》寻找答案：

> 道、德、仁、义、礼，譬诸身乎？夫道以导之，德以得之，仁以人之，义以宜之，礼以体之，天也。合则浑，离则散。一人而兼统四体者，其身全乎！[2]

> 或问"仁、义、礼、智、信之用？"曰："仁，宅也。义，路也。礼，服也。智，烛也。信，符也。处宅，由路，正服，明烛，执符，君子不动，动斯得矣。"[3]

扬雄认为道德人格美支配着人对于美的追求的理想国，由此我们看出汉代儒家关于修身的问题和探讨，虽然更多的是探讨道德伦理方面的，但是，显然这一探讨过程必然是走向美学的。这种美学就是由美的人格、美的行为、美的实践、美的社会理想共同建构的身体美学，或者说审美境界

[1] 徐复观，《两汉思想史》第二卷，上海：华东师范大学出版社 2001 年版，第 138 页。
[2] 汪荣宝撰，陈仲夫点校，《法言义疏》，北京：中华书局 1987 年版，第 111 页。
[3] 同上，第 92 页。

构成了修身的最高境界。[1]

活身、治身、修身体现了儒家身体美的诉求，映射到汉画世界当中，是对死后世界的一种理想的构架。孝悌人伦思想左右了儒生对于身体本体的思考，在儒学家眼中，对于人的存在具体化到身体的存在。"儒家的心性论与身体观乃是一体的两面，没有无心性之身体，也没有无身体之心性。身体体现了心性，心性也行诸了身体。"[2] 生前追求活身、治身、修身以求达到物质性与精神性的统一，死后构建一个生之彼岸的理想世界，这一世界在汉画像中反映得淋漓尽致。

三、汉画体育图像的身体文化内涵

汉画体育图像所反映出来的身体文化内涵，从美学角度来说就是关于身体美的问题，在一定程度上也受到汉代体育文化的影响，笔者重点探析的是在身体活动背后隐藏的文化内涵，一种对于身体美的追求。身体美的核心意义就是健康，属于社会系统范畴。从美学的角度来讲，我们认为，健康的身体就是美的身体，而所谓健康，在美学上主要是指人类所具有的改造客观世界和发展、完善自己的能力。[3] 汉画体育图像反映出来的身体美，是一种动态的人体美，而人体美在身体美的基础上得到升华，在汉画体育图像反映出来的身体美包含了人体美，它所体现出来的是一种独特的东方人体文化，这种文化不仅受到儒家思想的影响，也受到外来文化的浸淫。纵观汉画体育图像，呈现出由原始朴素的身体运动向带有浓厚伦理色彩、注重修身养性具有礼教化活动方向发展的趋势。它在实用的基础上，增加了娱乐性和比赛功能。[4] 中国古代关于身体问题的研究著作可以

[1] 刘成纪，《形而下的不朽——汉代身体美学考论》，北京：人民出版社 2007 年版，第 101—102 页。
[2] 杨儒宾，《儒家身体观》，台北："中央研究院"中国文哲研究所筹备处 1996 年版，第 1 页。
[3] 雷国樑，《美学与审美——体育（艺术）美学素质教育》，北京：北京体育大学出版社 2009 年版，第 141 页。
[4] 钱文军，《汉代体育文化发展的历史背景与思想基础》，《南阳师范学院学报》，2011 年第 3 期。

说是琳琅满目、浩如烟海，但是从人类最本质的思维方面来研究就十分薄弱了。每一位研究身体问题的学者都有一套自己解释身体问题，看待身体问题的视角，而笔者试图从看待身体美学观念的诸多差异入手进行比较研究，着重分析探讨其本质上的不同，这样不但有利于中国汉画像艺术更深入地融入世界文化遗产的大家庭，也有利于揭开汉代身体运动付诸汉画像中的神秘面纱。

（一）汉代文化对身体美的规训

身体美学（Somaesthetics）概念是美国学者理查德·舒斯特曼于 1996 年首次提出："身体美学致力于对一个人的身体——作为感官，审美欣赏（Aisthesis）和创造性的自我塑造场所——经验和作用进行批判的、改善的研究。因此，他也致力于构成身体关怀或可能改善身体的知识、话语、实践以及身体训练。"[1] 舒斯特曼对于身体美学的定义是带有"实践身体美学"性质，试图通过一些身体运动，使人们对于身体的关注点转移到身体意识层面上来。身体美学这一概念在某种意义上被泛化运用，有关身体的哲学观念即便是身体观问题也等同于"身体美学"。如冯学勤《谱系学与身体美学：尼采、福柯、德勒兹》一书中就把尼采等人对于身体方面的研究看作是一种崭新的"身体美学"。较之东方身体美学解决的是形与神的关系，整个西方对于身体的规训更多的是灵与肉的对立。中国美学关注的是形而上层面的天道自然，其着眼点是人活着的身心性命，一个人活着的命运如何是中国古代哲学和美学关注的焦点。这种关系受到中国古代天人合一、天人相辅的思想左右，人心既能与天地万物有感通而为一，在这样的心论中，天人合一实是必然的结果。[2] 中国哲学是一种有情的关切，它在意的是对人命运的关怀，为身体寻一安生之地。中国有情的宇宙观，无

---

[1] ［美］理查德·舒斯特曼著，彭锋等译，《生活即审美》，北京：北京大学出版社 2007 年版，第 186 页。
[2] 唐君毅，《中国哲学中自然宇宙观之特质》，北京：商务印书馆 2007 年版，第 45—47 页。

论在其形成、发展或保持上，与源远流长的天人合一的思想，都有很大的关系。这种思想并不是要通过严格的推理步骤去证明什么，它是审美活动和宗教情绪相结合的产物。[1]

儒家文化在汉代日臻完善并趋于统治地位，因而对于身体的规训，更多的是探讨汉代美学思想对于儒家身体观的把握。汉代占统治地位的官方美学思想是把先秦儒家美学思想完全加以神学化的美学思想，亦即"天人感应"的神学唯心主义，形而上的美学思想，而反对这种神学美学思想的无神论者（除了如桑弘羊这种坚持法家思想的人之外），一般地说大都与先秦儒家的美学思想有所联系。[2] 董仲舒首创了以"中和"为"美"的观点，这种美学观念亦即"仁之美"，而儒家所谈及的"礼"其实就是"仁"，孔子对于"礼"和"仁"的具体表现描述为"克己复礼为仁"，它们有着密切的联系。扬雄的美学观念可以这样描述："弸中而彪外"谓之"美"，扬雄衡量"美"与"不美"以是否有"圣人之道"为标准，他主张"文质"兼而有之，这是扬雄美学思想进步性的表现，也是其特点所在。到了东汉，班固撰写的《白虎通义》体现了另一美学思想。这一美学思想总的来说是神学唯心主义的，是把先秦儒家的美学思想加以神学化的东西，是西汉时代董仲舒以来的儒教神学美学思想的继承和发扬，他在中国美学思想上起到反动的作用。[3] 王充的出现打破了唯心主义形而上的神学美学观念，他的美学思想主要是提出"气"的一元论的唯物主义，反对有神论。王充的美学观念总的来说是唯物主义的，是建立在客观事实基础上去发现美，建造美，他主张"真美"，力求探索"美"必须是"真实的"，因而他对于审美的要求是建立在以客观事实为依据的基础之上的，所谓的"虚妄之美"就是一种谬误。王充从"疾虚妄""求实诚"的唯物主义观点出发，首次提出反对"虚美"，反对"褒古毁今"，而主张"真美"的美学思想，然后把这一美学思想贯彻在自己对于画、乐、诗、赋和文的看法之

---

[1]　赵岷、李翠霞、王平，《体育——身体的表演》，北京：知识产权出版社 2010 年版，第 220 页。

[2]　施昌东，《汉代美学思想评述》，北京：中华书局 1981 年版，第 23 页。

[3]　同上，第 126 页。

中，可见他的美学思想在理论上是"一以贯之"的，是具有系统性的。[1]
纵观儒家美学观念的继承者，他们代表了中国美学在探索人类身体本质力
量上的出发点，而在其中，最能代表汉代美学关于身体美论的莫过于对于
"气"的把握。

在中国哲学中不可忽视的是"气"的观念，它是宇宙最原始的存在状
态，是构成人与万物的一个基本原子，中国哲学关于身体美这一层面的解
释，离不开"气"的作用：

> 气对人而言相当于人的生命力，生命的本性在老庄看来是"虚"、
> "静"甚至是"死"，因此要在和谐的审美境界中保养它、引导它，让
> 它变得有利于善。这样就形成中国人的理想——中和的、有节制的
> 人。在中国的人体审美中，对生命力的节制和伦理性疏导成为重要原
> 则。节制的对象是肉，而不是形。形其实已经是肉的片面或抽象。我
> 们已经知道，中国的人体美术理论采用形神对立的范畴而不是灵肉对
> 立的范畴，这意味着，形的概念已经是对肉的概念的一重抽象。我们
> 又知道，中国的人体审美观重神不重形，这意味着，肉的概念又受到
> 一重抽象。[2]

从高小康、张节末这段话中，我们可以读到他们所论述的中国古代崇
神抑身的传统是值得肯定的。中国古代哲学对于身体美的诉求，所反映出
来的形体美，或者说人体美，就是人的身体美。[3] 这种身体美重新诠释了
"形"与"肉"的概念。西方也是抑身传统，但是强调的是灵肉对立的原
则，而我们强调的是形神对立。[4]

---

[1] 施昌东，《汉代美学思想评述》，北京：中华书局 1981 年版，第 166 页。
[2] 高小康、张节末，《人体美学》，上海：上海文化出版社 1990 年版，第 111—112 页。
[3] 王德胜，《形体美的发现——中西形体审美意识比较》，南宁：广西人民出版社出版 1993 年版，第
2 页。
[4] 廖述务，《身体美学与消费语境》，上海：上海三联书店 2011 年版，第 128 页。

"杂乎芒芴之间，变而有气，气变而有形，形变而有生"。[1] 从庄子的言论中我们可以看出，身体是由气组成，道家把身体视为自然之气的混合体。"气化论"的概念也是中国古代关于身体问题论述的主流性cmcmcmqcmq观点。它贯穿在《新语》《新书》《黄帝内经》《淮南子》《春秋繁露》《法言》《新论》《论衡》《白虎通义》《潜夫论》《太平经》等著作中，这也就是徐复观对于汉代"唯气论"时代的一个综述。[2] 但是不可忽视的是儒家文化对于身体的诠释，儒家文化重人伦、举孝廉、事死如生的思想又从另一方面有别于"唯气论"关于身体本源探讨问题，它更多的是关注灵肉合一的身体存在问题，追求死后与生前一样的生活，因而为世人留下雄奇瑰丽的石刻艺术，彰显汉代雄风。在此基础上，他们特别注重身体的客观存在，这一客观存在如何享有美感体验，又是中国哲学对于身体美探讨的一个侧重点。孟子云："夫志，气之帅也；气，体之充也。"[3]"充实之谓美，充实而有光辉之谓大。"[4] 从孟子言及身体问题，我们看出他侧重的是身体内部的力量，是美感体验中有意味的形式。中国素有礼仪之邦的称谓，其中对于"礼"的认识也是一种身体的美感体验，有礼之人有一种文明和修养的美的行为和举动。《淮南子·泛论训》中："夫绳之为度也，可卷而伸也，引而伸之，可直而晞，故圣人以身体之。"所提到的"以身去体""以体去验"是中国哲学中关于身体美学问题不同于西方审美经验的典范。身体的社会性也就是两汉文化对于身体的规训。

（二）身体活动的文化内涵

汉画体育图像展现出来的竞技性身体运动形式、娱乐性身体运动形式、军事活动性身体运动形式、表演性身体运动形式、保健性身体运动

---

[1] 杨柳桥译注，《庄子译注》，上海：上海古籍出版社 2006 年版，第 273 页。

[2] 徐复观，《两汉思想史》第二卷，上海：华东师范大学出版社 2001 年版，第 374 页。

[3] 杨伯峻译注，《孟子译注》，北京：中华书局 1960 年版，第 56 页。

[4] 同上，第 334 页。

形式等，这些需要身体参与的活动形式有着独特的文化内涵，其核心就是要回归自我，在回归自我的同时可以更好地认识自我、体验自我、欣赏自我，这样就可以更好地完善自我，以求达到对自我的完美再造。反映在汉画体育图像中的身体活动是为了达到身心合一，顺应整个汉代文化发展的诉求。身体活动深受儒家文化的审美诉求影响，其活动带有一定的社会性，也是两汉文化视觉下对于身体美的社会性规训。

西汉前期，体育发展的情况主要依附于军事活动，身体活动必然也会受到一定影响，其中身体参与的骑马、射箭、角抵、拳术、举鼎、摔跤、奔跑、蹴鞠、击剑等都是为了更好地服务于军事训练。西汉中期，身体活动更多的是集中在技巧性方面的带有表演性质的可供观赏的形式，其规模也在不断扩大，蹴鞠、导引养生、五禽戏、乐舞百戏这些汉画图像，反映了汉代人对于身体的深切关注，在身体活动的背后隐藏着汉代人对于生命的独特崇拜，这也就促成了汉代人对于身体完整性构建的高度尊重，"身体发肤，受之父母，不敢损伤，孝之始也"。生前如此，死后更是要追求"全尸"，这一概念不是简单的完整性身体构建，而是要构建一个生之彼岸的世界，以告慰死者在天之灵，生者由此得到心灵上的宽慰。

身体活动的文化内涵从以上分析看出它是身体存在于空间的一种状态，它是生命运动的形式，这种身体活动体现出来的是一种身体的运动美。这个过程和形态是合目的性、合规律性的统一，是一种塑造美、展现美、创造美的实践过程，在这个过程中人的价值得以实现，得以升华。[1] 因而身体活动的文化内涵离不开社会属性。在西方学者关于身体活动的争辩中，身体活动只是给予一种神秘的表象；在社会达尔文主义和塔尔克特·柏森斯的功能主义中，身体作为"生物有机体"进入社会理论当中；在马克思主义里，身体的在场是以"需要"和"自然"为标志的；在象征互动主义中，身体作为再现的自我而出现；在弗洛伊德主义中，人的身体

---

[1] 雷国楝：《美学与审美》，北京：北京体育大学出版社 2009 年版，第 154—155 页。

体现被当成表现为欲望形式的能量域。[1] 身体活动是对身体存在形态的完美再造，身体活动的文化内涵本质追求是时间上人口再生产，空间上对身体的约束，通过社会道德伦理、纪律限制"内在的"身体，而在社会空间中再现"外在"的身体。回归到汉画体育图像反映出来的身体活动，打上了汉代重娱乐以及重个人修养与天人合一的儒学烙印。[2] 身体活动要求主体性的参与，这样从运动中体验生活，在生活中升华自我，使个人修养得到提升，以此更好地认识宇宙阴阳的观念，把握人文价值。

此外，汉画体育图像中反映出来的身体问题，从身体哲学和身体美学上来定位是有必要的。因为中国的哲学在形而上层面讲的是天道自然，其落脚点是身心性命的完整性。然而，中国哲学和美学关注的主题是对于人存在的命运，反映在汉代，儒家、道家均对身体问题进行阐释和探讨。物质性的存在是身体形态的真实存在，其出发点是人身体的存在。老子说："吾所以有大患者，为吾有身。及吾无身，吾有何患。"从这句话可以看出，对于道家而言解决"大患"的方式就是要"全德贵身"。而对于儒家来讲，更多的是以社会性来约束人，看重的是一种社会责任。但是这种社会的实施必须以人身体的存在和身体的自我规训为出发点。如孟子所言，人有恒言，皆曰"天下国家"，天下之本在国，国之本在家，家之本在身。

故此，身体活动的文化内涵实际上就应验了中国古典美学中对于修身目的性的解释。在中国古典美学那里，人体是生命之气的充盈形式，修身的目的在于实现对于生命内在精神力量的凝聚。而恰恰这种凝聚又是通过人体外化出来的感性显现，即所说的"充实之谓美，充实而有光辉之谓大"。因此身体活动的形式美在人体本身，又在内部力量的外显，是内涵丰富的有意味的表现形式。

[1] ［英］布莱恩·特纳著，马海良等译，《身体与社会》，沈阳：春风文艺出版社 2000 年版，第 55 页。

[2] 刘银昌，《汉代棋类运动的文化内涵》，《西安体育学院学报》，2010 年第 5 期。

四、结语

汉画像艺术中有很多体育图像，其深刻反映了汉代人的身体观，在身体活动的背后承载着汉代人对于生命的独特认识。汉画体育图像反映出来的身体活动形式深受汉代文化的影响，在汉画体育图像中身体参与的活动有竞技性身体运动形式、娱乐性身体运动形式、军事活动性运动形式、表演性身体运动形式、保健性身体运动形式五类。

汉画体育图像反映出来的身体活动形式体现了身体美的诉求，深受儒家文化的影响，汉代事死如生的思想充斥着整个社会，人们祈求得道升仙，追求长生不老，体现了汉代人对于生命的美好愿望。

汉画体育图像中蕴含着一种体育文化精神，体育被看作一种特殊的身体文化，身体又是体育活动的载体，在汉代身体活动的实质性就是保持身体的完整性，长生不老既然达不到，汉代人只能退而求其次，运用体育锻炼强身健体，从而延年益寿。

汉画像中的体育图像还折射出整个汉代社会风貌的独特性。它以其独特的存在反映了汉代社会的现实，从另一个侧面诠释了汉代社会政治、经济和文化特征，通过身体美的诉求传达出对整个汉代社会制度的礼仪教化、维护社会正常秩序、传播汉代风俗文化的功能。

汉画体育图像反映出来的不仅是一种儒家美学的诉求，它在一定程度上是对文化的一种具象化，具体到审美文化的追求，身体活动的本质意义是其在体育运动的基础上追求一个健康的身心，从而构建整个汉代力求达到的形神志气完整的有生命人的整体。

（作者 孙华军）